도산법

전대규

法 文 社

머리말

최근 이론적 심화나 실무의 전개를 기반으로 눈부신 발전을 거듭한 법 분야가 도산법이다. 도산은 일상적인 현상이 되었고, 이것에 대처하여야 하는 도산법의 역할은 점점 더 중요해지고 있다.

『채무자회생법』이 출간된 지 10년, 많은 독자들의 성원에 힘입어 책은 다양한 이론과 실무적 쟁점을 담아내는 아카이브(Archive) 역할을 해왔다. 하지만 새롭게 등장하는 수많은 도산법의 이론과 실무를 반영하다 보니 어느새 분량이 주석서 수준이 되었다. 그러다 보니 도산법의 체계적인 학습에 어려움이 있을 수 있다는 생각이 들었다. 그래서 기획한 것이 이 책이다.

이 책은 복잡하고 다양함을 떠나 간결함(simplicity)과 본질적인 것을 추구하고 있다. 핵심적인 내용을 중심으로 선택적 집중을 시도하였다. 각 도산절차의 공통된 법리를 추출하여 전체를 관통하는 형태로 서술하였다. 도산법의 기본적인 이론을 논리적이고 깊이 있게 설명하는 데 중점을 두었지만, 다채로운 실무 전개에 대응하고자 새로운 형태의 내용(프랜차이즈계약, 공동수급체의 도산 등)도 다룸으로써 도산법의 최근 흐름을 반영하였다.

귀중한 시간을 내어 원고를 세심히 검토해 준 이정우 부장판사(장흥지원장), 주재오 판사(수원지방법원 성남지원), 좋은 자료 보내준 이석준 재판연구관(대법원), 영어 문헌 번역과 자료 수집에 도움을 준 유연희 님(연세대학교 경영학과 졸), 늘 응원하며 지켜봐 주신 ㈜투데이아트 박장선 회장님을 비롯한 임직원분들, 출판을 맡아 고생한 법문사 관계자분들의 노고에 진심으로 감사드린다.

2025. 7.

전 서울회생법원 부장판사

변호사 전 대 규

차　　례

제 1 장 도산법 서론

제2장 도산절차의 기관 및 이해관계인

제3장 도산절차개시의 신청

제4장 도산절차개시의 효과

제5장 도산재단과 그 법률적 변동

제6장 도산절차에서 각종 권리의 취급

제7장 도산채권의 확정

제8장 도산채권에 대한 변제와 배당

제 9 장 도산절차의 종료

제 10 장 면책 및 복권

제 11 장 도산절차에서의 벌칙

제12장 특별한 도산절차

제 13 장 국제도산

제 14 장 도산과 관련된 개별적 논점들

제15장 기촉법에 의한 공동관리절차

■ 일러두기

1. 주요 법령 등의 약칭

채무자회생법	채무자 회생 및 파산에 관한 법률[☞ 법조문을 인용함에 있어 특별한 표시가 없으면 제15장을 제외하고 '채무자회생법'을 의미한다]
시행령	채무자 회생 및 파산에 관한 법률 시행령
규칙	채무자 회생 및 파산에 관한 규칙
회생예규	회생사건의 처리에 관한 예규(재민2006-5)[재판예규 제1903호]
개인예규	개인회생사건 처리지침(재민 2004-4)[재판예규 제1849호]
부동산등기사무처리지침	「채무자 회생 및 파산에 관한 법률」에 따른 부동산 등의 등기사무처리지침[등기예규 제1847호]
기촉법	기업구조조정 촉진법
민소법	민사소송법
민집법	민사집행법
공정거래법	독점규제 및 공정거래에 관한 법률
채권추심법	채권의 공정한 추심에 관한 법률

2. 주요 참고문헌의 약칭

[국내문헌]

채무자회생법	전대규, 채무자회생법(제9판), 법문사(2025)
회생사건실무(상)	서울회생법원 재판실무연구회, 회생사건실무(상)[제6판], 박영사(2023)
법인파산실무	서울회생법원 재판실무연구회, 법인파산실무[제5판], 박영사(2019)
개인파산・회생실무	서울회생법원 재판실무연구회, 개인파산・회생실무[제6판], 박영사(2023)
Reinhard Bork	Reinhard Bork(최준규 역), 독일 도산법, 박영사(2021)
최준규	최준규, 계약법과 도산법-민법의 관점에서 도산법 읽기-, 홍진기법률연구재단(2021)
도산판례백선	사단법인 도산법연구회 도산판례백선 편집위원회 엮음, 도산판례백선, 박영사(2021)
주석 채무자회생법(Ⅰ~Ⅵ)	편집대표 권순일, 주석 채무자회생법(Ⅰ~Ⅵ), 한국사법행정학회(2020)

전병서 전병서, 도산법(제4판), 박영사(2019)
노영보 노영보, 도산법강의, 박영사(2018)
김주학 김주학, 기업도산법(제2판), 법문사(2012)
법무부 해설서 채무자 회생 및 파산에 관한 법률 해설, 법무부(2006)
남효순 · 김재형 남효순 · 김재형, 도산법강의, 법문사(2005)

[미국문헌]

DAVID G. EPSTEIN · STEVE H.NICKLES DAVID G. EPSTEIN · STEVE H.NICKLES, PRINCIPLES OF Bankruptcy Law(2nd), WEST ACADEMIC publishing(2017)
Charles J. TABB · Ralph Brunbaker Charles J. TABB · Ralph Brunbaker, Bankruptcy Law Principles, Policies, And Practice, Fourth Edition, LexisNexis(2015)
Daniel J. Bussel · David A. Skeel, Jr. Daniel J. Bussel · David A. Skeel, Jr., BANKRUPTCY(10th Edition), FOUNDATION PRESS(2015)
Douglas G. Baird Douglas G. Baird, Elements of Bankruptcy(6th), FOUNDATION PRESS(2014)
Jeffrey T. Ferriell · Edward J. Janger Jeffrey T. Ferriell · Edward J. Janger, Understanding Bankruptcy(3rd), LexisNexis(2013)
Elizabeth Warren Elizabeth Warren, Chapter 11: Reorganizing American Businesses, Wolters Kluwer Law & Business(2008)

[일본문헌]

倒産法(加藤哲夫등) 加藤哲夫 · 山本研 編, 倒産法, 信山社(2023.12.)
新破産實務 東京辯護士會法友全期會破産實務研究會 編集, 新破産實務マニュアル(全訂版), ぎょうせい(2023)
倒産判例百選 松下淳一 · 菱田雄郷 編, 倒産判例百選(第6版), 有斐閣(2021)
會社更生法 伊藤眞, 會社更生法 · 特別清算法, 有斐閣(2020)
小林秀之 小林秀之, 破産から新民法がみえる, 日本評論社(2018)
倒産法 三上威彦, 倒産法, 信山社(2017)
現代型契約と倒産法 「現代型契約と倒産法」實務研究會[編], 現代型契約と倒産法, 商事法務(2015)
破産法 · 民事再生法 伊藤眞, 破産法 · 民事再生法(第3版), 有斐閣(2014)
條解 破産法 伊藤眞 · 岡正晶 · 田原睦夫 · 林道晴 · 松下淳一 · 森宏司, 條解 破産法

	(第2版), 弘文堂(2014)
條解 民事再生法	編集 園尾隆司・小林秀之, 條解 民事再生法(第3版), 弘文堂(2013)
倒産と訴訟	島岡大雄・住友隆行・岡伸浩・小畑英一 編, 倒産と訴訟, 商事法務(2013)
實務 倒産法講義	今中利昭・今泉純一・中井康之, 實務倒産法講義(第3版), 民事法研究會(2009)
會社更生の實務(上)	西岡清一郎/鹿子木康/桝谷雄一[編], 東京地裁會社更生實務研究會[著], 會社更生の實務(上), 社團法人 金融財政事情研究會(2005)
會社更生の實務(下)	西岡清一郎/鹿子木康/桝谷雄一[編], 東京地裁會社更生實務研究會[著], 會社更生の實務(下), 社團法人 金融財政事情研究會(2005)

3. 용어의 정의

- 도산법: 「채무자회생법」을 비롯하여 도산과 관련된 모든 법을 말한다.
- 도산절차: 회생절차, 파산절차, 개인회생절차
- 도산절차개시: 회생절차개시, 파산선고, 개인회생절차개시
- 도산관리인: 관리인, 파산관재인
- 도산관리인 등: 관리인, 파산관재인, 채무자(개인회생절차)
- 도산재단: 채무자의 재산, 파산재단, 개인회생재단
- 도산채권: 회생채권・회생담보권, 파산채권, 개인회생채권
  * 회생담보권을 제외하고, 도산채권이라고 하는 경우도 있다.
- 도산채권자표: 회생채권자표・회생담보권자표, 파산채권자표, 개인회생채권자표

* 특정 도산절차만 관련된 경우 해당 도산절차의 용어를 사용한다.

제1장

도산법 서론

Ⅰ. 도산절차에 대한 이해

1. 도산절차의 필요성과 목적

가. 도산절차의 필요성

도산은 일상적으로 일어나는 사회·경제현상이자 법률현상이다. 도산이란 채무자가 자신이 부담하고 있는 변제기가 도래한 채무를 완전히 변제할 수 없는 경제적 상태에 있는 것을 말한다. 채무자가 기업이라면 어음부도나 은행거래정지처분 등이 대표적인 예이다. 채무자가 개인이라면 충분한 재산이 없거나 실직 등으로 수입(소득)이 부족하여 변제기가 도래한 채무의 대부분을 변제할 수 없게 되는 경우이다. 어느 경우에도 지급(변제)능력을 상실한다면 사업을 원활하게 계속하거나 안정된 경제생활을 영위하는 것이 불가능하다.

채무자가 도산상태에 빠지면 채무자나 채권자는 각자 자신에게 가장 유리하다고 생각하는 바에 따라 행동한다. 채권자는 채권을 신속하게 추심하려고 할 것이고, 채무자의 파탄을 우연히 알게 된 운 좋은 채권자는 우선적으로 만족을 얻게 된다. 하지만 이렇게 될 경우 우선적인 만족이 법률상 보장된 담보권자는 별론으로 하더라도, 채무자의 일반재산을 채무변제에 충당하는 일반채권자 중 일부 채권자가 채무자로부터 우선적인 만족을 얻게 되는 불공평한 결과가 발생한다. 한편 채무자는 자포자기하여 재산을 저렴한 가격으로 제3자에게 매각하거나 은닉하는 등의 행위를 할 수 있다. 이는 책임재산을 감소시키는 점에서 채권자를 기망하는 행위이고, 거래관계에 있는 채권자의 신뢰를 깨뜨리는 결과를 초래하게 된다.

이러한 상황은 채무자뿐만 아니라 채권자에게 바람직한 것은 아니다. 채무자로 하여금 재산의 처분을 금지하거나, 채권자의 개별적인 권리행사를 억제함으로써 본래 실현할 수 있는 가치가 유지된다면, 그러한 금지·억제에 의해 채권자에 대한 배당(변제)은 그만큼 증가하므로 채권자 전체로서는 그것이 바람직한 것이 명확하다. 그래서 개별집행절차(민사집행법에 따른 집행절차) 대신에 채권자들의 집단적 만족을 목표로 하는 전체집행절차(도산절차)가 등장한 것이다.

한편 도산상태를 방치하지 않는 것이 (채무자뿐만 아니라) 채권자의 이익에도 적합하다고 하여도, 법률의 규정(제도화) 없이 이러한 결과를 달성하는 것은 쉽지 않다. 왜냐하면 채권자는 전체로서 권리행사를 자제하는 것이 유리한 결과를 얻는다는 것을 알고 있어도, 채권자 중에는 권리를 행사하는 것이 자신에게 유리하다고 생각하는 자가 항상 있기 때문이다. 또한 채무자로 하여금 과중한 빚으로부터 벗어나 새로운 출발(fresh start)을 하고 사업을 계속하게 하기 위해서는 채무를 강제적으로 조정할 필요가 있고, 이는 법적인 뒷받침이 없이는 불가능하다. 여기에 법으로 뒷받침되는 도산제도를 둘 필요가 있는 것이다. 법적도산절차를 둠으로써 ① 채권자의 개별적 권리행사를 제한하고, ② 합의에 의하지 않는 권리조정이 가능하게 된다.

법적도산절차란 원래 법률이 규정한 도산절차를 의미한다. 하지만 기촉법에 의한 공동관리절차(관리절차)도 법률이 규정한 도산절차인데, 금융채권자[1]를 제외한 나머지 채권자들에 대해서는 채권자들의 권리행사가 제한되거나 합의에 의하지 않는 권리조정이 불가능하다. 따라서 법적도산절차는 재판상 절차로 이해하여야 한다. 요컨대 법적도산절차(court process)란 법원이 관여하고 도산절차의 개시요건과 효과, 진행 주체, 효력 등이 법률로 상세히 규정되어 있는 절차를 말한다. 모든 채권자를 대상으로 하고 법원이 주도적으로 관여한다.[2] 이는 공적구조조정에 해당한다. 채무자회생법이 규정하고 있는 각종 도산절차가 이에 해당한다.

도산상태에 있는 채무자를 방치하면 채권자들에게 혼란과 불공평한 결과가 발생하고 연쇄적으로 사회적 혼란이 일어나면서 경제사회에 큰 손실을 가져올 수 있다. 도산절차는 이와 같은 부작용을 방지하여 국민경제의 안정과 발전에 기여하고자 공익적 필요에 따라 도입된 것으로, 재산권의 공공복리 적합성을 규정한 헌법 제23조 제2항, 기본권 제한의 법률유보원칙, 입법권의 한계로서의 과잉금지원칙을 규정한 헌법 제37조 제2항에 헌법적 근거를 두고, 채무자, 채권자의 사유재산권을 제한하고 이해관계를 조정하는 절차이다. 효율적인 도산절차는 도산의 부작용에 따른 경제사회의 손실을 방지하는 효과 외에도, 회생가능성이 있는 채무자에게 새로운 출발의 기회를 부여하고 그렇지 못한 채무자의 재산(도산재단)을 청산하여 분배하는 기능과 함께 기업에 대한 투자를 촉진시켜 경제를 발전시키는 기능을 한다.

나. 도산절차의 목적

도산절차는 재정적 어려움으로 인하여 파탄에 직면해 있는 채무자에 대하여 채권자·주주·지분권자 등 이해관계인의 법률관계를 조정하여[3] ① 채무자 또는 그 사업의 효율적인 회생을 도모하거나, ② 회생이 어려운 채무자의 재산을 공정하게 환가·배당하는 것을 목적으로 한다(제1조). ①은 (개인)회생절차, ②는 파산절차에 관

1) 기촉법에 의한 공동관리절차(관리절차)에서도 금융채권자에 대한 강제적인 채무조정이 가능하지만, 법원의 관여 없이 다수결로 진행된다는 점에서 위헌의 소지가 있다. 제15장을 참조할 것.
2) 대법원 2010. 6. 10. 선고 2010다6024 판결 참조.
3) 조정의 대상이 되는 것은 채권자·주주·지분권자 등 이해관계인의 법률관계이다. 법률관계의 조정이란 채무조정과 자본조정을 말한다. 채무조정의 직접적인 대상이 되는 것은 도산채권자이다. 자본조정의 대상이 되는 것은 도산채권자는 물론(출자전환) 기존의 주주·지분권자이다.

한 것이다.

회생절차는 회생형(재건형) 절차로 채무자 또는 그 사업의 효율적인 회생을 도모하는 것을 목적으로 한다. 채무자가 비사업자인 개인(자연인)의 경우에는 과중한 채무를 정리하여 곤궁한 경제생활을 평상의 상태로 복귀시키는 것이 회생의 내용으로 되고, 사업자인 경우에는 사업을 계속하면서 과중한 채무를 처리하여 사업 그 자체의 수익력을 회복시키는 것이 회생의 내용이 된다. 채무자가 법인사업자라면 통상은 회생절차 이후에도 채무자가 자신의 사업을 계속하는 경우가 많지만, 채무자의 영업 전부를 양도하는 것과 같이 법인격의 유지·존속과 분리해서 사업의 회생을 도모하는 경우도 있다. 이런 점에서 채무자의 법인격 소멸을 전제로 한 청산형 회생계획의 일반적인 허용성에 대하여는 별도의 검토가 필요하다.

반면, 파산절차는 청산형 절차로 회생이 어려운 채무자의 재산을 공정하게 환가·배당하는 것을 목적으로 한다. '공정하게'는 적정하고 공평하다는 것을 의미한다. 적정이란 환가·배당의 방법에 관한 것으로 이해관계인으로부터 중립적인 절차기관인 파산관재인이 법정의 절차에 따라 자산(파산재단)의 관리·환가 및 채무의 확정을 거쳐 배당을 하는 것이 핵심이다. 공평이란 환가·배당의 기준에 관한 것으로 부인권의 행사를 통하여 사해행위나 편파행위의 효과를 복멸시키고, 상계의 금지를 통하여 파산채권자 사이의 평등을 확보하며, 실체법 질서를 기초로 한 우선순위에 따라 배당하는 것이다. 한편으론 채권자에 대한 총배당액을 증가시키는 것에, 다른 한편으론 각 채권자에 대한 배당액을 평등하게 하는 것에 있다.

개인의 경우 회생절차이건(특히 개인회생절차) 파산절차(개인파산절차)이건 채무자의 경제생활에 있어 회생의 기회를 확보하는 것, 즉 잔존채무의 면책(discharge)도 목적이다. 개인채무자가 과중한 채무의 압박으로 경제생활의 파탄에 이른 경우 채무자에 대하여 면책 및 복권(개인파산절차)이나 면책(개인회생절차)을 통하여 회생의 기회를 확보하는 것이다.[4] 여기서 경제적 생활의 회생이란 채무자가 그 자산과 수입을 기초로 자신과 그 가족의 생계를 유지할 수 있는 상태로 회복하는 것을 의미한다.[5]

2. 파산·회생과 도산

도산상태에 빠진 채무자를 처리하는 방법은 크게 두 가지가 있다. 하나는 채무자의 모든 재산을 환가하여 채권자들에게 나주어 주는 것이고, 다른 하나는 채무자로

4) 독일 도산법 제1조 후문은 이를 명확히 규정하고 있다.

5) 미국 연방도산법의 주요한 목적은 2가지이다. 하나는 채권자에 대한 질서 있고 공평한 변제이고, 다른 하나는 정직하지만 불운한 채무자가 경제적으로 새출발(fresh start)을 할 수 있도록 하는 것이다 {Local Loan Co. v. Hunt, 292 U.S. 234(1934)}.

하여금 사업을 계속하게 하여 장래의 수익으로 채무를 변제하게 하는 것이다. 전자가 파산절차이고 후자가 회생절차이다. 이처럼 파산과 회생은 그 개념에 있어 명확히 구별된다. 그런데 파산(bankruptcy)과 회생(rehabilitation)을 포괄하는 개념으로 '파산' 또는 '도산'이라는 용어가 혼용되어 사용되고 있다.

채무자회생법은 파산과 회생을 명확히 구분하여 사용하고 있고(나아가 편제상 회생절차가 파산절차보다 먼저 규정되어 있다), 제5편(국제도산)에서 양자를 포괄하는 의미로 '도산'이라는 용어를 사용하고 있다(제628조 제2호). 실무적으로도 파산과 회생을 포괄하는 개념으로 도산이라는 용어를 사용하는 것이 일반적으로 정착되었고,[6] 규칙 제8조도 회생과 파산을 포괄하는 개념으로 '도산'이라는 용어를 사용하고 있다. 또한 파산이라는 용어는 회생을 배제하거나 징벌적 의미가 강한 부정적 이미지를 가지고 있다. 이러한 점에서 회생과 파산을 통합하여 지칭하는 용어로 도산이라는 용어가 적절하다.[7]

3. 도산처리제도의 이념

도산절차의 목적은 채무자나 그 사업의 효율적인 회생, 채무자의 재산의 공정한 환가·배당 및 채무자의 경제생활 회생을 위한 기회 확보(면책)로 집약된다(제1조 참조). 이러한 목적을 실현하기 위한 도산절차에 공통하는 지도이념(지도원리)으로 ① 이해관계의 공평한 조정(공평·평등·형평)과 ② 적법절차를 들 수 있다.

가. 이해관계의 공평한 조정(공평·평등·형평)

도산절차는 채권자·주주·지분권자 등 이해관계인의 법률관계를 공평하게 조정함으로써 그 목적의 실현을 추구한다(제1조 참조). 공평의 이념은 채권자 사이와 그 이외 이해관계인 사이에서 달리 적용된다.

(1) 먼저 채권자 사이의 공평에 관하여 본다. 도산절차는 부족한 자산을 어떻게 이해관계인에게 배분하느냐는 점에서 제로섬(zero-sum) 게임이다. 원칙적으로 실체법상 동일한 성질을 가진 채권자에 대하여는 절차적으로도 평등하게 취급하고 (equality of distribution), 다른 성질을 가진 채권자에 대하여는 그 차이에 따라 취급

---

6) 대법원 2015. 5. 28. 선고 2012다104526,104533(병합) 판결 등 참조.

7) 한편 「법원조직법」에서 '회생 및 파산사건'을 전문적으로 다루는 전문법원을 '회생법원'이라 한 것은 도산절차에 대한 부정적 이미지를 해소하여 도산절차 이용을 촉진하기 위하여 긍정적 명칭을 사용한 것이다. 이에 대하여 회생법원이라는 명칭은 회생사건만을 다루는 것으로 오인될 수도 있고, 도산에서 원칙적이고 본질적인 것은 파산절차인데 이를 간과하고 있으며, 제353조 제4항에서 '파산계속법원'이라는 용어를 사용하고 있기 때문에 적절하지 않다는 비판도 있다. 한편 서울회생법원의 영문명칭은 'SEOUL BANKRUPTCY COURT'를 사용하고 있다.

을 달리하는 것이 공평에 합치된다. 다만 실체법적으로는 동일한 성질의 권리라도 채권의 발생원인 등 개별·구체적인 사정을 고려하여 취급에 차이를 두는 것이 형평에 합치되는 경우가 있다(실질적 평등). 이러한 이념이 잘 구현되고 있는 것이 회생절차이다. 제217조, 제218조는 실체법상의 성질이 다른 권리에 관하여는 차등을 두고, 그 이외의 경우에는 평등하게 취급하는 것을 원칙으로 함과 동시에 형평의 이념에 비추어 합리적이라고 인정되는 범위에서 실체법상의 동일한 성질의 권리 사이에 차등을 두는 것도 허용하고 있다.

(2) 다음으로 채권자 이외의 이해관계인 사이의 공평에 관하여 본다. 공평의 이념은 채권자 이외의 이해관계인과 도산절차의 관계에서 중요한 역할을 한다. 예컨대 채무자에 대하여 계약관계에 의한 채무를 부담하는 자의 지위를 고려할 때 도산절차개시에 의해 그 자에게 불측의 손해를 주지 않아야 한다는 점에 주의할 필요가 있는바, 이것도 광의의 공평의 문제에 속한다. 쌍방미이행 쌍무계약에 관계된 상대방의 채무자에 대한 권리를 공익채권(재단채권)으로 인정한 것(제179조 제1항 제7호, 제473조 제7호)은 이것을 잘 나타내고 있다. 또한 도산재단으로부터 특정재산을 환취할 수 있는 자, 즉 환취권자의 범위를 정함에 있어서도 상대방이 도산절차개시 전에 가지고 있는 권리를 제한하는 것이 공평을 해하는 결과에 이르는 것이 아닌지를 고려하지 않으면 안 된다.

나. 적법절차

도산절차도 채무자를 중심으로 한 이해관계인의 권리의무관계를 각 절차에서 제한하고 이해관계인 사이의 이해나 분쟁을 해결·조정하는 절차로서 광의의 민사소송절차에 속한다. 판결절차에 있어서는 기판력 등 판결효력에 구속을 받는 당사자에 대하여 재판자료제출을 위한 공격방어의 기회를 보장한다는 의미에서 절차보장이념이 강조된다. 도산절차는 당사자 사이의 권리의무 확정을 목적으로 하는 것이 아니고, 채무자의 효율적인 회생, 도산재단의 공평한 분배와 채무자의 경제적 회생(면책)을 목적으로 하는 것이며, 그 목적 실현을 위하여 도산관리인이 재산의 관리처분권을 갖고, 절차 진행 중에는 채권자의 권리행사는 제한되며, 나아가 면책이 부여되는 채무에 대하여는 책임이 면제되는 등 채무자나 채권자의 권리에 대하여 다양한 제한이나 변동이 가해진다. 이러한 제한이나 변동은 채무자나 채권자의 의사와 무관하고, 도산절차 내에서 행하여지는 재판의 효과로서 발생하는 것이다. 그래서 판결절차의 경우와 마찬가지로, 재판에 의해 불이익을 받는 자에 대하여 이를 정당화하기에 충분한 주장이나 증명의 기회를 보장할 필요가 있다. 이러한 의미에서 도산절차에 있어서도 적법절차(due process)의 이념이 준수되어야 한다.

미국 연방도산법은 대부분 '통지 및 심문절차를 거친 후(after notice and a hearing)'에만 어떤 행위를 할 것을 요구하고 있다. '통지 및 심문절차를 거친 후'란 「특정 상황에 따른 적절」(appropriate in the particular circumstances)한 통지를 행하고, 「특정 상황에 따른 적절한」 심문의 기회를 부여하는 것을 의미한다(§102(1)(A)). 그렇다고 모든 경우에 통지를 하고 심문이 열려야 하는 것은 아니다. 통지는 '특정 상황에 따른 적절한' 통지를 요구하고 있기 때문이다. 특히 심문절차는 모든 경우에 개최되는 것은 아니다. ① 심문을 요구하는 이해관계인이 없거나, ② 심문을 개최할 충분한 시간적 여유가 없는 경우에는 심문을 하지 않을 수 있다(§102(1)(B)). 도산절차에서 누구에게 통지할 것인지 심문절차를 개최할 것인지는 도산절차 밖에서 확립된 적법절차의 원칙에 따라 판단한다.

미국 연방도산절차는 철저한 통지주의를 채택하고 있어, 법원이 결정을 할 때에는 원칙적으로 채권자 등에게 사전에 통지를 하도록 하고 있다. 우리의 경우 중요한 사항을 제외하고(제19조 제5항, 제40조, 제52조 등), 법원이 결정할 때 이해관계인에게 통지를 하지 않을 뿐만 아니라, 신청대리인이 작성한 서류를 법원이 검토하여 결정을 내리는 것과 대조적이다{채권자 등 이해관계인에게 사건기록의 열람(제28조)이 허용되지만, 실무적으로 거의 허용되고 있지 않다}. 미국 연방도산법이 철저한 통지주의를 채택함으로써 법원 판단의 적절성을 담보하고, 채무자 행위에 대한 정당성의 근거가 된다는 점에서 입법적으로 참고할 필요가 있다.

4. 포괄직 · 집단적 집행절차로서의 도산절차

도산절차는 민사집행법에 의한 강제집행을 바탕으로 한 것으로 본질적으로 집행절차이다. 다만 모든 채권자가 참여하고 채무자의 모든 재산(도산재단)을 집행대상으로 한다는 점에서 포괄적(집단적) 집행절차(Collective Debt Collection)이다.[8)]

도산절차에 의한 채권추심은 일반적인 채권추심절차(민사집행법상의 채권추심절차)와 비교하여 몇 가지 특징이 있다. 도산절차는 집단적 채권추심절차로 채권채무관계의 집단적 해결(채권자들의 집단적 만족)을 목적으로 한다. 일반적인(개별적인) 채권추심절차(강제집행)에서는 채권자 각자가 집행권원에 근거하여 채무자를 상대로 특정재

8) 강제적 집행절차(강제환가절차)에는 ① 민사집행법에 의한 경매절차, ② 체납처분(강제징수)에 따른 공매절차, ③ 도산절차(특히 파산절차)가 있다. ①은 기본적인 집행절차로 집행권원을 얻은 후(또는 담보권 등이 필요) 집행법원이 민사집행법에 따라 진행하는 것이다. ②는 집행권원이 필요하지 않고(자력집행) 과세관청(압류관서)이나 한국자산관리공사가 국세징수법이나 지방세징수법에 따라 진행하는 것이다. ③은 집행권원이 필요 없고 회생법원이 채무자회생법에 따라 진행하는 것이다.

산에 대하여 개별적으로 채권을 추심한다(개별집행).[9] 반면 도산절차에서는 모든 채권자가 집단적으로 추심절차에 참여하고, 개별적인 채권추심은 허용되지 않는다(일반집행, 전체집행). 나아가 채무자의 모든 재산(도산재단)을 대상으로 한다.

집단적 집행절차는 다음과 같은 장점이 있다. ① 채권자들이 경쟁적으로 개별집행을 하지 아니하므로 전략적 비용이 감소한다. 채권자들이 죄수의 딜레마(prisoner's dilemma)에 빠지는 것을 방지한다. ② 도산재단을 해체・청산하지 아니하고 일체로 유지하므로 총재산의 가치를 증대시킨다. ③ 절차비용의 중복지출을 방지한다.

5. 차별적 취급의 금지

도산제도가 법적으로 인정되는 이유는 그것이 사회적으로 바람직하다고 보기 때문이다. 그럼에도 현재 많은 법률에 파산선고를 받은 자나 도산절차를 신청한 자에 대하여 자격이나 영업을 제한하는 등 불리한 대우를 하는 규정들이 있다. 이러한 이유로 도산절차를 적극적으로 이용하지 못하는 상황이 초래되고 있다. 이는 입법정책적으로도 바람직하지 않고 합리적 근거 없이 도산절차를 이용하는 자를 차별하는 것으로 헌법상 보장된 평등권을 침해하는 것이다.

채무자회생법은 도산절차 중에 있는 자들의 생활안정과 경제적 재기를 위하여 도산절차를 이용하고 있다는 것만으로 차별적 취급을 금지하고 있다. 즉 누구든지 채무자회생법에 따른 도산절차 중에 있다는 이유로 정당한 사유 없이 취업의 제한 또는 해고 등 불이익한 처우를 받지 아니한다(제32조의2). 문언상으로는 취업의 제한 또는 해고 등 고용 관련 사안에 대하여 차별적 취급의 금지를 규정하고 있지만, 이는 예시적인 것에 불과하고 자격의 제한이나 박탈을 포함한 일체의 차별적 취급을 금지하는 것으로 해석하여야 할 것이다.[10]

차별적 취급을 금지하는 목적은 차별을 통해 차별을 면하려는 채무자로부터 면책채무를 간접적으로 추심하는 것을 배제함과 동시에, 채무자에게 생계를 유지할 수 있는 길을 보장하기 위한 것이다.

---

9) 개별집행은 해당 채권자만을 위한 것이고(주체의 개별성), 특정재산에 대한 강제집행(객체의 개별성)을 의미한다. 개별집행은 채권자 사이에 불평등이 발생하고, 채권자 재산마다 별도의 강제집행을 해야 하므로 채권자가 알지 못한 재산은 변제재원으로 쓸 수 없다는 문제가 있다.

10) 미국 연방도산법 §525(Protection against Discriminatory Treatment)는 정부기관과 고용주의 차별금지(non－discrimination)를 규정하고 있다. ① 정부기관은 도산사건의 채무자이거나 채무자였다는 이유로 면허, 허가, 인가, 특허 등을 거부・취소하여서는 아니 되고 고용을 거부・종료하여서는 아니 된다. ② 개인기업의 고용주(private employer)는 도산법상의 채무자가 되었거나 채무자였다거나 면책을 받았다는 이유만으로 해고하거나 고용에 있어서 차별할 수 없다. ③ 학생에 대하여 학자금을 융자하는 정부, 기타 그러한 사업자는 도산법상의 채무자나 채무자였다는 이유로 융자 및 보증을 거부할 수 없다.

차별적 취급을 금지하도록 한 것은 도산제도가 징계주의에서 회생주의로 변화하였음을 시사하는 것이다. 또한 이는 현대 도산제도의 이념이라고 할 수 있는 '처벌법에서 구제법으로(from punitive law to relief law)', '청산에서 회생으로(from liquidation to rehabilitation)'를 구현한 것이기도 한다.

6. 도산절차와 채권자평등의 원칙

채권자평등의 원칙이란 성질이 같은 채권이 여러 개 존재하는 경우 그 발생원인, 발생시기의 선후, 금액의 여하를 묻지 않고 모두 평등하게 다루어지며, 특히 어떤 채권자만이 우선적으로 변제받을 수 없는 것을 말한다.

채권은 물권과 달리 동일한 내용의 채권이 복수로 성립할 수 있고, 채무자의 자력이 전체 채권의 실현에 부족한 경우 각 채권자는 평등한 지위에서 각각의 채권액에 비례하여 만족을 받는다. 채권자평등의 원칙은 채권법의 대원칙이다.[11)]

채권자평등의 원칙이 채권법의 대원칙이지만, 실제로 구현되는 곳은 도산절차에서다. 통상의 경우 특정채무의 변제기가 도래하여 이행을 청구할 때, 채무자가 '그 채무만 이행하면, 다른 채권자의 채권 실현에 영향을 미치기 때문에, 채권액에 따른 비율만 변제할 수밖에 없다'고 항변하여도, 그것은 인정되지 않는다. 다른 채권이 어떠하든지 간에 이행을 하지 않으면 채무불이행이 된다. 반면 도산의 경우는 다르다. 도산절차는 채무자의 재산이 모든 채권자들을 만족시킬 수 없다는 것을 전제로 하고, 이 경우 모든 채권자들의 집단적 만족은 집단적 변제를 뜻할 뿐만 아니라 항상 비율적 변제를 의미한다. 집단적 채권회수제도에서는 같은 순위에 있는 채권자는 동등하게 취급한다. 채권은 전액이 아니라 일정 비율만 변제되고, 그 비율은 처분할 수 있는 환가가능재산이 얼마나 되는지에 달려 있다. 채무자회생법은 채권자평등주의(par condicio creditorium)에 기초하고 있고, 이는 채무자회생법의 핵심 개념이다. 즉 모든 채권자들의 변제비율은 차별을 정당화할 만한 특별한 사정이 없는 한 동일해야 한다.[12)]

그렇다면 도산절차에서는 채권자평등의 원칙이 어떻게 실현되는가. 도산절차가 개시되면 채권자는 도산절차에 의하지 않고는 권리를 행사할 수 없다(제131조, 제424조, 제582조, 제600조 제1항 제3호 등). 개별적인 집행이 금지되는 것이다. 동일한 순위의 채권자는 평등하고, 각각 채권액에 비례하여 변제(배당)받는다.

채권자가 도산절차에서 권리를 행사하기 위해서는 원칙적으로 채권신고를 하여야

---

11) 채권자평등의 원칙은 계약자유의 원칙과 더불어 채권법의 대원칙이지만, 현실적으로는 민법 교과서 등에서 잘 설명되고 있지 않다.

12) Reinhard Bork, 2쪽.

하고(개인회생절차에서는 채무자가 개인회생채권자목록을 제출한다), 채권신고에 기하여 도산채권자표가 작성되며, 도산관리인이나 다른 채권자가 이의하지 않으면 채권은 확정된다. 이의가 있으면 채권조사확정재판 등과 같은 집단적 채권확정절차를 거쳐 확정된다. 또한 채권자평등의 원칙이 관철되기 위해서는, 모든 채권이 동일한 조건으로 비교할 수 있는 형태가 되어야 한다. 그렇지 않으면 채권액에 따른 비례 변제는 할 수가 없다. 예컨대 A채권은 소유권이전등기청구권이고, B채권은 10년 후에 변제기가 도래하는 채권이며, C채권은 1년 후에 변제기가 도래하는 해제조건부채권인 경우 어떤 비율로 변제(배분)하는 것이 좋을까. 이를 위해 파산절차와 개인회생절차에서는 현재화, 금전화에 의하여 모든 채권을 동일한 조건으로 변형하여 채권액에 따라 변제(배당)한다(제425조 내지 제427조, 제581조 제2항)(회생절차의 경우는 금전화, 현재화가 일어나지 않지만, 여전히 제218조에 따라 채권자평등의 원칙이 요구되고 있다).

도산절차가 개시되면 도산재단은 중립적이고 신뢰할 수 있는 도산관리인 등에게 맡겨진다{제56조 제1항, 제384조. 개인회생절차의 경우에는 개인회생재단에 대한 관리처분권이 여전히 채무자에게 있다(제580조 제2항)}. 도산관리인 등은 도산재단을 관리하고 처분하여 채권자에게 공평하게 변제(배당)한다.

채권자평등의 원칙에 반하는 불공정한 행위가 있는 경우(편파행위), 도산관리인 등은 채권자취소권보다 강화된 부인권을 소, 부인의 청구, 항변의 형식으로 행사할 수 있다(제105조 제1항, 제396조 제1항, 제584조 제1항, 제2항).

Ⅱ. 도산법과 그 법원(法源)

1. 도 산 법

도산법이란 법률상의 명칭은 아니고 강학상의 명칭이다. 1962년 파산절차를 규정한 파산법, 화의절차를 규정한 화의법, 회사정리절차를 규정한 회사정리법이 순차적으로 제정되었다. 그래서 도산처리제도는 회사정리절차와 화의절차라는 회생형(재건형) 절차, 파산절차라는 청산형 절차가 존재하게 되었다. 이에 따라 이러한 절차들을 도산처리라는 틀에서 체계적으로 파악하려는 도산법이라는 분야가 형성되었다. 그러나 이른바 '도산 3법'은 그 활용도가 높지 않고 주목받지 못하는 분야에 머물러 있었다. 그러다가 1997년 말 외환위기로 국내 경제가 정상적인 기능을 하지 못하게 된 후 부실기업의 회생 또는 퇴출제도로 활용되면서 비로소 관심을 끌기 시작하였다.

2006년 채무자회생법의 제정으로 도산법은 현재와 같이 완전히 확립된 법 분야가 되었다. 채무자회생법은 2005. 3. 31. 법률 제7428호로 공포되었고, 2006. 4. 1.부터 시행되었다. 이후 채무자회생법은 수차례 개정을 거쳐 현재의 모습을 갖추게 되었다. 도산법이라고 함은 일반적으로 채무자회생법을 의미한다(협의의 도산법).

한편 광의의 도산법은 채무자회생법 외에도 기촉법, 예금자보호법 등 채무자의 구조조정과 정리 등을 다루는 모든 법을 말한다. 아래 〈3.〉을 참조할 것.

2. 도산법의 적용대상과 구성

가. 도산법의 적용대상

채무자회생법은 재정적 어려움으로 인하여 파탄에 직면해 있는 채무자에 대하여 적용된다(제1조). 채무자에는 개인과 법인을 포함한다. 사업자이든 비사업자이든 묻지 않는다. 따라서 도산법은 법인격 없는 사단이나 비영리법인에게도 적용된다. 한편 파산절차의 경우 상속재산(제299조 등)이나 유한책임신탁재산(제578조의2 이하)도 그 적용대상이다.

채무자가 '재정적 어려움으로 인하여 파탄에 직면해 있다'는 것은 구체적으로 채무자에게 도산절차개시원인이 있다는 것을 의미한다. 일반적으로 ① 회생절차는 '파산의 원인인 사실이 생길 염려가 있는' 경우이겠지만, 사업자는 '사업의 계속에 현저한 지장을 초래하지 아니하고는 변제기에 있는 채무를 변제할 수 없는' 경우를 말한다(제34조). 또한 ② 파산절차는 파산원인(지급불능, 채무초과)인 사실이 있는 경우이다(제305조, 제306조 제1항). ③ 개인회생절차는 파산원인인 사실이 있거나(제579조 제1호) 그러한 사실이 생길 염려가 있는 경우이다(제579조 제1호).

나. 도산법의 구성

채무자회생법은 6편 660조와 부칙으로 구성되어 있다. 제1편 총칙은 제2편부터 제5편까지 공통으로 적용되는 내용에 관한 것이고,[13] 이후 제2편 회생절차(간이회생절차 포함), 제3편 파산절차, 제4편 개인회생절차를 규정하고 있다. 이들 3가지 도산절차는 상호 독립적인 절차이다. 채무자회생법은 신청하는 채무자의 유형에 따라 도산절차를 위와 같이 3가지 유형을 분류하고 있는데, 이는 채무자의 유형별로 추구하는 목표와 보호하고자 하는 대상이 다르기 때문이다. 제5편 국제도산은 도산사건에 국제적인 요소가 들어있는 사건에 관한 당사자들과 법원의 권리의무를 규정하고, 제6편 벌칙은 채무자회생법에 반하는 행위를 처벌하는 규정이다.

회생절차, 파산절차, 개인회생절차는 기본적으로 절차의 흐름대로 장을 배치하고 절차에 참여하는 주체나 조직이 처음 등장하는 대목에서 그에 관한 규정을 두고 있

13) 제629조 제2항에 따르면 제5편에도 적용된다고 볼 수 있다.

다. 회생절차(제2편)를 파산절차(제3편)보다 앞에 둔 것은 도산법은 가능한 한 채무자를 회생시키는 것이 주목적이기 때문이다. 도산법의 역사는 채무자의 회생을 강조하는 방향으로 진화해 왔다.[14)]

제2편(회생절차), 제3편(파산절차), 제4편(개인회생절차)은 몇 가지 차이점이 있다. ① 제2편(회생절차), 제3편(파산절차)은 개인이나 법인 모두 신청할 수 있으나, 제4편(개인회생절차)은 개인만 신청할 수 있다. ② 제2편 제1장 내지 제8장(회생절차), 제3편(파산절차)은 채무자 본인에 의한 자발적인(voluntary) 신청과 채권자에 의한 비자발적인(involuntary) 신청이 가능하다. 그러나 제2편 제9장(간이회생절차), 제4편(개인회생절차)은 채무자의 자발적인 신청만이 가능하다. ③ 제2편(회생절차), 제3편(파산절차)은 채무자의 업무수행 또는 재산을 관리·처분하기 위한 도산관리인을 선임할 수 있지만, 제4편(개인회생절차)은 채무자 본인에게 업무수행권과 재산의 관리처분권이 있다.

〈제2편(회생절차), 제3편(파산절차), 제4편(개인회생절차) 비교표〉

	제2편(회생절차)	제3편(파산절차)	제4편(개인회생절차)
개인의 신청	○	○	○
법인의 신청	○	○	×
자발적 신청	○	○	○
비자발적 신청	○[간이회생절차 ×]	○	×
도산관리인 선임	○(관리인)	○(파산관재인)	×
도산재단	×(채무자의 재산)	○(파산재단)	○(개인회생재단)

3. 도산법의 법원(法源)

헌법은 최상위 규범으로서 도산절차 해석의 기준이 된다. 도산절차는 재산권 보장 및 그 제한에 관한 헌법 제23조 제1항에 근거하고 있으므로 채무자회생법 및 관련 규정을 해석함에 있어 재산권 보장의 원칙에 부합하도록 하여야 한다. 또한 도산절차에서는 채권자의 재산권이 감축 또는 제한되므로 도산절차를 진행함에 있어 헌법 제27조 제1항의 적법절차의 원칙이 준수되도록 주의하여야 한다.

도산절차에 관한 기본 법률은 「채무자 회생 및 파산에 관한 법률」이고, 그 위임

14) 중국 기업파산법도 회생절차가 먼저 규정되어 있다. 하지만 도산법은 역사적으로 파산절차에서 시작되었고, 원칙적인 절차이다. 회생절차가 먼저 규정됨으로써 조문이 반복되는 문제도 있다. 미국(연방도산법)은 파산절차를 먼저 규정하고 있고, 일본은 「파산법」이 원칙이고, 「회사갱생법」·「민사재생법」은 「파산법」을 준용하고 있다.

에 따라 제정된 「채무자 회생 및 파산에 관한 법률 시행령」, 「채무자 회생 및 파산에 관한 규칙」이 있다. 또한 대법원이 헌법 제108조에 근거하여 제정한 「회생·파산위원회 설치 및 운영에 관한 규칙」이 있다. 재판예규로 「회생사건의 처리에 관한 예규」(대법원 재판예규 제1655호), 「개인회생사건 처리지침」(대법원 재판예규 제1693호), 「개인파산 및 면책신청사건의 처리에 관한 예규」(재판예규 제1805호) 등이 있다.[15]

도산절차에 관하여 채무자회생법에 규정이 없는 때에는 「민사소송법」 및 「민사집행법」을 준용한다(제33조). 민사집행절차와 도산절차는 여러 가지 차이가 있지만 또한 밀접한 관계에 있기도 하다. 도산절차도 기본적으로 법에 따라 채권의 실현을 목적으로 하는 집행절차로서의 성질을 갖고, 최초 제도가 탄생한 원인과 목적은 주로 채권자의 이익을 보호하자는 데 있었으며, 구체적인 절차에서 양자는 공통된 점이 많다. 그래서 채무자회생법에 규정이 없는 때에는 「민사소송법」 및 「민사집행법」을 준용한다고 규정하고 있다(제33조).

한편 금융기관의 도산은 일반 기업의 도산과는 전혀 다른 영향을 미치기 때문에 금융기관의 도산을 예방하고 도산의 우려가 있는 경우 부작용을 최소화할 수 있는 법적 장치를 마련할 필요가 있다. 이에 「금융산업의 구조개선에 관한 법률」은 부실위험이 있는 금융기관에 대해 부실이 확대되기 이전에 금융규제 차원에서 정부가 취할 수 있는 조치와 그 절차를 규정하고 있다. 나아가 위 법률은 금융기관의 도산과 관련한 규정도 두고 있다(제4장). 금융위원회에 금융기관의 파산신청권을 부여하고(제16조), 금융기관 파산시 파산관재인의 추천(제15조), 송달(제17조), 파산절차에의 참가(제22조) 등에 관하여 채무자회생법의 특칙을 규정하고 있다.

또한 예금자보호법은 부실금융회사의 정리 등에 관하여 규정하고 있고(제4장), 예금보험공사가 자금을 지원한 금융기관이 파산한 경우 예금보험공사 또는 그 임직원을 파산관재인으로 선임하도록 규정하고 있다(예금자보호법 제35조의8, 공적자금관리 특별법 제20조).

4. 도산법과 다른 법률의 관계

채무자회생법은 민법 등과 다른 여러 가지 특칙을 규정하고 있다. 예컨대 조세특례제한법(지방세특례제한법) 제3조 제1항에도 불구하고, 채무자회생법은 조세채권을 감면할 수 있고(제140조 제2항) 면책도 할 수 있으며(제251조) 후순위 파산채권(제473조 제2호 괄호)이나 후순위 개인회생채권(제581조 제2항, 제446조)으로 취급될 수도 있

---

15) 이외에 실무적으로 각 법원은 「회생실무준칙」, 「파산실무준칙」, 「개인회생실무준칙」 등을 제정하여 운용하고 있다. 물론 예규나 처리지침, 실무준칙은 본래적 의미의 법원은 아니다(민법 제1조 참조).

다고 규정하고 있다.

그렇다면 채무자회생법과 민법 등과의 관계는 어떠한가. 채무자회생법이 민법 등에 대하여 특별법인가. 채무자회생법에는 민법 등을 배제하거나 배치되는 많은 규정들이 있고, 이들은 당연히 우선 적용된다. 그런 점에서 채무자회생법은 민법 등에 대하여 특별법이라고 할 수 있다. 그러나 채무자회생법의 규정이 항상 우선하는 것은 아니다. 예컨대 쌍방미이행 쌍무계약에 관한 규정(제335조)에도 불구하고, 임차인이 파산한 경우에는 민법 제637조, 사용자가 파산한 경우에는 민법 제663조, 도급인이 파산한 경우에는 민법 제674조, 위임계약에서 당사자 일방이 파산한 경우에는 민법 제690조, 보험자가 파산한 경우에는 상법 제654조가 각 적용된다. 하지만 위와 같은 민법 등의 규정은 넓은 의미에서 도산법에 해당한다. 또한 민법 등은 평상시에 적용되는 일반법이고, 도산법은 비상시를 염두에 둔 특별법이다. 따라서 도산법은 민법 등에 대한 특별법으로서 우선 적용된다고 할 것이다. 넓은 의미에서의 도산법은 민법 등 일반법 위에서 만들어진 것이고, 도산법의 목적이 일반법의 변경을 요구할 때에만 도산법은 이를 변경한다.

미국에서도 연방도산법과 일반법(nonbankruptcy law)이 충돌하는 경우 어느 법이 우선하는지에 대한 논쟁이 있었다. 연방대법원은 Butner v. United States 사건에서 "연방의회(Congress)는 도산재단에 속하는 재산에 대한 결정권은 주법(state law)에 남겨두었다. 재산권은 주법에 따라 창설되고 정의된다. 연방이 다른 결과를 요구하지 않는 한, 단순히 이해관계자가 도산절차에 개입되었다는 이유만으로 그의 권리가 다르게 해석되어야 할 이유는 없다"고 판시하였다. 이는 연방도산법은 일반법을 기반으로 한 법으로 연방도산법에서 특별히 다르게 규정하지 않는 한 도산절차는 일반법상의 권리를 그대로 존중하여야 한다는 것을 의미한다. 이를 Butner 원칙(Butner Principle)이라 한다.[16)]

5. 미국, 독일, 일본의 도산법(도산절차)

도산제도는 인간의 역사와 함께 오래전부터 어떠한 형태로든 존재하였다. 로마법 이래 도산절차는 지급해야 할 채무를 지급할 수 없는 채무자에 대한 제재의 한 방법으로 제도화되었다. 그 절차가 파산절차로 되었다. 이러한 파산절차의 사고방식은 대륙법 여러 나라에 있어 보편화되었고, 징계주의라고 한다. 이에 대하여 영미법 여

16) Douglas G. Baird, 4~5쪽. 도산관리인 등은 도산재단에 대한 관리처분권이 있지만, 일반법에 부합하게 행위하여야 한다. 관리인은 채무자의 공장을 마약을 제조하기 위하여 사용할 수 없으며, 채무자의 재산에 오염물질을 투기하여서도 안 된다. 이는 도산법에 이들을 금지하는 규정이 있어서가 아니라 도산절차 외부에서(일반법에서) 이러한 행동은 불법이기 때문이다.

러 나라, 특히 미국은 채무자가 경제적으로 파탄되었다고 하여도 채무자의 잘못은 아니고, 오히려 채무자를 경제활동의 파고에 농락된 피해자로 인식되었다. 이러한 피해자인 채무자에 대하여 다시 일어설 수 있는 기회, 새출발의 기회 부여, 경제활동에 들어올 수 있는 절차로서 파산제도가 이해되었다. 이러한 사고방식을 회생주의라 한다.

1970년대 이래 여러 나라에서는 도산법제를 근본적으로 개혁하려는 움직임이 활발하였다. 그리하여 대륙법에서도 회생주의적 사고방식의 영향을 강하게 받아, 회생형 도산절차나 개인채무자의 면책을 위한 절차가 차례로 창설·정비되었다. 그 결과 대륙법과 영미법의 도산절차는 상당한 정도로 유사하게 되었지만, 아직 간과할 수 없는 기본적인 차이가 있다는 것도 부정할 수 없다.

여기서는 현대 도산법에 커다란 영향을 미치고 있는 미국을 비롯하여, 대륙법의 대표격인 독일, 우리나라 도산법 이해에 도움을 줄 수 있는 일본의 도산절차에 관하여 개략적으로 살펴보고자 한다. 이들 나라들의 도산법제 중에는 우리에게 참고가 되는 부분도 있다.

가. 미 국

미국의 도산절차에 관한 기본법은 연방도산법(Bankruptcy Code, 11 U.S.C.)이다. 미국 연방도산법은 파산절차(Liquidation, 제7장), 회생절차(Reorganization, 제11장), 지방자치단체의 채무조정절차(Adjustment of Debts of a Municipality, 제9장), 정기적연 수입이 있는 가족농업인의 채무조정절차(Adjustment of Debts of a Family Farmer with Regular Annual Income, 제12장), 정기적인 수입이 있는 개인의 채무조정절차(Adjustment of Debts of an Individual With Regular Income, 제13장), 국제도산절차(제15장) 등을 규정하고 있다. 이들 절차는 모두 채무자 회생주의의 사고방식이 짙고, 특히 제7장 절차에서의 면책이나 제11장 및 제13장 재건형절차에서는 이러한 점이 잘 표현되어 있다. 미국 연방도산법의 가장 특징적인 점으로 조기 신청, 철저한 DIP제, 채권자의 주도성(법원·감독기관의 임무에 한정) 등을 들고 있다.

하나의 연방도산법 안에 여러 가지 절차를 규정하고 있지만, 절차의 개시를 일원적으로 신청할 수 있도록 하고 있지는 않다. 개인은 제7장 절차나 제13장 절차를, 법인은 제7장 절차나 제11장 절차를 신청할 수 있다. 제출되는 신청의 종류는 신청인이 추구하는 목적에 따른다. 다만 미국 연방도산법은 각 절차 사이의 전환(conversion)을 광범위하게 인정하고 있다(§706, §1112, §1208, §1307).[17]

---

17) Douglas G. Baird, 17~18쪽. 채무자회생법은 견련파산을 인정하고 있다(제6조 참조). 다만 파산신청

미국에서는 도산절차(제11장 절차)가 기업의 경영전략의 일환으로 이용되고 있다. 사업의 정체상태에 빠진 기업으로서 사업재편이나 사업양도를 원활하게 추진하기 위하여, 도산절차를 이용하는 것이 여러 가지 점에서 유리하다. 도산절차의 개시요건으로 채무자가 신청한 경우에는 도산절차개시원인(지급불능 등)을 요하지 않고, 신청에 의해 절차가 개시되며, 이와 함께 채권자 모두의 추심행위가 자동적으로 정지된다(automatic stay). 그리고 절차가 개시되어도 채무자는 원칙적으로 사업의 경영권을 잃지 않고, 점유채무자(DIP)로서 권한을 행사한다. 이와 같이 미국의 도산절차는 채무자에게 매우 유리한 제도이지만, 채권자의 이익보호도 꾀하기 위하여, 이것을 보충하고 있는 것이 채권자의 주도성이다. 각 사건에서 원칙적으로 채권자위원회가 조직되고, 절차상의 중요한 사항에 대하여는 채권자위원회의 동의가 필요하도록 했다. 따라서 점유채무자(DIP)는 절차의 단계마다 채권단과 교섭하면서 절차를 진행하고, 법원은 채무자·채권자 사이에 다툼이 발생하는 경우 중립적인 역할에 집중하는 구조이다. 최근에는 절차개시 전에 채무자와 채권자단에서 충분한 조정·대화를 한 후 제11장 절차를 신청하는 프리패키지형 내지 프리네고시에이트형 절차가 늘어나고 있다. 특히 대기업에 대해 신청 후 바로 사업양도를 하여 회생을 도모하는 사례가 각광을 받고 있고, 2009년 GM(제너럴모터스)이나 크라이슬러 재건에도 적용되었다.

소비자도산(개인도산)절차로 미국 연방도산법은 청산형인 제7장 절차(파산절차)와 회생형인 제13장 절차(개인회생절차)를 가지고 있다. 개인이 이용하는 도산을 일반적으로 소비자도산(Consumer Bankruptcy)이라 한다. 제13절차는 절차개시 후 일정기간 채무자 수입 등을 변제재원으로 채무의 일부를 변제하고 나머지 채무의 면책을 받는 것이다(이 제도는 우리나라 개인회생절차의 모델이 되었다). 그러나 자산이 없는 채무자로서는 제13장 절차를 이용하는 인센티브가 없다. 그래서 가장 큰 문제는 제7장 절차와 제13장 절차의 구분이다. 일정한 수입이 있어 채권자에게 일정액의 변제가 가능한 채무자에게는 제7장 절차의 신청을 각하하고, 사실상 제13장 절차의 이용이 강제되는 것으로 구상한 것이다. 이에 대하여는 미국 도산제도의 전통인 채무자 회생의 이념에 반한다는 비판도 매우 강하게 있지만, 2005년에는 이러한 흐름에 따라 일정한 변제능력이 있는 경우에는 제7장 절차의 신청을 남용한다고 추정하여, 사실상 제13장 절차로 유도하는 것으로 연방도산법의 개정이 있었다.[18]

또는 파산선고가 있은 후에 상속이 개시된 때(채무자가 사망한 때)에는 파산절차는 상속재산파산절차로 전환된다(제308조).

18) 2005년 10월 17일 "파산남용방지 및 소비자보호법(Bankruptcy Abuse Prevention and Consumer Protection Act of 2005, 일반적으로 'BAPCPA'라 부른다)"이 발효되어 시행되었다. BAPCPA는 은행업계의 로비로 통과된 것이었다. BAPCPA는 도산절차남용[채무자들이 수입 중 일부를 채권자에게 변제

나. 독 일

1999년 1월 1일부터 시행된 독일의 도산법(Insolvenzordnung)은 도산절차에 관한 단일한 법일 뿐만 아니라 도산절차의 개시를 일원적으로 신청할 수 있도록 절차를 일원화하였다. 채무자는 절차개시 신청 시 파산절차나 회생절차를 선택할 필요 없이 일원적으로 법원에 도산절차개시를 신청하면 된다. 법원은 도산절차개시 후 보고기일 채권자집회에서 도산절차를 파산절차로 진행할 것인지 회생절차로 진행할 것인지, 아니면 양도에 의한 회생절차로 진행할 것인지를 결정한다.[19] 구체적으로 소형사건을 제외하고 원칙적으로 도산관리인이 선임되고, 청산할 것인지 회생할 것인지 등 절차상의 중요한 사항에 대하여는, 최종적으로 도산계획의 형식으로 도산관리인에 의해 제시되고, 채권자집회의 다수결에 의해 결정되는 것으로 하고 있다(도산계획안이 제출되지 않을 때에는 청산이 행해지는 것으로 되는 것이다).

독일의 도산법은 시행 이후 기업의 회생에 효율적이지 못하다는 지적이 있었다. 즉 회생법으로서의 도산법은 개선이 필요하다는 문제의식이 있었다. 이에 2011년 「기업정리절차 간소화를 위한 법률(또는 기업회생의 추가 원활화를 위한 법률)」(Gesetz zur weiteren Erleichterung der Sanierung von Unternehmen, ESUG)을 통해 도산법을 큰 폭으로 개정하였다. 개정의 주된 내용은 ① 관리인(Insolvenzverwalter)의 선임에 대한 채권자의 영향력 강화, ② 자기관리제도(Eigenverwaltung)의 강화와 보호막절차(Schutzschirmverfahren)의 신설, ③ 도산계획절차의 확장, ④ 도산법원관할의 집중 등이다.[20]

자기관리제도는 우리나라의 기존경영자 관리인 제도와 유사한 것으로, 채무자는 감독인의 감독 아래 도산재단을 관리하고 처분할 권한을 가진다(§270(1)). 보호막절차는 도산절차 개시신청이 있는 경우 법원이 절차 개시결정시까지 최대 3개월 동안 채권자들의 권리행사를 금지하고, 채무자는 그 기간 동안 회생계획안을 작성하여 법원에 제출할 수 있는 제도이다. 우리나라의 사전회생계획안 제출제도와 유사하다.

할 수 있음에도 채무를 면책받기 위하여 제13장에 따른 절차(개인회생절차) 대신 곧바로 제7장 절차(개인파산절차)를 이용하는 것] 방지에 초점을 두고 개인파산절차에서 재산심사제[변제자력평가제도](Means Test), 신용자문제도(Credit Counseling) 등을 도입하였다. 재산심사제[변제자력평가제]에 의하면, 개인채무자의 총소득이 각 주별 중위소득액을 초과하면서, 소득에서 일정 지출을 공제하여 산정한 가처분소득이 정해진 기준을 초과하는 경우 제7장 절차를 이용할 수 없게 되었다. 이로 인해 미국 연방도산법은 더욱 복잡해졌고, 작성하여야 할 서류는 그 양이 어마어마하게 늘었으며, 이로 인해 파산신청비용도 대폭 증가하였다고 한다. BAPCPA이 발효된 이후 파산신청은 대폭 감소되었다{엘리자베스 워렌(박산호 옮김), 싸울 기회(A Fighting Chance), 에쎄(2015), 138~142쪽}. 엘리자베스 워렌은 BAPCPA의 시행으로 파산이라는 사회안전망에 큰 구멍이 났다고 비판했다.

19) 양형우, “독일 통합파산법에 관한 소고”, 법조(1998. 12.), 253~254쪽, Reinhard Bork, 12쪽.

20) 김경욱, “독일 도산법상 자기관리제도의 개정과 보호막절차의 도입”, 경영법률 23권 1호, 한국경영법률학회(2013), 396~397쪽.

법원은 기간 경과 후 도산절차개시 여부를 결정하고, 절차가 개시될 경우 당해 계획안에 대한 의결 및 인가절차를 거치게 된다.

기업회생제도와 관련하여 독일은 ① 미국과 달리 구제의 문화(rescue culture)에 익숙하지 않고, ② 도산절차를 채권자의 권리실현절차라는 관점에서 바라보며, ③ 채권자의 도산절차 참여권이 강조된다는 점이 특징적이다.[21)]

소비자도산(개인도산)에 대하여는 면책절차를 도입하였다. 징계주의 전통이 짙은 독일에서는 종래 채무자에게 화의신청이 허용되었지만, 그 경우에도 35%의 변제율을 달성하지 않는다면 면책은 인정되지 않아 실제로는 거의 이용되지 않았다. 현행법은 채권자의 다수결에 기하지 않은 면책을 도입하였지만, 여전히 그 요건은 엄격하다. 채무자는 수탁자에게 도산 후 6년간 급여채권의 압류 가능 부분을 양도하여야 하고(제287조 제2항), 수탁자는 이것을 채권자에게 배당한다(제292조 제1항). 그리고 그 6년간 채무자는 자기의 능력을 활용한 직업 활동에 종사하는 노력의무를 부담하고(제295조 제1항 제1호), 이 기간이 경과하여야 비로소 면책을 받을 수 있다. 이 점은 면책의 남용이 강조되고, 계약은 지켜져야 한다는 채무자의 모럴을 중시한 결과였다. 다만 2014년 개정에 의하여 면책부여의 요건은 약간 완화되었다. 절차비용이 지급되었고 ① 35%의 변제가 되었다면 3년이 경과한 경우나 ② 채권양도기간의 5년이 경과한 경우 면책 부여의 재판을 하도록 함으로써 면책취득을 위한 기간이 단축되었다(제305조 제1항 제2호, 제3호).

현재 독일 도산법은 전체 13편으로 구성되어 있는데,[22)] 단일한 절차의 진행을 원칙으로 하면서도 회생형 절차로서 도산계획(제6편), 동일한 기업집단에 속하는 채무자들의 절차 조정(제7편, 기업집단의 조정), DIP를 인정하는 자기관리절차(제8편), 면책(제9편), 소비자도산절차(제10편), 상속재산도산절차 등 특별한 절차들(제11편) 및 국제도산(제12편)을 함께 규정하고 있다. 도산법의 목적은 순수하게 재산지향적인 절차 내에서 실체법상의 책임질서를 실현하는 것이다.[23)]

다. 일 본

연혁적으로 일본 도산법의 시작은 독일 도산법의 영향을 받아 제정되었지만(1922년 파산법), 이후 미국 연방도산법을 참고하여 면책제도, DIP형 회생절차 등 많은 제도들이 도입되었다. 현재의 일본 도산법은 미국 연방도산법이 큰 영향을 미쳤다. 특

---

21) Reinhard Bork, ⅳ쪽.

22) 제1편과 제2편은 총칙, 제3편은 도산절차개시의 효과, 제4편은 도산재단의 관리 및 환가, 제5편은 도산채권자에 대한 변제에 관하여 각 규정하고 있다. 제13편은 법률의 시행에 관하여 규정하고 있다.

23) Reinhard Bork, 8쪽.

히 회생형 절차인 회사갱생법, 민사재생법은 모두 미국 연방도산법을 모델로 한 것으로, 연방도산법은 일본의 회생형 도산절차의 모법이라고 해도 과언이 아니다.

일본은 현재 파산절차에 관한 파산법, 회생절차에 관한 일반법으로 민사재생법, 대규모 주식회사의 회생절차에 관한 회사갱생법이라는 복수의 도산법제를 가지고 있다. 각 법은 각각의 절차를 규정하고 있으므로 도산절차의 일원화는 이루지 못하고 있다. 민사재생절차는 중소기업에 적합한 절차라고 할 수 있으나, 회사갱생절차가 기존경영자의 퇴진을 전제로 하고 있는 반면, 민사재생절차는 기존경영자 관리제도를 기본으로 하고 있어 실제에 있어서는 비교적 대규모 주식회사도 민사재생절차를 이용하고 있다.

민사재생절차의 특징으로 먼저 DIP형 절차를 채택하였다는 것이다. 미국 연방도산법 제11장 절차를 모델로 도산관리인을 선임하지 않고 채무자가 자신이 주체가 되어 재생절차를 진행한다. 대신 감독위원이 채무자의 일정한 행위에 대한 동의, 업무와 재산관리에 대한 상황보고, 부인권 행사, 인가 후 재생계획 수행을 감독한다. 다음으로 절차가 간이하고 신속하다는 점이다. 이를 위해 도산채권의 범위를 축소하여 담보권과 일반우선채권을 재생절차에 편입하지 않았고 담보권자는 별제권을 가진다.

회사갱생절차는 민사재생의 특별절차로 주식회사만을 대상으로 한다. 회사갱생절차는 도산관리인을 선임하는 관리형 절차이다. 담보권자도 갱생담보권자로서 절차에 편입되어 권리행사가 금지된다. 회사갱생절차는 엄격하고 강력한 절차이나 그로 인하여 시간과 경비가 많이 드는 문제가 있다.

Ⅲ. 도산절차의 구조와 진행 과정

1. 도산절차의 구조

가. 도산절차의 유형

도산절차는 절차의 목적 또는 형태에 따라 그 유형을 나눌 수 있다. 도산절차의 유형은 이해관계인이나 국가의 입장에서 중요한 의미를 갖는다. 이해관계인의 입장에서는 도산절차의 개시[24]가 법원의 직권으로 이루어지는 예외적인 경우(견련파산)를

24) 파산의 경우는 '파산절차개시'가 아니라 '파산선고'이다(제310조 참조). 파산선고는 부정적 의미가 강하고, 정적인 개념이며, 회생절차(개인회생절차)와 용어의 일관성 측면에서 파산의 경우에도 '파산절차개시'라는 용어를 사용하는 것이 바람직하다. 또한 채무자회생법 제3편 제1장의 제목에서는 '파산절차의 개시'라는 용어를 사용하고 있음에도 본문에서는 '파산선고'라는 용어를 사용하고 있는데, 통일이 필요하다. 일본의 경우 현행 파산법 시행 전에는 파산선고라는 용어를 사용하였지만 현재는 파산절차개시라는 용어를 사용하고 있다. 미국의 경우 1978년 연방도산법을 개정하면서 종전의 '파산자(bankrupt)'

제외하고 원칙적으로 이해관계인에게 도산절차개시신청권을 부여하고 있으므로 개시되는 절차를 선택할 수 있다는 점에서 중요한 의미가 있다. 제도를 운영하는 국가의 입장에서는 절차 사이의 기능 분담을 적절히 하고 한정된 사법자원을 효율적으로 활용하여야 할 필요가 있다는 점에서 역시 중요한 의미가 있다.

이러한 점에서 그 목적과 형태에 따라 복수의 도산절차를 두는 것이 합리적인지, 복수의 절차를 두는 경우에도 그 절차 상호간의 관계를 어떻게 설정할 것인지를 검토해 볼 필요가 있다.

(1) 복수 절차형과 단일 절차형

도산절차의 목적(회생인지 청산인지), 채무자가 법인인지 개인인지와 같은 채무자의 속성, 도산절차개시 후 채무자에게 재산(도산재단)에 대한 관리처분권이 존속하는지, 채무자의 채무 규모가 어느 정도인지 등에 대응하여 여러 가지 도산절차를 두고, 원칙적으로 채무자 등 이해관계인이 그 절차를 선택할 수 있도록 하는 것을 복수 절차형이라 한다.

이와 달리 그 목적 등을 묻지 않고 일체화된 도산절차를 두어 도산절차개시 후 법원 또는 이해관계인이 파산(청산) 또는 회생을 할 것인지, 채무자의 재산(도산재단)에 대한 관리처분권을 인정할 것인지 등을 결정하는 제도를 단일 절차형이라 한다. 이는 도산상태라는 혼란기에 어떠한 절차를 선택할 것인지에 대하여 적절한 판단을 하는 것이 곤란하고, 어떠한 절차를 선택할 것인지를 고민하는 동안 재산이 공중 분해되어 회생이 어렵게 될 우려가 있기 때문에 도산절차를 일원화할 필요가 있다는 것을 근거로 한다.

우리나라의 경우 절차의 목적, 채무자의 속성, 관리처분권의 존속 여부에 따라 회생절차(간이회생절차)(제2편), 파산절차(제3편), 개인회생절차(제4편) 등 여러 절차를 두고, 채무자 등이 상황에 따라 이를 선택할 수 있도록 하고 있다. 이러한 점에서 복수 절차형이라고 할 수 있다.

(2) 청산형 절차와 회생형 절차

도산절차는 그 목적에 따라 청산형(Liquidation type) 절차와 회생형(Reorganization type) 절차로 나눌 수 있다.

청산형 절차는 채무자의 모든 재산을 현금화하여 채무를 변제하는 것을 목적으로

로부터 '채무자(debtor)'로, '파산선고(adjudication)'로부터 '구제명령(order for relief)'으로 용어를 변경하였다. 우리도 채무자회생법을 제정하면서 종전의 '파산자' 대신에 '채무자'라는 용어로 바꾸었다.

하는 절차로, 인적·물적 자원을 구성하는 채무자의 총재산을 해체하여 이를 양도하고 그 청산가치를 채권자에게 배분(배당)하면서 채무자의 경제활동은 종료되는 절차이다. 파산절차가 여기에 속한다.[25] 채무자는 채권자에 대하여 평등한 만족을 보장하기 위하여 파산선고 당시 가진 모든 재산을 채권자를 위한 책임재산(파산재단)으로 제공하여야 한다. 법인의 경우 청산형 절차에서는 법인격이 소멸하기 때문에 제공된 재산으로 변제하고 남은 채무는 당연히 소멸한다. 반면 개인의 경우에는 파산선고 이후에도 노동 내지 사업을 통하여 새로운 재산이 창출될 수 있기 때문에 파산절차에서 변제(배당)하고 남은 채무의 책임을 둘러싼 문제가 남는다. 그래서 개인파산절차에서는 면책제도를 둔 것이다. 개인파산절차에서는 재산관계의 청산과 함께 면책제도가 추가되어야 완전한 것이 된다.

회생형 절차는 채무자의 재산을 기초로 경제활동을 계속하면서 수익을 실현하여 채권자에게 계속기업(사업)가치를 금전이나 지분으로 배분하는 절차로, 채무자의 채무 전부 또는 일부를 여러 번에 나누어 변제한다. 회생절차(간이회생절차) 및 개인회생절차가 여기에 속한다. 회생형 절차는 가능한 한 최대한도 내에서 채무를 상환하되, 채무자 또는 그 사업의 회생을 목적으로 하므로 일부 채무는 면제(Discharge)하고 일부는 회생(변제)계획에 따라 상환해 나가도록 한다.

한편 청산형 절차와 회생형 절차의 구별은 채무자를 경제활동의 주체로만 보고 있는 것이다. 따라서 법인, 특히 주식회사 등과 같은 영리법인의 경우에는 그 구별이 타당하지만, 개인의 경우에는 양자의 구별이 선명하지 않다. 왜냐하면 개인은 경제활동의 주체임과 동시에 생활의 주체이기도 하므로 비록 경제활동이 파탄된 경우에도 생명, 자유, 행복추구권은 보장되어야 하기 때문이다(헌법 제10조 참조).

도산법의 역사를 보면 초기에는 청산형 절차인 파산절차만 있었다. 그러다가 기업채무자의 파산에서 회생이라는 개념이 도입되면서 채권자와 채무자 사이의 자율적인 채무조정을 도산절차 내로 흡수한 화의절차가 만들어졌고, 이어 대규모 기업 채무자의 회생절차가 형성되었다. 이처럼 도산절차는 청산에서 회생으로 패러다임의 전환(진화)이 있었고, 회생의 패러다임에 있어 일자리 유지, 거래의 유지 등은 회생절차에 의한 재산권 침해를 정당화시키는 중요한 요인이 된다.

청산형 절차와 회생형 절차의 구별은 유동적인 것이다. 청산형 절차를 대표하는

---

25) 개인에 대한 파산절차에서 파산선고 당시의 재산(파산재단)은 채권자들에게 배당하고, 파산선고 이후의 재산(신득재산)은 채무자가 새로운 출발을 하기 위한 자원으로 활용된다. 회생절차에서는 원칙적으로 장래에 벌어들일 수입(소득)이 변제재원이 된다. 회생절차에서는 회생절차개시 당시 가진 채무자의 재산은 원칙적으로 회생을 위한 기본원천이 될 뿐 환가의 대상이 되지 않는다. 물론 비업무용 재산과 같은 것은 환가하여 변제재원으로 사용할 수 있다.

파산절차에 있어서도 영업계속의 여지가 인정되고(제486조, 제489조 제1호), 파산관재인으로서도 재산관리의 방법으로 영업을 계속하고, 파산재단을 증식시키는 것에서 나아가 영업을 양도할 수도 있다(제492조 제3호). 반대로 회생절차의 경우에도 청산을 내용으로 하는 회생계획안을 제출할 수 있고(제222조), 회생절차개시신청의 기각결정 등이 확정된 경우에는 파산선고를 할 수 있도록 하거나 회생계획인가 후에 폐지가 확정된 경우에는 필요적으로 파산선고를 하도록 하고 있다(제6조 제1항, 제2항, 견련파산).

채무자회생법은 회생을 중시하여 그 편제를 회생절차(제2편), 파산절차(제3편)의 순서로 하고 있다.[26]

(3) 관리형 절차와 DIP형 절차

도산절차는 절차의 형태에 따라 채무자의 재산·사업에 대하여 도산절차개시에 의해 관리처분권을 채무자가 상실하고 관리 등을 담당하는 제3자(도산관리인)를 선임하는 관리형 절차와 채무자 스스로가 재산·사업의 관리처분권을 도산절차개시 후에도 원칙적으로 유지하는 DIP(Debtor In Possession, 점유채무자)형 절차가 있다.

관리형 절차로는 파산절차가 있고, DIP형 절차로는 개인회생절차가 있다. 회생절차의 경우 제3자를 관리인으로 선임할 경우에는 관리형 절차라고 볼 수 있지만, 기존경영자를 관리인으로 선임하거나 기존경영자를 관리인으로 보게 되는 경우에는 DIP형 절차에 가깝다고 할 것이다.[27]

(4) 재판상의 절차와 재판외의 절차

회생절차, 파산절차 및 개인회생절차로 대표되는 재판상의 절차는 엄격한 방식으로 인해 당연히 시간이 필요하고, 절차비용도 만만치 않다. 무엇보다 부채액이 크고 채권자 수가 많으면 재판상의 엄격한 절차에 의하는 것은 큰 이점이 있다. 다른 한편 이러한 비용이나 시간이 큰 부담이 되는 경우에는 재판상 절차에 의하지 않고, 도산처리를 가능한 한 이해관계인의 협의에 맡기는 방식에 의하는 것이 좋다. 이러한 방식을 총칭하는 것이, 법원이 관여하지 않는 사적정리라고 부르는 방식이다. 기

---

26) 채무자회생법이 회생절차를 파산절차보다 먼저 규정한 것에 대하여 다음과 같이 설명한다. 도산실무에서 채무자들이 도산절차 자체를 기피하는 현상이 큰 문제이다. 재무상태가 덜 악화되었을 때 도산절차에 들어와야 회생의 가망성과 변제율이 높아지는데 도산절차에 대한 여러 가지 부정적 생각 때문에 그러지 못한다는 것이다. 그래서 채무자가 좀 더 편안하게 회생절차를 신청할 수 있도록 도산법을 설계할 필요가 있었고, 그 결과 회생절차를 전면에 배치한 것이다. 즉 도산법에서 회생절차를 강조한다는 메시지를 시장에 주고자 한 것이다(법무부 해설서, 50~51쪽).

27) DIP를 채무자 자체라고 이해할 경우 회생절차도 관리형 절차라고 할 수 있다.

촉법에 의한 공동관리절차(관리절차)나 자율협약에 따른 구조조정이 여기에 해당한다.

나. 도산절차의 일원화

채무자는 여러 가지 도산절차 중에서 자신의 처지에서 가장 적절한 절차를 선택할 필요가 있다. 그러나 현실적으로 도산상태에 직면한 채무자는 정신적으로 불안하거나 의사결정이 쉽지 않기 때문에 가장 최적의 절차를 선택하는 것이 어려울 수 있다. 이러한 점에서 도산절차를 일원화할 필요가 있다(엄밀히 말하면 도산절차개시신청의 일원화가 필요하다)는 주장이 제기되고 있다.[28] 이론적으로는 도산절차의 입구를 하나로 하되 그 결과(출구)를 다양하게 진행하는 것이 이상적이다. 즉 부실한 채무자가 도산절차개시를 신청하면 법원은 채무자에 대해 최적의 절차를 선택해주는 방법이다.

채무자회생법은 하나의 법률에서 회생절차(간이회생절차), 파산절차, 개인회생절차를 규정하고, 신청인이 그중 어느 절차를 이용할 것인지를 선택하여 신청하도록 하고 있다. 이러한 점에서 미국의 연방도산법, 일본의 도산3법 및 중국의 기업파산법과 유사하다. 결국 채무자회생법은 신청에 있어 일원화(하나의 입구와 여러 개의 출구)를 이루고 있지 못하다. 반면 독일, 프랑스, 스페인 및 러시아는 도산절차의 일원화를 이루고 있다.

2. 도산법상의 도산절차

가. 도산절차의 유형

채무자회생법은 단일 법률 하의 복수 절차형 법제를 채택하여 아래에서 보는 바와 같이 크게 몇 가지 도산절차를 규정하고 있다. 복수의 도산절차를 하나의 법률에서 규정할 것인지 아니면 별도의 법률에서 규정할 것인지는 입법정책의 문제이나, 단일한 법률을 지향하는 것이 세계적인 추세다. 단일한 법률에서 규정하는 것이 절차를 이용하는 사람들에게도 편리하고, 절차 간 이동(전환)에도 유리하다.

---

28) 도산절차가 일원화되어 도산절차개시가 신청된 이후 청산형 절차와 회생형 절차를 밟을 수 있다면 어떠한 방식으로 이를 선택할 것인가. 이에 관하여 채권자들 스스로 어떤 절차를 밟을 것인지를 결정하는 것이 사적자치의 원칙에 부합하지만, 실무적으로 채권자집회(관계인집회)나 채권자협의회가 제대로 기능을 하고 있지 못하므로 채권자들의 의견을 반영하여 법원이 결정하는 방식이 될 것이다. 일원화를 채택하고 있는 독일의 경우 법원이 결정한다.

개인채무자	파산절차	청산형
	개인회생절차	회생형
	회생절차(주로 무담보채무 10억 원 초과 또는 담보채무 15억 원 초과인 경우)[29]	회생형
소액영업소득자[30]	간이회생절차	회생형
법인[31]채무자	파산절차	청산형
	회생절차	회생형

(1) 회생절차 · 간이회생절차

(가) 회생절차

회생절차는 재정적 어려움으로 파탄에 직면해 있는 채무자에 대하여 채권자, 주주 · 지분권자 등 여러 이해관계인들의 법률관계(채권채무, 자본구조)를 조정하여 채무자 또는 그 사업의 효율적인 회생을 도모하는 것을 목적으로 하는 제도이다(제1조). 법인 및 개인회생절차를 이용할 수 없는 일정 규모를 넘는(무담보채무 10억 원 초과 또는 담보채무 15억 원 초과) 채무를 부담하는 개인에게 적용되는 회생형 절차이다.

채무자회생법 제2편 제1장 내지 제8장에서 규정하고 있다.

회생절차는 도산채권자들의 동의(가결)를 받아야 하고 법원으로부터 회생계획인가를 받아야 하기 때문에, 다른 어떤 도산절차보다 시간이 오래 걸리고, 복잡하며, 비용이 많이 든다.

(나) 간이회생절차

간이회생절차란 소액영업소득자를 대상으로 상대적으로 비용이 저렴하고 신속하게 진행하는 간이한 회생형 절차를 말한다. 법인과 개인 모두에게 적용된다. 회생절차는 복잡하고 비용이 많이 들어 중소기업에 적합하지 않다는 비판이 있어 2015. 7. 1. 새로이 도입한 것이다.

영업소득자란 부동산임대소득 · 사업소득 · 농업소득 · 임업소득, 그 밖에 이와 유사한 수입을 장래에 계속적으로 또는 반복하여 얻을 가능성이 있는 채무자를 말한다(제293조의2 제1호).[32] 소액영업소득자란 간이회생절차 신청 당시를 기준으로 회생

29) 실무적으로 '일반회생'이라 부르고 있다.
30) 개인과 법인을 모두 포함한다.
31) 법인격이 없는 사단이나 재단 등을 포함하는 개념이다.
32) 법 조문상 급여소득자는 제외되는 것으로 해석된다(제579조 제2호, 제3호 참조). 다만 실무적으로는 급여소득자도 일반회생사건으로 처리하되, 조사위원을 법원사무관으로 선임하는 등 실질적으로 간이

채권 및 회생담보권 총액이 50억 원 이하인 채무를 부담하는 영업소득자를 말한다(제293조의2 제2호, 시행령 제15조의3).

간이회생절차는 회생절차와 달리 채무자(소액영업소득자)만 신청할 수 있다.

채무자회생법 제2편 제9장에서 규정하고 있다. 간이회생절차는 기본적으로 회생절차이므로 제2편 제9장의 규정을 적용하는 것 외에는 제2편 회생절차의 규정을 적용한다(제293조의3 제1항).

(2) 파산절차

파산절차는 채무자에게 파산의 원인이 있을 때 파산선고를 하고, 채권조사절차를 거쳐 채권자의 권리를 확정한 다음 채무자 재산을 환가하여 분배(배당)하는 청산형 절차이다. 개인과 법인에 모두 적용된다. 다만 개인파산절차의 경우 면책절차가 있다는 점에서 법인파산절차와 다르다.[33] 이외 특별한 것으로 상속재산파산절차, 유한책임신탁재산파산절차가 있다.

채무자회생법 제3편에서 규정하고 있다.

(3) 개인회생절차

개인회생절차는 파산의 원인인 사실이 있거나 그러한 사실이 생길 염려가 있는 개인인 채무자로서 총채무액이 무담보채무의 경우 10억 원, 담보채무의 경우 15억 원 이하인 개인에 대하여 적용되는 회생형 절차이다. 위 두 가지 채무 요건은 모두 충족되어야 한다.

채무자회생법 제4편에서 규정하고 있다. 개인회생절차의 가장 큰 장점은 채무자가 재산을 잃지 않고 면책을 받을 수 있다는 것이다.[34] 다만 담보권자는 회생절차와 달리 별제권자로서 권리행사의 제한을 받지 않는다{변제계획이 인가될 때까지는 개인회생절차의 원만한 진행을 위해 권리행사가 제한될 뿐이다(제600조 제2항)}.

나. 각 도산절차의 연결

채무자회생법은 하나의 법률에 여러 가지 도산절차(회생절차 · 간이회생절차, 파산절차, 개인회생절차)를 규정하고 있다. 이러한 복수형 도산제도에서는 절차간 상호관계, 즉 복수의 절차가 경합하는 경우 어느 절차가 우선하느냐(도산절차 사이의 조정), 어떤 절차로부터 다른 절차로 이행하는 것이 가능하냐(도산절차 사이의 일체성 확보) 등

회생절차에 준하여 취급하고 있다.

33) 대법원 2016. 8. 25. 선고 2016다211774 판결 참조.

34) Daniel J. Bussel · David A. Skeel, Jr., 19쪽.

의 문제가 발생한다. 도산상태에 빠진 채무자가 여러 도산절차 중에서 적절한 도산절차를 짧은 시간에 선택하는 것은 쉽지 않다. 이로 인해 도산상태에 있는 채무자에 대하여 일원화된 도산개시절차를 마련하자는 주장이 있음은 앞에서 본 바와 같다. 이러한 문제의식에서 채무자회생법은 각 절차 사이에 연결이나 이행을 도모하는 몇 가지 수단을 마련하고 있다.

(1) 파산신청 후 또는 파산선고 후에도 다른 회생형 절차를 신청할 수 있다. 이로 인하여 파산절차와 다른 회생형 절차가 경합할 수 있다. 이 경우 파산절차보다 회생형 절차를, 회생절차보다 개인회생절차를 우선시하여 파산절차 또는 회생절차를 중지 또는 금지시키고 있다.[35] ① 법원은 회생절차개시의 신청이 있는 경우 필요하다고 인정하는 때에는 이해관계인의 신청에 의하거나 직권으로 회생절차개시의 신청에 대한 결정이 있을 때까지 채무자에 대한 파산절차의 중지를 명할 수 있다(제44조 제1항 제1호). ② 회생절차개시결정이 있으면 파산절차는 중지 또는 금지된다(제58조 제1항 제1호, 제2항 제1호). ③ 법원은 개인회생절차개시의 신청이 있는 경우 필요하다고 인정하는 때에는 이해관계인의 신청에 의하거나 직권으로 개인회생절차의 개시신청에 대한 결정시까지 채무자에 대한 회생절차 또는 파산절차의 중지를 명할 수 있다(제593조 제1항 제1호). ④ 개인회생절차개시결정이 있는 때에는 채무자에 대한 파산절차 또는 회생절차는 중지 또는 금지된다(제600조 제1항 제1호).

물론 원칙적으로 열후한 절차(회생절차와의 관계에서 파산절차)가 채권자의 일반의 이익에 적합하는 등 예외적인 경우에는 우선절차(회생절차) 개시신청을 기각함으로써(제42조 제3호, 제595조 제6호), 실질적으로 합리적인 절차의 선택이 되도록 조정하고 있다.

(2) 회생절차가 실패한 경우 파산절차로 이행(견련파산)하는 길이 마련되어 있다.[36] ① 파산선고를 받지 아니한 채무자에 대하여 회생계획인가가 있은 후 회생절차폐지 또는 간이회생절차폐지의 결정이 확정된 경우 법원은 그 채무자에게 파산의 원인이 되는 사실이 있다고 인정하는 때에는 직권으로 파산을 선고하여야 한다(제6조 제1항). ② 파산선고를 받지 아니한 채무자에 대하여 ㉮ 회생절차개시신청 또는 간이회생절차개시신청의 기각결정(제293조의5 제2항 제2호 가목의 회생절차개시결정이

---

35) 반대로 회생절차개시결정이 있으면 파산신청을 할 수 없고(제58조 제1항 제1호), 개인회생절차개시결정이 있은 후에는 회생절차나 파산의 신청을 할 수 없다(제600조 제1항 제1호).

36) 반면 개인회생절차가 실패한 경우에는 파산절차로 이행하는 길이 마련되어 있지 않다. 그러나 회생절차와 마찬가지로 개인회생절차가 실패한 경우에도 상황에 따라 파산절차에 의하여 재산을 청산할 필요가 있으므로 개인회생절차폐지 후 법원에 의한 직권파산이나 파산절차로의 전환을 위한 근거 규정을 마련하는 것이 타당하다. 현행법 아래에서는 개인회생절차가 폐지된 경우 파산절차를 밟기 위해서는 채무자 등이 파산신청을 다시 하여야 한다.

있는 경우는 제외한다), ㉯ 회생계획인가 전 회생절차폐지결정 또는 간이회생절차폐지결정(제293조의5 제3항에 따른 간이회생절차폐지결정 시 같은 조 제4항에 따라 회생절차가 속행된 경우는 제외한다), ㉰ 회생계획불인가결정에 해당하는 결정이 확정된 경우 법원은 그 채무자에게 파산의 원인이 되는 사실이 있다고 인정하는 때에는 채무자 또는 관리인의 신청에 의하거나 직권으로 파산을 선고할 수 있다(제6조 제2항). ③ 파산선고를 받은 채무자에 대한 회생계획인가결정으로 파산절차가 효력을 잃은 후 제288조에 따라 회생절차폐지결정 또는 간이회생절차폐지결정이 확정된 경우에는 법원은 직권으로 파산을 선고하여야 한다(제6조 제8항).

(3) 회생형 절차의 개시결정으로 중지된 파산절차는 회생형 절차가 실패한 경우 파산절차의 중지는 해소되고, 파산절차는 당연히 속행된다(제7조 참조).[37]

파산선고를 받은 채무자에 대하여 ① 회생절차개시신청 또는 간이회생절차개시신청의 기각결정(제293조의5 제2항 제2호 가목의 회생절차개시결정이 있는 경우는 제외한다), ② 회생계획인가 전 회생절차폐지결정 또는 간이회생절차폐지결정(제293조의5 제3항에 따른 간이회생절차폐지결정 시 같은 조 제4항에 따라 회생절차가 속행된 경우는 제외한다), ③ 회생계획불인가결정이 확정된 경우 중지된 파산절차는 속행된다(제7조 제1항).[38] 파산선고를 받지 아니한 채무자(파산신청이 있었지만 파산선고 전에 중지된 경우)에 대하여도 마찬가지이다.

(4) 간이회생절차는 소액영업소득자를 위한 특별한 회생절차에 해당한다. 따라서 소액영업소득자에 해당하지 않아 기각으로 절차가 종료된다면 소액영업소득자는 다시 회생절차를 신청하여야 한다. 이 경우 절차 지연은 피할 수 없으므로 채무자회생법은 별도의 회생절차개시신청을 기다릴 필요 없이 바로 통상의 회생절차로 진행할 수 있도록 하는 장치를 마련해 두었다.

간이회생절차개시신청을 기각하는 결정을 하는 때에 채무자가 회생절차개시신청의 의사가 있음을 밝힌 경우에는 간이회생절차개시신청 기각결정과 함께 회생절차개시결정을 할 수 있다(제293조의5 제2항). 또한 법원은 간이회생절차개시의 결정이 있은 후 회생계획인가결정의 확정 전에 ① 채무자가 소액영업소득자에 해당하지 않다거나 ② 개인인 채무자가 개시신청 전 5년 이내에 개인회생 또는 개인파산절차에

37) 다만 회생계획이나 변제계획의 인가결정으로 중지된 파산절차가 효력을 잃은 후(제256조 제1항, 제615조 제3항) 회생절차나 개인회생절차가 폐지되어 확정된 경우 파산절차의 실효가 번복되지 않는다(제288조 제4항, 제621조 제2항). 파산절차를 밟기 위해 회생절차의 경우에는 직권으로 파산을 선고하지만(제6조 제8항), 개인회생절차의 경우에는 채무자 등이 파산신청을 다시 하여야 한다.

38) 개인회생절차가 실패한 경우에 대하여는 규정이 없지만 마찬가지로 해석하여야 할 것이다. 따라서 개인회생절차가 실패한 경우 중지되었던 개인파산절차가 속행된다.

의한 면책을 받은 사실이 밝혀졌다는 이유로 간이회생절차를 폐지한 경우 채권자 일반의 이익 및 채무자의 회생가능성을 고려하여 회생절차를 속행할 수 있다(제293조의5 제4항).

이는 간이회생절차와 회생절차가 모두 회생계획인가를 통해 채무자의 회생을 도모하는 절차라는 점에서, 채무자 회생이라는 궁극적 목적을 달성함과 동시에 간이회생절차폐지로 인한 법률관계의 혼란과 무익한 절차의 반복을 방지하기 위한 것이다.

다. 도산절차의 법적 성질

도산절차가 소송절차인지 비송절차인지는 다툼의 여지가 있다. 도산절차에 관하여 채무자회생법에 특별한 규정이 없는 한 민사소송법을 준용하도록 하고 있고(제33조), 도산절차를 채무자와 채권자 전체가 대립하는 구조로 볼 수 있다는 점에서 소송절차로 볼 수도 있다. 반면 도산절차에 관한 재판은 변론을 열지 않고 재판을 할 수 있고 직권으로 필요한 조사를 할 수 있으며(제12조), 집단적 이해관계를 법원의 주도 하에 처리한다는 점에서 비송절차로 볼 수도 있다.

도산절차에서는 법원의 역할이 크고(법원의 후견적 역할이 강하다) 직권으로 절차에 개입하는 경우가 많다. 또한 채무자와 채권자가 필요한 증거와 주장을 제시하는 것은 아니므로 전체적으로 대립하는 구조에 있다고 볼 수는 없다는 점에서 비송절차로 보아야 할 것이다.[39)]

대법원도 회생절차개시신청에 대한 결정을 함에 있어서 법원은 개시결정이 다수 이해관계인의 이익을 조정하고 기업을 회생, 재건하기 위한 것이기 때문에 회생의 가망, 신청의 성실성 등 제42조 소정의 사유를 판단하지 않으면 안 되고, 그 판단을 위해서는 법원의 합목적적 재량을 필요로 하고 또 경제사정을 감안하여 유효적절한 조치를 강구하지 않으면 안 되어 절차의 간이 신속성이 요구되므로 회생절차의 개시결정절차는 비송사건으로 봄이 상당하다고 하고 있다.[40)]

다만 비송절차적인 성질로 인하여 재판의 공정성에 의문이 있을 수 있다. 따라서 대심구조를 적절하게 적용하여 당사자들에게 서로 대립하여 적극적으로 주장이나 증거를 제출하고, 이해관계인이 도산절차에 적극적으로 참여할 수 있는 기회를 보장하여야 할 것이다.

---

39) 헌법재판소 2021. 7. 15. 선고 2018바484 전원재판부 결정 참조, 호문혁, 민사소송법(제13판), 법문사(2016), 60쪽, 이시윤, 신민사소송법(제3판), 박영사(2006), 13쪽, 條解 破産法, 1606쪽, 倒産判例百選, 4쪽.
40) 대법원 1984. 10. 5. 자 84마카42 결정 참조.

3. 도산절차의 전형적인 진행 과정

도산절차의 진행 과정은 개략적으로 다음과 같다.

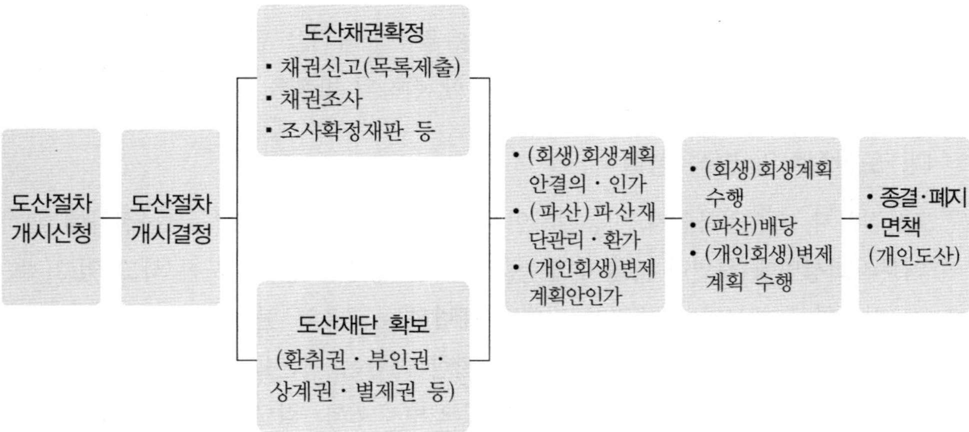

가. 도산절차개시신청

모든 도산절차는 원칙적으로 채무자 또는 채권자 등의 신청으로 시작한다(제34조, 제294조, 제295조, 제299조, 제588조). 신청은 소송행위로서 조건과 기한에 친하지 않다. 처분권주의(민소법 제203조)가 적용된다. 다만 직권으로 파산을 선고할 수 있는 경우가 있다{견련파산(제6조 참조), 농업협동조합법 제83조, 수산업협동조합법 제85조 등}.

개인회생절차의 경우 실무적으로 개인회생절차개시신청을 하면서 변제계획안이 제출된다. 절차의 신속한 진행을 위해서이다.

나. 보전조치

도산절차개시결정 전 채무자에 의한 도산재단의 산일을 방지하기 위한 보전처분(제43조 제1항, 제323조, 제592조)이 있다.[41] 회생절차에서는 대부분 보전처분이 발령되지만, 파산절차나 개인회생절차에서는 거의 이용되지 않고 있다.

도산채권자의 행위를 제한하기 위해 회생절차에서는 중지명령(제44조), 포괄적 금지명령(제45조)이 있고, 개인회생절차에서는 중지 · 금지명령(제593조 제1항), 포괄적 금지명령(제593조 제5항)이 있다.[42] 파산절차에서는 위와 같은 제도가 없다.

---

41) 보전관리인을 선임하는 보전관리명령도 있지만(제43조 제3항), 잘 이용되고 있지 않다.
42) 개인회생절차에서 포괄적 금지명령은 거의 발령되지 않는다.

다. 비용예납

법원은 신청인에게 절차 진행에 필요한 비용(송달 · 공고의 비용, 조사위원 · 도산관리인의 보수 등)을 미리 납부하게 한다(제39조 제1항, 제303조, 제590조). 신청인이 채권자인 경우에는 채권자가 비용을 예납하여야 한다. 채권자가 납부한 비용은 도산재단으로부터 상환받을 수 있고, 이러한 비용상환청구권은 공익채권 · 재단채권이다(제39조 제3항, 제4항, 제473조 제1호).[43)]

라. 대표자심문 및 현장검증

법인의 경우(회생절차 · 파산절차) 대표자심문(제41조 제1항)을 한다. 대표자를 법원으로 소환하여 직접 심문하거나, 채무자의 재산상황이나 도산절차에 이르게 된 경위 등에 대한 심문사항을 이메일로 신청인 또는 그 대리인에게 보내 답변서를 제출받아 그 내용을 확인하는 방법으로 진행한다.[44)] 경우에 따라 현장검증도 한다. 현장검증을 할 경우 통상적으로 대표자심문과 현장검증은 같은 날, 같은 장소에서 진행한다.

마. 도산절차개시결정

법원은 비용이 예납되고 도산절차개시원인이 있는 등 개시요건이 충족되면 도산절차개시결정을 한다. 도산절차개시결정에 의해 비로소 도산절차가 개시된다. 도산절차가 개시되었다는 것은 채권자의 권리행사가 제한된다는 것을 의미한다.

도산절차개시결정에는 도산관리인에 관한 결정을 하고, 채권신고기간 등을 정한다. 도산절차가 개시되면 채무자의 재산은 채무자와 분리되어 도산재단을 구성한다. 도산재단에 대한 관리처분권은 도산절차개시결정으로 도산관리인에게 넘어가지만(제56조 제1항, 제384조), 개인회생절차의 경우에는 채무자가 여전히 관리처분권을 갖는다(제580조 제2항).

바. 도산재단의 확보

도산관리인 등은 도산재단을 관리하고 확보한다. 채무자의 재산 상태를 정확히 파악함은 물론 진행 중인 계약관계(법률관계)를 어떻게 처리할 것인지 등을 결정한다. 부인권 행사를 통해 일탈된 재산을 도산재단으로 회복시키고, 환취권 · 상계권 · 별제권 등의 행사 여부에 따라 도산재산의 증감이 이루어진다. '있는 재단'은 이러한 증감을 통하여 '있어야 할 재단'으로 된다.

---

43) 개인회생절차의 경우 채권자에게는 신청권이 없으므로 채권자가 비용을 예납할 수는 없다.
44) 채권자가 신청한 사건의 경우에는 채권자에 대한 심문도 실시함이 바람직하다.

사. 도산채권의 확정

회생계획(회생절차)·변제계획(개인회생절차)을 작성하고 환가·배당(파산절차)을 하기 위하여 채권확정이 필요하다.

회생절차나 파산절차에서는 채권자가 변제나 배당을 받기 위하여 채권신고를 하여야 한다. 회생절차에서 채권신고를 하지 아니할 경우 실권될 수 있다. 그래서 실권으로 인한 불의타를 막기 위해 채권자목록제출제도를 두고 있다. 관리인이 채권자목록을 제출한 경우 채권신고를 한 것으로 간주된다. 파산절차에서 채권신고를 하지 아니하면 배당을 받지 못할 뿐 실권되지는 않는다. 개인회생절차에서는 절차의 신속을 위해 채권신고제도를 두지 않고 채권자목록제출제도를 두고 있다. 개인채무자는 개인회생절차개시신청을 할 때 채권자목록을 제출하여야 한다.

채권자목록에 기재되거나(회생절차) 신고된 채권(회생절차·파산절차) 또는 채권자목록(개인회생절차)에 기재된 채권에 대하여 이의가 없으면 도산채권은 확정된다. 이의가 있는 경우 채권조사확정재판, 채권조사확정재판에 대한 이의의 소를 통해 확정된다. 도산절차개시 당시 이미 해당 도산채권에 대하여 소송이 계속 중인 경우 중단·수계를 통해 확정된다(물론 개인회생절차는 채무자가 여전히 관리처분권을 가지고 있으므로 중단·수계의 문제가 발생하지 않는다). 다만 해당 도산채권에 집행력 있는 집행권원이나 종국판결이 있는 경우 특칙이 있다.

아. 회생계획안·변제계획안의 제출(결의)·인가·수행 및 파산재단의 관리·환가·배당

(1) 회생절차·개인회생절차

도산재단이 확보되고, 도산채권이 확정되면 회생절차에서는 회생계획안이 작성 제출된다. 개인회생절차에서 변제계획안은 앞에서 본 바와 같이 신청시에 제출된다.

① 회생절차에서는 회생계획안이 제출되면 관계인집회를 개최하여 회생계획안을 심리하고 가결하는 절차를 거친다. 가결이 되면 법원이 인가 여부를 결정한다. 가결요건을 갖추고 법원이 회생계획을 인가하면 채무자회생법이나 회생계획에서 인정한 권리를 제외하고 면책이 되고, 회생계획에 따라 권리가 실체법적으로 변경된다. ② 개인회생절차에서는 채권자집회를 개최하여 변제계획안에 대한 채권자들의 의견을 듣지만 가결절차를 거치지는 않는다. 변제계획안에 대하여는 법원이 직권으로 인가 여부를 결정한다. 변제계획을 인가하더라도 회생절차와 달리 면책이나 권리변경효가 발생하지 않는다. 면책결정이 확정되어야 이러한 효력이 발생한다. ③ 회생계획이나

변제계획이 인가되면 계획에 따라 이를 수행한다.

(2) 파산절차

파산절차의 경우에는 파산관재인이 파산재단을 관리하며 환가가 이루어지고 배당절차가 진행된다.

자. 도산절차의 종료

도산절차의 종료에는 도산절차의 종결과 폐지가 있다.

회생절차에서는 회생계획에 따라 정상적인 변제가 시작되면 회생절차를 종결한다. 파산절차의 경우 배당이 완료되면 파산절차를 종결한다. 개인회생절차의 경우에는 종결 제도가 없다.

도산절차가 정상적으로 진행되지 못한 경우 도산절차를 폐지한다.

차. 면책 및 복권

개인채무자의 경우 면책절차가 있다.

(1) 개인파산절차에서 면책불허가사유가 없으면 면책결정을 한다. 배당을 통해 채무는 배당비율만큼 소멸하지만, 채무자가 자신의 채무로부터 완전히 벗어나려면 면책결정을 받아야 한다. 면책결정이 되면 파산채권자에 대한 채무의 전부에 관하여 그 책임이 면제된다(제566조 본문). 책임이 면제된다는 것은 채무는 존재하지만 책임이 소멸하여 채무자를 상대로 소를 제기하거나 강제집행을 할 수 없다는 의미이다. 물론 조세채권 등과 같이 면책결정이 있더라도 면책이 되지 않는 비면책채권이 있다(제566조 단서). 면책이 될 경우 당연히 복권이 이루어진다(제574조). 신청에 의한 복권도 가능하다(제575조).

(2) 개인회생절차의 경우 변제계획에 따라 변제가 완료되면 면책결정을 하여야 한다(제624조 제1항, 일반면책). 변제계획에 따라 변제가 이루어지지 못한 경우에도 일정한 요건을 갖춘 경우 면책결정을 할 수 있다(제624조 제2항, 특별면책).

Ⅳ. 도산절차에 관한 재판에 대한 불복

1. 즉시항고

가. 의의 및 취지

도산절차에 있어서는 도산절차의 개시부터 종료까지 사이에 절차를 진행하기 위한 재판이 다수 존재한다. 이러한 재판 중 중요한 것에 대하여는 이해관계인의 이익

보호를 위하여 불복신청을 인정할 필요가 있지만, 도산절차에 관한 재판 일반에 대하여 불복신청을 허용하면 절차가 지연되어 원활한 진행이 방해된다. 그래서 도산절차의 신속한 진행을 도모하고 도산절차에 관한 재판의 성질상 이를 신속히 확정할 필요가 있는 점을 감안하여 불복의 방법을 항고기간의 제한이 있는 즉시항고로 하고, 그 대상을 중요한 재판으로 법에 특별한 규정이 있는 경우에 한하여 허용하고 있다(제13조 제1항). 즉시항고를 할 수 있는 재판을 제한함으로써 절차의 신속한 진행과 이해관계인의 이익보호의 조화를 도모한 것이다. 따라서 채무자회생법에 즉시항고할 수 있다고 규정한 경우를 제외하고는 불복할 수 없다(불복신청불허원칙). 다만 특별항고(민소법 제449조 제1항)[45]만이 허용될 뿐이다.

나. 즉시항고로 불복할 수 있는 재판

즉시항고로 불복할 수 있는 재판은 개별 규정에 정해져 있다(제13조 제1항). 즉시항고로 불복할 수 있는 것으로 사건기록의 열람 등 불허가결정(제28조 제5항), 관리인 등의 보수결정(제30조 제3항) 등이 있다.[46] 즉시항고의 대상이 되는 재판에 관한 규정은 한정 열거적인 것이고, 즉시항고할 수 있다고 규정되어 있지 않은 도산절차에 관한 재판에 대하여는 즉시항고를 할 수 없다. 즉시항고가 인정되는 것은 일반적

---

45) 특별항고는 재판이 고지된 날부터 1주일 이내에 하여야 하고, 그 기간은 불변기간이다(제33조, 민소법 제449조 제2항, 제3항). 특별항고의 대상이 되는 것으로 ① 회생채권 등에 기한 강제집행 등의 취소결정(대법원 2013. 2. 22. 자 2012그152 결정), ② 추후보완 회생채권신고 각하결정(대법원 2012. 2. 13. 자 2011그256 결정), ③ 회생계획불인가결정에 대한 항고가 있는 때 항고인의 항고보증금 등 미공탁에 따른 항고장 각하결정(대법원 2011. 2. 21. 자 2010마1689 결정), ④ 면제재산에 대하여 파산채권에 기한 강제집행, 가압류 또는 가처분의 중지명령(대법원 2013. 4. 5. 자 2012그334 결정), ⑤ 개인회생절차에서의 면책취소신청 기각결정(대법원 2016. 4. 18. 자 2015마2115 결정) 등이 있다.

46) 이외 즉시항고가 인정되는 것으로 보전처분재판(제43조 제6항, 제323조 제4항, 제592조 제3항), 포괄적 금지명령·변경이나 취소결정·중지된 강제집행 등의 취소명령(제45조 제6항, 제593조 제5항), 포괄적 금지명령 적용 배제 신청에 대한 재판(제47조 제3항, 제593조 제5항), 회생절차개시신청에 대한 재판(제53조 제1항), 영업 등 양도에 있어 주주총회결의에 갈음하는 결정(제63조 제3항), 관리인·파산관재인·감사위원에 대한 해임결정(제83조 제3항, 제364조 제2항, 제380조 제3항), 법인의 이사 등의 재판에 관한 보전처분 등(제114조 제5항, 제351조 제5항), 공익채권에 기한 강제집행 등의 취소명령 등(제180조 제5항), 회생계획인가 여부 결정(제247조 제1항), 파산신청에 관한 재판(제316조 제1항), 파산선고와 동시에 하는 파산폐지의 결정(제317조 제3항), 채무자에 대한 구인결정(제319조 제3항), 채권자집회의 결의 집행금지결정(제375조 제4항), 면제재산 여부 결정(제383조 제6항), 배당표에 대한 이의신청에 대한 결정(제514조 제3항), 계산보고서 인가 결정(제533조 제2항), 원상회복신청에 관한 재판(제536조 제4항), 파산폐지신청에 관한 재판(제538조 제3항), 비용부족으로 인한 파산폐지신청에 관한 재판(제545조 제3항), 면책신청기각결정(제559조 제3항), 면책 여부에 관한 결정(제564조 제4항), 면책취소에 관한 결정(제569조 제2항), 복권의 결정(제575조 제3항), 개인회생재단에서의 면제재산결정(제580조 제3항, 제383조 제6항), 개인회생절차개시신청에 관한 재판(제598조 제1항), 변제계획 인부 결정(제618조 제1항), 개인회생절차폐지결정(제623조 제1항), 면책결정 및 면책취소결정(제627조), 외국도산절차 승인 신청에 대한 결정(제632조 제4항), 승인 전 명령 등의 결정(제635조 제4항), 지원결정 등(제636조 제8항), 주된 외국도산절차결정 등(제639조 제5항) 등이 있다.

으로 절차의 고비가 되는 중요한 재판(개시결정, 기각결정, 인가결정 등) 및 관계자의 중요한 이익에 관계되는 재판(보전처분 등)이다.

다. 신청권자

즉시항고의 신청권자는 그 재판에 대하여 이해관계를 가진 자이다(제13조 제1항). 여기서 '이해관계'란 사실상·경제상 또는 감정상의 이해관계만으로는 부족하고 '법률상 이해관계'를 의미하며, 이에 해당하는지는 각 재판마다 개별적으로 판단하여야 한다.[47]

한편 절차의 안정을 위하여 신청권자(항고권자)의 채권자가 신청권자를 대위하여 즉시항고하는 것은 허용되지 않는다.

라. 즉시항고기간

(1) 재판의 공고가 있는 경우

즉시항고는 재판의 공고가 있는 때에는 그 공고가 있은 날로부터 14일 이내에 하여야 한다(제13조 제2항). 송달 및 공고를 모두 한 경우에는 공고를 기준으로 한다.[48]

공고를 하여야 할 재판을 공고하지 않거나 공고가 법률에 위반하여 무효인 경우 항고기간은 진행하지 않는다. 법원이 재판을 공고하여야 하는 데도 공고를 아니한 경우 그 공고가 있기 전에 즉시항고를 하는 것이 허용된다.[49]

(2) 재판의 공고가 없는 경우-송달한 경우

재판의 공고가 없는 경우에는 송달을 받은 날로부터 1주간이 즉시항고기간이다(제8조 제1항, 제33조, 민소법 제444조 제1항). 위 기간은 불변기간이다(제33조, 민소법 제444조 제2항).

마. 추완항고의 허용 여부

당사자가 책임질 수 없는 사유로 말미암아 불변기간을 지킬 수 없었던 경우에는 그 사유가 없어진 날로부터 2주 이내에 게을리한 소송행위를 보완할 수 있으므로(제

---

47) 대법원 2021. 8. 13. 자 2021마5663 결정, 대법원 2013. 6. 14. 자 2010마1719 결정, 대법원 2006. 1. 20. 자 2005그60 결정 참조. 회생계획에 공익채권에 대한 변제기의 유예 또는 채권의 감면 등 공익채권자의 권리에 영향을 미치는 규정을 두었다고 하더라도 그 공익채권자가 이에 대하여 동의하지 않는 한 그 권리변경의 효력은 공익채권자에게 미치지 아니하므로 공익채권자는 회생계획에 의하여 법률상 이해관계를 가지지 아니하여 공익채권자는 회생계획인가결정에 대한 적법한 즉시항고권자가 될 수 없다(위 2005그60 결정 참조).

48) 대법원 2011. 9. 29. 자 2011마1015 결정 참조.

49) 대법원 2016. 7. 1. 자 2015재마94 결정 참조.

33조, 민소법 제173조 제1항 본문) 즉시항고의 추후보완이 가능하다.

재판을 송달하는 경우 '고지된 날로부터 1주'는 불변기간으로 보아야 하므로(제33조, 민소법 제444조 제2항) 추완항고가 허용된다고 할 것이다.

문제는 재판을 공고(또는 공고 및 송달)하는 경우 '공고가 있은 날로부터 14일'이 불변기간인지 여부이다. 제13조 제2항이 즉시항고기간을 규정하면서 불변기간이라고 명시하지 않았으므로 불변기간이 아니고 추완항고도 허용되지 않는다고 볼 수도 있다. 그러나 재판을 송달한 경우와 달리 볼 합리적 이유가 없고, 항고기간은 불변기간으로 보아야 하므로 공고를 하는 경우의 즉시항고기간도 불변기간이고(제33조, 민소법 제444조 제2항), 따라서 추완항고가 허용된다고 할 것이다.[50]

바. 즉시항고의 효력

(1) 집행정지 원칙

즉시항고를 한 경우 법에 특별한 정함이 없는 경우에는 집행정지의 효력이 있다(제13조 제3항). 반면 ① 보전처분에 대한 즉시항고(제43조 제7항), 회생절차개시신청에 관한 재판에 대한 즉시항고(제53조 제3항), 파산신청에 관한 재판에 대한 즉시항고(제316조 제3항), 개인회생절차개시신청에 관한 재판에 대한 즉시항고(제598조 제3항) 등과 같이 도산절차의 신속한 진행을 위하여 일부 재판에 대하여는 집행정지의 효력을 인정하지 않는 특별규정을 두고 있다. 또한 ② 포괄적 금지명령(변경 또는 취소 포함), 취소명령에 대한 즉시항고에 대하여는 재판의 성질 내지 회생의 필요성 때문에 집행정지의 효력을 인정하지 않고 있다(제45조 제7항).

(2) 해석에 의한 집행정지의 예외

채무자회생법이 명문으로 즉시항고에 집행정지의 효력이 없다고 규정하지 않더라도 경우에 따라 즉시항고에 집행정지의 효력이 없는 것으로 보아야 할 경우도 있다. 예컨대 회생계획은 인가결정이 있은 때로부터 효력이 생기므로(제246조) 회생계획인가결정에 대한 즉시항고의 경우 집행정지의 효력이 인정되지 않는다고 보아야 한다.[51]

사. 항고심의 재판

즉시항고의 절차가 법률에 위반(즉시항고기간이 도과하였거나 즉시항고권이 존재하지

---

50) 대법원도 불변기간으로 보고 있다(대법원 2014. 7. 25. 자 2014마980 결정, 대법원 2012. 12. 27. 자 2012마1247 결정 참조).

51) 회생사건실무(상), 50쪽.

아니한 경우)된 경우 항고는 부적법하므로 각하한다. 즉시항고가 이유 없다고 인정하는 때에는 즉시항고를 기각한다(제53조 제4항, 제316조 제4항, 제598조 제4항). 즉시항고가 이유 있다고 인정하는 때에는 원심법원의 결정을 취소하고 사건을 원심법원으로 환송하여야 한다(제53조 제5항, 제316조 제5항, 제598조 제5항).[52]

아. 재항고

항고법원의 결정에 대하여 재판에 영향을 미친 헌법, 법률, 명령 또는 규칙의 위반이 있음을 이유로 하는 경우 대법원에 재항고를 할 수 있다(제33조, 민소법 제442조).

2. 특별한 불복신청방법: 이의의 소

도산채권에 대한 조사확정재판, 부인의 청구에 대한 인용재판, 법인의 이사 등의 책임에 기한 손해배상청구권 등의 조사확정재판은 이의의 소로 불복하여야 하므로(제171조, 제107조, 제116조, 제463조, 제605조, 제396조 제4항, 제584조 제1항, 제353조) 즉시항고의 대상이 되지 않는다. 이들은 채무자회생법에 정한 절차에 관한 재판이지만, 각각 실체법상의 권리의무와 관련되므로 대심구조에 의한 심리를 보장하지 않으면 안 되기 때문이다.

Ⅴ. 도산과 등기 · 등록

1. 도산절차에서의 등기 · 등록

도산절차에서는 도산재단에 대한 관리처분권이 어떠한 형식으로든 제한되기 때문에 거래의 안전을 도모하기 위해 절차의 개시시부터 종료시까지 각 절차의 과정을 공시할 필요가 있고, 그 공시방법이 등기이다. 등록의 경우에도 마찬가지이다(제27조).

등기는 다수의 이해관계인이 관여하는 도산절차에서 거래 혼란의 발생을 예방하기 위하여 중대한 효과를 갖는 처분(결정 등 재판) 사실을 가능한 한 신속하게 공시하기 위하여 행하는 것으로, 공고(제9조)와 함께 공시수단 중 하나이다.

도산절차와 관련된 등기로는 ① (협의의)보전처분에 관한 등기, ② 도산절차 진행에 관한 등기(㉮ 법인에 관한 등기(도산절차에 대한 재판 등에 관한 등기), ㉯ 등기된 권리에 관한 등기 등), ③ 회생계획의 수행 등에 관한 등기(㉮ 등기된 권리의 득실 · 변경이 생긴 경우, ㉯ 법인채무자나 신회사에 등기할 사항이 생긴 경우), ④ 부인의 등기가 있다.[53] ②㉮ · ③㉯는 상업등기를 포함한 법인등기부에 하는 등기, ① · ②㉯ · ③㉮ ·

52) 서울고등법원 2024. 5. 29. 자 2023라21801 결정, 서울고등법원 2020. 5. 26. 자 2019라21331 결정 등.
53) 이외 회생계획 수행과 관련하여 등기에 관한 특례를 규정하고 있다. 제264조 제3항, 제266조 제7항,

④는 부동산 등 등기를 해야 하는 권리에 대한 부동산등기다.

가. 촉탁에 의한 등기의 원칙

도산절차에서의 등기는 원칙적으로 법원사무관등이나 법원의 촉탁에 의한다(제23조, 제24조). 도산절차의 목적 달성과 거래안전의 도모라는 공익목적을 위해서는 도산절차를 관장하는 법원(그 소속 법원공무원등)의 촉탁에 의하는 것이 가장 효율적이기 때문이다.

다만 도산절차의 진행과 관련이 없는 채무자와 이해관계인 사이의 권리관계에 관한 등기{부인등기(제26조 제1항), 임의매각에 의한 소유권이전등기(제26조 제4항) 등}는 일반원칙에 따라 (공동)신청에 의하여 한다.

나. 촉탁의 주체

직권에 의한 촉탁의 경우 촉탁의 주체는 원칙적으로 법원사무관등[54]이다. 도산절차와 관련된(회생절차개시결정, 파산선고결정 등) 등기는 이미 내려진 법원의 결정을 집행하는 것이어서 따로 실질적인 판단 과정이 필요하지 않다는 점을 이유로 한다. 이는 민사집행법에서 강제집행절차나 보전처분에 관한 각종 등기의 촉탁을 법원사무관등이 담당하고 있는 것과 마찬가지의 취지이다. 한편으론 법원사무관등의 권한을 넓히기 위한 일환이기도 하다.[55]

다만 ① 회생계획의 수행이나 채무자회생법의 규정에 의하여 회생절차가 종료되기 전에 등기된 권리의 득실·변경이 있는 경우 그 등기의 촉탁(제24조 제2항)과 ② 관리인이 부인의 등기가 된 재산을 임의매각한 경우 부인의 등기 및 부인된 행위를 원인으로 하는 등기의 말소 촉탁(제26조 제4항)은 법원이 한다. 이들은 그 요건을 판정하여 등기를 촉탁하는 것이 쉽지 않고 중요한 내용이라는 점을 고려하여 법원을 촉탁의 주체로 한 것이다.

2. 등기촉탁의 대상

채무자회생법은 도산절차와 관련된 등기촉탁의 대상에 있어 법인채무자와 개인채무자(법인이 아닌 채무자로 자연인 또는 법인 아닌 사단·재단을 말한다. 이하 같다)를 구별하여 규정하고 있다.

제268조 제4항, 제269조 제6항, 제7항, 제270조 제5항, 제271조 제8항, 제9항, 제272조 제7항, 제8항, 제273조 제4항, 제274조 제7항, 제275조 제2항 등.

54) 법원서기관·법원사무관·법원주사 또는 법원주사보를 말한다(제8조 제5항).

55) 條解 民事再生法, 56쪽.

가. 법인채무자의 경우

법인채무자의 경우 보전처분 및 부인의 등기를 제외하고, 도산절차와 관련된 사항을 법인등기부에만 기재하도록 하고 있다. 법인채무자의 개별 재산(등기된 권리)에 대한 등기는 필요 없다. 채무자의 개별 재산에 대한 등기는 아무런 대항력을 갖지 못한 채 단지 거래의 혼란을 예방하는 제3자에 대한 경고적 의미만 있고, 재산의 수가 많은 경우 등기에 소요되는 시간 및 비용의 부담이 크며, 도산절차 종료 후 그 기입등기가 신속히 말소되지 않아 채무자가 재산을 처분하는 데 지장을 초래하였다는 점 등을 고려한 것이다. 또한 법인채무자의 경우에는 법인등기부에 도산절차개시 등의 사실이 공시되므로(해당 법인과 거래하려는 제3자는 법인등기부에 대한 등기에 의해 도산절차개시사실 등을 알 수 있다) 개별 재산에 일일이 등기하지 않아도 되기 때문이다.

나. 개인채무자의 경우

개인채무자의 경우는 보전처분 및 부인의 등기는 물론 도산절차와 관련된 절차적 사항을 개별 재산에 대하여 등기를 촉탁하도록 하고 있다. 개인채무자는 법인채무자와 달리 등기부와 같은 공시방법이 없으므로 거래의 안전을 위해 개별 재산에 대하여 등기를 촉탁하도록 한 것이다.

한편 개인회생절차의 경우에는 한 걸음 더 나아가 절차의 신속한 진행을 위해 보전처분과 부인의 등기만을 개별 재산에 등기하도록 하고 있다(제24조 제6항, 제26조 제1항).

채무자 유형	도산절차 유형	등기할 곳
법인채무자	법인회생, 법인파산	법인등기부 * 보전처분 및 부인의 등기: 개별 재산에 대한 등기부
개인채무자	일반회생, 개인파산	개별 재산에 대한 등기부(보전처분 및 부인등기 포함)
	개인회생	개별 재산에 대한 등기부(보전처분 및 부인등기만)

제2장

도산절차의 기관 및 이해관계인

Ⅰ. 도산절차의 기관

1. 회생법원

가. 회생법원의 설치

도산사건에 대한 재판의 전문성을 강화하고, 구성원 전체의 전문화 달성 및 도산사건의 예측가능성을 높임으로써 사법서비스의 질을 향상시키고자 도산전문법원인 회생법원을 설치하였다.

2017년 3월 1일 서울회생법원, 2023년 3월 1일 수원회생법원과 부산회생법원, 2026년 3월 1일 대전회생법원, 대구회생법원 및 광주회생법원이 순차적으로 설치되었다.[1)]

나. 회생법원의 심판권

(1) 사물관할

회생법원의 심판권은 다른 재판과 마찬가지로 원칙적으로 단독판사가 행사한다(법원조직법 제7조 제4항).

회생법원의 합의부는 ① 채무자회생법에 의하여 회생법원 합의부의 권한에 속하는 사건(제3조 제5항, 제630조), ② 합의부에서 심판할 것으로 합의부가 결정한 사건, ③ 회생법원 판사에 대한 제척 · 기피사건 및 관리위원에 대한 기피사건, ④ 다른 법률에 따라 회생법원 합의부의 권한에 속하는 사건을 제1심으로 심판한다(법원조직법 제40조의7 제1항). 또한 회생법원 합의부는 회생법원 단독판사의 판결 · 결정 · 명령에 대한 항소 또는 항고사건을 제2심으로 심판한다(법원조직법 제40조의7 제2항).

(2) 회생법원이 관할권을 갖는 민사사건

다음과 같은 사건에 관하여는 회생법원의 관할에 전속한다. 회생법원이란 도산사건이 계속되어 있는 회생법원을 말하는데, 도산절차가 종결되거나 폐지된 후에는 도산절차가 계속되었던 회생법원을 가리킨다.[2)]

① 법인의 이사·수탁자 등의 책임에 기한 손해배상청구권 등의 조사확정재판에 대한 이의의 소(제116조, 제353조, 제578조의10) 및 채권조사확정재판에 대한 이의의 소(제171조, 제463조, 제605조)

---

1) 회생법원이 설치되지 아니한 지역에 있어서의 회생법원의 권한에 속하는 사건은 회생법원이 설치될 때까지 해당 지방법원 본원이 관할한다. 다만 제3조 제10항에 따라 제기된 개인채무자에 대한 파산선고 또는 개인회생절차개시의 신청사건은 춘천지방법원 강릉지원이 관할한다(법원조직법 부칙 제2조).
2) 대법원 2019. 10. 17. 선고 2019다238305 판결.

② 부인의 소(제105조, 제396조, 제578조의2, 제584조)

도산채권자가 제기한 채권자취소소송을 도산관리인 등이 수계하여 부인의 소로 청구취지를 변경한 경우, 채권자취소소송이 계속 중인 법원은 전속관할인 회생법원으로 이송하여야 한다.[3] 다만 항소심에서 채권자취소소송을 수계하여 청구취지를 부인의 소로 변경한 경우에는 이송할 필요가 없이 항소심법원이 심리 · 판단한다.[4]

③ 부인청구를 인용하는 결정에 대한 이의의 소(제107조, 제396조 제4항, 제578조의2, 제584조)

④ 도산채권자표에 관한 집행문부여의 소, 청구에 관한 이의의 소, 집행문부여에 대한 이의의 소(제255조 제3항, 제292조 제3항, 제603조)

도산채권자표에 대한 청구이의의 소 등을 회생법원의 전속관할로 규정한 이유는 도산채권자표의 효력과 관련이 있는 사건을 도산채권자표를 작성하였던 회생법원에 집중시켜 관련 사건의 신속하고 적정한 진행을 도모하고자 하는 데 있다.

한편 파산채권자표에 관한 집행문부여의 소, 청구에 관한 이의의 소, 집행문부여에 대한 이의의 소에 대하여는 회생법원의 전속관할이라는 명문의 규정은 없으나, 파산채권자표를 작성한 회생법원을 제1심 법원 또는 제1심 판결법원으로 보는 것이 타당하다(민집법 제21조, 제57조, 제56조, 제44조 제1항, 제33조, 제45조).

다. 관 할

관할(venue)이란 재판권을 행사하는 여러 법원 사이에 어떤 법원이 어떤 사건을 담당하느냐 하는 재판권의 분담 관계를 정해 놓은 것을 말한다. 도산절차는 다수의 관계자가 참여하는 절차이고, 관할의 존부는 관계자에게 있어 이해관계가 크다.

도산사건을 담당하는 법원의 결정을 신청인의 자유로운 판단에만 맡기는 것은 적당하지 않고 공익성의 관점에서 규정할 필요가 있다. 그러나 다른 한편 절차의 신속성과 효율성의 요청도 있기 때문에 가능한 한 넓게 관할을 인정하여 사안에 따라 적절한 법원을 선택할 수 있도록 하는 것이 바람직하다. 특히 경제활동의 대규모화 · 복잡화 · 광역화에 따라 일정한 관계가 있는 복수의 채무자에 대해 동시에 도산사건을 처리하여야 하는 경우가 있고, 이러한 경우에는 관련 사건을 집중시키는 것이 필요하다.[5]

---

3) 도산관리인 등이 피고로서 부인의 항변을 하는 경우에는 부인의 소가 아니므로 회생법원의 관할에 전속하지 않는다.
4) 대법원 2017. 5. 30. 선고 2017다205703 판결 참조.
5) 條解 破産法, 53~54쪽 참조.

도산사건에서 법원은 도산절차개시결정을 비롯하여 도산절차에 관한 각종 재판을 하고, 관계인집회의 지휘 등부터 시작하여 절차를 주재하며, 도산관리인 등을 감독하는 직무를 담당한다.

(1) 전속관할

도산사건의 관할은 전속관할이다(제3조 제1항, 제5항 등).[6] 따라서 합의관할(민소법 제29조)이나 변론관할(민소법 제30조)은 인정되지 않는다.

도산사건의 관할을 전속관할로 한 것은 도산절차가 다수의 이해관계인이 관련되는 집단적 절차라는 데 주된 이유가 있다.[7] 도산절차개시신청을 받은 법원은 직권으로 관할의 유무를 조사하여(제33조, 민소법 제32조) 관할이 없는 경우 관할법원으로 이송하여야 한다(제33조, 민소법 제34조 제1항).

한편 복수의 법원이 전속관할권을 가지고 있는 경우 먼저 도산절차개시신청을 접수한 법원이 전속관할을 가진다.

(2) 직분관할

직분관할(직무관할)이란 담당 직분의 차이를 표준으로 하여 여러 법원 사이에 재판권의 분담 관계를 정해 놓은 것이다. 직분관할은 전속관할이다. 도산사건은 사건의 중요성과 전문성을 고려하여 도산전문법원인 회생법원의 직분관할에 속하는 것으로 규정하고 있다(제3조 제1항, 제5항 등). 채무액의 다과나 채무자가 개인인지 법인인지 묻지 않고 모두 회생법원이 직분관할을 갖는다. 다만 회생법원이 설치되지 아니한 지역은 회생법원이 설치될 때까지 관할 지방법원 또는 지방법원 본원을 회생법원으로 보므로(부칙 제2조) 서울, 수원, 부산, 대전, 대구, 광주를 제외한 나머지 지역은 지방법원 또는 지방법원 본원이 도산사건을 담당한다.

(3) 토지관할

토지관할이란 소재지를 달리하는 같은 종류의 법원 사이에 재판권의 분담 관계를 정해 놓은 것을 말한다. 구체적으로 제1심 사건을 어느 법원이 담당하여 처리하느냐를 결정하는 것이 토지관할이다.

토지관할의 존부는 도산절차개시신청시를 기준으로 판정한다(제33조, 민소법 제33조, 관할항정의 원칙). 따라서 채무자의 주소나 영업소 등이 회생절차개시신청 후 이

---

6) 도산절차에서는 도산사건 자체의 관할뿐만 아니라 각종 소의 관할도 전속관할이다.

7) 條解 民事再生法, 20쪽. 도산사건의 처리에 필요한 전문지식과 설비를 가급적 한 법원에 집중시키기 위해 전속관할로 규정한 것이라는 견해도 있다(Reinhard Bork, 24쪽).

전이 있어도 관할에는 영향이 없다.

(가) 원칙적 토지관할

도산사건은 ① 채무자의 보통재판적이 있는 곳, ② 채무자의 주된 사무소나 영업소가 있는 곳 또는 채무자가 계속하여 근무하는 사무소나 영업소가 있는 곳을 관할하는 회생법원의 관할에 전속한다(제3조 제1항 제1호, 제2호).

개인의 보통재판적은 그의 주소[8]에 따라 정하고, 주소가 없거나 주소를 알 수 없는 경우에는 거소에 따라 정한다(제33조, 민소법 제3조). 법인, 그 밖의 사단 또는 재단의 보통재판적은 이들의 주된 사무소 또는 영업소가 있는 곳에 따라 정하고, 사무소와 영업소가 없는 경우에는 주된 업무담당자의 주소에 따라 정한다(제33조, 민소법 제5조 제1항).

(나) 보충적 토지관할

원칙적 토지관할이 없는 경우에는 채무자의 재산이 있는 곳(채권의 경우에는 재판상의 청구를 할 수 있는 곳을 말한다)을 관할하는 회생법원이 관할한다(제3조 제1항 제3호). 여기서 '채무자의 재산'에는 국내관할의 성질상 채무자의 재산 중 국외에 있는 재산을 포함하지 않는다고 볼 것이다.

(다) 경합적 토지관할(중복관할)

도산절차를 더욱 쉽게 이용할 수 있도록 하고, 관련 사건에 관하여 같은 법원에 도산절차를 신청함으로써 절차의 효율성을 높이기 위하여 원칙적 토지관할 및 보충적 토지관할에 더하여 아래와 같은 일정한 법원에도 경합적 관할권을 인정하고 있다(제3조 제2항, 제3항).

① 채무자의 주된 사무소 또는 영업소의 소재지를 관할하는 고등법원 소재지의 회생법원(제3조 제2항)

② 「독점규제 및 공정거래에 관한 법률」 제2조 제12호[9]에 따른 계열회사에 대한 회생사건 또는 파산사건이 계속되어 있는 회생법원(제3조 제3항 제1호)

③ 법인 대표자의 경우 그 법인에 대한 회생사건 또는 파산사건이 계속되어 있는 회생법원(제3조 제3항 제2호)

---

8) 주소란 생활의 근거가 되는 곳을 말한다(민법 제18조 제1항). 생활의 근거가 되는 곳이란 생활관계의 중심적 장소로 생활의 실질적 관계에 따라 구체적으로 결정된다. 따라서 주소는 등록기준지나 주민등록지와는 관련이 없다. 주소는 동시에 두 곳 이상 있을 수 있고(민법 제18조 제2항), 이 경우 주소지마다 보통재판적(관할)이 생긴다. 실무적으로 관할을 편취하기 위하여(관할쇼핑) 주민등록을 이전한 후 개인회생이나 개인파산을 신청하는 경우가 종종 있다. 이때는 주민등록지가 아니라 실제 생활의 근거가 되는 곳에 관할이 인정되는 것이다.

9) 채무자회생법 조문에는 제3호로 되어 있으나, 제3호는 공정거래법 개정으로 제12호로 되었다.

④ 주채무자 및 보증인, 채무자 및 그와 함께 동일한 채무를 부담하는 자, 부부인 관계의 어느 하나에 해당하는 자에 대한 회생사건, 파산사건 또는 개인회생사건이 계속되어 있는 회생법원(제3조 제3항 제3호)

①은 도산사건처리에 전문성이 필요하다는 도산사건의 특수성을 고려한 것이고, ② 내지 ④는 경제적으로 밀접한 관계가 있는 복수 채무자의 도산사건을 하나의 법원에 집중하기 위한 것이다(관련된 사업체에 대한 도산사건의 일체적 처리).

(라) 관할의 집중

채권자 수가 300인 이상으로서 500억 원 이상의 채무를 부담하는 법인채무자의 도산사건은 서울회생법원에도 신청할 수 있다(제3조 제4항, 시행령 제1조의2).[10] 일정 규모 이상의 법인 도산사건의 관할을 그 소재지 등을 불문하고 서울회생법원에도 인정함으로써 신청인에게 폭넓은 관할 선택권을 부여하였다. 이러한 관할의 집중을 통하여 법인 도산사건의 효율적인 처리가 가능하도록 하였다.

여기서 '채권자'란 도산절차개시결정이 된다면 채권자로 되어야 할 권리를 가진 자를 말한다. 채권자 수에 대한 판단은 신청서에 첨부된 채권자명부를 통하여 한다.

법원의 관할은 회생절차개시신청을 한 때를 표준으로 정하므로(제33조, 민소법 제33조), 채권자 수가 300명이 넘어 서울회생법원에 회생절차개시신청을 한 후 채권양도 등으로 채권자가 집중되어 채권자 수가 300명 미만으로 된다고 하여도 관할에는 영향이 없다.

(4) 사물관할

사물관할이란 제1심 소송사건을 다루는 법원 단독판사와 합의부 사이에서 사건의 경중을 기준으로 재판권의 분담 관계를 정해 놓은 것을 말한다. 즉 제1심 사건 중 어떤 종류의 사건을 단독판사가 담당하고, 어떤 종류의 사건을 합의부가 담당하느냐의 문제이다.

도산사건의 경우 채무자가 개인이 아닌 것은 회생법원의 합의부가 담당하고, 채무자가 개인인 경우는 단독판사가 담당한다(제3조 제5항). 실무적으로 상속재산파산사건은 단독판사가 담당한다.[11] 위 〈나.(1)〉을 참조할 것.

---

10) 실무적으로 골프장이나 리조트, 항공사나 이커머스(E-Commerce) 및 가상자산거래소 사건의 경우 채권자가 300인 이상인 경우가 많다. 이러한 사건은 대부분 서울회생법원에 도산을 신청한다.

11) 유한책임신탁재산파산사건의 경우도 단독판사가 관할하여야 할 것이다.

라. 이송과 이송의 청구

(1) 이 송

(가) 관할위반으로 인한 이송

관할이 있는지는 법원의 직권조사사항이다. 법원은 직권으로 관할을 조사한 결과 관할이 없다고 인정되면 관할 회생법원으로 사건을 이송하여야 한다(제33조, 민소법 제34조 제1항).

(나) 현저한 손해나 지연을 피하기 위한 이송

도산사건은 다양하기 때문에 각 사건의 특성을 고려하여 가장 적절한 법원에서 처리할 수 있도록 하기 위하여 넓은 범위에서 이송을 인정하고 있다. 회생법원은 현저한 손해 또는 지연을 피하기 위하여 필요하다고 인정하는 때에는 직권으로 도산사건을 다음 중 어느 하나에 해당하는 회생법원으로 이송할 수 있다(제4조).

① 채무자의 다른 영업소 또는 사무소나 채무자 재산의 소재지를 관할하는 회생법원
② 채무자의 주소 또는 거소를 관할하는 회생법원
③ 채무자의 주된 사무소 또는 영업소의 소재지를 관할하는 고등법원 소재지의 회생법원
④ 「독점규제 및 공정거래에 관한 법률」 제2조 제12호에 따른 계열회사에 대한 도산사건이 계속되어 있는 회생법원
⑤ 법인 대표자의 경우 그 법인에 대한 도산사건이 계속되어 있는 회생법원
⑥ 주채무자 및 보증인, 채무자 및 그와 함께 동일한 채무를 부담하는 자, 부부인 관계의 어느 하나에 해당하는 자에 대한 도산사건이 계속되어 있는 회생법원
⑦ 위 ③ 내지 ⑥에 따라 해당 회생법원에 도산사건이 계속되어 있는 경우에는 당초의 원칙적 관할법원(제3조 제1항)

(2) 이송의 청구[회생절차]

회생사건이 계속되어 있는 회생법원(회생계속법원)은 회생절차개시 당시 채무자의 재산에 관한 소송이 다른 법원에 계속되어 있는 때에는 결정으로써 그 이송을 청구할 수 있다. 회생절차개시 후 다른 법원에 계속되어 있게 된 것에 관하여도 마찬가지이다(제60조 제1항). 이는 관련 소송을 회생계속법원에 집중시킴으로써 회생절차의 신속한 진행과 편의를 도모하기 위하여 상대방의 관할의 이익을 박탈하면서까지 이송을 인정하는 것이다.[12)]

---

12) 실무적으로 상대방의 관할의 이익, 법원 내 사무분담의 문제 등을 고려하여 이송 청구를 거의 하지 않고 있다.

이송을 청구할 수 있는 것은 재산에 관한 소송에 한하기 때문에 회사해산의 소(상법 제520조), 설립무효의 소(상법 제328조) 등과 같이 재산과 관련이 없는 소송은 이송청구의 대상이 아니다. 이송을 청구하는 결정은 회생계속법원이 직권으로 하며 이해관계인의 신청은 직권 발동을 촉구하는 의미밖에 없다.

이송의 청구를 받은 법원은 소송을 회생계속법원에 이송하여야 한다(제60조 제2항). 이송은 소송절차의 중단 또는 중지 중에도 할 수 있다(제60조 제3항). 다만 소송이 상소심 법원에 계속되어 있는 경우에는 이송의 청구를 할 수 없다(제60조 제4항). 회생계속법원은 제1심 법원인데, 회생계속법원이 상소심 법원에 이송을 청구하는 것은 심급제도와 충돌되기 때문이다.

2. 관리위원회

도산사건을 적정·신속하게 진행하기 위하여 대법원규칙에서 정하는 회생법원에 관리위원회를 둔다(제15조). 관리위원회는 외국의 입법례를 찾아볼 수 없는 우리나라의 독특한 제도이다. 관리위원회는 전문지식을 갖춘 관리위원의 보조를 받아 회생법원의 전문성을 보완하고 과중한 업무를 경감함으로써 도산절차의 신속·적정한 진행을 도모하기 위하여 둔 것이다. 현재는 전국의 모든 회생법원에 관리위원회가 설치되어 있다(규칙 제13조 별표 1 참조).

관리위원회는 위원장 1인을 포함하여 3인 이상 15인 이내에서 관리위원(상임위원과 비상임위원)으로 구성된다(제16조 제1항).

관리위원은 변호사 또는 공인회계사의 자격이 있는 자, 은행법에 의한 은행·예금보험공사·한국자산관리공사에서 15년 이상 근무한 경력이 있는 자, 상장기업의 임원을 재직한 자, 법률학·경영학·경제학 또는 이와 유사한 학문의 석사학위 이상을 취득한 자로서 이와 관련된 분야에서 7년 이상 종사한 자 및 그에 준하는 자로서 학식과 경험을 갖춘 자 중에서 회생법원장이 위촉하도록 하고 있으며, 임기는 3년이다(제16조 제2항, 제3항, 시행령 제2조). 관리위원은 회생법원장이 위촉하거나 해촉한다(제16조 제3항, 규칙 제14조 제3항 참조).

3. 도산관리인[회생절차·파산절차]

법원은 도산절차개시결정을 하면서 관리인(회생절차), 파산관재인(파산절차)을 선임한다(제50조 제1항, 제74조 제1항, 제312조 제1항, 제355조 제1항). 도산절차가 개시되면 회생절차에서는 업무수행권과 재산의 관리처분권이 관리인에게, 파산절차에서는 재산에 대한 관리처분권이 파산관재인에게 전속한다(제56조 제1항, 제384조). 이들은 도산절차를 주도적으로 이끌어 나가는 중추적인 역할을 한다. 개인회생절차에서는 채무자가 개인회생재단에 대한 관리처분권을 그대로 가지므로 채무자와 독립된 기관이 존재하지 않는다.

가. 도산관리인의 선임

(1) 관리인

채무자회생법은 미국 연방도산법의 DIP(Debtor In Possession)[13]의 이념을 받아들여 기존경영자를 원칙적으로 관리인으로 선임하도록 하고, 나아가 개인채무자, 중소기업 등의 경우에는 관리인을 선임하지 아니하고 채무자나 그 대표자를 관리인으로 보도록 하고 있다(제74조 제4항). 기존경영자 관리인 제도를 규정한 것은 기존경영자들이 회생절차개시신청을 기피하는 것을 방지하고, 기존경영자의 경영능력을 그대로 활용할 수 있게 함으로써 조기에 회생에 성공할 수 있도록 하기 위함이다.

다만 채무자의 재정적 파탄의 원인이 기존경영자의 재산의 유용, 은닉 또는 중대한 책임이 있는 부실경영에 기인하는 때, 채권자협의회가 요청하는 경우로서 상당한 이유가 있는 때, 그 밖에 채무자의 회생에 필요한 때에는 예외적으로 기존경영자 이외의 제3자를 관리인으로 선임하도록 함으로써(제74조 제2항, 제3항 단서) 기존경영자 관리인 제도의 부작용을 방지하도록 하고 있다.

(2) 파산관재인

파산관재인의 자격에는 특별한 제한이 없다. 하지만 법원은 특별한 사정이 없으면 변호사를 파산관재인으로 선임하고 있다. 그 이유는 ① 파산관재업무는 법률지식이 필요하고, ② 비용을 절감하고 절차를 신속히 처리할 수 있으며, ③ 공정하고 중립적인 업무수행이 필요하기 때문이다.

---

13) 일반적으로 '점유를 계속하는 채무자'로 번역되고 있다. 이는 회생절차개시 시점에 관리인이 선임되면 관리처분권이 관리인에게 귀속하는 것과 달리 채무자가 회생절차개시 후에도 여전히 재산 및 거래관계, 소송관계 등에 관하여 권한과 의무의 주체가 됨을 뜻한다.

미국 연방도산법상 DIP(Debtor In Possession)란 채무자(Debtor) 자체를 말하는 것으로, 이는 채무자 회사의 대표이사를 관리인으로 선임하거나 법률상 관리인으로 간주하는 채무자회생법과는 다른 것이다. 회생절차(11, 13장 절차)에서는 채무자가 도산재단의 점유를 계속하고, 사업을 영위한다. 이러한 채무자는 절차개시 후에도 도산재단의 점유를 계속하기 때문에 '점유를 계속하는 채무자'라고 부른다. DIP제도는 1978년 연방도산법에 의하여 도입되었다. DIP제도가 도입된 이유는 ① 사업의 실패는 경영자의 부정·무능력에 의해서보다, 불경기 등 외재적 요인으로부터 발생하는 것이라는 점, ② 사업과 무관한 관리인에게 경영을 맡기는 것보다 사업에 정통한 기존의 경영진에게 회사(채무자)의 재건을 맡기는 것이 더 좋고 사업재건의 가능성을 높일 수 있으며, 관재비용도 낮출 수 있는 점, ③ 관리인의 선임을 원칙으로 한다면 채무자의 회생절차의 신청을 주저하게 하여, 채무자·채권자에게 손해를 야기할 수 있는 점 등을 들고 있다. 미국 연방도산법은 DIP는 관리인이 없는 경우의 채무자라고 정의하고 있다(§1101(1)).

공적자금이 지원되는 부보금융회사가 파산한 경우 공적자금의 효율적인 회수가 필요한 때나 예금보험공사가 보험금 지급 또는 자금지원을 하는 부보금융회사가 파산한 경우 지원자금 등을 효율적으로 회수할 필요가 있을 때에는 예금보험공사 또는 그 임직원을 파산관재인으로 선임하도록 하고 있다(공적자금관리 특별법 제20조 제1항, 예금자보호법 제35조의8 제1항).[14] 한편 금융위원회는 금융기관이 파산한 경우에는 금융전문가 또는 예금보험공사의 임직원 중에서 1명을 파산관재인으로 추천할 수 있으며, 법원은 금융위원회가 추천한 사람이 금융 관련 업무지식이 풍부하며 파산관재인의 직무를 효율적으로 수행하기에 적합하다고 인정되면 파산관재인으로 선임하여야 한다(금융산업의 구조개선에 관한 법률 제15조 제1항).

나. 도산관리인의 법적지위 및 제3자성

(1) 법적지위

도산관리인은 채무자의 기관이거나 그 대표자가 아니고 채무자와 그 채권자 및 주주로 구성되는 이해관계인 단체의 관리자로서 일종의 공적 수탁자이다.[15] 이러한 지위를 채무자나 제3자와의 관계에서 실체법상 어떻게 취급할 것인가. 이와 관련하여 법률관계의 성질에 따라 3가지 기준이 적용된다.

① 채무자와 동일시되는 도산관리인이다. 채무자가 도산절차개시결정시에 가진 모든 재산은 도산재단을 구성하고, 도산재단을 관리·처분할 권한은 도산관리인에게 전속하므로 도산관리인은 채무자의 포괄(일반)승계인과 유사한 지위를 가지게 된다.[16]

② 도산채권자의 이익대표자로서의 도산관리인이다. 도산절차개시결정이 도산채권자의 이익실현을 위하여 도산관리인에게 도산재단의 관리처분권을 부여한 것이기 때문에, 도산재단에 대한 압류채권자와 유사한 법률상의 지위가 도산관리인에게 인정된다.[17] 채권양도의 대항요건의 문제 등이 전형적인 예이다. 실체법이 압류채권자의 지위를 보호하는 경우에는 그 취지에 비추어 도산관리인도 도산절차개시의 효력

---

14) 공적자금관리 특별법이나 예금자보호법에 따라 선임된 파산관재인에 대하여는 제364조(법원의 해임권), 제492조(법원의 허가를 받아야 하는 행위)의 적용이 배제된다(위 특별법 제20조 제2항, 예금자보호법 제35조의8 제2항).

15) 대법원 1974. 6. 25. 선고 73다692 판결, 대법원 1988. 8. 9. 선고 86다카1858 판결.

16) 포괄승인계인이 아니라 그 유사한 지위를 갖는다고 하는 것은 도산관리인이 부인권을 행사하는 경우 채무자의 포괄승계인이 아니라 채권자의 지위에 서는 것처럼 채무자의 포괄승계인이라고 할 수 없는 경우가 있기 때문이다.

17) 압류의 효력은 강제경매개시결정이 채무자에게 송달되거나 기입등기가 된 때(둘 중 먼저 행하여진 때)에 효력이 발생하지만(민집법 제83조 제4항), 도산관리인의 관리처분권은 도산절차개시결정 자체의 효력에 의하여 도산재단에 대하여 권리를 취득한 제3자에 대하여도 그 효과를 주장할 수 있다.

으로 그 시점에서 압류채권자와 마찬가지의 지위가 인정되고, 도산절차개시 전에 채권자 중 어떤 자가 압류한 경우 도산관리인은 그 효력을 원용하는 것이 허용된다. 아래 (2)를 참조할 것.

③ 도산관리인은 채무자회생법 및 기타 법률에 의하여 특별한 지위가 부여되어 있다. 쌍방미이행 쌍무계약에서 도산관리인에게 이행이나 해제의 선택권이 인정되거나(제119조 제1항, 제335조 제1항) 부인권의 행사가 인정되는 것(제100조, 제391조)이 그것이다.

①부터 ③까지 기준의 상호관계는 다음과 같다. 도산관리인과 외부의 제3자와의 법률관계는 도산절차개시에 의하여 도산재단의 귀속이 변동되는 것이 아닌 이상 기본적으로 ①의 기준, 즉 도산관리인을 채무자와 동일시하는 것으로 규율된다. 그렇지만 실체법이 어떤 법률관계에 대하여 압류채권자에게 특별한 지위를 부여한 경우에는 도산절차개시결정에 기하여 도산관리인도 동일한 지위가 부여된다. 이것이 ②의 기준이다. 나아가 채무자회생법 및 다른 법률이 도산관리인에게 특별한 지위를 인정한 경우에는 ③의 기준이 적용된다.

(2) 도산절차개시결정 전에 한 압류 효력의 원용

도산절차개시 전에 도산채권자로 될 1인이 채무자의 재산을 압류한 경우, 도산관리인은 선행하는 압류의 효력을 자기에게 유리하게 원용할 수 있다. 예컨대 도산절차개시 전에 채무자 소유 부동산에 대하여 저당권을 설정하였으나 그 설정등기가 되기 전에 일반채권자에 의해 압류가 되었다면, 압류채권자는 압류의 효력을 저당권자에게 주장할 수 있다. 그 후 도산절차가 개시되었다면, 당해 채권자에 의한 강제집행(압류)은 중지되고(제58조 제2항 제2호), 도산관리인은 도산절차개시결정 전의 압류의 효력을 자기에게 유리하게 원용하여, 저당권자에게 주장할 수 있다. 왜냐하면 도산절차개시결정으로 강제집행(압류)이 중지될 뿐 압류 그 자체의 효력은 유지되기 때문이다.[18]

결국 도산관리인은 도산절차개시시를 기준으로 압류채권자의 지위가 인정될 뿐만 아니라, 도산절차개시 전에 압류채권자가 현존하고, 그 압류의 효력이 도산절차개시시까지 계속된 경우에는 그 효력을 원용하여 압류 후에 권리를 취득한 제3자에게 압류의 효력을 주장할 수 있다.

18) 대법원 2000. 12. 22. 선고 2000다39780 판결 참조.

(3) 도산관리인의 제3자성[19]

민법 등 실체법은 선의의 제3자나 제3자를 거래의 안전 등을 이유로 보호하는 규정을 두고 있다(민법 제107조, 제108조 등). 그래서 채무자가 도산절차개시 전에 일정한 법률관계에 개입된 경우, 해당 법률관계의 상대방과의 관계에서 도산관리인을 제3자로 볼 수 있는지가 문제된다. 이것이 도산관리인의 제3자성 문제이다. 도산관리인이 실체법에서 규정하고 있는 제3자에 해당하는지는 도산절차의 주된 수익자인 도산채권자와 외부의 제3자 사이에 공평이라는 관점에서 결정하여야 할 것이다.

도산관리인은 통정허위표시(민법 제108조),[20] 착오로 인한 의사표시(민법 제109조), 사기,[21] 강박에 의한 의사표시(민법 제110조), 채권양도의 제3자에 대한 대항요건(민법 제450조),[22] 계약해제의 제3자에 대한 효과(민법 제548조),[23] 이사회 결의가 없는 거래행위,[24] 취득시효,[25] 이사의 제3자에 대한 책임(상법 제401조 제1항),[26] 상계금지특약(민법 제492조 제2항 단서)[27] 등에 있어서 제3자에 해당된다.

도산관리인이 위와 같이 제3자로 인정될 경우 하자 있는 의사표시에 있어서 그 상대방이 도산하면 하자 있는 의사표시를 한 자는 더 이상 그 법률행위의 무효나 취소를 주장할 수 없게 된다. 또한 채권양도의 대항요건을 갖추지 않은 상태에서 채권

---

19) **개인회생절차에서 채무자의 제3자성** 회생절차나 파산절차와 달리 개인회생절차가 개시되더라도 채무자는 여전히 개인회생재단에 대한 관리처분권을 갖기 때문에(제580조 제2항) 개인회생절차에서는 채무자의 제3자성이 부정된다고 볼 여지도 있다. 하지만 ① 회생절차, 파산절차와 마찬가지로 개인회생절차개시결정도 포괄적 압류의 실질을 갖고, 채무자도 개인회생절차개시결정에 의해 일단 관리처분권이 박탈당하지만, 그것과 동시에 개인회생채권자의 이익을 보호해야 할 의무가 부과된 관리처분권이 부여된다고 보아야 하기 때문에 채무자는 개인회생채권자를 대표하여야 하는 기관으로서 압류채권자와 유사한 지위를 갖고 있다고 볼 수 있는 점, ② 회생절차에서 채무자가 관리인이 되는 경우에도 여전히 제3자성이 인정되는 점, ③ 부인권도 채무자가 행사하는 점(제584조 제2항), ④ 개인회생절차 개시 전에는 스스로에게 귀속된 실체법상의 권리의무 주체로서 관리처분권을 행사함에 대하여, 개시 후에는 개인회생절차의 기관으로서 관리처분권을 행사한다는 점, ⑤ 개인회생절차개시결정 후의 채무자는 모든 개인회생채권자를 위하여 개인회생절차를 진행하여야 하는 절차기관인 점 등을 고려하면 제3자성이 긍정된다고 볼 것이다.

개인회생절차에서는 제64조 내지 제68조와 같은 규정이 없다. 현재로는 위 규정들을 유추적용하여야 하겠지만, 궁극적으로는 입법적 보완이 필요해 보인다.

20) 대법원 2010. 4. 29. 선고 2009다96083 판결, 대법원 2006. 12. 7. 선고 2006다59199 판결, 대법원 2005. 5. 12. 선고 2004다68366 판결, 대법원 2003. 12. 26. 선고 2003다50078,50085 판결, 대법원 2003. 6. 24. 선고 2002다48214 판결 등 참조.
21) 대법원 2010. 4. 29. 선고 2009다96083 판결 참조.
22) 대구지방법원 2004. 4. 30. 선고 2003가단52460 판결(확정) 참조.
23) 대법원 2014. 6. 26. 선고 2012다9386 판결 참조.
24) 대법원 2014. 8. 20. 선고 2014다206563 판결 참조.
25) 대법원 2008. 2. 1. 선고 2006다32187 판결 참조.
26) ツコリトNo 1591, 2023년 12월, 130~133쪽 참조.
27) 대법원 2024. 5. 30. 선고 2019다47387 판결.

의 양도인이 도산하면 채권양도의 효력은 부정되며, 계약해제에 있어서 해제권 행사의 상대방이 도산한 경우 해제권자는 원상회복을 청구할 수 없다는 결과가 된다.

도산관리인이 제3자에 해당한다고 할 경우 누구를 기준으로 선의·악의를 판단하여야 하는가. 도산관리인의 선의·악의는 도산관리인 개인을 기준으로 할 수는 없고, 총도산채권자를 기준으로 하여 도산채권자 모두가 악의로 되지 않는 한 도산관리인은 선의의 제3자라고 할 수밖에 없다(도산채권자 중 1인이라도 선의이면 선의인 것으로 취급된다).[28] 그 이유는 다음과 같다. 도산관리인 개인을 기준으로 선의·악의를 판단할 경우 법적 안정성을 흠결한다. 극단적으로 도산채권자 모두가 악의인 경우에도 도산관리인 자신이 선의라는 이유로 무효의 주장을 인정하지 않는 것은 공평에 반한다. 반대로 우연히 도산관리인 자신이 악의라도 도산채권자 중 선의인 자가 존재한다면, 무효의 주장을 할 수 있도록 하는 것은 상대방에게 부당한 이익을 주는 결과가 된다. 도산재단의 공평한 분배라는 도산절차의 성질로부터 도산채권자 중 1인이라도 선의인 자가 있다면, 도산관리인이 그 지위를 원용할 수 있도록 하는 것이 합리적이다. 따라서 도산절차개시결정시를 기준으로 도산관리인이 도산채권자 중 1명이라도 선의라는 것을 증명하면 무효 등의 주장을 배척할 수 있다.

(4) 당사자적격

도산절차가 개시되면 도산재단에 관한 소송에서는 도산관리인이 당사자가 된다(제78조, 제359조).[29] 도산관리인이 도산재단에 관한 소에 있어 당사자(원고 또는 피고)가 된다고 한 것은 소송법상의 법기술적인 요청에서 당사자적격을 인정한 것뿐이지, 자기의 이름으로 소송행위를 한다고 하여도 도산관리인 스스로 실체법상이나 소송법상의 효과를 받는 것은 아니고 어디까지나 타인의 권리를 기초로 하여 실질적으로는 이것을 대리 내지 대표하는 것에 지나지 않는 것이다.[30]

'도산재단에 관한 소송'의 범위는 어떻게 정해져야 하는가. 도산재단에 관한 소송인지는 그 소송의 승패가 결과적으로 채무자의 재산관계에 영향을 미치는지라는 관점에서가 아니라, 도산절차개시의 결과 실체적으로 어떤 것이 채무자(대표이사)의 권한으로 남아 있고, 어떤 것이 도산관리인에게 이전되는가라는 관점에서 결정하여야 한다. 이에 의하면 도산절차개시결정이 있어도 종래의 이사·감사·주주총회 등 기

28) 대법원 2024. 5. 30. 선고 2019다47387 판결, 대법원 2014. 8. 20. 선고 2014다206563 판결, 대법원 2014. 6. 26. 선고 2012다9386 판결, 대법원 2010. 4. 29. 선고 2009다96083 판결, 대법원 2006. 11. 10. 선고 2004다10299 판결.
29) 대법원 1985. 5. 28. 선고 84다카2285 판결 등 참조.
30) 대법원 1990. 11. 13. 선고 88다카26987 판결.

관은 채무자의 조직법적 분야에 있어서 제55조 제1항에서 규정한 사항을 제외하고 상법의 각 규정에 따라 권한을 행사할 수 있기 때문에 회사해산의 소·설립무효의 소·합병무효의 소·주주총회결의무효 또는 취소의 소·주주에 의해 제기된 주주지위확인의 소 등은 도산재단에 관한 소송이라고 볼 수 없다.[31] 따라서 이러한 소에 대하여는 도산관리인이 당사자적격을 갖지 않고 도산절차개시결정으로 소송절차가 중단되지도 않는다.[32]

'도산재단에 관한 소송'에는 채무자와 관련된 특허의 등록무효를 구하는 심판도 포함된다.[33] 도산절차가 개시되면 도산관리인만 당사자적격이 있음에도 이를 간과하고 당사자를 채무자(회사)로 표시하는 경우가 있다. 이 경우 법원은 당사자를 소장의 표시만에 의할 것이 아니고 청구의 내용과 원인사실을 종합하여 확정한 후 확정된 당사자가 소장의 표시와 다르거나 소장의 표시만으로 분명하지 아니한 때에는 당사자의 표시를 정정 보충시키는 조치를 취하여야 하고 이러한 조치를 취함이 없이 단지 당사자에게 막연히 보정명령만을 명한 후 소를 각하하는 것은 위법하다.[34]

다. 공동도산관리인

(1) 업무수행

① 도산관리인을 여러 명 선임한 경우 또는 ② 회생절차에서 관리인이 선임되지 아니하였지만 채무자의 대표자가 여럿이어서 도산관리인으로 보게 되는 자가 여럿인 경우나 ③ 회생절차에서 기존대표자 외에 법원이 추가로 관리인을 선임하는 경우 공동도산관리인이 된다. 파산관재인은 원칙적으로 1인을 선임하지만, 필요하다고 인정할 때에는 수인을 선임할 수도 있다(제356조).

공동도산관리인은 공동으로 그 직무를 하여야 한다. 다만 법원의 허가를 받아 직무를 분장할 수 있다(제75조 제1항, 제360조 제1항).

도산관리인이 여럿인 때에 제3자의 의사표시는 그중 1인에 대하여 하면 된다(제75조 제2항, 제360조 제2항). 도산관리인이 수동적으로 제3자로부터 의사표시를 받는 경우에는 권한남용이라는 상황이 발생할 여지가 적고, 전원에 대하여 의사표시를 하라고 하면 제3자에게 큰 부담이 될 수 있다는 점을 고려한 것이다. 도산관리인이 여럿인 경우 소송절차에서 송달도 그 가운데 한 사람에게 하면 된다(제33조, 민소법 제

31) 會社更生の實務(上), 332쪽.
32) 다만 반대취지의 하급심판결도 있다(수원지방법원 안양지원 2018. 1. 12. 선고 2017가합100166 판결, 청주지방법원 충주지원 2018. 2. 22. 선고 2016가합3522 판결 등).
33) 대법원 2016. 12. 29. 선고 2014후713 판결.
34) 대법원 2013. 8. 22. 선고 2012다68279 판결.

180조).

(2) 소송행위

도산관리인이 복수인 경우 직무분장이 되어 있지 않는 한, 소송행위는 그 전원이 하거나 전원을 상대로 하여야 한다. 즉 고유필수적 공동소송이 되고, 공동도산관리인 전원이 원고나 피고가 되어야 한다.[35)]

도산관리인이 원고로 소송을 수행하는 도중 도산관리인이 추가로 선임된 경우에는, 종래 도산관리인의 관리처분권 및 이에 기한 소송수행권은 2인에게 합유적으로 귀속되기 때문에 종래의 도산관리인도 단독으로 소송을 수행할 권한을 상실한다. 따라서 추가 선임 시점에 소송은 중단되고, 2인의 도산관리인이 공동으로 소송을 수계하여야 한다.[36)]

라. 도산관리인대리

도산관리인은 필요한 때에 그 직무를 행하게 하기 위하여 자기의 책임으로 1인 또는 여러 명의 도산관리인대리를 선임할 수 있으며, 그 선임에 있어서는 법원의 허가를 요한다(제76조 제1항, 제2항, 제362조 제1항, 제2항).

도산관리인대리는 도산관리인에 갈음하여 재판상 또는 재판 외의 모든 행위를 할 수 있다(제76조 제5항, 제362조 제4항). 도산관리인대리는 도산관리인의 포괄대리인으로서 상법상의 지배인에 대응한다고 볼 수 있다. 따라서 도산관리인대리의 대리권에 대한 제한은 선의의 제3자에게 대항할 수 없다(상법 제11조 제3항 참조).

도산재단에 관한 소송에서는 도산관리인만이 당사자적격을 갖고(제78조, 제359조), 도산관리인대리는 당사자적격이 없다. 하지만 상법상의 지배인과 유사한 지위에 있으므로 도산재단에 관한 소송에 있어서는 소송대리권을 가지고 있다고 할 것이다(상법 제11조 제1항 참조).

마. 도산관리인의 행위 제한-법원의 허가를 받아야 하는 행위

도산절차개시 후 관리인은 업무수행권과 관리처분권을, 파산관재인은 관리처분권을 가지고 있다. 그러나 도산관리인이 중요재산을 부당하게 처분하는 행위를 한다면 채무자의 재산 상태는 지속적으로 악화될 수 있다. 그래서 법원이 재량으로 도산관

35) 대법원 2008. 4. 24. 선고 2006다14363 판결 참조. 따라서 도산관리인이 여럿임에도 도산관리인 중 일부만이 당사자로 된 판결은 당사자적격을 간과한 것으로서 도산재단에 대하여 효력이 미치지 아니한다(대법원 2009. 9. 10. 선고 2008다62533 판결 참조).

36) 條解 破産法, 615쪽 참조.

리인의 일정한 행위에 대하여 법원의 허가를 받도록 정할 수 있게 하거나(제61조 제1항), 허가를 받도록 하였다(제61조 제2항, 제492조). 파산관재인에게는 업무수행권이 없고 관리처분권만 있다는 점에서 관리행위의 제한에 있어 관리인과 차이가 있다. 회생절차에는 채무자의 의견진술(제493조)에 관한 규정도 없다.

(1) 관리인의 행위 제한

법원은 필요하다고 인정하는 때에는 관리인이 ① 재산의 처분,[37] ② 재산의 양수, ③ 자금의 차입 등 차재, ④ 제119조의 규정에 의한 계약의 해제 또는 해지, ⑤ 소의 제기,[38] ⑥ 화해 또는 중재계약, ⑦ 권리의 포기, ⑧ 공익채권 또는 환취권의 승인, ⑨ 그 밖에 법원이 지정하는 행위를 하고자 할 때는 법원의 허가를 받도록 할 수 있다(제61조 제1항).

파산절차에서는 위와 같은 행위에 대하여 반드시 법원의 허가를 받도록 하고 있음에 반하여 회생절차에서는 허가를 받도록 할 수 있는 것으로 하고 있다. 회생절차에서는 파산절차와 달리 사업수행의 신속성이 중요하기 때문에 법원은 허가사항을 정함에 있어 필요 이상으로 이를 저해하지 않도록 배려할 필요가 있기 때문이다. 이로 인해 회생절차에서 유연한 절차운영이 가능하게 되었다.

나아가 관리인은 법원의 허가를 받지 아니하고는 ① 채무자의 영업 또는 재산을 양수하는 행위, ② 채무자에 대하여 자기의 영업 또는 재산을 양도하는 행위, ③ 그 밖에 자기 또는 제3자를 위하여 채무자와 거래하는 행위를 하지 못한다(제61조 제2항). 이익의 충돌 우려가 있는 자기거래를 금지하고 있는 것이다.

(2) 파산관재인인의 행위 제한

파산관재인이 ① 부동산에 관한 물권이나 등기하여야 하는 국내선박 및 외국선박의 임의매각, ② 광업권·어업권·양식업권·특허권·실용신안권·의장권·상표권·서비스표권 및 저작권의 임의매각, ③ 영업의 양도, ④ 상품의 일괄매각, ⑤ 자금의 차입 등 차재, ⑥ 상속포기의 승인(제386조 제2항), 포괄적 유증의 포기의 승인(제387조)과 특정유증의 포기(제388조), ⑦ 동산의 임의매각, ⑧ 채권 및 유가증권의 양도, ⑨ 쌍방미이행 쌍무계약에서의 이행의 청구(제335조 제1항), ⑩ 소의 제기(가처분 및 가압류의 신청을 제외한다), ⑪ 화해, ⑫ 권리의 포기, ⑬ 재단채권·환취권 및 별제권

---

37) 재산의 처분에는 영업양도도 포함되므로 제62조 제1항은 제61조 제1항 제1호의 특칙이라고 볼 수 있다. 영업양도는 이해관계인에게 중대한 영향을 미치므로 반드시 법원의 허가를 받도록 한 것이다.

38) 법원의 허가 없이 소를 제기하였다면 적법요건을 결하여 소가 각하되는 것이지 소제기 행위 자체가 무효로 되는 것은 아니다.

의 승인, ⑭ 별제권의 목적의 환수, ⑮ 파산재단의 부담을 수반하는 계약의 체결, ⑯ 그 밖에 법원이 지정하는 행위를 하고자 하는 경우에는 법원의 허가를 받아야 한다. 감사위원이 설치되어 있는 때에는 감사위원의 동의를 얻어야 한다. 다만 ⑦ 내지 ⑮에 해당하는 경우 중 그 가액이 1천만 원 미만으로서 법원이 정하는 금액 미만인 때에는 허가나 동의를 받지 않아도 된다(제492조).

(3) 무허가행위의 효력

법원의 허가를 받지 아니하고 한 도산관리인의 행위는 무효이지만, 선의의 제3자에게는 대항하지 못한다(제61조 제3항, 제495조). 선의의 제3자를 보호하기 위한 것이다.

4. 채권자협의회

도산절차에서 도산채권자는 개별적 권리행사가 금지되고, 도산절차에 참여하여 변제나 배당을 받을 수밖에 없으며, 실무적으로 대부분의 경우 도산채권 회수가 어려우므로 도산채권자는 도산절차에 참여할 권한과 동기가 있다. 따라서 도산채권자들이 효율적으로 자신의 권리를 보호하고 도산절차에 참여하기 위해서 도산채권자들의 의사를 결집하여 이를 도산절차에 반영할 수 있는 단체가 필요하다. 이러한 도산채권자들의 지위를 강화하는 방안의 하나로 채권자협의회를 두고 있다.

관리위원회는 도산절차개시신청이 있는 경우 주요채권자를 구성원으로 하는 채권자협의회를 구성하여야 한다(제20조 제1항). 이 경우 채무자의 주요채권자는 관리위원회에 채권자협의회 구성에 관한 의견을 제시할 수 있다(제20조 제4항).

실무적으로 회생절차에서는 특별한 사정이 없는 한 채권자협의회를 구성하지만, 파산절차나 개인회생절차의 경우에는 거의 구성하지 않는다.

5. 조사위원 · 간이조사위원

가. 조사위원[회생절차]

회생절차가 개시되면 관리인은 즉시 채무자에게 속하는 재산의 가액을 평가하고(제90조), 재산목록과 대차대조표(재무상태표)를 작성하며(제91조), 채무자가 회생절차에 이르게 된 사정, 채무자의 업무 및 재산에 관한 사항, 이사 등의 재산에 대한 보전처분 및 이사 등의 책임에 기한 손해배상청구권 등의 조사확정재판을 필요로 하는 사정의 유무, 그 밖에 채무자의 회생에 필요한 사항을 조사하여야 한다(제92조).

그러나 위와 같은 조사는 전문적인 분야로서 고도의 회계, 경영, 경제지식과 판단능력을 필요로 하는 분야이므로 관리인 스스로 이를 제대로 산정하기 곤란한 경우가 많다. 따라서 법원은 필요하다고 인정하는 때에는 채권자협의회 및 관리위원회의 의견을 들어 1인 또는 여러 명의 조사위원(examiner)을 선임하여 위와 같이 관리인이 조사, 작성하여야 할 사항에 관하여 제반 사정을 조사하게 하고 회생절차를 계속 진행함이 적정한지의 여부에 관한 의견서를 제출하게 하거나 기타 필요한 사항을 조사하여 보고하게 할 수 있다(제87조 제1항 내지 제4항).

일반적으로 조사위원은 일정 규모 이상의 회계법인이 담당하고 있다.

나. 간이조사위원[간이회생절차]

간이회생절차에서는 조사위원이 아닌 간이조사위원을 선임하고 있다. 비용절감을 위해 간이조사위원은 법원사무관이 맡기도 한다.

6. 구조조정담당임원(CRO)[회생절차]

실무적으로 법원은 회생절차개시신청이 있는 경우 채무자로 하여금 구조조정담당임원(CRO, Chief Restructuring Officer)을 선임하도록 하고 있다. 기존경영자 관리인제도를 도입하면서 기존경영자 관리인을 통제하기 위하여 채권자협의회의 기능과 권한을 강화하였다. 그러나 채권자협의회의 활동이 미미하고 회생절차 진행에 기대만큼 관심을 갖지 않아 채권자협의회의 기존경영자에 대한 견제기능이 제대로 발휘되지 못하였다. 이러한 현실적인 문제점을 극복하기 위하여 법원은 구조조정담당임원을 위촉하도록 하였다.

구조조정담당임원이란 일반적으로 기업의 사업부문과는 별도로 구조조정과 관련된 업무를 수행하는 간부급 직원을 말한다. 구조조정담당임원은 채권자협의회의 추천을 받아 채무자의 임원으로 채용되어 채무자의 회생을 위한 조언자이자 감시자로서의 역할을 수행한다. 또한 채무자와 채권자를 잇는 가교역할을 함으로써 보다 신속하고 원만한 회생절차를 진행할 수 있도록 한다.

7. 관계인집회 · 채권자집회

가. 관계인집회[회생절차]

회생절차는 채권자, 주주 · 지분권자 등 이해관계인의 법률관계를 조정하여 채무자 또는 그 사업의 효율적인 회생을 도모하는 것을 목적으로 한다(제1조). 법률관계가 적절하게 조정되었는지는 절차 수행의 주체인 관리인이나 이를 감독하는 법원의 판단에 의하는 것이 크지만, 최종적으로는 이해관계인들의 의사를 물을 필요가 있다. 관계인집회는 이러한 목적으로 두게 된 회생절차의 기관이다(제182조 이하).[39]

관계인집회는 채권자나 주주 · 지분권자에 의하여 구성되는 기관이고, 가장 중요한 직무는 회생계획안에 대하여 심의하고 결의를 하는 것이다(회생계획안 심리 및 결의를 위한 관계인집회). 또한 이해관계인의 이익을 확보하기 위해서는 채무자의 재산이나 사업의 내용을 포함하여 회생절차 진행 상황에 대하여 충분한 정보가 적절하게 제공되는 것이 필요하여 개최되는 경우도 있다(제98조, 관리인 보고를 위한 관계인집회, 실무적으로는 개최되지 않는다).

나. 채권자집회[파산절차 · 개인회생절차]

(1) 파산절차

채권자집회는 파산채권자의 의견을 파산절차에 반영시키기 위하여 법원이 소집하고 법원의 지휘 아래 개최되어 법이 정한 사항을 결의하거나, 파산관재인 및 채무자 또는 이에 준하는 자로부터 보고나 설명을 듣는 등의 권한을 가진 파산채권자의 집회이다. 채권자집회는 ① 파산채권자에게 정보를 제공하고, ② 파산채권자가 제공받은 정보를 기초로 파산관재인을 감독하며, ③ 파산채권자가 모여 의결권을 행사함으로써 관재업무에 관하여 의사를 표명하는 기능을 한다.

채권자집회는 제1회 채권자집회(제312조 제1항 제2호), 감사위원의 동의에 갈음하는 결의를 위한 채권자집회(제374조 제1항), 파산관재인의 임무종료에 따른 계산보고를 위한 채권자집회(제365조 제1항), 재단부족에 의한 폐지의 의견을 듣기 위한 채권자집회(제545조 제1항)가 있다.

채권자집회는 상설적인 것은 아니지만 법원의 소집에 의하여 기일마다 성립하는 기관이다. 즉, 채권자집회는 단체로서 파산채권자에 의해 구성되는 파산절차의 기관이다.

(2) 개인회생절차

개인회생채권자집회는 회생절차에서의 관계인집회나 파산절차에서의 채권자집회와 달리 어떤 결의를 하는 집회가 아니고, 채무자가 개인회생채권자들에게 변제계획안에 대해 설명하고, 개인회생채권자가 그에 대한 이의 여부를 진술하는 집회이다(제613조 제2항, 제5항).

---

39) 관계인집회가 기관인지는 의문이 있지만, 파산절차에서 채권자집회를 기관으로 규정하고 있는 이상(제3편 제2장 제2절) 관계인집회도 기관으로 볼 수밖에 없을 것이다. 회생절차에서는 주주도 참여할 수 있기 때문에 채권자집회가 아닌 관계인집회라고 한다.

8. 회생위원[개인회생절차]

개인회생절차에서는 채무자가 개인회생재단에 대한 관리처분권을 가지고 있기 때문에(제580조 제2항) 채무자의 적정한 직무수행을 유지하도록 법원의 감독이 필요하다. 하지만 개인채무자의 재산, 수입, 지출 등의 상황에 의심이 있는 경우 채권자나 법원이 직접 조사한다는 것은 사실상 곤란하다. 또한 개인회생채권의 평가에 있어 법원이 자료를 수집하여 이자 등을 계산하여야 하기 때문에 사건의 신속한 처리가 어렵다. 나아가 개인채무자는 통상 전문적인 법률지식이 없어 독자적으로 법률에 부합하는 변제계획안을 작성하는 것이 곤란하다.

그래서 개인채무자의 재산 및 수입 상황의 조사, 개인회생채권의 평가에 있어 법원 보조, 개인채무자가 적정한 변제계획안을 작성하도록 필요한 권고를 수행하는 회생위원이라는 기관을 둔 것이다.

법원은 이해관계인의 신청에 의하거나 직권으로 회생위원을 선임할 수 있다(제601조 제1항). 회생위원의 선임은 임의적이고 선임시기에 대하여는 아무런 제한이 없다.[40]

Ⅱ. 도산절차에서의 이해관계인

도산절차는 이해관계인의 법률관계를 조정하여 채무자 또는 그 사업의 효율적인 회생을 도모하거나 회생이 어려운 채무자의 재산을 공평하게 환가·배당하는 것을 목적으로 한다(제1조). 나아가 개인채무자의 경우 새로운 출발을 위한 면책도 중요한 목적이다. 도산관리인은 직무를 수행할 때 선량한 관리의무가 있고 이를 위반할 경우 이해관계인에게 손해를 배상하여야 한다(제82조, 제361조). 이러한 의미에서 이해관계인의 범위를 명확히 할 필요가 있다.

이해관계인이란 도산절차에서 도산관리인 등 기관의 활동에 의해 그 이익이 보호되거나 그 이익에 영향을 받는 자를 말한다. 이해관계인의 범위는 도산절차개시의 효과 및 도산절차의 구조를 고려하여 결정된다. 구체적인 이해관계인의 범위는 도산절차의 종류에 따라 다르다.

1. 회생절차

회생절차에서 이해관계인으로 채권자, 주주·지분권자 등을 들고 있지만(제1조) 이는 예시적인 것으로 이해관계인인지 여부는 개별적으로 검토하여야 한다.

40) 실무적으로는 개인회생절차개시의 신청 직후 곧바로 모든 사건에 대하여 회생위원을 선임하고 있다(개인예규 제9조 제1항).

도산채권자는 회생절차가 개시되면 권리행사가 제한되고(제131조, 제141조 제2항), 회생계획인가결정으로 면책이나 권리변경의 효력을 받게 되므로(제251조, 제252조) 이해관계인에 포함된다.

주주 · 지분권자는 회생절차(회생계획)에서 자본구성의 조정대상이 되고(제1조, 제193조 제1항 제1호) 회생절차에 참가할 수 있으므로(제146조 제2항) 이해관계인에 포함된다.

공익채권자는 회생절차에 의하지 않고 수시로 우선적으로 변제받을 수 있다(제180조 제1항, 제2항). 하지만 회생절차개시 후 공익채권에 기한 강제집행 등도 중지 또는 취소될 수 있다(제180조 제3항)는 점에서 이해관계인으로 보아야 할 것이다.

개시후기타채권자는 회생절차에 참가할 수 없고, 회생절차개시결정시부터 회생계획이 정하고 있는 변제기간 만료시까지 권리의 만족을 얻을 수 없으며, 강제집행 등도 할 수 없지만(제181조), 회생계획에서 정한 변제기간의 만료 후 관리인이나 채무자로부터 변제를 받을 수 있는 지위에 있으므로, 회생절차 성부 그 자체에 이해관계를 가진다고 볼 수 있다.

환취권자는 목적물의 환취라는 제한된 국면에서 회생절차와 관련되는 것에 지나지 않고, 절차의 실현 등의 관계에서는 이해관계를 갖지 않는다. 또한 관리인도 그 직무를 수행함에 있어 환취권자의 이익실현을 도모할 입장은 아니기 때문에 이해관계인에 포함되는 것은 아니라고 할 것이다.

채무자의 경우는 어떤가. 파산절차와 달리 회생절차에서는 자유재산이라는 개념이 없고[41] 채무자의 재산에 관하여 팽창주의를 취하고 있다. 또한 회생절차는 채무자나 그 사업의 효율적인 회생을 목적으로 회생절차개시결정이 되는 것이므로 채무자는 이해관계인의 범위에 포함되지 않는다.

2. 파산절차

파산절차에서 이해관계인으로 인정되는 자로 채무자, 파산채권자 및 재단채권자가 있다. 또한 별제권자의 지위가 인정되는 담보권자도 이해관계인으로 인정된다. 담보권자는 별제권자의 지위에서 파산절차와 관계없이 권리행사를 할 수 있지만(제412조), 어떠한 제약도 없는 것은 아니기 때문이다. 별제권자의 파산채권행사는 예정부족액에 한정되고(제413조) 별제권 행사에도 일정한 제한이 있다(파산관재인의 개입).

파산절차에서 채무자(파산선고를 받은 채무자)는 회생절차와 달리 이해관계인이다.

---

41) 채무자의 재산으로부터 포기한 경우 자유재산이라는 것이 생길 수 있지만(제61조 제1항 제7호), 회생절차에서는 파산절차와 달리 흔한 상황은 아니고 그 포기에 있어서도 신중을 기할 필요가 있다.

파산절차는 고정주의를 채택한 결과 파산재단에 속하는 재산의 귀속주체로서의 채무자와 자유재산의 귀속주체로서의 채무자는 구별되고, 특히 개인채무자에 대하여는 파산절차 종료 후 면책이 되면 파산채권자로부터의 어떠한 추급으로부터도 해방되기 때문이다. 또한 채권조사결과는 채무자에게 확정판결과 동일한 효력이 있고(제460조) 파산채권자는 이것을 집행권원으로 하여 강제집행을 할 수 있기 때문에(제535조 제2항, 제548조) 채권조사에 대하여 채무자의 이해관계도 부정할 수 없다.

주주·지분권자는 이해관계인의 지위가 인정되지 않는다. 파산의 경우에는 파산재단으로 파산채권자에게 배당을 실시하고, 잔여재산이 존재한다면 파산절차 종결 후 통상의 청산절차에 따라 주주 등에게 분배를 하는 것이 예정되어 있기 때문에 주주 등은 파산절차에서의 이해관계인이 아니다.

3. 개인회생절차

개인회생절차에서 이해관계인으로 인정되는 자로 개인회생채권자 및 개인회생재단채권자가 있다. 또한 별제권자의 지위가 인정되는 담보권자도 이해관계인으로 인정된다. 별제권자는 개인회생절차와 관계없이 권리행사가 보장되지만, 담보권 실행 등이 변제계획인가 전까지는 중지 또는 금지될 수 있기 때문이다(제593조 제1항 제3호, 제600조 제2항).

채무자는 어떤가. 개인회생절차에서 개인회생재단에 관하여 팽창주의를 채택하고 있고, 비록 자유재산이 존재하지만 개인회생절차의 목적은 어디까지나 채무자의 회생에 있기 때문에 이해관계인의 개념에 포함시키기는 어렵다.

제3장

도산절차개시의 신청

Ⅰ. 도산능력

도산능력이란 도산절차개시신청이 있는 경우 도산절차개시결정을 받아 채무자가 될 수 있는 자격을 말한다. 특정사건과의 관계가 아니라 일반적 자격으로 정해지는 것이라는 점에서 민사소송절차상의 당사자능력과 공통된다. 도산능력을 가지고 있는 자로 인정함에 있어서는 명문의 규정은 없고, 원칙적으로 민사소송법의 당사자능력에 관한 규정에 따라 능력의 유무가 판단된다.

우선 개인(자연인)은 모두 도산능력이 인정된다. 외국인도 마찬가지이다(제2조). 채무자인 개인이 사망한 경우에는 상속재산에 대하여 파산능력이 인정된다(제308조). 명시적인 규정은 없지만, 회생절차나 개인회생절차가 진행하던 중 채무자인 개인이 사망한 경우 회생절차나 개인회생절차는 종료된다고 해석된다.

다음으로 법인 중 사법인은 모두 도산능력이 인정된다. 공법인에 대하여는 다툼이 있다. 공법인의 경우 파산능력을 인정하면 채권자의 개인적 만족을 위하여 공법인의 공공적 기능을 저해하고, 공공의 이익을 희생하는 것을 의미한다. 따라서 공법인에 관하여는 일반적으로 파산능력을 인정하기 곤란할 것이지만, 파산과 달리 회생의 경우에 있어서는 절차가 종료된다고 하더라도 법인격의 소멸을 예정하고 있는 것이 아니므로 공법인의 회생능력을 부정할 이유는 없다.[1] 다만 국가나 지방자치단체와 같이 본질적으로 통치단체의 성질을 가지고 있는 것은 채권자의 다수결에 의해 회생을 도모하고자 하는 회생의 목적을 인정하기 어렵기 때문에 파산능력은 물론 회생능력도 부정하여야 할 것이다.[2]

나아가 법인이 아닌 사단·재단이라도 구성원의 채무에 대하여 법인이 아닌 사단이나 재단이 채무자가 되어 채권채무를 조정하거나 재산을 환가하여 배당할 필요성도 있으므로 민사소송법상 당사자능력에 관한 규정에 비추어 도산능력을 인정하여야 할 것이다(민소법 제52조 참조). 따라서 법인이 아닌 사단·재단에 해당하여도 대표자나 관리인이 정해져 있다면 도산능력이 인정된다.[3] 비영리법인도 도산능력이 인정된다.[4]

상속재산(제307조)이나 유한책임신탁재산(제578조의2)도 파산능력이 인정된다.

---

1) 서울회생법원(개시결정 당시 서울중앙지방법원)은 태백관광개발공사(주식회사 오투리조트)에 대하여 회생능력을 인정하였다(서울회생법원 2014회합100057).
2) 지방자치단체에 회생능력을 인정하려면 미국 연방도산법처럼 별도의 입법이 있어야 할 것이다.
3) 법인이 아닌 재단에 대한 것으로 「수원지방법원 2018회합10036 대한불교영각사재단」 사건이 있다.
4) 규칙 제51조 제1호 참조.

Ⅱ. 도산절차개시원인

1. 의 의

도산절차개시원인이란 도산절차를 개시하게 하는 원인이다. 채무자회생법은 도산절차개시원인에 대하여 각 절차마다 다르게 규정하고 있다. 회생절차(회생절차개시원인)에서는 ① 사업의 계속에 현저한 지장을 초래하지 아니하고는 변제기에 있는 채무를 변제할 수 없는 경우와 ② 채무자에게 파산의 원인인 사실이 생길 염려(제34조 제1항)를, 파산절차(파산원인)에서는 ① 지급을 할 수 없는 때(지급불능), ② 지급정지[5] 및 ③ 채무초과(부채초과, 제305조, 제306조)를, 개인회생절차(개인회생절차개시원인)에서는 파산의 원인인 사실이 있거나 그러한 사실이 생길 염려가 있는 경우(제579조 제1호)를 각 도산절차개시원인으로 규정하고 있다.[6]

(개인)회생절차의 개시원인은 파산원인보다 넓어 파산원인이 발생할 때 (개인)회생절차를 개시할 수 있을 뿐만 아니라 파산원인이 발생할 염려가 있을 때에도 (개인)회생절차를 개시할 수 있다. 나아가 회생절차는 사업의 계속에 현저한 지장을 초래하지 아니하고는 변제기에 있는 채무를 변제할 수 없는 경우에도 개시할 수 있다. (개인)회생절차개시원인을 파산원인보다 완화하고 있는 이유는 조기에 (개인)회생절차개시신청을 촉진하고, 파산절차보다 (개인)회생절차가 개시되어 자산가치가 높은 수준에서 보전되는 것을 의도한 것이다.

2. 개별유형

가. 변제기에 있는 채무의 변제불능(회생절차개시원인)

채무자는 사업의 계속에 현저한 지장을 초래하지 아니하고는 변제기에 있는 채무를 변제할 수 없는 경우 법원에 회생절차개시신청을 할 수 있다(제34조 제1항 제1호). '사업의 계속에 현저한 지장을 초래하지 아니하고는 변제기에 있는 채무를 변제할 수 없는 경우'란 채무자가 변제기가 도래한 채무를 변제하려고 하면 사업의 계속에 현저한 지장을 가져오는 경우를 말한다. 예컨대 채무자의 채무가 40억 원이고 100억 원에 상당하는 기계장치를 가지고 있다고 할 경우, 채무자는 위 기계장치를 매각하여 채무를 전부 변제할 수 있다. 하지만 기계장치를 매각하면 사업을 계속할 수가 없다. 그래서 채무 변제시 사업의 계속에 현저한 지장이 초래된다고 할 것이다.

---

5) 독립적인 파산원인은 아니고 지급불능으로 추정되는 것이다(제305조 제2항).

6) 각 절차마다 규정하는 형식도 다르다. 입법체계상 통일을 기할 필요가 있다. 도산절차개시원인을 제1편 총칙에서 일괄하여 규정하는 것이 바람직하다.

회생절차개시요건으로서의 변제불능은 절대적 변제불능이 아니라 상대적 변제불능을 의미한다. 단순히 일시적인 자금부족(shortage of money)이 아니라, 채무변제를 위한 자금조달은 가능하다고 하여도 이를 위해서는 제품을 덤핑처리하거나 사업용 중요재산을 처분하거나 고리의 금융을 차입할 필요가 있는 경제 상태를 말한다.[7]

'파산원인인 사실이 생길 염려'와 달리 채무자의 객관적 지급능력이나 재무상태의 관점에서가 아니라 자금조달이라는 사업계속의 관점에서 회생절차개시원인으로 한 것으로, 회생절차의 특징을 보여주고 있는 것이다. 한편 '변제기에 있는 채무를 변제할 수 없는 경우'는 자산이 아무리 많더라도 유동자금의 결핍 등으로 일시적으로 변제가 불가능한 상태를 포함하지만, 자금부족의 모든 경우를 회생절차개시원인으로 하는 것은 적절하지 않으므로 이를 제한하기 위하여 '사업의 계속에 현저한 지장을 초래하지 아니하고는'이라는 제한을 가하고 있다.

나. 파산원인인 사실이 생길 염려(회생절차개시원인 · 개인회생절차개시원인)

파산원인(아래 〈다.〉 참조)이 현실적으로 존재하여야 하는 것은 아니고 그것이 생길 '염려'가 있으면 된다. (개인)회생절차는 파산절차와 달리 파산의 원인인 사실이 생길 염려가 있는 경우에도 신청할 수 있다. 이는 파산원인이 생길 염려가 있는 시점에서 가능한 한 신속하게 채무자의 효율적인 회생을 도모하기 위하여 (개인)회생절차를 신청할 수 있도록 한 것이다. '생길 염려가 있다'는 것은 사태가 그대로 진행한다면 지급불능 또는 채무초과가 발생할 것이 객관적으로 예측된다는 것을 의미한다. 지급불능으로 추정되는 지급정지(제305조 제2항)에 이를 것까지는 없다.

다. 파산원인

파산원인에는 보통파산원인인 지급불능(제305조, 제578조의4 제1항)과 법인(존립 중인 합명회사 및 합자회사 제외) 고유의 파산원인인 채무초과(제306조, 제578조의4 제3항)가 있다. 채무자가 지급을 정지한 때에는 지급불능이 된 것으로 추정한다(제305조 제2항).[8]

(1) 지급불능

지급불능이란 채무자가 변제능력이 부족하여 즉시 변제하여야 할 채무를 일반

---

7) 實務 倒産法講義, 147쪽.

8) 상속재산파산의 경우에는 채무초과만이 파산원인이다(제307조). 유한책임신탁재산에 대한 파산원인은 ① 유한책임신탁재산으로 지급을 할 수 없는 경우(지급불능)나 ② 유한책임신탁재산으로 신탁채권자 또는 수익자에 대한 채무를 전부 변제할 수 없는 경우(채무초과)이다(제578조의4 제1항, 제3항). 수탁자가 신탁채권자 또는 수익자에 대하여 지급을 정지한 경우에는 지급불능이 추정된다(제578조의4 제2항).

적·계속적으로 변제할 수 없는 객관적 상태를 말한다.[9] 지급불능은 재산, 신용, 기능 등을 종합적으로 고려하여 판단한다는 점에서 단순히 재산만을 기준으로 하는 채무초과와 다르다.

지급불능인지를 판단하기 위해서는 변제능력과 변제기가 도래한 채무를 비교하는 것이 필요하다. 세부적으로는 ㈎ 변제능력이 부족하고, ㈏ 변제능력 여부는 객관적으로 판단하며, ㈐ 변제능력 부족은 일반적·계속적이어야 하고, ㈑ 변제능력 판단에 있어 고려되는 것은 변제기가 도래한 채무로 제한된다는 것이다.

(가) 변제능력

지급불능으로 인정되려면 변제능력이 부족하여야 한다.

채무자가 개인인 경우 지급불능이 있다고 하려면 채무자의 연령, 직업 및 경력, 자격 또는 기술, 노동능력, 가족관계, 재산·부채의 내역 및 규모 등을 종합적으로 고려하여, 채무자의 재산·신용·수입에 의하더라도 채무의 일반적·계속적 변제가 불가능하다고 객관적으로 판단되어야 하고,[10] 단지 채무자가 현재 보유하고 있는 자산보다 부채가 많다는 사실로부터 쉽사리 추단되어서는 안 된다. 한편 채무자가 개인인 경우 그가 현재 보유하고 있는 자산보다 부채가 많음에도 불구하고 지급불능 상태가 아니라고 판단하기 위하여는, 채무자의 연령, 직업 및 경력, 자격 또는 기술, 노동능력 등을 고려하여 채무자가 향후 구체적으로 얻을 수 있는 장래 소득을 산정하고, 이러한 장래 소득에서 채무자가 필수적으로 지출하여야 하는 생계비 등을 공제하여 가용소득을 산출한 다음, 채무자가 보유 자산 및 가용소득으로 즉시 변제하여야 할 채무의 대부분을 계속적으로 변제할 수 있는 객관적 상태에 있다고 평가할 수 있어야 한다. 이와 같이 부채초과 상태에 있는 개인 채무자의 변제능력에 관하여 구체적·객관적인 평가 과정을 거치지 아니하고, 단지 그가 젊고 건강하다거나 장래 소득으로 채무를 일부라도 변제할 수 있을 것으로 보인다는 등의 추상적·주관적인 사정에 근거하여 함부로 그 채무자가 지급불능 상태에 있지 않다고 단정하여서는 아니 된다.[11]

채무자가 특히 면책신청의 전제로 자기파산의 선고를 구하면서 이러한 지급불능의 상태를 스스로 주장하는 경우에는, 채무자의 재산 및 신용의 상태 등이 채무자에게 고유한 사정으로서 일반적으로 채권자를 비롯한 제3자로서는 쉽사리 접근하여

9) 대법원 2006. 4. 4. 자 2006마93 결정.
10) 대법원 2009. 3. 2. 자 2008마1651 결정 등 참조.
11) 대법원 2011. 10. 28. 자 2011마961 결정, 대법원 2010. 9. 20. 자 2010마868 결정, 대법원 2010. 8. 11. 자 2010마888 결정, 대법원 2009. 9. 11. 자 2009마1205, 1206 결정 등 참조.

알 수 있는 바가 아니므로, 채무자가 제출한 관련 자료 등에 대한 증거법적 평가 및 지급불능상태에 있는지 여부의 판단에 있어서 신중한 접근이 요구된다.[12)]

(나) 변제기에 있는 채무

즉시 변제하여야 할 채무를 변제할 수 없어야 한다. 지급불능은 이행기가 도래하여 채권자가 이행을 청구하고 있는 채무를 변제할 수 없는 상태를 말한다. 여기서 이행기의 도래는 본래의 변제기에 의한 것이나 기한의 이익의 상실에 의한 것이나 마찬가지이다. 이에 반하여 장래의 채무불이행이 확실히 예측된다고 하여도 이것을 가지고 지급불능이라고 할 수는 없다.[13)]

(다) 일반적 · 계속성

일반적·계속적으로 채무를 변제할 수 없어야 한다. 일반적이란 변제기가 도래한 채무 일반을 변제할 수 없는 상태여야 한다. 특정한 채무에 대하여 불이행이 있다는 것만으로 지급불능이 되는 것은 아니다. 계속적이란 우발적으로 발생한 일로 자력을 잃은 것이 아니라는 의미이다. 따라서 천재지변에 의한 일시적 유동성 부족은 변제능력의 계속적 결여가 아니다. 어느 정도 계속성을 요구하는가는 지급불능을 발생시킨 사실의 성질 등을 고려하여 개별 사안에 따라 판단하여야 할 것이다.

채무를 일반적·계속적으로 변제할 수 없어야 하기 때문에 채무자가 개개의 채무를 다투어 변제하지 않는 것은 지급불능이라 볼 수 없다. 반면에 채무자가 임금, 일상경비 등 일정한 채무를 계속 변제하고 있더라도 채무의 중요부분 내지 근본적 부분을 계속적으로 변제할 수 없는 상태라면 지급불능으로 된다.

(라) 객관적 상태

파산원인이 되는 지급불능은 일시적인 자금의 경색으로 변제하지 못한 것만으로는 되지 않고 객관적으로 판단하여 채무를 변제할 수 없는 경제적 상태에 이른 경우를 말한다. 이러한 점에서 채무자의 주관적 행위인 지급정지와 다르다.

---

12) 대법원 2010. 1. 25. 자 2009마2183 결정.

13) 변제기 있는 채무여야 한다는 요건과 관련하여 유연하게 해석하여야 한다는 견해가 있다. 변제기에 있는 채무를 지급할 수 있어도 지급불능을 인정할 수 있다는 견해이다. 즉 지급불능은 객관적인 개념이므로, 표면적으로는 변제능력이 유지되어도 변제재원이 급매(염가매각)나 상환가능성이 없는 차입 등에 의하여 마련되는 경우에는 지급불능을 인정할 수 있다는 것이다. 사업자를 예로 들면, 채무의 변제능력은 정상적인 사업활동의 성과로 얻은 수입이나 자산의 환가로 지급하여야 하는 것이고, 사업의 계속을 곤란하게 하는 차입금이나 재산의 처분에 의하여 얻는 자금에 의한 지급은 이른바, 호도된 지급능력에 기인한 것으로, 외면적인 지급에도 불구하고 실질적으로는 지급불능상태에 있다고 평가할 수 있다는 것이다{倒産法(加藤哲夫등), 38쪽, 條解 破産法, 42쪽}.

(마) 비금전채무, 미확정채무

지급불능은 비금전채무도 포함하여 판단하여야 한다.[14] 비금전채권이라도 파산채권으로 될 수 있는 한 실질적으로 금전채무를 변제할 수 없는 경우와 구별할 이유가 없기 때문이다. 비금전채권이라도 불이행에 의해 금전채권으로 전환될 수도 있는 것이다.

미확정채무, 예컨대 불법행위에 기한 손해배상채무와 같이 그 발생이나 금액이 미확정인 것이라도 발생원인이 인정될 수 있는 경우에는, 법원의 평가액이 지급불능 판단시에 채무로서 고려될 수 있을 것이다.

(바) 지급불능의 판단시점

지급불능의 판단시점은 신청시가 아니라 파산선고시이다.

(2) 지급정지

지급정지가 있으면 지급불능인 것으로 추정된다(제305조 제2항, 제578조의4 제2항). 지급불능은 객관적인 상태를 가리키는 개념이므로 외부에서 인정하기 어렵다. 그래서 지급불능을 추정하는 개념으로 지급정지를 두고 있다. 지급정의 개념은 상계금지나 부인권과의 관계에서도 위기시기를 획정하는 개념으로 사용되고 있다(제100조 제1항 제2호 내지 제4호, 제145조 제2호, 제4호 참조). 지급정지 그 자체는 파산원인은 아니지만, 지급정지가 되면, 지급불능을 추정할 수 있다(제305조, 법률상의 사실추정). 추정규정이기 때문에 지급정지가 있어도 지급불능이 아닌 것을 증명하면, 파산선고가 되지 않는다. 지급정지의 전형적인 예로는 영업폐지의 선언이나 야반도주, 어음의 부도 등을 들 수 있다. 지급정지는 외부에 대한 표시행위이므로, 내부적으로 지급정지의 방침을 결정하였다고 하여도, 그것만으로 지급정지가 되는 것은 아니다.

〈지급불능과 지급정지의 관계〉

지급정지	지급불능
주관적 행위	객관적 상태
증명이 용이하고 명확	증명이 곤란하고 평가적 요소를 포함
불확실한 증빙	재산 파탄의 확실한 지표
파산원인의 완화된 요건	파산원인의 본래적 요건

14) 倒産法(加藤哲夫등), 37쪽, 박기동, 전게 "파산절차개시의 요건과 파산선고의 효과", 70~71쪽, 전병서, 49쪽.

(3) 채무초과

채무초과(부채초과)란 부채(소극재산)가 자산(적극재산)을 초과하는 상태를 말한다. 채무초과가 객관적 상태라는 점에서 지급불능과 같지만, 채무초과는 채무자가 가지고 있는 자산의 가액과 채무의 액이라는 수적 관계만으로 판단하고 재산, 신용, 기능 등을 고려하지 않는다는 점, 소극재산에 기한미도래의 채무도 포함된다는 점에서 지급불능과 다르다. 채무초과 판단의 전제로 되는 재산평가의 기준으로는 채무자의 사업이 계속되는 이상 시가(계속기업가치)로 하여야 할 것이다.

3. 도산절차개시원인의 추정

가. 회생절차

외국도산절차가 진행하고 있는 때에는 그 채무자에게 파산의 원인인 사실이 있는 것으로 추정한다(제38조 제1항). 외국도산절차란 외국법원(이에 준하는 당국을 포함한다)에 신청된 회생절차・파산절차 또는 개인회생절차 및 이와 유사한 절차를 말하며, 임시절차를 포함한다(제628조 제1호).

나. 파산절차

파산신청 당시 채무자에 대하여 이미 외국에서 파산선고가 있은 때에는 파산의 원인인 사실이 존재하는 것으로 추정한다(제301조).

다. 증명책임의 전환

추정을 깨뜨리기 위해서는 상대방이 도산원인인 사실의 부존재를 증명하여야 한다. 상대방이 도산원인인 사실의 부존재에 대한 증명책임을 진다는 의미에서는 증명책임이 전환되는 것이다. 외국도산절차의 존재(전제사실)가 증명되었어도 추정사실에 대한 반대사실에 대하여 법원이 확신을 갖는다면 추정은 번복되고 회생절차개시신청은 기각된다.

Ⅲ. 도산절차의 신청권자

1. 신청권자

도산절차개시신청권은 헌법이 보장하고 있는 재판청구권의 일부이다. 도산절차는 원칙적으로 신청에 의하여 개시된다. 다만 경우에 따라 신청이 의무인 경우도 있다(제299조 제2항).

가. 채무자

채무자는 도산절차개시원인이 있으면 도산절차개시신청을 할 수 있다(제34조 제1항, 제294조 제1항, 제588조). 채무자란 회생절차 · 파산절차의 경우에는 개인뿐만 아니라 법인을 포함한다. 간이회생절차의 경우에는 채무자인 소액영업소득자만이 신청권자이고(제293조의4 제1항), 개인회생절차에서는 개인채무자만이 신청권자이다(제588조). 외국인이나 외국법인도 신청권자가 될 수 있다(제2조, 제36조 제2호 참조).

채무자가 법인인 경우에는 법령과 정관 등에 따른 각 법인의 통상의 의사결정절차에 따라 신청권을 행사하여야 한다. 따라서 적법한 의사결정절차를 거치지 아니하고 신청한 경우(예컨대 정관에 회생신청 등 중요사항에 관하여 주주총회의 특별결의나 이사회 결의를 거치도록 되어 있음에도 주주총회의 특별결의나 이사회 결의를 거치지 아니한 경우)에는 대표권의 행사가 부적법하므로 신청을 각하하여야 한다.[15] 주식회사의 경우 소규모 주식회사[16]를 제외하고 도산절차개시신청은 이사회 결의를 거쳐야 한다.

나. 채권자[회생절차 · 파산절차]

채권자는 회생절차(제34조 제2항 제1호 가목, 제2호 가목), 파산절차(제294조 제1항)를 신청할 수 있다.[17] 채권자에게 신청권을 인정한 것은 관계인집회나 채권자집회에서 의결권을 가지고 있을 뿐만 아니라 채무자가 도산신청을 하지 아니할 경우 기업가치나 자산가치가 훼손될 우려가 있기 때문이다.

채권자는 채무자에 대한 직접적 채권자가 아니라도 채권자대위권(민법 제404조)의 행사가 인정되는 채권자도 도산신청권이 인정된다. 채권에 대한 추심권을 가진 채권질권자의 경우도 마찬가지이다(민법 제353조). 채권추심명령을 받은 압류채권자도 제3채무자에 대한 도산신청권이 인정된다.[18] 전부명령을 받은 압류채권자도 마찬가지이다. 반면 채권이 채권질의 목적이 된 경우 채권질의 설정자인 채권자는 그 채권을 가지고 도산신청을 할 수 없다.[19] 질권의 목적으로 된 채권에 대하여는 원칙적으로

---

15) 서울고등법원 2020. 5. 26. 자 2019라21331 결정(확정).

16) 자본금 총액이 10억 원 미만인 소규모 주식회사는 이사를 2인 이하로 둘 수 있고(상법 제383조 제1항 단서), 이사회를 두지 않아도 된다(제383조 제5항, 제6항). 따라서 소규모 주식회사의 경우는 도산절차개시신청에 있어 이사회의 결의가 필요하지 않다. 여기서 '자본금 총액'은 '발행주식의 액면총액'을 의미한다. 한편 소규모 주식회사의 경우에는 주주 전원의 서면 동의에 의해 주주총회의 특별결의를 갈음할 수도 있다(상법 제363조 제4항).

17) 채권자는 간이회생절차나 개인회생절차는 신청할 수 없다.

18) 전병서, 56쪽, 박기동, 전게 "파산절차개시의 요건과 파산선고의 효과", 87쪽.

19) 倒産判例百選, 22~23쪽. 채권이 질권의 목적으로 된 경우, 질권설정자는 질권자의 동의가 있는 등 특별한 사정이 없는 한(민법 제352조 참조), 해당 채권에 기하여 채무자에 대한 파산신청을 할 수 없다. 질권의 목적으로 된 채권에 대하여는 원칙적으로 질권설정자는 이것을 추심할 수 없고, 질권자가

질권설정자는 추심할 수 없기 때문이다(민법 제353조 참조).[20]

신청인이 도산신청 시에는 채권을 보유하지 않았더라도 도산절차개시결정시까지 그 채권을 취득하면 된다.[21] 반면 채권자가 도산신청을 하고 그 후 그의 채권이 채무자나 제3자에 의해 변제된 경우에는 채권자가 신청권을 잃는다고 할 것이다(결국 신청은 부적법하게 된다).[22]

(1) 회생절차의 경우

채권자가 회생절차를 신청하려면, 채무자가 ① 주식회사 또는 유한회사인 경우 자본의 10분의 1 이상에 해당하는 채권을, ② 주식회사 또는 유한회사가 아닌 경우 5천만 원 이상의 금액에 해당하는 채권을 가진 채권자여야 한다. 신청의 남용을 방지하기 위함이다.

채권자에는 특별한 제한이 없으므로 도산채권자뿐만 아니라 공익채권자[23]도 포함된다. 채권자가 파산선고를 받은 경우에는 채권자의 파산관재인이 회생절차개시를 신청할 수 있다.[24]

환취권자는 더 쉬운 권리보호수단이 있어 권리보호의 필요성이 없으므로 회생절차개시를 신청할 수 없다.[25]

(2) 파산절차

채권자는 회생절차와 달리 금액의 제한을 받지 않고 파산절차를 신청할 수 있다(제294조 제1항). 이로 인해 채권자가 그들의 채권을 변제받기 위한 압박용으로 파산신청을 하는 경우가 있다.

채권자에는 파산채권자는 물론 재단채권자, 별제권자[26]도 포함된다. 환취권자는

전적으로 추심권을 갖는다고 해석되는데(민법 제353조), 해당 채권의 채무자의 파산은, 질권자에 대하여, 파산절차 외에서 해당 채권의 추심을 할 수 없게 하는 제약을 부담시키고(제424조), 또한 채무자가 법인인 경우에는 법인의 해산사유가 되며(민법 제77조 제1항, 상법 제227조 제5호, 제517조 제1호 등), 질권자는 파산절차에 의한 배당에 의해 만족을 받지 못한 잔액에 대하여는 통상 그 이행을 구할 수 없게 되는 사태를 초래하는 등 질권자의 추심권 행사에 중대한 영향을 미치기 때문이다.

20) 條解 破産法, 133쪽.

21) 도산절차개시결정시에는 신청인의 채권이 존재하여야 하지만 그 후에는 소멸하여도 무방하다. 도산절차가 개시된 이상 신청한 채권자뿐만 아니라 총채권자의 이익을 위하여 도산절차가 수행되기 때문이다.

22) Reinhard Bork, 50쪽.

23) 대법원 2014. 4. 29. 자 2014마244 결정. 창원지방법원 2020회합10049 결정 등 참조.

24) 수원지방법원 2018회합100036 사건에서 주식회사 부산저축은행의 파산관재인 예금보험공사는 채권자로서 대한불교영각사재단에 대하여 회생절차개시신청을 하였다.

25) 독일 도산법 제14조 제1항은 채권자에 의한 도산신청의 경우 권리보호필요성을 요건으로 한다고 규정하고 있고, 이는 채무자가 신청한 경우에도 마찬가지라고 보고 있다(Reinhard Bork, 49쪽).

26) 물적으로 완전히 담보된 채권자가 신청하는 경우에는 권리보호필요성이 부정될 수도 있을 것이다. 하지만 신청단계에서 물적으로 완전히 담보된다는 것은 판정하기 쉽지 않을 것이다. 따라서 절차의 신

회생절차와 마찬가지 이유로 포함되지 않는다고 할 것이다.

다. 주주 · 지분권자

주주 · 지분권자는 회생절차(제34조 제2항 제1호 나목, 제2호 나목)를 신청할 수 있다. 채무자가 ① 주식회사 또는 유한회사인 경우 자본의 10분의 1 이상에 해당하는 주식 · 출자지분을 가진 주주 · 지분권자, ② 주식회사 또는 유한회사가 아닌 경우 합명회사 · 합자회사 그 밖의 법인 또는 이에 준하는 자에 대하여는 출자총액의 10분의 1이상의 출자지분을 가진 지분권자여야 한다. 신청의 남용을 방지하기 위함이다.

주주 · 지분권자에게 회생절차개시신청권을 인정한 것은 회생절차개시원인이 존재함에도 채무자가 개시신청을 하지 아니한 경우에는 기업가치가 훼손될 우려가 있고 (그로 인해 주주 · 지분권자의 이익이 훼손될 염려가 있다), 회생계획에서 채권이나 자본의 재조정은 불가피하며, 주주 · 지분권자는 (자산이 부채를 초과할 경우) 관계인집회에서 의결권을 가질 수 있기 때문이다.

주주 · 지분권자는 파산절차를 신청할 수는 없다.

라. 청산인

(1) 파산신청의무

법인의 청산인(민법 제93조 제1항), 회사의 청산인(상법 제254조 제4항, 제287조의45, 제542조 제1항, 제613조)은 법인의 재산이 그 채무를 변제하기에 부족한 것이 분명하게 된 때에는 지체없이 파산선고를 신청할 의무가 있다.[27] 청산인에게 채무자의 대표로서가 아니라 청산인의 자격으로 파산신청의무를 부과하고 있다.

(2) 회생절차개시신청

채무자가 청산중인 경우 청산인은 다른 법률에 의하여 파산을 신청하여야 하는 때에도 회생절차개시를 신청할 수 있다(제35조 제1항). 파산에 대한 회생절차의 우선성을 배경으로 청산인에게 절차의 선택권을 부여한 것이다. 청산인이 회생절차개시를 신청한 경우에는 파산신청의무를 다한 것이므로 파산신청의무위반으로 인한 손해배상책임(민법 제96조, 제65조)을 지지 않는다. 그러나 회생절차개시신청이 기각된 경우에는 다시 파산신청의무를 부담한다.

속한 진행을 위하여 별제권자에게도 신청권을 인정하는 것이 타당하다.

27) 채무자가 청산 중이거나 파산선고를 받았다고 하더라도 회생절차개시의 신청을 방해받지 않는다(제44조 제1항 제1호, 제58조 제2항 제1호 참조). 일반적으로 회생절차가 청산절차나 파산절차보다 우선하는 지위에 있기 때문에 회생절차개시를 신청할 수 있도록 한 것이다.

마. 파산신청권자와 관련한 특별규정

(1) 준채무자

채무자가 민법 기타 다른 법률에 의하여 설립된 법인인 경우에는 그 이사가, 합명회사 또는 합자회사에 대하여는 무한책임사원이, 주식회사 또는 유한회사에 대하여는 이사가,[28] 청산중인 법인에 대하여는 청산인[29]이, 그 밖의 법인 또는 법인 아닌 사단 또는 재단으로서 대표자 또는 관리자가 있는 경우에는 그 대표자 또는 관리인이 파산신청을 할 수 있다(제295조, 제297조).[30] 다만 이사, 무한책임사원 또는 청산인, 대표자 또는 관리자 전원이 아닌 일부가 파산신청을 하는 경우에는 파산원인의 소명이 필요하다(제296조, 제297조). 법인의 경우 파산은 해산사유가 되기 때문이다.

(2) 금융위원회

「금융산업의 구조개선에 관한 법률」 제2조 제1호에서 정하는 금융기관에 대하여는 금융위원회가 파산을 신청할 수 있다(위 법률 제16조).[31] 금융기관의 채권자들이 비용과 시간을 들여가면서까지 파산신청을 하기 어렵다는 점에서 공익을 위한다는 측면이 있을 뿐만 아니라 금융위원회는 금융기관의 감독기관으로서 채무자인 금융기관의 재산상황(정보)을 잘 파악할 수 있는 위치에 있기 때문이다.

(3) 상속채권자, 유증을 받은 자, 상속인, 상속재산관리인 및 유언집행자

상속재산에 대하여는 상속채권자, 유증을 받은 자, 상속인, 상속재산관리인 및 유언집행자가 파산을 신청할 수 있다(제299조 제1항).

---

28) 유한책임회사의 경우는 업무집행자(상법 제287조의3 제4호, 제287조의12 제1항, 제287조의19 제1항)가 파산신청을 할 수 있다고 할 것이다.

29) 1인 주주인 이사가 사망한 경우와 같이 채무자인 법인 스스로 파산신청을 할 수 없으면 파산신청을 어떻게 하여야 하는가. 이사가 없으므로 법인이 스스로 파산신청을 할 수는 없다. 이 경우 먼저 법원에 청산인 선임신청을 하고(민법 제82조, 제83조, 상법 제252조, 제542조 제1항, 제613조 제1항), 법원이 청산인을 선임하면 청산인이 파산신청을 하면 된다(제295조 제2항).

30) 지역농협의 경우 조합장이 파산신청을 할 수 있다(농업협동조합법 제83조).

31) 농업협동조합의 경우는 농림축산식품부장관(농업협동조합의 구조개선에 관한 법률 제9조), 산림조합에 대하여는 산림청장(산림조합의 구조개선에 관한 법률 제13조), 수산업협동조합에 대하여는 해양수산부장관(수산업협동조합의 구조개선에 관한 법률 제14조), 새마을금고의 경우 주무부장관(행정안전부장관)(새마을금고법 제80조의5, 제28조 제1항 제8호)에게 각 파산신청권이 있다. 한편 금융위원회는 경영관리(신용협동조합법 제86조)를 받는 신용협동조합에 대한 재산실사 결과 해당 조합의 재산으로 채무를 완전히 변제할 수 없는 경우로서 ① 해당 조합을 합병하려는 조합이 없어 조합원을 보호하기 곤란한 경우나 ② 신용협동조합중앙회가 해당 조합에 자금을 대출하더라도 3년 이내에 경영정상화가 곤란하다고 인정되는 경우 또는 계약이전의 결정(같은 법 제86조의4 제1항)에 따라 부실조합의 계약이전이 이루어진 경우에는 조합의 주사무소 소재지를 관할하는 회생법원에 파산을 신청할 수 있다(신용협동조합법 제88조).

(4) 신탁채권자, 수익자, 수탁자, 신탁재산관리인 또는 청산수탁자

유한책임신탁재산에 대하여는 신탁채권자, 수익자, 수탁자, 신탁재산관리인 또는 청산수탁자가 파산을 신청할 수 있다(제578조의3 제1항).

2. 신청권자와 신청원인(도산절차개시원인)의 관계

가. 회생절차

회생절차에서는 신청인이 채무자인지 채권자나 주주·지분권자인지에 따라 회생절차를 신청할 수 있는 신청원인(회생절차개시원인)이 다르다.

채무자는 ① 사업의 계속에 현저한 지장을 초래하지 아니하고는 변제기에 있는 채무를 변제할 수 없는 경우, ② 채무자에게 파산의 원인인 사실이 생길 염려가 있는 경우에 회생절차를 신청할 수 있다.

그러나 채권자나 주주·지분권자는 채무자에게 파산의 원인인 사실이 생길 염려가 있는 경우(②)에만 회생절차를 신청할 수 있다. 채권자나 주주·지분권자의 신청원인으로 ②만을 인정하는 것은 ①은 사업가치보전을 목적으로 인정되는 회생절차개시원인으로 사업가치보전의 책임은 경영자(채무자)에게 위임되어 있기 때문이다.

나. 파산절차·개인회생절차

파산절차에서는 신청인이 채무자인지 채권자인지에 따라 신청원인(파산원인)이 다르지 않다(제294조 제1항). 개인회생절차의 경우는 채무자만 신청할 수 있으므로 신청권자에 따라 개시원인이 달라질 수 없다.

3. 도산절차개시원인 등의 소명

도산절차개시의 신청은 채무자가 일시적으로 채권자의 추급을 회피하거나, 채권자가 채무자를 위협하여 만족을 얻는 수단으로 이용되는 등 부당한 목적으로 남용될 여지가 없지 않다. 이에 이러한 신청의 남용을 방지하기 위하여 ① 회생절차개시의 신청을 할 때는 회생절차개시의 원인인 사실을 소명하도록 하고 있다(제38조 제1항 전문). ② 채권자나 주주·지분권자가 회생절차를 신청할 때에는 채권액, 주주·지분권의 수나 액을 소명하도록 하고 있다(제38조 제2항). ③ 채권자가 파산신청을 할 때에는 그 채권의 존재 및 파산의 원인인 사실을 소명하여야 한다(제294조 제2항).

소명이 되지 않는 경우 당해 신청은 부적법하여 각하될 것이다.[32] 소명은 즉시 조

32) 條解 民事再生法, 106쪽.

사할 수 있는 증거에 의하여야 한다(제33조, 민소법 제299조 제1항).

Ⅳ. 도산절차개시신청에 대한 재판

1. 도산절차개시신청의 효과

채권자의 도산절차개시신청은 재판상의 청구로서 시효중단사유가 된다. 다만 도산절차개시신청이 각하 또는 취하된 경우에는 시효중단의 효력이 없다(민법 제168조 제1호, 제170조 제1항 참조). 도산절차개시신청이 기각되거나 개시결정이 취소된 경우에도 시효중단의 효력이 없다. 다만 최고로서의 효력은 인정된다(민법 제170조 제2항, 제174조 참조).

2. 도산절차개시신청에 대한 재판

가. 심리방식

도산절차에 관한 재판은 통상적인 판결절차와 달리 결정절차로 행하여지고, 변론을 열지 않고 재판을 할 수 있으며(임의적 변론주의) 직권으로 필요한 조사(직권조사주의)를 할 수 있다(제12조). 도산절차에 관한 재판이란 도산절차개시·기각결정 등과 같이 도산절차를 담당하는 재판부가 도산절차 내에서 하는 재판을 말한다.

(1) 임의적 변론

임의적 변론주의로 한 이유는 재판이 결정절차로 행하여지기 때문이라는 점(민소법 제134조 제1항 단서) 외에 도산절차에 관한 재판은 통상적인 판결절차와 달리 당사자 사이의 실체적인 권리의무관계의 확정을 목적으로 하는 것이 아니라는 점, 다수의 이해관계인이 관여하기 때문에 대심구조에 친하지 않다는 점, 절차의 신속성과 임기응변적인 처리가 필요하다는 점 등을 고려한 것이다.

(2) 직권조사

직권조사주의를 채택한 것은 도산절차에 관한 재판은 다수의 이해관계인이 관련되어 신속한 절차 진행이 요청되므로, 법원의 후견적인 개입이 필요하기 때문이다. 또한 도산절차는 다수의 이해관계에 영향을 미치는 집단적 절차이지만, 이러한 자들에게 통상의 소송절차에서와 달리 각자의 이익을 스스로 확보하기에 충분한 절차보장이 부여되어 있지 않고, 법원이 공권적으로 절차에 개입할 필요가 높다는 점을 고려한 것이다.

이로 인해 법원은 이해관계인이 주장하지 않은 사실도 재판의 기초로 참작할 수 있고, 직권으로 증거조사를 하여야 하는 경우도 있다. 나아가 변론주의가 채용된 민사소송과 달리 이해관계인 사이에 다툼이 없는 사실이 있어도 법원은 이것에 구속되지 않는다. 즉 자백의 구속력(민소법 제150조, 제288조 참조)이 인정되지 않는다.

도산절차가 가지는 비송적 성격과 직권조사를 규정한 입법취지가 공익적 요청에 따른 것임을 고려하면, 제12조 제2항에 따른 직권조사는 단순히 법원이 직권조사를 할 수 있는 재량권을 가진다는 것이 아니라, 법원이 직권으로 사실을 탐지하고 필요하다고 인정하는 증거의 조사를 하여야 하는 의무를 부담하는 직권탐지주의를 의미한다고 보아야 할 것이다.[33]

나. 도산절차개시신청의 기각결정

도산절차개시원인이 없는 경우 도산절차개시신청을 기각한다. 이외에 채무자회생법은 각 절차마다 도산절차의 기각사유를 규정하고 있다(제42조, 제309조, 제595조).

도산절차개시신청에 대한 기각사유에 관하여 도산절차마다 달리 규정하고 있다. 각 절차마다 독자적인 것도 있지만, 동일한 사항에 관하여 달리 규정하고 있기도 하다. ① 회생절차에서는 필요적으로 기각하도록 하고 있음에 반하여, 파산절차나 개인회생절차에서는 임의적 기각사유로 법원의 재량에 맡기고 있다. ② 도산절차개시신청의 불성실과 관련하여 파산절차에서는 파산신청남용을 별도로 규정하고 있다. ③ 채권자 일반의 이익에 부합하지 않는 것과 관련하여, 회생절차와 개인회생절차는 '해당 절차에 의함이 채권자 일반의 이익에 적합하지 아니한 때'라는 부정적 방식으로 규정함에 반하여, 파산절차는 '다른 절차에 의함이 채권자 일반의 이익에 부합한 때'라는 긍정적 방식으로 규정하고 있다. 또한 회생절차나 개인회생절차는 다른 절차의 계속을 전제하지 않고 있지만, 파산절차는 다른 절차의 계속을 전제하고 있다. 각 절차의 고유한 것에 관하여 달리 규정하는 것은 문제가 없지만, 같은 내용에 관하여 각 절차마다 달리 규정할 필요가 있는지 의문이다. 입법적 통일이 필요해 보인다.

---

33) 주석 채무자회생법(Ⅰ), 215쪽.

〈도산절차개시신청에 대한 기각사유 비교표〉

	회생절차	파산절차	개인회생절차
해당 법 조문	제42조	제309조	제595조
기각사유	필요적 기각사유	임의적 기각사유(재량)	임의적 기각사유(재량)
절차비용미납	1. 회생절차의 비용을 미리 납부하지 아니한 경우	1. 신청인이 절차의 비용을 미리 납부하지 아니한 때(제1항 제1호)	3. 채무자가 절차의 비용을 납부하지 아니한 때
신청의 불성실	2. 회생절차개시신청이 성실하지 아니한 경우	5. 그 밖에 신청이 성실하지 아니한 때(제1항 제5호) * 파산신청이 파산절차의 남용에 해당한다고 인정되는 때를 별도로 규정(제2항)	7. 그 밖에 신청이 성실하지 아니하거나 상당한 이유 없이 절차를 지연시키는 때
채권자 일반의 이익에 불부합	3. 그 밖에 회생절차에 의함이 채권자 일반의 이익에 적합하지 아니한 경우	2. 법원에 회생절차 또는 개인회생절차가 계속되어 있고 그 절차에 의함이 채권자 일반의 이익에 부합하는 때(제1항 제2호)	6. 개인회생절차에 의함이 채권자 일반의 이익에 적합하지 아니한 때
도산절차개시원인의 흠결	회생절차개시원인이 존재하지 아니한 때(해석상 인정)	3. 채무자에게 파산원인이 존재하지 아니한 때(제1항 제3호)	개인회생절차개시원인이 존재하지 아니한 때(해석상 인정)
기타		4. 신청인이 소재불명인 때(제1항 제4호)	1. 채무자가 신청권자의 자격을 갖추지 아니한 때 2. 채무자가 제589조 제2항 각호의 어느 하나에 해당하는 서류를 제출하지 아니하거나, 허위로 작성하여 제출하거나 또는 법원이 정한 제출기한을 준수하지 아니한 때 4. 채무자가 변제계획안의 제출기한을 준수하지 아니한 때 5. 채무자가 신청일 전 5년 이내에 면책(파산절차에 의한 면책을 포함한다)을 받은 사실이 있는 때

다. 도산절차개시결정

도산절차가 언제 개시되는지에 관하여 각국은 달리 규정하고 있다. 도산절차가 개시된다는 것은 채권자가 권리행사를 하지 못한다는 의미이다.

일부 국가는 개시선고(결정)주의를 채택하여, 도산절차개시신청을 받은 법원이 도산절차개시를 선고(결정)하여야 도산절차가 개시되는 것으로 하고 있다. 일본, 독일을 비롯하여 우리나라가 채택하고 있다. 선고(결정)주의에서는 도산절차의 신청은 단지 도산절차의 준비단계에 불과하고, 법원이 도산절차개시를 선고(결정)하여야 도산절차가 시작된다. 반면 일부 국가는 채무자 신청의 경우 신청개시주의를 채택하여 채무자가 법원에 도산을 신청하면 절차가 바로 개시된다. 영국, 미국이 채택하고 있는 방식이다.[34)]

(1) 도산절차개시결정과 그 효력발생시기

적법한 신청권자로부터 신청이 있고, 신청인이 주장하는 도산절차개시원인이 존재하며[적극적 요건], 도산절차개시신청기각사유가 존재하지 아니한 경우[소극적 요건], 즉 도산절차개시요건을 모두 갖춘 경우 법원은 도산절차개시결정을 한다.

도산절차개시요건을 충족하고 있는지 여부는 개시결정 당시를 기준으로 판단한다. 다만 개시결정에 대하여 즉시항고가 제기된 경우에는 항고심의 속심적 성격에 비추어 개시결정 후에 발생한 사정까지 고려하여 항고심 결정시를 기준으로 판단하여야 한다.[35)]

도산절차개시결정은 각종 법률관계에 중대한 영향을 미치므로 결정서에 결정의 연・월・일・시를 기재하도록 하고 있다(제49조 제2항, 제310조, 제596조 제5항). 도산절차개시결정은 확정을 기다리지 않고 그 결정시부터 효력이 발생한다(제49조 제3항, 제311조, 제596조 제4항). 이것은 도산절차개시 효과를 신속하고 획일적으로 발생시키기 위함이다. 도산절차개시결정에 대하여 즉시항고를 하더라도 집행정지의 효력은

---

34) 신청서의 접수가 우리나라의 도산절차개시결정과 같은 효력이 있다(미국 연방도산법 §301 참조). 채권자가 신청한 경우에는 법원이 심리절차를 진행한 후 구제명령(우리나라의 도산절차개시결정에 상당하다)을 한다(미국 연방도산법 §303 참조).

35) 대법원 2009. 12. 24. 자 2009마1137 결정 참조. 위 결정은 도산절차개시요건의 충족 여부를 개시신청 당시를 기준으로 판단하는 것이 원칙이라고 하고 있으나 타당한지는 의문이다. 신청 당시에 요건을 충족하지 못한다고 하여 기각하더라도 다시 도산절차개시신청을 할 수 있으므로 절차의 반복에 불과하고, 항고한 경우에는 항고심 결정시를 기준으로 판단한다고 하는 것과 부합하지 않는다는 점에서 개시결정시를 기준으로 판단하는 것이 타당하다고 본다. 다만 간이회생절차에서 소액영업소득자에 해당하는지 여부를 판단하는 채무 총액은 신청시를 기준으로 한다(제293조의2 제2호). 개인회생절차의 신청요건인 채무액도 신청시를 기준으로 한다(제579조 제1항 제1호).

없다(제53조 제3항, 제1항, 제316조 제1항, 제3항, 제598조 제1항, 제3항).

(2) 동시처분과 부수처분

(가) 동시처분

도산절차개시결정과 동시에 처분하는 것을 동시처분이라 한다(제50조, 제312조, 제596조 제2항).[36] 도산관리인을 선임하는 결정을 하고, 채권신고기간 및 조사기간(회생절차) 또는 채권조사기일(파산절차)을 정한다. 회생절차의 경우 회생계획안 제출기간, 파산절차의 경우 제1회 채권자집회기일도 정한다. 개인회생절차의 경우에는 이의기간과 개인회생채권자집회기일을 정한다.

(나) 부수처분

도산절차개시결정이나 동시처분으로 결정된 것을 다양한 방식으로 채권자 등에게 알리는 부수처분을 한다(제51조, 제52조, 제313조 내지 제315조, 제597조). 이는 이해관계인에게 도산절차개시의 사실을 알려 적절한 권리행사의 기회를 보장하고, 제3자가 불측의 손해를 입는 것을 방지하기 위함이다. 주로 도산절차개시 등을 공고하고 송달하며 통지하는 것이다.

(3) 도산절차개시결정의 효과

도산절차가 개시되면, 채무자는 재산에 대한 관리처분권이 박탈되고, 그것을 유지한 경우에도(개인회생절차) 법원의 감독을 받게 되며, 채권자는 권리행사가 금지된다. 그 결과 채무자에 의한 재산의 은닉이나 분해가 방지되고, 채권자에 대한 재산가치가 최대화되는 한편, 채권자에게 평등하게 재산을 분배하는 것이 가능하게 되어 채권자평등이 유지된다. 또한 법원은 개시결정을 한 때 채무자에 대한 채무자(제3채무자)에 대하여 채무자에게 그 채무를 변제하여서는 아니된다는 뜻을 공고한다(제51조 제1항 제4호, 제313조 제1항 제4호). 이는 채무자에 대한 채무자(제3채무자)가 그 채무를 변제할 때는 도산관리인에게 할 것을 요구하는 것이다(압류).

그 밖의 도산절차개시결정의 효과에 관하여는 별도로 **〈제4장〉**에서 살펴보기로 한다.

도산절차개시결정에 흠이 있더라도 개시결정은 유효하다. 예컨대 토지관할의 흠,

---

36) **간이파산** 파산재단에 속하는 재산액이 5억 원 미만이라고 인정되는 때에는 파산선고와 동시에 간이파산을 결정하여야 한다(제549조 제1항). 간이파산의 경우에는 몇 가지 특칙이 인정된다. ① 간이파산절차의 경우 제1회 채권자집회의 기일과 채권조사의 기일은 부득이한 사유가 있는 때를 제외하고는 이를 병합하여야 한다(제552조). ② 간이파산의 경우에는 감사위원을 두지 아니한다(제553조). ③ 간이파산절차의 경우 제1회 채권자집회의 결의와 채권조사 및 계산보고를 위한 채권자집회의 결의를 제외하고는 법원의 결정으로 채권자집회의 결의에 갈음한다(제554조). ④ 간이파산절차의 경우 배당은 1회로 하며, 최후배당에 관한 규정에 의한다. 다만 추가배당을 할 수 있다(제555조).

채무자가 도산능력이 없는 경우, 개시결정의 날짜가 부적법하게 소급하여 기재된 경우 등. 하지만 개시결정의 외관상 그 결정을 법관의 판단이라고 보기 어렵게 만드는 흠(법관의 기명 누락)이 있다면 그 개시결정은 무효이다.[37]

라. 도산절차개시신청재판에 대한 불복

(1) 즉시항고

도산절차개시신청에 대한 재판에 불복이 있는 경우 즉시항고를 할 수 있다(제53조 제1항, 제316조 제1항, 제598조 제1항). 도산절차개시신청기각결정은 공고되지 않으므로 즉시항고기간은 기각결정이 신청인에게 고지(송달)된 때로부터 1주간이다(제33조, 민소법 제444조 제1항). 도산절차개시결정은 공고하여야 하므로(제51조 제1항, 제313조 제1항, 제597조 제1항) 즉시항고기간은 공고가 있은 날로부터 14일이다(제13조 제2항). 개시결정에 대한 즉시항고권자는 채무자, 채권자, 주주·지분권자 중 신청인 이외의 자이다.

(2) 항고심의 심리 및 재판

항고법원은 즉시항고의 절차가 법률에 위반되거나 즉시항고가 이유 없다고 인정하는 때에는 결정으로 즉시항고를 각하 또는 기각하여야 한다(제53조 제4항, 제316조 제4항, 제598조 제4항). 반면 즉시항고가 이유 있다고 인정하는 때에는 원심법원의 결정을 취소하고 사건을 원심법원에 환송하여야 한다(제53조 제5항, 제316조 제4항, 제598조 제5항).[38]

3. 도산절차에 관한 재판의 고지

도산절차는 다수의 이해관계인이 관여함과 동시에 그 권리관계에 큰 영향을 미치기 때문에 절차상 행하여지는 각종 재판에 대해서 이해관계인에 대한 적절한 고지와 절차의 신속·원활한 진행이라는 2가지 요청을 조화시킬 필요가 있다. 그리하여 채무자회생법은 도산절차상의 재판의 고지에 관하여 해당 재판의 내용·성질에 따라 송달, 공고, 송달 및 공고로 구체적인 방법을 정하고 있다.[39]

---

37) Reinhard Bork, 73쪽.

38) 서울고등법원 2024. 5. 29. 자 2023라21801 결정 참조.

39) 채무자회생법은 고지의 방법으로 이외에 통지(제52조 등)를 규정하고 있다. 송달은 법원이 재판에 관한 서류를 법정의 방식에 따라 당사자 기타 이해관계인에게 교부하여 그 내용을 알리거나 알 수 있는 기회를 부여하고, 이를 공증하는 행위이다. 통지는 서류나 의사가 사실상 상대방에게 도달하기만 하면 충분하며 특별히 법정된 방식이 요구되지 않는다는 점에서 송달과 다르다. 송달은 특정인을 상대로 하나 공고는 불특정 다수인을 대상으로 한다. 어떠한 경우에 송달, 통지, 공고를 할 것인지는 채무

가. 송 달

(1) 직권송달

도산절차에 관한 재판은 원칙적으로 변론을 열지 아니하는(제12조 제1항) 결정의 형식으로 행하여지기 때문에, 상당한 방법으로 고지하면 효력을 가진다(제33조, 민소법 제221조 제1항). 그러나 도산절차에 관한 재판은 직권으로 송달하여야 한다(제8조 제1항). 따라서 개별적으로 송달이나 공고에 대하여 규정되지 않는 재판이라도 이해관계인에게 송달하여야 한다. 이는 다수의 이해관계인의 권리를 집단적 · 강제적으로 변경하는 도산절차에 있어서 절차적인 차별을 방지하기 위함이다.

한편 즉시항고의 대상이 되는 재판 중에서도 특히 중요한 것과 엄격한 불복신청방법으로서 이의의 소를 제기할 수 있는 채권조사확정재판, 부인의 청구를 인용하는 결정, 법인의 이사 등에 대한 손해배상청구권 등의 조사확정재판과 같이 중요한 재판은 이해관계인의 절차적 보장을 위하여 별도로 송달 규정을 두고 있다(제46조 제3항, 제47조 제5항, 제106조 제4항, 제115조 제9항, 제170조 제5항, 제352조 제9항, 제396조 제4항, 제462조 제4항, 제584조 제1항, 제604조 제5항 등).

(2) 송달방법

송달방법은 원칙적으로 민사소송법이 정하는 바에 의한다(제33조, 민소법 제174조 내지 197조). 다만 집단관계에 있어 송달사무의 간이화와 비용절감을 위하여 예외적으로 특칙이 인정되고 있다. 즉 우편으로 발송하여 송달하거나(제8조 제2항, 제3항), 도산절차의 진행이 현저하게 지연될 우려가 있는 때 등에는 공고로 송달에 갈음하는 경우(제10조, 규칙 제7조)도 있다.

나. 공 고

도산절차에서 공고는 관보에의 게재 또는 대법원규칙이 정하는 방법에 의하여 행한다(제9조 제1항). 대법원규칙은 공고에 관한 사무의 합리적 운용을 위해서 공고의 방법으로 ① 법원이 지정하는 일간 신문에 게재, ② 전자통신매체를 이용한 공고 중 어느 하나를 택하여 이용할 수 있도록 하였고, 또한 필요하다고 인정하는 때에는 공고사항의 요지만을 공시할 수 있도록 하고 있다(규칙 제6조 제1항, 제2항). 전자통신매체를 이용한 공고는 공고사항을 법원 홈페이지 법원공고란에 게시하는 방법으로 한

자회생법에 명시되어 있다. 절차의 신속성과 다수의 이해관계인이 관여하고 재판의 형식이 결정인 도산절차에서 송달을 원칙으로 하고 있는(제8조 제1항) 채무자회생법의 태도가 타당한지는 의문이다. 특별한 경우를 제외하고 통지로도 충분한 때가 많다.

다(회생예규 제12조 제2항).

공고는 관보에 게재된 날의 다음 날 또는 대법원규칙이 정하는 방법에 의한 공고가 있은 날의 다음 날에 효력이 생기고(제9조 제2항), 법에 특별한 정함이 없는 한 재판의 공고가 있는 때에는 모든 관계인에 대하여 그 재판의 고지가 있은 것으로 본다(제9조 제3항).

공고를 요하는 재판은 법에 개별적으로 규정되어 있다. 보전관리명령 및 이에 대한 변경 또는 취소결정(제43조 제8항), 관리인대리 선임허가결정 및 이에 대한 변경 또는 취소결정(제76조 제3항), 관계인집회의 기일(제185조 제1항), 회생계획인가결정(제245조 제1항), 회생절차종결결정(제283조 제2항), 회생절차폐지결정(제289조), 파산선고결정(제313조 제1항), 파산폐지결정(제317조 제2항), 개인회생절차개시결정(제597조 제1항), 변제계획인부결정(제614조 제3항), 개인회생절차폐지결정(제622조), 면책결정(제624조 제4항) 등이다. 이들은 모두 도산절차 가운데 다수 이해관계인의 권리관계에 미치는 영향이 큰 경우이다.

송달에 갈음하는 공고도 있다(제10조).

다. 공고 및 송달

공고 및 송달을 모두 하여야 하는 경우도 개별적으로 규정되어 있다. 이에 해당하는 것으로 회생절차개시결정의 주문 등(제51조 제1항, 제2항), 포괄적 금지명령이나 이를 변경 또는 취소하는 결정(제46조 제1항), 회생절차개시결정의 취소결정(제54조 제1항, 제2항, 제51조 제2항), 주식 또는 출자지분의 추가신고(제155조 제1항), 파산결정의 주문 등(제313조), 개인회생절차개시결정의 주문 등(제597조) 등을 들 수 있다.

공고 및 송달을 모두 하여야 하는 경우 송달은 서류를 우편으로 발송하여 할 수 있다(제11조 제1항).

공고 및 송달을 하는 경우 공고는 모든 관계인에 대하여 송달의 효력이 있다(제11조 제2항). 즉 실제 송달할 때 송달의 효력이 발생하는 것이 아니다. 다만 포괄적 금지명령이나 이를 변경 또는 취소하는 결정은 채무자(보전관리인이 선임되어 있는 때에는 보전관리인을 말한다)에게 결정서가 송달된 때부터 효력이 발생한다(제46조 제2항).

4. 도산절차개시결정의 취소

가. 취소사유와 소급효

도산절차개시결정을 취소하는 경우가 있다. 취소결정을 하는 경우란 ① 도산절차개시결정에 대한 즉시항고에 기하여 항고법원이 취소결정을 하는 경우와 ② 도산절차개시결정을 한 법원이 이에 대한 즉시항고가 제기된 후 재도의 고안(민소법 제446조)으로 스스로 취소결정을 하는 경우를 말한다.

도산절차개시결정에 대한 취소결정은 확정되어야 효력이 발생하고, 취소결정이 확정되면 개시결정의 효력은 소급적으로 소멸한다.

나. 채무자 등에 대한 효과

채무자는 업무수행권 및 재산의 관리처분권을 회복하고 도산관리인의 권한은 소멸한다. 다만 도산관리인에 의해 행해지거나 도산관리인에 대하여 행해진 법적 행위의 효력은 영향을 받지 않는다.[40] 따라서 도산관리인은 도산절차개시결정을 취소하는 결정이 확정되면 공익채권·재단채권을 변제하여야 하고, 이의 있는 공익채권·재단채권의 경우에는 그 채권자를 위하여 공탁하여야 한다(제54조 제3항, 제325조 제2항, 제547조).

다. 소송 및 집행절차에 대한 효과

도산절차개시결정으로 중단된 도산재단에 관한 소송으로서 도산관리인에게 수계된 것은 채무자에게 다시 수계되기 위하여 중단된다. 도산관리인에게 수계되기 전인 경우에는 채무자가 당연히 수계한다(민소법 제239조, 제240조). 도산절차개시결정 후에 도산관리인이 원고로서 제기한 소송이나 도산관리인을 피고로 하여 제기된 소송은 모두 중단되고 채무자가 수계한다(민소법 제236조, 제237조 제1항). 채권조사확정재판은 더 이상 진행할 실익이 없으므로 당연히 종료한다.

도산절차개시결정취소는 소급하여 개시의 효과를 소멸시키고 채무자는 처음부터 도산절차개시결정을 받지 아니한 것이 된다. 따라서 도산절차개시결정 전의 강제집행, 가압류, 가처분 및 담보권실행을 위한 경매절차의 중지는 소급적으로 소멸하고 당해 절차를 속행할 수 있다. 다만 거래의 안전을 위하여 도산절차개시결정 시부터 취소 시까지 사이에 도산관리인의 권한에 의하여 행하여진 행위의 효력은 그대로 유효하다. 따라서 강제집행 등이 개시된 후 도산절차개시결정이 있었다가 취소결정이 있는 때에는 그 취소결정 전에 집행취소절차가 이루어지지 않은 경우에 한하여 그 효력을 회복하여 절차를 속행할 수 있다고 본다.

개인회생절차의 경우 개시결정이 되더라도 채무자가 여전히 관리처분권을 가지므로, 개시결정이 취소되더라도 마찬가지로 소송절차의 중단과 수계의 문제는 발생하지 않는다. 다만 채권자취소소송의 경우에는 개시결정으로 중단과 수계가 이루어지

---

40) 독일 도산법 §34(3) 후문 참조.

므로 취소결정이 확정되기 전에 채무자가 중단된 채권자취소소송을 수계한 경우라면 다시 종전의 원고인 채권자가 수계하여야 한다.

Ⅴ. 도산절차개시 전 보전조치

도산절차가 개시되면 채권자·채무자에 대한 채무자회생법상의 규제가 미친다. 도산채권자는 권리를 행사할 수 없고(제132조 제1항, 제424조, 제582조), 채무자의 재산에 대한 관리처분권도 일정한 제약이 발생한다{채무자는 도산절차에서 관리처분권을 잃는다{(제56조 제1항, 제384조), 다만 개인회생절차의 경우에는 채무자가 여전히 관리처분권을 갖는다}. 따라서 일단 도산절차가 개시된다면, 채권자가 변제를 받거나(채권자 사이의 불공평·불평등), 채무자가 재산을 은닉·처분하는 것(재산의 산일)을 막을 수 있다.

하지만 도산절차가 개시되지 않고 도산절차개시신청이 되었을 뿐인 경우에는 위와 같은 채무자회생법상의 규제는 발생하지 않기 때문에, 채권자 사이의 불공평·불평등이나 채무자 재산의 일실이 발생할 우려가 있다. 이러한 사태가 발생한다면, 도산절차가 개시되어도, 채권자 사이의 공평·평등, 도산재단의 확충이라는 절차의 목적을 달성하는 것이 곤란하게 되고, 도산절차의 실효성은 손상을 입게 된다. 그래서 도산절차의 실효성을 확보하기 위하여, 신청시부터 절차개시시까지 사이에 채무자의 재산을 보전하기 위한 조치가 필요하다.

일반적으로 도산절차개시신청이 되면 그것만으로(절차는 개시되지 않았지만)도, 채권자·채무자·이해관계인에게 커다란 혼란이 발생한다. 이러한 혼란을 피하기 위한 대책으로도 보전조치는 중요한 의미를 갖는다.

법원의 관여에 의해 도산절차개시 전 채무자의 재산을 보전하기 위한 제도로 ① 채무자의 재산에 대한 보전처분(제43조 제1항, 제323조, 제592조), ② 보전관리명령(제43조 제3항), ③ 다른 절차의 중지명령 등(제44조, 제593조 제1항 내지 제4항), ④ 포괄적 금지명령(제45조, 제593조 제5항), ⑤ 법인의 이사 등의 재산에 대한 보전처분(제114조, 제351조)이 있다. 이들은 일정한 권리관계에 대하여, 본래의 절차개시 또는 재판에 의한 확정적인 효과가 발생하기 전에 잠정적으로 그 효과를 발생시키고, 본래적인 절차의 개시 내지 재판까지 보전수단으로 행하여지는 처분이라는 점에서 민사집행법상의 보전처분과 마찬가지의 것이다.

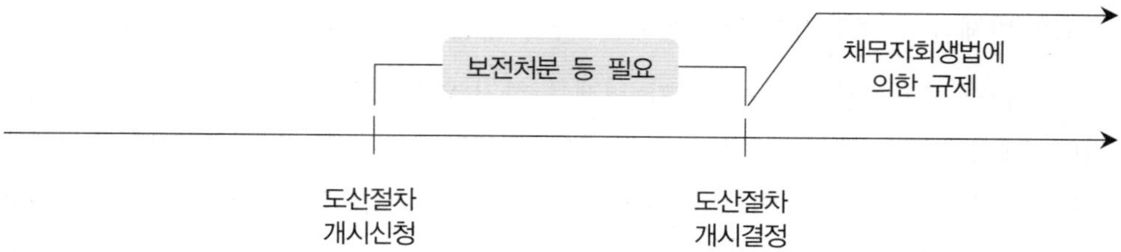

1. 채무자의 재산에 대한 보전처분

가. 업무와 재산에 관한 보전처분

(1) 의 의

법원은 도산절차개시의 신청이 있는 때에는 이해관계인의 신청에 의하거나 직권으로 도산절차개시신청에 대한 결정이 있을 때까지 채무자의 업무 및 재산에 관하여 가압류·가처분 그 밖에 필요한 보전처분을 명할 수 있다(제43조 제1항, 제323조 제1항, 제592조 제1항). 이는 처분 및 업무제한 보전처분으로 민사집행법상의 보전처분과 다른 특수한 보전처분이다.[41] 실무적으로는 회생절차의 경우에만 신청 후 보전처분이 발령되고 있다. 보전처분에는 처분금지 보전처분, 변제금지 보전처분, 차재금지 보전처분, 임직원 채용금지 보전처분 등이 있다.

보전처분에 반하여 한 채무자의 행위는 상대방이 채무자에 대하여 보전처분이 내려진 것을 몰랐던 경우(선의)에는 유효하지만, 상대방이 보전처분이 내려진 것을 알았던 경우(악의)에는 무효이다(제61조 제3항 참조).

---

41) 민사집행법상 보전처분은 채권자·채무자라는 대립당사자의 구조하에 피보전권리와 본안소송을 전제로 하는 것이지만, 도산절차에서의 보전처분은 신청인의 이익뿐만 아니라 모든 채권자의 이익을 위하여 채무자의 재산을 보전하기 위한 것이므로 신청인의 피보전권리의 존재나 본안소송을 전제로 하지 않는다. 하지만 도산절차에서의 보전처분에는 명문의 특별규정{채무자의 재산에 대한 보전처분의 경우 등기의 촉탁(제24조 제1항 제2호)}이 있는 사항 이외에는 목적·성질에 반하지 않는 한 민사집행법이 준용된다(제33조). 다만 도산절차에서의 보전처분은 일반적으로 도산절차개시의 신청을 심리하는 재판부가 담당하고, 담보의 제공도 원칙적으로 요구하지 않으며, 직권으로(반드시 신청이 필요한 것은 아니다) 발령·변경·취소할 수 있으나(제43조 제1항, 제4항, 제323조 제2항, 제592조 제2항), 민사집행법상의 보전처분은 본안사건의 재판부가 담당하는 것도 아니고 당사자의 신청에 따른다. 민사집행법상의 보전처분은 본안소송에 대하여 부수성을 띠면서도 구조적으로는 별개의 독립한 소송절차이지만 도산절차에서의 보전처분은 도산절차의 일환으로서 그 절차 내에서 이루어지는 비송절차이다. 도산절차개시신청이 있을 때 채무자회생법상의 보전처분과 병행하여 민사집행법상의 보전처분도 인정되는가. 채무자회생법상의 보전처분은 민사집행법상의 보전처분에 대한 특수한 보전처분이므로, 채무자회생법상의 보전처분만이 인정되고 민사집행법상의 보전처분은 인정되지 않는다고 할 것이다.

(2) 변제금지 보전처분으로 변제를 하지 않는 경우 이행지체 책임을 지는지

변제금지 보전처분으로 채무자가 변제를 하지 않은 경우 이행지체의 책임을 지는가(손해배상책임을 지는가, 채권자가 해제권을 행사할 수 있는가). 이에 대하여는 다툼이 있다. ① 먼저 채무자가 이행기가 도래한 채무를 변제금지 보전처분이 있음을 이유로 변제하지 아니할 때에는 이행지체(채무불이행)의 책임을 지고, 채권자는 이행지체를 이유로 계약을 해제(해지)할 수 있다는 견해가 있다.[42] 그 이유는 변제금지 보전처분의 효력은 원칙적으로 채무자에게만 미치는 것이므로 채무자가 채권자에게 임의로 변제하는 것이 금지될 뿐이고, 채권자가 이행지체에 따른 해제권(해지권)을 행사하는 것까지 금지하는 것은 아니기 때문이다.[43] ② 다음으로 해제권 자체는 발생하나 해제권을 행사하여 채무자 재산을 환취하는 것은 채무자의 회생에 지장이 생기고, 제119조(제335조)에 따른 도산관리인의 선택권을 박탈하기 때문에 해제권을 행사할 수 없다는 견해도 있다.[44] ③ 또한 도산절차개시 후에도 이행지체로 인한 손해배상책임이 발생하는 것이 원칙이므로(제118조 제3호) 손해배상책임은 부담하나,[45] 해제권까지 인정하는 것은 회생절차의 목적(채무자 재산의 보호, 채무자의 회생)과 배치된다는 견해가 있다.[46] ④ 마지막으로 변제금지 보전처분은 이행지체의 효과발생을 저지하지는 않지만 형평의 견지에서 일부 채권자가 이행지체를 이유로 계약을 해제하여 목적물을 환취하는 행위는 허용할 수 없다는 견해도 있다.[47]

생각건대 변제금지 보전처분이 된 후 채무자가 변제를 하지 않는 것은 재판에 의한 구속을 받기 때문으로, 금전채무의 경우를 제외하고(민법 제397조, 제118조 제3호) 변제가 되지 않는 것이 채무자의 귀책사유에 의한 이행지체라고 주장하여[48] 손해배상을 청구하거나(민법 제390조 단서) 계약의 해제를 주장할 수 없다고 할 것이다.[49]

---

42) 회생사건실무(상), 102쪽.

43) 현재 판례의 입장이기도 한다(대법원 2007. 5. 10. 선고 2007다9856 판결, 부산고등법원(창원) 2018. 5. 31. 선고 2017나23441 판결, 서울중앙지방법원 2010. 7. 9. 선고 2010가합16927 판결 등 참조).

44) 홍일표, "회사정리법상의 변제금지의 보전처분과 이행지체", 회사법상의 제문제(하), 재판자료 제38집, 법원도서관(1987), 636쪽.

45) 제118조 제3호는 회생절차개시 전부터 채무자가 부담하는 채무를 이행하지 않음으로써 발생하는 것을 의미하고, 금전채무를 제외하고 회생절차개시 후에는 채무자의 이행지체로 인한 손해배상금 등은 발생하지 않는다는 점을 간과한 것으로 보인다.

46) 최준규, 63쪽.

47) 김주학, 138쪽.

48) 이행지체의 요건은 ① 이행이 가능할 것, ② 이행기가 도래하였을 것, ③ 채무자의 귀책사유, ④ 이행하지 않는 것이 위법할 것이다.

49) 倒産判例百選, 154쪽, 破産法·民事再生法, 142쪽, 倒産法 106쪽 각주 3). 다만 금전채무에 대하여는 귀책사유(고의·과실)를 요구하지 않기 때문에(민법 제397조) 이행지체로 인한 손해배상이 인정된다고 할 것이다(제118조 제3호). 지체책임을 면하려면 법원의 허가를 얻어 변제하는 수밖에 없다.

나. 보전관리인에 의한 관리명령[회생절차]

(1) 의 의

보전관리인에 의한 관리명령(보전관리명령)은 회생절차개시의 신청시 법원이 보전처분 외에 회생절차의 목적을 달성하기 위해 필요하다고 인정하는 때에 보전관리인을 선임하여 채무자의 기존 임원으로부터 업무수행권과 재산의 관리처분권을 박탈하고 보전관리인에게 전속시키는 것을 내용으로 하는 보전처분이다(제43조 제3항). 회생절차에서만 인정되는 것이다.

이는 부실한 경영으로 채무자를 재정적 파탄에 빠뜨린 기존경영진이 여전히 채무자의 경영을 담당한다면 채권자 등 이해관계인의 희생에 의하여 채무자를 회생시키려는 회생제도 본래의 취지를 망각하고 종전의 부정행위 은폐, 일반적인 채무이행의 유예 및 재산도피의 한 방편으로 회생절차를 악용할 소지가 있으므로 불성실한 경영진을 채무자의 업무나 재산관리로부터 배제하기 위하여 둔 것이다.[50]

(2) 보전관리인의 권한

보전관리명령이 내려지면 회생절차개시결정 전까지 채무자의 업무수행 및 재산의 관리처분권은 보전관리인에게 전속한다(제85조).[51] 보전관리인은 채무자를 대표하거나 구성하는 기관이 아니라 채무자회생법에서 인정한 권한과 지위를 갖는 채무자와는 별개의 독립된 제3자이다.[52] 따라서 보전관리인의 지위는 회생절차개시결정 이후의 관리인의 지위와 유사하다.

보전관리인이 회생절차개시신청 후 그 개시 전에 법원의 허가를 받아 행한 자금의 차입, 자재의 구입 그 밖에 채무자의 사업을 계속하는 데에 불가결한 행위로 인하여 생긴 청구권은 공익채권이다(제179조 제1항 제12호). 이는 보전관리인이 관리인의 지위와 유사하다는 점을 반영한 것이다.

다만 적극적으로 개시 전에 채무자의 재산의 범위를 변동시키는 행위, 예컨대 쌍방미이행 쌍무계약의 해제권 행사(제119조)나 부인권의 행사(제105조 제1항) 등은 보

---

50) 실무적으로는 기존경영자를 원칙적으로 관리인으로 선임하고, 회생절차개시 신청일로부터 1개월 내에 형식적 요건만을 심사한 채 회생절차개시 여부를 결정하도록 규정하고 있어(제49조 제1항) 보전관리인을 선임할 것이라면 바로 제3자 관리인을 선임하여 개시결정을 하면 되고, 나아가 회생절차의 이용을 촉진하기 위하여 잘 활용되고 있지는 않다.

51) 따라서 회생절차개시 전 보전관리인이 선임된 경우, 회사에 대한 채권을 목적으로 한 가압류에 있어서도 회사가 아닌 보전관리인이 제3채무자로 되어야 한다(대법원 2003. 9. 26. 선고 2002다62715 판결 참조).

52) 대법원 2003. 9. 26. 선고 2002다62715 판결 참조.

전관리인의 권한에 포함되지 않는다.[53)]

다. 파산선고 전 인적 보전처분[파산절차]

파산절차에서는 재산에 대한 보전처분 이외에 인적 보전처분도 가능하다. 법원은 절차개시신청의 단계부터 직권으로 채무자와 그의 법정대리인, 이사, 지배인을 구인할 수 있다. 상속재산에 대한 파산의 경우 상속인과 그 법정대리인 및 지배인을 구인할 수 있다(제319조, 제322조).

2. 다른 절차의 중지명령 등

가. 다른 절차의 중지명령 · 금지명령[회생절차 · 개인회생절차]

채권자들의 권리행사를 막기 위하여 회생절차에서는 다른 절차의 중지명령(제44조 제1항)을, 개인회생절차에서는 중지 또는 금지명령(제593조 제1항)을 규정하고 있다. 파산절차에서는 이러한 규정이 없다.

중지 · 금지명령은 도산절차개시결정 전에 강제적인 권리실현행위 등을 제한함으로써 채무자 재산의 산일을 방지하는 제도라는 점에서 보전처분과 그 목적을 같이 하나, 중지 · 금지명령은 주로 채권자, 담보권자 등 제3자에 대하여 강제적인 권리실현행위를 제한함으로써 채무자 재산의 보전을 도모하려는 것임에 반하여, 보전처분은 주로 채무자 자신에 대하여 일정한 행위를 제한함으로써 채무자 재산의 산일을 방지하려 한다는 점에 차이가 있다.

(1) 회생절차에서의 중지명령

법원은 회생절차개시의 신청이 있는 경우 필요하다고 인정하는 때에는 이해관계인의 신청에 의하여 또는 직권으로 회생절차개시의 신청에 관한 결정이 있을 때까지, ① 파산절차, ② 도산채권에 기한 강제집행, 가압류, 가처분 또는 담보권실행을 위한 경매절차(이하 '강제집행 등'이라 한다)로서 채무자의 재산에 대하여 이미 행하여지고 있는 것, ③ 채무자의 재산에 관한 소송절차 또는 ④ 채무자의 재산에 관하여 행정청에 계속하고 있는 절차의 중지를 명할 수 있다(제44조 제1항 제1호 내지 제4호). 또한 ⑤ 국세징수법 또는 지방세징수법에 의한 체납처분(강제징수),[54)] 국세징수의 예{국세 또는 지방세 체납처분(강제징수)의 예를 포함한다}에 의한 체납처분(강제징수) 또는 조세채무담보를 위하여 제공된 물건의 처분의 중지도 명할 수 있다(제44조 제1

53) 會社更生法, 88쪽.
54) 국세 · 관세에서는 '강제징수', 지방세에서는 '체납처분'이라는 용어를 사용하고 있다.

항 제5호).

(2) 개인회생절차에서의 중지 또는 금지명령

법원은 개인회생절차개시의 신청이 있는 경우 채무자의 회생에 필요하다고 인정하는 때에는 이해관계인의 신청에 의하거나 직권으로 개인회생절차의 개시신청에 대한 결정시까지, ① 채무자에 대한 회생절차 또는 파산절차, ② 개인회생채권에 기하여 채무자의 업무 및 재산에 대하여 한 강제집행·가압류 또는 가처분, ③ 채무자의 업무 및 재산에 대한 담보권의 설정 또는 담보권의 실행 등을 위한 경매, ④ 개인회생채권을 변제받거나 변제를 요구하는 일체의 행위(소송행위 제외), ⑤ 국세징수법 또는 지방세징수법에 의한 체납처분(강제징수), 국세징수의 예{국세 또는 지방세 체납처분(강제징수)의 예를 포함한다. 이하 같다}에 의한 체납처분(강제징수) 또는 조세채무담보를 위하여 제공된 물건의 처분의 중지 또는 금지를 명할 수 있다(제593조 제1항).[55]

개인회생절차에서는 채무자의 재산(개인회생재단)에 대한 관리처분권이 여전히 채무자에게 있고(제580조 제2항), 중지·금지명령은 사전적 절차이므로 개인회생채권자가 채무자를 상대로 소송을 제기하여 집행권원을 확보하는 것까지 제한할 필요는 없으므로 소송행위의 중지·금지를 인정할 여지는 없다(제593조 제1항 제4호 단서). 다만 판결에 기한 강제집행은 중지·금지된다.

실무적으로 금지명령은 종종 이용되지만, 중지명령은 거의 이용되고 있지 않다.

(3) 중지·금지명령의 효력

① 중지명령은 명령의 대상인 절차를 계속하여 진행하는 것을 중지시키는 효력밖에 없으므로 새로이 동종 절차의 개시를 신청하는 것은 상관없다. 중지명령에 반하여 진행된 절차는 무효이다.[56] 중지명령은 당해 절차를 현재의 상태로 동결하여 더 이상 진행시키지 않는다는 효력이 있을 뿐이므로 이미 진행된 절차의 효력을 소급하여 무효로 만드는 것은 아니다. 따라서 중지명령 제출 전에 이미 집행된 압류 등의 효력은 그대로 유지된다.[57]

---

55) 회생절차와 달리 개인회생절차에 금지명령을 둔 이유는 무엇일까. 회생절차의 경우는 채무자의 재산 및 채권자가 다수라는 점에서 특정재산에 대한 금지명령이 별다른 효력이 없다. 하지만 개인의 경우 상대적으로 재산이나 채권자가 많지 않기 때문에 금지명령이 효과적일 수 있다. 이러한 이유로 개인회생절차에서는 포괄적 금지명령은 잘 활용되지 못하고 주로 금지명령이 발령된다. 금지명령제도는 개인회생절차의 특유한 제도이다.

56) 다만 집행 또는 집행행위의 외형을 제거하기 위해서는 집행방법에 관한 이의(대법원 1986. 3. 26. 자 85그130 결정), 즉시항고 등을 제기하여야 한다.

57) 대법원 2013. 3. 22. 자 2013마270 결정, 대법원 2010. 1. 28. 자 2009마1918 결정 참조.

② 금지명령은 명령의 대상인 절차를 새롭게 신청하거나 행위를 하는 것이 금지된다. 금지명령에 반하여 진행된 절차는 무효이다.

③ 중지명령정본은 도산절차개시의 신청에 대한 결정이 있을 때까지 강제집행의 일시정지를 명한 취지를 적은 재판의 정본(민집법 제49조 제2호), 금지명령정본은 강제집행을 허가하지 아니하거나 그 정지를 명하는 취지를 적은 집행력 있는 재판의 정본(민집법 제49조 제1호)에 해당하므로, 집행기관에 결정서 정본을 제출하여야만 강제집행이 정지되거나 제한된다.[58)]

나. 강제집행 등의 취소명령[회생절차][59)]

회생절차개시 신청을 전후하여 채무자의 자금 사정이 악화되거나 부도가 나면 채권자들이 개별적으로 채무자의 재산에 대하여 강제집행, 가압류, 가처분 또는 담보권실행을 위한 경매를 신청함으로써 영업활동에 타격을 받아 회생이 불가능해지는 경우가 많다. 이러한 경우 채무자의 회생을 위하여 특히 필요하다고 인정되는 경우 법원은 채무자(또는 보전관리인)의 신청에 의하거나 직권으로 중지된 도산채권에 기하여 채무자의 재산에 대하여 한 강제집행 등을 취소할 수 있다(제44조 제4항). 이 제도는 채무자의 원자재 및 제품에 대한 압류를 풀고 그들을 사업을 위해 사용할 수 있다는 점에서 요구되는 것이다. 다만 강제집행 등을 취소하기 위해서는 먼저 중지명령에 의하여 그 절차가 중지되어 있을 것을 요한다.

법원의 취소명령으로 강제집행 등은 소급하여 그 효력을 잃는다. 취소명령에 대하여는 불복이 인정되지 않는다(제13조 참조). 강제집행 등의 집행취소를 받기 위해서는 취소결정문을 집행기관(집행을 실시하고 있는 집행법원 또는 집행관)에 제출하여야 한다. 취소명령은 채무자나 그 사업의 회생을 위하여 강제집행 등의 집행처분의 취소를 명한 취지를 적은 재판이기 때문이다(민집법 제49조 제1호).

3. 도산채권에 기한 강제집행 등의 포괄적 금지명령[회생절차 · 개인회생절차]

가. 포괄적 금지명령

(1) 의 의

법원은 도산절차개시의 신청이 있는 경우 중지명령만으로는 도산절차의 목적을

58) 대법원 2017. 11. 29. 선고 2017다201538 판결, 대법원 2013. 3. 22. 자 2013마270 결정. 집행행위가 완료된 이후 중지명령이 제출된 경우에는 중지명령은 그 목적을 달성할 수 없게 되며, 이미 이루어진 집행행위는 그대로 효력을 유지하게 된다.

59) 개인회생절차에서는 회생절차와 달리 중지명령에 따라 중지된 강제집행 등의 취소명령제도는 없다.

충분히 달성하지 못할 우려가 있다고 인정할 만한 특별한 사정이 있는 때에는 이해관계인의 신청에 의하거나 직권으로 도산절차개시신청에 대한 결정이 있을 때까지 모든 도산채권자 및 담보권자(개인회생절차)에 대하여 도산채권 및 담보권(개인회생절차)에 기한 강제집행 등의 금지를 명할 수 있다(제45조 제1항, 제593조 제5항). 이를 포괄적[60] 금지명령이라 한다. 포괄적 금지명령은 채권자에 대한 평등한 취급이라는 이념을 실현하기 위한 핵심적인 장치이다. 파산절차에는 없다.

채무자회생법 제정 과정에서 미국 연방도산법상 자동중지제도(automatic stay)[61]의 도입 여부를 검토하다가, 남용의 우려가 있어 일본의 포괄적 금지명령제도를 도입하여 입법화 된 것이다.

(2) 효 력

포괄적 금지명령은 채무자에게 결정서가 송달된 때부터 효력이 발생한다(제46조 제2항, 제593조 제5항).[62] 포괄적 금지명령의 상대방인 채권자에게 송달된 때가 아닌 채무자에게 송달된 때를 효력발생시기로 정한 것은 도산절차 초기 단계에서 모든 채권자들을 파악하기 어렵고, 채권자들마다 송달시기가 다른 경우 그 효력의 발생시기가 달라지는 것은 바람직하지 않다는 점을 고려한 것이다. 도산절차개시결정과 마찬가지로 그 정본을 집행법원에 제출할 필요가 없이 중지·금지의 효력이 발생한다는 점에서 민사집행법상 집행장애사유에 해당한다.

도산채권자는 채무자의 모든 재산에 관하여 도산채권에 기한 강제집행 등을 새로이 할 수 없다(제45조 제1항, 금지효). 또한 도산채권자가 채무자의 재산에 대하여 이미 한 강제집행 등은 당연히 중지된다(제45조 제3항, 중지효).

나. 취소명령

포괄적 금지명령에 의한 중지만으로는 원활한 도산절차를 진행하기 어려울 경우 중지된 강제집행 등을 취소할 수 있다. 법원은 채무자의 사업 계속을 위하여 특히 필요하다고 인정하는 때에는 채무자 또는 보전관리인(회생절차)의 신청에 의하여 포

---

60) 여기서 '포괄적'이란 채무자의 모든 재산(목적재산의 포괄성)·모든 도산채권자(채권자의 포괄성)·강제집행 등 모든 절차(대상절차의 포괄성)·이미 계속 중인 절차와 장래 신청될 절차(시기의 포괄성)를 일률적으로 대상으로 한다는 의미이다(김주학, 14쪽).

61) 미국 연방도산법(§362)은 도산절차를 신청하면 별도의 법원 명령이 없어도 채무자의 재산에 대한 채권자의 담보권 행사, 강제집행 등 채권 실행에 관한 일체의 행위가 자동적으로 금지 및 중지되는 것으로 규정하고 있다. 이를 자동중지(automatic stay)라 한다. 자동중지라는 표현은 중지를 위한 별도의 신청 없이 도산신청이라는 행위만으로 중지의 효과가 발생한다는 데서 유래한 것이다.

62) 중지명령(제44조)은 중지대상 채권자에게 그 결정서가 송달되어야 효력이 발생됨에 반하여, 포괄적 금지명령은 채무자에게 결정서가 송달된 때부터 효력이 발생되므로 보다 신속한 중지효과를 얻을 수 있다.

괄적 금지명령으로 중지된 강제집행 등의 취소를 명할 수 있다. 다만 이 경우에는 채권자의 권리가 침해될 위험이 중지의 경우보다 한층 크게 되므로, 법원은 채무자에게 담보를 제공하게 할 수 있다(제45조 제5항, 제593조 제5항).

〈중지명령 · 포괄적 금지명령에 따른 취소명령〉

	중지명령에 따른 취소명령	포괄적 금지명령에 따른 취소명령
적용대상 도산절차	회생절차(제44조 제4항)	회생절차(제45조 제5항), 개인회생절차(제593조 제5항)
요건[63]	채무자의 회생을 위하여 특히 필요하다고 인정하는 때	채무자의 사업의 계속을 위하여 특히 필요하다고 인정하는 때
직권취소 여부	가능(신청 또는 직권취소)	불가능(신청에 의하여만 가능)
즉시항고	불인정	인정

다. 포괄적 금지명령의 배제

법원은 포괄적 금지명령이 있는 경우 도산채권에 기한 강제집행 등의 신청인인 도산채권자에게 부당한 손해를 끼칠 우려가 있다고 인정하는 때에는 그 도산채권자의 신청에 의하여 그 도산채권자에 대하여 결정으로 포괄적 금지명령의 적용을 배제할 수 있다(제47조 제1항 전문, 제593조 제5항).

포괄적 금지명령은 채권자의 권리행사에 대한 제약이 크므로 그 구제수단으로 포괄적 금지명령의 적용 배제를 인정한 것이다.

라. 금지명령과 포괄적 금지명령의 차이[개인회생절차]

(1) 금지명령은 채무자의 특정재산(주로 채무자 소유의 유체동산과 채무자의 급여)에 대하여 장래에 행하여질 가능성이 있는 강제집행 등을 금지하는 것임에 반하여, 포괄적 금지명령은 채무자의 모든 재산에 대하여 강제집행 등을 금지하는 것이다.

(2) 금지명령과 포괄적 금지명령은 금지대상이 서로 다르다. 포괄적 금지명령의 대상은 강제집행 등이나, 금지명령의 대상은 강제집행 등을 포함하여 회생절차 또는 파산절차 등도 그 대상이다(제593조 제1항).

(3) 포괄적 금지명령은 채무자의 주요한 재산에 대하여 보전처분 등이 행하여질 것을 요구하고 있지만(제593조 제5항, 제45조 제2항), 금지명령의 경우에는 이를 요구하지 않는다.

---

63) 표현이 서로 다르지만 같은 의미로 보아야 한다. 앞에서 본 바와 같이 입법론적으로는 표현을 통일할 필요가 있다.

(4) 효력발생시기에 있어서도 금지명령은 개인회생채권자에게 송달되었을 때 효력이 발생함에 반하여, 포괄적 금지명령은 채무자에게 송달되었을 때 효력이 발생한다.

(5) 금지명령에는 중지효가 없지만(별도의 중지명령이 있다), 포괄적 금지명령에는 중지효가 있다.

4. 도산절차개시신청 취하의 제한[64)]

도산절차개시신청의 취하는 도산절차개시결정 전에 한하여 인정된다(제48조 제1항, 제594조 본문). 도산절차가 개시되면 신청인 이외의 자에게도 도산절차개시의 효과가 발생하고, 관련 효과를 신청인이 마음대로 복멸시키는 것은 적절하지 않기 때문이다.

보전처분, 보전관리명령, 중지명령 · 금지명령, 포괄적 금지명령이 발령된 경우 취하를 하기 위해서는 법원의 허가가 필요하다(제48조 제2항, 제594조 단서).[65)] 보전처분 등이 된 경우에는 이미 신청인 이외의 자가 어떠한 제약을 받고 있고, 채무자가 보전처분 등의 효과만 누리고 취하하는 것은 부당하기 때문에 법원의 허가를 받도록 한 것이다. 또한 도산절차가 집단적 채무조정절차로서 채권자 등과 본격적으로 이해관계를 맺게 되었다(실질적으로 도산절차개시의 효과를 선제적으로 발생하게 하는 이상, 신청인 이외의 다수의 이해관계자에게도 집단적인 채무처리절차가 행해지리라는 기대가 발생하여 신청인의 이해만으로 무조건적으로 신청을 좌우할 단계는 아니다)는 점도 염두에 둔 것이다.

보전처분 등이 있기 이전에는 자유롭게 신청을 취하할 수 있다.

한편 채권자의 신청에 의한 경우(회생절차, 파산절차)에도 소의 취하와 달리(민소법 제266조 제2항) 신청을 취하할 때 상대방의 동의는 필요하지 않다. 이는 도산절차개시신청을 기각하는 결정이 확정되어도 도산절차개시원인의 부존재 등에 대하여 기판력이 발생하지 않고, 같은 채권자가 다시 도산절차개시신청을 하는 것을 방해하는 효과도 없으므로, 채무자의 동의를 연결시킬 필요성이 없기 때문이다.

---

64) 회생절차와 개인회생절차에만 규정되어 있지만, 파산절차의 경우에도 동일하게 보아야 한다.

65) 부인권을 위한 보전처분이 있는 경우에도 마찬가지 이유로 법원의 허가를 얻어야 취하할 수 있다고 할 것이다. 일본 회사갱생법 제23조, 민사재생법 제32조 및 파산법 제29조는 이를 명시적으로 규정하고 있다. 법인의 이사의 재산에 대한 보전처분이 있는 경우에도 법원의 허가를 받아야 하는가. 위 보전처분은 이사의 손해배상책임 등에 대한 조사확정재판의 선제적 실현을 도모하기 위한 것이고, 특수한 보전처분인 다른 보전처분과 달리 피보전권리적인 것이 관념될 수 있는 통상의 보전처분에 유사한 성격을 가지고 있으므로, 남용의 우려가 다른 보전처분과 달리 없는 점, 이 보전처분은 채무자와 이사의 내부관계에 관한 사항이고, 채무자 이외의 관계자는 보전처분의 발령 자체를 알기 어려우며, 이러한 보전처분의 발령이 있었다고 하여도 집단적 채무처리가 행하여지리라는 기대가 반드시 발생하는 것은 아니라는 점 등을 고려하면 법원의 허가 대상으로 할 필요는 없다고 할 것이다(條解 破産法, 226쪽).

5. 기타의 보전처분

가. 법인의 이사 등의 재산에 대한 보전처분[회생절차 · 파산절차]

재정적 파탄에 빠진 법인인 채무자의 발기인 · 이사(상법 제401조의2 제1항의 규정에 의하여 이사로 보는 자를 포함한다) · 감사 · 검사인 또는 청산인(이하 '이사 등'이라 한다)이 법인에 대하여 손해배상책임을 부담하는 경우 도산재단의 충실화를 위해서 그 책임을 신속하게 추궁할 필요가 있다. 법인의 이사 등에 대한 출자이행청구권에 대하여도 마찬가지다.

법인의 이사 등이 이러한 손해배상청구권 등에 대해서 다투는 때에는 통상 민사소송을 제기하여 이사 등의 책임을 추궁하여야 하나, 소송으로 이행을 명하는 판결을 받는데 상당한 시간과 비용을 필요로 하여 신속을 요하는 도산절차에 적당하지 아니하다. 그래서 채무자회생법은 비송사건의 일종으로 법원이 간이 · 신속하게 법인의 이사 등에 대한 손해배상청구권 등의 존재 · 내용을 확정하고, 이사 등에 대한 손해배상 등을 명하는 조사확정재판제도를 마련하였다(제114조 이하, 제351조 이하).

나아가 법인의 이사 등에 대한 손해배상청구권 등의 행사를 전제로 보전처분제도를 두고 있다. 즉 법원은 도산절차개시신청 후부터 도산절차개시결정 전이라도 긴급한 필요가 있다고 인정하는 때에는 개시 전 채무자(보전관리인이 선임되어 있는 때에는 보전관리인)의 신청 또는 직권으로 채무자의 이사 등에 대한 출자이행청구권 또는 이사 등의 책임에 기한 손해배상청구권을 보전하기 위하여 해당 이사 등의 재산에 대한 보전처분을 할 수 있다(제114조 제3항, 제1항).

나. 부인권 행사를 전제로 한 보전처분

부인권은 도산절차개시결정의 효과로 발생하는 것이기 때문에 부인대상행위에 의해 도산재단으로부터 일탈한 재산이 도산절차개시결정 전에 수익자(또는 전득자)의 처분 등에 의해 수익자(또는 전득자) 이외의 제3자에게 이전될 염려가 있는 경우에도 부인권 행사에 기초한 원상회복청구권을 피보전권리로 하는 통상의 보전처분을 할 수 없다. 또한 부인권 행사에 의해 회복하여야 하는 재산은 부인권이 행사될 때까지는 '채무자의 재산'이 아니기 때문에 채무자의 재산에 관한 보전처분(제43조, 제323조, 제592조)에 기한 가처분도 명할 수 없다. 그러나 부인권의 실효성을 확보하기 위하여 도산절차개시 전에도 부인대상재산을 보전할 필요가 있다.

현행 채무자회생법은 이에 관한 아무런 규정이 없지만, 실무적으로 장래의 부인권 행사를 전제로 한 보전처분을 인정하고 있다. 입법적 보완이 필요해 보인다.

제4장

도산절차개시의 효과

도산절차가 개시되면 평상시의 법률관계와 다른 법률관계가 형성된다. 평상시의 법률관계가 연속되어 있으면서도 독자적인 법률관계가 발생한다. 도산절차가 개시되기 전의 법률관계는 민법, 상법, 민사소송법, 민사집행법, 세법 등 평시법에 따라 형성된다. 반면 도산절차가 개시되면 채무자회생법에 따라 다른 법률관계가 형성된다. 채무자회생법은 평시법에 대한 특별규정이다. 채무자회생법은 평시상태에서 생각할 수 없는 법률관계를 규정한다. 채권자가 강제집행을 할 수 없고, 통상적인 거래가 부인되기도 하며, 채권 자체가 감축되거나 면책되기도 한다. 채무자회생법에 평시법과 다른 명시적인 규정이 있는 경우에는 원칙적으로 그 규정을 먼저 적용하여야 한다. 명시적인 규정이 없는 경우에도 채무자회생법의 이념에 비추어 평시법을 유연하게 적용하여야 할 것이다.

Ⅰ. 압류의 효력

도산절차개시의 가장 중요한 효과는 압류이다.[1] 채무자회생법에 명시적으로 규정된 것은 아니지만, 도산재단에 대한 관리처분권이 도산관리인에게 있다는 규정(제56조 제1항, 제384조)으로부터 알 수 있다. 압류는 도산재단에 대하여만 이루어진다.

도산절차가 개시되면 채무자는 도산재단에 대한 관리처분권을 상실한다(제56조 제1항, 제384조). 도산재단을 위한 의사표시도 도산관리인만이 할 수 있다. 채무자는 도산재단에 속한 물건의 소유자이며 채권에 관하여 여전히 채권자다. 단지 관리처분권을 상실하고 소송수행권도 상실한다(제78조, 제359조). 따라서 도산절차개시 후 도산재단에 속하는 목적물에 관한 채무자의 처분(법률행위)은 무효이고(제64조, 제329조) 도산재단에 속하는 채권에 관하여 채무자에게 한 변제도 원칙적으로 무효이다(제67조, 제332조, 다만 선의거래는 보호된다). 파산절차에서 채무자가 새롭게 채무를 부담하더라도 그것이 재단채권이든 기타채권이든 자유재산으로 책임을 지고 파산재단에 강제집행을 할 수는 없다.

도산채권자에 대한 압류는 그들의 집단적 채권만족을 위해 도산재단이 그들에게 책임법적으로 귀속되었다는 것을 의미한다. 채권자들의 개별적 권리행사는 금지된다(제131조, 제424조). 도산절차가 개시되면 강제집행은 금지되거나(제58조 제1항 제2호) 실효된다(제348조 제1항). 도산채권자는 도산절차가 진행 중인 동안 도산재단이나 자유재산에 대하여 강제집행을 할 수 없다(제424조 참조). 전체집행은 개별집행을 배제하기 때문이다.

도산채권자가 아닌 다른 채권자들은 압류의 효력이 미치지 않는다. 환취권자는 강제집행의 방법으로 그의 반환청구권을 관철할 수 있다(제70조, 제407조). 파산절차에서 별제권자가 담보목적물에 대하여 강제집행하는 것은 원칙적으로 허용된다(제412조). 회생절차에서 공익채권자도 원칙적으로 도산재단에 속한 목적물에 대하여 강제집행을 할 수 있다. 반면 파산절차에서 재단채권자는 도산재단에 속한 재산에 대하여 강제집행이 허용되지 않는다.

---

1) Reinhard Bork, 75, 80~84쪽 참조.

Ⅱ. 채무자에 대한 효과

1. 재산상의 효과

가. 도산재단의 성립

도산절차가 개시되면 채무자가 가지고 있는 모든 재산은 도산재단을 구성하게 되고, 이후 도산절차는 도산재단에 속하는 재산을 대상으로 이루어진다. 도산재단은 회생절차에서는 채무자의 재산, 파산절차에서는 파산재단, 개인회생절차에서는 개인회생재단이라고 부른다.

(1) 회생절차

회생절차개시결정의 효력이 발생하면 채무자가 가지고 있는 모든 재산은 회생절차의 목적, 즉 채무자와 그 채권자 등 이해관계인 사이의 법률관계를 적절히 조정하여 채무자 또는 그 사업을 효율적으로 회생시키기 위한 기초로 사용된다. 이러한 의미에서 채무자가 가지는 모든 재산을 채무자의 재산[2]이라 부른다. 채무자의 재산은 채무자가 가지고 있는 모든 재산을 내용으로 한다. 채무자 재산의 범위에 있어서 시적 또는 객관적인 한계가 존재하지 않는다. 이를 팽창주의라 한다.

(2) 파산절차

파산선고에 의하여 채무자가 파산선고 당시에 가진 모든 재산은 파산재단을 구성한다(제382조 제1항). 파산절차에서는 파산재단이 파산선고 당시의 재산으로 범위가 확정되는 고정주의를 취하고 있다. 물론 자유재산(압류금지재산, 면제재산, 신득재산, 파산재단으로부터의 포기 재산)은 파산재단에서 제외되고, 채무자의 자유로운 처분에 맡겨진다.

(3) 개인회생절차

개인회생재단이란 ① 개인회생절차개시결정 당시 채무자가 가진 모든 재산, ② 채무자가 개인회생절차개시결정 전에 생긴 원인으로 장래에 행사할 청구권, ③ 개인회생절차진행 중에 채무자가 취득한 재산 및 소득을 말한다(제580조 제1항). 다만 ①, ②에 해당하는 것으로 압류금지재산이나 면제재산은 개인회생재단에서 제외된다(제580조 제3항, 제383조 제1항, 제2항).

개인회생재단은 개인회생절차에서 채무자의 재산으로 채무를 갚는 데 사용할 재

---

2) 미국 연방도산법과 달리 회생재단이라는 용어는 사용하고 있지 않다.

산의 집단으로서 모든 채권자를 위해서 사용해야 할 재산을 총칭하는 것이다. 팽창주의를 채택하고 있다.

나. 관리처분권의 이전[회생절차 · 파산절차]

도산절차가 개시되면 도산재단에 대한 관리처분권은 도산관리인에게 전속한다(제56조 제1항, 제384조).[3] 한편 개인회생절차에서는 채무자가 여전히 개인회생재단에 대한 관리처분권을 가진다(제580조 제2항).

다. 조직에 관한 기본적 사항의 변경 금지[회생절차]

(1) 회생절차개시 이후부터 그 회생절차가 종료될 때까지는 채무자는 회생절차에 의하지 아니하고는 ① 자본 또는 출자액의 감소, ② 지분권자의 가입, 신주 또는 사채의 발행, ③ 자본 또는 출자액의 증가, ④ 주식의 포괄적 교환 또는 주식의 포괄적 이전, ⑤ 합병 · 분할 · 분할합병 또는 조직변경, ⑥ 해산 또는 회사의 계속, ⑦ 이익 또는 이자의 배당의 행위를 할 수 없다(제55조 제1항). 이러한 행위는 채무자 사업의 유지 · 회생이라는 회생절차의 목적(제1조)과 밀접한 관련이 있는 사항이고, 회생계획과 관계없이 할 수 있는 것은 아니기 때문에, 회생계획에 의하지 않으면 할 수 없다고 한 것이다.

채무자회생법은 회생계획에 의하여 위와 같은 행위를 하려고 할 경우, 회생절차에 의하지 않을 경우 주주총회나 이사회의 결의가 필요한 사항[4]을 회생계획에 정하도록 하고(제205조 내지 제216조), 회생계획인가 후에는 회생계획에 따라 위와 같은 행위를 할 수 있도록 하고 있다(제264조 내지 제275조). 따라서 회생계획에 따라 위와 같은 행위를 하는 경우에는 주주총회나 이사회의 결의가 필요하지 않다(제260조).

(2) 회생절차가 개시된 이후 법인인 채무자의 정관변경은 법원의 허가를 받거나 회생계획에 의하여야 한다. 즉 회생절차개시 이후부터 그 회생절차가 종료될 때까지 회생절차(회생계획)에 의하지 아니하고 정관을 변경하고자 하는 때에는 법원의 허가를 받아야 한다(제55조 제2항). 회생계획(회생절차)에 의하여 정관을 변경하고자 할 때

---

3) 회생절차에서는 관리인이 업무수행권까지 가진다.

4) • 주주총회의 결의가 필요한 사항: 자본감소(상법 제438조), 합병(상법 제522조), 분할(상법 제530조의2 내지 제530조의12), 조직변경(상법 제604조 제1항), 주식의 포괄적 교환(상법 제360조의3)과 이전(상법 제360조의16), 회사의 해산(상법 제518조)과 계속(상법 제519조), 이익배당(상법 제462조 제2항), 정관변경(상법 제433조 제1항) 등

• 사원총회의 결의가 필요한 사항: 정관변경(상법 제584조), 합병(상법 제598조), 조직변경(상법 제607조 제1항), 해산(상법 제609조 제1항 제2호), 계속(상법 제610조) 등

• 이사회의 결의가 필요한 사항: 신주발행(상법 제416조), 사채발행(상법 제469조 제1항) 등

에는 회생계획에 그 변경의 내용을 정하여야 한다(제202조). 회생계획에서 채무자의 정관을 변경할 것을 정한 경우에는 정관은 회생계획인가결정이 있는 때에 회생계획에 의하여 변경된다(제262조). 이 경우 주주총회의 결의(상법 제433조 제1항)는 필요하지 않다(제260조).

2. 신분상의 효과[파산절차]

파산선고를 받은 채무자는 각종 법률에 의하여 자격 등의 제한을 받는다. 파산절차 중에 있다는 것을 이유로 한 차별적 취급을 금지하고 있지만(제32조의2), 각종 법률은 각각의 정책적 목적에서 파산선고를 받은 채무자에 대하여 자격제한을 규정하고 있다. 각종 자격제한은 파산절차남용을 방지하는 효과도 있다. 다만 개인의 경우 복권이 되면 그러한 불이익은 없어진다.

가. 개인의 경우

파산선고를 받은 사람은 후견인이나 유언집행자가 될 수 없다(민법 제937조 제3호, 제1098조).

파산선고를 받고 복권되지 아니한 사람은 변호사(변호사법 제5조 제8호), 일반직·특정직·별정직 공무원(국가공무원법 제33조 제2호, 제2조 제1항), 지방공무원(지방공무원법 제31조 제2호), 경찰공무원(경찰공무원법 제7조 제4호), 교육공무원(교육공무원법 제10조의4 제1호), 사립학교교원(사립학교법 제52조), 법무사(법무사법 제6조 제2호), 상장회사의 사외이사(상법 제542조의8 제2항 제2호), 금융상품직접판매업자, 금융상품자문업자 또는 법인인 금융상품판매대리·중개업자의 임원(금융소비자 보호에 관한 법률 제12조 제4항 제1호 나목, 제2호 가목), 금융회사의 임원(금융회사의 지배구조에 관한 법률 제5조 제1항 제2호), 경비업을 영위하는 법인의 임원(경비업법 제5조 제2호), 경비지도사 또는 경비원(경비업법 제10조 제1항 제2호, 제2항 제3호), 대부업자 등의 대표자·임원 또는 업무총괄 사용인(대부업 등의 등록 및 금융이용자 보호에 관한 법률 제4조 제1항 제2호), 의료법인의 임원(의료법 제48조의2 제4항 제3호)이 될 수 없다. 복권을 위해서는 면책결정이 확정되거나 파산선고 후 10년이 지나야 한다(제574조 제1항 제1호, 제3호).

나. 법인의 경우

법인은 파산선고에 의하여 원칙적으로 해산한다. 통상은 청산절차가 행해지고, 그것이 종료하면, 법인격은 소멸하지만, 파산선고를 받은 경우 파산관재인에 의한 청산이 청산절차를 대신한다(상법 제250조). 파산법인의 법인격은 파산절차에 의한 청산의 목적 범위 내에서 파산절차가 종료될 때까지 존속하는 것으로 본다(제328조). 파산법인의 법인격이 소멸하는 것은 파산절차종결결정의 공고가 된 때, 파산절차폐지결정이 확정된 때이고, 법인등기는 폐쇄된다.

파산절차 중에도 파산법인의 법인격은 존속하기 때문에, 이사 등 법인의 기관도 존속하는 것으로 된다.

Ⅲ. 도산절차개시 후 법률행위 등의 효력[회생절차 · 파산절차]

도산절차개시결정이 된 경우 도산재단에 속한 재산의 관리 및 처분을 하는 권리는 도산관리인에 전속한다(제56조 제1항, 제384조). 도산절차개시 후 행위 주체 또는 상대방은 도산관리인이고, 채무자는 제외되기 때문에 도산재단의 가치가 감소되거나 채권자평등은 훼손되지는 않을 것이다. 하지만 사실상 채무자가 행위주체로 되는 현상은 일어날 수 있다. 이러한 행위의 취급에 대하여 채무자회생법은 몇 가지 규정을 두고 있다.

1. 도산절차개시 후 채무자의 법률행위

도산절차개시결정을 받은 채무자가 도산절차개시 후 도산재단에 속하는 재산에 관하여 한 법률행위는 도산절차와의 관계에서 그 효력을 주장하지 못한다(제64조 제1항, 제329조 제1항[5]). 여기서 법률행위는 도산재단에 속한 재산의 처분, 임대, 담보의 설정뿐만 아니라 물건의 인도, 변제, 채무의 승인, 기한의 유예, 등기신청, 변제의 수령 등 도산재단에 속한 재산을 변동시키는 행위를 넓게 포함한다. 채무자 본인의 처분행위는 도산절차와의 관계에서 효력을 갖지 못한다.

'도산절차와의 관계에 있어서는 그 효력을 주장하지 못한다'는 것은 행위의 상대방이 그 행위의 유효를 도산관리인에게 주장하지 못한다는 것일 뿐, 도산관리인이 그 행위의 유효를 주장하는 것은 무방하다는 의미이다(상대적 무효). 제64조(제329조) 제1항의 취지는 채무자 재산의 감소를 방지하는 데 있기 때문이다. 나아가 도산관리인에 의하여 법률행위의 효력이 부정되기 전에 도산절차가 종료된 경우 상대방은 채무자에 대하여 행위의 효력을 주장하여 의무의 이행을 구할 수도 있다. '도산절차와의 관계에서' 효력을 주장할 수 없을 뿐이고, 도산절차가 종료되어 도산절차에 의하여 보호하여야 할 이익은 없어졌기 때문이다.

제64조(제329조) 제1항의 무효는 도산절차개시 후 법률행위가 있음을 전제로 한

---

5) 파산절차에서는 '파산채권자에게 대항하지 못한다'고 규정하고 있으나(제329조 제1항), 동일한 의미이다.

다. 채무자의 법률행위가 이루어진 시점이 중요하지 법률행위의 효력발생시점이 중요한 것은 아니다. 채무자가 도산절차개시 전에 법률행위를 하였지만, 법적 효과가 도산절차개시 후에 발생한 경우 그 효력은 제64조(제329조) 제1항이 아니라 제66조(제331조)에 따라 결정된다.

상대방의 선의, 악의는 묻지 않는다. 상대방이 선의취득(민법 제249조, 어음법 제16조 제2항)의 요건을 갖추어도 상대방은 선의취득할 수 없다. 제64조(제329조) 제1항은 상대방의 선의·악의를 불문하고 거래의 안전보다 도산채권자의 보호를 우선시킨 규정으로 민법 제249조 등 선의취득을 인정하는 민사실체법의 규정에 대한 특별규정이라고 볼 수 있기 때문이다.[6] 물론 상대방이 나아가 해당 동산을 전득자에게 양도한 경우 선의취득이 성립하는지는 민법의 일반원칙에 따른다.

도산절차개시 전 채무자 행위의 효력은 보전처분에 의하여 처분금지 등이 명해진 경우가 아닌 한, 도산절차와의 관계에서도 그 효력을 주장할 수 있다. 다만 부인(제100조, 제391조 이하)의 대상이 되는 것에 지나지 않는다.

채무자가 회생절차개시가 있은 날에 행한 법률행위는 회생절차개시 이후에 한 것으로 추정한다(제64조 제2항).

2. 도산절차개시 후 채무자의 행위에 의하지 않는 권리취득

가. 회생절차의 경우

회생절차개시 후 도산채권자가 도산채권에 관하여 채무자 재산에 대한 권리를 채무자의 행위에 의하지 아니하고 취득하여도 그 취득은 회생절차와의 관계에 있어서는 그 효력을 주장하지 못한다(제65조 제1항). 제64조 제1항은 채무자의 행위를 대상으로 함에 대하여, 제65조 제1항은 채무자 이외의 제3자의 행위를 대상으로 한다.

이는 ① 도산채권자의 지위를 절차개시의 시점으로 고정하여 그 후의 사정에 의하여 도산채권자 사이의 평등·형평을 해하는 것을 방지하거나, ② 회생절차개시결정으로 인한 채무자 재산에 대한 일종의 포괄적 압류 효과를 도산채권자에게 철저히 적용하여 도산채권자가 채무자의 행위에 의하지 않고 우연히 채무자의 재산에 대한 일부 도산채권자가 권리를 취득하여도 채무자의 재산은 개시결정에 의하여 이미 모든 채권자를 위한 책임재산을 구성한 상태로 되었기 때문에, 그 권리취득을 회생절차와의 관계에서는 인정하지 않음으로써 도산채권자 사이의 채권자평등을 철저히 유지하자는데 그 취지가 있다.[7]

---

6) 會社更生法, 275쪽, 實務 倒産法講義, 526쪽.

7) 채무자의 행위에 의하지 않고, 다시 말해 법률의 규정이나 채무자 이외의 자 사이의 행위에 의하여

'도산채권에 대하여 권리를 취득'한다는 것은 당해 채권에 대하여 우선권을 취득한다는 것을 의미하고, '채무자의 행위에 의하지 아니하고 권리를 취득'한다는 것은 법률상 당연한 효력(법률의 규정)에 의하거나 채무자 이외의 제3자 사이의 행위에 의한 취득을 말한다. 예컨대 도산채권자인 대리상이 채무자에게 귀속하여야 하는 물건의 점유를 제3자로부터 회생절차개시 후에 취득하여도 회생절차와의 관계에서는 상사유치권(상법 제91조)을 주장할 수 없다. 또한 근저당권자가 회생절차개시 후 제3자로부터 도산채권을 양도받았다고 하여도 그 도산채권이 피담보채권의 범위에 포함된다는 것을 주장할 수 없다.

회생절차개시가 있은 날에 권리취득을 한 경우에는 회생절차개시 이후에 한 것으로 추정된다(제65조 제2항).

나. 파산절차의 경우

파산선고 후에 파산재단에 속하는 재산에 관하여 채무자의 법률행위에 의하지 아니하고 권리를 취득한 경우에도 그 취득은 파산채권자에게 대항할 수 없다(제330조 제1항).

제330조 제1항은 회생절차(제65조 제1항)와 달리 '파산채권에 관하여'라는 제한은 부가되어 있지 않기 때문에 그 적용범위와 관련하여 다툼이 있다. 하지만 같은 내용을 규정한 제65조 제1항과의 정합성을 고려하면 그 취지는 일부 파산채권자가 제3자의 우연한 행위에 의하여 파산재단 소속 재산에 대하여 담보권 등을 취득하여 다른 채권자와의 형평을 해하는 것을 방지하기 위한 것으로 보아야 하고, 그렇다면 제330조 제1항에 의해 권리취득이 부정되는 자는 파산선고 전부터 채무자에 대하여 채권을 가지고 있던 파산채권자이며, 그 자가 제3자의 행위에 의해 파산재단 소속 재산에 대하여 담보권이나 급부의 목적물에 대하여 소유권을 취득하여도 그것을 파산관재인에 대하여 주장할 수 없다고 보아야 할 것이다.

다. 권리취득의 효력

권리를 취득한 자는 도산절차개시사실에 관한 선의·악의를 불문하고 그 권리취득을 '도산절차와의 관계'에서 주장하지 못한다.

한편 제65조(제330조)는 도산채권자가 도산채권에 관하여 도산재단에 대한 권리를 취득한 경우에 적용된다. 따라서 도산채권자에 의한 권리취득이라도 도산채권과 관

도산채권자가 채무자의 재산에 속하는 재산에 대하여 권리취득을 한 경우에도, 도산채권자를 해할 염려가 있다는 것에는 변함이 없기 때문에, 채무자의 법률행위에 의한 경우(제64조 제1항)와 마찬가지로 회생절차와의 관계에서 그 효력을 주장할 수 없도록 한 것이다.

련이 없는 것은 제65조 제1항(제330조 제1항)이 적용되지 않는다. 예컨대 시효취득(민법 제245조 제2항,[8] 제246조)의 경우 목적물이 도산재단에 속한다고 하여 법률상의 소유권 취득원인인 시효취득이 배제되는 것이라고 할 이유는 없고, 소유권 취득이 유효하다고 보는 것은 당연하다. 선의취득(민법 제249조)이나 부합(민법 제256조, 제257조), 혼화(민법 제258조), 가공(민법 제259조)에 대하여도 마찬가지이다.

3. 도산절차개시 후 등기 등의 효력[회생절차 · 파산절차]-선의거래의 보호

도산절차개시 후 채무자의 행위나 권리취득이 도산절차와의 관계에서 효력이 없다는 일반원칙(제64조, 제65조, 제329조, 제330조)에 비추어 보면, 도산절차개시 후에 한 등기나 가등기의 효력은 인정될 수 없다. 따라서 부동산 또는 선박에 관하여 도산절차개시 전에 생긴 등기원인(매매계약 등)으로 도산절차개시 후에 한 등기나 가등기[9]는 도산절차와의 관계에 있어서는 그 효력을 주장할 수 없다(제66조 제1항 본문, 제331조 제1항 본문). 권리의 설정 · 이전 또는 변경에 관한 등록 또는 가등록에 관하여도 마찬가지이다(제66조 제2항, 제331조 제2항).

권리자의 지위를 도산절차개시의 시점에 고정하여 그 후의 사정에 의하여 권리자 사이의 평등 · 형평을 해하는 것을 방지하자는 고려에서 비롯된 것이다. 도산절차개시 전에 계약이 체결된 것이라면 그것은 도산절차개시 후에도 존중하여야 한다는 입장이 있을 수도 있지만, 만약 그러한 것을 인정한다면, 절차개시 후 등기를 하면서 개시 전에 이미 계약을 체결한 것이라고 허위의 주장을 하는 자가 많을 것이다. 또한 이론적으로도 도산절차개시에 의하여 도산재단에 대하여 포괄적으로 압류되었다는 것을 고려하면, 그 시점에서 성립요건 또는 대항요건을 갖추지 못한 상대방은 보호할 가치가 없다.

---

8) 점유취득시효(민법 제245조 제1항)의 경우는 다르다. 점유취득시효의 경우 '등기를 함으로써' 소유권을 취득하기 때문이다. 따라서 도산절차개시결정 전에 부동산에 대한 점유취득시효가 완성되었으나 개시결정시까지 이를 원인으로 한 소유권이전등기를 마치지 아니한 자는, 그 부동산의 소유자에 대한 도산절차개시와 동시에 도산채권자 전체의 공동의 이익을 위하여 도산재단에 속하는 그 부동산에 관하여 이해관계를 갖는 제3자의 지위에 있는 도산관리인이 선임된 이상, 도산관리인을 상대로 도산절차개시 전의 점유취득시효 완성을 원인으로 한 소유권이전등기절차의 이행을 청구할 수 없다. 또한, 그 부동산의 관리처분권을 상실한 채무자가 도산절차개시를 전후하여 그 부동산의 법률상 소유자로 남아 있음을 이유로 점유취득시효의 기산점을 임의로 선택하여 도산절차개시 후에 점유취득시효가 완성된 것으로 주장하여 도산관리인에게 소유권이전등기절차의 이행을 청구할 수도 없다. 이 경우 법률적 성질이 채권적 청구권인 점유취득시효 완성을 원인으로 한 소유권이전등기청구권은 채무자에 대하여 도산절차개시 전의 원인으로 생긴 재산상의 청구권으로서 도산채권에 해당하므로 도산절차에 의하여서만 그 권리를 행사할 수 있다(대법원 2008. 2. 1. 선고 2006다32187 판결 참조).

9) 도산절차개시 전에 등기나 가등기가 된 경우에는 본조가 아닌 권리변동의 성립요건 또는 대항요건의 부인(제103조, 제394조)의 문제로 된다. 제66조(제331조)는 도산절차개시 후 비로소 등기나 가등기가 경료된 상황을 염두에 둔 조항이기 때문이다.

그러나 등기권리자가 도산절차개시 사실을 알지 못하고 (본)등기를 한 경우에는 도산관리인에게 주장할 수 있다(제66조 제1항 단서, 제331조 제1항 단서). 권리의 설정·이전 또는 변경에 관한 등록 또는 가등록에 관하여도 마찬가지이다(제66조 제2항, 제331조 제2항). 등기원인은 도산절차개시 전에 발생하였고 등기 자체는 공시방법에 불과하다는 점을 고려하여 선의자를 보호하고자 하는 취지이다. 즉 원인행위는 유효함에도 불구하고 (본)등기만 무효로 하는 것을 피하고 물권변동과 공시는 가능한 한 일치시켜야 한다는 고려를 기초로 상대방의 선의를 조건으로 도산관리인에게 대항할 수 있도록 한 것이다. 다만 등기원인인 법률행위 자체가 부인된 경우에는 선의자를 보호하는 의미가 없게 된다.

4. 채무자에 대한 변제-선의거래의 보호

채무자에 대하여 채무를 부담하는 자는 도산절차개시 후에는 도산관리인에게 변제를 하여야 하나,[10] 그 사실을 알지 못하고 한 채무자에 대한 변제는 도산절차와의 관계에 있어서도 그 효력을 주장할 수 있다(제67조 제1항, 제332조 제1항). 일반적으로 채권자는 변제자의 신용상태에 대하여 관심을 가지고 있지만, 변제자는 채권자의 재산 상태에 대하여 별다른 관심이 없다. 따라서 채권자가 도산절차개시결정을 받았는지에 대하여 주의를 요구하는 것은 변제자에게 부당한 부담을 주는 것이다. 그래서 제67조(제332조) 제1항은 제64조(제319조) 제1항의 예외로서 도산절차개시사실에 대하여 선의인 변제자의 채무자에 대한 변제는 도산관리인에게 대항할 수 있도록 하였다. 그 결과 변제자는 도산관리인에게 다시 변제할 필요가 없다.

변제에는 상계도 포함된다.[11] 도산절차와의 관계에서 그 효력을 주장하려면 도산절차개시사실에 대하여 선의여야 하고 과실 유무는 묻지 않는다. 도산절차개시의 공고 전에는 그 사실을 알지 못한 것으로 추정하고, 공고 후에는 그 사실을 안 것으로 추정한다(제68조, 제334조). 결국 누가 증명책임을 부담하는지는 제3채무자의 급부가 언제 이루어지는지에 달려 있다. 제3채무자가 도산절차개시의 공고 전에 변제한 경우에는 도산절차개시사실을 알지 못한 것으로 추정되므로 이중지급을 요구하는 도산관리인이 이 추정을 깨고 제3채무자의 악의를 증명하여야 한다. 제3채무자가 도산절차개시 공고 후에 급부한 경우에는 그가 자신의 선의를 증명해야 한다.

---

10) 도산재단에 속한 채권에 대한 관리처분권은 도산관리인에게 전속되므로(제56조 제1항, 제384조) 도산관리인만이 변제의 수령권한이 있다. 따라서 채무자에 대하여 채무를 부담하는 자(이하 '변제자'라 한다)가 도산절차개시결정 후에 채무자에 대하여 한 변제는 원칙적으로 도산관리인에게 대항할 수 없다(제64조 제1항, 제329조 제1항). 그 결과 변제자는 이중으로 변제를 하게 될 수 있다.

11) 상계의 경우에는 원칙적으로 인정된다. 다만 일정한 경우에는 제한되기도 한다(제416조 이하).

변제자가 채무자의 도산절차개시에 대하여 악의라면 그 변제의 효력은 어떻게 되는가. 도산절차개시 후 그 사실을 알고 채무자에게 변제한 경우라도 이로써 도산재단이 이익을 얻은 때에는 그 이익의 한도에서 도산절차와의 관계에 있어서 그 효력을 주장할 수 있다(제67조 제2항, 제332조 제2항). 변제의 목적물이 도산재단에 귀속한 경우라면 도산재단에 불이익이 발생하지 않기 때문에 도산재단이 받은 이익의 한도 안에서 변제로 도산관리인에게 대항할 수 있도록 한 것이다.

Ⅳ. 채권자에 대한 효과-개별적 권리행사의 금지

채권자의 권리행사는 도산절차에 따르지 않으면 안 된다(제131조, 제424조, 제582조, 제600조 제1항 제3호). 도산채권은 도산절차 밖에서는 권리행사를 할 수 없고, 도산채권자는 도산절차개시에 의해 채무자에 대한 개별적 권리행사가 금지된다. 반면 도산채권자는 도산절차 내에서는 변제(배당)를 받을 수 있고, 관계인집회 또는 채권자집회에서 의결권을 행사할 수 있다(제133조, 제373조 제1항).[12)]

Ⅴ. 계속 중인 계약관계(법률관계)의 처리[회생절차 · 파산절차]

채무자는 사업을 운영함에 있어 많은 계약관계(법률관계, 이하 계약관계라고만 한다)[13)]를 맺고 있고 계약을 이행하는 도중에 도산절차가 개시되는 경우가 발생할 수 있다. 도산절차가 개시되면 도산재단에 속한[14)] 계약관계는 단절되는가. 도산절차가 개시되더라도 원칙적으로 채무자의 계약관계는 단절되지 않고 동일성을 유지한다고 할 것이다. 계약당사자의 도산절차개시를 이유로 계약관계가 종료하게 되면, 그 자체로 채무자에게 현저한 가치손실을 가져오며 회생의 기회가 좌초되거나 상대방에게 불의타가 될 수 있다. 다만 도산재단에 대한 관리처분권이 도산관리인에게 이전되기 때문에 채무자를 당사자 일방으로 하는 도산절차개시 전부터의 재산관계에 관한 계약관계를 처리할 필요가 있다.

몇 가지 계약관계에 대하여 채무자회생법은 필요한 범위에서 다소의 조정을 가하여 도산절차개시가 계약관계에 영향을 미치는 경우가 있다. 채무자회생법은 평시 실체법을 수정하여 도산절차 중에만 통용되는 고유의 실체법 규정을 두고 있다. 이는 계약관계 도중에 도산절차가 개시된 경우 계약관계를 어떻게 정리할 것인지 및 그에 대처하는 법리이자 채무자회생법의 계속 중인 계약관계에 대한 개입이다. 한편

12) 개인회생절차에서는 의결권을 행사하는 것이 아니다.
13) 고용계약, 위임계약 등 계약관계뿐만 아니라 계약 이외의 법률관계로서 공유관계 등이 있다.
14) 계약으로부터 발생하는 채무자의 청구권이 압류할 수 없는 청구권인 경우에는, 그 계약은 도산재단에 속하지 않는다.

채무자회생법 이외에 민법이나 상법 등 실체법에서도 도산상태가 발생하였을 때 계약관계를 어떻게 처리할 것인지를 규정하고 있는 것이 있다(민법 제674조, 제690조, 상법 제84조 제3호, 제218조 제5호 등).

도산절차개시가 도산재단에 속한 계약에 미치는 영향은 크게 세 가지이다. ① 계약관계가 존속할 수도 있고, ② 종료할 수도 있다. ③ 계약관계의 운명이 도산관리인의 결정에 달려 있을 수 있다. 도산법의 규정들은 세 가지 가능성을 모두 담고 있다. 제120조 · 제336조(지급결제제도), 제122조 제1항(계속적 급부를 목적으로 하는 쌍무계약), 제124조 제4항 · 제340조 제4항(임대차계약)은 계약관계가 계속된다고 규정하고 있다. 이에 반하여 제125조 · 제343조(상호계산), 민법 제690조(위임계약)은 계약관계가 종료한다고 규정하고 있다. 이러한 규정들이 적용되지 않으면서 쌍방이 미이행한 쌍무계약은 도산관리인이 선택권을 갖는다(제119조, 제335조).

1. 쌍방미이행 쌍무계약(Executory Contracts)

도산절차개시결정 당시 채무자와 상대방 모두 계약을 미이행한 상태인 경우, 도산관리인은 채무자에게 유리한 계약은 존속되기를 원하고 불리한 계약은 종료되기를 원할 것이다. 이 경우 쌍방미이행 쌍무계약은 동시이행관계에 있지만(민법 제536조 제1항), 도산관리인에게 계약을 해제(해지)할 것인지 또는 상대방에게 채무의 이행을 청구할 것인지의 선택권을 부여함으로써(제119조 제1항, 제335조 제1항) 도산절차의 원활한 진행을 도모하고 있다.[15] 아울러 도산관리인이 상대방의 채무이행을 선택한 경우 이에 상응한 채무자의 채무도 이행하도록 하고, 계약의 해제를 선택한 경우 이에 따른 원상회복의무도 이행하도록 함으로써(제121조 제2항, 제337조 제2항) 양 당사자 사이에 형평을 유지하고 있다.[16] 요컨대 계약당사자 사이의 공평을 도모하면서 도산절차의 신속하고 원활한 진행을 도모하기 위하여 제119조(제335조)를 둔 것이다(통설).

---

15) 대법원 2025. 2. 13. 선고 2020다258657 판결, 대법원 2000. 4. 11. 선고 99다60559 판결 등 참조. 제119조(제335조)와 관련하여 마주치는 문제는 크게 두 가지이다. 하나는 계약이 채무자에게 불리한 경우 도산관리인은 이를 위반하고 싶어 할 것이다. 이것이 '해제(해지)'의 문제이다. 다른 하나는 계약이 채무자에게 유리한 경우 도산관리인은 이를 유지하려고 할 것이다. 이것이 '이행'의 문제이다.

16) 대법원 2000. 4. 11. 선고 99다60559 판결, 헌법재판소 2016. 9. 29. 선고 2015헌바28 전원재판부 결정 참조. 채무자에 대하여 도산절차가 개시되었다고 하여 상대방에게 도산절차가 개시되지 않았을 경우와 비교하여 불리한 지위에 서게 하여서는 안 된다. 도산관리인이 해제를 선택한다는 것은 도산절차가 개시되지 않았을 경우 채무불이행(계약위반)에 해당한다. 계약이 채무자에게 불리한 경우 도산관리인은 해제를 선택할 것이다. 이 경우 상대방은 도산절차가 개시되지 않았을 경우 채무자의 채무불이행으로 인해 갖게 될 지위와 같은 지위에 서는 것을 보장받아야 한다.

가. 적용요건

쌍무계약에 관하여 채무자와 상대방이 모두 도산절차개시 당시에 아직 그 이행을 완료하지 아니한 때에는 도산관리인은 계약을 해제 또는 해지하거나 채무자의 채무를 이행하고 상대방의 채무이행을 청구할 수 있다(제119조 제1항, 제335조 제1항).

쌍방미이행 쌍무계약은 ① 쌍무계약이어야 하고, ② 그 쌍무계약은 도산절차개시 당시 유효하게 성립한 쌍무계약일 것과 ③ 쌍방의 채무가 모두 미이행 상태일 것을 요건으로 한다. 다만 계약상 채권·채무가 인적 특성이 강한 경우에는 적용이 제한될 수 있다.[17)]

(1) 쌍무계약

제119조(제335조)는 쌍무계약에만 적용된다. 쌍무계약이란 양쪽 당사자가 서로 대가관계에 있는 채무를 부담하는 계약으로, 양쪽 당사자의 채무 사이에 성립·이행·존속상 견련성을 갖고 있어서 서로 담보로서 기능하는 것을 말한다.[18)]

쌍무계약의 특질을 가진 공법적 법률관계에도 쌍방미이행 쌍무계약에 관한 제119조(제335조) 제1항이 적용 또는 유추적용될 수 있다.[19)]

(2) 쌍무계약은 도산절차개시 당시 유효하게 성립할 것

도산절차개시 당시 유효하게 성립한 쌍무계약이어야 한다. 계약은 청약과 승낙에 의하여 성립하므로 일방의 청약만 있고 상대방의 승낙이 없는 경우에는 아직 계약이 성립되지 않았기 때문에(이행완료의 문제도 발생하지 않는다) 쌍방미이행 쌍무계약의 특칙이 적용될 수 없다.

도산절차개시 당시에 쌍무계약을 체결할 권리(예약완결권)가 존재하였고 도산절차가 개시된 후에 비로소 상대방의 권리행사에 의하여 쌍무계약이 성립하거나 장차 쌍무계약이 성립할 수 있어 아직 쌍방의 채무가 이행되지 아니한 경우에도 쌍방미이행 쌍무계약에 관한 법리가 유추적용된다.[20)]

---

17) 쌍방미이행 쌍무계약에 해당하더라도 그 계약상 채무(채무자의 채무와 상대방의 채무를 모두 포함한다)가 '채무자 입장'에서 인적 성격이 강한 경우라면 제119조(제335조)를 적용하는 것이 부적절할 수 있다. 상대방의 채무가 오직 채무자 개인에게만 이행할 수 있는 것이라면(예컨대 공연계약에 따라 채무자의 생일날 축하공연을 할 의무) 도산관리인이 해당 계약의 이행 또는 해제(해지)를 선택하는 것은 부적절하다. 채무자의 채무가 오직 채무자만이 이행할 수 있는 성격을 갖는 경우(예컨대 작가로서 작품을 제작하여 공급할 의무)에도 그 이행 여부를 채무자가 아닌 제3자 도산관리인에게 맡기는 것은 부적절하다(최준규, 115~116쪽).

18) 대법원 2021. 1. 14. 선고 2018다255143 판결, 대법원 2014. 9. 4. 선고 2013다204140,204157 판결, 대법원 2003. 5. 16. 선고 2000다54659 판결.

19) 대법원 2021. 5. 6. 선고 2017다273441 전원합의체 판결 참조.

(3) 쌍방이 이행을 완료하지 아니하였을 것

도산관리인의 선택권은 쌍무계약의 '이행을 완료하지 아니한 때'에 발생한다. 여기서 '이행을 완료하지 아니한 때'에는 전부 불이행뿐만 아니라 채무의 일부를 이행하지 아니한 것도 포함되고,[21] 그 이행을 완료하지 아니한 이유는 묻지 아니한다.[22] 채무자의 채무가 이행불능이어도 상관없다. '도산절차개시결정 당시'를 기준으로 하므로 개시결정 이후 일부 이행으로 완료된 경우도 포함된다. 채무자와 상대방의 '미이행 채무'는 쌍무계약상 상호 대등한 대가관계에 있는 계약상 채무의 전부 또는 일부가 이행되지 아니한 것을 의미한다.[23]

도산절차개시결정 당시에 채무자와 상대방 모두 이행을 완료하지 아니한 '쌍방'미이행의 쌍무계약이어야 한다. 쌍무계약의 일방당사자에 대하여 도산절차가 개시되었을 때, 채무자는 그 채무의 이행을 완료하였으나 상대방이 미이행한 경우에는 도산관리인이 상대방에게 채무의 이행을 청구하면 되고, 반대로 상대방은 채무의 이행을 완료하였으나 채무자가 미이행한 경우에는 상대방의 채권은 도산채권으로 도산절차에 따라 변제받게 될 것이다.[24] 쌍방이 이행을 완료한 경우에는 계약관계가 소멸하

---

20) 대법원 2025. 2. 13. 선고 2020다258657 판결, 대법원 2007. 9. 6. 선고 2005다38263 판결, 서울고등법원 2020. 9. 10. 선고 2020나200180 판결 등 참조.

21) 대법원 2014. 9. 4. 선고 2013다204140,204157 판결.

22) 대법원 2017. 4. 26. 선고 2015다6517(본소),6524(참가),6531(참가에 대한 반소) 판결, 대법원 2003. 5. 16. 선고 2000다54659 판결.

23) 대법원 2013. 9. 26. 선고 2013다16305 판결(미납된 입회금 1,000원은 클럽 회원권 입회금 125,000,000원의 극히 일부분으로, 상대방의 채무이행을 담보하는 기능을 하고 있다고 볼 수 없어 클럽 회원권에 관한 회원권계약이 쌍방 미이행 쌍무계약에 해당한다고 보기 어렵다), 대법원 2007. 9. 6. 선고 2005다38263 판결 등 참조.

24) 매도인 甲이 매수인 乙에게 동산을 매매한 경우로서, ① ⓐ 먼저 매도인 甲이 동산인도의무를 이행하지 않고, 매수인 乙은 대금지급의무를 이행한 단계에서, 매수인 乙에 대하여 회생절차가 개시된 경우를 보자. 채무자 乙이 가지고 있는 동산인도청구권은 채무자의 재산이므로 관리인이 매도인에 대하여 이를 행사하여 인도를 받으면 된다. 상대방이 이행지체 등에 빠진 경우 관리인은 계약을 해제할 수 있지만, 이것은 통상의 해제권 행사이고 제119조에 의한 것은 아니다. 해제에 의해 상대방이 갖는 원상회복청구권은 회생절차개시 전에 기한 것으로 회생채권이 된다. ⓑ 다음으로 매도인 甲이 동산을 인도하고, 매수인 乙이 대금지급의무를 이행하지 않은 단계에서, 매수인 乙에 대하여 회생절차가 개시된 경우를 보자. 甲의 매매대금채권은 회생절차개시 전에 발생한 재산상의 청구권으로 회생채권이다. 따라서 회생계획에 따라 권리의 만족(변제)을 받을 수밖에 없다. 회생계획에 따라 변제받을 경우 통상 채권액의 일부만을 변제받기 때문에 결과에 있어서 공평에 반하는 것으로 보일 수 있다. 매도인으로서는 동산을 인도하였음에도(자기의 의무를 전부 이행하였음에도) 매매대금채권에 대하여는 다른 채권자와 비례적으로 만족을 받을 수밖에 없기 때문이다. 그러나 회생절차개시 당시 매도인의 지위를 고려하면, 이러한 취급은 부득이한 것이다. 매도인으로서는 채무자에게 동산을 인도한 이상, 동시이행항변권을 가지고 있지 않고, 그 매매대금채권에 대하여는 회생계획에 따라 다른 회생채권자와 평등한 만족을 받을 수밖에 없기 때문이다. 회생절차가 이해관계인의 이해를 적절하게 조정하는 것을 목적으로 하는 이상(제1조) 위와 같은 결과는 받아들일 수밖에 없다.

② 반대로 매도인 甲에 대하여 회생절차가 개시된 경우로서, 甲의 동산인도의무만이 미이행된 경

여 계약관계를 정리할 여지는 없고 도산관리인의 부인만이 문제될 뿐이다.

나. 도산관리인의 선택권

(1) 선택권의 행사기준

도산관리인은 쌍방미이행 쌍무계약의 해제(해지)나 이행을 선택할 권한을 가진다.[25] 상대방은 불이행으로 인한 해제 · 해지권이 없다. 도산관리인은 무엇이 도산재단에 더 유리한 결과를 가져올 수 있는지를 기준으로 선택권을 행사해야 한다. 이러한 권한을 "cherry picking"이라고 부른다.

① 회생절차

회생절차의 경우 법원은 필요하다고 인정할 때 관리인이 계약의 해제 또는 해지를 선택할 때 법원의 허가를 받도록 할 수 있다(제61조 제1항 제4호). 이행의 선택은 법원의 허가사항이 아니다.[26] 이는 회생절차가 채무자의 회생을 목적으로 하는 것이므로 쌍무계약을 계속 존속시키는 것이 원칙적인 것이므로 법원의 허가를 얻을 필요가 없도록 한 것이다. 반면 쌍무계약의 해제 또는 해지는 예외적인 것이므로 법원의 허가를 얻도록 할 수 있게 한 것이다.

② 파산절차

파산절차는 청산을 목적으로 하는 것이므로 회생절차와 반대이다. 파산관재인이 쌍방미이행 쌍무계약을 해제 또는 해지할 경우에는 법원의 허가가 필요 없지만, 이행을 선택할 경우에는 법원의 허가를 받아야 한다(제492조 제9호).

(2) 해제권을 선택할 수 있는 기한

① 회생절차

회생절차에서 쌍무계약에 대한 해제권을 행사할 수 있는 기한은 회생계획안 심리를 위한 관계인집회가 끝나기 전 또는 제240조 규정에 의한 서면결의에 부치는 결

우라면, 매수인 乙은 이것을 회생채권으로 행사한다(물론 乙이 이미 그 소유권에 대하여 성립요건을 갖춘 경우라면, 乙은 동산인도청구권을 환취권으로 행사할 수 있다). 乙의 대금지급의무만이 미이행된 경우라면, 甲의 관리인은 매매대금채권을 채무자의 재산으로 행사한다.

25) 미국 연방도산법의 경우에도 쌍방미이행 쌍무계약에서 이행(assumption)을 선택할 수 있지만, 채무불이행이 있는 상태에서 이행을 선택하기 위해서는 그 시점까지 누적된 채무불이행 부분이 모두 이행되거나(이전의 모든 채무불이행에 따른 결과를 치유해 주어야 한다) 이를 곧 이행할 수 있다는 적정한 보증(adequate assurance)이 제공될 것을 전제조건으로 하고 있다{11 U.S.C. §365(b), Douglas G. Baird, 132쪽}. 아무런 손해의 보전 없이 도산관리인의 선택만으로 계약이 그대로 이행될 수 있도록 하는 채무자회생법과 다르다.

26) 입법론적으로는 이행을 선택하는 경우도 채무자나 채권자의 지위에 중대한 영향을 미치므로 법원의 허가를 받도록 하는 것이 타당하다.

정이 있기 전까지이다(제119조 제1항 단서). 이는 회생계획안 심리를 위한 관계인집회가 끝난 후 또는 제240조의 규정에 의한 서면결의에 부치는 결정이 있은 후에는 원칙적으로 회생채권의 추후 보완신고를 할 수 없기 때문에(제152조 제3항), 형평의 원칙상 관리인의 해제권 행사를 위 시점 이전까지로 제한함으로써 관리인의 해제권 행사로 인하여 발생하는 상대방의 손해배상채권(제121조 제1항) 등에 대하여 추후 보완신고가 가능하도록 하기 위함이다. 따라서 관리인이 위 행사기한까지 해제권을 행사하지 않을 경우 더 이상 해제권을 행사하지 못하게 된 결과 이행을 선택한 것으로 간주된다.[27]

② 파산절차

파산절차의 경우 선택권을 행사하는 방식이나 시기에는 제한이 없다.

(3) 선택권 행사 전 법률관계

도산관리인에게 쌍방미이행 쌍무계약의 해제(해지)나 그 이행의 청구를 선택할 권리가 있다 할 것이므로 쌍무계약의 운명은 도산관리인의 선택권 행사에 관한 재량에 따르게 되어 있다. 상대방은 도산관리인이 계약의 이행을 선택하거나 계약의 해제(해지)권이 포기된 것으로 간주되기까지는 임의로 변제를 하는 등 계약을 이행하거나 도산관리인에게 계약의 이행을 청구할 수 없다.[28] 도산관리인이 채무를 이행하지 않더라도 상대방은 채무불이행을 이유로 해제권을 행사할 수 없다. 그 이유는 도산관리인에게 책임 있는 사유로 인하여 채무불이행에 빠졌다고 할 수 없기 때문이다.

다. 상대방의 최고권

계약을 해제 또는 해지할 것인지 아니면 계속 이행할 것인지의 선택권이 도산관리인에게 있기 때문에 상대방 입장에서는 지위가 불안정하다. 이를 해결하기 위해 상대방에게 최고권을 인정하고 있다(제119조 제2항 전문, 제335조 제2항 전문). 상대방은 도산관리인에 대하여 계약의 해제나 해지 또는 그 이행의 여부를 확답할 것을 최고할 수 있다. 이러한 최고는 그 대상인 계약을 특정하여 명시적으로 하여야 한다.[29]

도산절차마다 최고기간과 도산관리인의 확답이 없는 경우의 효력에 차이가 있다.

① 회생절차

관리인이 최고를 받은 후 30일 내에 확답을 하지 아니하는 때에는 관리인은 그

---

27) 대법원 2012. 10. 11. 자 2010마122 결정 참조.
28) 대법원 1992. 2. 28. 선고 91다30149 판결 참조.
29) 대법원 2003. 5. 16. 선고 2000다54659 판결.

해제권 또는 해지권을 포기한 것으로 본다(제119조 제2항 후문). 즉 이행을 선택한 것으로 본다. 이는 회생절차가 채무자의 회생을 목적으로 하는 것이므로 쌍무계약을 계속 존속시키는 것이 원칙적인 것이라는 고려에서 나온 것이다.

② 파산절차

파산절차에서 상대방은 파산관재인에 대하여 상당한 기간을 정하여 그 기간 안에 계약의 해제 또는 해지나 이행 여부를 확답할 것을 최고할 수 있다. 이 경우 파산관재인이 그 기간 안에 확답을 하지 아니한 때에는 계약을 해제 또는 해지한 것으로 본다(제335조 제2항). 파산절차는 회생절차와 달리 청산절차이기 때문에 해제 또는 해지를 간주하고 있다.

라. 선택의 효과

(1) 도산관리인이 해제 · 해지를 선택한 경우

① 해제·해지의 효력

도산절차에서 쌍방미이행 쌍무계약을 해제 · 해지하는 것은 도산절차 밖에서 계약을 위반(채무불이행)한 것과 같은 결과를 가져온다. 해제 · 해지를 선택하면 계약관계는 소멸하고 원상을 회복하는 것이 일반원칙이다(민법 제548조 제1항 본문, 제2항).

계약이 해제 또는 해지된 경우 상대방은 손해배상채권[30]에 관하여 도산채권자로서 그 권리를 행사할 수 있다(제121조 제1항, 제337조 제1항).

원상회복과 관련하여서는 ㉮ 채무자가 받은 반대급부가 도산재단 중에 현존하는 때에는 상대방은 그 반환을 청구할 수 있으며(환취권), ㉯ 현존하지 아니하는 때에는 상대방은 그 가액의 상환에 관하여 공익채권자 · 재단채권자로서 그 권리를 행사할 수 있다(제121조 제2항, 제337조 제2항).[31] 상대방이 가지는 원상회복청구권은 도산관리인이 특별한 권능인 해제권을 행사한 결과이므로, 공평을 고려하여 환취권 또는 공익채권 · 재단채권으로 한 것이다.

② 해제·해지의 내재적 제한

도산관리인에 의한 해제 · 해지의 선택도 무제한적인 것은 아니다. 도산관리인의 계약해제에 의해 상대방에게 현저하게 불공평한 상황이 발생한 경우에는, 해제권 행

---

30) 이 손해배상채권은 민법상의 해제에 따른 손해배상청구권(민법 제551조)과 달리, 도산관리인의 해제권 행사에 의한 특별한 것이다.

31) **위약금 약정이 있는 경우** 도산관리인이 해제를 선택한 경우에도 위약금 약정까지 당연히 해제의 대상이 되는 것은 아니고 종전 채무자가 상대방과 약정한 위약금 약정은 여전히 적용된다(대법원 2013. 11. 28. 선고 2013다33423 판결 참조).

사는 허용되지 않는다. 즉 해제에 의하여 채무자나 이해관계인에게 이익이 발생할 것이 기대되는 경우에도, 상대방에게 현저하게 불공평한 결과가 발생할 우려가 있다면 해제권 행사는 허용되지 않는다.[32] 이는 신의칙이나 권리남용의 일반법리에 의한 것이 아니라 제119조(제335조) 제1항의 내재적인 제약에서 비롯된 것이다.[33]

여기서 '상대방에게 현저히 불공평을 발생'하는지는 해제에 의해 계약당사자 쌍방이 원상회복 등으로 해야 하는 급부내용이 균형을 이루고 있는지, 제121조(제337조) 등의 규정에 의한 상대방의 불이익이 어느 정도 회복될 수 있는지, 채무자의 미이행 채무가 쌍무계약에 있어 본질적·핵심적인 것인지 아니면 부수적인 것에 지나지 않는 것인지 제반 사정을 종합적으로 고려하여 결정하여야 할 것이다.[34]

(2) 도산관리인이 이행을 선택한 경우

이행 선택의 의사표시는 상대방의 수령을 요하는 일방적 의사표시로서 철회할 수 없고, 조건에 친하지 않다. 도산관리인이 이행을 선택한 후 부인권을 행사하는 것은 허용되지 않는다. 이행 선택에 따라 계약이 도산절차 내에서 실현되는 것으로 확정되었기 때문이다. 이행 선택은 묵시적 또는 추단적 의사표시를 근거로 인정될 수도 있다.[35]

① 동시이행관계의 존속 여부

도산관리인이 이행을 선택한 경우 평시 계약상 법률관계가 변형될 이유가 없기 때문에 종래의 계약관계에 있어 상대방의 지위, 즉 동시이행항변권(민법 제536조 제1항)은 인정되어야 한다.

② 공익채권·재단채권의 발생

도산관리인이 이행을 선택한 경우 상대방이 가지는 채권은 공익채권·재단채권이 된다(제179조 제1항 제7호, 제473조 제7호). 도산관리인이 이행을 선택한 경우 상대방이 가진 청구권을 공익채권·재단채권으로 규정한 것은 도산관리인이 상대방의 이행을 청구하려고 하는 경우에는 채무자의 계약상 채무도 이를 이행하도록 함으로써 양

32) 會社更生法, 290쪽.

33) 이에 대하여 권리남용의 법리로 해제권을 제한하여야 한다는 견해도 있다(최준규, 239쪽). 예컨대 채무자가 부동산을 이중매도하고 아직 등기를 이전해 주지 않은 상황에서 회생절차가 개시된 경우, 제2매수인과 체결한 매매계약상 매매대금이 더 커서 제2매수인에게 소유권을 이전해 주는 것이 채무자의 재산에 더 유리하더라도, 제1매수인과의 매매계약을 해제하는 것은 권리남용으로 허용되지 않을 수 있다고 한다.

34) 倒産判例百選, 164쪽. 일본 최고재판소는 골프회원이 파산한 후 만기 전 해제에 의한 예탁금반환을 구한 사안에서, 이는 골프장에 현저히 불공평을 발생시키는 것으로, 파산관재인의 해제 선택권을 인정하지 않았다(小林秀之, 145쪽).

35) 최준규, 186쪽.

당사자 사이에 형평을 유지하도록 하자는 데 그 뜻이 있다.[36)]

마. 상대방으로부터 계약해제

도산관리인이 이행을 선택한 경우 상대방은 공익채권·재단채권으로 행사가 가능하다는 것은 앞에서 본 바와 같다. 그렇지만 공익채권·재단채권에 대하여 항상 완전한 만족이 보장되는 것은 아니다(제180조 제7항, 제477조 참조). 그래서 상대방으로서는 도산관리인이 이행을 선택한 것과 무관하게 또는 이행을 선택하기 전에 스스로 계약을 해제하려고 할 수도 있다. 이때 상대방이 고려할 수 있는 수단으로 세 가지가 있다. ① 민법상의 일반법리로 불안의 항변권이다(민법 제536조 제2항). ② 상대방이 도산절차개시 전의 채무불이행을 이유로 해제권을 행사하는 것이다. ③ 도산해지조항에 의한 해제권의 행사이다. 그러나 아래에서 보는 바와 같이 도산해지조항은 그 효력에 대하여 다툼이 있지만, 도산관리인에게 선택권을 부여한 제119조(제335조)의 취지를 사실상 몰각시킨다는 점 등에서 효력이 없다고 할 것이다.

바. 제119조(제335조) 제1항 적용의 예외

일정한 경우에는 비록 쌍방미이행 쌍무계약이라고 하더라도 도산관리인이 해제권 또는 해지권을 행사할 수 없다. 결과적으로 이행의 선택이 강제되는 것이다.

지급결제제도 등의 안전성과 완결성을 위하여 지급결제제도 등에는 쌍방미이행 쌍무계약에 관한 규정이 적용되지 않는다(제120조, 제336조).

임대인인 채무자에 대하여 도산절차가 개시된 경우, 임차인이 주택임대차보호법 제3조 제1항의 대항요건을 갖춘 때나 상가건물 임대차보호법 제3조의 대항요건을 갖춘 때에는 도산관리인은 해제권 또는 해지권을 행사할 수 없다(제124조 제4항, 제340조 제4항). 아래 〈3.가.(1)〉 참조.

2. 계속적 공급계약[회생절차]

계속적 공급계약이란 당사자 일방이 계속적·반복적으로 가분적인 급부를 하고, 상대방이 급부를 할 때마다(또는 일정기간마다) 그 대가를 지급하는 의무를 부담하는 쌍무계약을 말한다. 이러한 계약의 대표적인 것으로 공공성이 강한 전기·가스·수도 등의 공급계약이나 계속적인 도급계약 등이다.

채무자회생법은 계속적 공급계약과 관련하여 관리인에게 선택권을 부여(제119조)하는 이외에 두 가지 특칙을 두고 있다. 하나는 상대방의 이행거절권능의 제한(제122

---

36) 대법원 2014. 9. 4. 선고 2013다204140,204157 판결, 대법원 2013. 9. 26. 선고 2013다16305 판결 등.

조 제1항)이고, 다른 하나는 공익채권(제179조 제1항 제8호)으로서의 보호이다. 계속적 공급계약도 쌍방미이행 쌍무계약의 대상이 되지만, 채무자의 일상 활동(사업운영)이나 생활에 불가결한 것이 많기 때문에 그 이행의 거절에 대하여 특별한 규정을 두고 있다.[37)]

가. 이행거절권능의 제한

계속적 거래관계에 있어서 재화나 용역을 먼저 공급한 후 일정기간마다 거래대금을 정산하여 일정기일 후에 지급받기로 약정한 경우에 공급자가 선이행의 자기 채무를 이행하고 이미 정산이 완료되어 이행기가 지난 전기(前期)의 대금을 지급받지 못하였거나, 후이행의 상대방의 채무가 아직 이행기가 되지 아니하였지만 이행기의 이행이 현저히 불안한 사유가 있는 경우에는 민법 제536조 제2항 및 신의성실의 원칙에 비추어 볼 때 공급자는 이미 이행기가 지난 전기의 대금을 지급받을 때 또는 전기에 대한 상대방의 이행기 미도래 채무의 이행불안사유가 해소될 때까지 선이행의무가 있는 다음 기간의 자기 채무의 이행을 거절할 수 있다.[38)]

이에 따르면 전기·가스·수도 등 독점적 공공사업의 계속적 공급을 목적으로 하는 쌍무계약에서 전력회사 등은 채무자의 전기요금 미납 등을 이유로 이행거절권능을 행사하여 회생절차신청이나 회생절차개시 후에 전력공급 등을 중단할 수 있다.

그러나 이렇게 되면 채무자의 회생을 저해하기 때문에 채무자회생법은 이행거절권능을 제한하고 있다. 채무자에 대하여 계속적 공급의무를 부담하는 쌍무계약의 상대방은 회생절차개시신청 전의 공급으로 발생한 도산채권을 변제하지 아니함을 이유로 회생절차개시신청 후 그 의무의 이행을 거부할 수 없다(제122조 제1항).

제122조 제1항의 문언상 특별한 제한이 없기 때문에 공공성이 강한 전기 등의 공급계약과 같이 공공성이 강한 계속적 공급계약뿐만 아니라 계속적 급부를 목적으로 한 쌍무계약 일반에 적용된다.

나. 공익채권으로 되는 범위의 확장

계속적 공급의무를 부담하는 쌍무계약의 상대방이 회생절차개시신청 후 회생절차

---

37) 회생절차(제122조)와 달리 파산절차에서는 계속적 급부를 목적으로 하는 쌍무계약에 관하여 특별한 규정을 두고 있지 않다. 이는 파산절차에서는 일반적으로 채무자의 경제적 활동을 정지하고 사업도 해체되므로 공급자가 이행을 거절하는 것은 어쩔 수 없고, 그다지 불합리한 것도 아니라고 보기 때문이다. 따라서 파산절차에서는 전기·가스·수도·전화 등의 계속적 공급계약에 대하여도 이는 쌍방미이행 쌍무계약에 해당하므로 제335조 등이 적용된다고 할 것이다. 주로 계속적 공급계약 도중에 수요자가 파산한 경우가 문제된다.

38) 대법원 2002. 9. 4. 선고 2001다1386 판결, 대법원 2001. 9. 18. 선고 2001다9304 판결.

개시결정 전까지 사이에 한 공급으로 생긴 청구권은 공익채권으로 보호된다(제179조 제1항 제8호).[39] 상대방의 경우 공급을 받는 자의 자산상태가 악화되는 사정을 참작하여 즉시 신용거래를 정지할 수 있는 다른 채권자와의 균형상 위와 같은 공급자의 채권을 공익채권으로 보장함으로써 계속적 공급이 이루어지게 하고 있다.

다. 적용배제: 단체협약

근로계약은 그 성질상 계속적 급부를 목적으로 하는 쌍무계약이지만, 단체협약의 경우에는 제122조 제1항의 규정이 적용되지 않는다(제122조 제2항). 그 취지는 단체협약에 제122조 제1항을 적용하면 근로자가 임금을 지급받지 못하였음을 이유로 근로 제공을 거절할 수 없고, 근로자의 정당한 쟁의권도 박탈되는 경우가 있을 수 있다고 해석될 우려가 있다는 점을 고려한 것이다. 따라서 단체협약을 체결한 근로자는 사용자인 채무자가 체불임금을 지급하지 아니한 것을 이유로 근로의 제공을 거절할 수 있다.

3. 임대차계약[회생절차 · 파산절차]

임대차계약은 임대인이 임차인에게 임대목적물을 사용 · 수익하게 할 의무를 부담하고, 임차인은 임대인에게 차임을 지급하는 등의 의무를 부담하는 쌍무계약이다(민법 제618조), 그래서 계약기간 중에 임대인 또는 임차인에 대하여 도산절차가 개시된 경우에는, 임대차계약도 쌍방미이행 쌍무계약으로 제119조, 제335조에 따라 처리하는 것이 원칙이다.

그러나 이 원칙을 관철하면, 예컨대 부동산의 임대인이 도산하고 도산관리인이 임대차계약을 해지한 경우, 임차인은 자신에게 어떠한 책임도 없이 임차권을 상실하게 된다. 임차인이 부동산을 사업이나 생활의 기초로 한 경우에는 심각한 사태가 벌어진다. 그래서 이러한 사태를 방지할 필요 등으로부터, 도산법은 임대차계약에 대하여 몇 가지 특칙을 두고 있다.

가. 임대인의 도산

(1) 임대차계약의 처리

임대인이 도산한 경우 도산관리인은 계약의 해지 또는 이행을 선택하여 계약관계를 처리하는 것이 원칙이다(제119조 제1항, 제335조 제1항). 다만 임대인이 도산한 경우, 임차인이 주택임대차보호법 제3조 제1항의 대항요건을 갖춘 때나 상가건물 임대

39) 회생절차개시결정 이후에 한 공급으로 생긴 청구권은 당연히 공익채권이다.

차보호법 제3조의 대항요건을 갖춘 때에는 제119조, 제335의 규정은 적용되지 아니한다고 규정함으로써(제124조 제4항, 제340조 제4항) 임차인을 보호하고 있다. 도산관리인은 해제권 또는 해지권을 행사할 수 없다(결과적으로 임대차계약이 유지된다). 반면 임차인이 위와 같이 대항력을 갖춘 경우를 제외하고는 도산관리인은 해제(해지)와 이행청구를 선택하여 행사할 수 있다.

(2) 차임의 선급 또는 차임채권처분의 효력

도산절차개시 전에 임차인이 차임을 선급한 경우나 도산절차개시 전에 채무자(임대인)가 도산절차개시 후 차임채권을 제3자에게 양도하고 대항요건을 갖춘 경우, 선급이나 차임채권의 양도라는 처분의 효력이 도산절차에 대하여 효력을 가지는가.

임대인인 채무자에 대하여 도산절차가 개시된 때에는 차임의 선급 또는 차임채권의 처분은 도산절차가 개시된 때의 당기와 차기에 관한 것을 제외하고는 도산절차와의 관계에서는 그 효력을 주장할 수 없다(제124조 제1항, 제340조 제1항).[40] 이는 임대인, 임차인 및 제3자가 통모하여 도산재단에 귀속하여야 할 차임 수입을 사전에 유출시키는 것을 방지하고, 도산재단이 갖는 차임채권을 확보함으로써 다른 채권자들과의 형평을 고려하여 규정한 것이다.

위와 같이 도산절차와의 관계에서 그 효력을 주장하지 못함으로 인하여 손해를 받은 자는 도산채권자로서 손해배상청구권을 행사할 수 있다(제124조 제2항, 제340조 제2항).

(3) 차임채권을 수동채권으로 한 상계

임대인에 대하여 도산절차가 개시되고, 임차인이 임대인에 대하여 도산채권을 가지고 있는 경우(예컨대 대여금채권을 가지고 있는 경우), 임차인은 도산채권을 자동채권으로 하여, 차임채권을 수동채권으로 한 상계가 허용되는가.

도산절차에서는 상계에 의해 차임 수입이 없어질 경우 회생에 방해가 되거나 채권자들 사이에 형평에 반하므로 일정한 제한을 할 필요가 있다. 수동채권이 도산절차개시 후의 차임인 경우에는 당기와 차기의 것에 한하여 상계가 허용된다. 다만 임대차보증금이 있는 때에는 그 후의 차임채무에 관하여도 상계할 수 있다(제144조 제2항, 제421조 제1항).[41] 임대차보증금에 상당한 부분에 관하여는 채무자는 현실적으로

---

40) 제340조 제1항은 '파산채권자에게 대항할 수 없다'고 하고 있으나, 의미는 동일하다.

41) 예컨대 월 차임(借賃)이 100만 원이고 도산채권자가 임차보증금반환채권이 아닌 다른 도산채권을 1,000만 원 가지고 있는 경우, 도산채권자는 200만 원을 한도로 상계할 수 있다. 만약 임차인이 5,000만 원의 임대차보증금을 지급한 경우, 회생채권자는 1,000만 원 전액에 대하여 상계할 수 있다.

차임의 선급을 받은 것과 동일하고, 임차인과 통모에 의하여 도산재단의 충실을 해할 염려가 없기 때문에 2기분 차임뿐만 아니라 그 후의 차임에 대하여 상계를 인정하여도 폐해가 없기 때문이다. 물론 이 경우 상계의 자동채권은 임차보증금반환청구권이 아닌 기존의 도산채권이다. 임차보증금반환청구권은 임대차계약이 종료한 때 발생한 것인데, 위 경우는 임대차의 계속을 전제로 한 것이므로 자동채권으로 현실화되지 아니한 까닭이다.

결국 도산채권자는 ① 도산절차개시시의 당기와 차기의 차임채권을 수동채권으로 하여 상계할 수 있고, ② 임대차보증금이 있는 경우에는 3기 이후의 차임채권에 대하여도 수동채권으로 상계를 할 수 있다. 그 취지는 ①은 3기 이후의 차임을 도산재단으로 확보하려는 것이고, ②는 임대차보증금이 있는 경우에는 상계 가능한 범위를 확장하는 방법으로 임대차보증금의 보호를 꾀하는데 있다.

(4) 임대인이 도산한 경우 임차보증금반환청구권의 취급

임대인에 대하여 도산절차가 개시되기 전에, 임차인이 임대인에게 임대차보증금을 지급한 경우, 임대차보증금은 어떻게 취급되는가.

임차보증금반환청구권은 임대차 종료 후 임차건물을 임대인에게 인도할 때에 미지급 차임 등 모든 피담보채무를 공제한 잔액이 있을 것을 조건으로 하여 그 잔액에 대하여 발생하는 청구권으로 정지조건부채권이다.[42] 이러한 임대차보증금을 설정하는 계약(보증금설정계약)은 임대차계약과 밀접한 관계에 있지만, 법률상으로는 별개 독립한 계약이므로, 임대차보증반환청구권은 임대인에 대하여 도산절차가 개시된 경우에는 도산채권으로 되고, 절차개시 후에 임대차계약이 존속하는 경우에도 공익채권·재단채권으로 되는 것이 아니다. 정지조건 성취 전의 임차보증금반환청구권을 자동채권으로 하는 상계가 허용되는지는 다툼이 있다(회생절차의 경우).

① 회생절차

정지조건부 채권에 대하여는 파산절차와 달리 무조건화가 이루어지지 않기 때문에 상계가 허용되지 않는다는 견해가 있다.[43] 그러나 제144조 제1항은 '회생채권'이라고 하고 있고, 회생채권은 채무자에 대하여 회생절차개시 전의 원인으로 생긴 재

42) 대법원 1988. 1. 19. 선고 87다카1315 판결, 대법원 1987. 6. 9. 선고 87다68 판결 등 참조.

43) 회생사건실무(상), 400쪽. 또한 다음과 같은 견해도 있다. 회생절차개시 당시에 정지조건이 미성취된 회생채권을 자동채권으로 하는 상계는 허용되지 않고, 파산절차에서의 임치청구(제418조)와 같은 제도가 없기 때문에, 회생채권자는 채무자에 대한 채무를 무조건적으로 이행하지 않으면 안 된다. 다만 채권신고기간 내에 정지조건이 성취된다면, 채권신고기간 내에 한하여 상계가 인정된다. 이 경우에는 회생절차개시 후 타인의 회생채권 취득에 기한 상계금지규정은 적용되지 않는다(破産法·民事再生法, 906~907쪽).

산상의 청구권(제118조 제1호)이다. 회생절차개시 당시에 정지조건 채권을 가진 자도 그 채권 내지 청구권이 제118조 제1호의 요건을 갖추는 한 회생채권자로 취급된다(제138조 참조). 따라서 제144조 제1항이 회생채권으로 되는 청구권이 회생절차개시 당시에 현실화할 것을 요구하지 않는 이상, 상계에 있어서도 회생채권으로서 자동채권에 포함된다고 보아야 한다. 즉 회생채권이 회생절차개시 당시에 존재하지 않으면 안 된다고 하여도, 청구권이 현실화할 필요는 없고 회생절차개시 당시에 정지조건부 채권이 존재하면 충분하다. 다만 신고기간 만료시까지 조건이 성취되어(현실화되어) 상계적상이 갖추어져야 한다.[44)]

관련 내용은 **〈제5장 Ⅳ.2.가.(1)(가)①〉**(본서 203쪽) 및 **〈제14장 Ⅲ.1.〉**(본서 528쪽)을 참조할 것.

② 파산절차 – 임치청구

채무자회생법은 임대차보증금을 보호하기 위하여, 임차인은 차임을 변제할 때, 후에 상계하기 위하여 임대차보증금을 한도로 변제액의 임치를 청구할 수 있고(제418조), 파산관재인은 채권에 대한 배당액을 임치하여야 한다(제519조 제4호). 이후 임대차계약이 종료하는 등으로 임차보증금반환청구권이 구체화된 경우 임차인은 상계를 하고, 임치금을 우선적으로 회수할 수 있다. 그 결과 임차인은 차임을 변제할 때 임치청구를 한 만큼 임대차보증금이 보호되는 것으로 된다. 관련 내용은 **〈제14장 Ⅲ.2.〉**(본서 529쪽)를 참조할 것.

나. 임차인의 도산

(1) 회생절차

임차인에 대하여 회생절차가 개시된 경우, 임대차계약은 쌍방미이행 쌍무계약으로서 제119조에 따라 관리인은 계약을 해지하거나 이행을 선택할 수 있다. ① 해지가 선택된 경우 장래를 향하여 쌍방의 의무가 소멸하고, 해지시까지 사용과 관련한 차임의 반환의무는 없다. 회생절차개시 전 미지급 차임은 도산채권으로 되고, 회생절차개시시로부터 해지 효과가 발생할 때까지 및 해지효과 발생시로부터 건물 인도시까지의 차임 및 차임 상당 부당이득금은 공익채권이 된다(제179조 제1항 제2호, 제6호). 상대방의 임차목적물반환청구권은 공익채권이다(제179조 제1항 제6호). 해지로 인한 손해배상청구권은 도산채권이다(제121조 제1항). 임차보증금반환청구권은 채무자의 재산이 된다. ② 이행이 선택되었다면 임대인의 차임채권은 회생절차개시 전의

44) 條解 民事再生法, 479쪽.

것은 도산채권, 회생절차개시 후의 것은 공익채권으로 된다(제179조 제1항 제7호).

(2) 파산절차

임차인이 파산선고를 받은 경우에는 임대차기간의 약정이 있는 때에도 임대인 또는 파산관재인은 민법 제635조의 규정에 의하여 계약해지를 통고할 수 있고, 법정의 고지기간의 경과에 의하여 임대차는 종료한다(민법 제637조 제1항).[45] 임대차계약은 쌍방미이행의 쌍무계약이지만 임차인의 파산은 법률관계의 신뢰를 깨뜨리는 것이므로 제335조에 대한 특칙을 둔 것이다.[46] 각 당사자는 상대방에 대하여 계약해지로 인하여 생긴 손해의 배상을 청구하지 못한다(민법 제637조 제2항). 회생절차와 달리 파산의 경우 임대인의 손해배상청구권을 제한하는 이유는 파산절차가 회생절차에 비하여 절차의 신속성을 더욱 절실하게 요구된다는 점을 고려한 것이다.[47]

임차인이 파산선고를 받게 되면 임대인의 차임채권은 별제권으로 보호받을 수 없기 때문에 임대인의 이익이 침해될 수 있다. 따라서 비록 임대차계약기간의 약정이 있다고 하더라도 임대인에게 해지의 권리를 인정할 필요가 있다. 한편 임차인의 입장에서도 임대차를 종료시킴으로써 차임지급의무를 면하는 것이 그 자신으로나 그의 채권자들을 위하여 이익이 될 수 있다.[48]

임차인이 파산한 경우에는 파산관재인뿐만 아니라 임대인도 계약을 해지할 수 있다. 이 경우 임대인 또는 파산관재인 중 일방이 계약을 해제 또는 해지할 것인지에 관하여 기간을 정하여 확답할 것을 최고할 수 있고, 그 기간 내에 확답이 없으면 계약을 해제 또는 해지한 것으로 본다(제339조, 제335조 제2항). 이와 같이 해제 또는 해지된 경우에는 파산선고 전의 연체 차임 등은 단순한 파산채권이 되나, 파산선고일부터 계약종료 때까지의 차임은 재단채권으로 행사할 수 있다(제473조 제8호).

4. 도급계약

도급계약은 수급인이 일의 완성의무를 부담하고, 도급인은 그 일의 대가에 대하여 보수의 지급의무를 부담하는(민법 제664조) 쌍무계약이다. 따라서 일의 완성 전이나 보수의 전액이 지급되기 전에 도급인과 수급인 가운데 어느 한쪽에 대하여 도산절

---

45) 민법 제637조는 존속기간이 정하여져 있는 임대차에 관하여만 적용된다. 존속기간이 정하여져 있지 아니한 임대차의 경우에는 민법 제635조에 의하여 언제든지 해지통고가 가능하기 때문이다.

46) 입법론적으로 회생절차와 달리 취급할 이유는 없다. 따라서 민법 제637조를 삭제하고 임차인이 파산한 경우 제335조 제1항의 일반원칙에 따라 파산관재인에게만 임대차계약을 이행할 것인지 해지할 것인지를 선택하게 하면 된다.

47) 헌법재판소 2016. 9. 20. 선고 2014헌바292 전원재판부 결정 참조.

48) 편집대표 곽윤직, 민법주해(XV), 박영사(1992), 135쪽.

차가 개시되면 원칙적으로 쌍방미이행 쌍무계약에 대한 제119조 또는 제335조가 적용된다.

그러나 그렇게 하면, 예컨대 도급인이 도산하고, 도산관리인이 도급계약의 이행을 선택한 경우 수급인은 보수의 수취에 불안감이 있어 일을 완성시키려 하지 않을 것이다. 도급의 내용이 장기이고 다액의 건축물 건축이라면 수급인에게 가혹한 상황이 된다. 그래서 이러한 상황을 피하기 위한 필요 등으로부터 도급계약에 대하여도 도산법은 몇 가지 특칙을 두고 있다.

가. 도급인의 도산

(1) 회생절차

회생절차에서는 파산절차(민법 제674조)와 달리 특별규정이 없으므로 제119조가 적용된다. 따라서 도급인에 대하여 회생절차가 개시된 경우 관리인은 제119조에 따라 이행을 선택하거나 해제(해지)를 선택할 수 있다. 도급인에 대하여 회생절차가 개시된 경우 수급인이 기성공사부분에 대하여 갖는 공사대금채권이 회생채권인지 공익채권인지에 대하여 다툼이 있다.

① 관리인이 이행을 선택한 경우

공사도급계약에 있어서 기성고에 따라 대금을 지급받기로 하는 약정이 있다고 하더라도 수급인이 완성하여야 하는 공사는 원칙적으로 불가분이므로 도급계약에서 정한 공사가 일부 이루어졌고 그 기성공사부분에 대하여 수급인에게 대금청구권이 발생한 경우에도 전체 공사가 끝나지 않았다면 그 기성공사부분을 따로 떼어내 그 부분에 대한 수급인의 채무가 이행완료되었다고 할 수 없는 것이다. 따라서 기성공사부분에 대한 대금을 지급하지 못한 상태에서 도급인에 대하여 회생절차가 개시되고, 관리인이 채무의 이행을 선택한 때에는 상대방의 기성공사부분에 대한 대금청구권은 관리인이 채무의 이행을 하는 경우에 상대방이 가진 청구권(제179조 제1항 제7호)에 해당하게 되어 공익채권으로 된다고 할 것이다.[49] 도급인에 대하여 회생절차가 개시되더라도 도급계약은 일체성을 유지하고 도급계약상 공사대금채권 전부가 공익채권이 된다.[50]

---

49) 대법원 2004. 8. 20. 선고 2004다3512,7529 판결. 이러한 판례에 대하여 ① 회생절차개시 시점을 기준으로 공사를 전부 이행한 수급인과 일부 이행한 수급인을 달리 취급하는 것은 불공평한 점, ② 판례처럼 보면 자금부족으로 회생절차의 원활한 진행이 어려울 수 있는 점 등을 근거로 기성부분에 대한 공사대금채권은 회생채권으로 보아야 한다는 견해도 있다(최준규, 192~193쪽). 공사대금채권이 회생채권이더라도 수급인이 유치권자라면 회생담보권을 주장할 수 있다(제141조 제1항).

50) 실무적으로 공사대금이 공익채권으로 됨으로 인한 자금운용에 지장을 초래하는 것을 막기 위하여 관

② 관리인이 해제를 선택한 경우

회생절차나 파산절차는 그 목적을 달성하기 위하여 절차개시 전부터 채무자의 법률관계를 합리적으로 조정・처리하여야 한다는 점에서는 공통되고, 쌍방미이행 쌍무계약의 해제와 이행에 관한 규정인 제121조와 제337조의 규율 내용도 동일하므로, 파산절차에 관한 특칙인 민법 제674조 제1항은 공사도급계약의 도급인에 대하여 회생절차가 개시된 경우에도 유추 적용할 수 있다. 따라서 도급인의 관리인이 도급계약을 쌍방미이행 쌍무계약으로 해제한 경우 그때까지 일의 완성된 부분은 도급인에게 귀속되고, 수급인은 제121조 제2항에 따른 급부의 반환 또는 그 가액의 상환을 구할 수 없고 일의 완성된 부분에 대한 보수청구만 할 수 있다. 이때 수급인이 갖는 보수청구권은 특별한 사정이 없는 한 기성비율 등에 따른 도급계약상의 보수에 관한 것으로서 그 주요한 발생원인이 회생절차개시 전에 이미 갖추어져 있다고 봄이 타당하므로 회생채권에 해당한다.[51] 도급계약의 해제에 따른 손해배상청구권도 회생채권이다.

한편 수급인이 이미 완성한 부분을 점유하여 유치권이 성립한 경우 회생담보권자가 될 수 있다(제141조 제1항).

(2) 파산절차

일반적으로 쌍무계약의 일방당사자가 파산선고를 받은 경우에 관하여는 제335조의 규정이 있으나, 도급인이 파산한 경우에는 민법 제674조의 특칙이 적용된다.[52] 도급인이 파산한 경우 수급인 또는 파산관재인이 계약을 해제[53]할 수 있다(민법 제

리인이 수급인과 개별적으로 접촉하여 공사대금채권의 감면 내지 유예에 관한 합의를 도출한 후 자금수지에 이를 반영한 회생계획안을 작성하도록 하고 있다.

51) 대법원 2017. 6. 29. 선고 2016다221887 판결. 관리인의 해제로 일의 완성된 부분은 도급인에게 귀속되는 반면, 수급인은 회생채권자로서 일의 완성 부분의 공사대금 중 일부만을 변제받게 되는 결과 대가관계에서 보면 도급인에게 유리하다. 따라서 관리인 입장에서는 도급계약을 해제하고 새로운 수급인에게 나머지 공사를 맡기려고 하는 유혹이 있을 것이다. 상대방(수급인)으로서는 권리남용을 주장할 수밖에 없을 것이다.

52) 대법원 2017. 6. 29. 선고 2016다221887 판결(도급인이 파산선고를 받은 경우에는 민법 제674조 제1항에 의하여 수급인 또는 파산관재인이 계약을 해제할 수 있고, 이 경우 수급인은 일의 완성된 부분에 대한 보수와 보수에 포함되지 아니한 비용에 대하여 파산재단의 배당에 가입할 수 있다. 위와 같은 도급계약의 해제는 해석상 장래에 향하여 도급의 효력을 소멸시키는 것을 의미하고 원상회복은 허용되지 아니하므로, 당사자 쌍방이 이행을 완료하지 아니한 쌍무계약의 해제 또는 이행에 관한 제337조가 적용될 여지가 없다), 대법원 2002. 8. 27. 선고 2001다13624 판결 참조.

53) '해제'라는 용어를 사용하고 있으나, 장래에 향하여 도급의 효력을 소멸시키는 것을 의미한다고 보아야 한다(대법원 2017. 6. 29. 선고 2016다221887 판결 참조). 따라서 수급인은 이미 행한 일에 대하여 보수청구권을 갖는 것이 당연하고, 이미 행한 일의 목적물은 파산재단에 귀속하는 것이므로 도급인의 파산관재인에게 인도하여야 한다.

674조 제1항 전문). 도급계약의 특수한 종료원인으로 파산선고에 의한 해제권을 규정한 것이다.

계약이 해제된 경우 수급인의 일의 완성된 부분에 대한 보수 및 보수에 포함되지 아니하는 비용은 파산채권이 된다(민법 제674조 제1항 후문).

수급인이나 파산관재인이 도급계약을 해제한 경우 각 당사자는 계약해제로 인한 손해의 배상을 청구할 수 없다(민법 제674조 제2항).

반면 파산관재인이 제335조에 따라 도급계약을 해제한 경우에는 수급인이 손해배상청구권(파산채권)을 행사할 수 있다(제337조 제1항).[54] 한편 수급인이 완성하여야 할 공사는 원칙적으로 불가분이므로 파산관재인이 계약의 이행을 선택함에 따라[55] 파산선고 후에 공사가 완성될 경우에는 완성된 공사의 결과는 파산재단에 귀속되고 수급인의 보수청구권은 전액 재단채권이 된다(제473조 제7호). 수급인이 일을 완성할 의무는 불가분이기 때문에 파산선고 전에 완성된 부분에 대한 보수청구권도 재단채권으로 보아야 한다.

나. 수급인의 도산

(1) 회생절차

수급인에 대하여 회생절차가 개시된 경우에도 관리인은 제119조에 따라 이행을 선택하거나 해제를 선택할 수 있다. 한편 회생절차가 개시된 수급인이 일을 완성하기 전이라면, 도급인은 수급인의 손해를 배상하고 도급계약을 해제할 수 있다(민법 제673조). 이 조항은 도급계약에 관한 특칙으로서 제119조에 우선하여 적용된다고 보아야 하므로 이 범위 내에서는 관리인의 이행선택권이 제한된다.

① 관리인이 이행을 선택한 경우

수급인의 관리인이 이행을 선택한 경우, 상대방의 채권(도급인의 공사이행청구권)은 공익채권의 성질을 갖는다(제179조 제1항 제7호).

---

54) 파산관재인이 민법 제674조에 따라 도급계약을 해제한 경우에는 수급인은 손해배상청구를 할 수 없다(제2항). 파산관재인이 동일한 도급계약을 해제하였음에도 어떤 규정을 근거로 해제하느냐에 따라 수급인에게 손해배상청구의 인정 여부가 달라진다는 것은 문제다. 파산관재인이 어떤 규정을 근거로 해제하였건 수급인에게 손해배상청구를 인정하여야 할 것이다. 입법적 해결이 필요하다.

55) 파산관재인이 이행을 선택하더라도 수급인이 민법 제674조에 의하여 해제를 할 수 있으므로 파산관재인과 수급인 모두 이행을 선택한 경우라고 보아야 한다. 파산관재인이 제335조에 따라 이행을 선택하더라도 수급인이 민법 제674조에 따라 해제를 할 수 있고, 이 경우에는 민법 제674조가 적용된다고 보아야 하기 때문이다.

② 관리인이 해제를 선택한 경우

수급인의 관리인이 해제를 선택한 경우 그 해제는 장래를 향하여 도급계약의 효력을 소멸시키는 것을 의미하므로 공사 중 이미 완성된 기성공사부분은 도급인에게 귀속되고, 도급인은 그에 상응하는 보수를 지급하여야 한다. 수급인에 대하여 회생절차가 개시되고 관리인이 해제를 선택한 경우 도급인이 수급인에게 기성고를 초과하여 지급한 선급금반환청구권이 공익채권인지 회생채권인지가 문제된다.

수급인의 관리인이 도급계약을 해제한 경우 상대방은 해제로 인하여 발생한 손해배상에 관하여는 회생채권으로 권리를 행사한다(제121조 제1항). 그러나 도급인이 회생절차개시 전에 초과 지급한 선급금반환청구권은 공익채권이다(제121조 제2항).[56] 이는 관리인에게 해제권을 부여한 것과의 공평에서나 상대방의 보호라는 취지에서도 그렇다.

③ 도급인의 해제권과의 관계

수급인에 대하여 회생절차가 개시되면 도급인은 도급계약을 해제하고 수급인으로부터 기성고를 인도받아 이를 제3의 수급인에게 맡겨 공사를 속행하기를 원한다.

일반적으로 공사도급계약에서 수급인이 회생절차가 개시되면 도급인이 해제할 수 있다고 규정하는 경우가 많지만, 도산해지조항에 해당하여 무효일 가능성이 많다.

이 외에 회생절차개시 등으로 준공기한을 맞추기 어려울 것으로 예상되는 경우 해제할 수 있다고 규정하는 경우가 있는데, 이 경우에도 회생절차개시 이후부터 관리인이 해제 또는 이행을 선택할 때까지는 도급인은 관리인에게 계약의 이행을 청구할 수 없다.[57] 따라서 회생절차개시 이후 관리인이 선택을 할 때까지는 이행지체가 있다고 볼 수 없어 도급인은 해제권을 행사할 수 없다.[58]

(2) 파산절차

일의 완성을 목적으로 하는 도급계약의 특수성으로 인하여 수급인이 파산한 경우에 제335조가 적용될 수 있는지 문제이다. 수급인이 파산선고를 받은 경우에 도급계약에 관하여 제335조의 적용을 제외하는 취지의 규정이 없는 이상, 당해 도급계약의 목적인 일의 성질상 파산관재인이 채무자의 채무의 이행을 선택할 여지가 없는 때가 아닌 한 제335조의 적용을 제외하여야 할 실질적인 이유가 없다. 따라서 제335조는 수급인이 파산선고를 받은 경우에도 당해 도급계약의 목적인 일이 채무자 이

56) 대법원 2019. 12. 24. 선고 2018다223139 판결 참조.
57) 대법원 1992. 2. 28. 선고 91다30149 판결 참조.
58) 다만 민법 제673조에 따라 수급인의 손해를 배상하고 도급계약을 해제할 여지는 있다고 할 것이다.

외의 사람이 완성할 수 없는 성질의 것이기 때문에 파산관재인이 채무자의 채무이행을 선택할 여지가 없는 때가 아닌 한 도급계약에도 적용된다(이분설).[59] 즉 일의 성질상 채무자 이외의 사람에 의하여도 완성될 수 있으면(내용상 대체성이 있거나 수급인이 법인인 경우) 제335조를 적용할 수 있고, 도급계약의 목적인 일이 채무자 이외의 사람이 완성할 수 없는 성질이라면 제335조를 적용할 수 없다. 도급계약의 목적인 일이 채무자만이 완성할 수 있는 비대체적인 경우에 제335조의 적용을 긍정하여 파산관재인이 일방적으로 해제할 수 있다고 한다면, 도급인으로서는 일이 완성되지 못한 상태로 중단되어 달리 계약의 목적을 달성할 방법이 없게 되어 부당하기 때문에 제335조의 적용을 배제하는 것이다.[60]

5. 위임계약

위임계약은 원칙적으로 무상계약이지만(민법 제686조 제1항), 실제에 있어서는 유상계약인 경우가 많다. 유상계약인 경우 위임사무의 처리와 보수의 지급은 대가관계에 있다고 할 수 있으므로 쌍무계약이다.

가. 회생절차가 개시된 경우

파산선고(민법 제690조)와 달리 명문의 규정이 없으므로 회생절차개시로 당연히 위임계약이 종료된다고 볼 수는 없다. 위임은 무상이면 편무계약이고, 유상이면 쌍무계약이므로 그 계약의 성질에 따라 취급이 다르다.

(1) 무상위임의 경우에 있어서, 위임인(위임자)[61]에 대하여 회생절차가 개시된 때에는 위임인이 가진 위임사무의 청구권은 채무자의 재산으로 귀속된다. 이에 대하여 수임인에 대하여 회생절차가 개시된 때에는 위임인이 갖는 위임사무의 청구권은 회생채권이 된다.

(2) 유상위임의 경우에는 제119조가 정한 일반원칙에 따라 관리인이 이행이나 해지를 선택한 것에 따라 위임계약의 추이가 결정된다.

(3) 쌍방미이행 쌍무계약으로 간주되는지를 묻지 않고, 민법 제689조 제1항에 따라 관리인이 해제를 할 수 있는 것은 가능하다. 하지만 그 경우에는 상대방의 손해배상청구권은 공익채권이 될 가능성이 있다(제179조 제1항 제5호, 민법 제689조 제2항).

(4) 회사와 이사는 위임관계지만(상법 제382조 제2항), 회생절차에서는 위임관계를

59) 대법원 2001. 10. 9. 선고 2001다24174,24181 판결.

60) 전병서, 237쪽.

61) 민법에서는 위임인(수임인)이라고 하고, 채무자회생법에서는 위임자(수임자)라고 한다.

해제하여 관리인이 이사를 해임하는 경우는 별론으로 하고, 그러한 경우가 아닌 한 이사의 지위가 당연히 상실되는 것은 아니다.

나. 파산절차가 개시된 경우

(1) 위임인의 파산

위임인이 파산한 경우 위임계약은 당연히 종료한다(민법 제690조 전문). 위임계약에 기하여 수임인에게 대리권이 수여되어 있는 경우에는 위임계약의 종료로 그 대리권도 소멸한다(민법 제128조). 따라서 파산재단에 관하여 소송이 진행되고 있는 경우 파산선고를 받은 채무자와 대리인 사이에 체결되어 있는 위임계약도 당연히 종료하므로 파산관재인은 파산선고 후 위임계약을 계속할 필요가 있다고 판단되면 다시 위임계약을 체결하여야 한다.

(2) 수임인의 파산

수임인이 파산한 경우에도 위임계약은 당연히 종료한다(민법 제690조 전문). 위임계약에 기하여 수임인에게 수여되어 있던 대리권도 소멸한다(민법 제127조 제2호). 다만 위임인이 파산한 경우와 달리 수임인이 파산하더라도 계약을 종료하지 않는다는 특약은 유효하다. 파산선고를 받은 수임인이라 하더라도 타인의 사무를 처리할 수 있으므로 수임인의 파산 이후에도 위임인이 신뢰한다면 위임사무의 처리가 가능하기 때문이다.

수임인의 파산에 의한 위임계약의 종료는 위임인에 대하여 파산의 사실을 통지하거나 위임인이 그 사실을 안 때가 아니면 이로써 위임인에게 대항하지 못한다(민법 제692조).

(3) 이사의 지위를 둘러싼 문제[파산절차]

① 이사가 파산한 경우

법인과 이사의 관계는 위임관계이고(상법 제382조 제2항, 제567조 참조), 이사 자신에 대하여 파산선고가 된 경우 위임관계는 종료되고(민법 제690조 전문) 이사로서의 지위가 상실된다(당연퇴임).

그렇다면 파산선고를 받은 자를 새로이 이사에 선임할 수 있는가. 이에 관하여는 복권될 때까지 이사에 취임할 수 없다는 견해가 있다.[62] 파산하여 자신의 재산에 대한 관리처분권도 없는 자에게 채무자 재산에 대한 관리처분권을 위임하는 것은 상

62) 법인파산실무, 217쪽.

당하지 않다는 것을 이유로 한다. 그러나 명문의 규정도 없고 차별적 취급의 금지(제32조의2)에도 반한다. 또한 채무자에게 다시 한 번 경제적으로 재기할 수 있는 기회를 조기에 부여하는 것은 국민경제적으로 유익하다. 중소기업이 파산한 경우 경영자(이사)가 회사의 채무에 대하여 개인보증을 한 결과 경영자 자신도 파산에 이르는 사례가 많은데, 이때 경영자는 부동산 등이 있어 면책결정을 받기까지는 상당한 시간이 필요한 경우가 적지 않기 때문에, 조기에 회사의 이사로서 경제적 회생의 기회를 얻을 필요성이 크다. 따라서 파산선고를 받은 자를 이사로 선임할 것인지는 주주총회의 판단에 맡기는 것이 타당하다(상법 제382조 제1항). 예컨대 파산선고로 이사의 지위를 잃은 자를 주주총회를 개최하여 다시 이사로 선임하는 것도 가능하다.[63]

② 법인이 파산한 경우

법인과 이사는 위임관계이므로(민법 제680조, 상법 제382조 제2항 참조) 법인이 파산하면 위임관계는 당연히 종료한다(민법 제690조).[64] 반면 법인이 파산하더라도 법인의 기관의 권한이 당연히 없어지는 것은 아니다. 그렇다면 파산선고 당시 이사였던 자의 지위는 어떻게 되는가.[65]

파산선고로 위임의 규정에 따라(민법 제690조) 이사의 지위는 상실된다는 견해가 있다(자격상실설, 당연종료설). 하지만 파산재단의 관리처분권과 관련이 없는 조직법상의 활동(예컨대 주주총회 소집, 회사설립무효의 소에 대한 응소 등)을 파산관재인의 임무로 한다면 파산관재인의 부담이 가중된다. 그래서 파산법인의 경우 파산재단과 관련이 없는 사항에 대하여는 이사가 그러한 활동을 할 수 있게 해야 한다. 따라서 파산재단과 관련이 없는 사항에 대하여는 이사의 지위가 존속하는 것이다. 물론 조직법상의 소송에 있어서도 재산관계에 영향을 미치는 것에 관하여는 파산관재인이 수계하기 때문에(제347조) 이사가 관여할 여지는 없다.[66] 요컨대 파산재단에 대하여는 종전의 이사는 그 지위를 상실하지만, 파산재단과 관련이 없는 법인의 조직에 관한 행위 등에 대하여는 종전의 이사는 그 지위를 잃지 않고 그 권한을 행사할 수 있다(자격유지설).

6. 고용계약

고용계약(근로계약)은 근로자가 사용자에 대하여 노무에 종사할 의무를 부담하고,

---

63) 倒産法(加藤哲夫등), 237쪽.
64) 대법원 2002. 8. 27. 선고 2001다13624 판결.
65) 이는 파산절차종료 후 누가 청산인이 되는지와도 관련된 문제이다.
66) 破産法・民事再生法, 389쪽.

사용자는 근로자에게 보수를 지급할 의무를 지는 쌍무계약이다(민법 제655조). 그래서 계약기간 중 사용자 또는 근로자에 대하여 도산절차가 개시된 경우 고용계약에 대하여도 제119조 또는 제335조가 정한 일반원칙에 따라 처리하는 것을 생각할 수 있다. 하지만 이렇게 하면, 예컨대 사용자가 파산하고, 파산관재인이 고용계약의 이행을 선택하면, 근로자는 임금 수령의 불안을 감수하면서 노무에 종사할 수밖에 없다. 또한 근로자의 경우 조기에 현재의 근무처를 사직하고, 다른 취업처를 알아보는 것이 일반적이다. 그래서 이러한 상황을 방지할 필요 등으로부터, 고용계약에 대하여도 도산법은 특칙을 두고 있다.

가. 사용자의 도산

(1) 회생절차

회생절차가 개시되더라도 사용자(채무자)와의 고용계약(근로계약)이 당연히 소멸하는 것은 아니다.[67] 기존경영자는 근로관계상 사용자의 지위에서 벗어나고 관리인에게로 넘어간다. 고용계약은 쌍방미이행 쌍무계약에 해당하므로 제119조에 따라 처리된다. 관리인은 제119조에 따라 고용계약을 해지할 수 있지만, 근로자를 보호하기 위해 해고를 제한하는 노동법(근로기준법 제23조 제1항 참조)과의 충돌이 발생한다.

사용자에 대하여 회생절차가 개시되었다고 하더라도 근로자 보호의 필요성은 일반적인 해고의 경우와 마찬가지이므로 정리해고의 법리가 그대로 적용된다고 할 것이다. 따라서 관리인이 정리해고를 하려면 긴박한 경영상의 필요가 있고, 해고를 피하기 위한 노력을 하여야 하며, 합리적이고 공정한 해고의 기준을 정하여 이에 따라 그 대상자를 선정하고, 해고를 피하기 위한 방법과 해고의 기준 등에 관하여 해당 사업 또는 사업장의 근로자 대표에게 해고를 하려는 날의 50일 전까지 통보하고 성실하게 협의해야 한다(근로기준법 제24조).[68]

한편 관리인이 해고권을 행사한 이상, 근로자 보호의 필요성은 일반적인 해고의 경우와 다른 것은 아니기 때문에, 해고예고기간 및 해고예고수당 등 근로기준법상의 요건(근로기준법 제26조)을 충족할 것이 요구된다.[69]

---

67) 독일 도산법 제108조 제1항은 도산절차가 개시된 경우 채무자의 고용관계는 도산재단에 대하여 유효하게 존속한다고 규정하고 있다.

68) 회생회사의 정리해고의 정당성을 인정한 것으로 「대법원 2014. 11. 13. 선고 2012다14517 판결, 대법원 2014. 11. 13. 선고 2014다20875,20882 판결」이 있다. 관리인에 의한 해고의 경우 정리해고 요건 중 해고의 필요성을 어떻게 볼 것인가의 문제가 있다. 회생절차에서는 사업부문의 축소나 재편이 일상이고, 그것이 회생계획에 의해 객관적으로 확인된 것을 전제로 해고의 필요성을 판단하여야 할 것이다.

69) 30일의 해고예고기간 또는 해고예고수당을 지급한다. 사용자에 대한 회생절차개시는, 근로기준법 제

(2) 파산절차

사용자가 파산선고를 받은 경우 고용기간의 정함이 있는지 여부를 불문하고 근로자 또는 파산관재인은 계약을 해지할 수 있고, 각 당사자는 계약해지로 인한 손해배상을 청구할 수 없다(민법 제663조).

사용자가 파산하였음에도 근로자에게 고용관계를 유지하도록 하는 것은 비록 임금채권이 재단채권으로 인정된다고 하여도 근로자 보호라는 관점에서 바람직하지 않다. 따라서 근로자에게 해지권을 인정하면서 사용자의 손해배상청구권을 부정함으로써 근로자의 해지의 자유를 보장하고 있다. 파산관재인은 파산재단을 충실하게 관리할 의무가 있고 그 결과 재단채권을 발생(증대)시키는 근로자와의 고용계약을 신속히 종료시킬 필요가 있어 해지권을 인정하고 있다. 사용자의 파산선고는 민법 제661조가 규정하고 있는 부득이한 사유에 해당한다.

채무자가 파산선고를 받아 사업의 폐지를 위하여 근로자를 해고하는 것은 정리해고가 아닌 통상해고에 해당한다.[70] 따라서 정리해고에 관한 근로기준법 규정이 적용될 여지가 없고, 또한 파산관재인의 근로계약 해지는 해고만을 목적으로 한 위장파산이나 노동조합의 단결권 등을 방해하기 위한 위장폐업이 아닌 한 원칙적으로 부당노동행위에 해당하지 아니한다. 다만 파산선고가 있더라도 병원의 운영 등과 같이 일정기간 이를 계속할 사회적 필요성이 있거나 사업을 타인에게 양도하여 환가하기 위해 사업을 계속하는 경우에는 부당노동행위의 법리가 적용된다고 할 것이다.[71]

나. 근로자의 도산

(1) 회생절차

회생(일반회생)의 경우에 특별한 규정을 두고 있지 않고 있지만, 제119조의 적용을 인정할 의미는 없다. 근로자(개인)는 제119조가 아니더라도 자유로운 의사에 기하여 고용계약의 계속 또는 해약을 선택할 수 있기 때문이다. 따라서 회생의 경우에는 회생절차개시 후에도 고용계약은 당연히 존속한다.

회생절차개시 후 노동의 대가인 급료채권은, 회생절차개시 전의 것과 함께 채무자의 재산이 되고, 채무자의 생계비에 충당함과 동시에 회생계획의 변제재원이 된다.

26조 제1항 단서의 부득이한 사유에는 해당하지 않는다. 또한 근로기준법 제23조에 의한 제한도 존재한다. 해고예고수당의 지급은 공익채권(제179조 제1항 제2호)으로서 하는 것이다.

70) 대법원 2004. 2. 27. 선고 2003두902판결, 대법원 2003. 4. 25. 선고 2003다7005 판결, 대법원 2001. 11. 13. 선고 2001다27975 판결 등 참조.

71) 반면 회생절차의 경우에는 통상적인 부당노동행위 법리가 그대로 적용된다.

(2) 파산절차

근로자가 파산한 경우에 관하여 도산법은 특별한 규정을 두고 있지 않다. 누구든지 파산절차 중에 있다는 이유로 정당한 사유 없이 취업의 제한이나 해고 등 불이익한 처우를 받지 아니한다(제32조의2). 또한 근로계약은 근로자의 자유의사에 의하여 체결 또는 계속되어야지 파산관재인이 이행 또는 해지를 선택하는 것은 허용될 수 없으므로 제335조는 적용되지 아니하고, 근로자가 파산선고를 받았더라도 고용관계에는 영향이 없다. 따라서 근로자의 파산의 경우 고용계약은 파산선고 후에도 당연히 존속한다.

파산선고 후 근로자의 임금은 파산재단에 속하지 아니하고 자유재산이다. 이는 향후 면책이 될 경우 새로운 출발을 위한 원천이 된다.

7. 프랜차이즈(franchise)계약

프랜차이즈(가맹사업, 가맹업)는 현대사회에 있어 성장과 대량소비를 이끌고 있는 중요한 사업기법이다. 경영노하우가 없는 자영업자들이 쉽게 창업할 수 있고, 소비자들에게 익숙한 브랜드로 매출을 꾸준히 올릴 수 있다는 점에서 프랜차이즈는 일상화되었다. 반면 부실한 가맹업자(가맹본부)와 급격히 증가하는 가맹상(가맹점)으로 인해 프랜차이즈 관련자들의 도산이 현실화되고 있다.

프랜차이즈는 비교적 최근 등장한 계약 유형으로 도산이 발생할 경우 이를 둘러싼 분쟁을 어떻게 해결할 것인지 문제이다. 이에 관하여 아직 충분한 연구가 축적되어 있지 않지만, 도산과 관련한 몇 가지 쟁점을 간략하게 살펴보기로 한다.

가. 프랜차이즈계약의 정의 및 법적 성질

(1) 프랜차이즈계약의 정의

현재 프랜차이즈와 관련된 규정을 두고 있는 법으로 상법과 「가맹사업거래의 공정화에 관한 법률」(가맹사업법), 「가맹사업 진흥에 관한 법률」(가맹사업진흥법)이 있다. 2002년 제정된 가맹사업법은 가맹사업의 공정한 거래질서를 확립하고 소비자를 보호하기 위하여 제정된 것으로 가맹사업 당사자들의 거래에 따른 법률관계를 규율하기 위한 규정으로는 미흡한 점이 있었다. 이에 2010년 상법은 프랜차이즈를 기본적 상행위(가맹업)의 일종으로 규정하면서 가맹사업 당사자들 사이의 법률관계를 규율하기 위한 5개 조항(제168조의6 내지 제168조의10)을 신설하였다.

상법은 '자신의 상호 · 상표 등(이하 "상호등"이라 한다)을 제공하는 것을 영업으로 하는 자[이하 "가맹업자"(加盟業者)라 한다]로부터 그의 상호등을 사용할 것을 허락받아 가맹업자가 지정하는 품질기준이나 영업방식에 따라 영업을 하는 자를 가맹상(加盟商)이라 한다(상법 제168조의6)'고 규정하고 있다.

가맹사업법은 "가맹사업"이라 함은 가맹본부가 가맹점사업자로 하여금 자기의 상표·서비스표·상호·간판 그 밖의 영업표지(이하 "영업표지"라 한다)를 사용하여 일정한 품질기준이나 영업방식에 따라 상품(원재료 및 부재료를 포함한다) 또는 용역을 판매하도록 함과 아울러 이에 따른 경영 및 영업활동 등에 대한 지원·교육과 통제를 하며, 가맹점사업자는 영업표지의 사용과 경영 및 영업활동 등에 대한 지원·교육의 대가로 가맹본부에 가맹금[72]을 지급하는 계속적인 거래관계를 말한다고 규정하고 있다(제2조 제1호). 가맹사업진흥법도 마찬가지로 규정하고 있다(제2조 제1호).

요컨대 프랜차이즈계약(가맹계약)이란 가맹업자(가맹본부, franchisor)가 다수의 가맹상(가맹점)을 모집하여 자기의 상호·상표·서비스표 등 영업을 상징하는 표지와 자신이 개발한 노하우를 이용하여 일정 사업을 하게 하고, 가맹상(가맹점사업자, franchisee)은 그 반대급부로 가맹금(가맹업사용료, franchise fee, royalty)을 지급하는 계약을 말한다. 가맹사업은 가맹업자와 가맹상 사이의 상호의존적 사업방식으로서 신뢰관계를 바탕으로 가맹상의 개별적인 이익보호와 가맹업자를 포함한 전체적인 가맹조직의 유지발전이라는 공동의 이해관계를 가진다.[73]

프랜차이즈(계약) 관련 용어에 관하여 상법과 가맹사업법 등이 달리 사용하고 있다. 여기서는 상법에서 사용하고 있는 용어인 가맹업자, 가맹상(가맹점)을 사용하되, 경우에 따라 병기하기로 한다.

---

72) "가맹금"이란 명칭이나 지급형태가 어떻든 간에 다음 각 목의 어느 하나에 해당하는 대가를 말한다. 다만, 가맹본부에 귀속되지 아니하는 것으로서 대통령령으로 정하는 대가를 제외한다(가맹사업법 제2조 제6호).

가. 가입비·입회비·가맹비·교육비 또는 계약금 등 가맹점사업자가 영업표지의 사용허락 등 가맹점운영권이나 영업활동에 대한 지원·교육 등을 받기 위하여 가맹본부에 지급하는 대가

나. 가맹점사업자가 가맹본부로부터 공급받는 상품의 대금 등에 관한 채무액이나 손해배상액의 지급을 담보하기 위하여 가맹본부에 지급하는 대가

다. 가맹점사업자가 가맹점운영권을 부여받을 당시에 가맹사업을 착수하기 위하여 가맹본부로부터 공급받는 정착물·설비·상품의 가격 또는 부동산의 임차료 명목으로 가맹본부에 지급하는 대가

라. 가맹점사업자가 가맹본부와의 계약에 의하여 허락받은 영업표지의 사용과 영업활동 등에 관한 지원·교육, 그 밖의 사항에 대하여 가맹본부에 정기적으로 또는 비정기적으로 지급하는 대가로서 대통령령으로 정하는 것

마. 그 밖에 가맹희망자나 가맹점사업자가 가맹점운영권을 취득하거나 유지하기 위하여 가맹본부에 지급하는 모든 대가

73) 대법원 2005. 6. 9. 선고 2003두7484 판결.

(2) 프랜차이즈계약의 법적 성질

① 혼합계약설

프랜차이즈계약은 전형적인 틀을 벗어난 특수계약으로서 혼합계약적 성격을 갖는다. 우선 상호나 상표 또는 기술의 이용을 허락하는 임대차(라이센스)계약의 요소가 들어 있고, 경영지도나 기술지도 등을 해주므로 위임계약적 요소가 포함되며, 일정 상품의 공급이 이루어지면 계속적인 상품공급관계(매매계약)가 추가될 것이다. 결론적으로 프랜차이즈 계약의 법적 성질은 특수형태의 혼합계약으로 보아야 한다.[74] 구체적으로 프랜차이즈계약은 '임대차계약적 요소 및 위임적 요소'를 핵심으로, 부수적으로 계속적 매매의 요소를 포함한 계속적 쌍무계약인 혼합계약이다. 이는 민법상의 전형계약을 가지고 설명하는 견해이다(다수설).

② 독자적 계약유사설

프랜차이즈계약은 민법상의 전형계약으로 설명할 수 없다는 견해이다. 프랜차이즈계약은 전형계약 중 하나도 아니고, 이들을 조합한 혼합계약이라고도 할 수 없는 독자적인 계약유사의 것이라는 것이다. 프랜차이즈계약에 매매, 임대차 등 민·상법에 규정되어 있는 계약 유형의 일부가 포함되어 있을지 모르지만, 그것은 지엽말단적인 측면이고, 본질은 민·상법의 전형적인 계약으로 파악할 수 없는 독자적인 계약유형이라는 것이다.[75]

나. 가맹상(가맹점사업자, franchisee)의 도산

가맹상에 대하여 도산절차가 개시된 경우, 가맹상의 도산관리인으로서는 파산재단의 증식을 위하여 프랜차이즈권을 양도하거나, 회생을 위하여 프랜차이즈계약을 유지하는 것을 고려할 것이다.

프랜차이즈계약에는 가맹상에게 도산절차의 신청 등을 원인으로 한 해지조항의 특약이나 프랜차이즈권의 양도금지특약을 정하는 것이 일반적이다. 이들 규정은 도산관리인에 의한 파산재단의 증식이나 회생을 위한 행동을 저해시킬 가능성이 있다. 한편 이들 논의의 전제로 프랜차이즈계약이 위임계약으로서의 성격을 갖는다고 할 경우, 가맹상이 파산선고를 받음에 따라 프랜차이즈계약은 당연히 종료되는지도 의문이 있다.

---

74) 김정호, 상법총칙·상행위법(제3판), 법문사(2020), 468~469쪽, 유시창, 상법총칙·상행위법, 법문사(2015), 283쪽, 장덕조, 상법강의, 법문사(2015), 211쪽.

75) 現代型契約と倒産法, 245쪽.

(1) 민법 제690조의 적용(유추적용) 여부[76)]

① 혼합계약설의 경우

혼합계약설은 위임계약으로서의 성질이 프랜차이즈계약의 핵심적 요소라고 보기 때문에, '당사자 한쪽의 파산으로 종료된다'고 규정한 민법 제690조의 적용(유추적용)이 있는지가 문제될 수 있다.

계약에 어떤 전형계약이 포함된다는 것을 인정하고, 전형계약에 관한 규정을 적용할 때에는 다른 특별한 사정이 없는 한 그 계약에 관한 규정 전부의 적용을 긍정하여야 하고, 그 규정의 일부를 적용하고 다른 일부의 적용을 부정하기 위해서는 이를 수긍할 만한 합리적인 근거를 밝히는 것이 필요하다. 즉 프랜차이즈계약에 위임계약이 포함되었다고 주장하는 이상, 위임계약의 규정인 민법 제690조 규정의 적용을 부정할 경우, 그 적용을 부정하는 것에 '수긍할 만한 합리적인 근거'가 필요하다.

민법 제690조가 계약 일반의 공통적인 종료사유 이외에 위임의 특별한 종료사유로 파산을 특별히 규정한 이유는 '위임관계는 신뢰관계를 특별히 중시'하기 때문이다. 가맹업자(가맹본부, franchisor)는 가맹상(가맹점)으로부터 가맹금(보증금)으로 일정한 로얄티의 미지급을 담보하는 것이 일반적이고, 가맹상(가맹점)이 도산하였다고 하여 당사자 사이의 신뢰관계가 파괴되었다고는 생각하기 어렵다.

또한 프랜차이즈계약에 있어서는 가맹상(가맹점)이 가맹업자에 대하여 가맹금을 지급하거나 예치하고(가맹사업법 제6조), 별도의 로얄티를 지급하는 것이 일반적이다. 이러한 금전의 흐름을 보면, 임대차계약의 그것(권리금과 임대차보증금을 지급하고, 별도로 차임을 지급한다)과 유사하고, 신뢰관계의 기초가 되는 계속적 계약이라는 점도 공통된다. 임대차계약에서 임차인에게 도산절차가 개시되었다는 것을 당연종료사유로 규정한 예는 없으므로, 프랜차이즈계약에 있어서도 임대차계약과 동일하게 규율할 필요가 있다.

나아가 위임계약의 해지권(민법 제689조)과 관련하여 '다른 계약관계의 일부로서 위임이 있는 경우에는 단순한 위임이 아니라 일종의 무명계약의 한 내용으로서 위임이 있는 것이다. 따라서 위임도 계약관계의 종료와 운명을 같이 하는 것으로, 해지권에 관한 위임의 규정에 의할 수는 없다. 이는 위임계약의 해지뿐만 아니라 위임계약의 법정종료의 경우에도 마찬가지이다.

결국 프랜차이즈계약에 위임계약이 포함된다는 것을 인정하면서 위임계약의 규정인 민법 제690조의 적용을 부정하는 것에 수긍할 만한 합리적 근거가 있다고 생각

76) 現代型契約と倒産法, 246~248쪽.

된다.

② 독자적 계약유사설의 경우

위임의 주의의무나 종료관계의 규정은 참고가 될 수는 있어도 프랜차이즈계약에 그대로 적용되거나 준용되는 것은 아니다. 따라서 민법 제690조의 적용은 문제되지 않는다.

(2) 프랜차이즈계약에서 정한 도산해지조항의 유효성

쌍방미이행 쌍무계약의 선택권을 도산관리인에게 부여한 취지를 고려하여 도산해지조항의 유효성을 평가하여야 한다. 도산관리인이 프랜차이즈권의 양도로 도산재단의 증식을 도모하는 것을 방해할 개연성이 있는 이상, 도산절차에서 프랜차이즈계약에서의 도산해지조항은 무효라고 해석하여야 할 것이다.

(3) 프랜차이즈권 양도금지특약에 대하여

프랜차이즈계약 중에는 가맹업자(가맹본부)의 동의 없이는 프랜차이즈 가맹상(가맹점) 지위의 양도나 제3자에의 임대나 담보권설정 등을 금지하고 있는 것은 물론이고, 영업의 위탁이나 권한의 대행 등도 금지하는 규정을 두는 경우가 많다.

프랜차이즈권 양도금지특약은 유효한가. 프랜차이즈권 양도는 법적으로는 가맹상의 계약상 지위의 이전이다(계약인수). 계약상 지위의 이전은 상대방의 승낙이 필요하다고 해석하는 것이 일반적이다.[77] 프랜차이즈권 양도금지특약의 유효 여부와 관계없이(프랜차이즈권 양도금지특약이 정해져 있는지와 상관없이), 가맹상(가맹점)이 프랜차이즈권을 양도하기 위해서는 가맹업자(가맹본부)의 승낙이 필요하다.[78]

다. 가맹업자(가맹본부)의 도산

(1) 가맹금반환청구권의 유무 및 범위

프랜차이즈계약에서는 일반적으로 계약체결시에 가맹상(가맹점)이 가맹업자(가맹본부)에 대하여 가맹금(권리금이라고 하는 경우도 있다) 명목으로 일정한 금전을 지급한다. 프랜차이즈 가맹상이 가맹업자에게 지급한 가맹금을 프랜차이즈계약 해지시 반

---

77) 계약 당사자로서의 지위의 승계를 목적으로 하는 계약의 인수는 계약으로부터 발생하는 채권채무의 이전 외에 그 계약관계로부터 생기는 해제권 등 포괄적인 권리의무의 양도를 포함하는 것이므로 그 계약은 양도인과 양수인 및 잔류 당사자의 동시적인 합의에 의한 3면계약으로 이루어지는 것이 통상적이라고 할 것이지만, 계약 관계자 3인 중 2인의 합의와 나머지 당사자의 동의 내지 승낙의 방법으로도 가능하다(대법원 1992. 3. 13. 선고 91다32534 판결).

78) 가맹상은 가맹업자의 동의를 받아 그 영업을 양도할 수 있고, 가맹업자는 특별한 사유가 없으면 영업양도에 동의하여야 한다(상법 제168조의9).

환을 청구할 수 있는가.

① 가맹금의 성질 및 반환범위

가맹금의 이름으로 지급한 금전의 내용을 어떻게 정할지는 계약자유의 원칙상 당사자의 자유에 맡겨져 있다. 프랜차이즈계약의 체결시에 프랜차이즈 가맹업자에게 지급하는 금전을 가맹금이나 보증금 등 무엇으로 부를 것인지도 역시 당사자의 자유이다. 그리하여 문제는 프랜차이즈계약 체결시에 지급한 금전이 무엇에 대한 대가로 지급한 것이냐에 있다.

가맹금으로 지급한 금전이 프랜차이즈 가맹상(가맹점)이 개점에 앞서 연수를 받는 대가였다면, 이는 이미 사용하여 없어진 것이 되므로 프랜차이즈계약 해지의 경우 프랜차이즈 가맹업자가 반환할 의무를 부담하지 아니한다. 또한 권리금 및 현수막 사용권리금 등에 대해서도 반환청구권은 발생하지 않는다. 반면 이러한 금전이 프랜차이즈 가맹상(가맹점)이 가맹업자의 영업표지를 사용하는 것에 대한 대가(로얄티에 대한 선급)였다면, 영업표지의 사용에 대한 이익은 기간에 따라 균등한 비율로 상대방에게 귀속하는 것이 원칙이므로 프랜차이즈계약 해지시에 잔여기간에 해당하는 부분은 반환하여야 할 것이다.

② 불반환특약에 대하여

프랜차이즈계약(약관) 중에는 계약 종료시 가맹금을 어떠한 경우에도 반환하지 않는다는 규정을 두고 있는 경우가 있다. 이러한 불반환특약은 특별한 사정이 없는 한 공서양속에 반하여 무효이다.

유효라고 하여도 가맹업자의 일방적인 사정으로 사업이 중지된 경우에는 형평상 불반환특약의 대상에는 포함되지 않는다고 할 것이다. 가맹업자의 일방적인 사정에 의하여 해지된 경우까지 불반환특약에 의한 이익을 가맹업자가 향수한다는 것은 상당하지 않기 때문이다. 예컨대 가맹업자의 파산관재인이 제335조에 따라 프랜차이즈계약을 해지한 경우, 가맹업자(가맹본부)의 일반적인 사정에 의하여 해지된 것이므로 불반환특약은 적용되지 않는다고 볼 것이다.

한편 프랜차이즈계약의 종료 원인 및 전후 사정을 구분하지 않고, 나아가 가맹업자의 귀책사유에 기인하는 경우도 있을 수 있음에도 이를 고려함이 없이 일률적으로 가맹업자는 일단 납부된 가맹금은 어떠한 경우에도 반환하지 않는다고 규정하고 있는 조항은 프랜차이즈계약의 해지로 인한 가맹상(가맹점)의 원상회복의무를 상당한 이유 없이 과중하게 부담시키거나 원상회복청구권을 부당하게 포기하도록 하는 조항으로 「약관의 규제에 관한 법률」 제9조 제3호에 해당하여 무효가 될 여지가 있다.

(2) 가맹업자 도산에 있어 쌍방미이행 쌍무계약

프랜차이즈계약에 제119조나 제335조가 적용되는가. 이는 프랜차이즈계약이 쌍방미이행 쌍무계약에 해당하는지의 문제로 귀결된다.

프랜차이즈계약에 있어 가맹상은 가맹업자의 통제와 조력에 대하여 대가를 지급하여야 하고, 가맹업자는 영업표지 등의 사용허락 및 가맹상의 영업을 지도·통제하여야 하므로 쌍무계약이다. 프랜차이즈계약에 있어 가맹업자는 노하우 등을 개선하면서 제공할 의무를 지고, 가맹상은 개선된 노하우 등을 제공받을 권리를 가진다. 또한 상표 등은 가맹업자로부터 가맹상에게 지속적으로 제공되는 것이기 때문에 장래 상표 등 사용에 대하여는 아직 이행이 이루어지지 않는 것으로 해석될 수 있다.

따라서 프랜차이즈계약은 쌍방미이행 쌍무계약에 해당되고, 제119조나 제335조의 적용을 받는다.

8. 계약 이외의 법률관계

가. 공유관계

(1) 공유물의 분할청구

원래 공유자는 자유롭게 공유물의 분할을 청구할 수 있다. 다만 공유자는 5년을 넘지 않은 범위 내에서 분할금지의 특약을 할 수 있다(민법 제268조 제1항). 그러나 채무자가 타인과 공동하여 재산권을 가진 경우 도산절차개시가 있은 때에는 도산관리인은 채무자와 그 타인 사이에 분할을 하지 아니한다는 약정이 있는 때에도 분할청구를 할 수 있다(제69조 제1항, 제344조 제1항). 즉 도산절차개시결정은 공유재산의 법정분할사유가 된다. 이는 도산관리인으로 하여금 지분의 환가를 용이하게 할 수 있도록 하여 경제적 회생이나 환가에 도움이 되도록 하고자 하는 것이다. 분할절차는 공유물분할의 일반적인 절차에 따른다.

(2) 다른 공유자의 지분취득권

분할청구가 있는 경우 이러한 분할은 지분환가를 위하여 행하여지는 것이기 때문에 다른 공유자는 상당한 보상을 지급하고 채무자의 지분을 취득할 수 있다(제69조 제2항, 제344조 제2항). 분할을 원하지 않는 다른 공유자의 이익을 배려하는 한편, 지분 환가의 편의를 도모한다는 관점에서 상당한 대가를 지급하는 한 문제는 없다고 볼 수 있다.

(3) 적용범위

법률상 분할이 인정되지 않는 경우에는 위와 같은 도산법상 분할청구 규정이 적용되지 않는다. 한 채의 건물을 구분소유하는 경우의 공용부분(민법 제215조), 경계에 설치된 경계표·담·구거(민법 제239조)에 대하여는 공유자 1인의 일방적인 청구에 의한 분할이 인정되지 아니한다(민법 제268조 제3항). 대지 위에 구분소유권의 목적인 건물이 속하는 1동의 건물이 있을 때에는 그 대지의 공유자는 그 건물의 사용에 필요한 범위 내의 대지에 대하여 분할을 청구하지 못한다(집합건물의 소유 및 관리에 관한 법률 제8조). 이러한 규정들은 공유부분의 분할로 취득한 것에 대한 처분을 인정하지 않으려는 취지이고, 이는 공유자가 도산절차개시결정을 받은 채무자인 경우에도 마찬가지이다.

총유재산은 성질상 분할을 청구할 수 없기 때문에 채무자가 총유재산에 해당하는 것을 가지고 있는 경우에도 분할청구를 할 수 없다.

합유인 민법상의 조합재산, 상법상의 합명회사나 합자회사의 재산은 법률상 분할청구가 제한되기 때문에(민법 제273조 제2항, 법정의 퇴사사유 등으로 제한된다), 채무자가 조합원 또는 합자회사의 유한책임사원인 경우(상법 제173조에 의하면 회사는 다른 회사의 무한책임사원이 될 수 없다) 도산관리인은 분할청구를 할 수 없다.[79]

나. 상호계산

상호계산은 당사자의 일방에 관하여 도산절차가 개시된 때에는 종료한다.[80] 이 경우 각 당사자는 계산을 폐쇄하고 잔액의 지급을 청구할 수 있다. 이러한 청구권을 채무자가 가지는 때에는 도산재단에 속하고, 채무자의 상대방이 갖는 청구권은 도산채권이다(제125조, 제343조).

당사자 일방에 관하여 도산절차가 개시된 때 상호계산이 종료되도록 한 것은 상호계산의 기초가 되는 당사자 사이의 신용(신뢰)에 중대한 변경을 가져오기 때문이다.

---

79) 會社更生の實務(上), 215쪽.

80) 상호계산은 상호계산기간 내에 행하여진 거래에 기하여 발생한 채권채무를 기간 만료 시에 상계하고, 그 잔액채권을 지급하기로 하는 내용의 합의가 되어 있는 것이다. 따라서 기간 내에 일방당사자에 대하여 도산절차가 개시되면, 쌍방미이행 쌍무계약으로서 도산관리인에 의한 이행 또는 해제에 복종하여야 한다(제119조 제1항, 제335조 제1항). 그러나 상호계산의 본래 목적은 그 기초로 된 거래의 계속을 전제로 상대방의 지급능력을 신뢰하고 채권채무를 간이하게 결제하는 것이다. 그런데 상대방 당사자에 대하여 도산절차가 개시된다면, 거래계속성의 측면에서도, 상대방의 지급능력에 대한 신뢰의 측면에서도, 상호계산관계를 종료시키는 것이 합리적이다.

다. 배우자 · 친권자의 재산관리[파산절차][81)]

파산선고를 받은 자는 재산관리능력의 흠결이 있다고 볼 가능성이 있으므로 다른 사람의 재산을 관리하는 자가 파산선고를 받은 경우에는 관리권자로서의 지위를 소멸시킬 필요가 있다.

(1) 배우자의 재산관리

부부가 혼인 성립 전에 그 재산에 관하여 약정한 때에는 혼인 중 이를 변경하지 못하는 것이 원칙이지만, 정당한 사유가 있는 때에는 법원의 허가를 얻어 변경할 수 있다(민법 제829조 제2항). 또한 부부재산계약에 의하여 배우자의 한쪽이 다른 쪽의 재산관리권을 가지는 경우에 부적당한 관리로 인하여 그 재산을 위태하게 한 때에는 다른 쪽의 배우자는 법원에 관리권의 이전을 청구할 수 있고, 그 재산이 부부의 공유인 때에는 재산의 분할을 청구할 수 있다(민법 제829조 제3항).

배우자의 재산을 관리하는 자가 파산선고를 받은 경우에도 재산관리에 지장이 있으므로 다른 쪽의 배우자는 관리권의 이전이나 공유재산의 분할을 청구할 수 있다(제345조, 민법 제829조 제3항).

관리자를 변경하거나 공유재산을 분할하였을 때에는 그 등기를 하지 아니하면 이로써 부부의 승계인 또는 제3자에게 대항하지 못한다(제345조, 민법 제829조 제5항).

(2) 친권자의 재산관리

파산선고를 받은 자도 특별한 제한이 없는 한 법정대리인이 될 수 있다. 하지만 정상인으로서 대리인이 된 자가 후에 파산선고를 받은 경우에는 그 대리권이 자동적으로 소멸된다(민법 제127조 제2호). 한편 법정대리의 경우 지정권자의 지정이나 법원의 선임에 의한 것이 아니라 일정한 지위에 의하여 당연히 법정대리인이 되는 때로서 파산이 취임의 장애사유가 되지 않는 경우에는, 법정대리인 취임 후 파산선고를 받았다고 하더라도 당연퇴임사유로는 되지 않는다. 친권자가 파산선고를 받은 경우가 여기에 해당한다.

부 또는 모가 친권을 남용하거나 현저한 비행 기타 친권을 행사시킬 수 없는 중대한 사유가 있는 때에는 자의 친족 또는 검사는 법원에 그 친권의 상실을 청구할 수 있다(민법 제924조). 친권을 행사하는 자가 파산선고를 받은 경우에도 자의 친족 등은 친권의 상실을 청구할 수 있다(제345조, 민법 제924조).[82)]

---

81) 파산선고를 받은 자가 다른 사람의 재산을 관리하는 것은 적절하지 않다는 고려에서 둔 특칙으로, 회생절차에서는 이러한 규정은 없고 종전의 법률관계가 그대로 존속한다.

친권의 상실 대신 친권의 일시 정지를 선고할 수 있는가. 제345조는 친권의 상실만을 규정하고 있지만, 입법연혁[83]을 고려해 볼 때 친권자가 파산선고를 받은 경우 친권의 일시 정지를 선고할 수도 있다고 할 것이다.

채무자가 복권을 하는 경우 친권상실을 선고할 원인이 소멸하였으므로 본인, 자녀, 자녀의 친족, 검사 또는 지방자치단체의 장의 청구에 의하여 실권(失權)의 회복을 선고할 수 있다(민법 제926조).

9. 도산해지조항의 효력

가. 의 의

계약의 당사자들 사이에 채무자의 재산상태가 장래 악화될 때에 대비하여 지급정지나 파산, 회생절차개시의 신청, 회생절차개시와 같이 도산에 이르는 과정의 일정한 사실이 그 채무자에게 발생하는 것을 당해 계약의 해지권 발생원인으로 정하거나 계약의 당연해지 사유로 정하는 특약을 두는 경우가 있다. 이와 같은 약정을 도산해지(해제)조항(Ipso Facto Clause[84]) 또는 도산실효조항이라 한다.

나. 도산해지조항의 유효 여부

(1) 회생절차

도산해지조항의 효력과 관련하여 계약자유의 원칙을 근거로 유효하다는 견해가 있다. 대법원은 도산해지조항이 회생절차의 목적과 취지에 반하다는 이유만으로 일률적으로 무효라고 보는 것은 계약자유의 원칙을 심각하게 침해하는 결과를 낳을 수 있을 뿐만 아니라, 상대방 당사자가 채권자의 입장에서 채무자의 도산으로 초래될 법적 불안정에 대비할 보호가치 있는 정당한 이익을 무시하는 것이 될 수 있어 원칙적으로 유효설의 입장을 취하면서도, 도산해지조항이 부인권의 대상이 되거나

82) 다만 입법론적으로 친권자에게 파산선고가 있었다는 이유로 친권까지 상실시킬 필요가 있을까. 제345조는 파산선고를 받은 자의 재산관리능력에 대한 우려에서 규정한 것이므로 재산관리권 상실의 선고만으로도 충분하다고 할 것이다. 따라서 제345조는 민법 제924조가 아닌 민법 제925조는 준용하는 것으로 개정할 필요가 있다. 이에 관하여 제345조가 민법 제925조를 준용하지 않고 제924조를 준용하도록 한 것은 입법상의 오류라는 견해도 있다(노영보, 227조 각주 42)). 일본 파산법도 파산선고를 받은 친권자의 재산관리권 상실 선고만을 규정하고 있다(제61조).

83) 채무자회생법 제정 당시 민법 제924조는 친권의 상실만을 규정하고 있었지만, 2014. 10. 15. 법률 제12777호로 민법이 개정되면서 민법 제924조는 친권의 상실은 물론 친권의 일시 정지도 선고할 수 있도록 규정되었다.

84) "Ipso Facto"는 '사실 자체만으로(by the fact itself)'라는 의미의 라틴어이다. 이 용어가 포함된 조항은 계약당사자 일방이 도산절차를 신청하였다는 등의 사실 자체만으로 계약을 해제(해지)할 수 있는 기능을 갖는다.

공서약속에 위반된다는 등의 이유로 그 효력이 부정될 수 있다고 판시하고 있다.[85]

살피건대 채무자가 회생절차에 들어가는 경우 상대방은 계약관계를 유지하는 것에 불안감을 느끼기 때문에 도산해지조항을 두고 있지만, 이를 유효하다고 하면 상대방에게 회생절차개시 전에 항상 해제(해지)권이 발생하여 제119조에서 관리인에게 이행과 해제(해지)의 선택권을 부여한 의미가 사실상 몰각될 수 있고(채무자회생법의 적용을 사실상 회피하게 된다), 경우에 따라서는 상대방의 환취권 행사로 회생절차의 진행이 불가능하게 될 수 있으며, 도산해지조항을 약정한 자만이 다른 제3자보다 우월한 지위를 가진다는 것은 부당하고, 도산절차를 이유로 차별적 취급을 금지하고 있는 제32조의2에 반하며, 도산해지조항의 효력을 인정하면 중요한 계약들이 해제 또는 해지되어 채무자의 영업이 타격을 받게 되고 그렇게 되면 회생이라는 목적은 달성이 어렵게 된다[86]는 점에서 무효설이 타당하다고 할 것이다.[87]

---

85) 대법원 2007. 9. 6. 선고 2005다38263 판결, 서울고등법원 2009. 7. 10. 선고 2008다53555 판결 참조. 한편 위 대법원 판결은 「그리고 쌍방미이행의 쌍무계약의 경우에는 계약의 이행 또는 해제에 관한 관리인의 선택권을 부여한 제119조의 취지에 비추어 도산해지조항의 효력을 무효로 보아야 한다거나 아니면 적어도 회생절차개시 이후 종료시까지의 기간 동안에는 도산해지조항의 적용 내지는 그에 따른 해지권의 행사가 제한된다는 등으로 해석할 여지가 없지는 않을 것이다」라고도 판시함으로써, 쌍방미이행 쌍무계약의 경우에는 도산해지조항의 효력이 제한될 가능성을 남겨 놓았다. 그러나 쌍방미이행 쌍무계약만 달리 취급할 이유가 있는지는 의문이다.

86) 남효순 · 김재형, 30~31쪽.

87) **도산해지조항에 관한 입법례** ① 미국 연방도산법은 §365(e)(1){미이행쌍무계약(executory contract)과 기한미도래 리스계약(unexpired lease)에 따른 권리의무는 도산해지약정에 영향을 받지 아니 한다}에서 명문으로 그 효력을 부정하고 있다. 도산해지조항의 효력을 인정하면 채무자의 재산이 일탈되어 채무자의 회생이나 청산에 방해가 된다는 점을 고려한 입법이다. ② 일본은 도산해지조항의 효력을 인정할 경우 관리인에게 선택권을 부여한 취지가 사실상 의미를 잃게 되므로 해석을 통하여 그 효력을 부정하고 있다(破産法 · 民事再生法, 357~358쪽, 條解 破産法, 413쪽). 소유권유보부매매나 리스업자의 권리 등을 비전형담보로 보고 이들의 담보권실행의 전제로 도산해지특약의 효력을 인정하는 것은 회생절차의 목적에 배치된다는 것을 이유로 그 효력을 부정하는 최고재판소 재판례도 있다. 특히 리스계약의 경우 도산해지조항의 효력을 인정하면 담보목적물에 그치는 리스물건이 채무자의 재산으로부터 일탈하고 회생절차의 취지, 목적에 반하는 결과가 되므로 그 효력을 부정하고 있다(학설). 스왑거래, 쌍방미이행 쌍무계약의 경우도 도산해지조항의 효력을 부정하고 있다(會社更生法, 294쪽 각주 71), 條解 破産法, 414쪽). 또한 ③ 독일의 경우 도산해지조항의 효력에 관한 직접적인 규정을 두고 있지 않지만, 도산법 제103조(관리인의 쌍방미이행 쌍무계약에 관한 이행 또는 이행거절에 관한 선택권을 규정한 것)의 적용을 배제하거나 제한하는 합의는 효력이 없다고 규정하고 있다(독일 도산법 §119). 도산해지조항은 도산법 제119조에 위반되어 효력이 없다는 것이 일반적인 견해이나, 반대하는 견해도 있다고 한다. ④ 프랑스 상법(제621조의28 제6항)은 도산절차의 개시를 이유로 하는 즉시해제조항 또는 즉시해지조항의 효력을 부정하고 있다(남효순 · 김재형, 30쪽). ⑤ 영국은 도산해지조항의 효력을 규정한 명문의 규정이 없었으나, 2020. 6. 25. 개정된 2020 기업도산 및 지배구조법(Corporate Insolvency and Governance Act 2020)에서 도산법 제233조B를 신설하여 회사가 관련 도산절차의 대상이 되었음을 이유로 상품 및 서비스의 공급이 종료된다는 계약은 효력이 상실됨을 규정하였다(Corporate Insolvency and Governance Act 2020, 14 참조). ⑥ UNCITRAL 도산법 입법지침은 도산해지조항은 도산대표자 및 채무자에 대하여 원칙적으로 집행불가능하지만(권고 70), 금융계약, 근로계약 등 일정한 유형의 계약에 대하여는 예외적으로 도산해지조항의 효력을 인정할 수 있다고 규정(권고 71)하고 있다.

(2) 파산절차

회생형인 회생절차에 관하여 도산해지조항의 효력을 부정한다고 해서, 청산형인 파산절차에서도 그 효력을 부정하여야 하는가. 효력을 부정하여야 한다는 견해가 일반적이지만, 청산형인 파산절차에 대하여는 도산해지조항의 효력을 긍정하여야 한다는 견해도 있다.[88] 청산을 통한 공평한 배당을 목적으로 하는 파산절차의 목적, 도산해지조항의 효력을 긍정함으로 인하여 발생하는 문제는 신의칙이나 권리남용의 일반원칙에 따라 해제권 행사를 배제할 수 있다는 점 등을 고려하면 수긍이 가는 측면도 있다. 하지만 도산해지조항의 효력을 긍정할 경우 파산신청이라는 사실이 발생한 시점에 계약은 해제되고 파산관재인의 이행 또는 해제의 선택권을 상실하게 되며(선택권의 부여는 강행법규이고 이른바 도산법적 공서에 해당한다), 이를 규정한 제335조 제1항은 강행규정이라는 점에서 파산절차에서도 도산해지조항의 효력은 부정하여야 할 것이다.

Ⅵ. 소송절차에 미치는 영향

회생절차·파산절차가가 개시되면 도산재단에 대한 관리처분권이 이전되고 당사자적격도 도산관리인에게 있다. 이로 인해 소제기의 주체와 상대방에도 변화가 있고, 계속 중인 소송도 중단·수계의 문제가 발생한다. 반면 개인회생절차가 개시되더라도 여전히 채무자가 개인회생재단에 대한 관리처분권을 가지고 있으므로 당사자적격에도 변화가 없어 소송절차에 별다른 영향이 없다. 도산절차개시 후 소송은 도산채권의 확정절차와도 관련이 있다.

1. 도산절차개시 이후의 소제기

가. 채권자가 소를 제기하는 경우

(1) 도산관리인을 상대로 한 소

① 회생절차·파산절차

도산절차가 개시되면 도산관리인에게 재산에 대한 관리처분권이 이전되므로(제56조 제1항, 제384조) 도산관리인만이 도산재단에 관한 소송에서 당사자적격을 가진다(제78조, 제359조, 법정소송담당). 따라서 채권자가 도산절차개시 이후 소를 제기하려면 도산관리인을 상대로 하여야 한다.

88) 會社更生法, 294쪽 각주 71), 條解 破産法, 414쪽 참조.

주장하는 채권이 도산채권 이외의 채권(공익채권 · 재단채권)인 경우에는 도산관리인을 상대로 소를 제기하면 된다. 반면 주장하는 채권이 도산채권인 경우 먼저 채권신고를 하고 신고(회생절차에서 채권자목록에 기재되어 신고가 의제된 경우를 포함한다)된 도산채권에 대한 조사결과에 따라 절차가 결정된다. ㉮ 도산관리인 및 다른 도산채권자가 이의를 하지 아니한 경우 도산채권은 확정되므로 소를 제기할 필요가 없다. ㉯ 이의가 있는 경우 채권조사확정재판 · 채권조사확정재판에 대한 이의의 소를 통하여 해결하여야 한다. 따라서 어느 경우이든 채권자가 소를 제기한 경우 수소법원은 소각하판결을 하여야 한다.

② 개인회생절차

개인회생절차의 경우에는 채무자에게 개인회생재단에 대한 관리처분권이 있으므로 당사자적격도 여전히 채무자가 가지고 있다. 개인회생절차가 개시되더라도 소송행위에는 영향이 없다(제600조 제1항 제3호). 소송행위에 영향이 없는 것은 개인회생채권자목록에 기재되지 아니한 개인회생채권에 관한 소와 개인회생채권 이외의 채권(개인회생재단채권)에 관한 소이다. 따라서 개인회생채권자목록에 기재된 개인회생채권에 대한 소는 소의 이익이 없어 소를 제기할 필요가 없다.

(2) 채권자대위소송 · 채권자취소소송

도산채권자가 채무자에 대한 권리보전을 위하여 도산관리인 등을 대위하여 소(채권자대위소송)를 제기한 경우, 이는 도산채권을 개별적으로 행사하여 만족을 얻는 결과가 될 수 있어 허용되지 않는다.[89]

채무자에 대하여 도산절차개시결정이 내려진 경우에는 도산관리인 등이 총채권자에 대한 평등변제를 목적으로 하는 부인권을 행사하여야 하고, 도산채권을 변제받거나 변제를 요구하는 일체의 행위를 할 수 없는 도산채권자가 개별적 강제집행을 전제로 개개의 채권에 대한 책임재산의 보전을 목적으로 하는 채권자취소소송을 제기할 수는 없다.[90]

나. 도산관리인이 소를 제기하는 경우

(1) 회생절차 · 파산절차

도산절차가 개시되면 채무자의 업무의 수행과 재산의 관리 및 처분을 하는 권리는 도산관리인에게 전속하고, 도산재단에 관한 소송에서는 도산관리인이 당사자가

89) 대법원 2000. 12. 22. 선고 2000다39780 판결 참조.
90) 대법원 2010. 9. 9. 선고 2010다37141 판결 참조.

된다. 따라서 채무자는 원고가 될 수 없고 도산관리인만 원고적격이 있다. 한편 당사자적격이 없는 채무자를 당사자로 표시하였다면 법원은 소장의 당사자표시만에 의할 것이 아니고 청구의 내용과 원인사실 등을 종합하여 당사자를 확정하여야 한다. 그리하여 확정된 당사자가 도산관리인이라면 당사자의 표시를 도산관리인으로 보정하게 한 다음 심리·판단하여야 하고, 확정된 당사자가 채무자라면 당사자적격이 없으므로 소를 각하하여야 한다.[91)]

(2) 개인회생절차

개인회생절차의 경우 채무자에게 개인회생재단에 대한 관리처분권이 있고 당사자적격이 있으므로 채무자가 원고가 되어 소를 제기하면 된다.

(3) 법원허가

도산관리인 등의 소제기 행위는 법원의 허가사항이다(제61조 제1항 제5호, 제492조 제10호).[92)]

2. 계속 중인 소송절차의 취급[회생절차·파산절차][93)]

가. 소송절차의 중단과 수계

(1) 소송절차의 중단

도산절차가 개시되면 도산채권에 관한 소송을 포함하여 환취권, 공익채권·재단채권 등 도산재단에 관한 소송은 모두 중단된다(제59조 제1항, 민소법 제239조). 도산채권자로 될 자가 채무자를 상대로 이행소송을 제기한 경우나, 반대로 채무자가 이러한 자들을 상대로 채무부존재확인소송을 제기한 경우 도산절차개시결정이 되면 모두 중단된다. 도산재단에 관한 관리처분권이 도산관리인에게 전속하고(제56조 제1항, 제384조), 도산재단에 관한 소송은 도산관리인에게 당사자적격이 있기 때문이다(제78조, 제359조).

'도산재단에 관한 소송'에는 ① 도산재단에 속한 재산에 관한 소송, ② 도산채권에 관한 소송 및 ③ 공익채권·재단채권에 관한 소송이 포함된다. 유형에 따라 수계절차에 차이가 있다.

---

91) 대법원 2024. 5. 30. 선고 2024다218572 판결, 대법원 2016. 12. 29. 선고 2014후713 판결, 대법원 2013. 8. 22. 선고 2012다68279 판결 등 참조.

92) 개인회생절차의 경우에는 명시적인 규정이 없으나 마찬가지로 보아야 할 것이다.

93) 개인회생절차는 채무자에게 관리처분권이 있고 당사자적격이 있으므로 소송절차의 중단과 수계의 문제가 발생하지 않는다. 다만 개인회생채권에 관한 소는 채권확정의 소의 형태로 청구취지를 변경하여야 한다.

소송절차가 중단되는 것은 도산재단에 관한 소송이다. 따라서 도산재단과 관련이 없는 소송(이혼소송과 같은 신분관계소송이나 주주총회결의무효소송, 주주지위확인의 소, 주식명의개서청구의 소 등)은 도산절차개시결정으로 중단되지 않는다.[94] 위와 같은 소송은 인격적 활동에 관한 것[95]이거나 조직적 · 사단적 활동에 관한 것으로 도산재단의 관리처분권과 무관하여 채무자에게 여전히 당사자적격이 인정되기 때문이다.

소송에는 민사소송, 가사소송뿐만 아니라 행정소송도 포함되고, 보전처분사건, 재산권과 관련된 비송사건, 조정사건, 가사비송사건, 중재사건도 포함된다.

중단되는 소송에는 상소심도 포함되나, 변론종결 후 중단의 경우에는 판결의 선고는 가능하다(민소법 제247조 제1항). 상고심에서 상고이유서 제출기간 경과 후 소송당사자가 도산절차개시결정을 받은 경우에는 수계절차를 거칠 필요 없다.[96]

(2) 소송절차의 수계

도산절차가 개시되면 소송의 당사자는 채무자에서 도산관리인으로 교체되어야 한다. 이를 소송법상 도산절차개시에 의한 도산재단에 관한 소송의 당연승계[97]라고 할 수 있을 것이다.

(가) 중단된 소송절차가 도산채권과 관계없는 경우

중단된 소송절차가 도산채권과 관계없는 것, 즉 공익채권 · 재단채권 내지 환취권에 관한 소송, 채무자가 가지는 권리에 기한 이행의 소 · 확인의 소 등은 도산관리인 또는 상대방이 즉시 수계할 수 있다(제59조 제2항 전문, 제347조 제1항). 수계 후에도 청구취지를 변경할 필요는 없다.

수계신청은 상대방도 할 수 있다.[98] 도산관리인은 상대방으로부터의 수계신청에 대하여 거절할 수 없는 것이 원칙이다. 다만 권리행사에 대하여 채무자회생법에 보다 간단한 방법을 인정하고 있는 경우(예컨대 법인의 이사 등에 대한 조사확정재판)에는 반드시 종전의 소송을 수계할 필요는 없다.

94) 대법원 2010. 2. 11. 선고 2009다83599 판결 참조.
95) 인격적 활동에 관한 권한은 도산절차가 개시되더라도 여전히 채무자에게 귀속되기 때문이다.
96) 대법원 2001. 6. 26. 선고 2000다44928, 44935 판결 참조.
97) 소송승계에는 당연승계와 소송물양도에 의한 승계가 있다. '당연승계'란 당사자의 사망 따위의 일정한 승계원인의 발생과 동시에 법률상 당연히 당사자의 변경, 즉 승계가 이루어지는 것을 말한다. '소송물양도에 의한 승계'란 계쟁물의 양도 등 당연승계 이외의 승계원인이 생겨 적격승계인의 소송참가신청이나 그에 대한 상대방의 소송인수신청에 의하여 당사자의 변경, 즉 승계가 이루어지는 것을 말한다. 회생절차개시결정은 당연승계의 원인이다.
98) 소송절차의 상대방은 일방당사자의 도산절차개시라는 우연한 상황으로 그 때까지의 소송수행결과를 무효로 만드는 것을 수인할 이유가 없으므로 수계신청권을 인정한 것이다.

(나) 중단된 소송절차가 도산채권과 관계있는 경우

중단된 소송절차가 도산채권에 관한 것인 경우에는 (즉시)소송수계를 할 것이 아니고, 채권자에게 도산절차 내에서 채권신고(회생절차에서 목록 기재에 따라 신고의제된 경우 포함)를 하게 한 다음 그 결과에 따라 조치하여야 한다.

1) 도산관리인 또는 다른 도산채권자가 이의를 한 경우

① 집행력 있는 집행권원이나 종국판결이 없는 도산채권

채권신고에 대하여 이의를 한 사람 전원을 상대로 소송을 수계하여야 한다(제172조 제1항, 제464조, 필수적 공동소송). 수계신청은 이의채권의 보유자뿐만 아니라 상대방인 도산관리인도 할 수 있다.[99] 도산절차에서의 채권확정소송의 법적 성질은 확인소송이므로(통설), 확인소송에 맞게 청구취지가 변경되거나 반소가 제기되어야 한다. 도산채권자가 청구취지를 변경하지 아니한 경우에는 법원은 청구취지를 변경할 필요가 있다는 점을 지적하여 도산채권의 확정을 구하는 것으로 청구취지를 변경할 의사가 있는지를 석명하여야 할 의무가 있다.[100]

② 집행력 있는 집행권원이나 종국판결이 있는 도산채권

집행력 있는 집행권원 또는 종국판결이 있는 도산채권에 관하여 도산절차개시 당시 법원에 소송이 계속되어 있는 경우, 이의자는 도산채권자를 상대방으로 하여 소송절차를 수계하여야 한다(제174조 제2항, 제466조 제2항).

③ 수계신청기간

회생절차의 경우 수계신청은 채권조사기간의 말일 또는 특별조사기일부터 1월 이내에 하여야 한다(제172조 제2항, 제170조 제2항, 174조 제3항). 위 기간 내에 수계신청을 하지 않는 경우 신고된 채권은 부존재하는 것으로 확정되고, 수소법원은 수계신청을 받아들이지 않고 소각하판결을 하여야 한다.

파산절차의 경우 수계신청기간에 대한 제한이 없다.

2) 도산관리인 및 다른 도산채권자의 이의가 없는 한 경우

도산채권에 대하여 도산관리인 및 다른 도산채권자의 이의가 없는 때에는 채권이 신고한 내용대로 확정된다(제166조 제1호, 제460조). 따라서 계속 중이던 도산채권에 관한 소송은 소의 이익이 없어 부적법하게 된다.[101]

---

99) 대법원 1997. 8. 22. 선고 97다17155 판결 참조.
100) 대법원 2015. 7. 9. 선고 2013다69866 판결.
101) 대법원 2020. 3. 2. 선고 2019다243420 판결, 대법원 2015. 10. 15. 선고 2015다1826 판결, 대법원 2014. 6. 26. 선고 2013다17971 판결.

3) 견련파산이 선고된 경우

제6조 제1항 또는 2항에 의한 파산선고가 있는 때에는 관리인이 수행하는 소송절차는 중단되고, 파산관재인 또는 그 상대방이 중단된 소송을 수계할 수 있다(제6조 제6항).

나. 개별소송에 대한 검토

(1) 채권자취소소송

도산채권자가 채무자에 대한 채권을 보전하기 위하여 제기한 채권자취소소송[102]이 계속되던 중 채무자에 대하여 도산절차개시결정이 내려진 경우 채권자취소소송은 중단되고 중단된 소송절차는 도산관리인 또는 상대방이 수계할 수 있다.[103] 중단은 수계 또는 도산절차가 종료에 이르기까지 계속된다. 수계가 이루어지기 전에 도산절차가 종료하면 채권자는 당연히 소송절차를 수계하여 채권자취소소송을 속행할 수 있다(제113조 제2항, 제59조 제4항, 제406조 제1항, 제347조 제1항 전문).

채권자취소소송은 도산절차개시결정을 받은 채무자를 당사자로 하는 소송은 아니지만 도산관리인이 채권자의 역할을 인수하는 것이 보다 적절하다는 고려에서[104] 소송절차를 중단시키고 도산관리인 또는 상대방으로 하여금 수계하도록 한 것이다.

한편 채권자취소소송의 소송결과가 도산재단의 증감에 직접적인 영향을 미치는 등 도산채권자의 법률상 지위에 영향을 미친다고 볼 수 있으므로, 종전에 채권자취소의 소를 제기한 도산채권자는 특별한 사정이 없는 한 소송결과에 이해관계를 갖고 있어 도산관리인을 돕기 위하여 보조참가를 할 수 있다.[105]

---

102) 제113조 제1항은 '회생채권자가 제기한' 채권자취소소송만을 규정하고 있다. 회생담보권자가 제기한 채권자취소송은 어떻게 되는가. 회생절차에서는 회생담보권자도 권리행사가 제한되고 관리처분권이 관리인에게 있다는 점에서 회생채권자와 마찬가지로 회생담보권자가 제기한 채권자취소소송도 중단되고 관리인이 수계한다고 할 것이다(제113조 유추적용).

한편 파산절차에서는 재단채권에 기한 채권자취소소송도 중단되고 수계된다. 그렇다면 회생절차에서 공익채권에 기한 채권자취소소송은 어떻게 되는가. 중단되지 않는다. 파산절차에서는 재단채권에 기한 강제집행이 금지됨에 반하여, 회생절차에서는 공익채권에 기한 강제집행이 금지되지 아니하고 책임재산의 회복에 있어 공익채권자는 당사자적격이 상실되지 않는다고 보기 때문이다. 채권자대위소송의 경우에도 마찬가지이다.

103) 대법원 2022. 10. 27. 선고 2022다241998 판결. 회생절차개시결정 후에는 회생채권자가 수익자나 전득자를 상대로 채권자취소의 소를 제기할 수 없지만, 채권자취소의 소를 제기한 경우에는 파산절차에서와 마찬가지로 관리인이 소송수계를 할 수 있다고 보아야 한다(대법원 2018. 6. 15. 선고 2017다265129 판결 참조).

104) 채무자의 책임재산인 채무자의 재산을 보전 또는 증식하는 업무가 도산관리인에게 전속하기 때문이다. 이는 채권자대위소송에 있어서도 마찬가지이다.

105) 대법원 2021. 12. 10. 자 2021마6702 결정 참조.

(2) 파산절차에서의 부인소송, 채권자대위소송 및 주주대표소송

(가) 파산절차에서의 부인소송

파산절차에서의 부인소송이란 파산관재인이 제기한 부인의 소 또는 부인청구를 인용한 결정에 대한 이의의 소를 말한다. 파산절차에 의한 부인소송이 회생절차개시 당시 계속되어 있는 때에는 소송절차가 중단된다(제113조 제1항). 관리인은 중단된 위 소송을 수계할 수 있고, 상대방도 수계할 수 있다(제113조 제2항, 제58조 제2항).

(나) 채권자대위소송 및 주주대표소송

채권자대위소송 및 주주대표소송도 채권자취소소송의 경우와 마찬가지로 도산절차가 개시되면 중단되고 도산관리인이 수계한다(제113조, 제406조 유추적용).

다. 행정청에 계속된 사건의 중단과 수계

소송절차는 아니지만 도산절차개시 당시 행정청에 계속된 사건이 있을 수 있고, 이 경우 어떻게 처리하여야 하는가. 행정청이란 행정에 관한 의사를 결정하여 표시하는 국가 또는 지방자치단체의 기관, 그 밖에 법령 또는 자치법규에 따라 행정권한을 가지고 있거나 위탁을 받은 공공단체나 그 기관 또는 사인(私人)을 말한다(행정심판법 제2조 제4호, 행정절차법 제2조 제1호).

행정청에 계속되어 있는 것에는 조세심판(이의신청, 심사청구, 심판청구)사건, 공정거래위원회에 계속 중인 심판사건(이의신청, 독점규제 및 공정거래에 관한 법률 제96조), 노동위원회에 계속 중인 구제절차사건(노동위원회법), 행정심판법에 기한 행정처분에 대한 행정심판사건(행정심판법 제3조), 특허법에 규정된 특허심판사건(특허법 제7장 내지 제9장), 금융위원회의 과징금처분에 대한 이의신청(금융소비자 보호에 관한 법률 제59조) 등이 있다.

도산절차개시결정이 있는 경우 도산재단에 속한 재산에 관한 사건으로서 행정청에 계속되어 있는 것은 그 절차가 중단된다(제59조 제6항, 제1항, 제350조, 제347조).[106] 중단된 절차는 도산관리인 또는 상대방이 이를 수계할 수 있다(제59조 제6항, 제2항). 도산재단에 속하는 재산에 관하여 행정청에 계속하는 사건에 있어 도산절차개시 후 도산관리인으로 하여금 그 절차를 수계하도록 하여 그 재산에 관한 도산재단의 이익을 주장할 수 있는 기회를 주기 위한 것이다.

도산재단에 속하는 재산이란 그 재산이 형식상 도산재단에 속한 것이라고 인정되

106) 소송절차 중인 경우에는 제59조 제1항 내지 제5항 또는 민소법 제239조, 제347조 제1항이, 소송절차가 아닌 것은 제59조 제6항, 제350조가 적용된다.

면 족하며 반드시 실질적으로 도산재단에 속할 것을 요하는 것은 아니다.[107]

Ⅶ. 강제집행 등 다른 절차에 미치는 영향

도산절차가 개시되면 채권자의 개별적 권리행사가 중지·금지되므로 강제집행, 가압류, 가처분 또는 담보권실행을 위한 경매절차(강제집행 등)는 물론 다른 도산절차에도 영향을 미친다. 다만 그 미치는 영향은 도산절차마다 차이가 있다.

1. 회생절차

회생절차 개시되면 파산 또는 회생절차개시의 신청, 도산채권에 기한 채무자 재산에 대한 강제집행[108] 등 및 국세징수의 예에 의하여 징수할 수 있는 청구권으로서 그 징수우선순위가 일반 회생채권보다 우선하지 아니한 것에 기한 체납처분(강제징수)이 금지되고, 이미 진행 중인 파산절차, 위 강제집행 등 및 체납처분(강제징수)은 중지된다(제58조 제1항, 제2항).

도산채권에 기한 채무자의 재산에 대한 국세징수법 또는 지방세징수법에 의한 체납처분(강제징수), 국세징수의 예에 의하여 징수할 수 있는 청구권으로서 그 징수우선순위가 일반 회생채권보다 우선하는 것에 기한 체납처분(강제징수)과 조세채무담보를 위하여 제공된 물건의 처분은 ① 회생절차개시결정일부터 회생계획인가결정이 있는 날까지, ② 회생절차개시결정일부터 회생절차종료일까지, ③ 회생절차개시결정일로부터 2년이 되는 날까지 중 말일이 가장 먼저 도래하는 기간 동안은 할 수 없고, 이미 행한 처분은 중지된다(제58조 제3항). 조세 등 청구권은 일정 기간 동안만 중지·금지된다.

도산채권에 기한 절차만 중지·금지되고 공익채권, 환취권에 기한 절차에는 영향이 없다. 왜냐하면 공익채권, 환취권은 회생절차에 의한 구속을 받지 않기 때문이다. 공유물분할을 위한 경매(민법 제269조 제2항), 자조매각금의 공탁을 위한 경매(민법 제490조) 등은 중지·금지의 대상이 아니다. 또한 중지·금지되는 처분은 채무자의 재산에 대하여 행하여진 것에 한하므로 연대채무자, 보증인, 물상보증인, 연대납세의무자, 제2차 납세의무자 등 제3자의 재산에 대하여 행하는 것은 중지·금지되지 않는다.

---

107) 대법원 1963. 9. 12. 선고 63누84 판결.

108) 재산명시절차(민집법 제61조 제1항)도 중지·금지된다고 할 것이다.

2. 파산절차

가. 진행 중인 강제집행 등의 실효와 체납처분(강제징수)의 속행

(1) 강제집행 등의 실효

파산선고가 있는 경우 파산채권에 기하여 파산재단에 속하는 재산에 대하여 행하여진 강제집행·가압류 또는 가처분은 파산재단에 대하여는 그 효력을 잃는다(제348조 본문). 파산재단에 속하는 재산에 대한 포괄집행을 목적으로 하는 파산절차를 원활하게 진행하기 위하여, 파산선고 후에는 위 재산에 대한 개별집행을 파산재단에 대한 관계에서 효력을 상실시킨다는 것이다. 이는 제424조 규정을 절차적으로 강제집행의 측면에서 표현한 것으로 파산관재인이 해당 재산에 대하여 관리처분권을 행사할 수 있다는 것을 의미한다.

다만 파산관재인은 파산재단을 위하여 강제집행절차를 속행할 수는 있다(제348조 단서). 이것은 종전에 행하여진 강제집행의 형식을 차용하여 파산재단에 속하는 재산을 환가하는 방법이다. 이때 파산관재인은 집행기관에 채무자가 파산선고를 받았고 자신이 파산관재인으로 선임되었음을 알리고 소명자료를 첨부하여 강제집행을 속행하겠다는 취지의 신청을 하여야 한다.

한편 파산선고와 동시에 파산절차가 폐지된 경우에는 파산재단 자체가 성립되지 않으므로 강제집행 등의 절차는 실효되지 않고 그대로 진행한다.

(2) 체납처분(강제징수)의 속행

파산선고 전에 파산재단에 속하는 재산에 대하여 국세징수법 또는 지방세징수법에 의하여 징수할 수 있는 청구권(국세징수의 예에 의하여 징수할 수 있는 청구권으로서 그 징수우선순위가 일반 파산채권보다 우선하는 것을 포함한다)에 기한 체납처분(강제징수)을 한 때에는 파산선고는 그 처분의 속행을 방해하지 못한다(제349조 제1항).[109] 채무자가 파산선고를 받더라도 그 처분은 그대로 속행될 수 있다. 여기서 체납처분(강제징수)은 압류(참가압류를 포함한다)를 의미한다.[110]

나. 새로운 강제집행 등의 금지

파산선고 후에는 파산채권 또는 재단채권[111]에 기한 새로운 강제집행, 가압류, 가

---

109) 국세징수법 시행령 제26조나 지방세징수법 시행령 제41조도 “세무서장 또는 지방자치단체의 장은 체납자가 파산선고를 받은 경우에도 이미 압류한 재산이 있을 때에는 체납처분(강제징수)을 속행하여야 한다”고 규정하고 있다.

110) 대법원 2003. 8. 22. 선고 2003다3768 판결.

처분은 허용되지 않는다(제424조 참조).[112] 배당에 있어 채권자평등을 관철하기 위함이다. 파산절차는 채무자에 대한 포괄적인 강제집행절차로서 파산선고에 의하여 파산재단을 구성하는 재산에 관한 관리처분권이 파산관재인에게 전속하기 때문이다.

국세징수법 또는 지방세징수법에 의하여 징수할 수 있는 청구권(국세징수의 예에 의하여 징수할 수 있는 청구권을 포함한다)에 기한 새로운 체납처분(강제징수)도 허용되지 않는다(제349조 제2항).[113] 파산절차는 포괄적 집행으로서 법원의 감독 아래 파산관재인의 판단과 책임으로 통일적으로 진행하여야 하는 것이라는 점을 고려한 것이다. 따라서 파산선고 전에 체납처분(강제징수)을 하지 않은 경우에는 재단채권인 조세채권이라도 이에 터잡아 새로운 체납처분(강제징수)을 할 수 없다.

3. 개인회생절차

개인회생절차가 개시되면 ① 채무자에 대한 회생절차 또는 파산절차, ② 채권자목록에 기재된 개인회생채권에 기하여 개인회생재단에 속하는 재산에 대하여 한 강제집행, 가압류 또는 가처분, ③ 개인회생채권을 변제받거나 변제를 요구하는 일체의 행위(다만, 소송행위를 제외한다), ④ 「국세징수법」 또는 「지방세징수법」에 의한 체납처분(강제징수), 국세징수의 예(국세 또는 지방세 체납처분의 예를 포함한다)에 의한 체납처분 또는 조세채무담보를 위하여 제공된 물건의 처분은 중지 또는 금지된다(제600조 제1항).

개시결정에 따른 중지·금지의 범위에서 소송행위를 제외한 것은 개인회생절차는 회생절차(제59조)나 파산절차(민소법 제239조)와 달리 개인회생절차개시결정에도 불구하고 채무자가 개인회생재단에 대한 관리처분권을 여전히 보유하고 있으므로(제580조 제2항) 소송절차가 중단되지 않아 채무자에게 소송에 관하여 소송행위를 할 수 있는 권한을 부여한 것이다. 다만 '개인회생채권자목록에 기재된 개인회생채권에 관한 소가 이미 제기되어 있는 경우'에 채무자가 스스로 그에 관한 소송행위를 할 수 있다는 의미라고 제한적으로 해석하여야 한다.

개인회생절차개시의 결정이 있는 때에는 변제계획의 인가결정일 또는 개인회생절

---

111) 재단채권자의 정당한 변제요구에 대하여 파산관재인이 응하지 아니하면 재단채권자는 법원에 대하여 제358조, 제364조 제1항에 기한 감독권 발동을 촉구하든지, 파산관재인을 상대로 불법행위에 기한 손해배상청구를 하는 등의 별도의 조치를 취할 수 있을 뿐이다(대법원 2007. 7. 12. 자 2006마1277 결정 참조).

112) 대법원 2010. 7. 28. 자 2010마862결정, 대법원 2007. 7. 12. 자 2006마1277 결정 참조. 재산명시절차(민집법 제61조 제1항)도 금지된다고 할 것이다.

113) 대법원 2003. 3. 28. 선고 2001두9486 판결 참조. 파산관재인에게 교부청구를 하여야 한다(국세징수법 제59조 제2호, 지방세징수법 제66조).

차 폐지결정의 확정일 중 먼저 도래하는 날까지 개인회생재단에 속하는 재산에 대한 담보권의 설정 또는 담보권의 실행 등을 위한 경매는 중지 또는 금지된다(제600조 제2항). 담보권은 별제권으로서 개인회생절차에 영향을 받지 않지만, 개인회생절차의 원만한 진행을 위해 담보권의 설정 또는 담보권의 실행 등을 위한 경매를 변제계획의 인가일 또는 개인회생절차 폐지결정의 확정일까지 유예하도록 한 것이다.

제5장

도산재단과 그 법률적 변동

– 있는 재단에서 있어야 할 재단으로

Ⅰ. 도산재단에 관한 이해

도산절차가 개시되면 채무자와 채무자의 재산은 분리된다. 분리된 재산은 원칙적으로 채무자와 독립된 제3자가 관리한다. 회생절차에서는 관리인, 파산절차에서는 파산관재인이 그들이다. 도산재단을 관리하는 이들을 도산관리인이라 부른다. 한편 개인회생절차에서는 채무자가 그대로 관리처분권을 갖는다.

채무자와 분리된 채무자의 재산을 도산재단(Estate)이라 부른다. 도산절차가 개시되면 도산재단이 형성된다. 파산절차에서는 파산재단, 개인회생절차에서는 개인회생재단이라 한다. 하지만 회생절차에서는 회생재단이라는 용어를 사용하지 않고, 채무자의 재산이라 한다.

도산재단은 도산채권자들에 대한 변제와 배당의 원천이 된다. 도산채권자들은 도산재단으로부터 집단적 만족을 얻는다. 도산관리인 등이 직무를 시작하면서 인수하게 되는 것은 '있는 도산재단'이다. 이러한 도산재단은 증가하기도 하고 감소하기도 하면서 종국적으로 '있어야 할 도산재단'이 된다. 있어야 할 도산재단이 도산채권자들에게 변제(배당)할 재산으로서 책임재산이 된다. 이러한 의미에서 있어야 할 도산재단은 적극재산 또는 변제(배당)재산이라고 부를 수 있다. 개인회생절차의 경우에도 채무자가 그대로 도산재단을 관리하지만 마찬가지이다. 도산재단을 어떻게 관리할 것인지는 도산관리인 등의 중요한 업무 중 하나이다.

있는 도산재단은 채권추심을 통해 증가한다. 그러나 이 경우 엄밀히는 도산재단의 형태만 바뀐 것에 불과하다. 채권 대신 약정된 목적물이 있어야 할 도산재단에 편입된 것이기 때문이다. 진정한 의미의 도산재단의 증가는 부인권 행사에 의하여 일어난다. 부인권의 행사에 의해 도산재단에서 일탈되었던 재산이 원상으로 회복되기 때문이다.

있는 도산재단은 환취권, 도산재단으로부터의 포기에 의해 감소한다. 상계를 통해서도 도산재단은 감소한다. 상계가 없었다면 도산채권자의 채권은 비율적인 만족을 얻었을 것이고, 도산관리인 등은 자신의 채권 전액을 회수할 수 있었을 것이기 때문이다. 공익채권자 · 재단채권자 · 개인회생재단채권자에 대한 변제도 있는 도산재단을 감소시킨다.[1] 왜냐하면 있어야 할 도산재단만이 도산채권자들에 대한 변제(배당)재원

---

1) 공익채권자 등에 대하여는 도산재단이 충분하면 전액 변제된다. 이 경우 순위 문제는 발생하지 않는다. 도산재단이 공익채권자 등에게 충분하게 변제하기 부족한 경우 도산절차는 폐지된다(제286조, 제288조, 제545조, 제620조 제1항 제2호, 제611조 제1항 제2호 등 참조). 도산재단이 충분하지 않은 경우 공익채권자 · 재단채권자는 원칙적으로 실체법상의 우선권은 고려하지 않고 남은 공익채권액 · 재단채권액에 비례하여 변제받는다{제180조 제7항, 제477조, 한편 개인회생재단채권에 대하여는 제477

이 되는데, 공익채권자 · 재단채권자 · 개인회생재단채권자는 도산채권자들보다 우선적으로 채권 만족을 얻기 때문이다(제180조 제2항, 제476조, 제583조 제2항).

1. 채무자의 재산[회생절차]

가. 의 의

회생절차개시결정의 효력이 발생하면 채무자가 가지고 있는 모든 재산은 회생절차의 목적, 즉 채무자와 채권자 등 이해관계인 사이의 법률관계를 적절히 조정하여 채무자 또는 그 사업을 효율적으로 회생시키기 위한 기초로 사용된다. 이러한 의미에서 채무자가 가지는 모든 재산을 채무자의 재산이라 부른다.

채무자의 재산에 관하여 회생절차개시 후 채무자가 법률행위를 한 때에는 회생절차와의 관계에서 그 효력을 주장하지 못함(제64조 제1항)은 물론, 채무자의 행위에 의하지 아니한 경우에도 채무자의 재산에 관한 권리취득의 효력이 부정되고(제65조 제1항), 채무자의 재산에 속한 채권에 대하여는 제한적으로만 상계가 허용되며(제144조), 채무자의 재산에 관해서 채무자 등이 한 행위로 인하여 발생한 청구권은 공익채권이 되고(제179조 제1항 제5호), 채무자의 재산을 위하여 일정한 행위가 부인되는(제100조 제1항) 등 채무자의 재산은 회생절차를 관통하는 법률상 개념으로 사용되고 있다.

회생절차개시결정이 되면, 그 전후를 묻지 않고, 채무자에게 귀속하는 모든 재산이 채무자의 재산이 되고, 관리인의 관리처분권에 전속한다(제56조 제1항). 회생절차의 특징으로부터 관리인의 업무는 채무자의 재산을 환가하는 것이 아니고, 업무를 수행하는 등의 방법으로 채무자의 재산을 기초로 사업수익 등의 실현을 도모하며, 도산채권자의 권리변경 등을 내용으로 한 회생계획안을 작성하는 것 등을 통하여 회생의 목적을 실현하는 것이다.

채무자의 재산은 채무자에게 귀속하는 재산의 집합체로서, 그 자체로는 법인격이 인정되는 것은 아니고, 회생절차기관으로서 관리인의 관리 아래 둔다.

조가 준용되지 않는다(제583조 제2항). 도산재단이 부족한 경우 공익채권자 등 사이에 최대한 평등하게 변제하는 것이 중요하다. 따라서 공익채권자 · 재단채권자는 더 이상 강제집행을 할 수 없다(제180조 제3항 제2호 참조, 대법원 2008. 6. 27. 자 2006마260 결정 등). 제180조 제3항 제2호는 중지명령만을 규정하고 있지만, 공익채권자 사이의 공평을 도모한다는 취지에서 공익채권에 기한 장래 강제집행도 금지된다고 할 것이다. 독일 도산법 제210조는 공익채권 등에 기한 강제집행을 금지한다고 명시적으로 규정하고 있다.

나. 범 위

채무자의 재산의 범위를 정한다는 것은 회생절차에서 중요하다. 이것은 어떤 재산이 관리인의 통제를 받고(제56조 제1항), 어떤 재산이 부인권의 대상이 되며(제100조 제1항), 어떤 재산이 포괄적 금지명령의 대상이 되는지(제45조) 등을 결정한다.

채무자의 재산은 채무자가 가지고 있는 모든 재산을 내용으로 한다. 이것은 채무자 재산의 범위에 있어서 시적 또는 객관적인 한계가 존재하지 않는다는 것을 의미한다.

먼저 시적한계에 관하여 본다. 파산절차에서 고정주의 원칙 아래 파산재단의 범위가 파산선고 당시를 기준으로 하는 것과 달리(제382조 제1항), 채무자의 재산에 있어서는 시적인 한계가 존재하지 않는다. 따라서 회생절차개시 당시의 재산은 물론 회생절차개시 후에 채무자에게 속한 재산도 채무자의 재산에 포함된다. 파산재단에 관한 고정주의에 대비하여 팽창주의라 한다. 이것은 회생절차의 특징 중 하나이다.

다음으로 객관적 한계에 관하여 본다. 회생절차에서는 원칙적으로[2] 파산절차에서와 같은 자유재산이 존재하지 않는다. 회생절차개시 후 새로 취득한 재산(新得財産)을 구별할 필요가 없다는 것은 앞에서 본 바와 같고,[3] 압류금지재산이나(제383조 참조) 그 확장으로서 자유재산은 존재하지 않는다. 한편 회생절차개시 전후를 통하여

---

2) 관리인은 채무자의 재산에 속하는 재산(재산에 대한 권리)에 대해 법원의 허가를 얻어 이를 포기할 수 있다(제61조 제1항 제7호). 이는 당해 재산의 관리에 과다한 시간과 비용이 필요한 반면, 도산채권자에게 별다른 이익이 되지 않는 경우 관리인이 그에 대한 관리처분권을 포기하는 것을 말한다. 권리의 포기 중 하나이다. 포기된 재산은 채무자의 재산에서 분리되고 채무자는 당해 재산에 대한 관리처분권을 회복한다. 이 점에서 민법상 물권의 소멸원인 중 하나인 포기와 구별된다. 실무적으로 붕괴의 위험이 있는 건물이나 오염물질에 의해 오염 또는 훼손된 토지 또는 기계가 채무자의 재산에 포함되어 있는 경우 이를 포기할 수 있는지가 문제되고 있다.

한편, 권리의 포기(제61조 제1항 제7호)와 관련하여, 파산절차와 달리 채무자의 자유재산이라는 개념이 인정되기 어렵다는 이유로 회생절차에서 파산재단으로부터 자유재산으로 포기하는 것과 같은 포기는 불가능하다는 견해가 있다{주석 채무자회생법(Ⅰ), 557쪽}. 이 견해에 의하면 여기서의 권리의 포기는 채무자의 재산을 폐기하거나(이 경우에는 제61조 제1항 제1호의 재산의 처분에도 해당한다), 채무자의 재산에 속하는 권리를 포기하거나, 채무자가 가진 채권을 면제하는 경우를 가리킨다고 본다.

3) 회생절차(법인)에서 도산재단에 장래소득이 포함되는 것은 면책에 대한 의미 차이에서 비롯된 면도 있다. 개인에게 있어 면책은 새로운 출발의 기회를 보장한다. 그러기 위해서는 장래소득은 새로운 출발의 재원으로 사용되어야 하므로 도산재단에서 제외되어야 한다. 법인의 경우에는 새로운 출발이라는 것이 있을 수 없다. 법인에 대한 회생절차에서는 일반법에서 확립된 법적 권리가 정당하게 행사되도록 보장하여야 한다. 따라서 원칙적으로 절대우선의 원칙이 적용되어야 회생계획에 반대하는 채권자들을 보호할 수 있다. 법인에게 있어 면책은 새로운 자본구조를 구성하는 메커니즘의 일부분에 불과하여 그 의미가 개인과 다르다. 법인의 경우 면책은 절대우선의 원칙과 결합하여 법인의 자산이 채권자들 전부를 만족시킬 만큼 충분하지 않은 경우에는 법인의 장래소득에 대한 주주들의 권리가 소멸하도록 채권자들이 강제할 수 있게 해준다. 그래서 회생절차(법인)에서의 도산재단에는 장래수입도 포함되는 것이다.

도산채권에 기한 강제집행이 허용되는 경우 개인채무자(일반회생)의 최저생활을 보호할 필요가 인정되지만, 그것은 강제집행 일반의 압류금지재산에 관한 규율(민집법 제195조, 제246조 제1항 등)에 위임하는 것으로 충분하다.[4)]

2. 파산재단[파산절차]

가. 의 의

파산재단이란 파산선고 당시 채무자가 가진 모든 재산을 말한다(제382조 제1항). 파산재단은 파산채권에 대한 변제에 충당하기 위하여 조직되고 관리되는 채무자의 모든 재산이고, 채무자가 파산선고시에 가지는 압류할 수 있는 일체의 재산으로 구성된다. 파산선고 전에 생긴 원인으로 장래에 행사할 청구권도 파산재단에 속한다(제382조 제2항). 채무자의 재산인 한 국내외의 모든 재산을 포함한다(제640조 참조).[5)]

(1) 채무자가 가진 재산

여기서 재산은 금전적 가치가 있는 적극재산을 말한다. 채무는 포함되지 아니한다. 부동산이나 동산은 물론 제한물권이나 채권, 지식재산권 등 법률상 권리 및 사실관계로 불리는 영업권이나 노하우 등 금전적(재산적) 가치가 있어 파산채권자의 배당재원으로 될 수 있는 모든 재산을 포함한다.

반면 처음부터 금전적 가치가 인정되지 않는 인격권이나 신분상의 권리는 파산재단에 포함되지 않는다. 따라서 이혼으로 인한 재산분할청구권,[6)] 명예훼손으로 인한 위자료청구권은 파산재단에 포함되지 않는다.

(2) 파산선고 당시의 재산

① 고정주의

파산재단을 구성하는 것은 채무자가 파산선고 당시에 가진 재산이다. 채무자회생법은 파산재단의 범위를 파산선고 당시의 재산에 한정시키는 고정주의를 채택하였다. 따라서 파산선고 후에 취득한 재산(新得財産)은 파산재단에서 제외된다.[7)]

---

4) 나아가 일반회생의 경우 공익채권인 ① 채무자 및 그 부양을 받는 자의 부양료(제179조 제1항 제14호)나 ② 기타 채무자를 위하여 지출하여야 하는 부득이한 비용(제179조 제1항 제15호)으로도 보호받을 수 있다.

5) 일본 파산법은 명시적으로 「재산이 일본 내에 있는지를 묻지 않는다」고 하고 있다(제34조 제1항).

6) 대법원 2023. 9. 21. 선고 2023므10861, 10878 판결, 대법원 2023. 7. 14. 자 2023마5758 결정, 대법원 2022. 7. 28. 자 2022스613 결정.

7) 개인의 경우를 말한다. 개인의 경우 장래소득은 새로운 출발(fresh start)을 하기 위한 원천으로 사용하여야 한다는 점을 고려한 것이다. 반면 법인의 경우에는 파산선고 후 새롭게 취득한 재산도 파산재단에 속한다.

고정주의를 채택한 것은 ㉮ 파산채권의 범위가 파산선고 전의 원인에 기하여 생긴 것에 한정되는 것(제423조)과 조화되고, ㉯ 파산채권자와 파산선고 후의 채권자와의 사이에 공평을 기하며(파산선고 전의 채권자는 파산선고 당시의 재산으로 충당할 수 있고, 파산선고 후의 채권자는 새로 취득한 재산으로 충당할 수 있다), ㉰ 파산재단의 범위가 파산선고 당시로 확정되므로 파산절차가 신속히 진행될 수 있고(파산선고 당시의 채권자에 대하여 파산선고 당시의 재산을 평등하게 배당하는 것이므로 절차가 간명해진다), ㉱ 개인인 채무자는 파산선고 후에 취득한 재산(新得財産)을 기초로 생활이나 사업의 재출발을 도모할 수 있으며(채무자의 경제적 재기), ㉲ ㉱를 전제로 채무자에게 조기에 자기파산(자발적파산)을 신청하도록 촉진하는 역할을 할 수 있다는 것을 고려한 것이다.

법인파산의 경우에는 파산으로 법인이 해산되고 그 활동이 종료되기 때문에 고정주의와 팽창주의 구별은 별로 의미가 없다. 다만 법인의 경우에도 파산관재인이 일정기간 사업을 계속하여(제486조) 그 후에 영업을 양도하는 경우(그 사이에 발생한 수익은 파산재단에 속한다) 등을 생각하면 팽창주의적 요소가 전혀 없다고는 할 수 없다.[8] 양자의 구별이 실제적으로 큰 의미가 있는 것은 개인파산의 경우이다. 개인파산에 있어서는 위 ㉲의 이유에서 고정주의가 우수하다.[9]

② 장래의 청구권

채무자가 파산선고 전에 생긴 원인으로 장래에 행사할 청구권도 파산재단에 속하게 된다(제382조 제2항). 장래의 청구권이란 정지조건부채권이나 기한부채권으로 파산선고 당시에는 아직 조건의 성취나 기한의 도래가 인정되지 않는 것을 말한다.

(3) 압류할 수 있는 재산일 것

압류할 수 없는 재산은 파산재단에 속하지 아니하고 채무자의 자유재산에 속한다(제383조 제1항). 압류할 수 없는 재산에는 압류가 금지되는 물건(민집법 제195조)과 압류금지채권(민집법 제246조)이 있다. 파산절차는 포괄적 집행절차(압류절차)로서의 성격을 가지고 있으므로 민사집행법에서 압류가 금지되고 있는 입법취지가 파산절차에 구현된 것이다.

---

8) 법인의 경우 파산선고에 따라 법인이 해산하고, 파산관재인에 의해 청산절차를 대체하여 파산절차가 진행되므로 그 과정에서 새롭게 재산을 취득하여도 채무자가 취득한 것이 아니다. 따라서 팽창주의적이기는 하지만 팽창주의는 아니다.

9) 條解 破産法, 303쪽.

(4) 법원의 면제재산결정이 없을 것

개인파산의 경우 채무자의 재산은 파산재단에 속하여 채무의 변제에 사용되어야 하지만, 법원은 개인인 채무자의 신청에 의하여 아래의 어느 하나에 해당하는 재산을 파산재단에서 면제할 수 있다(제383조 제2항). 이를 면제재산이라 한다. 면제재산은 면책과 더불어 개인채무자에게 새로운 출발을 위한 유용한 도구이다.

① 채무자 또는 그 부양자의 주거용으로 사용되고 있는 건물에 관한 임차보증금반환청구권으로서 주택임대차보호법 제8조(보증금 중 일정액의 보호)의 규정에 의하여 우선변제를 받을 수 있는 금액의 범위 안에서 대통령령(시행령 제16조 제1항, 주택임대차보호법 시행령 제10조 제1항)이 정하는 금액을 초과하지 아니하는 부분

② 채무자 및 그 피부양자의 생활에 필요한 6월간의 생계비에 사용할 특정한 재산으로서 대통령령(시행령 제16조 제2항)이 정하는 금액{「국민기초생활 보장법」 제2조 제11호에 따른 4인가구 기준 중위소득(파산선고 당시를 기준으로 한다)의 100분의 40에 6을 곱한 금액}을 초과하지 아니하는 부분

나. 자유재산

자유재산이란 채무자의 재산 중 파산재단에 속하지 않는 재산으로 채무자가 자유롭게 관리·처분할 수 있는 재산을 말한다. 자유재산이라는 개념을 인정하는 취지는 채무자에 대하여 헌법 제34조 제1항이 규정하는 '인간다운 생활을 할 권리'를 보장하는 데 있다. 따라서 그 범위는 인간다운 생활을 할 수 있을 정도로 충분한 것이어야 한다. 자유재산은 파산선고 이후에도 채무자가 계속 관리처분권을 유지할 수 있는 재산이다.

자유재산으로 4가지가 있다. ① 압류금지재산, ② 면제재산(제383조 제2항), ③ 파산선고 후 채무자가 새롭게 취득한 재산(新得財産), ④ 파산관재인이 파산재단으로부터 포기한 재산(제492조 제12호)이 그것이다. 파산선고 후에 채무자가 상속한 상속재산도 신득재산이다.[10]

파산채권자는 파산절차에서 개별적인 권리행사를 할 수 없으므로(제424조) 자유재산에 대하여도 강제집행을 할 수는 없다. 자유재산은 파산선고 후에 채무자나 그 가족의 생계를 유지하고 경제적 재기의 기초가 될 뿐만 아니라 파산선고 후의 새로운 채권자를 위한 책임재산이 된다.[11]

---

10) 예컨대 피상속인이 사망한 후 보험회사로부터 받게 되는 보험금 등.

11) 파산선고 후 채무자가 부담한 채무는 파산절차나 파산재단과 관계가 없으므로 채무자 자신이 변제하지 않으면 안 된다.

(1) 파산재단으로의 편입 여부

채무자가 승낙한 경우 자유재산을 파산재단에 편입할 수 있는가. 자유재산을 파산재단으로 편입하는 것을 긍정하는 견해도 있다.[12] 하지만 채무자의 승낙을 조건으로 자유재산을 파산재단에 편입할 수 있는 법적 근거도 없고, 자유재산은 기본적으로 채무자의 생계를 유지하고 경제적 재기의 기초를 위해서 존재하는 것이며, 편입을 인정할 경우 효과에 있어 일부면책을 허용하는 결과가 된다는 점에서 부득이한 경우를 제외하고 원칙적으로 허용되지 않는다.

(2) 파산채권에 대한 임의변제 가능 여부

채무자가 자유재산으로 파산채권을 임의변제할 수 있는가. 채권자평등을 원칙으로 하는 파산절차의 성질에 비추어 허용되지 않는다는 견해도 있다.[13] 그러나 자유재산은 채무자의 의사에 따라 처분하는 것이 자유로운 재산이므로(자유재산은 채무자의 관리처분권에 복종하므로) 채무자가 진정한 의사에 의하여 자유재산으로 변제하는 것은 본래 제424조의 규율 대상이 아니므로 가능하다. 다만 허용된다고 하더라도 진정한 의사에 의한 변제인지는 자유재산이 채무자의 경제적 갱생이나 생활보장의 기초로 되고 자유재산으로부터 채무자의 변제가 강제되는 것은 아니라는 점을 고려하여 엄격히 판단하여야 하고(그럼으로써 파산채권자가 변제를 강제하는 것을 저지할 수 있다) 그것이 흠결된 경우에는 파산채권자의 부당이득이 성립한다고 할 것이다.[14]

(3) 법인의 자유재산 인정 여부

법인의 경우에도 자유재산을 인정할 수 있는지에 대하여는 다툼이 있다. 실무는 파산재단에 속하는 재산이라도 파산재단으로부터의 포기에 의하여 자유재산이 되고, 법인파산에 있어서도 파산재단의 포기를 인정하는 것이 옳다(제492조 제12호)는 이유로 법인에 대하여도 자유재산의 개념을 긍정하는 것이 타당하다고 한다.[15] 또한 자유재산이란 그 내용이 다양하고, 법인이 채무자인 경우에도 외국 소재 재산이나 파산재단으로부터 포기된 재산을 염두에 두면, 자유재산을 관념할 수 있다는 견해도 유력하다.

그러나 법인은 생활보호의 필요도 없고 파산은 법인의 해산사유이기 때문에 원칙

12) 倒産法(加藤哲夫등), 93~94쪽.
13) 김경욱, "파산재단의 범위에 관한 연구－파산법 제6조를 중심으로－", 비교사법 8권 1호(상)(통권 14호), 한국비교사법학회(2001), 506쪽.
14) 破産法・民事再生法, 246쪽, 條解 破産法, 745~746쪽, 倒産判例百選, 92~93쪽.
15) 서울행정법원 2005. 7. 7. 선고 2005구합6904 판결.

적으로 자유재산을 인정할 이유가 존재하지 않는다. 또한 법인에게 자유재산을 인정하면 불공평한 결과가 발생하므로 인정하여서는 안 된다. 본래 파산법인의 재산은 파산채권자에 대한 배당재원으로 되는 것인데, 이것을 자유재산으로 한다면 파산채권자가 아닌 사원 등의 잔여재산분배청구권의 대상이 된다. 이것은 실질적으로 파산채권자보다 사원 등의 권리를 우선하는 것이 되어 도산법의 기본원리에 반한다.[16] 법인의 경우 면제재산의 규정은 적용될 수 없고, 압류금지재산은 관련 규정을 형식적으로 적용할 것이 아니라 채무자가 법인이라는 특수성을 고려하여 그 취지가 개인채무자의 최저생활을 보장하는 것인 경우뿐만 아니라 (제383조 제1항의 규정에 불구하고)모두 파산재단에 속하는 것으로 보아야 한다. 또한 파산선고 후에 새롭게 취득한 재산은 자유재산이 아니라 파산재단에 속한다.[17] 다만 파산관재인의 파산재단으로부터 포기(제492조 제12호)에 의한 경우에는 법인에 대하여도 자유재산으로 인정된다고 할 것이다(관리처분권은 청산법인이 갖는다).[18]

요컨대 자유재산은 채무자의 건강하고 문화적인 최저한도의 생활을 보장하는 것을 주된 목적으로 하는 것이고, 이러한 목적에 비추어 보면, 법 기술에 의해 권리능력이 부여된 것에 지나지 않은 법인에 대하여는 원칙적으로 자유재산을 관념할 필요는 없다.

3. 개인회생재단[개인회생절차]

개인회생재단이란 ① 개인회생절차개시결정 당시 채무자가 가진 모든 재산, ② 채무자가 개인회생절차개시결정 전에 생긴 원인으로 장래에 행사할 청구권, ③ 개인회생절차 진행 중에 채무자가 취득한 재산 및 소득을 말한다(제580조 제1항). 다만 ①, ②에 해당하는 것으로 압류금지재산이나 면제재산은 개인회생재단에서 제외된다(제580조 제3항, 제383조 제1항, 제2항). 결국 ③에 대하여는 압류금지재산이나 면제재산이 인정되지 않는다. 그 이유는 개인회생절차에서 주로 ③이 변제재원으로 사용되는데, 압류금지재산이나 면제재산을 인정하면 변제재원이 적어질 수 있기 때문이다. 결국 변제재원을 늘려 개인회생채권자들을 보호하기 위함이다.

개인회생재단은 개인회생절차에서 채무자의 재산으로 채무를 갚는 데 사용할 재산의 집단으로서 모든 채권자를 위해서 사용해야 할 재산을 총칭하는 것이다.[19] 개

16) 破産法・民事再生法, 181쪽, 條解 破産法, 311쪽.
17) Doulas G. Baird, 14쪽.
18) 일본 최고재판소의 입장이기도 하다{倒産法(加藤哲夫등), 92쪽}. 다만 실무적으로 파산재단으로부터의 포기는 흔하지 않다. 환가비용이 많이 들거나 경제적 가치가 없거나 환가에 오랜 시간이 필요하여 환가의 실익(경제성)이 없는 경우 등에 제한적으로 허용되고 있다.

인회생재단은 개인회생절차개시결정 후 개인회생절차진행 중에 생긴 원인으로 채무자가 취득한 재산 및 소득도 포함하는 팽창주의를 취하고 있다.

팽창주의를 취하고 있으므로 상속인에 대한 개인회생절차가 개시된 후 피상속인이 사망하면, 상속재산은 개인회생절차 진행 중에 채무자가 취득한 재산이므로 개인회생재단에 포함된다고 보아야 한다.

한편 채무자의 기초적 생활보호를 위해 개인회생재단에서 제외되는 것으로 ① 압류금지재산(자동 면제재산)과 ② 면제재산이 있다(제580조 제3항, 제383조 제2항).[20] 압류금지재산은 원래부터 민사집행법상 집행금지 대상이므로 개인회생절차에서도 동일한 취지로 규정한 것이다. 개인회생재단에서 제외되고, 채무자가 개인회생절차개시 이후에도 관리처분권을 계속 유지한다는 점에서 자유재산이라고 할 수 있다.

Ⅱ. 환 취 권

도산절차에서는 도산재단만이 도산채권자의 책임재산이 된다. 도산재단에 속하지 아니하는 재산은 도산재단으로부터 환취되어야 한다. 환취권자는 도산채권자가 아니다. 따라서 환취권자는 도산채권처럼 도산채권자표에 신고하는 방식으로 행사되지 않고, 도산절차에 영향을 받지 않는다. 즉 통상의 민사소송절차에 따라 행사된다. 환취권은 확정된 내용이 없다. 환취권의 내용은 어떠한 목적물이 환취되어야 하는지에 따라 결정된다.

1. 의 의

환취권(Reclamation)이란 제3자가 도산재단에 속하지[21] 않는다는 것을 주장하여 도산관리인 등으로부터 재산을 돌려받거나 인도 요구를 거절할 수 있는 권리를 말한다. 즉 도산재단에 속하는 어떤 재산에 대하여 도산관리인 등의 지배나 지배 요구를 배제할 수 있는 권리이다.

환취권자는 특정 목적물이 도산재단이 아니라 자신의 재산에 속하므로 도산채권자들의 책임재산이 아니라고 주장할 수 있는 자이다. 도산재단에 속하지 않는 재산에 대하여 권리를 주장하는 제3자는 도산관리인 등을 상대로 도산재단으로부터 이

---

19) 수탁자에 대하여 개인회생절차가 개시된 경우 신탁재산은 개인회생재단을 구성하지 않는다(신탁법 제24조). 위탁자에 대하여 개인회생절차가 개시된 경우에도 마찬가지이다.

20) 개인회생절차에서 개인회생재단으로부터의 포기는 관념하기 어렵다. 채무자가 여전히 개인회생재단에 대한 관리처분권을 가지고 있고, 회생절차(제61조 제1항 제7호)나 파산절차(제492조 제12호)와 달리 포기할 수 있는 법적 근거도 없다.

21) 여기서 '속한다'는 것은 소유권의 귀속을 의미하는 것이 아니라 도산관리인 등의 지배권이 미친다는 것을 의미한다.

를 환취하는 것이 허용된다(제70조, 제407조, 제585조).

환취권은 도산재단에 속하지 않는다는 것을 주장하는 권리를 의미하지만, ① 실체법에 의하여 인정되는 것과 ② 채무자회생법에 의하여 인정되는 것이 있다. 전자를 일반환취권, 후자를 특별환취권이라 부른다.

환취권의 행사에 해당하는 것으로 제3자가 적극적으로 도산관리인 등에 대하여 행사하는 물건인도청구, 부동산상의 채무자 명의의 등기말소청구뿐만 아니라, 도산관리인 등이 제3자의 지배하에 있는 재산이 도산재단에 속한다고 주장하며 그 인도청구, 이전등기청구 등을 함에 대하여 제3자가 소극적으로 그 재산에 대한 자신의 권리를 주장하여 도산관리인 등의 요구를 배척하는 경우(항변)를 들 수 있다.

2. 일반환취권

일반환취권이란 실체법상의 권리에 기하여 채무자의 지배 내지 지배의 요구를 배제할 수 있는 법적인 지위를 말한다. 도산절차개시는 채무자에게 속하지 아니하는 재산을 채무자로부터 환취하는 권리에 영향을 미치지 아니한다(제70조, 제407조, 제585조).

가. 환취권의 기초가 되는 권리

환취권은 물적 또는 인적 권리에 기하여 특정의 목적물이 도산재단에 속하지 않는다고 주장할 수 있는 권리이다. 따라서 목적물에 대한 환취권은 도산절차 밖에서 적용되는 법률에 따라 정해진다.

환취권의 기초가 되는 권리에는 소유권, 점유를 권리의 내용으로 하는 용익물권·담보물권, 채권적청구권,[22] 사해행위취소권[23] 등이 있다.

나. 환취권과 성립요건·대항요건

도산절차에서 환취권으로 취급되기 위해서는 도산절차개시 전에 성립요건이나 대항요건을 갖추고 있어야 한다. 부동산이라면 등기(민법 제186조), 동산이라면 인도(민법 제188조 제1항), 채권양도라면 확정일자 있는 증서에 의한 통지·승낙(민법 제450

22) 채무자가 전차한 물건에 대하여, 전대인(임차인)이 전대차의 종료를 이유로 환취권을 주장하는 경우(채무자에게 속하지 않는다는 것을 주장하여 채권의 내용으로서 물건의 인도를 구하는 경우)를 들 수 있다. 반대로 어떤 재산이 도산재단에 속하고, 도산관리인 등의 관리처분권에 복종한다는 것을 전제로 그 급부를 구하는 채권적 청구권을 주장하는 자는, 도산채권자로 취급되고 환취권자의 지위는 부여되지 않는다. 따라서 매매계약의 매수인은 매도인에 대하여 도산절차가 개시된 경우 자신의 인도청구권을 기초로 환취권을 주장할 수 없다.

23) 대법원 2014. 9. 4. 선고 2014다36771 판결.

조)이 필요하다.

도산절차가 개시된 후에는 제66조 제1항 단서 · 제331조 제1항 단서를 제외하고 등기 등을 할 수 없고(제66조 제1항 본문, 제331조 제1항 본문), 그 결과 성립요건 · 대항요건을 흠결한 것이므로 환취권을 행사할 수 없다. 따라서 도산절차개시 전에 매매계약은 체결하였더라도 소유권이전등기가 마쳐지지 아니한 경우에는, 매수인은 소유권 취득을 도산절차와의 관계에서 주장할 수 없으므로 환취권을 주장할 수 없다.

다. 환취권의 행사

환취권은 도산절차에 의할 필요는 없고(제70조, 제407조, 제585조), 재판상 또는 재판 외에서 도산관리인 등에 대하여 적절한 방법으로 행사한다. 환취권의 행사는 민법이나 민사소송법 등이 정하는 바에 따라 한다. 채무자가 도산절차에 있지 않았다면 행사되었을 권리와 동일하게 환취권이 행사된다. 행사시기에 제한도 없다.

(1) 환취권의 대상인 재산이 사실상 도산관리인 등의 지배하에 있다면, 제3자가 도산관리인 등을 상대로 목적물의 인도를 구하면 된다.

(2) 환취권의 대상인 재산이 제3자의 지배하에 있는 경우 도산관리인 등은 제3자를 상대로 점유하는 목적물에 대하여 그 인도나 등기의 말소 · 이전 등의 청구를 구하는 소송을 제기할 것이다. 이 경우 제3자는 환취권을 주장(항변)하여 도산관리인 등의 요구를 배제할 수 있다(환취권의 소극적 기능). 예컨대 제3자가 점유하고 있는 재산에 대하여 도산관리인 등이 채무자의 소유권을 이유로 인도를 구함에 대하여, 제3자가 항변으로 대항력 있는 임차권을 주장하는 경우를 들 수 있다.

3. 특별환취권

채무자회생법은 이해관계인 사이의 공평 또는 격지자 사이의 거래안전을 도모한다는 점을 고려하여 몇 가지 환취권을 인정하고 있다. 일반환취권은 목적물에 대하여 제3자가 실체법상의 지배권을 근거로 하는 것이지만, 특별환취권은 채무자회생법이 위와 같은 특별한 고려에서 창설한 것이다.[24)]

가. 운송 중인 매도물의 환취

매도인이 매매의 목적인 물건을 매수인에게 발송하였으나 매수인이 그 대금의 전액을 변제하지 아니하고, 도달지에서 그 물건을 수령하지 아니한 상태에서 매수인에

---

24) 특별환취권으로 제71조, 제72조, 제408조, 제585조 이외에, 특별환취권으로서의 성질을 갖는 것도 있다(제108조 제3항 제1호, 제121조 제2항, 제337조 제2항 등).

관하여 도산절차가 개시된 때에는 매도인은 그 물건을 환취할 수 있다(제71조 제1항 본문, 제408조 제1항 본문, 제585조). 이는 격지자간 매매에 있어서 매도인은 목적물인도의무를 먼저 이행하고, 대금은 추후에 지급받기로 하였는데 당해 목적물의 운송 중에 매수인에 대하여 도산절차가 개시된 경우, 매도인을 보호하기 위하여 인정되는 환취권이다.

매도인의 환취권 행사에 대하여, 도산관리인 등은 법원의 허가를 얻어 대금 전액을 지급하고 물건의 인도를 청구할 수 있다(제71조 제1항 단서, 제408조 제1항 단서, 제585조).

한편 매도인이 환취권을 행사하여 목적물의 점유를 취득하여도 매매계약의 효력에는 영향이 없다. 이 경우 목적물인도의무와 대금지급의무는 쌍방미이행관계가 확정되기 때문에 계약관계는 쌍방미이행 쌍무계약의 법리에 따라 정리된다. 도산관리인은 제119조·제335조의 요건이 충족되어 있으면 계약을 해제하거나 대금을 지급하고 목적물의 인도를 청구하는 것 중 하나를 선택할 수 있다(제71조 제2항, 제408조 제2항).

나. 위탁매매인의 환취권

물건매수의 위탁을 받은 위탁매매인이 그 물건을 위탁자에게 발송한 경우에도 환취권이 인정된다(제72조, 제409조, 제585조). 위탁매매인과 위탁자 사이의 법률관계는 민법상의 위임계약이지만, 위탁매매인이 위탁자를 위하여 구입한 물품을 위탁자에게 발송한 경우 위탁매매매인과 위탁자의 관계는 격지자 사이의 매매와 유사하므로 위탁매매인을 보호하기 위하여 둔 것이다.

4. 대체적 환취권

가. 의 의

① 채무자가 도산절차개시 전에 환취권의 목적인 재산을 양도하거나, ② 도산관리인 등이 환취권의 목적인 재산을 양도한 때에는 환취권자는 반대급부의 이행청구권의 이전을 청구할 수 있고, 도산관리인 등이 반대급부의 이행을 받은 때에는 환취권자는 도산관리인 등이 반대급부로 받은 재산의 반환을 청구할 수 있다(제73조, 제410조, 제585조). 이를 대체적 환취권이라 한다. 대체적 환취권은 권한 없는 양도를 요건으로 한다.

도산절차개시 전의 채무자 또는 도산절차개시 후의 도산관리인 등이 환취권의 목적인 재산을 양도함으로써 이미 제3자에게 처분한 경우에는 그 재산 자체의 환취를 할 수 없다. 이 경우 도산관리인 등이 그 재산의 반대급부로서의 이익을 보유하고, 환취권자는 부당이득반환청구권만을 가진다고 하면 이는 재산양도로 인하여 환취권자의 희생으로 도산관리인 등이 부당하게 이득하는 것이 되므로 공평의 견지에서 환취권자에게 현물을 환취한 것과 동일한 수준의 보호를 하기 위하여 인정한 것이다.[25]

나. 대체적 환취권의 형태

대체적 환취권의 형태는 ① 도산절차개시 후 도산관리인 등이 반대급부를 아직 수령하지 않은 경우와 ② 도산절차개시 후 도산관리인 등이 반대급부를 수령한 경우로 나눌 수 있다.

(1) 도산절차개시 후 도산관리인 등이 반대급부를 수령하지 않은 경우(제73조 제1항, 제410조 제1항, 제585조)

채무자가 도산절차개시 전에 환취권의 목적인 재산을 양도하였지만, 도산관리인 등이 반대급부를 아직 수취하지 아니한 경우로서, 해당 재산에 대하여 환취권을 가진 자는, 반대급부의 이행청구권의 이전을 도산관리인 등에 대하여 청구를 할 수 있다(제73조 제1항 전문, 제410조 제1항 전문, 제585조).

도산관리인 등이 도산절차개시 후 환취권의 목적인 재산을 양도하였지만, 도산관리인 등이 반대급부를 아직 수령하지 아니한 경우에도 환취권자는 반대급부의 이행청구권의 이전을 도산관리인 등에 대하여 청구할 수 있다(제73조 제1항 후문, 제410조 제1항 후문, 제585조).

이들의 경우 도산관리인 등은 반대급부이행청구권 이전의 의사표시 및 대항요건으로서 채권양도의 통지(민법 제450조)를 하여야 한다.

(2) 도산절차개시 후 관리인 등이 반대급부를 수령한 경우(제73조 제2항, 제410조 제2항, 제585조)

① 채무자가 도산절차개시 전 환취권의 목적인 재산을 양도하고, 도산관리인 등이 도산절차개시 후 반대급부를 수령한 경우, 또는 ② 도산관리인 등이 도산절차개시 후 환취권의 목적인 재산을 양도하고 반대급부를 수령한 경우 해당 재산에 대한 환취권을 가진 자는 도산관리인 등이 반대급부로 수령한 재산의 급부를 청구할 수 있다(제73조 제2항, 제410조 제2항, 제585조).

---

25) 환취권이 인정되지 않을 때는 다음과 같은 문제가 발생한다. 채무자가 처분한 경우에는 손해배상청구권이나 부당이득반환청구권이 도산채권으로 밖에 인정되지 않아 비율적 변제만을 받게 되고, 도산관리인이 처분한 경우에는 공익채권·재단채권으로 인정된다고 하더라도 도산재단이 부족한 경우 안분변제를 받아야 하므로 완전한 변제를 받기 어렵다.

다. 대체적 환취권의 성립요건

대체적 환취권이 성립하려면 반대급부가 도산재단 내에 구별이 가능한 상태로 현존해야 한다.[26] 이러한 요건이 충족되지 않으면 환취권은 인정되지 않는다. 예컨대 도산관리인 등이 수령한 반대급부가 금전과 같이 수령에 의해 특정성이 상실되는 경우에는 대체적 환취권은 인정되지 않는다. 이때는 부당이득반환청구권(제179조 제1항 제6호, 제473조 제5호, 제583조 제1항 제6호)이나 불법행위로 인한 손해배상청구권(제179조 제1항 제5호, 제473조 제4호, 제583조 제1항 제6호)을 가진 자로서 공익채권자 · 재단채권자 · 개인회생재단채권자로 취급이 고려될 뿐이다.

Ⅲ. 부 인 권

1. 부인권의 개요

가. 부인권의 의의

부인권(avoidance powers, avoiding power)이란 도산절차개시 전[27]에 채무자가 ① 도산채권자를 해하는 것을 알고 한 행위 또는 ② 다른 도산채권자와 평등을 해하는 변제 · 담보제공 등과 같은 행위를 한 경우, 도산절차개시 후에 도산관리인 등이 도산재단을 위하여 그 행위의 효력을 부인하고 일탈된 재산의 회복을 목적으로 하는 권리를 말한다(제100조, 제391조, 제584조). 부인권은 도산절차개시 전의 채무자 행위를 개시 후에 평가하는 평가규범이다.

부인권은 도산절차개시 이전에 부당하게 처분된 채무자의 재산을 회복함으로써 도산절차의 목적을 달성하기 위하여 인정된 채무자회생법상의 특유한 제도이다.[28] 부인권(특히 편파행위를 원인으로 하는 부인권)은 채권자가 도산절차개시 전에 공격적으로 채권을 회수하고자 하는 채권자들의 유인을 낮추는 기능을 가지고 있다. 채권자들이 채무자를 압박하여 채권을 회수하더라도 이후 채무자에 대하여 도산절차개시 결정이 되면 변제행위가 부인되어 반환될 수 있기 때문이다. 이로써 부인권은 채권자들이 채무자(기업)의 영업을 흔들거나 자산의 개별매각으로 채무자 재산의 가치를 감소시키거나 채무자를 파산상태로 밀어 넣으려는 행위들을 제재하는 효과를 가진다.[29]

26) 독일 도산법 제48조 후문은 이를 명확히 규정하고 있다.
27) 도산절차는 법원이 관여하고 법에 의한 제도이기 때문에, 도산절차 중 부적절한 행위가 행해진 경우에는, 법에 의해 규정된 여러 제도에 의해 시정되므로, 부인권의 행사는 기본적으로 도산절차개시 전의 행위를 규제대상으로 한다.
28) 대법원 2016. 4. 12. 선고 2014다68761 판결.
29) Elizabeth Warren, 111쪽 참조.

채무자회생법은 부인권에 관한 규정을 3곳에서 하고 있다. 먼저 제2편 회생절차(제2절)에서 부인권에 관한 규정으로 제100조 내지 제113조의2가 있고, 다음으로 제3편 파산절차(제2절)에서 부인권에 관한 규정으로 제391조 내지 제406조의2가 있다. 마지막으로 개인회생절차에서는 파산절차의 부인권에 관한 조항이 준용된다(제584조).

회생절차상 부인권과 파산절차(개인회생절차, 이하 파산절차 한다)상 부인권은 몇 가지 차이가 있다. ① 파산절차의 부인권은 일탈한 재산을 회복하고 이를 현금화하여 채권자 사이의 공평을 도모함은 물론 채권자에게 더 많은 배당을 목표로 한다. 반면 회생절차상의 부인권은 회복한 재산을 반드시 현금화하여야 하는 것이 아니라 채무자의 회생을 위하여 채무자의 수익력 내지 기업가치의 회복을 목적으로 한다. ② 파산절차에서 담보권자는 별제권자로서 파산절차와 별개로 권리행사를 할 수 있으므로(제412조) 파산선고 전에 담보권을 실행하더라도 부인의 대상이 되지 않는다. 그러나 회생절차에서는 담보권자도 권리행사의 제약을 받으므로 절차개시 전의 담보권의 실행 또는 담보권자에 대한 변제가 부인의 대상이 되는지가 문제된다. 대법원은 부인의 대상이 된다는 긍정설을 취하고 있다.[30)]

나. 부인권과 채권자취소권

부인권과 채권자취소권은 모든 채권자의 이익을 위하여 채무자의 사해행위에 의하여 일탈된 공동담보의 회복을 도모한다는 점에서 제도적 취지를 같이 하고 있다. 그러나 채권자취소권은 채권자에게 개별적으로 인정되는 권리[31)]로서 취소대상행위나 행사방법 등이 제한적인 반면, 부인권은 도산절차가 포괄적 집행절차이므로 채권자간의 공평한 처우를 기본으로 하여 회생이나 공평한 배당을 도모하기 위한 권리이고, 행사권한이 도산관리인 등에게 전속되며, 대상행위 · 행사요건 · 행사방법 등이 완화된 강력한 권리인 점에서 차이가 있다.

(1) 행사주체

채권자취소권은 개별채권자가 도산절차 밖에서 행사하는데 반하여(민법 제406조 제1항 본문), 부인권은 도산관리인 등이 도산절차 내에서 행사한다(제105조 제1항, 제396조 제1항, 제584조). 도산관리인 등은 채무자와 별개의 제3자적 지위에서 부인권을 행

---

30) 대법원 2011. 11. 24. 선고 2009다76362 판결 참조.

31) 채권자취소권은 개별집행절차에서 책임재산의 유지와 개별채권자의 보호만을 목표로 한다. 반면 부인권은 전체집행을 전제로 모든 채권자들의 보호를 목적으로 한다. 채권자취소권을 행사하는 경우는 도산위기 상황에서의 대상행위에 대해 동일한 상황에서 행사하는 것이다. 반면 부인권의 행사는 도산절차가 개시되기 전의 행위를 도산절차개시 후에 다시 평가하여 대상행위로 한다는 점에서 차이가 있다.

사한다.

(2) 행사요건

채권자취소권은 주관적 요건으로 채무자의 사해의사와 수익자 또는 전득자의 악의를 필요로 한다(민법 제406조 제1항 단서). 이에 반하여 부인권은 부인의 유형을 여러 가지로 설정하고 그 유형에 따라 요건을 채권자취소권보다 완화시키고 있다. 구체적으로 고의부인의 경우는 채무자의 사해의사와 수익자의 악의를 요건으로 하고 있어 채권자취소권과 동일하다. 반면 위기부인은 채무자의 사해의사를 필요로 하지 않고, 수익자의 악의를 요건으로 한다. 무상부인은 채무자의 사해의사나 수익자의 악의를 요건으로 하지 않는다.

(3) 대　상

부인권의 대상은 사해행위뿐만 아니라 편파행위도 포함되지만, 채권자취소권의 대상은 원칙적으로 사해행위에 한정된다.

(4) 행사방법

채권자취소권이나 부인권 모두 그 행사방법을 재판상의 행사에 한정시킨 점에서는 동일하다.[32] 그러나 채권자취소권은 소의 제기에 의해서만 행사할 수 있으나(민법 제406조 제1항) 부인권은 부인의 소뿐만 아니라 부인의 청구나 항변에 의하여도 행사할 수 있다(제105조 제1항, 제396조 제1항, 제584조).

(5) 권리행사의 범위

권리행사의 범위에 있어서도 채권자취소권은 원칙적으로 채권자의 채권액에 한정됨에 반하여,[33] 부인권에 있어서는 이러한 제한이 없다.[34] 그런 의미에서 부인권은 총채권자에게 공평하고 최대한도의 만족을 부여한다는 도산절차의 목적을 달성하기 위해 채무자회생법상에 인정되는 권리이고, 채권자취소권은 개별·독립적인 권리라고 할 것이다. 따라서 모든 채권자에 대하여 채권자취소권의 제척기간이 완성되었어도 도산관리인 등에 의한 부인권의 행사를 방해하지 않으며 부인권의 행사기간은 별도로 규정되어 있다(제112조, 제405조, 제584조).

---

32) 채권자취소권이나 부인권은 그 행사 결과가 제3자에게 미치는 영향이 크므로 법원으로 하여금 그 요건의 구비 여부를 판단하게 하고, 또 그 취소(부인)는 모든 채권자를 위하여 효력이 있으므로 다른 채권자에게도 공시할 필요가 있기 때문이다.

33) 대법원 2003. 7. 11. 선고 2003다19572 판결, 대법원 2001. 12. 11. 선고 2001다64547 판결.

34) 대법원 2024. 5. 9. 선고 2023다290482 판결 참조.

〈채권자취소권과 부인권의 차이 비교표〉

	채권자취소권	부인권
성격	형성권	형성권
행사장면	도산절차 밖	도산절차
채무자의 관리처분권	채무자에게 관리처분권이 존재함	도산절차개시 및 원칙적으로 채무자의 관리처분권의 박탈을 전제로 함
행사방법	소(민법 제406조 제1항)	소, 부인의 청구, 항변(제105조 제1항, 제396조 제1항, 제584조)
소송의 형태	형성의 소(사해행위취소)+이행의 소(원상회복) * 형성소송+이행소송	이행의 소(원상회복) 확인의 소(채무부존재확인) * 이행·확인소송설
행사주체	개별 채권자	도산관리인 등
대상행위	원칙적으로 사해행위	사해행위, 편파행위
사해의사	필요(민법 제406조 제1항)	고의부인: 필요 위기부인·무상부인: 불필요
효과	물권적 효과설, 상대적 효력설	물권적 효과설, 상대적 효력설
효력발생시기	판결확정시(가집행선고 불가)	의사표시시(가집행선고 가능)
효력상실의 범위	채권자의 채권액 한도	한도 제한 없음
행사기간(제척기간)	채권자가 취소원인을 안 날로부터 1년, 취소 대상 법률행위가 있은 날로부터 5년(민법 제406조 제2항)	도산절차개시결정일로부터 2년, 행위를 한 날부터 10년(제112조, 제405조, 제584조)

2. 부인권의 유형

부인권은 일반적으로 부인할 행위의 내용, 부인대상행위를 한 시기, 사해의사의 필요 여부, 채무자의 의무에 속하는 사항인지, 무상인지 등에 따라 크게 ① 고의부인(제100조 제1항 제1호, 제391조 제1호, 제584조), ② 위기부인(제100조 제1항 제2호, 제3호, 제391조 제2호, 제3호, 제584조), ③ 무상부인(제100조 제1항 제4호, 제391조 제4호, 제584조) 3가지로 나눌 수 있다. 위기부인이나 무상부인의 경우 특수관계인을 상대방으로 한 행위에 관하여 특칙이 있다(제101조, 제392조, 제584조).

부인권의 특수한 유형(특칙)으로 ④ 어음(채무)지급의 예외(제102조, 제393조, 제584조), ⑤ 성립요건·대항요건 부인(제103조, 제394조, 제584조), ⑥ 집행행위부인(제104조, 제395조, 제584조), ⑦ 전득자에 대한 부인(제110조, 제403조, 제584조)이 있다.

3. 부인권의 성립요건

부인권을 둔 취지는 채무자의 재산거래에 관한 대가의 균형을 유지하여 채권자 사이의 평등을 실현하는 것에 있다. 즉 평상시에는 사적자치의 원칙이 타당하므로 채무자가 상대방 당사자와 합의하여 그 재산을 양도하거나 저렴하게 매각하는 것도 허용되지만, 채무자의 지급능력이 부족한 도산의 위기적 시기에 있는 경우에도 이것을 허용한다면, 다른 채권자 등 이해관계인과의 사이에서 공평성을 유지할 수 없다. 그래서 채무자회생법은 도산절차에서 그 재산을 관리할 수 있는 자(도산관리인 등)에게 일정한 요건에 해당하는 경우에 한하여, 이전한 급부, 재산 등에 관한 거래의 효력을 부정하고, 있어야 할 재산상태로 회복하는 권리(부인권)를 인정한 것이다. 다만 이러한 권리는 사적자치의 원칙을 제한하는 것이고, 부인권이 행사되면 대상행위의 수익자나 전득자에게 원상회복이나 가액상환의무가 발생하기 때문에, 과도한 행사를 인정하면 거래당사자의 예측가능성, 즉 거래의 안전을 해할 우려가 있으므로, 그 행사요건을 상세히 규정하고 있다.[35)]

가. 일반적 성립요건

채무자회생법은 부인대상행위의 유형마다 성립요건에 대하여 개별적으로 규정하고 있다. 여기에 모든 부인유형에 공통되는 것으로 최대공약수를 추출한 부인의 일반적 성립요건이 있다. 부인의 일반적 성립요건으로 다루어지고 있는 것으로 ① 행위의 유해성과 ② 행위의 부당성 및 ③ 채무자의 행위에 한정되는지(행위의 주체)가 있다. 하지만 아래에서 보는 바와 같이 ②는 행위의 상당성으로 성립요건이 아니라, 부인권 발생의 조각사유에 불과하다.

(1) 행위의 유해성

부인의 대상이 되는 행위는 도산채권자에게 해를 끼치는 행위이어야 한다. 이에 해당하는 것은 채무자의 일반재산을 절대적으로 감소시켜 모든 도산채권자에게 손해를 끼치는 사해행위(fraudulent conveyance)뿐만 아니라 일부 도산채권자에게 그 채권액의 실제가치 이상의 변제를 하여 다른 도산채권자에의 변제(배당)액을 감소시켜 채권자 사이의 평등을 저해하는 편파행위(preferences)도 포함된다.[36)]

부인의 대상이 되는 행위에는 사해행위와 편파행위 2종류가 있으므로 유해성도

35) 現代型契約と倒産法, 146쪽.

36) 대법원 2020. 6. 25. 선고 2016다257572 판결, 대법원 2005. 11. 10. 선고 2003다271 판결.

각 행위의 성질에 따라 그 내용이 다르다. 사해행위는 (기존)채권자에 대한 것일 필요가 없고(채권자 이외의 자에 대한 행위가 문제된다) 쟁점은 채무자가 상당한 대가를 취득했는지 여부이다. 반면 편파행위는 그 행위가 일부 (기존)채권자에 대한 행위이어야 하고 쟁점은 일부 채권자만 이익을 받은 것인지 여부이다. 또한 사해행위부인의 유해성 근거는 책임재산의 절대적 감소에서 구함에 반하여, 편파행위부인의 유해성 근거는 도산채권자 사이의 평등을 해하는 것에서 구한다.

한편 일체로 이루어진 행위는 그 전체를 통틀어 판단할 때 도산채권자에게 불이익을 주는 것이 아니라면 개별 약정만을 따로 분리하여 그것만을 가지고 유해성이 있다고 판단하여서는 안 된다. 일체로 이루어진 행위의 유해성은 그 행위 전체가 도산채권자에게 미치는 영향을 두고 판단되어야 하기 때문이다.[37)]

재산적 가치를 저하시키는 적극재산을 감소시키는 행위나 소극재산을 증가시키는 행위는 유해성이 있다고 할 수 있지만, 재산적 가치를 저하시키지 않는 행위라면 도산채권자를 해한다고 할 수 없다. 따라서 단순히 적극재산의 증가를 방해하는 데 지나지 않은 행위(증여의 거절, 상속의 포기,[38)] 유증의 포기[39)])는 여기에 해당하지 않는다.

유해성을 흠결한 행위는 사해행위부인의 대상도 편파행위부인의 대상도 아니다. 다만 증명책임에 관하여는 사해행위부인에서는 도산관리인 등이 채무자 행위의 유해성을 증명하여야 하나, 편파행위부인에서는 수익자측에서 유해성의 흠결을 증명하여야 할 것이다.

① 부동산 매각행위

부동산을 부당한 가격으로 매각하는 경우 행위의 유해성을 인정하는데 문제가 없다. 부동산을 적정한 가격으로 매각한 경우는 어떠한가. 부동산의 매각이 염가에 이루어진 것이 아닌 한 매각의 목적, 대금사용처 등을 종합적으로 고려하여 행위의 유해성 여부를 신중히 결정할 필요가 있다.[40)] 왜냐하면 적정한 가격으로 매각한 경우에도 행위의 유해성을 인정하게 되면 채무자의 자체적인 구조조정행위를 막아 도산절차 밖에서 경제적 위기를 극복할 길을 차단해 버리는 결과를 초래할 수도 있기 때문이다.

채무자가 자기의 유일한 재산인 부동산을 매각하여 소비하기 쉬운 금전으로 바꾸는 경우, 매각 목적이 채무를 변제하거나 변제자력을 얻기 위한 것이고 대금이 부당

37) 대법원 2018. 4. 12. 선고 2016다247209 판결, 대법원 2002. 9. 24. 선고 2001다39473 판결.
38) 대법원 2011. 6. 9. 선고 2011다29307 판결.
39) 대법원 2019. 1. 17. 선고 2018다260855 판결 참조.
40) 대법원 2015. 10. 29. 선고 2013다83992 판결, 대법원 2004. 3. 26. 선고 2003다65049 판결 참조.

한 염가가 아니며 실제 이를 채권자에 대한 변제에 사용하거나 변제자력을 유지하고 있는 때에는 채무자가 일부 채권자와 통모하여 다른 채권자를 해칠 의사를 가지고 변제를 하는 등의 특별한 사정이 없는 한, 사해행위에 해당한다고 볼 수 없다.[41)]

② 변제행위

채무자가 제3자로부터 자금을 차입하여 특정채권자에게 변제한 경우 다른 채권자와의 평등을 해하는 것으로서 원칙적으로 부인의 대상이 된다.[42)] 다만 전적으로 특정채무의 변제를 위한 목적으로 차입하고 그에 따라 즉시 변제가 이루어진 경우 이는 그 실질에 있어서는 채권자의 교체에 불과하므로 부인의 대상이 되지 않는다.[43)]

③ 담보권 설정행위

기존채무에 대한 담보권 설정행위는 원칙적으로 부인대상행위에 해당한다. 채무자의 재산이 채무의 전부를 변제하기에 부족한 경우에 채무자가 그의 재산을 어느 특정 채권자에게 담보조로 제공하였다면 특별한 사정이 없는 한 이는 곧 다른 채권자의 이익을 해하는 것으로서 다른 채권자들에 대한 관계에서 사해행위가 되는 것이고, 위와 같이 담보조로 제공된 재산이 채무자의 유일한 재산이 아니라거나 그 가치가 채권액에 미달한다고 하여도 마찬가지이다.[44)]

다만 ㉮ 사업계속을 위한 필요에서 신규차입을 하면서 부득이 특정채권자에게 담보를 제공한 경우 담보권설정행위는 부인대상이 되지 않는다.[45)] 또한 ㉯ 채무자가 지급불능 상태에서 특정 채권자에게 담보를 제공하였다고 하더라도 이것이 신규차입과 동시에 교환적으로 행하여졌고, 그 차입금과 담보 목적물의 가격 사이에 합리적인 균형을 인정할 수 있으며, 이로써 채무자가 차입금을 은닉하거나 증여하는 등 회생채권자를 해하는 처분을 할 우려를 생기게 하는 것이 아니라면 이러한 담보제공행위는 회생채권자를 해하는 행위로 볼 수 없어 부인할 수 있는 행위에 해당하지 않는다.[46)] 나아가 ㉰ 자금난으로 사업을 계속 추진하기 어려운 상황에 처한 채무자가 자금을 융통하여 사업을 계속 추진하는 것이 채무 변제력을 갖게 되는 최선의 방

---

41) 대법원 2021. 10. 28. 선고 2018다223023 판결.
42) 대법원 2018. 4. 12. 선고 2016다247209 판결.
43) 대법원 2011. 5. 13. 선고 2009다75291 판결.
44) 대법원 2022. 1. 14. 선고 2018다295103 판결(대물변제로 제공한 경우에도 마찬가지이다).
45) 대법원 2002. 3. 29. 선고 2000다25842 판결 참조.
46) 대법원 2017. 9. 21. 선고 2015다240447 판결 참조. 신규자금차입과 동시에 이루어진 담보권설정행위가 부인대상행위가 되는지가 쟁점인 사건에서, 위 2000다25842 판결은 '사업계속을 위한 사회적 상당성 있는 행위'에 해당하는가라는 점을 중심으로 논의된 것이고, 위 2015다240447 판결은 이와 다른 차원에서 미국 연방도산법이 채택하고 있는 '동시교환적(contemporaneous exchange) 행위이론'을 받아들인 것으로 평가할 수 있다(§547(c)(1)).

법이라고 생각하고 물품을 공급받기 위하여 채무초과상태에 있으면서도 부득이 채무자 소유의 부동산을 특정 채권자에게 담보로 제공하고 그로부터 물품을 공급받거나 신규자금을 추가로 융통받았다면[47] 특별한 사정이 없는 한 채무자의 담보권설정행위는 부인대상에 해당하지 않는다.[48] 이때 담보제공행위가 사업계속 추진을 위한 신규자금 융통을 위한 행위로서 사해성이 부정되는지 여부는, 행위목적물이 채무자의 전체 책임재산 가운데에서 차지하는 비율, 무자력의 정도, 그 행위가 사업을 계속 추진하여 채무를 변제하거나 변제자력을 얻기 위한 불가피하고 유효적절한 수단이었는지, 담보제공이 합리적인 범위에서 이루어진 것인지, 실제 자금이 채권자에 대한 변제나 사업의 계속을 위해 사용되어 채무자가 변제자력을 갖게 되었는지, 채무자가 일부 채권자와 통모하여 다른 채권자를 해칠 의사를 가지고 행한 것은 아닌지 등 여러 사정을 종합적으로 고려하여 판단하여야 한다.[49] ㉱ 채무자가 제3자로부터 자금을 차용하여 부동산을 매수하고 해당 부동산을 차용금채무에 대한 담보로 제공하거나, 채무자가 제3자로부터 부동산을 매수하여 매매대금을 지급하기 전에 소유권이전등기를 마치고 해당 부동산을 매매대금채무에 대한 담보로 제공한 경우와 같이 기존 채권자들의 공동담보가 감소되었다고 볼 수 없는 경우에는 담보제공행위를 사해행위라고 할 수 없다. 나아가 위와 같은 부동산매수행위와 담보제공행위가 한꺼번에 이루어지지 않고 단기간 내에 순차로 이루어졌다고 하더라도 다른 특별한 사정이 없는 한 일련의 행위 전후를 통하여 기존 채권자들의 공동담보에 증감이 있었다고 평가할 것도 아니므로, 담보제공행위만을 분리하여 사해행위에 해당한다고 할 수 없다.[50] ㉲ 건축공사의 도급인이 민법 제666조가 정한 수급인의 저당권설정청구권의 행사에 따라 공사대금채무의 담보로 건물에 저당권을 설정하는 행위는 특별한 사정이 없는 한 사해행위에 해당하지 않는다.[51]

④ 현물출자에 의한 신주발행

채무자(회사)가 현물출자를 받고 신주를 발행하는 행위는 비록 현물출자의 목적물이 과대평가되었다고 하더라도 특별한 사정이 없는 한 채무자의 재산이 감소하지

47) 그러나 이러한 경우에도 채무자에게 사업의 갱생이나 계속 추진의 의도가 있더라도 신규자금의 융통 없이 단지 기존채무의 이행을 유예받기 위하여 자신의 채권자 중 한 사람에게 담보를 제공하는 행위는 다른 특별한 사정이 없는 한 다른 채권자들에 대한 관계에서는 사해행위에 해당한다(대법원 2022. 1. 14. 선고 2018다295103 판결).

48) 대법원 2022. 1. 14. 선고 2018다295103 판결, 대법원 2022. 1. 13. 선고 2017다264072, 264089 판결, 대법원 2018. 8. 30. 선고 2018다228318 판결, 대법원 2012. 2. 23. 선고 2011다88832 판결 등 참조.

49) 대법원 2022. 1. 13. 선고 2017다264072, 264089 판결.

50) 대법원 2018. 12. 28. 선고 2018다272261 판결.

51) 대법원 2021. 5. 27. 선고 2017다225268 판결, 대법원 2008. 3. 27. 선고 2007다78616 판결 등 참조.

아니하고 증가하게 되고, 따라서 그와 같은 행위는 고의부인의 취지에 반하거나 그 실효성을 상실시키는 것이 아니므로 부인권 행사의 대상이 되지 아니한다.[52]

(2) 채무자의 행위에 한정되는지

① 행위의 주체

제100조 제1항(제391조, 제584조 제1항) 각 호는 부인의 대상이 되는 행위의 주체를 채무자에 한정하고 있는 것처럼 규정하고 있어서 부인대상행위가 채무자의 행위에 한정되는지에 관하여 다툼이 있다. ㉮ 고의부인은 채무자의 사해의사를 요건으로 하고 있으므로 채무자의 행위(또는 이것과 동일시할 수 있는 행위)가 필요하지만, 위기부인은 채무자의 주관적 요건은 문제되지 않으므로 반드시 채무자의 행위일 필요는 없다는 견해,[53] ㉯ 제3자의 행위라도 그 효과에 있어서 채무자의 행위와 동일시 할 수 있으면 충분하다는 견해,[54] ㉰ 채무자의 행위를 일반적 요건으로 들 필요는 없고 대상행위 유형별로 개별적으로 검토하여야 할 문제라는 견해,[55] ㉱ 채무자의 행위가 필요하지 않다는 견해[56]가 있다.

살피건대 비록 위기부인이 채무자의 사해의사를 요건으로 하고 있지 않지만, 법문상 채무자의 행위를 요구하고 있는 이상 채무자의 행위가 필요 없다고 해석하는 것은 문언의 한계를 넘는 것이다. 따라서 부인의 대상은 원칙적으로 채무자의 행위라 할 것이지만, 채무자의 행위 없이 채권자 또는 제3자의 행위만이 있는 경우에는 예외적으로 채무자가 채권자와 통모하여 가공하였거나 기타 특별한 사정으로 인하여 채무자의 행위가 있었던 것과 동일시할 수 있는 사유가 있을 때에 한하여 부인의 대상이 될 수 있다고 할 것이다.[57]

② 행위의 대상

부인의 대상이 되는 행위는 부동산·동산의 매각, 증여, 채권양도, 채무 면제 등과 같은 협의의 법률행위에 한하지 않고, 변제, 채무승인, 법정추인, 채권양도의 통지와 승낙, 등기·등록, 동산의 인도 등과 같은 법률효과를 발생시키는 일체의 행위를 포함한다. 다만 상계는 부인의 대상이 되지 않는다.[58]

---

52) 대법원 2004. 9. 3. 선고 2004다27686 판결 참조.
53) 會社更生法, 403~404쪽(일본의 다수설이라고 한다), 전병서, 275쪽, 노영보, 346쪽.
54) 倒産法(加藤哲夫등), 273쪽.
55) 倒産法(加藤哲夫등), 273쪽.
56) 會社更生法, 404쪽.
57) 대법원 2011. 10. 13. 선고 2011다56637,56644 판결(고의부인 사례), 대법원 2002. 7. 9. 선고 99다73159 판결, 대법원 2002. 7. 9. 선고 2001다46761 판결 등 참조.
58) 대법원 2014. 9. 24. 선고 2013다200513 판결, 대법원 2002. 7. 9. 선고 99다73159 판결 등 참조.

사법상의 행위에 한하지 않고 소송법상의 행위인 재판상의 자백, 청구의 포기 및 인낙, 재판상의 화해, 상소의 취하, 상소권의 포기, 공정증서의 작성, 염가의 경매 등도 부인의 대상이 되고, 공법상의 행위도 부인의 대상이 된다.

채무자의 부작위도 부인의 대상이 된다. 따라서 시효중단을 게을리한 것, 지급명령신청에 대한 이의신청의 부제기, 지급거절증서의 미작성, 변론기일에의 불출석, 변론의 해태, 공격방어방법의 부제출 등의 경우에 부인이 될 수 있다.

부인의 대상이 되는 행위는 반드시 법률적으로 유효한 것일 필요는 없고, 통정허위표시, 착오, 반사회적 법률행위 등과 같이 무효 또는 취소의 사유가 있더라도 무방하다.

반면 재산권을 목적으로 하지 않는 법률행위, 즉 결혼, 이혼, 입양, 파양, 상속의 승인 등은 그것이 간접적으로 채무자 재산의 감소를 가져오는 행위라고 하더라도 부인의 대상으로는 되지 않는다. 그러나 이혼에 수반한 상당한 정도를 벗어나 과대한 재산분할[59]은 신분관계의 설정이나 폐지와 직접 관계없는 재산처분행위이므로 부인의 대상이 될 수 있다.[60] 다만 협의 또는 심판에 의하여 구체화되지 않은 재산분할청구권은 채무자의 책임재산에 해당하지 않으므로 이를 포기하는 행위는 부인의 대상이 되지 않는다.[61] 또한 이혼 후 재산분할을 청구하지 않는 것은 부인권의 대상이 되지 않는다. 이혼으로 인한 재산분할청구권은 그 행사 여부가 청구인의 인격적 이익을 위하여 그의 자유로운 의사결정에 전적으로 맡겨진 권리로서 행사상의 일신전속성을 가지므로 채무자의 재산에도 속하지 않는다고 보아야 하기 때문이다.[62]

상속재산분할협의는 그 성질상 재산권을 목적으로 하는 법률행위이므로 부인권의 대상이 된다.[63] 반면 상속의 포기는 비록 포기자의 재산에 영향을 미치는 바가 없지 아니하나(제386조 참조) 상속인으로서의 지위 자체를 소멸하게 하는 행위로서 순전한 재산법적 행위와 같이 볼 것이 아니고, 오히려 상속의 포기는 1차적으로 피상속인 또는 후순위상속인을 포함하여 다른 상속인 등과의 인격적 관계를 전체적으로 판단하여 행하여지는 '인적 결단'으로서의 성질을 가지므로 부인권의 대상이 되지 않는다.[64] 유증의 포기나 증여의 거절도 부인의 대상이 되지 않는다.

---

59) 주의할 것은 이혼으로 인한 재산분할청구권은 파산재단에 포함되지 않는다는 것이다(대법원 2022. 7. 28. 자 2022스613 결정). 재산분할과 재산분할청구권은 다른 것이다.

60) 대법원 2016. 12. 29. 선고 2016다249816 판결, 대법원 2000. 7. 28. 선고 2000다14101 판결 등 참조.

61) 대법원 2013. 10. 11. 선고 2013다7936 판결, 대법원 2008. 3. 13. 선고 2007다73765 판결, 대법원 2007. 7. 26. 선고 2007다29119 판결 등 참조.

62) 대법원 2022. 7. 28. 자 2022스613 결정 참조. 이에 대하여 부인권의 대상이 될 여지가 있다는 견해도 있다(개인파산 · 회생실무, 70쪽).

63) 대법원 2014. 7. 10. 선고 2012다26633 판결 참조.

③ 벌금·조세 등 청구권의 예외

회생절차개시 전의 ㉮ 벌금, 과료, 형사소송비용, 추징금 및 과태료와 ㉯ 국세징수법 또는 지방세징수법에 의하여 징수할 수 있는 청구권(국세징수의 예에 의하여 징수할 수 있는 청구권으로서 그 징수우선순위가 일반 회생채권보다 우선하는 것을 포함한다)에 관하여 채무자가 징수권자에 대하여 한 담보의 제공 또는 채무의 소멸에 관한 행위는 부인의 대상이 되지 않는다(제100조 제2항). 이는 ㉮의 경우는 제재적 성격이 강하여 직접 부담하여야 하는 성질의 것이고, ㉯는 조세 등 청구권의 우선권이라는 성질을 반영한 것이다.[65]

(3) 성립요건 조각사유로서 행위의 상당성

부인의 대상이 되는 행위가 채권자에게 유해하다고 하더라도 행위 당시의 개별적·구체적 사정에 따라서는 당해 행위가 사회적으로 필요하고 상당하였다거나 불가피하였다고 인정되어 일반 채권자가 재산의 감소나 불공평을 감수하여야 한다고 볼 수 있는 경우가 있을 수 있고, 그와 같은 예외적인 경우에는 채권자 평등, 채무자의 보호와 이해관계의 조정이라는 법의 지도이념이나 정의 관념에 비추어 부인권 행사의 대상이 될 수 없다고 보아야 할 것이다. 여기에서 그 행위의 상당성 여부는 행위 당시의 채무자의 재산 및 영업 상태, 행위의 목적·의도와 동기 등 채무자의 주관적 상태를 고려함은 물론, 채무자와 채권자와의 관계, 채권자가 채무자와 통모하거나 동인에게 변제를 강요하는 등의 영향력을 행사하였는지 여부 등을 기준으로 하여 신의칙과 공평의 이념에 비추어 구체적으로 판단하여야 한다.[66]

행위의 상당성은 부인권 성립의 조각사유(권리장애사유)에 해당하므로 행위의 상당성(부당성의 요건을 흠결하였다는 사정)에 대한 주장·증명책임은 상대방인 수익자에게 있다고 할 것이다.[67]

유해성과 상당성의 관계는 어떻게 되는가. 유해성은 채무자 재산의 확보 및 도산채권자 등 사이의 공평을 실현하는 것과 관련되는 것이다. 이에 대하여 상당성은 어떤 행위가 도산채권자에 대하여 유해하다고 하여도 도산채권자의 이익보다 우선하는 사회적 이익, 예컨대 사업의 계속이라는 사회적 가치 또는 지역사회경제에서의 채무자의 역할 등을 고려하여 부인의 성립가능성을 조각하는 개념이다.

---

64) 대법원 2011. 6. 9. 선고 2011다29307 판결 참조.

65) 파산절차나 개인회생절차에서는 위와 같은 규정이 없지만, 마찬가지로 보아야 할 것이다.

66) 대법원 2020. 6. 25. 선고 2016다257572 판결.

67) 대법원 2020. 6. 25. 선고 2016다257572 판결, 대법원 2014. 9. 25. 선고 2014다214885 판결, 대법원 2011. 10. 13. 선고 2011다56637, 56644 판결, 대법원 2004. 3. 26. 선고 2003다65049 판결.

나. 개별적 성립요건

부인권을 행사하려면 어떠한 객관적 요건이 필요한지, 어떠한 시간적 한계가 있는지, 채무자와 수익자 측에 어떠한 주관적 요건이 필요한지, 누가 증명책임을 부담하는지가 검토되어야 한다.

(1) 고의부인

고의부인이란 채무자가 도산채권자를 해하는 것을 알고 한 행위에 대하여 부인하는 것을 말한다(제100조 제1항 제1호, 제391조 제1호, 제584조).

① 성립요건

고의부인의 성립요건은 ㉮ 객관적 요건으로서 도산채권자를 해하는 행위가 있어야 하고, ㉯ 주관적 요건으로서 채무자가 행위 당시 그 행위에 의하여 도산채권자를 해한다는 사실을 알고 있어야 한다(사해의사). 도산채권자를 해하는 행위와 사해의사에 대한 증명책임은 도산관리인 등에게 있다.

도산채권자를 해하는 행위에는 도산채권자의 공동담보가 되는 일반재산을 절대적으로 감소시키는 사해행위뿐만 아니라, 특정한 채권자에 대한 변제와 같이 다른 도산채권자와의 공평에 반하는 편파행위도 포함된다.[68] 사해의사란 채무자가 자신의 행위로 인하여 도산채권자에게 손해를 생기게 한 원인인 사실에 대한 인식이 있으면 족하고(인식설), 더 나아가 도산채권자에 대한 적극적인 가해의 의사 내지 의욕까지 필요한 것(의사설)은 아니다.[69] 다만 채무자에게 요구되는 인식의 내용은 부인의 대상이 되는 행위의 성질에 따라 달리하여야 할 것이다. 사해행위의 경우에는 현재 자신의 변제자력이 부족하다는 사실과 그 행위로 인하여 채무자의 일반재산이 감소한다는 사실에 대한 인식(사해의사)만으로 충분하나, 편파행위의 경우에는 장래 도산절차가 개시되는 경우에 적용되는 채권자평등의 원칙을 회피하기 위하여 특정채권자에게만 변제한다는 인식(편파의사)이 필요하다고 할 것이다.[70] 사해의사(편파의사)는 행위 당시 존재하면 족하다.

한편 상대방인 수익자가 행위 당시 선의인 경우, 즉 도산채권자를 해한다는 사실

68) 대법원 2016. 1. 14. 선고 2014다18131 판결. 법문상 고의부인 대상에 편파행위가 포함되어 있지 않음에도 판례가 이렇게 확대해석하는 것이 타당한지는 의문이다. 입법으로 해결하여야 할 문제라고 생각된다.

69) 대법원 2016. 1. 14. 선고 2014다18131 판결, 대법원 2006. 6. 15. 선고 2004다46519 판결, 대법원 2009. 3. 26. 선고 2007다63102 판결 참조.

70) 대법원 2020. 6. 25. 선고 2016다257572 판결, 대법원 2016. 1. 14. 선고 2014다18131 판결, 대법원 2006. 6. 15. 선고 2004다46519 판결.

을 알지 못한 경우에는 그 행위를 부인할 수 없으나(제100조 제1항 제1호 단서, 제391조 제1호 단서, 제584조), 수익자의 악의는 추정되므로 그 선의에 대한 증명책임은 수익자에게 있다.[71)]

② 채무초과의 필요 여부

부인권을 행사하기 위하여 채무초과를 필요로 하는가. ㉮ 대법원은 「채무자의 일반재산의 유지·확보를 주된 목적으로 하는 채권자취소권의 경우와 달리, 이른바 편파행위까지 규제 대상으로 하는 부인권 제도에 있어서는 반드시 해당 행위 당시 부채의 총액이 자산의 총액을 초과하는 상태에 있어야만 부인권을 행사할 수 있다고 볼 필요가 없다」고 판시하고 있다.[72)] ㉯ 위 대법원 판결을 근거로 편파행위는 물론 사해행위의 경우도 채무초과(부채초과) 상태일 필요가 없다는 견해가 있고,[73)] ㉰ 채권자취소권과 부인권은 도산절차개시 여부에 따른 적용의 차이가 있을 뿐, 채무자의 채무불이행 위험을 감소시켜 준다는 본질은 다르지 않으므로 양자는 가능한 범위 내에서 정합성을 높여 합일적으로 운용되는 것이 바람직하다는 점에서 부인권의 경우 사해행위뿐만 아니라 편파행위에도 채무초과를 요건으로 하여야 한다(적어도 고의부인에 대하여는 부인권 행사요건으로서 채무초과가 반드시 필요하다)는 견해도 있다.[74)]

살피건대 위 대법원 판결을 비롯한 ㉮항 관련 판례는 모두 편파행위에 관한 것이고, 사해행위와 관련하여서는 채권자취소권과 부인권 모두 대상행위의 시기적 제한이 없음은 물론 그 제도적 본질이 다르지 않다. 사해행위부인의 유해성 근거는 앞에서 보는 바와 같이 책임재산의 감소에 있음에 반하여 편파행위부인의 유해성 근거는 도산채권자 사이의 평등을 해하는 것에서 구하고 있고(이러한 점에서 편파행위는 그 자체에서 채무초과일 필요가 없다), 자산초과인 경우 재산감소행위는 도산채권자의 이익을 해하는 것이 아니다. 대상행위의 시기적 제한이 있는 위기부인이나 무상부인과 달리 시기적 제한이 없는 고의부인의 경우 '일반재산의 감소행위'만 있으면 사해행위가 된다고 보면 지나치게 부인대상행위가 확대되어 거래의 안전을 해치게 된다. 이러한 점을 고려하면 편파행위부인의 경우는 채무초과를 요구하지 않지만, 사해행위부인의 경우는 채무초과를 필요로 한다고 할 것이다.

71) 대법원 2020. 6. 25. 선고 2016다257572 판결, 대법원 2016. 1. 4. 선고 2014다18131 판결, 대법원 2014. 7. 10. 선고 2014다24112 판결, 대법원 2011. 10. 13. 선고 2011다56637,56644 판결, 대법원 2011. 5. 13. 선고 2009다75291 판결.

72) 대법원 2020. 6. 25. 선고 2016다257572 판결, 대법원 2016. 5. 12. 선고 2016다5788 판결, 대법원 2016. 1. 14. 선고 2014다18131 판결, 대법원 2005. 11. 10. 선고 2003다271 판결 등 참조.

73) 노영보, 342쪽.

74) 강준원, "도산법상 부인권 행사요건으로서 채무초과 요부－채권자취소권과 비교를 통하여－", 선진상사법률연구 통권 제106호(2024.4.), 2쪽, 20～27쪽).

(2) 위기부인

위기부인이란 채무자가 지급의 정지, 도산절차개시의 신청(이하 '지급의 정지 등'이라 한다) 등 위기시기에 한 도산채권자를 해하는 행위 등을 채무자의 사해의사 존부와 관계없이 부인하는 것을 말한다(제100조 제1항 제2호, 제3호, 제391조 제2호, 제3호, 제584조). 위기부인은 사해의사를 요하지 않는다는 점에서 고의부인과 구별된다.

채무초과를 행사요건으로 하는가. 위기부인은 지급정지 등 객관적으로 드러나는 위기시기에 주목하여 그 시기 내에 이루어진 행위를 부인하는 것이므로, 별도로 '채무초과'를 행사요건으로 요구하지 않는다. 따라서 자산초과상태에서 이루어져 다른 도산채권자의 변제액을 감소시키지 않아 이들을 해하지 않아도 그것이 위기의 시기에 이루어진 것이라면 원활한 도산절차의 진행을 위해 부인할 수 있다.

① 본지행위에 대한 위기부인(제100조 제1항 제2호, 제391조 제2호, 제584조)

본지행위에 대한 위기부인은 채무자의 의무에 속한 행위를 대상으로 한다. 여기에서 '채무자의 의무에 속한다' 함은 일반적·추상적 의무로는 부족하고 구체적 의무를 부담하여 채권자가 그 구체적 의무의 이행을 청구할 권리를 가지는 경우를 의미한다.[75]

본지행위에 대한 위기부인의 성립요건은 ㉮ 객관적 요건으로 도산채권자를 해하는 행위와 담보의 제공 또는 채무의 소멸에 관한 행위라야 하고, ㉯ 시기적 요건으로 채무자가 지급의 정지 등이 있은 후에 한 행위라야 하며, ㉰ 주관적 요건으로 수익자가 행위 당시 지급정지 등이 있는 것 또는 도산채권자를 해하는 사실을 알고 있을 것이다. 위 세 가지 요건에 대한 증명책임은 모두 도산관리인 등이 부담한다.

지급의 정지란 채무자가 변제기에 있는 채무를 자력(지급능력)의 결핍으로 인하여 일반적, 계속적으로 변제할 수 없다는 것을 명시적, 묵시적으로 외부에 표시하는 것을 말하고, 자력의 결핍이란 채무자에게 채무를 변제할 수 있는 자산이 없고, 변제의 유예를 받거나 또는 변제하기에 족한 융통을 받을 신용도 없는 것을 말한다.[76]

② 비본지행위에 대한 위기부인(제100조 제1항 제3호, 제391조 제3호, 제584조)

비본지행위에 대한 위기부인은 채무자의 의무에 속하지 아니하는 행위를 대상으로 한다. '채무자의 의무에 속한다' 함은 앞에서 본 바와 같이 일반적·추상적 의무로는 부족하고 구체적 의무를 부담하여 채권자가 그 구체적 의무의 이행을 청구할

75) 대법원 2000. 12. 8. 선고 2000다26067 판결 참조.
76) 대법원 2007. 8. 24. 선고 2006다80636 판결, 대법원 2002. 11. 8. 선고 2002다28746 판결, 대법원 2001. 6. 29. 선고 2000다63554 판결 등 참조.

권리를 가지는 경우를 의미한다. 따라서 ㉮ 일반적·추상적 의무, ㉯ 소구할 수 없는 의무, ㉰ 의무를 불이행한 경우 약정에 따라 기한의 이익이 상실되어 바로 채권을 회수할 수 있음에 불과한 경우는 채무자의 의무에 속하지 않는다.[77]

의무에 속하지 않는 행위를 대상으로 한다는 점을 고려하여 본지행위에 대한 위기부인보다 시기적 요건을 완화하여 부인대상을 지급정지 등이 있기 이전 60일 내에 이루어진 행위까지 확대하고, 선의의 증명책임도 수익자에게 부담시키고 있다.

비본지행위에 대한 위기부인의 성립요건은, ㉮ 객관적 요건으로 담보의 제공 또는 채무의 소멸에 관한 행위로서 그 행위 자체나 방법 또는 시기가 채무자의 의무에 속하지 아니하는 행위라야 하고, ㉯ 시기적 요건으로 채무자가 지급정지 등이 있은 후 또는 그 전 60일 내에 한 행위라야 한다. 성립요건에 대한 증명책임은 도산관리인 등이 부담한다. 문언상 사해행위는 비본지행위에 대한 위기부인의 대상이 아니므로 고의부인의 대상이 될 뿐이다.

수익자는 ㉮ 행위 당시 채무자가 다른 도산채권자와 평등을 해하게 되는 것을 알지 못한 경우나 ㉯ 행위가 지급의 정지 등이 있은 후에 행한 것일 때에는 지급정지 등이 있은 것도 알지 못한 경우임을 증명하여 선의자로서 보호받을 수 있다(제100조 제1항 제3호 단서, 제391조 제3호 단서, 제584조).[78]

(3) 무상부인

무상부인이란 채무자가 한 무상행위 또는 이와 동일시할 수 있는 유상행위를 부인하는 것을 말한다(제100조 제1항 제4호, 제391조 제4호, 제584조). 무상부인은 그 대상인 채무자의 행위가 대가를 수반하지 않는 것으로 사업의 수익력과 채권자 일반의 이익을 해할 위험이 특히 현저하기 때문에 채무자 및 수익자의 주관적 요건을 고려하지 아니하고 오로지 행위의 내용 및 시기에 착안하여 부인유형으로서 인정되는 것이다. 따라서 그 행위의 상당성 여부의 판단에 있어서도 행위의 목적·의도와 동기, 수익자와의 통모 여부 등 채무자와 수익자의 주관적 상태보다는 행위 당시의 채무자의 재산 및 영업 상태, 행위의 사회경제적 필요성, 행위의 내용 및 금액과 이로 인한 채무자의 경제적 이익 등 객관적 요소를 종합적으로 고려하여 판단하여야 한다.[79]

무상부인의 성립요건은 ① 객관적 요건으로 채무자의 행위가 무상행위 또는 이와 동일시 할 수 있는 유상행위라야 하고, ② 시기적 요건으로 채무자가 지급정지 등이

77) 대법원 2000. 12. 8. 선고 2000다26067 판결 참조.
78) 파산절차에서는 수익자의 증명사항에 대하여 달리 규정하고 있다(제391조 제3호). 입법적 통일이 필요하다.
79) 대법원 2008. 11. 27. 선고 2006다50444 판결 참조.

있은 후 또는 그 전 6개월 내에 한 행위라야 한다. 성립요건에 대한 증명책임은 도산관리인 등이 부담한다.

무상부인은 그 내용 및 시기에 착안한 특수한 부인유형을 인정한 것이므로 무상행위를 할 당시나 무상행위로 인하여 채무초과일 것을 요구하지는 않는다.

무상행위란 채무자가 대가를 받지 않고 적극재산을 감소시키거나, 소극재산 즉 채무를 증가시키는 일체의 행위를 말한다. 예컨대 증여, 권리포기, 채무자가 의무 없이 타인을 위하여 보증 또는 담보를 제공한 경우,[80] 변론을 해태하여 상대방으로 하여금 전부 승소판결이 선고되도록 하고 나아가 항소를 제기하지 않아 판결이 확정되도록 하는 것[81] 등이 여기에 해당한다.

무상행위와 동일시하여야 할 행위란 상대방이 반대급부로서 출연한 대가가 지나치게 근소하여 사실상 무상행위와 다름없는 경우를 말한다.[82]

다. 특수관계인을 상대방으로 한 행위에 대한 특칙

(1) 본지행위에 대한 위기부인의 특칙

수익자가 채무자와 대통령령(제4조)이 정하는 범위의 특수관계에 있는 자(특수관계인)인 경우 그 특수관계인이 그 행위 당시 지급의 정지 등이 있는 것과 도산채권자를 해하는 사실을 알고 있는 것으로 추정한다(제101조 제1항, 제392조 제1항, 제584조). 따라서 수익자가 선의에 대한 증명책임을 부담한다.

(2) 비본지행위에 대한 위기부인의 특칙

비본지행위에 대한 위기부인의 경우 부인의 대상이 되는 '지급의 정지 등이 있은 후 또는 그 전 60일 이내에 한 행위'에서 '지급정지 등이 있은 후 또는 그 전 1년 이내에 한 행위'로 확대시키고 있다(제101조 제2항 전단, 제392조 제2항 전단, 제584조). 또한 특수관계인은 그 행위 당시 채무자가 다른 도산채권자와의 평등을 해하게 되는 것을 알았던 것으로 추정한다(제101조 제2항 후단, 제392조 제2항 후단, 제584조). 따라서 수익자가 선의에 대한 증명책임을 부담한다.[83] 특수관계인의 행위가 지급의 정지 등이 있은 후에 행한 것인 때에는 지급의 정지 등이 있은 것도 알지 못한 경우임을 수익자가 증명하여야 한다(제100조 제1항 제3호 단서, 제391조 제3호 단서, 제392조 제

80) 대법원 2014. 5. 29. 선고 2014다765 판결, 대법원 1999. 3. 26. 선고 97다20755 판결.

81) 서울회생법원 2020. 8. 19. 선고 2019가합101675 판결.

82) 대법원 2014. 5. 29. 선고 2014다765 판결, 대법원 2003. 9. 26. 선고 2003다29128 판결.

83) 통상의 비본지행위에 대한 위기부인의 경우에도 수익자가 선의의 증명책임을 부담한다는 점에서 제101조 제2항 후단, 제392조 제2항 후단은 무익한 규정이거나 확인적 규정으로 볼 수 있다.

2항).

(3) 무상부인의 특칙

무상부인의 대상이 되는 행위의 상대방이 특수관계인인 경우 지급의 정지 등이 있기 전 1년 이내에 한 무상행위까지 부인의 대상으로 하고 있다(제101조 제3항, 제392조 제3항, 제584조).

부인대상이 연대보증행위인 경우 그 연대보증행위의 직접 상대방으로서 보증에 관한 권리를 취득하여 이를 행사하는 채권자가 채무자의 특수관계인인 경우를 말하고, 주채무자가 채무자와 특수관계에 있는 경우는 해당되지 않는다.[84]

4. 부인권의 특수한 유형

가. 부인에 관한 특칙

(1) 지급결제제도 등

지급결제제도 등은 부인의 대상이 되지 않는다(제120조, 제336조). 지급결제제도 등의 완결성을 보장하기 위함이다.

(2) 어음(채무)지급의 예외

채무자로부터 어음의 지급을 받은 자가 그 지급을 받지 아니하면 채무자의 1인 또는 여럿에 대한 어음상의 권리를 상실하게 된 경우에는 부인되지 아니한다(제102조 제1항, 제393조 제1항). 어음소지인을 보호하기 위하여 부인의 예외를 인정한 것이다. 여기서 어음상의 권리는 상환청구권을 말한다. 어음지급은 약속어음의 발행인, 환어음의 인수인·지급인 또는 수표의 지급인에 의한 지급을 의미한다.

한편 채권자가 위와 같은 예외를 악용하여 채권을 회수하는 경우가 있을 수 있다.[85] 이러한 채권자의 잠탈행위로부터 도산재단을 보호하기 위하여, 최종의 상환의무자 또는 어음의 발행을 위탁한 자가 그 발행 당시 지급의 정지등이 있는 것을 알았거나 과실로 인하여 알지 못한 때에는 도산관리인은 그로 하여금 채무자가 지급한 금액을 상환하게 할 수 있도록 하고 있다(제102조 제2항, 제393조 제2항).

84) 대법원 2019. 1. 17. 선고 2015다227017 판결, 대법원 2009. 2. 12. 선고 2008다48117 판결.

85) 예컨대 지급정지 등의 사실을 알고 있는 채권자가 채무자에 대하여 자기를 수취인으로 하는 약속어음을 발행시켜 이것을 제3자에게 배서양도하여 대가를 취하고, 제3자에게 채무자로부터 어음지급을 받게 하여 부인을 면하게 하는 경우이다. 이 경우 채권자는 완전히 채권을 회수할 수 있다.

나. 권리변동의 성립요건 또는 대항요건의 부인

(1) 의의 및 취지

성립요건 또는 대항요건(이하 '대항요건 등'이라 한다)[86]의 구비행위도 권리변동의 원인행위와 분리하여 그 원인행위를 부인할 수 없는 경우에도 독자적으로 대항요건 등의 구비행위를 부인할 수 있다(제103조, 제394조, 제584조).[87]

대항요건 등의 구비행위에 대한 부인을 인정하는 취지는 원인행위가 있었음에도 상당기간 대항요건 등의 구비행위를 하지 않고 있다가[88] 도산절차개시 전 위기의 시기인 지급의 정지 등이 있은 후에 그 구비행위를 한다는 것은 일반 채권자에게 예상치 못한 손해를 주기 때문에 이를 부인할 수 있게 한 것이다.[89] 합리적 한도를 넘은 대항요건 등 구비의 지연은 그 자체로 유해하다. 일종의 위기부인의 특칙이다.

(2) 대항요건 등 부인의 성립요건

지급의 정지등이 있은 후 권리의 설정·이전 또는 변경을 제3자에게 대항하기 위하여 필요한 행위를 한 경우 그 행위가 권리의 설정·이전 또는 변경이 있은 날부터 15일을 경과한 후에 지급의 정지등이 있음을 알고 한 것인 때에는 이를 부인할 수 있다(제103조 제1항 본문, 제394조 제1항 본문, 제584조).

대항요건 등 부인의 성립요건은 ① 객관적 요건으로 채무자가 권리의 설정, 이전 또는 변경의 대항요건 등을 구비하는 행위가 있어야 하고, ② 시기적 요건으로 지급

---

86) **권리변동에 있어 대항요건과 성립요건(효력발생요건)**
  ○ 대항요건(제103조 제1항, 제394조 제2항 관련)
    ① 등기: 선박의 등기(상법 제743조, 등기+선박국적증서에 기재)
    ② 등록: 저작권(저작권법 제54조, 서울고등법원 2008. 7. 8. 선고 2007나80093 판결 참조), 전용실시권 및 통상사용권(상표법 제100조 제1항)
    ③ 통지: 채권양도(민법 제450조), 지명채권을 목적으로 한 질권의 설정(민법 제349조)
    ④ 명의개서: 주식의 명의개서(상법 제337조 제1항)
  ○ 성립요건(효력발생요건, 제103조 제2항, 제394조 제1항 관련)
    ① 등기: 부동산의 등기(민법 제186조, 제621조)
    ② 등록: 특허권·전용실시권(특허법 제101조 제1항), 상표권(상표법 제96조 제1항), 자동차 등의 저당권(자동차 등 특정동산 저당법 제5조), 디자인권(디자인보호법 제90조 제1항, 제98조 제1항)
    ③ 인도: 동산의 인도(민법 제188조), 동산질권의 설정(민법 제330조)

87) 제103조 제1항 및 제394조 제2항(제584조)은 대항요건부인을, 제103조 제2항 및 제394조 제1항(제584조)은 성립요건부인(효력요건부인)을 각 규정하고 있다. 회생절차와 파산절차의 조항의 순서가 서로 다르다. 입법적 통일이 필요하다.

88) 원인행위가 있은 후 곧바로 대항요건 등에 필요한 행위를 한 경우 이는 일체의 행위로 포섭하여야 하고, 오히려 원인행위를 부인하는 것이 타당할 수 있기 때문이다.

89) 회생사건실무(상), 355쪽. 채권자들의 신뢰에 반한다는 것에서 찾는 견해도 있다(會社更生法, 436~437쪽).

의 정지 등이 있은 후 권리의 설정·이전 또는 변경이 있은 날로부터 15일을 경과한 후에 대항요건 등의 구비행위가 이루어져야 하며(15일의 기산점은 원인행위가 있은 날이 아니라 원인행위의 효력이 발생한 날이다[90]),[91] ③ 주관적 요건으로 수익자가 지급의 정지 등이 있음을 알고 있어야 한다. 성립요건에 대한 증명책임은 도산관리인 등이 부담한다.

②와 관련하여 15일의 유예기간을 인정한 이유에 관하여 본다. 지급정지 등이 있은 후 대항요건 등의 구비가 되는 경우에도, 그 구비가 권리변동이 있은 날로부터 15일 이내에 된 때에는 부인의 대상이 되지 않는데, 이것은 권리변동의 원인행위가 있는 때로부터 실제로 대항요건 등이 구비될 때까지는 일정기간을 필요로 하기 때문에, 15일간이라는 대항요건 등의 구비를 위한 유예기간을 인정한 것이다.

다만 이미 마쳐진 가등기 또는 가등록[92]에 기하여 한 본등기 또는 본등록은 부인의 대상이 되지 않는다(제103조 제1항 단서, 제2항, 제394조 제1항 단서, 제2항, 제584조). 이미 가등기 등이 마쳐진 경우에는 그 재산이 도산재단으로부터 제외될 가능성을 대외적으로 공시하고 있어 가등기 등에 기초하여 본등기 등을 하더라도 채권자들에게 예상치 못한 손해를 준다고 할 수 없기 때문이다. 본등기 등은 가등기 등에 기한 것이어야 한다.

(3) 부인의 효과

① 대항요건 부인의 경우

대항요건 부인의 대상은 권리의 설정·이전 또는 변경을 제3자에게 대항하기 위하여 필요한 행위이다. 따라서 부인의 효과는 제3자에 대한 대항요건의 구비행위, 즉 권리변동의 제3자에 대한 대항력이 부정되는 것이다. 즉 권리의 설정 등의 효력을 도산관리인 등에게 주장할 수 없다.

② 성립요건(효력발생요건) 부인의 경우

성립요건 부인의 효과는 권리변동 자체가 부정되는 것으로 되지만, 권리변동을 목적으로 하는 원인행위의 효력이 부정되는 것은 아니다.

(4) 제100조 제1항과의 관계

대항요건 등의 구비행위에 대하여 제103조 또는 제394조(제584조)에 의하여 부인할 수 없는 경우라도 별도로 시기적 제한이 없는 부인에 관한 일반규정인 제100조

90) 대법원 2004. 2. 12. 선고 2003다53497 판결.
91) 도산절차개시 전에 등기 등이 이루어진 경우에 적용된다.
92) 현행법상 가등록제도는 없다.

제1항 또는 제391조(제584조)를 적용하여 부인할 수 있는가.

대항요건 등 자체를 독자적인 부인의 대상으로 규정하고 있는 취지는 대항요건 등 구비행위도 본래 제100조 제1항 등의 일반규정에 의한 부인의 대상이 되어야 하지만, 권리변동의 원인이 되는 행위를 부인할 수 없는 경우에는 가능한 한 대항요건 등을 구비시켜 당사자가 의도한 목적을 달성시키면서 제103조 등 소정의 엄격한 요건을 충족시키는 경우에만 특별히 이를 부인할 수 있도록 한 것이라고 해석된다. 따라서 권리변동의 대항요건 등을 구비하는 행위는 제103조 등 소정의 엄격한 요건을 충족시키는 경우에만 부인의 대상이 될 뿐 이와 별도로 같은 제100조 제1항 등에 의한 부인의 대상이 될 수는 없다고 할 것이다.[93)]

다. 집행행위의 부인

집행행위의 부인이란 부인하고자 하는 행위에 관하여 상대방이 집행력 있는 집행권원이 있거나 그 행위가 집행행위에 의한 것이더라도 부인하는 것을 말한다(제104조, 제395조, 제584조).

'부인하고자 하는 행위'는 제100조 제1항(제391조, 제584조)의 '부인할 수 있는 행위'를 의미한다.[94)] 집행력 있는 집행권원이란 집행권원으로서 집행력이 인정되는 것으로 충분하고 집행문을 부여받을 필요까지는 없다.[95)]

채무자의 변제가 사해행위 또는 편파행위로서 부인의 요건을 갖추고 있는 경우에는 상대방이 그 채무에 관하여 집행권원을 가지고 있다고 하더라도 채권자에 대한 유해성이라는 점에서 집행권원이 없는 경우와 아무런 차이가 없고, 채권자가 비록 임의변제가 아닌 집행행위를 통해서 자신의 채권에 대한 만족을 얻는다고 하여도 채권의 소멸이라고 하는 사법상의 효과는 채무자의 임의변제와 아무런 차이가 없다는 점에서 본래 제100조 제1항 또는 제391조(제584조)에 의하여 부인할 수 있는 것을 주의적으로 규정한 것이다.[96)] 즉 집행행위의 부인이란 집행행위 자체에 대하여 새로운 부인의 유형을 둔 것이 아니라(새로운 부인권을 창출한 규정이 아니다) 집행권원이나 집행행위가 개재되어 있는 경우에도 통상의 행위와 마찬가지로 부인할 수 있다는 것을 명확히 한 것이다. 따라서 문제가 되는 집행행위로는 금전집행뿐만 아니라 물건의 인도를 구하는 등의 비금전집행도 채무자의 재산을 감소시키는 것이라면

93) 대법원 2004. 2. 12. 선고 2003다53497 판결.
94) 헌법재판소 2019. 2. 28. 선고 2017헌바106 전원재판부 결정 참조.
95) 會社更生法, 456쪽 각주 230), 條解 民事再生法, 688쪽. 이러한 점에서 집행문의 부여까지 요구하는 제174조(제466조)의 집행력 있는 집행권원과 차이가 있다.
96) 倒産法(加藤哲夫등), 295쪽, 會社更生法, 456쪽, 박성철, "파산법상의 부인권", 파산법의 제문제(하), 재판자료 제38집, 법원도서관(1999), 285쪽.

모두 포함된다.

라. 전득자에 대한 부인

수익자에 대한 부인의 효력이 절대적이라고 한다면 그 효력은 당연히 제3자, 즉 전득자에 대하여도 주장할 수 있다. 하지만 뒤에서 보는 바와 같이 부인의 효력은 상대적 무효이기 때문에 수익자에 대한 부인의 효력을 전득자에게 당연히는 주장할 수 없다.

그런데 채무자로부터 수익자에게로 이전된 재산이 제3자(전득자)에게 이전된 경우나 그 재산에 대하여 제3자가 제한물권을 설정받은 경우, 그 제3자에 대하여 부인의 효력을 주장할 수 없다면 부인제도의 실효성이 제한된다. 따라서 부인권의 실효성을 확보하기 위해서는 전득자에 대해서도 부인의 효과가 미치도록 할 필요가 있다. 채권자취소권(민법 제406조)이 전득자에 대하여도 행사할 수 있는 것과 같은 취지이다. 그러나 이를 관철한 경우 거래의 안전을 해칠 우려가 있다. 여기서 양자의 이익을 조화시킬 필요가 있다. 이에 채무자회생법은 전득자가 일정한 요건을 갖추어야 부인의 효력을 전득자에게 주장할 수 있도록 규정하여 전득자를 보호하고 있다.

전득자에 대한 부인은 3가지 경우에 인정된다. 즉 ① 전득자가 전득 당시 각각 그 전자에 대하여 부인의 원인이 있음을 안 때, ② 전득자가 제101조(제392조, 제584조)의 규정에 의한 특수관계인인 때(다만, 전득 당시 각각 그 전자에 대하여 부인의 원인이 있음을 알지 못한 때에는 그러하지 아니하다.), ③ 전득자가 무상행위 또는 그와 동일시할 수 있는 유상행위로 인하여 전득한 때 부인권은 전득자에 대하여도 행사할 수 있다(제110조 제1항, 제403조 제1항, 제584조). 물론 여기서 말하는 전득자란 특정승계인을 의미하지 포괄승계인은 포함하지 않는다.

전득자에 대한 부인은 채무자와 수익자 사이의 행위를 전득자에 대하여 부인하는 것을 말한다. 수익자와 전득자 사이의 행위를 부인하는 것은 아니다.

5. 부인권의 행사

가. 행사주체 및 관할

부인권의 행사 주체는 도산관리인 등이다(제105조 제1항, 제74조 제4항, 제396조 제1항, 제584조 제2항). 개인회생절차의 경우 회생위원은 부인권의 행사에 참가할 수 있다(제584조 제4항).

부인의 소와 부인의 청구사건은 도산계속법원[97]의 관할에 전속한다(제105조 제3항,

97) 도산사건이 계속 중인 회생법원을 말한다.

제396조 제3항, 제584조 제1항). 부인의 소 등을 도산계속법원의 전속관할로 규정한 이유는 부인권 행사와 관련이 있는 사건을 도산계속법원에 집중시켜 도산절차의 신속하고 적정한 진행을 도모하고자 하는 데 있다.[98]

도산채권자가 제기한 채권자취소소송이 도산절차개시 당시 법원에 계속되어 있는 경우 그 소송절차는 중단되고 도산관리인 등 또는 상대방이 이를 수계할 수 있다(제113조 제1항, 제2항, 제59조 제2항, 제406조, 제584조). 도산관리인 등이 도산채권자가 제기한 채권자취소소송을 수계하여 청구취지변경의 방법으로 부인권을 행사하는 경우, 채권자취소소송이 계속 중인 법원이 도산계속법원이 아니라면 그 법원은 관할법원인 도산계속법원으로 사건을 이송하여야 한다.[99]

나. 행사방법

부인권은 부인의 소, 부인의 청구 또는 항변의 방법으로 도산관리인 등이 행사한다(제105조 제1항, 제396조 제1항, 제584조 제2항). 부인권은 도산절차가 개시되지 않았다면 유효하게 취급되었을 법률관계에 개입하여 그 효력을 부정하므로 재판절차에서 행사할 수 있도록 한 것이다. 어느 수단을 선택할 것인지는 도산관리인 등이 판단한다. 부인권 행사의 상대방은 수익자 또는 전득자 중 어느 일방 또는 쌍방이다. 채무자는 당사자적격이 없다.

(1) 부인의 소에 의한 행사

① 일반론

도산관리인 등은 수익자 또는 전득자 중 어느 일방 또는 쌍방을 상대로 하여 부인의 소를 제기할 수 있다. 쌍방을 상대로 소를 제기하는 경우에도 필수적 공동소송이 아니라 통상공동소송이다.

여기서 말하는 '소'란 반드시 도산관리인 등이 새로이 부인의 소를 제기하는 경우만을 의미하는 것이 아니라 도산관리인 등이 기존의 채권자취소소송을 수계하여(제113조, 제406조, 제584조 제1항) 부인의 소로 변경하는 방법으로 부인권을 행사하는 것도 포함한다.

채권자는 도산관리인 등을 대위하여 부인의 소를 제기할 수 없으나, 보조참가는 할 수 있다(민소법 제71조).

도산관리인이 부인의 소를 제기한 경우 채무자는 소송에 참가할 수 있는가. 부인

98) 대법원 2017. 5. 30. 선고 2017다205073 판결 참조.
99) 대법원 2018. 6. 15. 선고 2017다265129 판결, 대법원 2017. 5. 30. 선고 2017다205073 판결 참조.

권의 효력은 상대적 무효이기 때문에 판결효가 채무자에게 미치지 않는다. 그래서 채무자는 당사자로서 참가할 여지는 없을 뿐만 아니라 공동소송적 보조참가도 어렵다. 반면 채무자는 '소송결과에 이해관계가 있는 제3자'로 볼 수 있다(민소법 제71조). 채무자는 관리처분권은 없지만, 부인의 결과는 회생계획의 내용 등이나 배당에 영향을 미치므로 관리처분권이 없는 채무자도 보조참가를 위한 이해관계성은 긍정된다. 따라서 도산관리인이 제기한 부인소송에 채무자는 보조참가를 할 수 있다.

② 부인소송의 성질

부인소송의 성질에 관하여 판결 주문에 부인을 선언한다는 형성소송설이 있지만, 부인의 선언이 아닌 부인의 효과로서 금전의 지급이나 물건의 반환 등 부인에 기초하여 생기는 상대방의 의무를 판결 주문에 기재한다는 이행·확인소송설이 타당하다(통설, 판례).

이행·확인소송설에 의할 경우 소송물은 부인권 자체가 아니라 부인의 효과로서 발생한 권리관계에 기한 이행청구 또는 확인청구이다. 예컨대 변제를 부인하여 변제금의 반환을 구하거나, 목적물이 도산재단에 속한다는 취지의 확인을 구한다. 부인의 주장은 공격방어방법으로서 판결이유 중에서 판단된다. 판결 주문에서는 부인에 의한 실체적인 법률관계의 변동이 선언되는 것은 아니다.

(2) 부인의 청구에 의한 행사

① 부인의 청구

부인의 청구란 간이하게 부인의 목적을 달성할 수 있도록 하기 위하여 둔 것으로 결정에 의한 간단한 절차를 말한다. 도산관리인 등이 부인의 청구를 하는 때에는 그 원인을 소명하여야 한다(제106조 제1항, 제396조 제4항, 제584조 제1항).

통상의 결정절차에서는 심문 여부와 결정서에의 이유 기재 여부는 법원의 재량에 맡겨져 있으나, 부인의 효력이 미치는 영향이 큰 점을 고려하여 반드시 상대방을 심문한 후 이유를 붙인 결정으로 부인의 청구를 인용하거나[100] 기각하여야 한다(제106조 제2항, 제3항, 제396조 제4항, 제584조 제1항). 부인의 청구는 도산계속법원의 관할에 전속한다(제105조 제3항, 제396조 제3항, 제584조 제1항).

부인의 청구를 인용하는 결정을 한 때에는 그 결정서를 당사자에게 송달하여야 한다(제106조 제4항, 제396조 제4항, 제584조 제1항). 이의의 소를 제기할 수 있는 기회를 보장하기 위함이다. 이에 대하여 부인의 청구를 전부 기각하는 결정에 대하여는

100) 확정되어야 효력이 발생하거나 판결이 아니므로 가집행선고를 할 수는 없다.

상대방에게 고지하면 충분하다. 전부 기각결정에는 기판력도 없고 불복도 인정되지 않기 때문이다. 전부 기각결정에 대하여는 부인의 소를 제기하여야 한다.

② 부인의 청구를 인용하는 결정에 대한 이의의 소

부인의 청구를 인용하는 결정에 불복하는 자는 송달받은 날로부터 불변기간인 1개월 이내에 이의의 소를 제기할 수 있다(제107조 제1항, 제2항, 제396조 제4항, 제584조 제1항).

부인의 청구를 전부 기각하는 결정이나 각하한 결정에 대하여는 실체적 권리관계에 변동이 없고 기판력도 없어 별도로 부인의 소를 제기하면 되기 때문에 이의의 소로 불복할 수 없다.

부인의 청구를 일부 인용·일부 기각하는 결정에 대하여는 심리가 분리되는 위험을 방지할 필요가 있기 때문에[101] 상대방(일부 인용부분에 대하여)뿐만 아니라 부인의 청구를 신청한 도산관리인 등(일부 기각부분에 대하여)도 이의의 소에 의한 불복신청이 인정된다고 보아야 할 것이다.[102]

이의의 소는 도산계속법원의 전속관할에 속한다(제107조 제3항, 제396조 제4항, 제584조 제1항).

(3) 부인의 항변에 의한 행사

도산관리인 등을 피고로 하여 제3자가 환취권 행사로서 물건인도소송을 제기하거나 도산채권자가 채권조사확정재판이나 채권조사확정재판에 대한 이의의 소를 제기한 경우, 그에 대한 방어방법으로서 도산관리인 등은 상대방 권리의 발생원인인 법률행위를 부인할 수 있다. 또한 도산관리인 등이 원고로 된 소송에서 재항변으로 부인권을 주장할 수 있다.

부인의 항변은 소가 아니어서 도산계속법원의 전속관할에 관한 규정이 적용되지 아니하므로 이송도 문제되지 않는다.

(4) 부인권의 재판 밖에서의 행사

부인권을 재판 밖에서 행사할 수 있는가. 이를 부정하는 견해도 있다. 하지만 재판상 행사를 규정하고 있는 채무자회생법이 재판 밖 행사를 금지하는 것도 아니고, 소송상 화해는 물론 소송외 화해를 통해 부인권 행사와 같은 효과를 얻을 수 있다면

---

101) 도산관리인 등에 의한 이의의 소를 부정한다면, 도산관리인 등은 기각부분에 대하여 별소를 제기할 수밖에 없고, 그 경우 판단의 모순이 발생할 가능성이 있다.

102) 條解 民事再生法, 736쪽. 이에 대하여 법조문의 문언해석상 문제가 있고 도산관리인 등에 의한 별소 제기를 전제로 한다는 것은 불합리하다는 이유로 반대하는 견해도 있다(破産法·民事再生法, 572쪽).

(일본의 판례이다)[103] 절차 지연을 방지하고 도산절차를 원활하게 진행하는데 도움이 된다는 점에서 긍정하여야 할 것이다.

실무적으로도 도산관리인 등이 내용증명우편으로 부인권 행사 통지에 의해 채권양도의 양수인으로 하여금 양도의 철회통지를 제3채무자에게 하도록 하는 등 부인권의 행사를 전제로 상대방과 교섭하여 부인권 행사의 효과를 실현시키는 예도 있다.

다. 부인권 행사의 효과

부인권 행사의 효과에 의해 대상행위의 효력이 상실되고, 도산재단을 원상으로 회복시킨다(제108조 제1항, 제397조 제1항, 제584조 제1항). 재산감소행위 부인의 경우와 편파행위부인의 경우 상대방이 한 급부의 반환이나 상대방 채권의 부활 등 그 효과의 구체적인 모습이 서로 다르다. 개략적으로 ① 재산권 이전 기타 변동을 초래하는 행위나 채무소멸행위에 대한 부인의 효과는 도산재단으로의 원상회복(제108조 제1항, 제397조 제1항, 제584조 제1항)이고, ② 재산감소행위 부인의 효과는 상대방의 권리행사에 따른 반대급부의 반환이며(제108조 제3항, 제398조, 제584조 제1항), ③ 편파행위부인의 효과로는 상대방채권의 부활이다(제109조, 제399조, 제584조 제1항).

(1) 도산재단의 원상회복

부인권 행사로 인한 도산재단으로의 원상회복은 상대방의 행위를 기다리지 않고 당연히 채무자에게 복귀한다(물권적 효과설). 다만 이러한 효력은 도산절차와의 관계에서 인정되는 효력(절차적 상대효)임과 동시에 부인권 행사의 상대방과의 관계에서(인적 상대효) 무효로 되는 데 그치고, 수익자로부터 목적물을 전득한 제3자와의 관계에서는 당연히는 부인의 효력을 주장할 수 없다. 전득자에 대한 부인의 효력을 주장하는 것은 별도로 전득자에 대한 부인의 요건을 충족할 필요가 있다.

채권자취소권에서는 원상회복의 상대방을 채무자 대신 채권자로 할 수 있지만,[104] 부인권의 행사에서는 도산관리인 등만이 원상회복의 상대방이 된다.

① 재산권 이전 행위 등에 대한 부인의 효력

재산권의 이전 기타 변동을 초래한 행위가 부인된 경우 도산재단으로부터 일탈한 재산은 상대방의 행위를 기다릴 필요는 없이 당연히 도산재단에 회복되고, 이에 따라 도산관리인 등은 목적물의 반환을 청구할 수 있다. 사해행위부인 대상행위의 목

103) 新破産實務, 211쪽.

104) 대법원 2008. 4. 24. 선고 2007다84352 판결, 대법원 2003. 11. 28. 선고 2003다50061 판결, 대법원 1999. 8. 24. 선고 99다23468,23475 판결 등 참조.

적물이 복수이고 가분인 경우 부인의 효과가 미치는 범위가 문제되지만, 목적물 전부에 부인의 효과가 미친다고 할 것이다.[105)]

채무자가 급부한 목적물이 멸실되거나 양도됨으로써 목적물 그 자체의 반환을 구할 수 없는 경우에는 목적물의 반환에 대신하여 가액의 반환을 청구할 수 있다.

② 채무소멸행위에 대한 부인의 효력

부인대상행위가 변제 등 채무소멸행위인 경우에는 변제 등의 효력이 부정되고, 상대방은 그가 받은 급부를 도산재단에 반환할 의무를 부담하게 된다. 대물변제한 목적물이 반환될 수 없는 경우 가액상당액을 상환하는 것으로 된다.

(2) 재산감소행위 부인의 경우 상대방의 권리행사－반대급부의 반환청구

부인권은 채무자의 재산을 부인의 대상이 되는 행위 이전의 상태로 원상회복시키는 데에 있을 뿐 채무자로 하여금 부당하게 이익을 얻게 하려는 것이 아니므로 채무자의 행위가 부인된 경우에는 채무자의 급부에 대하여 한 상대방의 반대급부는 도산재단에서 반환되어야 한다. '반대급부'라 함은 부인의 목적인 채무자의 행위 대가로 채무자가 얻은 급부를 말한다.[106)]

채무자의 행위가 부인된 경우 상대방은 채무자가 받은 반대급부가 도산재단에 현존하고 있는지 여부에 따라 권리행사방법이 달라진다(제108조 제3항, 제398조, 제584조 제1항).

① 채무자가 받은 반대급부가 도산재단 중에 현존하고 있다면 상대방은 그 반환을 구할 수 있다(제108조 제3항 제1호, 제398조 제1항, 제584조 제1항). 반대급부의 반환과 관련하여 상대방에게 환취권을 인정하는 취지이다. 상대방은 도산관리인 등에 대하여 동시이행의 항변권을 행사할 수 있다. 따라서 상대방은 도산관리인 등이 반대급부를 이행(제공)하기 전까지는 원상회복의무의 이행을 거절할 수 있다. 현존하는지에 대한 판단의 기준시점은 변론종결시이다.[107)]

② 채무자가 받은 반대급부 자체는 현존하지 않으나 그 반대급부로 인하여 생긴 이익의 전부가 현존하고 있다면[108)] 상대방은 현존이익을 공익채권자(재단채권자·개인회생재단채권자)로서 상환을 청구할 수 있다(제108조 제3항 제2호, 제398조 제1항, 제584

---

105) 倒産判例百選, 90쪽, 倒産法(加藤哲夫등), 310쪽.

106) 대법원 2009. 5. 28. 선고 2005다56865 판결.

107) 破産法·民事再生法, 583쪽.

108) 채무자가 부인행위 상대방으로부터 취득한 반대급부가 금전상의 이득인 때에는, 특별한 사정이 없는 한 반대급부에 의하여 생긴 이익이 현존하는 것으로 추정된다(대법원 2022. 8. 25. 선고 2022다211928 판결).

조 제1항). 따라서 상대방은 반대급부가 현존하지 않아도 다른 도산채권자보다 우선하여 도산절차에 의하지 않고 현존이익(반대급부의 가액상환청구권)을 청구할 수 있다.

③ 반대급부 자체는 물론 그 반대급부로 인하여 생긴 이익조차 현존하지 않는다면 상대방은 그 가액의 상환에 관하여 도산채권자로서 권리를 행사할 수 있다(제108조 제3항 제3호, 제398조 제2항, 제584조 제1항).[109)]

④ 채무자가 받은 반대급부에 의하여 생긴 이익의 일부가 도산재단 중에 현존하는 때에는 공익채권자(재단채권자 · 개인회생재단채권자)로서 그 현존이익의 반환을 청구하고, 도산채권자로서 반대급부와 현존이익과의 차액의 상환을 청구할 수 있다(제108조 제3항 제4호, 제398조 제2항, 제584조 제1항).

(3) 편파행위부인의 효과－상대방 채권의 부활

변제 등 채무소멸행위가 편파행위로서 부인된 경우, 상대방이 받은 급부를 도산재단에 반환 또는 그 가액을 상환함으로써 상대방의 채권이 도산채권으로 부활하고(제109조, 제399조, 제584조 제1항), 도산절차에서 다른 도산채권자와의 평등한 변제에 따르게 된다.

다만 도산재단의 회복을 확실하게 하기 위하여 상대방의 채권의 부활을 위해서는 급부의 반환이나 가액의 상환을 선이행하도록 하였다(제109조, 제399조, 제584조 제1항). 그럼으로써 상대방은 급부의 반환 · 상환을 할 때까지는 도산채권을 행사할 수 없고, 반환의무와 도산채권을 상계할 수도 없다.

상대방으로부터 급부의 반환 등이 일부에 그친 경우의 효과에 대하여, 도산재단에의 급부의 반환 · 상환이 선이행관계에 있다는 점에서 전부에 대하여 급부의 반환 또는 가액의 상환이 되어야 비로소 상대방의 도산채권이 부활한다는 견해도 있다.[110)] 하지만 제109조(제399조, 제584조 제1항)의 취지는 상대방의 채권을 부활시켜 상대방을 보호하기 위한 것이라는 점을 고려하면, 오히려 '일부'의 급부나 상환이 있는 경우에도 그 비율에 대응하여 채권이 회복된다고 보아야 할 것이다.

급부의 반환 또는 가액의 상환이 됨으로써 상대방의 도산채권은 채무의 소멸에 관한 행위가 되기 전의 상태로 부활한다. 따라서 약정이자 등 부대청구권도 당연히 부활하고, 도산채권에 보증 등이 부가된 경우에는 해당 채권의 부활에 의해 보증 등

---

109) 반대급부에 의하여 생긴 이익이 채무자의 재산에 현존하는 경우와 현존하지 않는 경우를 구별하여 취급하는 것은 의문이다. 현존하지 않을 경우 도산채권자로 취급하면 위기시기에 채무자와의 거래를 위축시켜 채무자의 행위에 지장을 초래할 수도 있다. 현존하는 경우와 마찬가지로 상대방이 악의가 아닌 한 가액상환청구권에 관한 공익채권자(재단채권자 · 개인회생재단채권자)로 인정하여야 할 것이다. 입법론적인 검토가 필요해 보인다.

110) 條解 破産法, 1149쪽, 倒産法(加藤哲夫등), 312～313쪽.

도 부활한다.

6. 부인권의 소멸과 제한

가. 부인권의 소멸

(1) 부인권 행사기간(제척기간)의 도과

부인권은 도산절차개시일로부터 2년이 경과하거나 부인의 대상이 되는 행위를 한 날로부터 10년이 경과한 때에는 행사할 수 없다(제112조, 제405조, 제584조 제1항). 두 기간 중 어느 하나라도 먼저 경과하면 부인권은 행사할 수 없다.

수익자, 전득자에 대한 부인은 별개의 것이므로 기간준수의 효력도 상호 독립적이다.

(2) 포 기

도산관리인 등은 부인의 상대방과 화해가 성립한 때와 같이 도산채권자의 이익에 합치될 경우 소송 외에서 법원의 허가를 얻어 부인권의 행사를 포기할 수 있다.

(3) 도산절차의 종료

부인권은 도산절차의 목적을 실현하기 위하여 도산절차의 진행을 전제로 도산관리인 등만이 행사할 수 있는 권리이므로 도산절차의 종료에 의하여 소멸한다.[111]

회생절차에서 중요한 부인의 소가 계속 중인 경우 회생절차종결로 부인권이 소멸하므로 회생절차종결을 주저하는 상황이 발생한다. 부인의 소를 유지하기 위해 회생절차종결을 늦추는 것도 기업의 조속한 사회복귀라는 측면에서 적절하지 않다. 그래서 실무적으로는 부인의 소를 유지할 회생계획 수행기구(PCLV, Postconfirmation Liqudation Vehicles)를 활용하고 있다. 종결 전에 회생계획 수행기구를 만들어 부인의 소를 유지하도록 하고 채무자에 대하여는 회생절차를 종결하는 것이다.

나. 부인의 제한

지급정지의 사실을 안 것을 이유로 부인하는 경우에는 회생절차개시의 신청이 있는 날(파산선고가 있는 날 또는 개인회생절차개시결정이 있는 날)로부터[112] 1년 전에 행하여진 행위는 부인할 수 없다(제111조, 제404조, 제584조 제1항). 부인권 행사에 시간적

111) 대법원 2007. 2. 22. 선고 2006다20429 판결, 대법원 1995. 10. 13. 선고 95다30253 판결 참조.

112) 파산절차에서는 '파산선고가 있는 날'을 기산점으로 하고 있다. 양 절차에서 특별하게 차이를 두어야 하는 합리적인 이유가 있는지 의문이다. 개인회생절차의 경우에도 마찬가지이다. 회생절차와 같은 방식으로 입법적 통일이 필요하다.

제약을 가함으로써 거래관계자의 신뢰를 보호하기 위한 것이다.

'지급정지의 사실을 안 것을 이유로 한 부인'이란 위기부인(제100조 제1항 제2호, 제3호, 제391조 제2호, 제3호, 제584조 제1항)이나 권리변동의 성립요건·대항요건의 부인(제103조, 제394조, 제584조 제1항)을 말한다. 지급정지로부터 1년 이상 경과한 후 도산절차개시신청(또는 개시결정)이 되었다면, 지급정지와 도산절차개시신청(또는 개시결정) 사이에 인과관계가 있다고 보기 어렵다는 점을 고려한 것이다.

7. 부인의 등기

도산관리인 등은 ① 등기원인인 행위가 부인되거나 ② 등기가 부인된 경우 부인의 등기를 신청하여야 한다(제26조 제1항, 부동산등기사무처리지침 제11조 제1항). 부인의 목적을 확실하게 달성하기 위하여 부인에 의해 도산재단으로 복귀한 것에 대하여 등기를 할 필요가 있으므로[113] 도산관리인 등에게 부인의 등기를 신청할 의무를 부과한 것이다. 이를 부인의 등기라 한다.

부인의 등기는 도산관리인 등이 단독으로 신청한다. 부인의 등기에 관하여는 등록면허세를 부과하지 아니한다(지방세법 제26조 제2항 제1호).

Ⅳ. 상 계 권

상계권이란 쌍방이 서로 같은 종류를 목적으로 한 채무를 부담한 경우에 그 쌍방의 채무의 이행기가 도래한 때에는 각 채무자가 상대방에 대한 상계의사표시로 대등액에 관하여 그 채무를 면하는 권능을 말한다(민법 제492조 제1항 본문). 도산시기에 채권자 입장에서 상계는 채권(자동채권) 회수의 가장 유력한 수단이 된다. 도산절차에서는 변제 내지 배당률이 지극히 낮은 경우가 많기 때문에, 채권자 입장에서는 상계가 인정되는지에 따라 채권회수에 있어 많은 차이가 발생한다.

다른 한편 회생절차에 있어서 관리인 입장에서는 상계가 인정되면 자금조달에 많은 어려움이 있어 회생에 지장이 있고, 파산절차에 있어서 파산관재인 입장에서는 상계가 인정되면 파산재단 증식에 장애가 된다. 따라서 도산시기에는 평상시보다도 상계할 수 있는지는 중요한 문제가 된다.

---

113) 부인권의 행사에 의하여 채무자의 재산은 등기 없이도 당연히 채무자에게 복귀하지만, 부인의 효과는 채무자와 부인의 상대방 사이에서만 발생하므로 만약 이를 등기하지 않으면 선의의 제3자에게 대항할 수 없게 된다(엄밀히는 전득자에 대한 부인권 행사가 쉽지 않을 것이다). 예컨대 채무자 甲이 회생절차개시 전에 乙에게 소유권이전등기를 마쳐준 경우 관리인이 그 행위를 부인하였다면 등기를 하지 않아도 물권적으로 甲의 소유가 된다. 그런데 부인등기를 하기 전에 乙로부터 丙에게 소유권이전등기가 마쳐지면 甲은 丙에 대하여 소유권을 주장하지 못한다.

채무자회생법은 도산재단에 대한 관리처분권의 이전에도 불구하고 원칙적으로 상계를 허용하고 있다(제144조 제1항, 제416조, 제587조).

1. 상계의 기능

가. 담보적 기능

상계(setoff)는 채권자와 채무자가 서로 동종의 채권·채무를 가지는 경우에 그 채권과 채무를 대등액에 있어서 소멸하게 하는 일방적 의사표시이다(민법 제492조). 양당사자 중 어느 일방의 자력이 악화된 경우, 상대방 당사자가 자기의 채무는 전액을 변제하면서 자기의 채권의 실현이 곤란하게 된다면 공평하다고 할 수 없다는 데 상계제도의 의의가 있다.

예컨대 X는 Y에 대하여 1,000만 원의 a채권을 가지고 있음과 동시에 1,000만 원의 b채무를 부담하고 있다. 또한 X외에 A, B, C, D의 각 채권자가 각각 Y에 대하여 1,000만 원의 채권을 가지고 있다. Y의 총재산은 X에 대한 b채권을 포함하여 2,000만 원에 지나지 않은 경우, Y의 총재산을 압류하여 X를 포함한 각 채권자에게 평등하게 배당한다면(비율적 변제), 각 채권자는 400만 원을 회수할 수밖에 없게 된다. 그러나 이 경우 X가 a채권과 b채권을 상계하면 공동의 변제재원으로 되는 b채권을 독점하여 a채권 전액을 회수하는 것과 같은 만족을 얻을 수 있다.

위와 같이 상계는 아주 강력한 채권 회수 수단이 될 수 있다. 상계를 한 채권자 입장에서 보면, 사실상 다른 채권자에 우선하여 채권을 회수하는 것이 가능하다는 강력한 담보가 부가된 것과 같은 상황이 될 수 있다. 이러한 상계에 의한 사실상의 우선변제권능을 일반적으로 상계의 담보적 기능이라 한다.

상계의 담보적 기능이 가장 잘 발휘되는 것은 상대방의 재산상태가 악화된 경우이고, 상대방에게 도산절차가 개시된 경우가 전형적인 예이다. 도산절차가 개시된 경우 상계가 인정되지 않는다면, 채권자는 자신이 가진 채권에 대하여는 도산절차에 의해 다른 채권자와 평등한 비율 변제밖에 받을 수 없음에 반하여, 자기가 부담하는 채무에 대하여는 전액을 이행하지 않으면 안 되는 상황에 처하게 되어, 상계의 담보적 기능이 그 효력을 발휘할 수 없게 된다. 평상시에 있어 상계의 담보적 기능에 대한 합리적 기대는, 상대방에게 도산절차가 개시된 경우에도 보호되어야 한다고 생각되기 때문에, 채무자회생법은 상대방에게 도산절차가 개시된 경우에도 일정 범위에서 상계를 인정하고 있다. 다른 한편 상계의 기대에 대한 보호를 무제한으로 할 수는 없을 뿐만 아니라 다른 이해관계인이나 채무자와의 관계에서 합리적 범위에 머물러 있어야 한다는 이유로부터 상계권 행사에 관하여 일정한 제한(금지)을 가하고 있다(제144조, 제145조, 제422조, 제587조). 결국 채무자회생법은 일정 범위에서 상계의 담보적 기능에 대한 기대를 보호하면서, 다른 한편으로 합리적 기대가 인정되지 않는 경우 상계권을 제한(금지)하는 것에 의해, 합리적인 범위에 한정하여 상계의 담보적 기능에 대한 보호를 꾀하고 있는 것이다.

나. 상계적상의 도산절연성

도산절차개시 당시 존재하는 채권자의 상계권은 도산절차개시에 의해 영향을 받지 않는다.[114] 상계를 위해서 채권신고도 필요하지 않다. 채권자는 상계를 통해 직접 만족을 얻기 때문에 별제권자처럼 취급된다.

채권자가 상계를 하려면 당연히 법률이나 약정에 의해 상계권을 가지고 있어야 한다. 민법 제492조 이하의 요건이 충족되거나 당사자가 상계를 할 수 있다고 합의한 경우 상계권이 인정된다. 상계적상이 존재하면 채권자는 도산관리인 등에 대한 일방적 상계의 의사표시를 통해 채권만족을 얻을 수 있다(제56조 제1항, 제384조, 제580조 제2항, 민법 제493조).

2. 회생절차에서의 상계권

회생절차개시 당시 상계적상이 존재하였다면 위에서 본 바와 같이 상계권을 행사함에 있어 영향을 받지 않는다(도산절연성). 회생절차개시 이후에 상계적상이 생긴 경우 상계권을 인정할 것인가. 채무자회생법은 이와 관련하여 몇 가지 규정을 두고 있다.

가. 도산채권자에 의한 상계

회생절차에서 도산채권자의 상계권은 원칙적으로 인정된다. 당연히 민법에 의한 상계요건[115]을 모두 갖추어야 한다(민법 제492조 참조). 다만 일정한 경우 제한이 있다. 도산채권자가 회생절차개시 당시 채무자에 대하여 채무(수동채권)를 부담하는 경우 채권과 채무의 쌍방이 채권신고기간 만료 전에 상계할 수 있게 된 때에는 도산채권자는 그 기간 안에 한하여 회생절차에 의하지 아니하고 상계할 수 있다(제144조 제1항).[116]

---

114) 상계권은 형성권으로 재산상의 청구권이 아니므로 도산채권에 해당하지 않는다(대법원 2025. 2. 13. 선고 2020다258657 판결). 독일 도산법 제94조는 이를 명시적으로 규정하고 있다.

115) 민법상의 상계요건은 ① 채권자와 채무자가 각각 상대방에 대하여 채권을 가질 것, ② 두 채권이 동종의 목적을 가질 것, ③ 쌍방의 채권에 대하여 변제기가 도래하였을 것(수동채권의 경우는 기한 미도래도 가능), ④ 민법상 상계금지규정에 해당하지 아니할 것이다.

116) **제131조와 제144조 제1항과의 관계** 회생절차가 개시된 후에는 도산채권은 회생계획에 의하지 않고

물론 민법이나 기타 실체법이 정하고 있는 상계금지(민법 제496조, 근로기준법 제21조, 선원법 제31조 등)뿐만 아니라 제145조가 정한 상계금지에 해당하는 경우에는 상계권이 인정되지 않는다.

(1) 상계의 요건

(가) 회생절차개시 당시 채권 채무의 대립

회생절차개시 당시 두 채권 중 한 개가 아직 존재하지 않거나 두 채권 사이에 상호대립성이 존재하지 않는 경우 도산채권자는 상계를 통한 채권만족을 기대할 수 없다.

회생채권자 등에 의한 상계가 인정되려면 「도산채권자가 회생절차개시 당시 채무자에 대하여 채무를 부담」하여야 한다. 민법 제492조 제1항 본문이 규정하는 쌍방(2인)이 서로 채무를 부담한다는 상계의 요건(상호성의 요건)을 회생절차에서 도산채권자가 상계하는 경우에도 채택한 것이다.

① 자동채권

채권자의 자동채권은 신고기간 만료 이전까지 변제기가 도래하여야 한다(제144조 제1항 제1문).

자동채권은 해제조건부 채권이라도 상관없지만, 회생절차에서는 파산절차와 달리 채권의 금전화가 이루어지지 않기 때문에 비금전채권의 경우에는 상계가 인정되지 않는다.

정지조건부 채권에 대하여도 파산절차와 달리 무조건화가 이루어지지 않기 때문에 상계가 허용되지 않는다는 견해가 있다.[117] 그러나 제144조 제1항은 '회생채권'이라고 하고 있고, 회생채권은 채무자에 대하여 회생절차개시 전의 원인으로 생긴 재산상의 청구권(제118조 제1호)이다. 회생절차개시 당시에 정지조건부 채권이나 장래의 청구권을 가진 자도 그 채권 내지 청구권이 제118조 제1호의 요건을 갖추는 한 회생채권자로 취급된다(제138조 참조). 따라서 제144조 제1항이 회생채권으로 되는

는 변제하거나 변제받는 등 이를 소멸시키는 행위(면제를 제외한다)를 할 수 없고(제131조 본문, 제141조 제2항) 금지되는 소멸행위에는 상계도 포함되므로 위 규정에 의하면 도산채권을 이용한 상계는 허용되지 않는다. 그렇다면 제144조와 충돌되는 것은 아닌가. 결국 제144조 제1항은 제131조의 특별규정이라고 보아야 할 것이다. 그래서 제144조 제1항에 의한 상계는 허용되고 그 이외의 상계는 제131조에 의하여 허용되지 않는다고 할 것이다. 요컨대 제144조 제1항은 제131조에서 규정하는 '이 법에 특별한 규정이 있는 경우'에 해당하는 것이다. 상계권의 행사에 의한 도산채권의 만족을 인정하는 것은 도산채권의 개별적 행사를 금지하는 제131조 제1항의 예외가 된다.

117) 회생사건실무(상), 400쪽. 파산절차에서는 장래 상계를 보장하기 위하여 임치청구제도를 두고 있다(제418조).

청구권이 회생절차개시 당시에 현실화할 것을 요구하지 않는 이상, 상계에 있어서도 회생채권으로서 자동채권에 포함된다고 보아야 한다. 즉 회생채권이 회생절차개시 당시에 존재하지 않으면 안 된다고 하여도, 청구권이 현실화할 필요는 없고 회생절차개시 당시에 정지조건부 채권이나 장래의 청구권으로 존재하면 충분하다(채권신고기간 만료 시까지 현실화되면 된다[118]).[119] 관련 내용은 **〈제14장 Ⅲ.1.〉**(본서 528쪽)을 참조할 것.

채권신고가 필요한가. 대법원은 채권신고가 필요하다고 한다.[120] 하지만 상계는 신고기간 만료 전까지 회생절차에 의하지 아니하고 할 수 있기 때문에(제144조 제1항) 굳이 자동채권을 신고한 것에 한정할 필요가 없다. 따라서 채권자는 신고기간 만료 전까지 자동채권을 신고함이 없이 관리인을 상대로 적법하게 상계할 수 있다.

② 수동채권

도산채권자의 채무자에 대한 채무(수동채권)는 기한부라도 상관없다(제144조 제1항 후문문). 회생절차개시 이후에도 상계할 수 있으려면 채권과 채무의 쌍방이 신고기간 만료 전에 상계할 수 있어야 하므로, 신고기간 만료 전에 기한부 채무의 기한이 도래한 경우는 물론 도산채권자가 기한의 이익을 포기하고 상계하는 것도 허용된다.[121]

(나) 상계적상

자동채권, 즉 도산채권은 도산채권의 신고기간 만료 전까지 변제기가 도래하여야 한다.

또한 회생절차에서 상계를 하기 위한 상계적상은 강제추심이 허용되지 않게 되는 회생절차개시 당시에 존재하여야 한다(상계도 변제에 해당한다). 그러나 도산채권자는 회생절차에 의하지 않으면 변제를 받을 수 없음에도 불구하고 채무자에 대하여 부

---

118) 독일 도산법 제95조 제1항도 '도산절차개시 당시 상계할 쌍방 또는 일방의 채권이 정지조건부 또는 기한 미도래이거나 쌍방이 같은 종류를 목적으로 하지 않는 경우, 상계는 그 요건이 구비된 경우에 비로소 할 수 있다'고 규정하고 있다.

119) 條解 民事再生法, 479쪽. 한편 파산절차에서는 정지조건부채권을 자동채권으로 한 상계는 인정되지 않는다. 이는 회생절차와 파산절차의 규정 차이에서 기인한다. 제144조 제1항은 「회생채권자 또는 회생담보권자가 회생절차개시 당시 채무자에 대하여 채무를 부담하는 경우 채권과 채무의 쌍방이 신고기간만료 전에 상계할 수 있게 된 때에는 회생채권자 또는 회생담보권자는 그 기간 안에 한하여 회생절차에 의하지 아니하고 상계할 수 있다」고 규정함에 반하여, 제416조는 「파산채권자가 파산선고 당시 채무자에 대하여 채무를 부담하는 때에는 파산절차에 의하지 아니하고 상계할 수 있다」고 규정하여 차이가 있다. 전자는 신고기간만료 전에 상계할 수 있게 되면 상계가 가능하므로 정지조건부채권이라도 신고기간만료 전에 조건이 성취될 것임을 전제로 상계가 가능한 것이다.

120) 대법원 2005. 2. 17. 선고 2004다39597 판결, 대법원 2000. 2. 11. 선고 99다10424 판결, 대법원 1998. 6. 26. 선고 98다3603 판결 등 참조.

121) 대법원 2017. 3. 15. 선고 2015다252501 판결.

담하는 자기의 채무는 완전히 변제하지 않으면 안 된다고 한다면 형평의 견지에서 타당하지 않다. 따라서 채무자회생법은 회생절차개시 당시 도산채권자가 채무자에 대하여 가지는 채권(자동채권)과 채무자가 도산채권자에 대하여 가지는 채권(수동채권) 쌍방이 도산채권의 신고기간 만료 전에 상계할 수 있게 된 때에는 도산채권자는 그 기간 안에 한하여 상계할 수 있도록 하고 있다(제144조 제1항). 상계적상이 필요한 시기를 회생절차개시시로부터 약간 지연시킴으로써 회생절차에서의 상계가능성을 완화시키고 있다.

(2) 상계권 행사의 시기적 제한

상계의 의사표시는 도산채권의 신고기간 만료 전에 하지 않으면 안 된다(제144조 제1항). 회생절차에서 '상계의 의사표시'를 '채권신고기간 만료 전'에 하도록 규정하고 있는 것은 도산채권자가 채무자에 대하여 가지는 도산채권의 액 및 채무자가 도산채권자에 대하여 가지는 채권의 액을 일정 시점 이후에는 변경하지 못하도록 함으로써 회생계획의 작성 등을 위한 전제사실을 확정할 공익적 필요가 있기 때문이다.[122)]

〈회생절차 단계별 상계 가부〉

단계	상계가능 여부
① 채권신고기간 이전	상계가능(제144조 제1항)
② 채권신고기간~회생계획인가	상계금지(제144조 제1항 반대해석)
③ 회생계획인가~회생절차종결	상계가능(반대견해 있을 수 있음)
④ 회생절차종결 이후	상계가능

(3) 상계의 상대방 및 효과

수동채권은 채무자의 재산에 속하는 재산이므로 상계의 의사표시는 관리인에 대하여 하여야 한다.[123)] 상계의 효력은 의사표시가 있는 때가 아니고 상계적상에 달한 때에 생기며 그 시점에서 채권 채무가 소멸한다(민법 제493조 제2항).

나. 관리인에 의한 상계

관리인이 한 상계는 회생계획에 의한 변제금지를 잠탈하고, 다른 도산채권자와 비교하여 그 이상의 실질적인 변제가 실현되며, 채무자의 재산인 채권의 회수율이 저하되어 도산채권자 일반의 이익에 반하는 결과가 발생한다는 점에서 원칙적으로 허

122) 대법원 2007. 9. 28. 선고 2005다15598 전원합의체 판결 참조.
123) 대법원 2019. 5. 10. 선고 2018다291033 판결, 대법원 1988. 8. 9. 선고 86다카1858 판결 등 참조.

용되지 않는다(제131조 본문). 그러나 관리인이 채무자의 재산에 속하는 채권을 가지고 도산채권과 상계하는 것이 도산채권자 일반의 이익에 부합하는 경우에는 법원의 허가를 얻어 상계를 할 수 있다(제131조 단서).

물론 관리인에 의한 상계가 인정이 되기 위해서는 민법상의 일반적인 상계요건을 충족하여야 한다(민법 제492조).

3. 파산절차에서의 상계권[124)]

파산선고 이후에 상계적상이 생긴 경우 상계권을 인정할 것인가. 파산채권의 현재화·금전화는 상계권 행사에 어떠한 영향을 미치는가. 채무자회생법은 이와 관련하여 몇 가지 규정을 두고 있다.

가. 파산채권자에 의한 상계

(1) 상계권의 확장

파산채권은 개별적 권리행사가 금지되나(제424조), 파산채권자가 파산선고 당시 채무자에 대하여 채무를 부담하는 때에는 파산절차에 의하지 아니하고 상계를 할 수 있다(제416조). 파산채권자는 채무자에 대한 채권으로 민법의 규정에 따라 상계를 할 수 있을 것이라는 기대를 하고 있었는데, 상대방이 파산선고를 받음으로 인해 상계(상계도 개별적 권리행사에 해당한다)를 할 수 없도록 한다면 예상하지 못한 불측의 손해를 입을 수 있으므로 파산채권자에게 상계를 인정한 것이다.

한편 파산절차에서는 파산채권의 현재화·금전화로 파산절차에서는 민법에서보다 상계권을 넓게 인정하고 있다. 반면 파산채권자에게 상계권을 인정하는 것은 개별적 권리행사 금지의 원칙(제424조)에 대한 중대한 예외이므로 다른 파산채권자의 이익을 부당하게 해하는 것과 같은 형태의 상계는 금지(제한)하고 있다(제422조).

요컨대 파산절차에 있어서는 채권자평등의 실현을 위해 파산채권자에게 상계권을 보장하고, 파산절차의 청산적 성격을 고려하여 민법의 일반원칙을 수정하여 상계권을 확장함과 동시에 상계가 금지(제한)되는 경우도 함께 규정하고 있다.

(2) 상계의 요건

파산절차에서 파산채권자에 의한 상계가 유효하게 취급되기 위해서는 ① 파산채권자가 파산선고 당시 채무자에 대하여 채무를 부담하고 있어야 한다. 파산선고 당시에 파산채권자와 채무자 사이에 채권 채무의 대립이 존재하지 않으면 안 된다(제

124) 개인회생절차의 경우에도 마찬가지이다(제587조).

416조). ② 양 채권의 목적이 동종이어야 하고, ③ 채무의 이행기가 도래하여야 한다(민법 제492조 제1항). 회생절차(제144조 제1항)와 달리 상계적상에 관한 시기적 제한은 없다. ④ 상계가 민법 등에 의해 금지되어서는 아니 되고, 상계의 금지(제422조)에도 해당되지 않아야 한다. 한편 ③의 경우 수동채권에 대하여는 아직 기한이 도래하지 아니한 경우라도 채권자는 그가 가지는 기한의 이익을 포기하여 상계를 할 수 있다(통설).

그런데 이러한 요건을 엄격히 요구하면 파산절차에서 집단적 획일적인 청산을 원활하게 진행할 수 없다. 그래서 파산절차에서는 위와 같은 요건을 완화하여 기한미도래의 채권이라도 현재화에 의하여 파산선고시에 기한이 도래한 것으로 보고(③요건의 완화), 비금전채권이라도 금전화하여(②요건의 완화) 비록 민법상의 상계요건을 충족하지 못한 경우라도 파산절차 내에서는 상계가 가능하도록 하는 등 그 범위를 확장하고 있다. 이는 파산절차는 파산선고 당시 채무자의 총재산을 환가하여 금전에 의하여 다양한 종류의 파산채권자에 대해 공평한 만족을 도모한다는 특징(파산채권의 현재화·금전화)(제425조 내지 제426조)에서 나온 것이다.

① 자동채권

기한부채권은 현재화(제425조)에 의하여 파산선고 당시 기한이 도래하지 아니한 기한부채권이라도 상계할 수 있다(제417조 전문). 파산선고시에 기한이 도래하지 아니한 채권이라도 파산선고로 기한이 도래한 것으로 보기 때문이다(제425조). 비금전채권, 금액이 불확정한 금전채권, 외국통화로 된 금전채권, 정기금채권도 금전화에 의하여 자동채권이 될 수 있다(제417조 전문, 제420조, 제426조).

파산선고 당시 해제조건부채권도 상계할 수 있다(제417조 전문). 정지조건부 채권 또는 장래의 청구권은 즉시 상계할 수 없는 것이 당연하다(제417조 전문 참조). 정지조건이 성취되기 전까지는 채권은 아직 발생하지 않고 있으며, 장래의 청구권도 그것이 구체화되지 않으면 그것을 상계의 자동채권으로 할 수 없기 때문이다. 다만 상계를 보장하기 위한 임치금청구제도를 두고 있다. 즉 정지조건부채권 또는 장래의 청구권을 가진 자가 그 채무를 변제하는 때에는 후일 상계를 하기 위하여 그 채권액의 한도 안에서 변제액의 임치를 청구할 수 있다(제418조).

② 수동채권

파산재단에 속하는 채권인 수동채권에 대하여는 자동채권인 파산채권과는 달리 금전화의 규정이 없으므로 민법의 원칙에 따라 금전채권이거나 자동채권과 동종 목적의 채권이어야 한다. 그러나 수동채권이 기한부채권, 조건부채권, 또는 장래의 청구권인 경우에는 파산채권자는 스스로 기한의 이익 또는 조건성취의 기회를 포기하여 이를 현재화·무조건화시켜 상계할 수 있다(제417조 후문). 이러한 수동채권에 있어서는 파산채권자가 스스로 기한의 이익을 포기하거나 청구권의 현실화를 승인한 후 상계를 하고자 한다면 막을 이유는 없기 때문이다.

나. 파산관재인에 의한 상계

파산관재인도 상계권을 행사할 수 있는가. ① 파산채권자만 상계권을 행사할 수 있다는 견해. 제416조 이하의 규정이 대상으로 하는 상계는 파산채권을 자동채권으로 하고, 파산재단에 속하는 채권을 수동채권으로 하여 파산채권자 측이 행사하는 상계에 한정된다. 따라서 파산관재인은 상계권을 행사할 수 없다. 왜냐하면 제416조는 '파산채권자'가 파산선고 당시 채무자에 대하여 채무를 부담할 때 상계할 수 있도록 규정하고 있을 뿐만 아니라 파산관재인으로부터 상계를 인정하면 파산관재인이 특정한 파산채권자에게 파산절차 밖에서 파산채권을 변제한 것과 마찬가지의 결과가 되어 채권자평등의 원칙에 반하기 때문이다. ② 파산관재인에게도 상계권을 인정하여야 한다는 견해.[125] ㉮ 파산채권자는 상계권이라는 이른바 우선권 있는 채권을 가지는 것이어서 파산관재인 측으로부터 상계를 인정한다고 하더라도 파산채권자에게 부당한 이익을 주는 것은 아니며, 또한 법률관계의 처리를 촉진하는 장점이 있다. ㉯ 실무적으로 파산채권자가 자기에게 유리한 상계권을 최후까지 행사하지 않는 경우는 상정하기 어렵다. 결국 상계권은 행사될 것이고 파산관재인 측으로부터 상계를 인정하여도 다른 파산채권자에게 특별한 불이익을 주는 것이 아니다. ㉰ 파산재단에 속하는 채권의 실제가치가 향후 떨어질 것으로 예상되는 경우에는 파산관재인 측으로부터 상계를 인정하는 것이 오히려 파산재단에 이익이 된다. 파산관재인에게 상계권을 인정하더라도 민법의 상계규정에 따라 상계할 수 있는 것이다. ㉱ 파산재단보다 상대방의 경제적 상황이 더 나쁠 때에는 상계권을 행사하는 것이 다른 채권자에게 오히려 이득이 된다. 따라서 파산관재인도 법원의 허가를 얻어 적극적으로 상계권을 행사할 수 있다(제492조 제16호).

요컨대 회생절차에서도 법원의 허가를 얻어 관리인이 상계를 할 수 있고(제131조 참조), 제416조 이하의 규정은 파산채권자에게 상계권의 확장을 인정하기 위한 규정으로 파산관재인의 상계권 행사를 부정하는 것으로 보기는 어렵다는 점, 파산재단에 속한 채권의 실질적 가치가 파산채권보다 낮은 경우에는 파산관재인이 상계를 하는 것이 다른 파산채권자의 이익에 도움이 될 뿐만 아니라 파산관재인이 상대방에게

125) 전병서, 354~355쪽, 김주학, 395쪽.

최고를 하여도 상대방에 의한 상계를 기대할 수 없다는 점에서 파산채권자의 일반의 이익에 부합하는 경우 법원의 허가를 얻어 상계권의 행사가 가능하다고 할 것이다.[126]

다. 상계권 규정의 적용범위

제416조 이하의 규정이 대상으로 하는 상계는 파산채권을 자동채권으로 하고, 파산재단에 속하는 채권을 수동채권으로 하여 파산채권자 측이 행사하는 상계에 한정된다. 따라서 위 〈나.〉 및 아래의 경우는 제416조 이하가 적용되지 않고 각각의 성질에 따라 가부가 결정된다.[127]

(1) 기타채권과 자유재산 소속 채권의 상계

이 경우는 자동채권, 수동채권 모두 파산절차와 관련이 없어 채무자회생법의 제한을 받지 않고 민법의 일반원칙에 따라 상계의 가부가 결정된다.

(2) 파산채권과 자유재산 소속 채권의 상계

① 파산채권자에 의한 상계

파산채권자로부터의 상계는 허용되지 않는다. 왜냐하면 상계가 자동채권의 강제적 회수기능을 가지고 있다는 점을 고려하면(제424조의 취지에 반한다), 상계를 인정할 경우 고정주의에 반하고(제382조) 파산절차에 의하지 않고 파산채권자가 파산채권을 행사한다는 의미가 되기 때문이다.

② 채무자에 의한 상계

자유재산의 주체인 채무자로부터의 상계는 파산절차에 의한 제한이 없다. 민법에 따라 상계할 수 있다. 채무자에 의한 상계는 채무자가 자유재산으로 파산채권에 대해 임의변제를 하는 것과 마찬가지이기 때문이다.

(3) 재단채권과 파산재단 소속 채권의 상계

재단채권의 경우 파산절차에 의하지 않고 수시로 변제받을 수 있으므로(제475조) 재단채권자는 민법의 상계규정에 따라 상계를 할 수 있다.[128]

---

126) 파산관재인에 의한 상계는 '파산채권자의 일반의 이익에 부합할 것'과 '법원의 허가' 외에는 기본적으로 민법이 정한 일반적인 상계의 요건에 따른다. 자동채권의 경우 금전화, 현재화에 관한 규정이 없으므로 일반적인 민법의 상계요건이 적용된다. 수동채권인 파산채권의 경우 금전화, 현재화가 일어나므로 비금전채권이나 기한미도래채권도 상계가 가능하다(일반적인 상계요건보다 완화되었다).

127) 條解 破産法, 533~536쪽, 破産法・民事再生法, 462~465쪽. 한편 채무자는 파산재단 소속 채권에 대하여 관리처분권을 가지고 있지 않으므로 상계를 할 수 없다.

그렇다면 파산관재인이 재단채권을 수동채권으로 하여 상계를 할 수 있는가. 일반적으로 가능하다고 할 것이지만 파산재단이 부족하여 재단채권에 대해 평등한 변제를 하여야 하는 경우(제477조 제1항)에는 상계를 할 수 없다고 할 것이다. 이것은 파산관재인의 선관주의의무(제361조)에 속하는 문제이다.[129]

(4) 재단채권과 자유재산 소속 채권의 상계

① 재단채권자에 의한 상계

재단채권에 대하여는 채무자가 책임을 부담하지 않으므로(재단채권에 대하여 원래 채무자 본인이 자유재산으로 책임을 부담하지 않는다는 입장), 채무자가 자유재산으로서 재단채권자에 대하여 채권을 가지고 있다고 하여도, 재단채권자와 채무자 사이에는 채권 채무가 대립하지 않아 재단채권자로부터의 상계 가능성은 없다.

② 채무자에 의한 상계

채무자에 의한 상계는 임의변제와 마찬가지이거나[130] 파산재단에 이익을 위한 제3자의 변제에 준한 것으로[131] 인정된다고 할 것이다. 민법에 따라 상계할 수 있다.

4. 도산절차에서 상계의 금지

가. 취 지

도산절차에서의 상계가 민법·상법 등 실체법의 금지에 저촉된 경우 도산채권자에 의한 상계권 행사는 금지된다는 것에는 변함이 없다. 채무의 성질이 상계를 허용하지 않거나 상계금지특약이 있는 때(민법 제492조), 불법행위채권이나 압류금지채권을 수동채권으로 한 때(민법 제496조, 제497조) 등이 이에 해당한다.

이것과 별도로 실체법상 상계가 가능한 경우에도 채무자회생법은 상계의 의사표시를 할 때 쌍방의 채무가 상계적상에 있으면 충분하다는 민법상의 취급을 수정하여 도산채권자 사이의 공평(실질적 평등)을 도모한다는 견지에서, 도산채권자에게 상계의 합리적 기대를 인정할 수 없는 남용적인 상계권 행사를 금지하고 있다(제145조, 제422조, 제587조). 다만 상계가 금지되는 경우라도 이전부터 상계의 담보적 작용을 신뢰하여 온 상태에 있고 신뢰를 보호할 가치가 있다고 인정되는 때[132]나 기타 상계

128) 서울고등법원 2014. 9. 26. 선고 2013나23503(본소),2013나23510(반소) 판결(대법원에서 심리불속행으로 기각되었다) 참조.
129) 條解 破産法, 752쪽.
130) 條解 破産法, 535쪽.
131) 破産法·民事再生法, 465쪽.
132) 대법원 2005. 9. 28. 선고 2003다61931 판결 참조.

를 인정할 합리적 이유가 있는 때에는 예외적으로 상계가 허용되고 있다(제145조 제2호 단서, 제4호 단서, 제422조 제2호 단서, 제4호 단서, 제587조).

상계금지규정은 강행규정이므로 상계금지에 저촉되는 상계는 당연히 무효이다. 도산관리인 등과 채권자 사이의 상계합의도 무효이다. 그 결과 자동채권과 수동채권 모두 소멸하지 않는 것으로 된다. 이 경우 상대방은 다시 채무를 이행하여야 하고, 부인권 행사의 대상이 되는 것은 아니다.

한편 제145조(제422조, 제587조)에는 상계가 금지되는 기간에 관하여 아무런 제한이 없으므로 도산절차개시 전 상계에도 적용되는 것으로 보아야 한다. 따라서 위 조문에서 정한 금지사유가 있는 경우에는 도산절차개시 전에 상계의 의사표시를 하였더라도 도산절차가 개시되면 그 상계는 소급하여 효력을 잃는다.[133] 상계가 소급하여 무효가 된다면 자동채권이나 수동채권에 부가되었던 보증, 담보(물상보증을 포함한다)는 당연히 부활한다.

나. 상계금지사유

상계가 금지되는 유형으로 수동채권으로 되는 채무부담의 시기에 의한 금지(제145조 제1호, 제2호, 제422조 제1호, 제2호, 제587조, 아래 (1) 및 (2))와 자동채권으로 되는 도산채권의 취득의 시기에 의한 금지(제145조 제3호, 제4호, 제422조 제3호, 제4호, 제587조, 아래 (3) 및 (4))로 나눌 수 있다.

(1) 도산채권자가 도산절차개시 후에 채무자에 대하여 채무를 부담한 때－도산절차개시 후에 부담한 채무를 수동채권으로 하는 상계 (제1호)

도산관리인 등이 그 대가가 현실적으로 확보될 필요가 있고, 상계를 인정한다면 도산채권자가 회생계획(변제계획)이나 배당절차에 의하지 않고 채무자로부터 변제를 받는 것과 동일한 결과가 되기 때문에 금지하는 것이다. 도산절차개시 당시를 기준으로 획일적인 도산채권자의 평등에 기초한 것이므로 채무부담의 원인에 관한 예외가 인정되지 않는다(제2호, 제4호 단서 참조).

(2) 도산채권자가 지급의 정지, 도산절차개시의 신청이 있음을 알고 채무자에 대하여 채무를 부담한 때－위기 상태에 있음을 알면서 부담한 채무를 수동채권으로 하는 상계 (제2호)

도산채권자가 채무자의 지급의 정지 등이 되어 있는, 이른바 위기상태에 있음을 알면서 채무자에 대하여 새로운 채무를 부담하였으면서도 이를 수동채권으로 삼아

---

133) 대법원 2015. 9. 10. 선고 2014다68303 판결.

기존의 다른 채권과 상계할 수 있다고 한다면, 채권자들 사이의 공평이 해쳐지고 보전처분이 내려진 이후에도 채무자가 도산채권자인 금융기관과의 금융거래를 할 수 없게 되어 운영자금 마련의 길이 막히는 등 도산절차의 목적을 달성할 수 없는 결과가 초래될 수 있다.[134] 그래서 지급의 정지 등 위기시기 이후에 도산채권자가 그러한 위기상태를 알면서 부담한 채무를 수동채권으로 하는 상계를 금지하고 있다.[135]

다만 도산채권자가 채무자가 위기상태에 있음을 알면서 채무를 부담하였다고 하더라도, ① 그 부담이 법률에 정한 원인에 기한 때, ② 도산채권자가 지급의 정지, 도산절차개시의 신청이 있은 것을 알기 전에 생긴 원인에 의한 때, ③ 회생절차개시시점[136] 및 파산선고시점 중 가장 이른 시점보다 1년 이상 전에 생긴 원인에 의한 때에는 상계가 가능하다(제145조 제2호 단서, 제422조 제2호 단서, 제587조). 위와 같은 경우는 채권자평등원칙에 저촉되지 않기 때문에 예외적으로 상계를 허용(상계금지의 해제)한 것이다. 이들 예외에 해당한다는 사실에 대하여는 상계를 주장하는 도산채권자가 증명책임을 부담한다.

---

134) 대법원 2017. 3. 15. 선고 2015다252501 판결 참조.

135) 대법원 2016. 4. 12. 선고 2015다1802 판결.

136) 회생절차개시시점부터 회생절차개시결정까지 걸리는 시간의 장단에 따라 상계의 인정 여부가 결정된다는 것은 부당하므로 회생절차개시신청시점으로 개정함이 타당하다(일본 회사갱생법 제48조 제2항 제3호 참조). 나아가 회생절차와 파산절차에서 동일 또는 유사한 내용임에도 법 규정에 있어 용어나 표현상에 차이가 있는데, 정비가 필요하다.

회생절차	파산절차
제145조(상계의 금지) 다음 각호의 어느 하나에 해당하는 때에는 <u>상계하지 못한다</u>. (생략) 2. 회생채권자 또는 회생담보권자가 지급의 정지, 회생절차개시의 신청 또는 파산의 신청이 있음을 알고 채무자에 대하여 채무를 부담한 때. 다만, 다음 각목의 어느 하나에 해당하는 때를 제외한다. 가. 그 부담이 <u>법률에 정한 원인</u>에 기한 때 나. 회생채권자 또는 회생담보권자가 지급의 정지, 회생절차개시의 신청 또는 파산의 신청이 있은 것을 알기 전에 생긴 원인에 의한 때 다. <u>회생절차개시시점 및 파산선고시점</u> 중 가장 이른 <u>시점보다</u> 1년 이상 전에 생긴 원인에 의한 때 (생략)	제422조(상계의 금지) 다음 각호의 어느 하나에 해당하는 때에는 <u>상계를 할 수 없다</u>. (생략) 2. 파산채권자가 지급정지 또는 파산신청이 있었음을 알고 채무자에 대하여 채무를 부담한 때. 다만, 다음 각목의 어느 하나에 해당하는 때를 제외한다. 가. 그 부담이 <u>법정의 원인</u>에 의한 때 나. 파산채권자가 지급정지나 파산신청이 있었음을 알기 전에 생긴 원인에 의한 때 다. <u>파산선고</u>가 <u>있은 날부터</u> 1년 전에 생긴 원인에 의한 때 (생략)

(3) 도산절차가 개시된 채무자의 채무자가 도산절차개시 후에 타인의 도산채권을 취득한 때－타인의 도산채권을 도산절차개시 후 취득하고, 이를 자동채권으로 하는 경우의 상계(제3호)

도산절차가 개시된 채무자의 채무자(채무자에 대하여 채무를 부담하는 자)가 도산절차개시에 의하여 실제 가치가 하락된 타인의 도산채권을 저가로 취득하고 이를 자동채권으로 하여 자기가 부담하고 있는 채무와의 상계를 허용한다면 그 채무자에게 부당한 이익을 주고, 도산절차가 개시된 채무자의 재산이 증가되지 않기 때문에 상계는 허용하지 않는다. 또한 채무자에 대하여 채무를 부담하는 자가 도산절차개시 후에 타인의 도산채권을 취득한 경우에는 어떠한 합리적인 상계기대를 인정할 수 없기 때문에 상계를 금지한 것이다.[137] 따라서 도산채권의 취득원인이 무엇인지는 묻지 않는다(제2호, 제4호 단서 참조).

(4) 도산절차가 개시된 채무자의 채무자가 지급의 정지, 도산절차개시의 신청이 있음을 알고 도산채권을 취득한 때－위기상태에 있음을 알면서 취득한 채권을 자동채권으로 하는 상계(제4호)

그 취지는 위 (3)의 경우와 동일하나, 도산절차가 개시된 채무자의 위기상태에 대한 악의를 요하고 타인의 도산채권을 취득할 것을 요하지 않는다는 점에서 차이가 있다. 즉 상계금지는 타인의 도산채권을 취득한 때는 물론 자신의 행위에 의하여 도산채권을 취득한 때에도 적용된다(예컨대 금전을 대여한 경우). 악의에 대한 증명책임은 무효를 주장하는 도산관리인 등이 부담한다.

다만 도산채권의 취득이 ① 법률에 정한 원인에 기한 때, ② 도산절차가 개시된 채무자의 채무자가 위기상태, 즉 지급의 정지, 도산절차개시의 신청이 있은 것을 알기 전에 생긴 원인에 의한 때, ③ 도산절차 개시시점 및 파산선고 시점 중 가장 이른 시점보다 1년 이상 전에 생긴 원인에 의한 때에는 예외적으로 상계가 허용된다(제145조 제4호 단서, 제422조 제4호 단서, 제587조). 그 내용과 취지는 제145조(제422조) 제2호 단서와 같다.

다. 상계권의 남용

다른 권리행사의 경우와 마찬가지로 상계의 요건을 충족하고 있는 경우에도 상계의 의사표시가 권리남용(민법 제2조 제2항)이라고 평가되는 경우가 있다. 상계권의 남용은 명문의 규정에 의한 각종 상계금지에는 형식적으로 해당하지 않지만, 상계가

137) 대법원 2003. 4. 11. 선고 2002다59481 판결 참조.

자의적으로 되거나 공평의 이념에 반한 경우, 예외적으로 상계가 인정되지 않는 경우이다. 도산법에서도 명문의 상계금지에 해당하지 않는 경우에도, 도산채권자 사이의 공평의 관점으로부터 상계를 제한하여야 할 경우로서 상계권의 남용이 논하여지고 있다.

(1) 상계권 남용에 관한 판례의 입장(긍정)

상계의 요건을 갖추고 제145조 상계금지에 해당하지 않더라도, 상계가 상계권의 남용에 해당하는 경우에는 상계가 허용되지 않는다. 상계권자의 지위가 법률상 보호를 받는 것은 원래 상계제도가 서로 대립하는 채권, 채무를 간이한 방법에 의하여 결제함으로써 양자의 채권채무관계를 원활하고 공평하게 처리함을 목적으로 하고 있고, 상계권을 행사하려고 하는 자에 대하여는 수동채권의 존재가 사실상 자동채권에 대한 담보로서의 기능을 하는 것이어서 그 담보적 기능에 대한 당사자의 합리적 기대가 법적으로 보호받을 만한 가치가 있음에 근거하는 것이므로 당사자가 상계의 대상이 되는 채권이나 채무를 취득하게 된 목적과 경위, 상계권을 행사함에 이른 구체적・개별적 사정에 비추어, 그것이 위와 같은 상계 제도의 목적이나 기능을 일탈하고, 법적으로 보호받을 만한 가치가 없는 경우에는, 그 상계권의 행사는 신의칙에 반하거나 상계에 관한 권리를 남용하는 것으로서 허용되지 않는다고 함이 상당하다. 상계권 행사를 제한하는 위와 같은 근거에 비추어 볼 때 일반적인 권리 남용의 경우에 요구되는 주관적 요건을 필요로 하는 것은 아니다.[138)]

대법원은 ① 별단예금채권을 수동채권으로 하는 은행의 상계나,[139)] ② 임대인(임차인에게 임대차보증금 2억 원을 반환할 채무가 있었다)이 임차인의 부도로 인하여 임차인이 발행한 약속어음의 가치가 현저하게 하락된 사정을 잘 알면서 오로지 자신이 임차인에 대하여 부담하는 임대차보증금반환채무와 상계할 목적으로 임차인이 발행한 약속어음 20장을 액면가의 40%에도 미치지 못하는 가격으로 할인・취득하고, 그 약속어음채권을 자동채권으로 하여 상계한 경우,[140)] ③ 착오송금에 기한 수취은행의 상계[141)]는 상계에 관한 권리를 남용한 것으로서 허용되지 않는다고 판시하였다.

(2) 동행상계의 유효 여부

최근 은행들이 채무자가 도산신청(특히 회생신청)이나 도산절차개시결정을 받으면

---

138) 대법원 2003. 4. 11. 선고 2002다59481 판결.

139) 대법원 1998. 1. 23. 선고 97다37104 판결, 대법원 1993. 6. 8. 선고 92다54272 판결, 대법원 1992. 10. 27. 선고 92다25540 판결, 대법원 1989. 1. 31. 선고 87다카800 판결.

140) 대법원 2003. 4. 11. 선고 2002다59481 판결.

141) 대법원 2013. 12. 12. 선고 2012다72612 판결, 대법원 2010. 5. 27. 선고 2007다66088 판결.

채무자에 대한 대출채권(도산채권)과 채무자의 예금채권을 상계하는 경우가 많다. 이러한 상계는 유효한가.

동행(同行)상계란 채무자가 발행한 할인어음이 부도난 경우 은행이 어음채권과 예금채권을 상계하는 것을 말한다.[142] 채무자의 자력이 충분할 때는 동행상계가 문제되지 않지만, 도산한 경우에는 은행이 환매청구권을 행사하면 도산채권을 가지는데 불과하지만, 동행상계를 하게 되면 채무자의 예금채권으로부터 간접적으로 우선변제를 받는 결과가 된다. 따라서 동행상계는 상계금지조항에는 해당하지 않지만, 도산절차에서의 효력이 문제된다. 은행이 채무자에 대한 대여금채권과 채무자의 예금채권을 상계하는 경우에도 동일한 문제가 발행한다.

위와 같은 은행의 상계는 대출받은 자(채무자)의 도산에 의하여 대출채권의 이행을 받는 것이 일반적으로 곤란하다는 것을 고려하면 원칙적으로 유효라고 하여야 할 것이다. 그러나 상계금지조항은 원래 위기부인으로부터 유래하였으나, 상계는 채권자의 행위이므로 부인권 행사의 대상이 되지 못한다는 보고 특별히 금지조항을 둔 것이다. 또한 부인 유형에는 상계금지조항에 대응하는 위기부인 이외에도 행위시기의 제한을 받지 않는 고의부인도 있다는 점을 고려하면 형식적으로 금지조항에 해당하지 않는다 하여 상계가 당연히 허용되지는 않고, 동행상계가 도산절차에 미치는 실질적인 영향을 기준으로 판단하여야 한다. 즉 상계권은 채권자의 권리보전에 필요한 범위에서 행사하여야 하고, 도산채권자에 불과한 은행이 상계를 통하여 실질적으로 다른 도산채권자보다 우선적으로 변제받는 반면, 도산으로 인한 은행의 손실이 다른 도산채권자에게 전가하는 결과가 되므로(채권자평등원칙에 반한다) 권리남용으로 무효라고 할 것이다.[143]

5. 공 제

상계(setoff)와 구별한 개념으로서 공제(recoupment)가 있다. 공제는 복수 채권・채무의 상호 정산을 내용으로 하는 채권소멸 원인이라는 점에서 상계와 유사하다. 그러나 공제는 하나의 계약관계에서 발생한 채권, 채무관계를 상호 가감하여 정산하는 것으로, 별개의 계약관계에서 발생한 채권, 채무관계를 소멸시키기 위한 상계와 구

142) 원래 동행상계의 기본적 관계는 다음과 같다. 甲은행 A지점에 예금을 가지고 있는 乙이 도산한 경우, 甲은행이 乙에 대하여 가지고 있는 채권을 乙의 예금채권과 상계하여도 여전히 예금채권이 남는 경우가 있다. 乙이 발행한 어음을 소지하고 있던 丙이 그 어음을 甲은행 B지점에 할인한 경우, 甲은행이 丙에 대하여 어음의 환매를 청구하지 않고 丙을 보호하기 위하여 위 어음채권과 乙의 나머지 예금채권을 상계하는 것이다. 이것이 동행상계이다.

143) 김주학, 406~407쪽 참조.

별된다. 공제에는 원칙적으로 상계적상, 상계 금지나 제한, 상계의 기판력 등 상계에 관한 법률 규정이 적용되지 않는다.

또한 '공제'는 특별한 약정이 없는 한 당사자 쌍방의 채권이 서로 상계적상에 있는지 여부와 관계없이 가능하고 부동산임대차관계 등 특정 법률관계에서는 일정한 사유가 발생하면 별도의 의사표시도 필요하지 않고 당연히 공제가 이루어진다(공제 약정이 있으면 별도의 의사표시 없이도 당연히 공제되는 것이 원칙이다)는 점에서, 상계적상에 있는 채권을 가진 채권자가 별도로 의사표시를 하여야 하는 상계(민법 제493조 제1항)와는 다르다.[144]

나아가 공제는 상계 금지나 제한과 무관하게 제3자에 우선하여 채권의 실질적 만족을 얻게 한다는 점에서 상계보다 강한 담보적 효력을 가진다.[145] 공제의 전형적인 예로는 ① 임차인의 임차보증금반환채권과 임대인의 연체차임지급채권 및 손해배상금채권의 공제,[146] ② 기성공사대금에서 선급금을 공제하는 경우[147] 등이다. 공제의 법리가 적용될 경우에는 채권자는 상계의 시기에 관한 제한에 걸리지 아니하고 공제를 주장할 수 있다.[148]

Ⅴ. 별제권[파산절차 · 개인회생절차]

별제권은 파산절차[149]에서 담보권의 보장에 기여한다. 채무자의 재산에 속한 목적물에 대하여 담보권을 갖고 있는 자에게는 원칙적으로 목적물(물건) 그 자체가 아니라 그 목적물(물건)에 화체되어 있는 가치(피담보채권액에 달할 때까지)가 귀속된다. 따라서 채권자는 채무자가 파산할 때 담보물을 환취할 수 없다. 담보물 자체는 파산재단에 속한다. 별제권자는 단지 담보물로부터 다른 채권자들보다 우선변제를 받아야

144) 대법원 2018. 1. 24. 선고 2015다69990 판결.
145) 대법원 2024. 8. 1. 선고 2024다227699 판결. 한편 계약자유의 원칙에 따라 당사자는 강행규정에 반하지 않는 한 공제나 상계에 관한 약정을 할 수 있으므로, 공제나 상계적상 요건을 어떻게 설정할 것인지, 공제 기준시점이나 상계적상 시점을 언제로 할 것인지, 공제나 상계의 의사표시가 별도로 필요한지 등을 자유롭게 정하여 당사자 사이에 그 효력을 발생시킬 수 있다. 또한 공제와 상계 중 무엇에 관한 약정인지는 약정의 문언과 체계, 약정의 경위와 목적, 채권들의 상호관계, 제3자의 이해관계 등을 종합적으로 고려하여 합리적으로 해석하여야 한다(위 판결 참조).
146) 대법원 2019. 4. 3. 선고 2015다247745,247752 판결, 대법원 2012. 9. 27. 선고 2012다49490 판결 등 참조.
147) 대법원 2004. 11. 26. 선고 2002다68362 판결 참조.
148) 사법연수원, 도산처리법(2014), 171쪽.
149) 개인회생절차의 경우도 마찬가지이다(제586조). 다만 개인회생절차에서는 개인회생절차개시의 결정이 있는 때에는 변제계획의 인가결정일 또는 개인회생절차 폐지결정의 확정일 중 먼저 도래하는 날까지 개인회생재단에 속하는 재산에 대한 담보권의 설정 또는 담보권의 실행 등을 위한 경매는 중지 또는 금지된다(제600조 제2항). 결국 변제계획인가일까지 별제권을 실행할 수 없다.
아래에서는 파산절차를 전제로 하여 설명한다.

하고 환가대금은 피담보채권의 변제를 위해 우선적으로 사용되어야 한다고 요구할 수 있다. 물론 별제권에 따른 채권자의 채권 만족은 별제권이 부인권의 대상이 아니라는 것을 전제로 한다. 별제권자의 채권 만족 후 잔액(잉여금)이 있으면 이는 파산재단에 귀속되고 파산채권자의 채권 만족을 위해 사용한다.[150)]

1. 별제권의 의의

별제권이란 파산선고가 된 때 파산재단에 속하는 재산에 대하여 유치권, 질권, 저당권, 「동산·채권 등의 담보에 관한 법률」에 따른 담보권 또는 전세권을 가진 자가 그 목적인 재산에 관하여 파산절차에 의하지 않고 행사할 수 있는 권리를 말한다(제411조, 제412조, 제586조). 별제권자는 파산재단에 속하는 특정한 재산으로부터 파산절차에 의하지 아니하고 우선적, 개별적으로 변제받을 수 있다(제412조). '별제(別除)'란 문자 그대로 절차 밖에서 권리행사가 인정되는 것을 의미한다. 별도로 우선 만족을 받는다는 것은 별제권이 존재하는 목적물을 환가하여 환가대금을 피담보채권이 만족될 때까지 채권자에게 지급한다는 것을 뜻한다.

채무자회생법이 별제권을 인정하는 이유는 다음과 같다. 파산절차가 실체법 질서를 전제로 한 이상 실체법상의 담보권에 포함되어 있는 권능, 즉 우선변제권을 실현하기 위한 환가권을 무시할 수는 없다. 그리고 파산절차의 목적이 채무자의 재산을 청산하는 것이라는 점을 고려하면, 담보권의 권능에 대하여도 스스로 환가권을 행사하여 목적물로부터 우선변제를 받는 것을 인정하는 것이 합리적이다. 담보권에 기한 우선변제권을 법률상 지위로서 인정하는 이상, 이러한 기대를 파산절차에서도 보호하여야 한다.

별제권은 채무자회생법에 의해 새로이 발생하는 권리가 아니라 담보권이 파산재단에 포함되어 있는 목적물에 대하여 행사되는 작용으로서 생기는 우선변제청구권이다. 즉 기존 민사법상의 담보물권의 효력을 파산절차에서 그대로 인정한 것에 불과하다. 따라서 파산절차상 별제권자는 파산절차에 의하지 아니하고 별제권을 행사하여 우선적으로 자신의 채권의 만족을 받을 수 있고(제412조), 그러한 별제권의 행사에 의하여 변제를 받을 수 없는 채권액에 관하여서만 파산채권자로서 그 권리를 행사할 수 있다(제413조, 부족액책임주의). 다만 채무자가 물상보증인[151)]인 경우와 같

---

150) Reinhard Bork, 161~162쪽.

151) 물상보증인은 채무를 부담하지 않고, 담보로 제공한 물건을 한도에서 '책임'을 부담할 뿐이다. 따라서 채권자는 물상보증인에 대하여 이행의 소를 제기하거나 그의 일반재산에 대하여 집행하지 못한다. 이 점에서 물상보증인은 보증인과 다르다. 파산채권자가 아니라도 물상보증인이 파산한 경우 파산재단 소속 재산에 대하여 담보권을 가질 때에는 별제권자로 된다.

이 특정재산을 가지고 물적책임을 지는 담보물권 자체는 별제권으로 취급되지만 그 피담보채권은 파산채권으로는 되지 못한다. 이 경우 담보권자는 별제권자로서 담보 목적물로부터 별제권을 행사하여 우선변제를 받을 수 있지만, 파산절차에 참가할 수는 없다.

가. 별제권의 행사와 성립요건 · 대항요건

파산절차에서 별제권으로 취급되기 위해서는, 다른 채권자에 대한 관계에서 성립요건이나 대항요건을 갖추고 있어야 한다. 부동산이라면 등기(민법 제186조), 동산이라면 인도(민법 제188조 제1항), 채권양도라면 확정일자 있는 증서에 의한 통지 · 승낙(민법 제450조)이 필요하다. 파산관재인은 성립요건이나 대항요건의 흠결을 주장할 수 있는 제3자에 해당한다.

파산선고가 되면 파산선고 후에는 등기 등을 할 수 없고(제331조), 그 결과 성립요건 등을 흠결한 담보권이기 때문에 별제권으로서 권리행사를 할 수 없다. 채권양도나 질권설정의 통지(민법 제349조)도 파산선고 후에는 제331조의 취지에 비추어 원칙적으로 인정되지 않는다. 파산선고 후 채권양도나 질권설정의 승낙은 파산선고 후 채무자의 법률행위에 의하지 않는 권리취득으로서 허용되지 않는다(제330조).

나. 별제권 행사의 상대방

별제권의 목적재산이 파산재단에 속한 경우에는 그 행사의 상대방은 파산관재인이다. 목적재산을 제3자가 점유하고 있는 경우에도 마찬가지이다(다만 실효적인 행사를 할 수 있을지는 의문이다).

파산선고 전에 담보권 실행을 위한 경매절차가 개시된 경우, 파산선고 후에는 파산관재인이 그 상대방이 되고, 경매절차의 불복신청 등은 채무자는 할 수 없고 파산관재인이 하여야 한다.

다. 별제권으로 우선변제 받을 수 있는 범위

별제권으로 우선변제를 받을 수 있는 범위는 실체법(민법)에 의하여 확정된다. 예컨대 저당권의 경우 원본, 이자, 위약금, 채무불이행으로 인한 손해배상 및 저당권의 실행비용이 포함된다. 다만 지연배상에 대하여는 원본의 이행기일을 경과한 후의 1년분에 한한다(민법 제360조). 파산선고 후 이자 등은 후순위 파산채권이지만(제446조 제1항 제1호, 제2호), 담보된 범위 내에서는 우선변제권이 인정된다.[152)]

---

152) 倒産法(加藤哲夫등), 173쪽.

2. 별제권의 기초가 되는 권리

가. 담보물권

(1) 유치권 등

파산재단에 속하는 재산상에 존재하는 유치권·질권·저당권·「동산·채권 등의 담보에 관한 법률」에 따른 담보권 또는 전세권을 가진 자는 그 목적인 재산에 관하여 별제권을 가진다(제411조).

유치권은 채권이 변제되기까지 목적물을 유치할 수 있을 뿐 그 물건으로부터 우선변제를 받을 권리는 없다(민법 제320조). 그러나 유치권의 행사에 의해 파산재단에 속하는 재산을 유치하게 할 경우, 파산재단의 관리 및 환가를 방해하게 되고 신속한 파산절차의 진행을 저해하게 된다. 이러한 이유로 유치권자에 대하여도 별제권을 인정하고 있는 것이다.

회생절차(제141조 제1항)에서와 달리 우선특권에 관하여는 규정이 없다. 상법상의 선박우선특권 등은 특정재산에 대하여 우선특권을 갖는 경우이므로 담보권에 관한 규정을 유추적용하여 별제권을 인정하여야 할 것이다.[153]

민법은 질권 및 저당권에서 물상대위를 인정하고 있다(민법 제342조, 제355조, 제370조). 따라서 그 환가대금 등에도 별제권이 인정된다. 다만 물상대위권을 행사하기 위해서는 대위물인 채권의 변제(지급 또는 인도) 전에 압류를 할 필요가 있다(민법 제342조 후문).

(2) 근저당권

근저당권은 파산선고에 의하여 피담보채권이 확정되기 때문에[154] 확정된 근저당권자가 파산절차에서 가지는 권리는 일반 저당권자의 경우와 마찬가지로 별제권으로 취급된다.

한편 근저당권의 경우 피담보채권에 포함될 이자 등의 범위가 문제된다. 일반 저당권의 경우에는 우선변제의 대상이 되는 이자 등은 최후 1년분으로 제한된다(민법 제360조). 그러나 근저당권의 경우에는 채권최고액의 범위 내라면 모든 이자 등이 피담보채권에 포함된다(민법 제357조 제2항 참조). 파산선고 후의 이자 등은 후순위 파산채권이지만(제446조 제1항 제1호, 제2호), 이것도 별제권의 피담보채권에 포함되기 때문에, 부족액 산정(제413조)의 기초가 된다.

---

153) 남효순·김재형, 통합도산법, 법문사(2006), 42쪽.

154) 대법원 2017. 9. 21. 선고 2015다50637 판결 참조.

나. 비전형적 담보권

(1) 가등기담보

「가등기담보 등에 관한 법률」에 의해 규율되는 가등기담보를 말한다. 채무자 등 목적물의 소유자에게 파산선고가 되면 가등기담보권자는 별제권자의 지위가 부여된다(위 법률 제17조 제1항). 따라서 가등기담보권자는 별제권자로서 위 법률에 따른 청산절차를 밟아야 한다.[155]

(2) 양도담보

① 양도담보설정자의 파산

양도담보설정자가 파산한 경우[156] 양도담보권자는 양도담보의 담보권적 구성을 중시하여 별제권자의 지위에 있다고 보아야 한다(제141조 및 제411조 유추적용, 가등기담보 등에 관한 법률 제4조 제2항).[157] 그 이유는 ㉮ 양도담보는 간이·신속하게 우선적으로 변제를 받기 위한 물적담보수단이고 그 이익은 양도담보권자에게 별제권을 인정하는 것으로 충분히 보호되며, ㉯ 양도담보권자를 목적물의 소유자로 보아 환취권을 인정하면 본래 파산재단에 속하여야 할 목적물이 가지는 잉여가치도 취득하게 되어 그 이익이 담보의 목적을 넘어서게 되고, ㉰ 다른 전형담보가 별제권으로 취급되고 있는데,[158] 이것과의 균형을 도모하는 것이 공평하기 때문이다.[159]

---

155) **가등기담보권자가 파산한 경우** 가등기담보권과 피담보채권은 파산재단에 속하고, 종래의 가등기담보권자와 채무자(설정자)의 관계는 그대로 파산관재인과 채무자(설정자)의 관계로 승계된다.

156) **양도담보권자의 파산** 양도담보권자에 대해 파산선고가 된 경우 양도담보설정자의 법적 지위는 어떠한가. 이에 관하여는 명문의 규정이 없다. 양도담보권의 피담보채권이 아직 소멸하지 않은 경우에 양도담보권자의 파산선고를 이유로 환취권을 행사하는 것은 허용되지 않는다. 하지만 양도담보권의 피담보채권이 소멸한 경우에는 채무자는 더 이상 양도담보권의 목적이 된 재산권을 보유할 권원이 없으므로 양도담보설정자는 제407조에 따라 양도담보의 목적이 된 재산권을 환취할 수 있다(대법원 2004. 4. 28. 선고 2003다61542 판결). 이는 양도담보의 법적 구성에 있어 신탁적 소유권이전설을 취하든 담보권설을 취하든 모두 동일하다(이영준, 전게서, 997쪽). 한편 양도담보설정자가 피담보채권의 변제를 하지 않은 경우에는 양도담보권자의 파산관재인이 담보권을 실행하고, 그 때 목적물의 가액이 피담보채권을 상회하여 청산금이 발생하였다면, 양도담보설정자는 재단채권으로 지급을 구할 수 있다(제473조 제4호 또는 제5호).

157) 회생절차에서는 양도담보권을 회생담보권이라고 명시적으로 규정하고 있으나(제141조 제1항), 제411조에서는 양도담보권을 별제권의 범위에 포함시키지 않아 해석상의 논란이 있을 수 있다. 회생절차에서 양도담보권을 회생담보권으로 취급하고 있는 것과의 균형상 제411조를 개정하여 파산절차의 경우에도 양도담보권을 별제권으로 규정할 필요가 있다. 도산상태에 이른 채무자는 파산절차나 회생절차 중 어느 하나의 절차를 선택하여 개시를 신청할 수 있다는 점에 비추어 보더라도(제34조 제1항, 제305조 참조), 도산절차의 유형에 따라 양도담보에 대한 취급을 달리하는 것은 적절하지 않기 때문이다{김영주, "도산절차상 양도담보계약 당사자의 법적 지위", 사법 33호(2015. 9.), 사법발전재단, 23쪽}.

158) 양도담보권자는 제411조에서 별제권을 가지는 자로 되어 있지는 않지만, 특정재산에 대한 담보권을 가진다는 점에서 별제권을 가지는 것으로 열거된 유치권자 등과 다름이 없으므로 그들과 마찬가지로 별제권을 행사할 수 있는 권리를 가지는 자로 봄이 상당하다(대법원 2002. 4. 23. 선고 2000두8752

② 집합물양도담보

집합물양도담보란 담보목적물이 특정한 목적물이 아니라 설정자가 장래 취득하는 제품(동산)이나 매매대금채권 등의 일부 또는 전부와 같은 집합물에 대하여 설정하는 것을 말한다. 담보권이므로 별제권자의 지위에 있다고 할 것이다.

(3) 소유권유보부매매

소유권유보부매매란 동산을 매매함에 있어 매매목적물을 인도하면서 대금완납시까지 소유권을 매도인에게 유보하기로 특약한 것을 말한다. 할부판매(할부매매)가 여기에 해당한다. 이러한 내용의 계약은 동산의 매도인이 매매대금을 다 수령할 때까지 그 대금채권에 대한 담보의 효과를 취득·유지하려는 의도에서 비롯된 것이다.[160)]

매수인에 대하여 파산이 선고된 경우 소유권유보부매매의 매도인을 담보권자(별제권자)로 취급할 것인지 아니면 소유권자(환취권자)로 취급할 것인지가 문제된다.

소유권유보부매매는 담보권자가 아닌 소유자로 보고 환취권을 인정하여야 한다는 견해도 있다.[161)] 하지만 매수인이 이미 조건부 소유권이라는 물적지배권을 목적물에 대하여 취득한 이상 유보소유권은 본래 의미에서의 소유권은 아니고, 매매대금채권을 담보할 목적인 담보권의 일종으로 보아야 한다. 실질적으로 동일한 종류의 권리에 대한 평등한 취급이나 채권자 일반의 이익 보호 등을 고려하여 파산절차에서 소유권의 담보권으로의 재구성[162)]이 필요하다. 회생절차에서 회생담보권으로 인정하는 것[163)]과의 균형상으로도 그렇다. 따라서 매도인의 유보소유권은 별제권으로 보아야 할 것이다(제411조 유추적용).

대법원도 파산절차는 회생이 어려운 채무자의 재산을 채권자들에게 공정하게 환가·배당하기 위한 집단적·포괄적 채무처리절차로서, 파산절차에서는 법적 성질이 유사한 권리를 가진 채권자들을 공평하게 취급할 필요가 있음을 전제로, ① 동산 소유권유보부매매는 동산의 매도인이 매매대금을 다 수령할 때까지 그 대금채권에 대한 담보의 효과를 취득·유지하려는 의도에서 비롯된 것으로서, 매도인이 유보한 소

판결 참조).

159) 전병서, 322쪽.

160) 부동산과 같이 소유권 이전을 위하여 등기가 필요한 경우나 자동차, 중기, 건설기계 등 비록 동산이기는 하나 등록에 의하여 소유권이 이전되는 재산에 대하여는 소유권유보부매매가 성립할 수 없다(대법원 2010. 2. 25. 선고 2009도5064 판결).

161) 양형우, 전게 "연장된 소유권유보의 회생·파산절차상 효력", 54쪽.

162) 파산절차 밖에서는 소유권유보부매매에 있어서 매도인의 소유권이 그대로 인정된다(대법원 1999. 9. 7. 선고 99다30534 판결 등).

163) 대법원 2014. 4. 10. 선고 2013다61190 판결.

유권은 담보권의 실질을 가지고 있고,[164] 이러한 점에서 동산 소유권유보부매매 매도인의 지위는, 별제권을 가지는 것으로 열거된 담보권자나 양도담보권자의 지위와 다르지 않으며. ② 동산 소유권유보부매매의 매수인에 대한 회생절차에서 매도인이 유보한 소유권은 회생담보권으로 취급되는데,[165] 회생절차와 파산절차가 유기적으로 연결되는 채무자회생법 체계에 비추어 보면 동산 소유권유보부매매의 매도인의 지위는 파산절차에서도 동일하게 별제권을 행사할 수 있는 권리를 가지는 자로 보는 것이 일관된 해석이고, ③ 동산 소유권유보부매매 매도인을 환취권이 아닌 별제권을 행사할 수 있는 자로 보더라도 매도인으로서는 파산절차에 의하지 아니하고 별제권을 행사할 수 있으므로(제412조), 환취권을 행사하는 경우와 비교하여 불이익이 크다고 볼 수도 없으며, 파산관재인으로서는 그 별제권을 승인하고 별제권자의 처분기간을 지정하거나 별제권의 목적인 재산을 환가하는 등의 관리처분권을 행사함으로써(제492조 제13호, 제497조, 제498조 등), 이해관계인의 이익을 균형 있게 조정하고 파산절차를 신속하고 효율적으로 진행할 수 있게 되는 이점도 있다는 것 등을 이유로 동산 소유권유보부매매를 별제권으로 보고 있다.[166]

다. 대항요건·확정일자를 갖춘 임차보증금반환채권과 소액임차보증금반환채권

(1) 대항요건·확정일자를 갖춘 임차보증금반환채권

임대인이 파산한 경우 주택임대차보호법(제3조 제1항) 및 상가건물 임대차보호법(제3조)의 규정에 의한 대항요건을 갖추고 임대차계약증서상의 확정일자를 받은 임차인은 파산채권인 임대차보증금 반환채권에 관하여 파산재단에 속하는 주택, 상가(대지를 포함한다)의 환가대금에서 후순위권리자 그 밖의 채권자보다 우선하여 보증금을 변제받을 권리가 있다(제415조 제1항, 제3항).[167] 따라서 그 우선변제권의 한도 내에서 파산절차에 의하지 아니하고 주택 등에 대한 경매나 공매절차에서 만족을 받을 수 있다.[168]

한편 "후순위권리자 그 밖의 채권자보다 우선하여 보증금을 변제받는다"고만 되어 있을 뿐, 과연 누가 후순위권리자인가에 관하여는 아무런 규정을 두고 있지 않다. 임차인의 우선변제권은 저당권(법정담보물권)과 동일한 취급을 받는 것으로 봄이

164) 대법원 2014. 4. 10. 선고 2013다61190 판결, 대법원 2010. 2. 25. 선고 2009도5064 판결 등 참조.
165) 대법원 2014. 4. 10. 선고 2013다61190 판결.
166) 대법원 2024. 9. 12. 선고 2022다294084 판결.
167) 임차인의 우선변제권은 법정담보물권의 성격을 갖는 것으로 부동산 담보권에 유사한 권리로 취급된다(대법원 2017. 1. 12. 선고 2014다32014 판결, 대법원 2007. 6. 21. 선고 2004다26133 전원합의체 판결 참조).
168) 대법원 2017. 11. 9. 선고 2016다223456 판결, 대법원 2017. 1. 12. 선고 2014다32014 판결 등 참조.

상당하고[169] 실무도 그렇게 운영하고 있다.

우선변제권은 경매나 공매(민사집행법에 의한 경매절차나 국세징수법·지방세징수법에 의한 공매절차)에 의하여 환가된 경우에 인정되는 것이다. 경매나 공매가 아닌 매매, 교환 등의 법률행위에 의하여 주택 등이 양도되는 경우에는 대항력만 문제될 뿐, 우선변제권은 인정될 여지가 없다.

파산신청일까지 대항력을 갖추도록 규정한 소액임차인(제415조 제2항)의 경우와 관련하여 제415조 제1항의 대항력은 언제까지 갖추어야 하는가. 소액임차인과 달리 대항력을 갖추어야 할 시점에 관하여 아무런 제한 규정을 두고 있지 않으므로 파산신청일이나 경매개시신청의 등기 전까지 구비할 필요는 없다. 결국 대항력을 갖춘 시점에 담보권자와 유사한 지위를 갖게 되는 것이다. 다만 우선변제권 행사의 요건은 배당요구의 종기까지 갖추고 있어야 한다.[170]

(2) 소액임차보증금반환채권

파산신청일까지 대항력을 갖춘[171] 임차인은 주택임대차보호법(제8조) 및 상가건물 임대차보호법(제14조)의 규정에 의해 최우선변제를 받을 수 있는 소액보증금에 대하여 파산재단에 속하는 주택, 상가(대지를 포함한다)의 환가대금에서 다른 담보물권자보다 우선하여 변제받을 권리가 있다(제415조 제2항 전문, 제3항). 이 경우 임차인은 파산신청일까지 주택임대차보호법 제3조 제1항(또는 상가건물 임대차보호법 제3조 제1항)의 규정에 의한 대항요건을 갖추어야 한다(제415조 제2항 후문, 제3항).

(3) 임대인이 파산선고를 받은 경우 임차보증금반환채권의 성질

재단채권으로 보는 견해도 있으나,[172] 파산선고 전에 발생한 채권으로 파산채권으로 보아야 한다. 판례도 파산채권이라는 입장이다.[173]

임차보증금반환채권은 파산채권이므로, 별제권에 준하는 우선변제권을 행사하는 경우를 제외하고는 파산절차에 의하지 아니하고는 행사할 수 없고, 파산절차에서 임대부동산의 환가가 이루어지지 아니하고 보증금 전액이 반환되지 않는 경우 임차보

169) 대법원 2012. 7. 26. 선고 2012다45689 판결, 대법원 2007. 6. 21. 선고 2004다26133 전원합의체 판결 등 참조.

170) 대법원 2007. 6. 14. 선고 2007다17475 판결.

171) 대항요건을 갖추어야 할 시기는 파산신청일까지이다. 이는 주택임대차보호법 제8조 제1항, 상가건물 임대차보호법 제14조 제1항에서 우선변제권을 갖추어야 할 시기를 경매신청의 등기 전까지로 정하고 있는 것과 차이가 있다. 경매절차는 경매신청 후 바로 법원의 등기가 기입되지만, 파산절차에서는 파산신청이 있다고 하더라도 파산선고까지는 상당한 시간이 필요하다는 점을 고려한 것으로 보인다.

172) 임치용, 파산법연구2, 박영사(2006), 134~135쪽.

173) 대법원 2023. 6. 15. 선고 2020다277481 판결, 대법원 2017. 11. 9. 선고 2016다223456 판결, 의정부지방법원 고양지원 2017. 2. 10. 선고 2016가단21530 판결(확정) 등 참조.

증금반환채권은 면책의 대상이 된다.[174] 따라서 임차인은 채무자나 파산관재인을 상대로 임차보증금의 반환을 청구하는 소를 제기하거나 지급명령을 신청할 수는 없다.

(4) 경매청구권 인정 여부

주택이나 상가건물의 임차인이 우선변제권을 갖더라도 경매청구권은 없다. 따라서 경매(공매)절차에 참가하여 우선변제를 받을 수 있을 뿐이다. 파산절차에서 주택임차인 등에게 별제권을 인정하였더라도 경매청구권이 발생하는 것은 아니다. 별제권은 파산절차 밖에서 권리를 행사할 수 있다는 점에 그치기 때문이다.[175]

라. 임금채권자 등의 최우선변제권

(1) 최우선변제 임금채권 등의 우선변제

최종 3개월분의 임금·재해보상금(근로기준법 제38조 제2항)과 최종 3년간의 퇴직급여 등(근로자퇴직급여 보장법 제12조 제2항)의 채권자는 해당 채권을 파산재단에 속하는 재산에 대한 별제권 행사 또는 제349조 제1항의 체납처분(강제징수)에 따른 환가대금에서 다른 담보물권자보다 우선하여 변제받을 권리가 있다. 다만 임금채권보장법 제8조에 따라 해당 채권을 대위하는 경우에는 그러하지 아니하다(제415조의2).

파산절차에서 최종 3개월분의 임금·재해보상금 및 최종 3년간의 퇴직급여 등 최우선 임금채권은 재단채권으로 인정하여 보호하고 있지만(제473조 제10호), 파산재단이 재단채권 변제에도 부족하여 다른 재단채권과 안분 변제를 받게 되는 경우에는 최우선 임금채권도 모두 변제되지 못하는 결과가 발생할 수 있다. 이에 근로자의 최종 3개월분의 임금·재해보상금 및 최종 3년분의 퇴직급여 등 채권을 두텁게 보장하기 위하여, 파산절차에서도 근로자가 행사하는 근로자의 최종 3개월분의 임금·재해보상금 및 최종 3년분의 퇴직급여 등 채권에 대하여 최우선변제권을 인정하고 있다.

최우선변제권이 인정되는 임금 등에 대하여는 근로자가 경매절차나 체납처분(강제징수)절차에서 직접 배당받을 수 있다.

주의할 것은 임금채권자 등의 최우선변제권이 인정되는 것은 별제권의 행사나 체납처분(강제징수)에 따른 환가대금에 대하여 인정될 뿐 파산관재인의 환가에는 적용되지 않는다는 것이다.

---

174) 대법원 2011. 11. 10. 선고 2011다27219 판결 참조.
175) 남효순·김재형, 통합도산법, 법문사(2006), 42쪽.

(2) 근로복지공단 대지급금 채권의 경우

문제는 제415조의2 단서와 임금채권보장법 제8조 제2항의 관계에서 근로복지공단이 근로자의 임금 등을 대위변제한 경우이다. 대위변제한 대지급금 채권이 여전히 담보물권보다 우선변제권을 갖는 것인지, 우선변제권이 인정되는 경우 근로복지공단이 별제권 행사에 따른 경매절차나 체납처분(강제징수)절차에서 직접 배당을 받을 수 있는지가 다투어질 수 있다.

① 우선변제권 인정 여부

근로복지공단에 우선변제권을 인정하지 않는 견해도 있지만, 제415조의2 단서의 취지는 '근로복지공단이 임금채권보장법 제8조 제2항의 규정에 따른 우선변제를 받을 권리조차도 행사할 수 없도록 하여 담보물권자가 파산으로 말미암아 파산 전보다 더 유리하게 되는 결과를 허용하고자 하는 취지는 아니라고 봄이 타당'하므로 우선변제권은 인정된다고 할 것이다.[176)]

② 직접청구권 인정 여부

담보물권에 대한 우선변제권이 인정되는 경우 근로복지공단이 별제권 행사에 따른 경매절차나 체납처분(강제징수)절차에서 직접 지급(배당)을 청구할 수 있는가.

이에 관하여 근로복지공단이 대위변제한 경우 제415조의2 단서가 근로복지공단의 대지급금은 '그러하지 아니하다'라고 규정한 것은 대지급금 채권이 별제권부 채권에 대하여 우선변제권이 인정되지 않는다는 의미는 아니지만, 다른 재단채권자들과의 형평성을 고려하여 대지급금 채권의 경우 근로복지공단에 대하여 최우선 임금채권자 본인(근로자)처럼 직접적인 배당수령권을 인정할 수는 없고, 재단채권으로서 그 배당액이 파산관재인에게 교부되어 파산관재인을 통하여 다른 재단채권과 함께 배당되어야 함을 선언한 입법자의 결단으로 보아야 한다는 견해가 있다.[177)] 이 견해에 의하면 근로복지공단이 배당요구를 할 경우 그 재단채권에 대한 배당액은 파산관재인에게 교부되어야 한다. 판례의 입장이기도 하다.[178)]

그러나 ㉮ 타인의 채무를 변제하고 채권자를 대위하는 대위변제의 경우 채권자의 채권은 동일성을 유지한 채 법률상 당연히 변제자에게 이전하는바(민법 제482조 제1항), 임금채권보장법 제8조는 근로복지공단이 최우선변제권 있는 임금채권을 가진

---

176) 대법원 2022. 8. 31. 선고 2019다200737 판결.
177) 법원실무제요 민사집행(Ⅲ)－부동산집행2, 사법연수원(2020), 188쪽, 법인파산실무, 387쪽, 대전고등법원 2018. 12. 11. 선고 (청주)2018나2678 판결(상고).
178) 대법원 2022. 8. 31. 선고 2019다200737 판결.

근로자에게 대지급금을 지급한 경우에도 이러한 법리가 적용됨을 확인하는 것에 불과하므로,[179] 제415조2 단서가 임금채권보장법 제8조를 배제하더라도 대위변제자의 대위변제로 인한 권리에는 아무런 영향을 미치지 아니한 점(최우선변제권 있는 임금채권을 가진 근로자에게 대지급금을 지급한 근로복지공단은 피대위채권에 인정되던 것과 같은 순위로 다른 채권자에 우선하여 변제받을 수 있다), ㉯ 근로자에게만 직접 배당수령권을 인정하고 근로복지공단에게 인정하지 않는다면 근로복지공단은 대지급금의 지급을 미루고 근로자에게 별제권 행사에 따른 경매절차나 체납처분(강제징수)절차에서 직접 배당을 청구하게 할 우려가 있는 점, ㉰ 근로자의 직접청구권은 인정하면서 대지급금을 지급한 근로복지공단에게 인정하지 않는 것은 변제자대위 법리에 반하는 점, ㉱ 근로복지공단에서 대지급금으로 지급하는 금원은 세금으로 조달되는 것이고 이후 계속적으로 근로자의 임금체불에 대한 공익목적의 자금으로 확보할 필요성이 있는 점(임금채권보장법에 따른 대지급금의 지급 및 회수는 임금체불 근로자 생계곤란을 신속하게 해소하고 안정적인 일터 복귀 지원을 위해 임금채권보장기금으로 수행하는 사업으로 대위변제 채권의 안정적인 회수는 향후 다른 근로자들의 지원을 위하여 반드시 필요하다), 다른 채권자들은 임금채권자의 우선변제권을 알고 있어 대지급금을 지급한 근로복지공단에게 직접청구권을 인정하더라도 불합리하지 않는 점, ㉲ 오히려 파산절차가 개시되지 않을 경우 경매절차나 체납처분(강제징수)절차에서 직접청구권이 인정되는데, 파산절차가 개시되면 직접청구권이 인정되지 않는다고 하면 다른 채권자들은 파산선고라는 우연한 사정으로 실체법상의 지위보다 상승하게 되는 점, ㉳ 법체계상 제415조의2 단서가 임금채권보장법 제8조보다 우선하여 적용된다고 볼 수 없는 점(채무자회생법이 임금채권보장법의 특별법이라고 볼 수는 없다) 등을 고려하면, 근로복지공단이 근로자에게 최우선변제권이 있는 임금 등 채권을 대지급금으로 지급하고 그에 해당하는 근로자의 임금 등 채권을 대위 행사하는 경우에도 배당절차에서 직접 배당을 받을 수 있다고 할 것이다. 다만 최우선변제권이 있는 임금 등 채권을 제외한 대지급금의 경우에는 근로자의 권리를 대위하여 직접 배당받을 수 없고, 재단채권으로서 파산관재인으로부터 변제받아야 한다.

3. 별제권자의 권리행사

가. 별제권 행사의 자유－파산절차 밖에서의 권리행사

별제권은 파산절차에 의하지 아니하고 자유로이 행사하는 것이 원칙이다(제412조).

179) 대법원 2015. 11. 27. 선고 2014다208378 판결, 대법원 1996. 2. 23. 선고 94다21160 판결, 대법원 2011. 1. 27. 선고 2008다13623 판결 등 참조.

이는 별제권의 행사는 각 담보권에 대하여 인정된 통상의 실행방법에 의한다는 것을 의미한다. 담보권은 파산의 위험에 대비하는 것이므로 그 효력이 파산절차에서도 그대로 구현되는 것이다.

질권, 저당권은 민사집행법상의 경매절차에 의하고, 양도담보나 소유권유보부매매 등 비전형담보는 사적실행(채권자로의 소유권이전, 임의매각 등)에 의한다. 비전형담보의 사적실행권은 명문의 규정으로 인정하고 있다. 즉 제498조는 경매절차에 의하지 않는 사적실행을 존중하면서도, 파산절차가 그로 인하여 지체되는 것은 바람직하지 않기 때문에, 파산관재인은 법원에 신청하여 별제권자가 처분하여야 하는 기간을 정하도록 하고 있다.

나. 별제권 행사의 제한－파산관재인에 의한 개입

별제권의 행사는 파산절차에 의하지 아니하고 행사할 수 있다고 하더라도 별제권의 행사(실행)에 있어 아무런 제약이 없는 것이 아니다. 파산관재인이나 법원이 별제권자의 권리행사에 관여할 수 있다. 별제권의 목적재산은 파산재단을 구성하고 있으므로 파산재단의 충실이나 파산절차의 원활한 진행을 위해 일정한 제약을 가하고 있다.[180] 다만 파산관재인의 개입권은 어디까지나 원활한 관재업무를 위한 것이므로 환가금으로부터 우선변제를 받는 별제권자의 지위에는 영향을 미치지 않는다.

(1) 별제권의 목적물 제시

파산관재인은 별제권자가 점유하는 담보목적 재산의 제시를 요구하여 그 평가를 할 수 있다(제490조). 예컨대 질권과 같이 담보권자가 담보목적 재산을 점유하고 있는 경우, 목적재산의 환가가 피담보채권액보다 높을 때에는 파산관재인은 그 재산의 환가를 서두르고, 피담보채권 변제 후 잉여액을 파산재단으로 편입할 필요가 있다. 이러한 관재업무의 전제로 담보목적 재산의 현상이나 평가액 등을 확인하고 그 관리처분방법을 검토할 필요가 있으므로, 파산관재인에게 목적재산 제시의 청구권을 부여한 것이다.

(2) 환수권

파산관재인은 별제권의 목적인 목적재산이 파산재단으로서 필요한 것인 때에는 그 피담보채권액을 변제하고 환수할 수 있다(제492조 제14호). 그 가액이 법원이 정하

180) 별제권의 행사가 적정하게 행사되는 경우라면 파산관재인이 개입할 필요가 없다. 하지만 적정하지 않게 환가가 이루어지면 발생하여야 할 잉여금이 발생하지 않을 수도 있다. 그래서 파산관재인으로서는 환가가 적정하게 이루어지도록 감시할 필요가 있다.

는 금액 이상이라면 법원의 허가(감사위원의 동의)를 받아야 한다(제492조 단서).

별제권의 목적인 재산의 가액이 장차 상당히 상승할 것이 기대되는 경우 파산관재인이 피담보채권액을 지급하고 목적물의 담보를 소멸시킨 후 그 가액의 상승 등에 의한 파산재단의 증식을 도모할 수 있도록 한 것이다. 또한 파산재단에 여유가 있다면 파산관재인이 피담보채무를 변제하고 별제권의 목적을 환수하여 임의매각하는 것이 파산재단에 유리한 경우가 있다.

(3) 환가권

별제권자가 적시에 실행절차를 개시하지 않아 관재업무에 지장이 초래된 경우 파산관재인은 별제권자를 대신하여 민사집행법의 규정에 따라 목적재산의 환가를 할 수 있다(제497조).

(4) 별제권자의 처분기간 지정

양도담보권과 같이 별제권의 실행방법이 법령에 의하지 않고 사적실행하는 경우, 파산관재인은 별제권자의 권리 실행기간을 정하고, 그 기간 내에 처분하지 않으면 별제권자는 처분권한을 상실한다(제498조). 이런 경우 파산관재인에게 제496조나 제497조에 의한 처분권을 행사하는 것이 인정된다.

별제권자가 오래도록 처분을 하지 아니할 경우 파산절차의 진행이 곤란하기 때문에 그 권리를 행사할 수 있는 기간을 제한하고, 그럼으로써 파산절차 진행의 편의를 도모하기 위함이다.

4. 부족액책임주의 – 별제권자의 파산채권행사

가. 의의 및 취지

채무자가 물상보증인인 경우 담보권자에 대하여 인적채무를 부담하고 있지 않기 때문에 담보권자가 별제권의 행사 이외에 파산채권을 행사할 가능성은 없다. 반면 채무자가 동시에 담보권자에 대하여 채무자이기도 한 경우에는 담보권자가 별제권의 행사와는 별도로 파산채권으로서 행사할 수도 있다. 그러나 담보권이 피담보채권에 대하여 우선변제를 받기 위한 수단이라는 점을 고려하면 하나의 채권에 대하여 이중으로(별제권과 파산채권) 만족의 방법을 인정하는 것은 다른 파산채권자와의 사이에서 공평에 반하기 때문에 별제권의 행사에 의하여 변제를 받을 수 없는 부분에 관하여만 파산채권의 행사를 인정한다(제413조 본문). 이것을 부족액(잔액)책임주의라 한다.

채권조사절차에서 이의 없는 피담보채권액은 파산채권으로 확정되지만, 그 권리행사는 통상의 파산채권과 달리 별제권의 행사로 변제받을 수 없는 채권액이나 별제권을 포기[181]한 채권액에 한하여만 파산채권자로서 권리를 행사할 수 있다(제413조). 최후배당에 관한 배당제외기간 안에 부족액의 증명이 없으면, 별제권자는 최종적으로 배당에서 제외된다(제525조).

별제권자로 하여금 별제권 실행에 앞서 아무런 제한 없이 채무자의 일반재산에 대하여 먼저 집행할 수 있게 한다면 별제권자를 지나치게 우대하여 다른 파산채권자의 이익이 너무 희생되는 결과가 되고, 특히 채무자의 일반재산이 그의 채무총액에 미달하는 때에는 다른 파산채권자의 불이익이 부당하게 커지므로 이를 방지하기 위한 것이다.[182]

나. 준별제권자

별제권자가 아니더라도 파산채권의 행사에서 채권자평등을 도모하기 위하여 별제권자와 마찬가지로 취급하여 부족액(잔액)책임주의가 확장되는 경우가 있다. 이렇게 부족액책임주의가 확장되는 자를 준별제권자라 한다.

원래 파산재단에 속하지 아니한 채무자의 재산에 질권 등을 가지고 있다고 하더라도 파산채권의 행사에 제한을 받지 않는다. 그런데 파산재단에 속한 재산이나 속하지 않는 재산(자유재산)은 모두 본래 채무자의 재산이었고, 실행의 결과 부족액에 대하여만 파산채권의 행사를 인정하는 것이 다른 파산채권자와의 공평에 합치하므로 파산재단에 속하지 아니하는 채무자의 재산에 질권 등을 가진 자는 그 권리행사에 의하여 변제를 받을 수 없는 채권액에 한하여 파산채권자로서 그 권리행사를 인정하고 있다(제414조 제1항).

---

181) 별제권 포기의 의사표시 상대방은 누구인가. 별제권의 목적물이 파산재단에 속한 경우에는 파산관재인을 상대로 의사표시를 하면 된다(제525조 참조). 반면 파산관재인이 목적물을 파산재단으로부터 포기한 경우(환가포기, 권리포기)에는 원칙적으로 파산관재인이 별제권 포기의 상대방이 될 수는 없다(포기 당시의 목적물 소유자에게 하여야 할 것이다). 그래서 파산관재인은 목적물을 파산재단으로부터 포기할 경우 적절한 방법으로 별제권자에게 통지할 필요가 있다. 다만 별제권자가 목적물이 파산재단으로부터 포기된 줄을 알지 못한 경우에는 파산관재인에 대한 별제권 포기의 효과를 인정하여야 할 것이다.

182) 질권자, 저당권자가 채무자의 일반재산에 대하여 집행하는 것을 제한하고 있는 민법 제340조, 제370조와 동일한 취지이다. 질권자(저당권자)는 질물(저당물)에 의하여 먼저 변제를 받고 그 부족액에 한하여 채무자의 일반재산에 대해 집행할 수 있다. 채무자의 일반 채권자를 보호하기 위함이다. 결국 부족액책임주의는 파산의 독특한 사고방식이 아니라 민법의 대원칙의 하나로 볼 수 있다.

VI. 법인의 이사 등의 책임[회생절차 · 파산절차]

1. 손해배상청구권 등에 관한 조사확정재판제도의 취지

법인에 대하여 도산절차가 개시된 경우 발기인 · 이사(상법 제401조의2 제1항의 규정에 의하여 이사로 보는 자를 포함한다) · 감사 · 검사인 또는 청산인(이하 '이사 등'이라 한다)이 업무수행에 관한 임무를 해태한 것에 기하여 손해배상책임을 추급하는 경우가 있다. 이 손해배상청구권은 도산재단에 귀속하는 재산권으로 도산관리인은 이 권리를 행사함으로써 도산재단을 증가시킬 수 있다. 이사 등이 그 배상책임의 존부를 다투면 민사소송에 따라 해결하여야 하지만, 그것은 배상책임의 확정에 시간이 걸린다. 그래서 채무자회생법은 이사 등의 손해배상청구권에 대해 구두변론을 거칠 필요가 없는 결정절차에 의한 간이 신속한 집행권원을 취득하기 위해 이사 등의 책임에 대한 조사확정재판제도를 보전처분제도와 함께 두고 있다(제114조, 제115조, 제351조, 제352조).

이사 등에 대한 출자이행청구권에 대하여도 마찬가지다.

2. 법인의 이사 등의 재산에 대한 보전처분

책임이 문제되고 있는 이사 등이 조사확정재판이 확정되기 전에 그 소유 재산을 은닉 또는 처분하여 버리면 사실상 손해의 회복은 곤란하게 된다. 따라서 조사확정재판에 기초한 이사 등에 대한 청구권의 실효성을 확보하기 위해서 이사 등의 개별 재산에 대해서 법원이 보전처분을 할 필요가 있다.

법원은 법인인 채무자에 대하여 도산절차개시 후 필요하다고 인정하는 때에는 도산관리인의 신청 또는 직권으로 채무자의 이사 등에 대한 출자이행청구권 또는 이사 등의 책임에 기한 손해배상청구권을 보전하기 위하여 해당 이사 등의 재산에 대한 보전처분을 할 수 있다(제114조 제1항, 제351조 제1항).

또한 법원은 도산절차개시결정 전이라도 긴급한 필요가 있다고 인정하는 때에는 개시 전 채무자(보전관리인이 선임되어 있는 때에는 보전관리인)의 신청 또는 직권으로 위와 같은 보전처분을 할 수 있다(제114조 제3항, 제351조 제3항).

3. 손해배상청구권 등의 조사확정재판

가. 조사확정재판절차

조사확정재판은 직권 또는 도산관리인의 신청에 의하여 개시된다(제115조 제1항,

제352조 제1항). 도산관리인이 조사확정재판을 신청한 때에는 이사 등에 대한 출자이행청구권이나 이사 등의 손해배상청구권의 원인되는 사실을 소명하여야 한다(제115조 제3항, 제352조 제3항).

법원이 직권으로 조사확정재판을 개시하는 때에는 절차의 개시시기 및 시효중단의 시기를 명확하게 하기 위하여 조사확정재판절차를 개시하는 취지의 결정을 하여야 한다(제115조 제4항, 제352조 제4항).

한편 도산절차에서 법인인 채무자의 이사 등에 대한 책임추궁은 채무자의 업무수행권이나 재산의 관리처분권이 전속된 도산관리인의 중요한 직무 중 하나이고, 이것을 적절하게 행사하지 않는 것은 도산관리인의 의무위반이 될 수 있다. 따라서 도산관리인은 이사 등에 대한 청구권이 있음을 알게 된 때에는 법원에 조사확정재판을 신청하여야 한다(제115조 제2항, 제352조 제2항).

조사확정재판의 신청은 기본적으로 법인인 채무자가 이사 등에 대한 청구권을 주장하여 그 존부 및 범위의 재판상 확정을 구하는 것이므로 재판상의 청구에 준하여 조사확정재판의 신청에는 시효중단의 효력이 인정된다.

나. 이사 등의 책임 추급에 관한 다른 제도와의 관계

(1) 통상소송과의 관계

조사확정재판의 대상은 이사 등의 책임에 기한 손해배상청구권 등이고, 이것을 소송물로 하는 통상소송과의 관계가 문제이다. 조사확정재판은 '법원에 계속되어 있는 사건'(민소법 제259조)에 해당하고, 이것이 선행한다면 도산관리인이 통상의 민사소송을 제기하는 것은 허용되지 않는다. 상대방인 이사 등도 채무부존재확인소송을 제기할 수 없다. 반면 통상소송이 선행한 경우에는 도산관리인은 소송을 수계하거나, 수계를 하지 않고 조사확정재판신청을 할 수도 있다. 도산관리인 입장에서는 간단한 결정절차에 의하는 것이 유리할 수도 있기 때문이다.

(2) 주주대표소송과의 관계

이사 등에 대한 주주대표소송 계속 중에 법인에 대해 도산절차가 개시된 경우, 이에 따라 주주대표소송은 중단되고, 도산관리인이 수계할 수 있다.

도산절차가 개시된 후에는 주주에 의한 대표소송은 제기할 수 없다. 관리처분권이 전속하는 도산관리인의 판단에 저촉되는 재산의 관리처분이 행해지는 것은 바람직하지 않기 때문이다.

4. 조사확정재판에 대한 이의의 소

법인의 이사 등에 대한 손해배상청구권 등의 유무 및 내용에 대하여 간이한 절차에 의해 신속하게 판단을 하기 위하여 손해배상청구권 등의 조사확정재판제도를 둔 것이다. 그러나 사안의 성질은 실체권인 손해배상청구권 등의 존부와 관련되기 때문에 판결절차에 의한 판단을 구할 기회를 보장할 필요가 있다. 그래서 조사확정재판에 대한 이의의 소를 허용하고 있다.

조사확정재판에 불복이 있는 자는 결정을 송달받은 날부터 1월 이내에 이의의 소를 제기할 수 있다(제116조 제1항, 제353조 제1항).

이의의 소의 대상이 되는 조사확정재판은 이사 등에게 손해배상 등을 명하는 재판을 가리킨다. 조사확정의 신청을 전부 기각한 재판에 대해서는 이의의 소를 제기할 수 없고 즉시항고의 대상도 아니며(제13조) 별도로 통상의 민사소송을 제기할 수 밖에 없다.

이의의 소는 도산계속법원의 전속관할이다(제116조 제4항, 제353조 제4항).

Ⅶ. 채권추심

도산절차가 개시되면 도산관리인에게 도산재단에 대한 관리처분권이 있다(제56조 제1항, 제384조). 파산관재인은 취임 후 즉시 파산재단에 속하는 재산의 점유 및 관리에 착수하여야 한다(제479조).[183] 따라서 도산관리인은 실체법적으로 추심권한을 갖는다. 채무자에 대한 채무자(제3채무자)는 도산관리인에게만 변제의 효력이 있는 급부를 할 수 있다(제67조, 제332조).[184] 이 때문에 도산절차개시결정을 할 때 법원은 지체 없이(즉시) '도산절차가 개시된 채무자의 재산을 소지하고 있거나 그에게 채무를 부담하는 자는 도산절차가 개시된 채무자에게 그 재산을 교부하여서는 아니된다

183) 명시적인 규정은 없지만, 도산관리인은 도산절차개시결정을 집행권원으로 하여 채무자에 대하여 강제집행을 할 수 있다고 할 것이다. 독일 도산법 제148조 제2항 전문은 「관리인은 개시결정의 집행력 있는 정본에 근거하여 채무자가 보관하고 있는 물건의 인도를 강제집행의 방법으로 실현할 수 있다.」고 이를 명시적으로 규정하고 있다.

한편 일본 파산법은 인도명령제도를 두고 있다. 즉 법원은 파산관재인의 신청에 의하여 채무자(파산자)에 대하여 파산재단에 속하는 재산을 파산관재인에게 인도하여야 하는 뜻을 명할 수 있다(제156조 제1항). 인도명령은 집행권원이 되고, 파산관재인은 이것을 근거로 채무자(파산자)에 대하여 인도의 강제집행을 실시할 수 있다.

도산관리인이 채무자로부터 도산재단에 속한 재산의 인도를 신속하게 받을 수 있도록 하기 위해서 입법적으로 독일 도산법 방식이든 일본의 인도명령 방식이든 채무자회생법에 규정할 필요가 있다. 입법적 해결이 되기 전에는 도산절차개시결정을 집행권원으로 하여 집행을 할 수밖에 없다.

184) 개인회생절차의 경우에는 채무자에게 관리처분권이 있으므로(제580조 제2항 본문) 채무자가 채권추심을 하고, 채무자에게 변제하면 되므로 특별히 문제될 것이 없다.

는 뜻이나 그 채무자에게 그 채무를 변제하여서는 아니된다는 뜻의 명령'을 공고하도록 하고 있다(제51조 제1항 제4호, 제313조 제1항 제4호).

도산재단에 속한 채무자의 청구권이 자발적으로 이행되지 않은 경우 도산관리인은 소를 제기할 수 있다(제78조, 제359조). 도산절차개시 당시 이미 소가 제기되어 있었던 경우에는 도산절차개시로 중단된 소송을 수계할 수 있다(제59조, 제347조 제1항).

도산관리인은 강제집행을 할 수도 있다. 물론 강제집행을 위해서는 도산관리인 스스로 집행권원을 취득하여야 한다. 채무자가 이미 도산절차개시 전에 집행권원을 취득한 경우, 승계집행문을 부여받아 집행을 할 수 있다(민집법 제31조).

제6장

도산절차에서 각종 권리의 취급

도산절차가 개시되면 관련된 여러 권리들은 그 성질에 따라 다르게 처리된다. 신탁재산에 대한 권리나 지급결제제도 등(제120조, 제336조)처럼 처음부터 도산절차 밖에 있는 권리도 있고, 환취권처럼 도산절차 내에서 도산절차 밖으로 이동하는 권리도 있다(제70조, 제407조, 제585조). 한편 도산절차 내에 있는 권리 중에는 도산절차에 따라 변제(배당)를 받는 도산채권, 도산절차에 따르지 않고 변제를 받는 공익채권·재단채권·개인회생재단채권, 전혀 변제를 받지 못하는 개시후기타채권·기타채권이 있다.[1]

〈도산절차에서 각종 권리의 처리〉

<table>
<tr><td colspan="2">도산절차 밖</td><td>신탁채권, 지급결제제도 등</td></tr>
<tr><td colspan="2">도산절차 내에서 밖으로 이동</td><td>환취권</td></tr>
<tr><td rowspan="3">도산절차 내</td><td>도산절차에 따르지 않는 변제</td><td>공익채권·재단채권·개인회생재단채권</td></tr>
<tr><td>도산절차에 따른 변제</td><td>도산채권</td></tr>
<tr><td>무변제</td><td>개시후기타채권·기타채권</td></tr>
</table>

1) 도산판례백선, 2쪽 참조.

제1절 도산채권

도산채권(Claim)은 도산절차의 제약을 받은 채권이다. 여기에는 회생채권 · 회생담보권, 파산채권, 개인회생채권이 있다. 회생담보권도 도산채권이지만, 실체법상의 담보권을 전제로 하는 것이므로 이는 별도로(제2관) 설명한다. 회생담보권은 회생계획에서 실체법상의 권리의 성질이 다름에 따라 차이를 둘 수 있을 뿐(제217조 제1항) 회생절차에서의 지위는 회생채권과 본질적으로 동일하므로 제1관에서 설명하는 내용이 원칙적으로 그대로 적용된다(제141조 제2항, 제6항).

도산채권의 인정 · 취급에 관하여는 도산법에 의하지만, 도산채권의 존재 유무 자체는 적용법령(민법 등)에 의하여 정해진다. 도산절차에 있어 채권자의 권리는 채무자의 의무를 발생시키는 실체법에 의하여 발생하는 것이고, 도산채권 유무의 증명책임 분배도 실체법에 의하여 정해지는 것이다.

권리자가 가지고 있는 권리가 도산채권에 해당하면, 도산법에 의한 권리변동의 대상이 되지만, 도산채권에 해당하지 않는 경우에는 권리변동의 대상이 되지 않고, 채무자는 의무를 종래대로 이행하여야 한다. 따라서 권리변동이라는 관점에서는, 채무자로서는 권리자가 가진 권리가 도산채권인 것이 유리하다.

제1관 회생담보권을 제외한 도산채권

도산채권은 원래 회생담보권까지 포함하는 것이지만, 회생담보권은 제2관에서 별도로 설명하므로(또한 실체법상 담보권을 전제로 하는 것이므로) 여기서는 회생채권, 파산채권, 개인회생채권만을 의미한다.

Ⅰ. 도산채권의 의의

도산채권이란 채무자에 대하여 도산절차개시 전의 원인에 의하여 생긴 재산상의 청구권으로 회생담보권, 공익채권(재단채권 · 개인회생재단채권)이 아닌 것을 말한다(제118조 제1호, 제423조, 제581조 제1항). 도산절차개시 후에 생긴 재산상의 청구권 중에서도 채무자회생법에서 개별적으로 도산채권으로 규정하고 있는 것이 있다(제118조 제2호 내지 제4호, 제123조 제1항, 제124조 제2항, 제333조 제398조 제2항, 제439조, 제581조 제2항 등).

도산채권은 도산절차에 참가하고, 면책이나 권리변동의 대상이 되며, 회생계획(변제계획)의 수행이나 환가·배당에 따라 권리의 만족을 받을 수 있는 지위에 있다.

회생채권은 파산채권에 상당한 것이지만, 현재화나 금전화·무조건화(제425조, 제427조 참조)가 일어나지 않는다는 점에서 차이가 있다. 따라서 어느 채권이 회생채권으로 취급되더라도 특별한 사정이 없는 한 그 채권의 내용이 바뀌지는 않는다. 회생절차는 금전 배당을 목적으로 하는 파산절차와 달리 채무자의 존속을 전제로 하므로 회생채권자는 채권 그 자체의 성질을 그대로 간직한 채 회생절차에 참가하고 변제를 받는다. 개인회생절차에서 개인회생채권에 대하여도 현재화·금전화·무조건화가 일어난다(제581조 제2항).

Ⅱ. 도산채권의 요건

도산채권이란 원칙적으로 채무자에 대하여 도산절차개시 전의 원인으로 생긴 재산상의 청구권을 말한다(제118조 제1호, 제423조, 제581조 제1항). 도산채권은 ① 채무자에 대한 인적 청구권이고, ② 재산상의 청구권이며, ③ 도산절차개시 전의 원인에 기한 청구권이고, ④ 강제집행할 수 있는 청구권이다. 또한 ⑤ 물적담보를 가지지 않는 청구권이어야 한다. 나아가 ⑥ 공익채권(재단채권·개인회생재단채권)이 아니어야 한다.

1. 채무자에 대한 인적 청구권일 것

도산채권은 채무자에 대한 청구권이어야 한다. 따라서 권리의 성질은 인적 청구권이다. 책임 측면에서 보면 채무자에 대한 인적 청구권이란 채무자의 일반재산을 책임재산으로 하는 채권적 청구권을 말한다. 따라서 소유권에 기한 물권적 청구권, 특허권 기타 무체재산권에 기한 물권적 청구권 유사의 청구권 등은 도산채권이 아니다.[1] 점유 침해를 이유로 하는 방해배제 및 방해예방청구권도 도산채권이 아니다. 다만 금전채권으로 전환된 것, 예컨대 물권 기타 절대권의 침해를 이유로 하는 손해배상청구권, 부당이득반환청구권은 도산채권에 해당한다.

한편 특정재산상의 물권 및 채권적 청구권 중 목적물의 점유를 지배할 수 있는 권리에 대하여는 환취권의 지위가 부여되므로 도산채권이 아니다.

채무자에 대한 것이면 그 채권이 공법상의 채권이든 사법상의 채권이든 묻지 않는다. 따라서 벌금·과료·형사소송비용·추징금·과태료(제140조 제1항, 제446조 제1항 제4호, 제581조 제2항), 국세징수법 또는 지방세징수법에 의하여 징수할 수 있는 청구권(조세채권), 국세징수의 예에 의하여 징수할 수 있는 청구권으로서 그 징수우선

---

1) 대법원 1994. 8. 12. 선고 94다25155 판결 참조.

순위가 일반 회생채권에 우선하지 않거나 우선하는 것(제58조 제1항 제3호, 제140조 제2항)[2]도 모두 도산채권이 된다.

2. 재산상의 청구권일 것

도산채권은 재산상의 청구권이어야 한다. 즉 도산재단에 의하여 만족을 얻을 수 있는 권리여야 한다. 따라서 부작위 청구권은 그 자체가 도산재단의 담보가치 또는 사용가치를 이용해서 이행되는 것이 아니어서 도산재단과는 무관하기 때문에 도산채권이 되지 않는다. 신분관계상의 권리 등과 금전으로 평가할 수 없는 것은 재산상의 권리가 아니므로 도산채권이 아니다.

도산채권은 반드시 금전채권일 필요는 없고, 금전으로 평가될 수 있는 청구권이면 비금전채권도 그 대상이 될 수 있다. 예컨대 계약상의 급여청구권,[3] 골프장 회원권[4]이나 장래의 주식인도청구권, 계약에 따른 물품인도청구권,[5] 분양대금 전액을 납부한 수분양자의 소유권이전등기청구권, 채권양도통지 이행청구권[6]도 도산채권으로 볼 수 있다. 반면 파견근로자가 사용사업주에 갖는 직접고용청구권(파견근로자 보호 등에 관한 법률 제6조의2 제1항)은 사용자와 근로자 사이의 근로계약관계 형성의 법률효과를 가져오는 것일 뿐 그 자체로는 금전으로 평가할 여지가 없고 도산재단의 감소에 직결되는 권리라고 보기도 어려우므로 재산상의 청구권으로 보기 어렵다. 따라서 직접고용청구권은 도산채권으로 볼 수 없다.[7]

형성권은 '재산상의 청구권'이 아니므로 도산채권이 아니다.[8] 예컨대 임대차계약에서 임차인이 임대인에게 매도를 청구하면 임차목적물에 관한 매매계약이 성립되는 것으로 약정한 경우, 이러한 매도청구권은 일방의 의사표시에 따라 매매계약이라는 새로운 법률관계를 형성하는 권리로서 일종의 형성권에 해당하고, 이러한 매도청구권은 그 행사를 통하여 재산상 청구권이 발생할 수 있을 뿐 그 자체가 재산상 청구권에 속하는 것은 아니므로 도산채권에 해당하지 않는다.[9]

---

2) 다만 파산절차에서는 「국세징수법」 또는 「지방세징수법」에 의하여 징수할 수 있는 청구권(국세징수의 예에 의하여 징수할 수 있는 청구권으로서 그 징수우선순위가 일반 파산채권보다 우선하는 것을 포함한다)은 재단채권이다(제473조 제2호).
3) 대법원 2016. 6. 21. 자 2016마5082 결정.
4) 대법원 1989. 4. 11. 선고 89다카4113 판결.
5) 서울중앙지방법원 2004. 10. 22. 선고 2003 가합78569 판결.
6) 대법원 2022. 10. 27. 선고 2017다243143 판결, 대법원 2016. 6. 21. 자 2016마5082 결정.
7) 서울고등법원 춘천재판부 2021. 4. 9. 선고 2020나1108 판결, 춘천지방법원 강릉지원 2020. 6. 9. 선고 2018가합30156 판결 등 참조. 직접고용의무의 불이행으로 인한 손해배상청구권 내지 직접고용청구권의 이행 결과 성립된 근로관계에 기한 임금채권이 재산상의 청구권에 해당할 뿐이다.
8) 대법원 2025. 2. 13. 선고 2020다258657 판결, 대법원 2022. 7. 28. 선고 2020다277870 판결(주식매수청구권에 관한 사례), 대법원 2018. 2. 28. 선고 2017다261134 판결.

3. 도산절차개시 전의 원인에 기한 청구권일 것

가. 원 칙

도산채권은 의사표시 등 채권의 발생이 도산절차개시 전의 원인에 기해 생긴 재산상의 청구권을 말하는 것으로, 의사표시 등 채권 발생의 원인이 도산절차개시 전의 원인에 기한 것인 한 그 내용이 구체적으로 확정되지 아니하였거나 변제기가 도산절차개시 후에 도래하더라도 상관없고,[10] 도산채권의 발생원인 전부가 도산절차개시 전에 갖출 필요는 없으며 청구권의 주요한 발생원인이 도산절차개시 전에 갖추어져 있으면 족하다(일부구비설).[11] 이와 같은 채권인 한 확정기한 미도래의 채권, 장래의 정기예금채권, 불확정기한부채권, 해제조건부채권, 정지조건부채권은 물론 보증인의 구상권 등 장래의 구상권[12]과 같은 장래의 청구권도 상관없다.[13] 분담금 등 공법상의 청구권도 그 청구권의 발생원인사실이 도산절차개시 전에 발생하였다면 도산채권이다. 채무자회생법이나 판례는 미국 연방도산법[14]과 마찬가지로 많은 채권을 도산절차로 포섭하기 위하여 도산채권의 개념을 폭넓게 인정하고 있다.

한편 채권의 발생원인이 쌍방미이행의 쌍무계약에 해당하는 경우에는 제119조(제335조) 및 제121조(제337조)의 규정이 적용되어 도산관리인이 이행 또는 해제를 선택하기 전에는 도산관리인에게 그 이행을 청구할 수 없고, 나아가 도산관리인이 이행을 선택하면 공익채권(재단채권)으로 취급되어 도산채권의 신고 대상이 아니다. 반대

---

9) 대법원 2025. 2. 13. 선고 2020다258657 판결.

10) 대법원 2023. 8. 18. 선고 2022다291009 판결, 대법원 2014. 5. 16. 선고 2012다114851 판결 참조.

11) 대법원 2023. 8. 18. 선고 2022다291009 판결, 대법원 2021. 7. 8. 선고 2020다47369 판결, 대법원 2019. 8. 29. 선고 2018다286512 판결, 대법원 2017. 6. 29. 선고 2017다207352 판결, 대법원 2016. 11. 25. 선고 2014다82439 판결, 대법원 2015. 6. 24. 선고 2014다220484 판결, 대법원 2015. 4. 23. 선고 2011다109388 판결, 대법원 2012. 11. 29. 선고 2011다84335 판결 등 참조.

12) 대법원 2015. 4. 23. 선고 2011다109388 판결.

13) 불법행위에 기한 손해배상청구권도 발생원인인 불법행위가 도산절차개시 전에 있었다면 그 후에 법익의 침해가 발생하더라도 도산채권으로 되지만, 손해가 현실화되지 않은 손해배상청구권자에게 도산채권의 신고를 기대하기는 어렵다.

14) 미국 연방도산법은 도산절차에 통용되는 개념으로 청구권(claim)이라는 개념을 사용하고 있다. 미국의 경우 도산절차에서 가능한 한 넓은 구제를 받을 수 있도록 하기 위해, 의회는 청구권의 정의를 아주 폭넓게 포괄적으로 정의하고 있다. '청구권(claim)'은 모든 종류의 의무, 즉 정산이 되었거나(liquidated) 아직 안 되었거나(unliquidated), 미확정이거나(contingent) 이미 확정되었거나(noncontingent), 만기가 도래하였거나(matured) 아직 도래하지 않았거나(unmatured), 분쟁이 있든지(disputed) 아니면 없든지(undisputed), 담보가 있든지(secured) 아니면 없든지(unsecured), 보통법적이든지(legal) 아니면 형평법적이든지(equitable), 이들 모두가 포함된다(11 U.S.C. §101(5)). 이렇게 광범위하게 정의를 함으로써 기업이 아직 이행을 완료하지 아니한 모든 계약상 의무가 청구권에 포함된다. 그래서 도산절차신청 전 기업이 지고 있는 계약상 의무는 결국 재단에 대한 금전보상(money damage) 청구권으로 바뀌게 된다.

로 도산관리인이 해제를 선택하면 채권 자체가 소멸되어 역시 도산채권의 신고 대상이 되지 못하고 단지 그 해제권 행사로 인한 손해배상청구권을 도산채권으로 신고할 수 있을 뿐이므로, 어느 경우에나 위 채권은 도산채권이 될 수 없다. 그리고 이와 같은 법리는 도산절차개시 당시에 매매계약을 체결할 권리가 존재하였고 도산절차가 개시된 이후에 비로소 상대방의 권리행사에 의하여 매매계약이 성립되거나 장차 매매계약이 성립될 수 있어 아직 쌍방의 채무가 이행되지 아니한 경우에도 유추적용된다고 보아야 할 것이다.[15]

판례가 도산채권으로 인정한 것으로 연대보증계약에 기한 구상권,[16] 도급인의 하자보수청구권 및 하자보수에 갈음하는 손해배상청구권,[17] 과징금 청구권,[18] 가지급물의 원상회복 및 손해배상채권,[19] 공동불법행위자 사이의 구상금채권,[20] 도급계약이 해제된 경우 수급인이 갖는 기성공사부분에 대한 보수청구권,[21] 직무발명보상금 채권,[22] 회생절차개시 전에 발생한 산재사고로 장애를 입은 근로자가 채무자에 대하여 갖는 위자료 청구권,[23] 클럽 회원권에 기한 입회금반환채권[24] 등이 있다.

나. 예 외

도산절차개시 후에 생긴 재산상의 청구권 중에서도 개별적으로 도산채권으로 규정하고 있는 것이 있다(제118조 제2호 내지 제4호, 제123조 제1항, 제124조 제2항, 제333조 제398조 제2항, 제439조, 제581조 제2항 등).

---

15) 대법원 2007. 9. 6. 선고 2005다38263 판결 참조. 예컨대 합작투자계약상의 주식매수청구권을 행사하지 아니한 채 회생법원에게 그 행사를 정지조건으로 주식의 인도를 청구할 회생채권이 있음을 신고한 경우, 위 정지조건부 주식인도청구권은 회생절차개시 이후에 합작투자계약에 따라 주식매수청구권을 행사할 경우에 성립하는 장래의 매매계약에 관한 권리이므로, 쌍방 미이행의 쌍무계약에 관한 법리에 따라 관리인이 이행을 선택할 경우나 반대로 관리인이 해제를 선택할 경우에 모두 회생채권으로 될 수 없으므로, 위 정지조건부 주식인도청구권을 회생채권으로 신고하여 확정을 구할 수는 없다. 채권자가 주식매수청구권 행사로 인해 주식매매대금청구권을 갖는 경우에도 마찬가지이다.

16) 대법원 2019. 8. 29. 선고 2018다286512 판결.

17) 대법원 2000. 3. 10. 선고 99다55632 판결 참조.

18) 대법원 2018. 6. 15. 선고 2016두65688 판결, 대법원 2018. 6. 12. 선고 2016두59102 판결, 대법원 2016. 1. 28. 선고 2015두54193 판결, 대법원 2013. 6. 27. 선고 2013두5159 판결, 대법원 2007. 9. 6. 선고 2005다43883 판결.

19) 대법원 2021. 7. 8. 선고 2020다221747 판결, 대법원 2015. 5. 28. 선고 2013다88102 판결. 대법원 2014. 5. 16. 선고 2012다114851 판결, 대법원 2002. 12. 10. 선고 2002다57102 판결 등 참조.

20) 대법원 2016. 11. 25. 선고 2014다82439 판결.

21) 대법원 2017. 6. 29. 선고 2016다221887 판결.

22) 특허법원 2019. 2. 14. 선고 2018나1268 판결(심리불속행기각으로 확정).

23) 대법원 2023. 8. 18. 선고 2022다291009 판결. 예컨대 채무자 회사의 근로자인 甲이 2025. 6.경 산재사고를 당하였고, 2026. 1.경 채무자 회사에 대하여 회생절차개시결정이 된 경우, 위 산재사고로 인한 甲의 위자료청구권은 회생채권이다.

24) 대법원 2013. 9. 26. 선고 2013다16305 판결 참조.

(1) 쌍방미이행 쌍무계약의 해제(해지)로 인한 손해배상청구권

쌍방미이행 쌍무계약이 도산관리인에 의해 해제 또는 해지된 경우 상대방은 손해배상에 관하여 도산채권자로서 그 권리를 행사할 수 있다(제121조 제1항, 제337조 제1항).

도산관리인의 해제(해지)로 인한 손해배상청구권[25]은 본래 도산관리인의 행위로 인하여 발생한 것이므로 공익채권·재단채권으로 취급하여야 한다(제179조 제1항 제5호, 제473조 제4호 참조). 그럼에도 도산채권으로 취급하도록 한 것은 손해배상청구권을 공익채권·재단채권으로 인정하면 그 부담이 중대하여, 도산관리인에게 특별한 권능으로서 해제권을 부여한 취지가 몰각되기 때문이다.[26]

(2) 도산절차개시 후 이자 등

도산절차개시 후의 원인으로 발생한 청구권에 해당하지만, ① 도산절차개시 후의 이자, ② 도산절차개시 후의 불이행으로 인한 손해배상금 및 위약금, ③ 도산절차참가의 비용은 도산채권이다(제118조 제2호 내지 제4호, 제446조 제1항 제1호 내지 제3호, 제581조 제2항).

회생절차에서 이들 청구권은 일반 회생채권이지만, 파산절차(개인회생절차)에서는 후순위 파산채권(개인회생채권)이다. 회생절차에서는 회생계획안에 대한 결의가 회생채권자의 권리행사에 있어 핵심이기 때문에, 결의할 때 조 분류를 간이화할 목적으로 후순위 회생채권이라는 범주를 두지 않고, 이들을 일률적으로 회생채권으로 한 것이다. 그렇더라도 이들 청구권은 의결권이 부정되고(제191조 제3호), 실무적으로도 개시 후 이자는 전부 면제하는 것과 같이 열후적으로 취급하고 있다.

① 도산절차개시 후의 이자

도산절차개시 후의 이자는 도산절차개시 후 발생한 이자로[27] 도산절차개시결정일의 이자도 포함된다. 도산절차가 개시되면 원금도 상환을 받지 못하는데 이자까지 전액 변제하게 하는 것(공익채권·재단채권·개인회생재단채권은 전액 변제하여야 한다)은 가혹하다는 점에서 도산절차개시 후의 이자는 도산채권으로 한 것이다. 다른 한편으론 이자의 주요한 발생원인이 도산절차개시 전에 갖추어진 것으로도 볼 수 있다.

---

25) 여기서 손해배상청구권은 민법상의 해제에 의한 손해배상청구권(민법 제551조)과 달리 도산관리인의 해제권 행사에 의한 특별한 것이다.

26) 會社更生法, 289쪽.

27) 대법원 2002. 5. 10. 선고 2001다65519 판결 참조.

② 회생절차개시 후의 불이행으로 인한 손해배상금 및 위약금

도산절차개시 후의 불이행으로 인한 손해배상금 및 위약금은 도산절차개시 전부터 채무자가 부담하는 채무를 이행하지 않음으로써 발생하고 있는 경우 도산절차개시 후에 발생하는 손해배상금과 위약금을 말한다. 도산절차개시 후의 불이행으로 인한 손해배상금 및 위약금을 도산채권으로 취급하는 이유는 위 ①의 경우와 같다.

③ 도산절차참가의 비용

도산절차참가의 비용은 도산절차개시결정 후에 발생한 것이기 때문에 본래는 공익채권·재단채권·개인회생재단채권이지만, 도산절차에 수반하여 발생하는 것이라는 점을 고려하여 도산채권으로 한 것이다. 도산채권자의 채권신고비용이 여기에 해당한다.

4. 강제집행할 수 있는 청구권일 것

도산절차도 재판상의 강제적 권리실현절차로서의 면을 가지고 있으므로 도산채권은 집행가능한 청구권이어야 한다. 재판상 주장할 수 없는 청구권, 강제집행에 의하여 실현할 수 없는 청구권은 도산채권이 될 수 없다. 따라서 자연채무에 불과한 경우(예컨대 부제소의 합의가 있는 채권), 불법원인급여반환청구권(민법 제746조), 부집행특약이 있는 채권, 이전의 회생계획에 의하여 면책된 채권(제251조) 등은 집행가능성을 흠결하였기 때문에 도산채권이 될 수 없다.

도산절차개시결정 당시 이미 채무자의 임의변제나 강제집행에 의하여 만족을 얻은 채권은 도산채권이 되지 않지만, 가집행에 의한 만족은 가정적인 것에 불과하므로[28] 도산채권으로 행사가 인정된다.[29]

5. 물적담보를 가지지 않는 청구권일 것

도산절차개시 당시 채무자의 재산상에 존재하는 질권·저당권·유치권 등에 의하여 담보된 범위의 것은 회생절차의 경우 회생담보권(제141조 제1항)이다. 파산절차(개인회생절차)에서는 이들은 별제권으로서 도산절차와 무관하게 권리행사가 가능하다. 따라서 도산채권이 되려면 물적담보를 가지지 않아야 한다.

---

28) 가집행에 의한 채무변제의 효력은 확정적인 것이 아니고 후일 본안판결 또는 가집행선고가 취소, 변경될 것을 해제조건으로 하는 점이 본집행과 다르다(대법원 2000. 7. 6. 선고 2000다560 판결, 대법원 1995. 12. 12. 선고 95다38127 판결 등 참조).

29) 대법원 2015. 5. 28. 선고 2013다88102 판결. 대법원 2014. 5. 16. 선고 2012다114851 판결, 대법원 2002. 12. 10. 선고 2002다57102 판결 등 참조.

Ⅲ. 도산채권의 순위(종류)

회생절차에서 도산채권은 회생계획에서 권리의 순위를 고려하여 회생계획의 조건에 공정하고 형평에 맞는 차등을 두어야 한다(제217조 제1항). 파산채권이나 개인회생채권은 각각 평등한 것이 원칙이다. 그러나 채무자회생법은 채권의 성질과 다른 채권자와의 공평성 등을 고려하여 예외적으로 배당 또는 변제순위에서 일반의 도산채권에 대하여 우선적 지위를 갖는 도산채권과 일정한 정책적 이유 등에 근거한 후순위적 지위를 갖는 도산채권을 규정하고 있다. 같은 순위의 도산채권 사이에서는 원칙적으로 채권액의 비율에 따라 평등하게 변제받는다(제440조, 제611조 제2항 참조).

1. 일반의 우선권 있는 도산채권

일반의 우선권 있는 도산채권이란 정책적인 이유로 다른 일반 도산채권보다 우선하여 변제(배당)받을 권리를 부여받은 채권을 말한다(제217조 제1항 제2호, 제441조, 제611조 제1항 제2호). 민법·상법 등의 규정에 의한 일반의 우선권 있는 채권이 이에 해당한다. 예컨대 회사 사용인의 우선변제청구권(상법 제468조), 특별한 적립금에 대한 우선변제청구권(보험업법 제32조, 제33조), 예금보험공사가 부보금융회사에 대하여 가지고 있는 출연금·보험료 및 연체료에 대한 우선변제권(예금자보호법 제30조 제5항), 보조금·제재부가금 및 가산금에 대한 징수권(보조금 관리에 관한 법률 제33조의3 제2항), 회생절차·개인회생절차에서의 조세 등 청구권(제140조 제2항)[30] 등이 있다.

동일한 도산채권이라고 하여도 실체법상 우선권을 가지고 있는 이상 이러한 권리를 일반 도산채권과 동순위로 취급하는 것은 공평하지 않다. 다른 한편 우선권의 대상은 특정재산이 아니고 일반재산이기 때문에 도산채권으로 하고 있는 것이다(다만 일반 도산채권보다 우선적으로 변제받는다).

근로자의 임금·퇴직금·재해보상금 등의 청구권도 일반의 우선권이 있는 채권에 해당하나(근로기준법 제38조 참조), 근로자의 보호라는 공익적인 이유로 공익채권(재단채권·개인회생재단채권)으로 인정하고 있다(제179조 제10호, 제473조 제10호, 제583조 제1항 제3호 참조). 따라서 공익채권(재단채권·개인회생재단채권)은 일반의 우선권 있는 도산채권에서 제외된다. 다만 공익채권(재단채권·개인회생재단채권)에 포함되지 않는 그 밖에 근로관계로 인한 임금채권은 일반의 우선권 있는 도산채권이다.[31]

---

30) 파산절차에서는 재단채권이다(제473조 제2호).

31) 우선변제가 인정되는 임금채권(근로기준법 제38조 제1항)은 ①-1 임금(근로기준법 제2조 제5호)·재해보상금(근로기준법 제78조 이하), ② 그 밖에 근로관계로 인한 채권을 말한다. ②는 ①-1에 포함되지 않는 각종 수당·상여금·귀향여비 및 해고예고수당 등 근로자가 근로관계를 원인으로 하여 사

일반의 우선권 있는 도산채권 상호간의 순위는 실체법의 기준에 따라 정한다.

2. 일반 도산채권

일반 도산채권은 도산채권 중에서 일반의 우선권 있는 도산채권과 후순위 도산채권 이외의 모든 도산채권을 말하는 것으로 대부분의 도산채권이 이에 해당한다(제217조 제1항 제3호).

일반 도산채권은 도산재단으로부터 채권액에 비례하여(pro rata) 변제(배당)받는다(제440조).

3. 후순위 도산채권[파산절차 · 개인회생절차]

회생절차에서 후순위 회생채권은 없지만(계약에 의한 후순위 회생채권이 인정될 뿐이다), 파산절차(제446조)와 개인회생절차(제581조 제2항)에서는 후순위 도산채권이 인정되고 있다. 파산절차(개인회생절차)에서 후순위 도산채권으로 규정한 아래 (1) 내지 (4)는 회생절차에서는 일반 회생채권이다.

후순위 도산채권은 다른 도산채권이 모두 변제(배당)되고 나머지가 있는 경우에 변제(배당)받을 수 있다. 실무적으로 일반 도산채권조차 완전한 만족을 얻을 수 없으므로 후순위 도산채권은 실질적으로 변제(배당)로부터 제외된다고 볼 수 있다.[32] 그러나 후순위 도산채권도 도산채권이므로 면책의 효과를 받는다(제566조 본문, 제625조 제2항 본문).

후순위 도산채권에는 다음과 같은 것이 있다(제446조 제1항, 제581조 제2항).

(1) 도산절차개시 후의 이자(제1호)

(2) 도산절차개시 후의 불이행으로 인한 손해배상액 및 위약금(제2호)

(3) 도산절차참가비용(제3호)

(4) 벌금 · 과료 · 형사소송비용 · 추징금 및 과태료(제4호)[33]

용자로부터 수령할 수 있는 모든 금품에 대한 채권을 말한다. ①-2 우선변제가 인정되는 퇴직급여등 채권(근로자퇴직급여 보장법 제12조 제1항)은 사용자에게 지급의무가 있는 퇴직금, 확정급여형퇴직연금제도의 급여, 확정기여형퇴직연금제도의 부담금 중 미납입 부담금 및 미납입 부담금에 대한 지연이자, 중소기업퇴직연금기금제도의 부담금 중 미납입 부담금 및 미납입 부담금에 대한 지연이자, 개인형퇴직연금제도의 부담금 중 미납입 부담금 및 미납입 부담금에 대한 지연이자를 말한다.

결국 ① 임금, 재해보상금 및 퇴직금(퇴직급여등)은 공익채권 · 재단채권 · 개인회생재단채권이고(제179조 제1항 제10호, 제473조 제10호, 제583조 제1항 제3호), ② 그 밖에 근로관계로 인한 채권은 일반의 우선권 있는 도산채권이다.

32) 이처럼 배당가능성이 없음에도 후순위 도산채권을 도산절차에 편입시키는 이유는, 강제집행 등의 효력 상실 등(제348조 등) 및 부인권(제391조) 등의 규정이 적용되어야 하기 때문이다.

33) 회생절차에서는 감면 그 밖의 권리에 영향을 미치는 내용을 정하지 못한다(제140조 제1항). 채권신고는 지체없이 하면 된다(제156조 제1항).

채무자 본인에 대한 인적 제재로서 징벌적 성격을 가지므로 일반 도산채권으로 취급하면 채무자의 부담을 다른 채권자의 부담으로 전가하여 배당(변제)의 감소를 초래하게 되므로 후순위 도산채권으로 한 것이다. 본인에 대한 인적 제재로서의 의미를 가지기 때문에 면책대상에서도 제외하고 있다(제566조 제2호, 제625조 제2항 제3호).

(5) 기한이 도산절차개시 후에 도래하는 이자 없는 채권의 경우 도산절차개시결정이 있은 때부터 그 기한에 이르기까지의 법정이율에 의한 원리의 합계액이 채권액이 될 계산에 의하여 산출되는 이자의 액(중간이자)에 상당하는 부분(제5호)

(6) 기한이 불확정한 이자 없는 채권의 경우 그 채권액과 도산절차개시결정 당시의 평가액과의 차액에 상당하는 부분(제6호)

(7) 채권액 및 존속기간이 확정된 정기금채권인 경우 ① 각 정기금에 관하여 (5)의 규정에 준하여 산출되는 이자의 액의 합계액에 상당하는 부분과 ② 각 정기금에 관하여 (5)의 규정에 준하여 산출되는 원본의 액의 합계액이 법정이율에 의하여 그 정기금에 상당하는 이자가 생길 원본액을 초과하는 때에는 그 초과액에 상당하는 부분(제7호)

(8) 약정 후순위 도산채권

채무자가 채권자와 도산절차에서 다른 채권보다 후순위로 하기로 정한 채권(제446조 제2항, 제581조 제2항)

Ⅳ. 도산절차에서 도산채권자의 지위

도산채권자란 도산채권을 가지고 있는 채권자를 말한다. '가지고 있는'이란 일반적으로 귀속주체를 의미하지만, 예외적으로는 도산채권에 대한 관리처분권을 행사하여 급부를 수령할 자격이 있는 자를 포함한다. 도산채권에 대한 질권자(민법 제353조 제1항 참조), 대위채권자(민법 제404조 제1항 참조) 및 추심채권자(민집법 제229조 제2항) 등이 여기에 해당한다.

1. 도산채권의 개별적 권리행사 및 변제 금지

도산절차에서 도산채권의 개별적 권리행사를 인정하면 채무자나 그 사업의 효율적인 회생 또는 공평한 배당을 도모하기 어렵다. 따라서 도산절차가 개시된 경우 도산채권의 개별적 권리행사는 금지되고 변제도 받을 수 없다(제131조 본문, 제424조, 제582조).

(1) 회생절차에서는 변제금지에 대한 예외를 인정하고 있다. ① 관리인이 법원의 허가를 받은 경우 변제가 허용된다(제131조 단서). 여기의 허가는 원칙적으로 사전허

가를 말한다. 변제에는 상계도 포함된다.[34] 법원의 허가를 받도록 규정한 취지는 관리인이 변제·상계 등을 통하여 회생절차에 의하지 아니하고 특정 회생채권을 다른 회생채권보다 우선하여 만족시킴으로써 회생채권자 상호간의 평등을 해치는 행위가 일어나는 것을 방지하기 위한 것이다.[35] ② 채무자를 거래상대방으로 하는 중소기업자가 채무자에 대하여 갖는 소액채권의 변제를 받지 아니하고서는 사업의 계속에 지장을 초래할 우려가 있을 경우 또는 ③ 회생채권의 변제가 채무자의 회생을 위하여 필요하다고 인정될 경우에는 예외적으로 회생계획인가 전이라도 회생계획에 의하지 아니하고 보전관리인·관리인·채무자는 법원의 변제허가를 받아 그 일부 또는 전부를 변제할 수 있다(제132조 제1항, 제2항).

(2) 파산절차에서 자유재산에 대하여 파산채권자가 권리행사를 할 수 있는가. 자유재산 중 압류금지재산이나 면제재산에 대하여는 그 자체의 이유로부터 권리행사가 허용되지 않는다. 문제는 신득재산(파산선고 후 새로 취득한 재산)에 대하여 파산채권자의 권리행사가 가능한지, 다시 말해 제424조가 신득재산에 대하여도 적용되는지이다. 파산채권자에 대한 책임재산의 범위를 파산선고시의 채무자의 재산으로 한정하는 고정주의(제382조)나 면책심리기간 중에는 강제집행 등을 금지하는(제557조 제1항) 취지[36] 및 신득재산은 채무자의 새로운 출발을 위한 원천이 된다는 점 등을 고려하면 제424조는 신득재산에 대한 권리행사에도 적용된다고 할 것이다. 따라서 파산절차가 계속되는 한 파산채권자는 신득재산에 대하여 강제집행을 하거나 채무자를 피고로 한 이행소송을 제기하는 것이 금지된다. 확인소송에 대하여도 파산채권의 조사확정재판과의 관계에서 소의 이익이 부정된다.[37]

(3) 도산절차에 의하지 아니한 권리행사가 금지된다고 하여도 기존에 정하여진 변제기는 그대로 유효하며, 이를 넘긴 경우에는 지연손해금이 발생한다는 견해가 있으나,[38] 금전채무의 경우를 제외하고는(민법 제397조) 변제금지는 도산절차개시라는 재판에 구속을 받기 때문으로 채무자에게 귀책사유가 있다고 볼 수 없어 지연손해금을 청구할 수 없다고 할 것이다.

(4) 도산절차개시결정의 효과는 당해 채무자에게만 미칠 뿐 보증인 등 제3자에게까지 미치는 것은 아니므로, 채권자의 보증인에 대한 권리행사나 물상보증인에 대한 저당권의 실행에는 지장이 없다.[39] 「하도급거래 공정화에 관한 법률」 상의 원사업자

34) 대법원 1988. 8. 9. 선고 86다카1858 판결.
35) 대법원 2008. 6. 26. 선고 2006다77197 판결 참조.
36) 條解 破産法, 745쪽, 破産法·民事再生法, 271쪽.
37) 條解 破産法, 745쪽.
38) 회생사건실무(상), 456쪽.

에 해당하는 채무자에 대하여 도산절차가 개시된 경우, 수급사업자가 발주자에 대하여 위 법률 제14조에 따라 하도급대금의 직접지급을 청구하는 것도 허용된다.[40)]

2. 도산절차에의 참가

도산채권에 대하여 개별적인 권리실현이 금지되는 반면, 도산채권자에게는 도산채권을 가지고 도산절차에 참가할 수 있는 자격을 인정하고 있다(제133조 제1항, 제373조 등 참조). 즉 도산채권에 대하여 개별적인 권리행사는 금지되지만, 이를 대신하여 집단적 권리행사절차인 도산절차에 참가하는 것을 인정하는 것이다. 도산절차에 참가한다는 것은 도산절차에서 의결권을 행사한다는 의미이다.

가. 회생절차

회생채권자는 회생계획에 정하는 바에 따라 만족을 얻을 수 있고, 회생계획안의 결의절차에 참가하여 의결권을 행사할 수 있다(제235조 이하).

(1) 의결권액의 산정

회생채권의 내용은 다양하지만, 회생절차는 파산절차(개인회생절차)와 달리 회생채권의 금전화·현재화·무조건화는 일어나지 않고,[41)] 그대로 회생계획에 따라 권리변경이 된다. 그러나 다양한 내용의 회생채권을 가진 회생채권자는 그들 사이에 공평을 도모하기 위해 일정한 규칙에 의해 등질화된 금액으로 표시된 의결권액으로 관계인집회에서 의결권을 행사해야 된다. 그렇다면 회생채권자가 회생절차에 참여하여 행사하는 의결권의 액은 어떻게 산정되는가. 또한 어떤 시점을 기준으로 의결권의 액이 정하여지는가.

일반적으로 금전채권의 경우 채권금액이 회생채권액이 되기 때문에 회생채권자는

---

39) 대법원 2001. 6. 12. 선고 99다1949 판결 등.

40) 대법원 2007. 6. 28. 선고 2007다17758 판결.

41) 파산절차(제425조 내지 제427조)와 달리 회생절차에서는 회생채권의 현재화, 금전화 및 무조건화가 이루어지지 않는다. 그 이유는 파산절차는 금전의 배당을 목적으로 하기 때문에 배당액의 기준을 정하기 위해 파산채권의 현재화, 금전화 및 무조건화가 필요하지만, 회생절차는 채무자의 존속을 전제로 하기 때문에 기한부채권 등은 본래의 내용 그대로 회생계획에 포섭되어 권리변동의 대상이 된다. 또한 회생채권자가 권리를 행사하였다고 하여도 파산절차와 같이 배당에 의한 만족을 받은 것이 아니므로, 회생채권의 변제기를 일률적으로 절차가 개시된 시점으로 앞당길 필요는 없다. 다만 회생절차에서 회생채권자는 오로지 의결권을 행사하는 형식으로만 그 권리를 행사할 수밖에 없으므로 기한부채권 등에 대해서도 반드시 공평한 의결권이 부여되어야 하고, 의결권의 행사를 어느 범위에서 인정할 것인가의 관점에서 평가할 필요가 있다. 그래서 채무자회생법은 의결권 산정을 위해서 파산채권의 현재화, 금전화 및 무조건화를 모방하여 회생채권자의 계산상의 균질화를 위한 규정을 두고 있다. 요컨대 파산절차에서는 현재화, 금전화 및 무조건화에 따라 실체적 권리가 변경되지만, 회생절차에서 제134조 내지 제138조에 의한 평가는 의결권의 액수를 결정할 뿐이고 실체적 권리가 변경되지 않는다.

회생절차개시결정 당시의 채권액에 따라 의결권을 행사한다. 다만 기한이나 조건이 붙은 채권 등의 경우에는 회생절차개시결정시를 기준으로 산정한 금액에 따라 의결권을 행사한다(제133조 제2항). 구체적인 의결권액은 다음과 같이 산정된다.

① 개시결정 후에 기한이 도래하는 이자 없는 확정기한부채권

기한이 확정되고 회생절차개시 후에 기한이 도래하는 이자 없는 채권은 회생절차가 개시될 때부터 기한에 이르기까지의 법정이율에 의한 이자와 원금의 합계가 기한 도래 당시의 채권액이 되도록 계산한 다음 그 채권액에서 그 이자를 공제한 금액으로 한다(제134조). 이자 없는 확정기한부채권의 경우 중간이자를 공제한 금액을 의결권액으로 한다는 것이다.

법정이율은 상사채권의 경우는 연 6%이고(상법 제54조), 그 이외의 경우에는 연 5%이다(민법 제379조).

② 금액과 존속기간이 확정되어 있는 정기금채권

금액과 존속기간이 확정되어 있는 정기금채권의 경우에도 ①에서와 마찬가지로 중간이자를 공제한 금액을 의결권액으로 한다(제135조).

③ 회생절차개시결정시의 평가액을 의결권액으로 하는 채권

계산방법을 정하여 의결권 액을 산정하는 것이 곤란한 채권도 있다. 이러한 채권에 대하여는 회생절차개시결정시의 평가액을 의결권액으로 한다. 이러한 채권은 성질상 계산방법에 관한 규정을 두는 것이 곤란하고 개개 채권의 내용에 따라 합리적인 방법으로 평가하면 된다. 평가의 결과에 대하여 당사자 사이에 다툼이 있는 경우에는 법원이 재량으로 평가액을 결정한다.

여기에 해당하는 것으로 ㉮ 기한이 불확정한 이자 없는 채권(제136조), ㉯ 정기금채권의 금액 또는 존속기간이 불확정한 채권(제136조), ㉰ 채권의 목적이 금전이 아니거나 그 액이 불확정한 때와 외국의 통화로서 정하여진 때(제137조), ㉱ 조건부채권(제138조 제1항), ㉲ 채무자에 대하여 행사할 수 있는 장래의 청구권(제138조 제2항)이 있다.

(2) 의결권액의 확정절차

의결권의 액수는 채권자에 의해 신고되거나(제148조 제1항 제3호) 관리인이 제출한 목록에 기재되어 있고(제147조 제2항 제1호 다목), 회생채권자표에 기재되며(제158조 제1호 다목), 관리인 · 도산채권자 · 주주 · 지분권자와 사이에서 다툼이(이의가) 없는 경우에는 확정된다(제166조).

관리인, 목록에 기재되어 있거나 신고된 도산채권자, 주주·지분권자는 관계인집회에서 의결권에 관하여 이의를 할 수 있다. 다만 확정된 도산채권을 가진 도산채권자의 의결권에 관하여는 이의를 할 수 없다(제187조). 의결권액에 대하여 다툼(이의)이 있는 경우에는 법원이 재량으로 결정한다(제188조 제2항).[42] 법원은 이해관계인의 신청이나 직권으로 언제든지 결정을 변경할 수 있다(제188조 제3항).

나. 파산절차

파산채권자는 확정채권액에 따라 의결권을 행사할 수 있다(제373조 제1항). 신고한 파산채권에 대하여 이의가 없는 경우에는 채권이 확정되고 그 채권액에 따라 의결권을 행사할 수 있다. 채권조사확정재판에서 확정된 경우에도 마찬가지이다.

확정된 파산채권에 대하여 파산관재인이나 다른 파산채권자는 채권자집회에서 의결권에 대하여 이의를 할 수 없다.[43]

채권자가 파산선고 후 다른 전부의무자로부터 일부 변제를 받았더라고, 의결권은 배당액의 기초가 되는 채권액과 연동되는 것이 원칙이고, 현존액주의(제428조)와의 관계 등에 비추어 의결권액은 변하지 않는다.

미확정채권, 정지조건부채권, 장래의 청구권 또는 별제권의 행사에 의하여 변제를 받을 수 없는 채권액(예정부족액)에 관하여 채권자집회기일에서 파산관재인 또는 파산채권자의 이의가 없으면 미확정채권 등으로 신고한 액 그대로 의결권을 행사할 수 있다. 파산관재인 또는 파산채권자의 이의가 있는 때에는 법원은 의결권을 행사하게 할 것인지 여부와 의결권을 행사할 금액을 결정한다(제373조 제2항). 법원은 이해관계인의 신청에 의하여 언제든지 의결권액을 변경할 수 있다(제373조 제3항).

후순위 파산채권자는 의결권이 없다(제373조 제5항, 제446조).

3. 도산채권의 현재화·금전화·무조건화[파산절차·개인회생절차]

가. 취 지

(1) 파산절차

파산절차는 채무자의 총재산을 환가하여 얻은 금전을 파산채권자에게 배당하는 것을 목적으로 한다. 그런데 파산채권은 기한이 도래한 것, 기한이 도래하지 않은

---

42) 의결권은 법원이 재량으로 부여하는 것이기 때문에, 실무적으로 채권에 대하여 다툼이 있는 경우 의결권을 부여하지 않는 것이 일반적이다. 이러한 실무로 인해 일부 채무자(관리인)는 가결요건을 갖추기 위해 반대하는 채권자들의 채권에 대하여 다투는 경우가 있다. 이러한 경우 법원은 적절하게 의결권을 부여할 필요가 있다.

43) 회생절차에서는 이를 명확히 규정하고 있다(제187조 단서).

것, 금전채권, 비금전채권 등 그 내용이 다양하다. 이러한 다양한 채권에 대하여 평등하고 공평하며 신속하게 만족을 도모하기 위해서는 이들을 통일적으로 처리할 필요가 있다. 이를 위해 파산채권에 대하여 변제기가 도래하지 않아도 이를 도래시키고(파산채권의 현재화: 제425조), 금액이 확정되지 않았으면 확정시키거나 비금전채권 등은 파산선고시의 금전채권으로 평가한다(파산채권의 금전화: 제426조).[44] 또한 조건부채권 등은 무조건주의를 취한다(제427조). 요컨대 파산채권의 균질화는 파산채권자들에게 비례적 금전 배당을 시행하기 위한 기술적 필요에서 비롯된 것이다.

(2) 개인회생절차

개인회생절차에서도 파산절차와 마찬가지로 채권의 목적 및 변제기 등에 있어서 변경이 일어난다. 이것은 개인회생절차를 원활하게 수행하기 위해 행하여지는 권리변경이다(개인회생채권의 현재화·금전화·무조건화=개인회생채권의 균질화 또는 등질화).

통상의 회생절차(제2편)와 비교하여 원칙적으로 3년이라는 단기의 변제계획에 의한 변제가 예정되어 있는 개인회생절차에서는 변제계획 수행 후 기한 도래나 조건성취로 인한 혼란을 피한다는 의미에서 기한미도래채권이나 조건부채권 등에 대하여도 현재화·무조건화하여 변제계획에 포함되도록 한다. 또한 개인회생절차는 채무자의 장래수입을 변제재원으로 하여 금전으로 분할 변제하고 나머지 채권은 면책되는 것이기 때문에 비금전채권에 관하여도 금전으로 평가하여 변제의 대상으로 한다. 나아가 개인회생절차개시신청의 적격요건 중 하나인 무담보채권액의 상한액을 충족시키는지를 판단하기 위해서, 비금전채권에 대하여도 일률적으로 금전적으로 평가하여 그 액을 절차 내에서 확정하는 것이 필요하다.

다만 이러한 변경은 채무자에 대한 관계에서만 인정되는 것이기 때문에 개인회생절차 종료 후 그 효력이 유지된다고 하여도 보증인 등 제3자에 대하여 효력을 가지는 것은 아니다.

나. 도산채권의 현재화

도산채권으로서 도산절차개시결정을 할 때 기한이 미도래한 것도 도산절차개시결정시에 기한이 도래한 것으로 본다(제425조, 제581조 제2항). 기한부채권은 확정기한부채권과 불확정기한부채권을 모두 포함한다. 또한 채무의 이행이 기한부인 경우뿐만 아니라 채권 발생 자체가 기한부인 경우도 포함된다.

---

44) 회생절차에서는 채권이 현재화·금전화·무조건화되지 않는다. 기한부채권, 조건부채권 등에 대한 평가규정이 있으나(제134조 내지 제138조) 이는 의결권 산정을 위한 조치에 불과하다(제133조 제2항).

현재화는 채무자에 대하여 도산절차개시와 동시에 기한의 이익을 상실하게 한다. 다만 도산채권의 현재화는 청산이나 변제를 위한 것이기 때문에 도산절차(채무자) 외의 제3자, 예컨대 보증인, 연대채무자 또는 물상보증인 등과의 관계에서는 변제기가 도래한 것으로 되지 않는다.

다. 도산채권의 금전화

비금전채권, 액수가 확정되지 아니한 금전채권, 외국통화채권, 금액 또는 존속기간이 불확정한 정기금채권 등은 도산절차개시결정시의 평가액을 도산채권의 액으로 한다(제426조, 제581조 제2항).

라. 도산채권의 무조건화

조건부채권도 조건 성취의 개연성을 고려하여 채권액을 평가할 수도 있지만(평가주의), 조건 성취의 확실성을 평가하기 어렵고, 간명하게 처리하기 위하여 채무자회생법은 무조건주의를 채택하고 있다. 장래의 청구권도 마찬가지이다.

(1) 조건부채권

조건부채권의 경우 조건이 없는 채권과 마찬가지로 취급하여 조건 성취의 가능성을 고려하지 않고(비평가주의) 그 전액을 도산채권으로 한다(제427조 제1항, 제581조 제2항).[45] 조건부채권에 대하여 무조건의 채권과 동일하게 그 전액을 채권액으로 하고 있다. 정지조건부채권의 예로 임차보증금반환청구권[46]을 들 수 있다.

(2) 장래의 청구권

보증인이 채무자에 대하여 가지는 장래의 구상권이나 보증인·연대채무자의 구상권과 같이 법정의 정지조건에 관련된 채권을 장래의 청구권이라 한다. 장래의 청구권은 그 성질이 조건부채권과 다르지 않기 때문에 조건부채권과 마찬가지로 그 전액을 도산채권으로 한다(제427조 제2항, 제581조 제2항).

Ⅴ. 다수채무자와 도산채권

실체법상 동일한 급부를 목적으로 1인의 채권자에 대하여 수인의 채무자가 채무를 부담하는 경우가 있다. 이를 「다수채무자관계」라 한다.[47] 그 구체적인 내용에서

---

45) 회생절차에서는 의결권 산정과 관련하여 회생절차가 개시된 때의 회생채권의 조건 성취의 개연성에 기하여 채권액을 결정하는 평가주의에 의한다(제138조).

46) 대법원 1987. 6. 9. 선고 87다68 판결 참조.

47) 민법에서는 「수인의 채권자 및 채무자」라 하고 있다(민법 제3편 제1장 제3절).

보면 각 채무자가 각각 독립하여 채무를 부담하는 경우가 있고(분할채무관계), 중첩적으로 채무를 부담하는 경우가 있다(공동채무관계). 전자에 해당하는 것이 분할채무이고(민법 제408조), 후자에 해당하는 것이 불가분채무, 연대채무, 부진정연대채무 및 보증채무, 어음법·수표법에 의한 합동책임(어음법 제47조, 제77조 제1항 제4호, 수표법 제43조)(이러한 채무를 부담하는 자를 '다수채무자 또는 전부의무자'라 한다)이다(민법 제409조 이하). 후자의 경우에는 동일한 급부에 대하여 수인의 채무자가 공동으로 채무를 부담하여 급부의 이행이 확실히 보장되므로 인적담보라고도 할 수 있다.

분할채무관계에 있어서는 채무자 1인이 도산하여도 그 채무는 다른 채무와 독립된 것이기 때문에 채권자는 분할채무의 내용을 도산채권으로서 행사하면 된다. 따라서 도산에 있어서 특별히 규정할 필요가 없다. 그러나 다수채무자관계에 있어서는 사정이 다르다. 한편으론 인적담보로서의 취지로부터 1인의 채무자가 도산한 경우 채권자의 이익을 해하지 않도록 배려할 필요가 있고, 다른 한편으론 해당 채권자의 도산채권 행사로 다른 도산채권자가 부당한 불이익을 받지 않도록 배려할 필요가 있다.

도산절차는 채무자의 자력이 부족한 것이 일반적인 상황이므로 다수채무자 사이에 민법에서 적용되는 일반법리(민법 제3편 제3절)를 그대로 적용하면 여러 가지 문제가 발생할 수 있다.[48] 그래서 도산절차에서 다수채무자 사이에 관한 민법의 일반법리를 수정하는 규정을 두고 있다. 그것이 도산절차개시 당시의 현존액주의다(제126조 제1항, 제428조, 제581조 제2항).

도산절차개시 당시 현존액주의란 여럿의 전부의무자의 전원 또는 일부(수인)에 대하여 도산절차개시결정이 내려진 때에, ① 채권자는 각 전부의무자에 대하여 도산절차개시 당시에 가진 채권 전액으로 도산채권자로서 절차에 참가할 수 있고(제126조 제1항, 제428조, 제581조 제2항), 따라서 ② 도산절차개시 당시의 채권 전액을 신고한(목록에 기재된) 채권자는 절차개시 후 전부의무자로부터 당해 채권의 일부를 변제받아도 채권 전액이 소멸하지 않는 한 계속하여 신고채권 전액에 관하여 도산채권자로서 권리를 행사할 수 있는 것을 말한다(제126조 제2항, 제428조, 제581조 제2항).[49]

---

48) 다수채무자관계(공동채무관계)에서는 크게 2가지가 문제된다. ① 수인의 채무자 중 전원 또는 수인이나 1인에 대하여 도산절차가 개시된 경우, 채권자는 각각의 도산절차에 어떠한 금액을 가지고 권리행사를 할 수 있는지와 ② 어떤 채무자가 다른 채무자의 도산절차에서 구상권을 행사할 수 있는지, 그 금액은 얼마인지가 그것이다.

49) 예컨대 채권자에 대하여 연대채무자 A, B, C, D 4명이 100만 원의 채무를 부담한 경우를 보자. ① A, B에 대하여 동시에 회생절차(파산절차)가 개시된 때에는 채권자는 쌍방의 절차에 100만 원의 채권을 가지고 참가할 수 있다. 그 후 A의 도산절차에서 일부 변제를 받아도 그것이 100만 원에 이르지 않는 한 B의 도산절차에서 채권액은 감액되지 않는다. 즉 100만 원의 채권으로 계속 절차에 참가

현존액주의는 도산절차개시 이후에 적용되고, 채권자의 채권이 전액 소멸되지 않은 경우에만 적용된다. 도산절차개시 당시의 현존액주의이므로 채권자가 주채무자에 대한 회생절차개시 전에 보증인에 대한 회생절차에서 출자전환을 받아 소멸한 채권액은 주채무자에 대한 회생절차에서 행사할 수 없다.[50]

1. 채무자가 전부의무자인 경우[51]

여럿이 각각 전부의 이행을 하여야 하는 의무를 지는 경우 그 전원 또는 일부에 대하여 도산절차가 개시된 때에는 채권자는 도산절차개시 당시에 가지는 채권 전액에 관하여 각 도산절차에서 도산채권자로서 그 권리를 행사할 수 있다(제126조 제1항, 제428조, 제581조 제2항).[52] 채권자의 도산채권액은 도산절차개시 당시를 기준으로 고정되고, 그 이후 다른 전부의무자가 채무를 변제하더라도 채권 전액이 소멸한 경우를 제외하고는 도산채권액에는 아무런 영향을 주지 않는다(제126조 제2항).[53]

요컨대 도산절차개시 후에 다른 전부의무자의 변제 등으로 채권자의 채권 일부가 소멸한 사정을 도산절차에서 채권자의 채권액에 반영하지 않는다는 취지이다. 이로써 채권자가 도산절차개시 당시의 채권 전액으로 권리를 행사하는 것을 인정하여 도산절차에서 채권자가 확실히 채권의 만족을 얻을 수 있도록 채권자를 보호한다.[54]

여럿이 각각 전부의 이행을 하여야 하는 의무를 지는 경우란 여럿이 동일한 급부의 내용에 관하여 전부의 이행의무를 부담하는 것을 말하는 것으로(전부의무자), 불가분채무자, 연대채무자, 연대보증채무자, 부진정연대채무자, 어음법·수표법에 의한

할 수 있다. ② 먼저 A에 대하여 회생절차가 개시되어 회생계획에 따라 또는 법원의 허가를 받아 10만 원의 변제를 받은(또는 파산절차가 개시되어 10만 원의 배당을 받은)[A의 회생절차에는 100만 원의 채권을 가지고 참가할 수 있다] 후 B에 대한 도산절차가 개시된 경우에는 채권자는 잔액 90만 원의 채권을 가지고 B의 절차에 참가한다. ③ 위 ②의 A절차에서 C가 임의로 25만 원을 변제한 경우, 채권자는 A, B의 절차에서 채권액은 감액되지 않는다(100만 원을 가지고 A절차에, 90만 원을 가지고 B의 절차에 계속 참가할 수 있다). 이후 D에 대하여 도산절차가 개시되면 65만 원의 채권을 가지고 참가할 수 있다.

50) 대법원 2009. 11. 12. 선고 2009다47739 판결 참조.

51) 회생절차와 파산절차의 규정이 약간 다르다. 제2편 회생절차에서는 제126조에서 '채무자가 다른 자와 더불어 전부의 이행을 할 의무를 지는 경우'라는 제목 아래 장래의 구상권자를 포함하여 한꺼번에 규정하고 있다. 반면 제3편 파산절차에서는 제428조에서 '전부의 채무를 이행할 의무를 지는 자가 파산한 경우의 파산채권액'을, 제430조에서 장래의 구상권자를 나누어 규정하고 있다.

52) 예컨대 연대채무자 A, B에 대하여 회생절차가 개시된 경우, 채권자(1억 원)는 각각의 회생절차에서 회생절차개시 당시의 채권 전액(1억 원)을 가지고 권리를 행사할 수 있다. 연대채무자 A에 대해 회생절차가 개시되고 2,000만 원이 변제된 후 B에 대하여 회생절차가 개시된 경우, 채권자는 B에 대한 회생절차에는 8,000만 원(B에 대한 회생절차개시 당시 가지고 있던 채권 전액)을 가지고 참가한다(A에 대한 회생절차에서는 여전히 1억 원을 가지고 참가한다).

53) 대법원 2021. 11. 11. 선고 2017다208423 판결.

54) 대법원 2023. 5. 18. 선고 2019다227190 판결.

합동책임을 지는 자(어음법 제47조, 제77조 제1항 제4호, 수표법 제43조) 등을 말한다.

현존액주의는 채권자가 전부의무자가 아닌 제3자로부터 변제된 경우에는 적용되지 않는다(제126조 제2항 참조). 전부의무자가 아닌 제3자가 변제를 한 경우에는 채권이 절대적으로 소멸하고 전부의무관계의 문제가 아니기 때문이다.

요약하면 현존액주의는 ① 여럿이 각각 전부의 이행을 하여야 하는 의무를 지는 경우, ② 그 전원 또는 일부에 관하여 도산절차가 개시된 때, ③ 다른 전부의 이행을 할 의무를 지는 자가 도산절차개시 후에 채권자에 대하여 변제 그 밖에 채무를 소멸시키는 행위를 한 때라도 그 채권의 전액이 소멸한 경우를 제외하고는, ④ 채권자는 도산절차개시 당시 가진 채권의 전액에 관하여 각 도산절차에서 도산채권자로서 그 권리를 행사할 수 있다는 것이다.

2. 장래의 구상권자

가. 장래의 구상권 행사

여럿의 채무자 전부 또는 일부에 대하여 도산절차가 개시된 경우 채무자에 대하여 장래에 행사할 가능성이 있는 구상권을 가진 자, 즉 장래 채권자에게 변제하거나 기타 자기의 출재로 공동의 면책을 함으로써 도산절차에 있어 전부 또는 일부의 구상을 할 수 있는 자는 현실적으로 변제 등을 하기 전이라도 그 장래의 구상권 전액에 관하여 도산채권으로 행사할 수 있다(제126조 제3항 본문, 제430조 본문, 제581조 제2항).

다수의 전부의무자 중 일부의 자에 대하여 도산절차가 개시된 경우, 채권자는 도산절차에서 채권 전액의 만족을 기대할 수 없는 것이 보통이므로 전부의무자 중 다른 자에게 청구를 하게 되고, 이러한 경우 청구를 받은 자가 채권자에게 변제를 하여 면책을 얻은 후 채무자에게 구상을 하려고 하더라도, 이미 도산절차가 종결되거나 회생계획인가결정이 된 경우라면 문제이다. 왜냐하면 이때는 변제를 하여 채무자에 대하여 구상권을 취득하였다고 하더라도 도산절차에 참가할 방법이 없다. 그래서 장래의 구상권자(사전구상권자)에게 도산절차의 참가를 인정하는 것이다.

이는 사전구상권을 전부의무자 모두에게 인정하는 의미를 가진다. 부탁을 받은 보증인을 포함하여(민법 제442조 참조) 먼저 채권자에 대하여 변제를 한 후 다른 전부의무자에 대하여 구상권을 갖는 사후구상권이 원칙이지만(민법 제411조, 제425조 제1항, 제441조, 제448조),[55] 도산절차가 개시되면 전부의무자 일반에 대하여 장래의 구상권

55) 사전구상권은 민법 제442조에서 예외적으로 인정하고 있다. 보증인이 사전구상권을 행사할 수 있는 것은 민법 제442조가 열거한 사유로 한정된다.

(사전구상권)을 도산채권으로 행사하는 것을 인정한다.

그러나 채권자가 채권 전액을 가지고 도산채권자로서 권리행사를 한 경우에는 장래의 구상권 행사는 배제된다(제126조 제3항 단서, 제430조 제1항 단서, 제581조 제2항). 이는 주채권자의 권리와 구상권자의 권리 중 주채권자 권리의 우월성을 인정함과 아울러 동일한 채무에 대하여 이중의 권리행사가 이루어지지 않도록 하기 위한 것이다.

한편 주채권자가 채권액의 일부만을 도산채권으로 행사한 경우 장래의 구상권자는 그 잔액의 범위 내에서 도산채권자로서 권리를 행사할 수 있다. 이 경우에는 이중의 권리행사가 되는 것이 아니기 때문이다.

회생절차에서 채권신고를 하지 않으면 구상권은 실권(면책)된다. 다만 '면책'은 책임이 소멸하는 것에 불과하므로 변제자대위는 가능하다.[56)]

나. 장래 구상권자의 변제자대위

채권자가 도산절차에 참가한 경우 채무자에 대하여 장래에 행사할 가능성이 있는 구상권을 가지는 자가 도산절차개시 후 채권자에 대한 변제 등으로 그 채권의 전액이 소멸한 경우 그 구상권의 범위 내에서 채권자가 가진 권리를 행사할 수 있다(제126조 제4항, 제430조 제2항, 제581조 제2항).[57)]

반면 다른 전부의무자의 변제 등으로 채권자의 채권 일부가 소멸하더라도 이러한 사정을 도산절차에서 채권자의 채권액에 반영하지 않는다. 이에 따라 채권자는 도산절차개시 당시의 채권 전액으로 권리를 행사할 수 있는 반면, 일부 변제 등을 한 전부의무자는 도산절차에서 구상권이나 변제자대위권을 행사할 수 없다.[58)]

다. 물상보증의 경우

물상보증인(채무자의 채무를 위하여 담보를 제공한 제3자)은 전부의무자는 아니지만, 물상보증인에 대하여도 위 〈가.〉 및 〈나.〉에서 설명한 법리가 그대로 적용된다(제126조 제5항, 제2항 내지 제4항, 제430조 제3항, 제581조 제2항).[59)]

---

56) 대법원 2015. 11. 12. 선고 2013다214970 판결.

57) 예컨대 채권자 A(채권 총액 2억 원)가 연대채무자 B에 대한 회생절차에 채권 전액인 2억 원으로 참가한 후 연대채무자 C로부터 채권 전액을 변제받았다면, C는 구상권의 범위 내에서 A의 권리를 행사할 수 있다.

58) 대법원 2021. 11. 11. 선고 2017다208423 판결.

59) 원래 물상보증인은 채권자에 대하여 채무를 부담하지 않고 물적책임만 부담하므로 전부의무자는 아니다. 따라서 채권자가 전부의무자의 도산절차에 참가한 후 물상보증인으로부터 채권 일부의 만족을 받은 경우 물상보증인이 채권자의 권리를 대위 행사할 수 있는지에 관하여 의문이 있었다. 채무자회생법은 도산절차에 관하여 이를 행사할 수 없다는 점을 명확히 하고 있다.

라. 채무자가 보증채무를 지는 경우

보증인인 채무자에 대하여 도산절차가 개시된 때에는 채권자는 도산절차개시 당시 가진 채권의 전액에 관하여 도산채권자로서 그 권리를 행사할 수 있다(제127조, 제429조, 제581조 제2항).[60]

보증인에 대하여 도산절차가 개시된 때에는 주채무자에 관하여 도산절차가 개시되고 있는지를 불문하고 또 보증채무의 보충성{최고·검색의 항변권(민법 제437조 본문)}에도 불구하고 채권자는 도산절차개시 당시 채권의 전액을 가지고 절차에 참가할 수 있다. 그 이유는 보증인에 대하여 도산절차가 개시된 경우 최고·검색의 항변권을 인정하게 되면, 보증인의 도산절차에 참가할 수 없는 상태에서 주채무자의 재산상태 악화로 추심이 곤란하게 될 우려가 있기 때문이다.

주채무의 일부에 대하여 1인의 일부 보증인이 존재하는 경우에도 주채무와 보증인의 관계에 있어서, 보증채무의 한도에서 동일한 법리가 적용된다(제130조, 제431조, 제581조 제2항 참조).

마. 법인의 채무와 무한책임사원·유한책임사원

(1) 무한책임사원의 도산절차와 법인의 채권자

법인의 채무에 대하여 무한책임을 부담하는 자에 대하여 도산절차가 개시된 경우 그 법인의 채권자는 도산절차가 개시된 때 가진 채권 전액을 가지고 도산절차에 참가할 수 있다(제128조, 제432조, 제581조 제2항). 법인의 무한책임사원은 법인과의 관계에서는 전부의무자라고 할 수 있기 때문이다.

(2) 법인의 채무와 유한책임사원

① 유한책임사원의 도산절차와 법인의 채권자

법인의 채무에 대하여 유한책임을 부담하는 자에 대하여 도산절차가 개시된 경우, 그 법인의 채권자는 그 도산절차에 참가할 수 없다(제129조 제1항, 제433조, 제581조 제2항). 법인이 출자청구권에 대하여 도산채권자로서 도산절차에 참가하는 것은 가능하다.

② 법인의 도산절차와 유한책임사원

법인의 채무에 대하여 유한책임을 지는 자가 있고 그 법인에 대하여 도산절차가

---

60) 예컨대 채권자 A(채권 총액 2억 원)는 보증인 B에 대하여 회생절차가 개시된 경우 채권 전액인 2억 원으로 회생절차에 참가할 수 있다.

개시된 경우, 그 법인의 채권자는 그 법인의 채무에 대하여 유한책임을 부담하는 자에 대하여 그 권리를 행사할 수 없다(제129조 제2항, 제433조, 제581조 제2항). 유한책임사원은 전부의무자라고 할 수 없기 때문이다.

제2관 회생담보권

Ⅰ. 회생담보권의 의의

회생담보권이란 ① 회생채권 또는 ② 회생절차개시 전의 원인으로 생긴 채무자 이외의 자에 대한 재산상의 청구권[61]으로서 회생절차개시 당시 채무자의 재산에 존재하는 유치권, 질권, 저당권, 양도담보권, 가등기담보권, 「동산·채권 등의 담보에 관한 법률」에 따른 담보권, 전세권 또는 우선특권에 의하여 담보된 범위의 것을 말한다. 다만 이자 또는 채무불이행으로 인한 손해배상이나 위약금의 청구권에 관하여는 회생절차개시결정 전날까지 생긴 것에 한한다(제141조 제1항).

회생담보권은 회생채권 중에서 유치권 등의 담보권에 의하여 담보된 범위의 '채권'을 의미하므로, 채권조사확정재판 또는 채권조사확정재판에 대한 이의의 소에서 어떠한 채권을 회생담보권으로 확정하는 경우, 동일한 채권을 회생채권으로 확정할 이익은 없다.[62]

회생절차에서 담보권자의 개별적인 권리행사를 허용할 경우 채무자 또는 그 사업의 재건을 위하여 필요한 생산설비 등의 일실을 초래하여 회생이 불가능해질 수 있기 때문에 담보권자도 무담보채권자와 마찬가지로 회생절차에서 계속기업가치 분배에 관한 결정에의 참가를 강제하고, 회생절차 진행 중에는 휴면상태에 있어 회생절차 외에서의 담보권 실행이 금지된다.[63] 담보권자는 담보물의 가치에 의해 담보되는 채권액에 대하여 회생담보권자가 되어 무담보채권자인 회생채권자보다 유리하게 취급되지만(제217조 제1항), 회생채권자와 마찬가지로 회생계획에 따라 장래 변제를 받을 수 있는데 그친다. 본래는 도산시에 기능과 효과를 발휘할 담보권을 도산시에 절차적, 실체적으로 제약한 것이다.

회생담보권자는 그가 가진 회생담보권으로 회생절차에 참가하고(제141조 제3항), 회생계획에서 면책이나 권리변경의 대상이 되며(제251조, 제252조), 회생계획의 수행에 따라 만족을 얻는 지위에 있다.

---

61) ①은 채무자가 담보권설정자인 경우이고, ②는 물상보증인의 경우이다.
62) 대법원 2021. 2. 4. 선고 2018다304380, 2018다304397(병합) 판결.
63) 반면 파산절차와 개인회생절차에서는 담보권이 별제권으로 도산절차 외에서 권리행사가 허용됨으로써, 담보권자의 배타적 우선권을 실체적, 절차적으로 보장하고 있다.

Ⅱ. 회생담보권의 요건

회생담보권은 다음과 같은 요건을 갖추어야 한다.

1. 피담보채권

회생담보권의 피담보채권은 원칙적으로 회생절차개시 전의 원인으로 생긴 것(회생채권)이어야 한다. 따라서 회생절차개시 후 원인으로 생긴 채권은 회생담보권의 대상이 아니다. 회생담보권이란 담보권 그 자체를 말하는 것이 아니라 특정의 채무자 재산에 의하여 담보되고 있는 채권을 말한다. 따라서 그 채권은 채무자를 채무자로 하는 것이 일반적이지만, 물상보증인과 같이 제3자가 채무자인 것도 포함된다. 회생담보권의 피담보채권은 회생채권인 것이 보통이나, 회생절차개시 전에 제3자의 채무를 위하여 채무자가 물적담보를 제공한 경우(물상보증)에는 회생채권이 아니다.[64] 물상보증의 경우에는 제3자에 대한 재산상의 청구권이 피담보채권이다.

2. 담 보 권

회생절차개시 당시 채무자의 재산에 존재하는 담보권이어야 한다. 따라서 채무자가 회생절차 개시 전에 제3자 소유의 담보권부 재산을 양수하는 계약을 체결하였더라도 회생절차 개시 후에 소유권이전등기를 마친 이상, 그 재산은 회생절차 개시 당시에는 채무자의 재산이 아니었으므로 담보권자를 회생담보권자로 볼 수 없다.[65]

또한 '채무자의 재산'에 존재하여야 하므로 제3자가 채무자의 채무를 위하여 담보를 제공한 경우(물상보증)에는 회생담보권으로 취급되지 않고, 제3자는 사전구상권을 회생채권으로 행사할 수 있을 뿐이다(제126조 제5항 참조).

회생담보권은 민법이나 상법 등 실체법상의 담보권이 아니라 담보권에 의하여 담보되는 채권[66]으로서 회생절차상의 권리이고, 회생담보권의 요건 구비 여부는 개시결정시를 기준으로 하고 있으므로, 개시결정 당시 그 권리가 존재하면 개시결정 후에 목적물이 멸실한 경우라도 회생담보권으로 취급된다. 즉 회생담보권으로 인정되기 위해서는 회생절차개시 당시 채무자의 재산상에 유치권 등의 담보권이 존재하면 충분하고, 그 후에 담보목적물의 멸실 등으로 실체법상의 담보권이 소멸한다고 하더라도 회생절차상 회생담보권으로 존속하는 데 영향이 없다.[67]

---

64) 담보권을 가진 채권자는 채무자가 그에 대해 인적 책임도 부담하는 경우에 한해 회생채권자가 될 수 있다.

65) 대법원 2008. 6. 13. 자 2007마249 결정 참조.

66) 대법원 2021. 2. 4. 선고 2018다304380, 304397 판결.

회생담보권으로 되기 위해서는 개시결정 당시에 담보권에 관하여 등기, 인도와 같은 물권변동의 성립(효력발생)요건은 물론이고 권리질권의 설정에 있어서는 확정일자 있는 통지·승낙과 같은 제3자에 대한 대항요건도 갖추고 있어야 한다.[68]

3. 담보권에 의하여 담보된 범위의 것

피담보채권은 그 전액이 회생담보권으로 되는 것이 아니고, 담보권에 의하여 담보된 범위(담보목적물의 가액)를 한도로 회생담보권이 된다. 한도를 넘는 부분은 회생채권이 된다. 이 경우 하나의 청구권이 회생절차개시 시점을 기준으로 회생담보권과 회생채권으로 나뉘는 상황이 발생하게 된다.

담보목적물의 가액은 회생절차개시 당시를 기준으로 평가한다.[69] 목적물의 가액 범위 내에서는 담보권은 그 순위에 관계없이 회생절차상 동일하게 취급된다.

장래 발생하는 채권(집합채권)이 담보목적으로 양도된 이후 양도인에 대하여 회생절차가 개시되는 경우에는 양도담보권의 효력이 미치는 목적물의 범위는 제한된다. 즉 채권양도인에 대하여 회생절차가 개시되면 개시결정과 동시에 채무자의 업무수행과 재산의 관리 및 처분권한이 모두 관리인에게 전속하게 되는데, 관리인은 채무자나 그의 기관 또는 대표자가 아니고 채무자와 그 채권자 등으로 구성되는 이른바 이해관계인 단체의 관리자로서 일종의 공적 수탁자의 지위에 있으므로, 회생절차가 개시된 후 발생하는 채권은 채무자가 아닌 관리인의 지위에 기한 행위로 인하여 발생하는 것으로 채권양도담보의 목적물에 포함되지 않고 담보권의 효력이 미치지 아니한다.[70] 집합동산양도담보의 경우도 마찬가지이다.

회생담보권에 의하여 담보되는 채권의 범위 안에는 원금채권 외에, 미상환원금에 대한 이자, 변제기간의 변경에 따른 연장기간에 대한 이자, 상환기일에 금원을 지급하지 못하는 경우에 발생하는 소정의 연체이자율에 따른 지연이자 등이 포함된다.[71]

---

67) 대법원 2014. 12. 24. 선고 2012다94186 판결.
68) 대법원 1997. 7. 25. 선고 97다19656 판결.
69) 대법원 2024. 3. 12. 선고 2021다262189 판결.
70) 대법원 2013. 9. 27. 선고 2013다42687 판결, 대법원 2013. 3. 28. 선고 2010다63836 판결. 실무적으로 의료재단의 회생절차를 보면 대부분의 의료재단이 장래 발생할 요양급여 및 의료급여비(이하 '요양급여 등'이라고 한다) 채권에 대하여 양도담보를 설정하고 금융기관으로부터 차입을 한다. 이러한 양도담보는 이른바 '집합채권양도담보'로서 회생절차개시 후 발생하는 요양급여 등 채권에는 그 양도담보의 효력이 미치지 아니한다. 그런데 종종 의료재단의 관리인이 개시결정 전에 이미 진료가 이행되어 요양급여 등 채권이 발생하였음에도 아직 심사청구(국민건강보험법 제47조)를 하지 않았음을 이유로 양도담보의 목적물이 되지 않는다고 주장하는 경우가 있다. 그러나 심사청구를 하지 아니한 상태라고 하더라도 개시결정 전일까지 이미 진료가 완료되어 발생한 요양급여 등 채권은 심사청구의 절차만이 남았을 뿐이므로 양도담보의 효력이 미친다고 보아야 한다.
71) 대법원 2005. 10. 27. 선고 2005다33138 판결.

다만 이자 또는 채무불이행으로 인한 손해배상이나 위약금의 청구권에 관하여는 회생절차개시결정 전날까지 생긴 것에 한하여 회생담보권이 될 수 있다(제141조 제1항 단서).[72] 따라서 회생절차개시결정일 이후에 발생한 이자 등은 회생채권에 불과하므로(제118조) 이들까지 회생담보권에 포함시키지 않도록 주의하여야 한다.[73] 또한 회생절차개시 후 이자는 의결권을 행사하지 못하고(제191조 제3호) 회생계획에서 다른 회생채권에 비하여 열등하게 취급될 수 있으므로(제218조 제1항 제2호) 다른 회생채권에 비하여 권리행사가 제한된다.

Ⅲ. 회생담보권의 종류

채무자회생법은 회생담보권으로 유치권, 질권, 저당권, 양도담보권, 가등기담보권, 「동산·채권 등의 담보에 관한 법률」에 따른 담보권, 전세권 또는 우선특권을 규정하고 있다(제141조 제1항). 위 규정은 회생담보권의 종류를 예시한 것에 불과하다.

1. 유 치 권

유치권은 민사유치권(민법 제320조)과 상사유치권(상법 제58조)을 포함한다. 유치권은 우선변제적 효력은 없지만, 그 유치적 효력 때문에 채무자의 회생에 지장을 초래할 가능성이 많다는 점을 고려하여 회생담보권으로 규정한 것이다.

2. 질 권

질권은 동산질권 및 권리질권, 민사질권 및 상사질권을 모두 포함한다. 지명채권의 경우 회생절차개시 당시에 확정일자 있는 통지, 승낙과 같은 제3자에 대한 대항요건(민법 제349조, 제450조)을 갖추어야 회생담보권이 될 수 있다.

상사질권의 경우는 민사질권과 달리 유질계약이 허용되지만(상법 제59조), 회생절차개시결정 이후에는 회생담보권의 변제금지효에 따라 유질계약에 기한 실행이 허용되지 않는다. 반면 개시결정 이전에는 변제금지의 보전처분이 이루어져도 질권자의 행위까지 제한하는 것은 아니므로 유질의 절차에는 지장이 없다. 다만 질권자의 실행행위는 중지명령(제44조) 또는 포괄적 금지명령(제45조)의 대상이 될 수 있고, 부인권의 대상[74]이 될 수도 있다.

---

72) 저당권의 실체법상 피담보채권의 범위는 지연배상에 대하여 원본의 이행기일을 경과한 후 1년분에 한정되지만(민법 제360조), 회생절차에서는 이들 청구권이 회생채권으로 되기 때문에(제118조 제2호, 제3호) 후순위로 취급될 여지가 있다는 점(제218조 제1항 등)을 고려하여, 회생담보권으로 되어야 하는 피담보채권을 제한한 것이다.

73) 대법원 2016. 4. 12. 선고 2014다68761 판결 참조.

74) 대법원 2011. 11. 24. 선고 2009다76362 판결.

3. 저당권

민법상의 저당권에 한정되지 않고, 공장저당권, 공장재단저당권, 광업재단저당권, 입목저당권, 자동차·항공기·건설기계·선박저당권 등 특별법에 의한 저당권도 포함된다. 근저당권도 포함된다. 회생절차개시결정으로 근저당권의 피담보채권액은 확정된다.[75]

부동산 경매절차에서 채무자 소유 부동산이 매각되고 매수인이 매각대금을 다 납부하여 매각 부동산 위의 저당권이 소멸하였더라도 배당절차에 이르기 전에 채무자에 대해 회생절차개시결정이 있었다면, 그 저당권자는 회생절차 개시 당시 저당권으로 담보되는 채권 또는 청구권을 가진 제141조에 따른 회생담보권자라고 봄이 상당하다.[76] 그 이유는 다음과 같다. 부동산 경매절차가 진행되어 부동산이 매각된 경우, 매수인이 매각대금을 다 납부하면 소유권을 취득하고(민집법 제135조), 매각 부동산 위의 모든 저당권은 매각으로 소멸된다(민집법 제91조 제2항). 이는 매수인이 부담이 없는 완전한 소유권을 취득할 수 있도록 한 규정이다. 그런데 저당권은 경매절차에서 실현되는 저당부동산의 교환가치로부터 다른 채권자에 우선하여 피담보채권의 변제를 받는 것을 내용으로 하는 물권이다.[77] 민사집행법 역시 매각대금으로 배당에 참가한 모든 채권자를 만족하게 할 수 없는 때에는 법원은 민법·상법, 그 밖의 법률에 의한 우선순위에 따라 배당하여야 하고(민집법 제145조 제2항), 저당권으로서 경매개시결정 등기 전에 등기되었고 매각으로 소멸하는 것을 가진 채권자를 배당받을 채권자로 한다(민집법 제148조 제4호)고 규정하고 있다. 그러므로 민사집행법 제135조, 제91조 제2항에 따라 매수인이 매각 부동산의 소유권을 취득하고 매각 부동산 위의 저당권이 소멸하더라도, 저당권자는 이후 배당절차에서 그 저당권의 순위와 내용에 따라 저당부동산의 교환가치에 해당하는 매각대금으로부터 피담보채권에 대한 우선변제를 받게 된다.

4. 양도담보권

가. 동산양도담보

동산양도담보란 채무의 이행을 담보하기 위하여 동산의 소유권을 양도하는 형식(인도)을 취하는 비점유담보제도를 말한다. 동산양도담보는 회생담보권에 해당한다.

---

75) 대법원 2021. 1. 28. 선고 2018다286994 판결.
76) 대법원 2018. 11. 29. 선고 2017다286577 판결.
77) 대법원 2005. 4. 29. 선고 2005다3243 판결 참조.

나. 어음양도담보

어음의 양도담보권자에 대하여만 다른 회생담보권자보다 우월한 지위를 부여하는 것이 되어 채권자 평등의 원칙에도 반하므로 특별한 사정이 없는 한 어음의 양도담보는 회생담보권에 해당한다.[78]

다. 채권양도담보

채권양도담보란 다른 채권(피담보채권)[79]을 담보하기 위하여 채권(담보목적 채권)[80]을 양도하는 것을 말한다. 채권양도담보는 회생담보권에 해당한다.

라. 집합채권양도담보

집합채권양도담보란 채권양도인이 특정 또는 불특정의 다수 또는 1인의 제3채무자에 대하여 현재 또는 장래에 발생할 다수의 지명채권을 일괄하여 담보목적으로 양도하는 것을 말한다. 실무적으로 금융거래에서 장래채권을 포함한 집합채권을 양도담도로 제공하고 자금을 조달하는 경우가 많다.

집합채권양도담보권자는 양도인의 재산에 대하여 환취권자가 아니라 회생담보권자로 취급된다(제141조 제1항). 따라서 개별적인 권리행사가 금지되고 원칙적으로 회생계획에서 정한 바에 따라 그 권리를 행사할 수 있다(제58조 제1항 제2호, 제2항 제2호).

5. 가등기담보권

「가등기담보 등에 관한 법률」은 담보가등기권리는 채무자회생법의 적용에 있어 이를 저당권으로 본다고 규정하고 있다(위 법률 제17조). 제141조 제1항에서 말하는 가등기담보권은 위 법률에서 말하는 담보가등기권리를 말한다.

6. 「동산 · 채권 등의 담보에 관한 법률」에 따른 담보권

동산 · 채권 · 지식재산권을 목적으로 하는 담보권을 말한다(위 법률 제1조). 동산담보권은 담보약정에 따라 동산(여러 개의 동산 또는 장래에 취득할 동산을 포함한다)을 목적으로 등기한 담보권을 말한다. 채권담보권은 담보약정에 따라 금전의 지급을 목적으로 하는 지명채권(여러 개의 채권 또는 장래에 발생할 채권을 포함한다)을 목적으로 등기한 담보권을 말한다. 지식재산권담보권은 담보약정에 따라 특허권, 실용신안권, 디

---

78) 대법원 2009. 12. 10. 선고 2008다78279 판결 참조.
79) 양도담보권자(양수인)가 양도담보설정자(양도인)에 대하여 가지는 채권을 말한다.
80) 양도담보설정자(양도인)가 제3채무자에 대하여 가지는 채권을 말한다.

자인권, 상표권, 저작권, 반도체집적회로의 배치설계권 등 지식재산권(법률에 따라 질권을 설정할 수 있는 경우로 한정한다)을 목적으로 그 지식재산권을 규율하는 개별 법률에 따라 등록한 담보권을 말한다(위 법률 제2조 제2호 내지 제4호).

7. 전 세 권

민법 제303조의 전세권을 말한다. 전세권은 민법상 용익물권이지만 전세금의 확보를 위하여 우선변제권(민법 제303조 제1항)과 경매청구권(민법 제318조)을 부여한 담보물권적 성격을 고려하여 회생담보권으로 취급한 것이다.

8. 우선특권

우선특권은 정책상의 고려에 의하여 담보권으로 담보되는 채권이 아닌데도 특별히 보호할 필요가 있는 채권에 관하여 개별법에서 채무자의 재산으로부터 우선변제권이 인정되는 것을 말한다. 우선특권마다 그 우선권의 내용도 다르고 공시방법도 갖추어지지 못한 불완전한 담보물권이다.

개별 법률에서 우선특권으로 인정하고 있는 것은 상법상의 선박우선특권(상법 제777조 이하), 해난구조자의 구조된 적하에 대한 우선특권(상법 제893조 제1항 본문) 등이 있다. 강학상 우선특권으로 보고 있는 것으로 근로자의 임금채권 우선변제권(근로기준법 제38조), 주택임차인의 보증금에 대한 우선변제권(주택임대차보호법 제3조의2 제2항, 제3조의3 제5항, 제8조), 상가임차인의 보증금에 대한 우선변제권(상가건물 임대차보호법 제14조), 회사 사용인의 우선변제권(상법 제468조), 국가 · 지방자치단체의 조세, 기타 공과금의 우선징수권(국세기본법 제35조, 지방세징수법 제99조) 등이 있다.

위와 같은 우선특권은 채무자의 일반재산 또는 특정재산에 대하여 우선변제권을 가진다. 그러나 채무자회생법에서 회생담보권으로 취급하는 우선특권은 채무자의 특정재산에 대한 우선특권이다. 여기에 해당하는 것으로 상법상의 선박우선특권, 해난구조자의 구조된 적하에 대한 우선특권, 주택임차인 및 상가임차인의 보증금에 대한 우선변제권이 있다. 채무자의 일반재산에 대하여 우선변제권이 인정되는 경우에는 우선권 있는 회생채권으로 보아야 할 것이다.

9. 회생담보권에 관한 개별적 논점

가. 리 스

리스(Lease)란 리스업자(리스회사)가 리스기간 동안 리스물건의 소유권을 유보한 채 리스이용자에게 리스물건의 점유를 넘겨 사용할 수 있도록 해주고, 대신 리스료를 지급받는 것을 말한다. 리스는 그 기능에 따라 금융리스와 운용리스로 분류된다.

(1) 금융리스

금융리스(Finance Lease, Capital Lease)는 금융리스업자가 금융리스이용자가 선정한 기계, 시설 등 금융리스물건을 공급자로부터 취득하거나 대여받아 금융리스이용자에게 일정기간 이용하게 하고 그 기간 종료 후 물건의 처분에 관하여는 당사자 사이의 약정으로 정하는 계약이다(상법 제168조의2).

금융리스계약이 쌍방미이행 쌍무계약인가. 이를 긍정하는 견해도 있지만, 일단 목적물(리스물건)이 리스이용자에게 인도된 후에는 금융리스업자(리스회사)의 의무는 남은 것이 없고, 리스이용자의 리스료 지급의무만 존재하기 때문에, 쌍방미이행 쌍무계약이라고 할 수 없다. 오히려 금융리스업자(리스회사)는 리스료 채권의 담보를 위하여 목적물의 소유권을 유보하고 있는 소유권유보부매매의 매도인이거나 리스이용자의 사용권에 담보를 설정하고 있는 담보권자로서, 회생담보권자로서의 지위를 부여하는 것이 타당하다.

(2) 운용리스

운용리스(Operating Lease)는 금융리스를 제외한 모든 형태의 리스를 총칭하며, 경제적으로 금융기능보다 서비스 제공 성격이 강하다. 리스이용자의 목적이 금융에 있지 아니하고 물건 자체의 사용에 있고, 불특정 다수를 대상으로 비교적 가동률이 높은 대중성 있는 물건, 예컨대 자동차, 컴퓨터, 복사기 등을 경제적 사용가능연수의 일부 기간 동안 임대하여 투자 자본의 회수를 도모하는 리스 형태로서, 민법의 임대차에 가깝다.

운용리스의 경우는 금융적 성격보다 임대차적 성격이 강하므로 회생담보권으로 취급할 수 없다. 따라서 임대차에 준하여 쌍방미이행 쌍무계약에 관한 제119조에 따라 처리한다. 리스이용자에 대하여 회생절차가 개시되고 관리인이 이행을 선택한 경우 개시결정일 이후에 발생하는 리스료는 공익채권(제179조 제1항 제7호), 개시 전에 발생한 리스료는 회생채권으로 각 처리하여야 할 것이다.

나. 소유권유보부매매

소유권유보부매매란 동산을 매매함에 있어 매매목적물을 인도하면서 대금완납시까지 소유권을 매도인에게 유보하기로 특약한 것을 말한다. 할부판매(할부매매)가 여기에 해당한다. 동산에 대하여 인정되고 부동산에 대하여는 인정되지 않는다.[81]

---

81) 대법원 2010. 2. 25. 선고 2009도5064 판결.

소유권유보부매매는 동산의 매도인이 매매대금을 전부 수령할 때까지 대금채권에 대한 담보의 효과를 취득·유지하려는 의도에서 비롯된 것이다. 따라서 소유권유보부매매의 경우에, 매도인이 유보한 소유권은 담보권의 실질을 가지고 있으므로 담보목적의 양도와 마찬가지로 매수인에 대한 회생절차에서 회생담보권으로 취급함이 타당하고, 매도인은 매매목적물인 동산에 대하여 환취권을 행사할 수 없다.[82)]

관련된 문제로 소유권유보부매매가 쌍방미이행 쌍무계약에 해당하는지가 있다. 목적물에 대한 소유권은 대금완불을 조건으로 이미 매수인에게 이전되었기 때문에 매도인은 더 이상 이행하여야 할 적극적 의무가 남아있지 않다는 점에서 쌍방미이행 쌍무계약이라고 보기 어렵다.

Ⅳ. 회생절차에서 담보권자의 지위

1. 회생절차에의 구속

회생절차에서 별제권은 인정되지 않고, 담보권이 – 회생담보권이라는 형식으로 – 절차에 포함되어 개별적인 권리행사는 금지되고, 회생채권과 마찬가지로 회생계획안에 대한 결의 및 법원의 인가에 의해 그 취급이 결정된다. 이와 같이 담보권을 강제적으로 회생절차에 포함시키는 점은 강력한 사업재건절차로서 회생절차의 중요한 특징 중 하나이다.

회생절차에서는 회생채권 중 담보권에 의해 담보된 범위의 것은 회생담보권으로 절차에 참여한다(제141조 제3항). 회생담보권도 회생절차개시 후에는 권리행사가 제한되고, 일반적으로 회생계획에서 장기(10년)에 걸쳐 변제가 정해진다. 회생채권과 회생담보권은 모두 회생절차에 구속되는 권리로 그룹화되었다.

위와 같이 회생담보권은 회생채권 중 담보목적재산으로 담보된 범위의 것이다. 따라서 담보목적재산의 평가액이 회생담보권액이 되므로 실무적으로 그 평가방법에 관하여 다툼이 있다.

2. 우선적 변제

회생담보권이 회생채권과 마찬가지로 회생절차에 구속되지만, 회생담보권은 회생계획에서 최우선 순위가 부여되고, 이 점을 고려하여 회생계획에서 다른 권리자와의 사이에서 공정하고 형평한 차등을 두어야 한다(제217조 제1항). 회생채권자에 대하여 회생담보권자보다 유리한 조건으로 변제하는 등 회생담보권자의 지위를 해하는 내용의 회생계획은 인가될 수 없다(제243조 제1항 제2호).

---

82) 대법원 2014. 4. 10. 선고 2013다61190 판결.

회생계획안이 가결되지 못해 권리보호조항을 정하여 인가를 할 경우에도 회생담보권자에게는 우선적 지위가 부여된다(제244조 제1항).

3. 회생절차참가

회생담보권자는 담보목적물 가액과 피담보채권액 중 적은 금액을 기준으로 이에 비례하여 의결권을 갖게 된다(제141조 제5항).[83] 즉 담보권자가 갖는 피담보채권액과 담보목적물이라는 두 가지 요소에 의하여 의결권이 정해진다. 관계인집회에서 회생담보권자의 의결권 행사에 대하여 다투는 경우, 법원이 의결권을 행사하게 할 것인지와 의결권을 행사하게 할 액을 정한다(제188조 제2항).

한편 회생담보권의 의결권을 산정함에 있어 성질이 다른 권리를 동질화할 필요가 있으므로 피담보채권이 기한부채권, 정기금채권, 불확정기한부채권, 비금전채권, 외국의 통화로 정한 채권, 조건부채권, 장래의 청구권 등일 때에는 회생채권에 관한 의결권 평가규정(제133조 제2항, 제134조 내지 제138조)을 준용하여 각 회생절차개시 당시의 가액을 평가하여 그 평가액에 따라 의결권을 행사한다(제141조 제6항).

제2절 공익채권(공익담보권) · 재단채권 · 개인회생재단채권

도산절차가 개시되면 도산채권은 도산절차에 따르고 개별적 권리행사가 금지된다. 하지만 일부 채권은 도산절차에 따르지 않고 수시로 우선적으로 변제받을 수 있다. 어떠한 권리가 도산절차에 복종하고 어느 정도 복종하는지는 도산절차의 성격이나 구조에 따라 다르다. 도산절차에 따르지 않는 채권으로 회생절차에서 공익채권(공익담보권), 파산절차에서 재단채권, 개인회생절차에서 개인회생재단채권이 있다.

Ⅰ. 공익채권 · 재단채권 · 개인회생재단채권

1. 공익채권 등의 의의

공익채권 · 재단채권 · 개인회생재단채권[84]이란 도산절차를 수행하고 그 목적을 실

---

83) 예컨대 회생담보권자의 피담보채권액이 1억 원, 담보권의 목적인 부동산의 가액이 2억 원인 경우, 회생담보권자의 의결권은 피담보채권의 액수인 1억 원이 된다.

84) 공익채권이나 재단채권은 회생절차나 파산절차의 수행에 필요한 비용이라는 점에서 동일한 성격을 가짐에도 절차에 따라 서로 다른 용어를 사용하고 있다. 또한 재단채권이라는 용어는 의미가 모호한 측면이 있다.

그렇다면 왜 채무자회생법은 회생절차에서는 공익채권이라고 하는데, 파산절차에서는 재단채권, 개인회생절차에서는 개인회생재단채권이라고 하는 것일까. 파산절차나 개인회생절차에서는 재단(파산재단, 개인회생재단)이 존재하지만, 회생절차에서는 재단이 존재하지 않는다(채무자의 재산이라고 한다).

현하기 위하여 도산채권자가 공동으로 부담하지 않으면 안 되는 비용으로서 성질을 갖는 채무자에 대한 청구권이다. 공익채권 등은 원칙적으로 도산절차개시 후의 원인에 기하여 생긴 청구권을 말하는 것이나, 도산절차개시 전의 원인에 기하여 생긴 청구권이라도 사회정책적인 이유 등으로 공익채권 등으로 규정한 것이 있다.

공익채권 등은 제179조 제1항, 제473조, 제583조 제1항과 기타 규정에서 명시적으로 규정된 것에 한정된다(열거주의). 도산절차개시 후의 원인에 기하여 생긴 청구권이라 하더라도 제179조 등 개별규정에서 공익채권 등이라고 규정되지 아니한 청구권은 개시후기타채권 또는 기타채권이 될 뿐이다(제181조, 아래 〈**제3절**〉 참조). 어떤 채권을 공익채권 등에 포함시킬 것인지는 입법정책의 문제이다.

공익채권 등은 제179조 제1항 등에 해당되는 채권이거나 개별적인 규정에 의해 인정되는 청구권이다. 따라서 도산관리인 등이 채권의 법적 성질에 대하여 정확하게 법률적인 판단을 하지 못하고 도산채권을 공익채권 등으로 취급하였다고 하여 도산채권의 성질이 공익채권 등으로 변경된다고 볼 수 없다.[85] 또한 공익채권자·재단채권자가 자신의 채권이 공익채권 등인지 도산채권인지 여부에 대하여 정확한 판단이 어려워 도산채권으로 신고한 것만 가지고 바로 공익채권자 등이 자신의 채권을 도산채권으로 취급하는 것에 대하여 명시적으로 동의를 하였다거나 공익채권자 등의 지위를 포기한 것으로 볼 수는 없다.[86]

공익채권자 등이란 공익채권 등을 가지고 있는 채권자를 말한다. '가지고 있는'이란 일반적으로 귀속주체를 의미하지만, 예외적으로는 대위채권자나 추심채권자와 같이 공익채권 등에 대한 관리처분권을 행사하여 급부를 수령할 자격이 있는 자를 포함한다.

2. 공익채권 등의 종류

공익채권 등은 법 조문의 근거에 따라 ① 제179조 제1항, 제473조, 제583조 제1항에서 규정하는 일반 공익채권 등과 ② 그 이외 개별적으로 규정하고 있는 특별 공익채권 등으로 나눌 수 있다. 다만 일반 공익채권·개인회생재단채권과 특별 공익채권·개인회생재단채권은 우선순위에 차이가 있는 파산절차와 달리(제477조 제2항,

---

그래서 회생절차에서는 ○○재단채권(예컨대 회생재단채권)이라는 용어를 사용하지 못하고, 공익채권이라는 용어를 사용한 것으로 추정된다. 재단채권은 파산재단으로 변제하는 채권, 개인회생재단채권은 개인회생재단으로 변제하는 채권이라는 의미로 이해된다. 물론 파산채권이나 개인회생채권도 파산재단이나 개인회생재단으로 변제한다.

85) 대법원 2014. 9. 4. 선고 2013다204140,204157 판결.

86) 대법원 2007. 11. 30. 선고 2005다52900 판결, 대법원 2004. 8. 20. 선고 2004다3512, 3529 판결 등 참조.

제3항) 우선순위에 차이가 없기 때문에(제180조 제7항 제외) 강학상의 구별에 지나지 않는다.

여기서는 공익채권 등의 종류를 비교하기 위해 일반 공익채권 등을 중심으로 도산절차에 공통적인 공익채권 등과 각 도산절차에 특유한 공익채권 등으로 나누어 살펴보기로 한다.

가. 도산절차에 공통적인 공익채권 등

(1) 근로자의 임금, 퇴직금 및 재해보상금(제179조 제1항 제10호, 제473조 제10호, 제583조 제1항 제3호)

채무자의 근로자의 임금, 퇴직금 및 재해보상금은 공익채권 등이다. 그 채권의 발생시기가 도산절차개시 전인지 후인지를 불문하고 공익채권 등으로 취급한다. 이는 근로자의 임금채권 등을 보호하여야 한다는 정책적인 배려에서 공익채권 등으로 인정한 것이다.

근로자의 임금·퇴직금 및 재해보상금은 문언상 원본채권만을 의미하는 것으로 보아야 한다.[87]

(2) 도산절차개시 전의 원인으로 생긴 근로자의 임치금과 신원보증금의 반환청구권(제179조 제1항 제11호, 제583조 제1항 제4호, 제473조 제11호)

도산절차개시 전의 원인으로 생긴 근로자의 임치금 및 신원보증금의 반환청구권은 공익채권 등이다. 근로자의 임치금과 신원보증금은 근로자 보호라는 측면에서 사회정책적으로 고려할 필요가 있고, 채권의 성질상 보관금의 성격을 가지므로 환취권에 준하여 공익채권 등으로 취급한 것이다.[88]

나. 회생절차 및 파산절차에 공통적인 공익채권·재단채권(제179조 제1항, 제473조)

(1) 도산채권자와 주주·지분권자의 공동이익을 위하여 한 재판상 비용청구권(제179조 제1항 제1호, 제473조 제1호)

재판상 비용이란 도산절차개시 신청비용, 보전처분·개시결정 기타 재판비용, 각종 재판의 공고 및 송달비용, 관계인집회·채권자집회의 개최를 위한 비용, 회생계획안 송달비용 등 도산절차의 비용을 말한다. 재판상의 비용은 민사소송법이나 민사소송비용법에 의하여 그 범위가 정하여진다.[89] 이러한 비용청구권은 도산절차의 존

---

87) 대법원 2014. 11. 20. 선고 2013다64908 전원합의체 판결 참조.
88) 회생사건실무(상), 506쪽.

립 그 자체의 기초를 이루는 것이기 때문에 공익채권·재단채권으로 규정한 것이다.

도산절차개시신청 사무 처리의 위임사무처리에 관한 변호사의 약정보수금청구권은 재판상 비용에 해당하지 아니한다.[90)]

(2) 도산관리인의 업무집행으로 인한 비용청구권 등

여기에 해당하는 것으로 ① 도산절차개시 후의 채무자의 업무 및 재산의 관리와 처분에 관한 비용청구권(제179조 제1항 제2호), ② 파산재단의 관리·환가 및 배당에 관한 비용(제473조 제3호), ③ 파산재단에 관하여 파산관재인이 한 행위로 인하여 생긴 청구권(제473조 제4호)을 들 수 있다.

①의 업무에 관한 비용에는 원재료 구입비, 종업원의 급여, 공장 등의 차임, 각종 조세, 선복용선계약(슬로트 용선)에서 정산금채권[91)] 등이 포함된다. 재산의 관리와 처분에 관한 비용은 채무자가 사업자인 경우 업무에 관한 비용과 많이 중복되겠지만, 개인의 경우 주택의 유지·관리비용이나 매각에 관한 비용이 여기에 해당한다.

②와 관련하여 본다. 파산절차에서 파산재단의 관리·환가 및 배당의 각 절차는 파산절차에서 핵심을 이루는 것으로 그것에 필요한 비용은 파산채권에 대한 배당에 우선하여 지급하여야 하기 때문에 재단채권으로 한 것이다. 파산채권자의 공동의 이익을 위한 비용이다. 파산관재업무의 수행에 필요한 비용도 여기에 포함된다. 파산관재인의 보수(제30조 제1항)와 감사위원의 보수(제381조), 매각수수료, 재산목록·대차대조표(재무상태표) 작성 비용, 파산재단 사무실 임대료 등이 여기에 해당한다.

③을 재단채권으로 규정하고 있는 취지는 파산관재인이 파산재단의 관리처분권에 기초하여 직무를 행하면서 생긴 상대방의 청구권을 수시로 변제하도록 하여 이해관계인을 보호함으로써 공정하고 원활하게 파산절차를 진행하기 위한 것이다.[92)] 이러한 점에서 제473조 제4호는 파산관재인이 파산재단의 관리처분권에 기초하여 직무를 행하면서 생긴 상대방의 청구권에 관한 일반규정으로 볼 수 있다. 따라서 '파산재단에 관하여 파산관재인이 한 행위'에는 파산관재인이 직무를 행하는 과정에서 한 법률행위뿐만 아니라 직무와 관련하여 행한 불법행위가 포함되고, 나아가 파산관재인이 직무와 관련하여 부담하는 채무의 불이행도 포함된다.[93)] 파산관재인이 행한 소비대차, 임대차, 위임, 고용, 도급, 화해 등의 계약의 상대방이 취득한 채권, 파산관

---

89) 대법원 1967. 3. 27. 선고 66마612 판결 참조. 법원에 납부하는 인지대나 예납금은 재판상의 비용에 포함된다.

90) 대법원 1967. 3. 27. 선고 66마612 판결 참조.

91) 서울중앙지방법원 2018. 4. 18. 선고 2017가합17851 판결(확정).

92) 대법원 2015. 6. 24. 선고 2014다29704 판결.

93) 대법원 2014. 11. 20. 선고 2013다64908 전원합의체 판결.

재인의 불법행위로 인한 손해배상채권, 파산관재인이 쌍방미이행 쌍무계약의 이행을 선택하고도 채무자의 채무를 이행하지 아니하여 상대방이 채무불이행을 이유로 계약을 해제하는 경우의 상대방의 원상회복청구권,[94] 파산관재인이 파산절차에서 제기한 소송으로 인하여 그 상대방이 가지게 된 소송비용상환청구권,[95] 파산관재인이 파산선고 후에 재단채권의 변제를 지체하여 생긴 손해배상청구권(지연손해금 채권),[96] 입주자대표회의의 특별수선충당금 지급청구권,[97] 파산관재인과 체결한 매매계약에 기한 소유권이전등기청구권[98]이 여기에 해당한다.

(3) 사무관리 또는 부당이득으로 도산절차개시 이후 도산재단에 대하여 생긴 청구권(제179조 제1항 제6호, 제473조 제5호)

사무관리로 인한 비용상환청구권이나 부당이득반환청구권이 도산절차개시 이후에 발생한 경우 도산채권자 전체에게 이익이나 이득이 발생한 것이라는 이유로 공익채권·재단채권이 된 것이다.[99]

(4) 쌍방미이행 쌍무계약에서 도산관리인이 이행을 선택하는 때에 상대방이 갖는 청구권(제179조 제1항 제7호, 제473조 제7호)

도산관리인이 쌍방미이행 쌍무계약에서 이행을 선택하는 경우(제119조 제1항, 제335조 제1항) 상대방이 가진 청구권을 공익채권·재단채권으로 규정한 것은 도산관리인이 상대방의 이행을 청구하려고 하는 경우에는 채무자의 계약상 채무도 이를 이행하도록 함으로써 양 당사자 사이에 형평을 유지하도록 하자는 데 그 뜻이 있다.[100]

(5) 채무자 및 그 부양을 받는 자의 부양료(제179조 제1항 제14호, 제473조 제9호)

개인이 도산절차를 신청한 경우 채무자 및 그 가족의 생계보호를 위한 사회정책적인 이유에서 공익채권·재단채권으로 인정한 것이다.

94) 대법원 2001. 12. 24. 선고 2001다30469 판결.
95) 대법원 2009. 9. 24. 선고 2009다41045 판결.
96) 대법원 2014. 11. 20. 선고 2013다64908 전원합의체 판결.
97) 대법원 2015. 6. 24. 선고 2014다29704 판결.
98) 대법원 2016. 4. 15. 선고 2013다211803 판결 참조.
99) 破産法·民事再生法, 861쪽.
100) 대법원 2014. 9. 4. 선고 2013다204140,204157 판결 참조.

다. 회생절차 · 개인회생절차에 공통적인 공익채권 · 개인회생재단채권

(1) 원천징수하는 조세 등(제179조 제1항 제9호, 제583조 제2호)

도산절차개시결정 전에 성립된 조세채권은 원칙적으로 도산채권에 해당한다. 그러나 도산절차개시 전에 성립하였더라도 개시 당시 아직 납부기한이 도래하지 아니한 것으로서, ① 원천징수하는 조세[다만 회생절차의 경우 법인세법 제67조(소득처분)의 규정에 의하여 대표자에게 귀속된 것으로 보는 상여에 대한 조세는 원천징수된 것에 한한다], ② 부가가치세 · 개별소비세 · 주세 및 교통 · 에너지 · 환경세, ③ 본세의 부과 · 징수의 예에 따라 부과 · 징수하는 교육세 · 농어촌특별세, ④ 특별징수의무자가 징수하여 납부하여야 할 지방세는 공익채권 · 개인회생재단채권이다.

위 4가지 세목들은 채무자가 거래상대방으로부터 과세권자를 위해 징수한 것으로서 채무자가 국가 또는 지방자치단체를 대신하여 보관하고 있는 것으로(일종의 예금적 성질을 가지고 있다) 볼 수 있으므로 환취권과 유사한 취급(실질적으로 본다면 원천징수의무자[특별징수의무자] 고유의 재산이라고 할 수 없다)을 하는 것이 공평의 관념에 부합한다는 이유로 공익채권 · 개인회생재단채권으로 분류한 것이다. 다른 채권자와의 이해관계를 고려하여 그중 도산절차개시 당시 납부기한이 도래하지 아니한 것만을 공익채권 · 개인회생재단채권으로 한 것이다. 이미 납부기한이 도래한 것은 조세 등 청구권으로서 도산채권으로 된다. 여기서 납부기한은 법정납부기한이라는 것이 판례이나,[101] 지정납부기한으로 보아야 한다.

(2) 그 밖에 채무자를 위하여 지출하여야 할 부득이한 비용(제179조 제1항 제15호, 제583조 제1항 제6호)

라. 각 도산절차에 특유한 공익채권 등

(1) 공익채권[회생절차]

① 계속적 공급의무상의 채권(제179조 제1항 제8호)

계속적 공급의무를 부담하는 쌍무계약의 상대방이 회생절차개시 신청 후 회생절차개시 전까지의 사이에 한 공급으로 생긴 청구권은 공익채권이다. 계속적 공급의무를 부담하는 공급자로 하여금 회생절차개시신청 후 채무자에 대하여 공급을 거부할 수 없도록 하면서(제122조 제1항) 계속적 공급의무자를 보호하기 위하여 둔 규정이다.

---

101) 대법원 2012. 3. 22. 선고 2010두27523 전원합의체 판결.

② 회생절차개시신청 전 20일 이내에 채무자가 계속적이고 정상적인 영업활동으로 공급받은 물건에 대한 대금청구권(제179조 제1항 제8의2호)

③ 회생절차개시신청 후의 법원의 허가를 얻은 차입금 등(제179조 제1항 제12호)

채무자 또는 보전관리인이 회생절차개시신청 후 그 개시 전에 법원의 허가를 받아 행한 자금의 차입, 자재의 구입 그 밖에 채무자의 사업을 계속하는 데에 불가결한 행위로 인하여 생긴 청구권은 공익채권이다.

신규자금의 차입(DIP financing)이나 자재의 구입 등을 용이하게 함과 동시에 신용을 공여한 측의 보호를 목적으로 공익채권으로 규정된 것이다.[102]

④ 채권자협의회의 활동에 필요한 비용(제179조 제1항 제13호)

(2) 재단채권[파산절차]

① 조세 등 청구권(제473조 제2호)

국제징수법 또는 지방세징수법에 의하여 징수할 수 있는 청구권(국세징수의 예의 의하여 징수할 수 있는 청구권으로서 그 징수우선순위가 일반 파산채권보다 우선하는 것을 포함하며, 제446조의 규정에 의한 후순위 파산채권을 제외한다. 이하 '조세 등 청구권'이라 한다)은 재단채권이다. 다만 파산선고 후의 원인으로 인한 조세 등 청구권은 파산재단에 관하여 생긴 것에 한한다.

조세 등 청구권으로서 재단채권으로 인정되는 것은 ㉮ 파산선고 전의 원인으로 인한 조세 등 청구권과 ㉯ 파산선고 후의 원인으로 인한 것 중 파산재단에 관하여 생긴 조세 등 청구권 2가지이다.

재단채권에 속하는 조세 등 청구권을 대위변제한 대위변제자는 대위 취득한 조세 등 청구권을 재단채권으로 행사할 수 있다.[103] 원채권의 취득이 대위변제자의 구상권을 담보하기 위하여 인정되는 이상, 구상권이 파산채권이라는 이유로 재단채권인 원채권 지위의 주장을 부정하여야 할 합리성이 없고, 이것을 긍정하여도 다른 파산채권자에게 부당한 불이익을 주는 것은 아니기 때문이다.

② 위임의 종료 또는 대리권의 소멸 후에 긴급한 필요에 의하여 한 행위로 인하여 파산재단에 대하여 생긴 청구권(제473조 제6호)

위임계약이나 위임에 의한 대리권은 위임인이나 수임인이 파산하면 소멸하고(민법 제690조, 제127조 제2호), 수임인 등에게는 급박한 사정이 있는 때에는 긴급처리의무가 있다(민법 제691조).[104] 이 경우 이러한 긴급처리로 인하여 생긴 보수청구권이나

102) 條解 民事再生法, 621쪽.
103) 대법원 2009. 2. 26. 선고 2005다32418 판결 참조.

비용상환청구권은 재단채권이다. 수임인 등의 긴급처리로 인하여 파산재단은 이익을 얻기 때문이다.

③ 파산선고로 인하여 쌍무계약이 해지된 경우 그 종료할 때까지에 생긴 청구권(제473조 제8호)

임대차나 고용 등의 계속적 계약에 관하여는 임차인 또는 사용자의 파산을 이유로 해지 통고가 인정된다(민법 제637조, 제663조). 그러나 해지의 통고가 있다고 하더라도 계약관계가 즉시 종료되는 것이 아니고 일정한 기간까지 존속한다(민법 제635조, 근로기준법 제26조). 그리하여 해지통고가 있더라도 그 계약이 종료하기까지는 상대방은 파산재단에 대한 채무를 이행하여야 한다. 그렇다면 양쪽의 채무의 대가성이라는 쌍무계약의 특성으로부터 공평을 유지하기 위하여 파산재단에 대한 상대방의 채권을 재단채권으로 한 것이다.

(3) 개인회생재단채권[개인회생절차]

① 회생위원의 보수 및 비용의 청구권(제583조 제1항 제1호)

법원에 의하여 선임된 회생위원(법원사무관 제외)에게 지급할 보수와 회생위원이 지출한 비용에 대한 청구권을 말한다.

② 채무자가 개인회생절차 개시신청 후 개시결정 전에 법원의 허가를 받아 행한 자금의 차입, 자재의 구입 그 밖에 채무자의 사업을 계속하는데 불가결한 행위로 인하여 생긴 청구권(제583조 제1항 제5호)

Ⅱ. 도산절차에서 공익채권자 등의 지위

1. 공익채권 등의 변제

가. 수시변제

공익채권 등은 도산절차에 따르지 않고[105] 수시로 변제할 수 있다(제180조 제1항, 제475조, 제583조 제2항). 따라서 공익채권 등은 본래의 변제기에 임의로 변제를 받는 것이다. 이행의 의무를 부담하는 자는 변제되는 도산재단에 대하여 관리처분권을 가지고 있는 도산관리인 등이다. 도산관리인 등은 이행기에 따라 금전이나 물건의 급부 등 공익채권 등의 내용에 따라 이행할 의무를 부담한다.

회생계획에서 공익채권자의 권리에 영향을 주는 조항(변제기의 유예 또는 채권의 감

---

104) 파산관재인의 임무가 종료한 경우에도 마찬가지이다(제366조).

105) '도산절차에 따르지 않는다'는 것은 시기적으로나 순위적으로 도산채권의 변제에 앞서 도산재단으로 충당될 수 있다는 의미이다. 도산절차에서 벗어난다는 뜻이 아니다. 공익채권 등의 변제도 도산절차 내에서 이루어진다.

면 등)을 정하였다고 하여도 공익채권자가 이에 동의하지 않는 한 권리변경의 효력이 공익채권자에게 미치지 않는다.[106]

나. 우선변제

공익채권 등은 도산채권에 우선하여 변제한다(제180조 제2항, 제476조, 제583조 제2항). 우선하여 변제한다는 것은 채무자의 일반재산으로부터 변제를 받는 경우에 우선한다는 의미이지, 담보권이 설정된 특정재산의 환가금액으로부터도 우선 변제받는다는 의미는 아니다.[107] 마찬가지 이유로 국세나 지방세의 우선권이 보장되는 체납처분(강제징수)에 의한 강제환가절차에서는 회생채권인 조세채권이라고 하더라도 공익채권 등에 우선하여 변제받을 수 있다.[108]

'도산채권에 우선'한다는 것은 도산채권보다 먼저라는 의미이지 도산채권보다 조기에 변제를 받는다는 것은 아니다. '우선'이란 도산채권에 대하여 특별히 우선권을 부여한다는 취지가 아니고, 회생계획(변제계획)이나 배당절차에 따르지 않고 수시로 변제받는 결과 도산채권자에 대한 변제보다 우선한다는 취지이다. 도산채권보다 우선하여 변제받지만, 환취권, 상계권에 대하여는 우선권을 주장할 수 없다.

다. 도산재단이 부족한 경우의 처리

(1) 변제방법

① 회생절차·파산절차

도산재단이 공익채권 등 전액을 변제하기에 부족한 경우에는 법령에 정하는 우선권에 불구하고 아직 변제하지 아니한 채권액의 비율에 따라 변제되는 것이 원칙이다(제180조 제7항 본문, 제477조 제1항 본문). 다만 채무자가 회생절차개시 전에 법원의 허가를 얻어 차입한 공익채권이나 관리인이 법원의 허가를 얻어 차입한 공익채권은 다른 공익채권에 우선하여 변제하게 된다(제180조 제7항 본문).[109] 한편 공익채권·재단채권을 위한(위해 존재하는) 유치권·질권·저당권·「동산·채권 등의 담보에 관한 법률」에 따른 담보권·전세권 및 우선특권의 효력에 영향을 미치지 아니한다(제180조 제7항 단서, 제477조 제1항 단서).

---

106) 대법원 2016. 2. 18. 선고 2015다10868, 2015다10875(병합) 판결, 대법원 2010. 1. 28. 선고 2009다40349 판결, 대법원 1991. 3. 12. 선고 90누2833 판결.

107) 대법원 1993. 4. 9. 선고 92다56216 판결 참조.

108) 대법원 2012. 7. 12. 선고 2012다23252 판결 참조.

109) 신규자금조달을 원활하게 하기 위하여 미국 연방도산법상의 DIP financing의 일부 내용을 받아들인 것이다.

공익채권 등의 총액은 미변제의 공익채권 전부의 총액을 의미한다. 기한 도래 여부를 묻지 않고, 금전채권은 물론 비금전채권, 조건부채권도 포함된다.

도산절차에서는 실체법상의 우선권이 있는 채권이라도 도산재단이 부족한 경우에는 우선권이 참작되지 않는다. 도산재단이 부족하게 된 후라도 공익채권 등의 변제는 도산관리인의 책임이고, 변제할 때 개별 공익채권 등의 실체법상의 우선권의 유무 및 그 순위에 관하여 도산관리인에게 조사할 의무가 있다고 할 경우에는 도산절차의 구조상 부담이 가중되지 않을 수 없다. 또한 실체법상의 우선권 유무에 대응하여 변제하도록 한다면 공익채권자 등에게 그에 대한 불복신청절차를 둘 필요가 있게 되어 절차가 지연된다. 도산재단이 부족한 것이 명백하게 된 경우에는 조속히 도산절차를 종료(폐지)하여야 하고, 절차상의 이유로 종료가 지체될 경우에는 공익채권자 등뿐만 아니라 도산채권자의 이익을 훼손하게 된다. 이 때문에 도산절차에 있어서는 실체법상의 우선권의 유무에 상관없이 안분 변제하도록 한 것이다.

공익채권에 대한 안분변제를 확보하기 위하여, 법원은 채무자의 재산이 공익채권의 총액을 변제하기 부족한 것이 명백하게 된 때에는 공익채권에 기하여 채무자의 재산에 대하여 한 강제집행 또는 가압류의 취소를 명할 수 있다(제180조 제3항 제2호).

② 개인회생절차

개인회생절차에서 개인회생재단으로 개인회생재단채권을 변제하기에 부족한 경우는 어떻게 처리하여야 하는가. 개인회생절차에서는 제477조를 준용하고 있지 않다(제583조 제2항). 개인회생재단으로 개인회생재단채권을 변제하기에도 부족한 경우에는 개인회생절차를 폐지할 수밖에 없을 것이다. 개인회생절차에서는 개인회생재단채권을 전액 변제하여야 하기 때문이다(제611조 제1항 제2호 참조). 개인회생재단채권자는 개인회생절차가 폐지된 후 통상적인 경우와 마찬가지로 변제받을 수밖에 없다.

(2) 도산절차의 폐지

공익채권 등의 변제가 부족한 이상 도산채권을 변제할 수 없으므로(제180조 제2항), 공익채권 등의 변제가 부족하다는 것은 회생계획안(변제계획안)의 작성을 기대할 수 없거나 회생계획(변제계획)을 수행할 수 없거나 파산절차비용을 충당하기에도 부족한 것이 명백하다는 의미이다. 따라서 도산절차는 폐지된다(제286조, 제288조, 제545조 제1항).

2. 공익채권 등의 청구

가. 공익채권·재단채권에 기한 강제집행

(1) 공익채권에 기한 강제집행

공익채권을 가지는 자는 언제든지 관리인에게 직접 청구할 수 있고, 만약 관리인이 이에 응하지 아니하면 공익채권자는 소를 제기하고 강제집행, 가압류를 할 수 있다. 파산절차에서의 재단채권과 달리 강제집행 등이 금지되지 않는다. 파산재단만을 변제재원으로 하는 재단채권의 경우와 달리, 회생절차개시 후에 취득한 재산까지도 포함하는 채무자의 재산에 대하여 권리행사를 금지할 이유가 없기 때문이다.[110]

(2) 재단채권에 기한 강제집행

파산재단이 재단채권 총액을 변제하기에도 부족한 때에는 파산관재인이 채권액 비율에 따라 안분변제하여야 하는데(제477조 제1항 본문), 재단채권에 대한 개별집행을 허용하게 되면 위 규정에 반하는 불평등을 초래하고, 재단채권에는 파산채권자 전체의 공익적 비용으로서의 성질을 가지는 것뿐만 아니라 정책적 고려에서 재단채권으로 한 것도 포함되어 있으므로 재단채권자 사이의 공평을 도모하고 파산절차를 원활히 진행시키기 위하여[111] 재단채권에 기한 강제집행은 허용되지 않는다고 할 것이다.[112] 보전처분(가압류, 가처분)은 강제집행을 위한 보전 또는 준비를 위한 것이기 때문에 강제집행과 마찬가지로 허용되지 않는다고 할 것이다.

나. 공익채권에 기한 강제집행·가압류의 중지 또는 취소

공익채권자의 강제집행 등이 금지되지 않지만, 이를 무제한으로 인정하게 되면 채무자의 회생에 불가결한 공장·기계설비 등이 압류되어 매각되고 결과적으로 회생이라는 목적을 달성할 수 없게 된다. 그래서 법원은 일정한 경우에 공익채권에 기한 채무자의 재산에 대한 강제집행이나 가압류의 중지나 취소를 명할 수 있다. 즉, ① 공익채권에 기한 강제집행 또는 가압류로 인하여 회생에 현저한 지장이 초래되고, 채무자에게 환가하기 쉬운 다른 재산(예금채권 등)이 있는 때 또는 ② 채무자의 재산이 공익채권의 총액을 변제하기 부족한 것이 명백하게 된 때에는 공익채권에 기한 강제집행 또는 가압류의 중지 또는 취소를 명할 수 있다(제180조 제3항).

---

110) 破産法·民事再生法, 864쪽.

111) 전병서, 193쪽.

112) 대법원 2008. 6. 27. 자 2006마260 결정, 대법원 2007. 7. 12. 자 2006마1277 결정.

3. 공익채권 등에 관한 개별적 논점

가. 공익채권 등의 대위변제

공익채권 등을 대위변제한 경우 변제자대위의 효과에 따라 공익채권 등으로서의 성질을 그대로 유지한 채 대위변제한 자에게 이전한다. 따라서 공익채권 등을 대위변제한 자는 도사절차에 의하지 아니하고 그 공익채권 등을 대위 행사할 수 있다.[113] 공익채권 등인 조세채권을 대위변제한 경우(조세를 제3자가 납부한 경우)에도 마찬가지이다.[114]

문제는 변제자대위의 경우 '구상권의 범위에서' 원래의 채권자가 가지고 있던 권리를 행사할 수 있는데(민법 제482조 제1항), 구상권이 도산채권인 경우 '구상권의 범위'에 의한 제한으로 인해 공익채권 등의 행사에도 그 제한을 받는지이다. 구상권과 변제자대위권은 서로 내용이 다른 별개의 권리이고(청구권 경합관계),[115] '구상권의 범위'에서 행사할 수 있다는 의미는 통상 구상권의 채권액 범위에서 원래의 채권을 대위 행사할 수 있다는 의미로 보아야 할 것이므로(민법 제482조 제1항은 어디까지나 구상권에 대한 실체법상의 제약에 불과하다) 구상권의 성질에 제한받지 않는다 할 것이다. 또한 원채권의 취득은 대위변제자의 구상권을 담보하기 위하여 인정되는 것인 이상, 구상권이 도산채권에 지나지 않는다고 하여도, 이것을 이유로 공익채권 등인 원채권의 지위 주장을 부정하는 것은 합리성이 없고, 이것을 긍정한다고 하여도 다른 도산채권자에게 부당한 불이익을 준다고 할 수 없다. 따라서 구상권이 도산채권이라고 하더라도 그 제한을 받지 않고 공익채권 등을 행사할 수 있다 할 것이다.

나. 공익채권 등의 시효

도산채권과 달리(제32조) 공익채권 등에 관하여는 시효중단과 관련하여 특별한 규정이 없다. 공익채권 등은 도산절차에 의하지 아니하고 수시로 변제받을 수 있는 권리이므로 해당 공익채권 등의 이행기로부터 시효는 진행되고(민법 제166조 제1항 참조) 도산절차개시결정이나 그 진행과 관계없이 시효는 완성된다.

---

113) 대법원 2011. 6. 24. 선고 2009다38551 판결.

114) 대법원 2009. 2. 26. 선고 2005다32418 판결. 반면 일본에서는 조세 등 청구권에 대하여는 공익채권성의 주장을 부정하는 견해 및 하급심 판례가 있다(破産管財の手引, 244쪽 참조). 그 이유는 공익채권성의 주장을 인정하는 것은 변제에 의한 대위에 의해 원채권이 대위변제자에게 이전된다는 것을 전제로 한 것인데, 조세 등 청구권에 대하여는 제3자가 변제(납부)하여도, 원채권(조세 등 청구권)이 제3자에게 이전되는 것이 아니기 때문이다.

115) 대법원 2015. 11. 12. 선고 2013다214970 판결.

Ⅲ. 공익담보권[회생절차]

공익담보권이란 공익채권의 담보를 위하여 채무자의 재산상에 존재하는 유치권·질권·저당권·「동산·채권 등의 담보에 관한 법률」에 따른 담보권·전세권 및 우선특권을 말한다(제180조 제7항 단서 참조).

공익담보권은 약정에 의해서도 발생할 수 있고, 법률의 규정에 의하여도 발생할 수 있다. 공익담보권이 설정된 경우에는 회생담보권과 달리 일반적인 담보권에 관한 법리가 그대로 적용된다.

제3절 개시후기타채권 및 기타채권

공익채권, 재단채권 및 개인회생재단채권은 원칙적으로 도산절차개시 후에 발생한 청구권이지만, 채무자회생법에 공익채권 등이라고 규정된 것만 공익채권 등에 해당한다(열거주의). 따라서 도산절차개시 후에 발생하였지만, 채무자회생법에 공익채권 등이라고 규정되지 아니한 청구권이 있을 수 있다. 이들이 개시후기타채권 또는 기타채권이다.

채무자회생법은 회생절차에서 개시후기타채권에 관하여 명시적으로 규정하고 있지만, 파산절차나 개인회생절차에서는 기타채권에 관하여 규정하고 있지 않다.

Ⅰ. 개시후기타채권[회생절차]

1. 의 의

개시후기타채권이란 회생절차개시 후의 원인에 기하여 생긴 청구권으로서 도산채권도 아니고, 공익채권도 아니며, 회생절차 밖에 있는[116] 채권을 말한다(제181조 제1항). 개시후기타채권은 회생절차개시 후의 원인에 기하여 생긴 재산상 청구권이므로 도산채권에 해당하지 않고, 따라서 회생계획에 의한 권리변경의 대상에서 제외된다.

개시후기타채권에 해당하는 것으로, ① 환어음 등의 지급인 또는 예비지급인이 발행인 또는 배서인인 채무자에 대하여 회생절차가 개시된 것을 알고서(악의) 인수 또는 지급을 한 경우에 생기는 구상권(또는 자금관계에 기한 청구권)(제123조 제1항 참조), ② 관리인이 선임된 이후에 채무자 회사의 대표이사 등이 조직법적·사단법적 행위를 함으로써 발생하는 청구권 중 채무자 회사를 위하여 지출하여야 하는 부득

116) '회생절차 밖에 있다'는 것은 회생절차에 따라 변제를 받지 못한다는 것이지 회생절차에서 벗어난 것이라는 뜻은 아니다. 개시후기타채권도 강제집행 등을 못하는 등 회생절차의 영향을 받는다.

이한 비용(제179조 제1항 제14호)이라고 인정되지 않는 것, ③ 회생절차개시 후 발생한 조세채권으로서 제179조 제1항 제2호, 제5호, 제15호에 해당하지 않아 공익채권으로 볼 수 없는 것,[117] ④ 회생절차개시 후 채무자의 법률행위로 인해 상대방에게 발생한 채무불이행 또는 불법행위로 인한 손해배상청구권, ⑤ 회생절차개시일 이전에 직무발명으로 신고되어 회생절차개시일 이후 특허출원 및 등록이 된 것이거나 회생절차개시일 이후 직무발명으로 신고된 직무발명에 대한 직무발명보상금 채권,[118] ⑥ 부탁 없는 보증인이 회생절차개시 후 변제에 의하여 취득한 구상권, ⑦ 아파트 건설공사를 도급받은 업체를 위하여 그 이행을 연대보증한 회사가 수급업체에 대한 회생절차의 개시결정이 내려진 뒤 그 공사의 잔여 부분을 대신 완공함으로써 취득한 사후구상금 채권[119] 등을 들 수 있다.

2. 회생절차에서의 취급

가. 변제금지

개시후기타채권은 회생계획에 따른 변제를 받을 수 없다. 즉 개시후기타채권은 회생절차가 개시된 때부터 회생계획으로 정하여진 변제기간이 만료하는 때(회생계획인가결정 전에 회생절차가 종료된 경우에는 회생절차가 종료된 때, 그 기간만료 전에 회생계획에 기한 변제가 완료된 경우에는 변제가 완료된 때를 말한다)까지의 사이에는 변제를 하거나 변제를 받는 행위 그 밖에 이를 소멸시키는 행위(면제를 제외한다)를 할 수 없다(제181조 제1항). 따라서 위 기간 중에는 개시후기타채권자나 관리인 모두에 의한 상계가 허용되지 않는다. 또한 경개(민법 제500조)도 할 수 없고, 혼동(민법 제507조)에 의한 소멸도 인정되지 않는다.

변제받을 수 없는 기간이 만료된 후에는 개시후기타채권을 행사하여 전액 변제를

---

117) 과세관청이 법인의 사외유출금에 대하여 대표자 상여로 소득처분을 하고 소득금액변동통지를 하는 경우 그에 따른 원천징수분 소득세의 납세의무는 소득금액변동통지서가 송달된 때에 성립함과 동시에 확정되므로, 소득금액변동통지서가 해당 법인에 대한 회생절차개시 후에 송달되었다면 그 원천징수분 소득세 채권은 회생절차개시 후의 원인으로 생긴 것으로서, 회생채권에 해당하지 않고(대법원 2015. 6. 11. 선고 2015두844 판결), 제179조 제1항 제2호, 제5호, 제15호에도 해당하지 않아 개시후기타채권이라 할 것이다. 물론 원천징수된 것은 공익채권에 해당한다(제179조 제1항 제9호 가목 단서).

118) 특허법원 2019. 2. 14. 선고 2018나1268 판결(상고).

119) 아파트 건설공사를 도급받은 업체를 위하여 그 이행을 연대보증한 회사가 수급업체에 대한 회생절차의 개시결정이 내려진 뒤 그 공사의 잔여 부분을 대신 완공함으로써 취득한 사후구상금 채권은 그 발생의 기초적 법률관계가 연대보증시에 성립하였다고 하더라도 회생절차 개시결정 후 위 아파트 건설공사의 잔여 부분을 완공하기 전까지는 아직 그 시공보증채무를 이행한 데 따른 사후구상금 채권이 발생하지 않았다고 할 것이어서 회생채권에 해당한다고 볼 수 없고, 제179조에 열거된 공익채권에 해당한다고 볼 수도 없으므로, 결국 회생절차개시 후의 원인에 기하여 생긴 재산상의 청구권으로서 회생채권도 공익채권도 아닌 개시후기타채권이라고 할 것이다(대법원 2006. 8. 25. 선고 2005다16959 판결 참조).

받는 것도 가능하다. 회생계획인가결정 전에 회생절차가 종료된 경우나 회생계획에 기한 조기변제가 완료된 경우에는 회생절차가 종료된 때 또는 변제가 완료된 때로부터 개시후기타채권에 기한 권리행사를 제한할 이유가 없기 때문이다.

나. 강제집행 등의 제한

변제를 받을 수 없는 기간 중에는 개시후기타채권에 기한 채무자의 재산에 대한 강제집행, 가압류, 가처분 또는 담보권 실행을 위한 경매의 신청을 할 수 없다(제181조 제2항).[120] 변제 등 임의적으로 채무를 소멸시키는 행위가 허용되지 않는 이상, 개시후기타채권의 강제적 만족을 목적으로 하는 행위는 허용될 수 없기 때문이다. 재산명시신청(민집법 제61조)도 할 수 없다고 할 것이다.

다. 회생계획에의 기재

채무자가 알고 있는 개시후기타채권이 있는 때에는 이를 회생계획에 필요적으로 기재하여야 한다(제193조 제1항 제5호). 이는 이해관계인에게 충분한 정보를 제공하여 회생계획안의 결의 및 인가를 적절히 하기 위함이다.

라. 채권자목록 기재 및 채권신고 여부

개시후기타채권은 회생채권이 아니므로 관리인이 이를 목록에 기재할 필요가 없고, 채권자도 이를 신고할 필요가 없다. 목록에 기재되지 않고 신고되지 않더라도 실권되지 않는다.

Ⅱ. 기타채권[파산절차 · 개인회생절차]

1. 파산절차

회생절차와 달리 파산절차에서는 파산채권도 재단채권도 아닌 채권에 관한 규정이 없다. 그러나 실무적으로 파산선고 이후에 발생한 채권 중 파산채권도 재단채권도 아닌 채권이 있다. 이를 기타채권이라 한다. 재단채권이 열거주의를 취하고 있기 때문이다. ① 파산선고 후에 관할 세무서장이 법인세법 제67조에 따라 직원(종업원)

---

120) 조세채권에 기한 체납처분(강제징수)은 할 수 있는가. 제한대상인 '강제집행, 가압류, 가처분 또는 담보권 실행을 위한 경매'를 제한적 규정으로 보아야 하므로 체납처분(강제징수)은 할 수 있다고 볼 수도 있다. 그러나 개시후기타채권의 변제시기가 제한되고 있는 점, 개시후기타채권의 성질 등에 비추어보면, 조세채권에 기한 체납처분(강제징수)도 허용되지 않는다고 할 것이다. 체납처분(강제징수)이 금지됨에도 체납처분(강제징수)이 이루어진 경우 이는 그 자체로 하자가 있는 것으로 불복할 수 있고, 변제가 이루어진 경우에는 오납금으로 보아 환급하여야 한다{이준봉, 조세법총론(제8판), 삼일인포마인(2022), 763쪽}.

에게 상여처분을 한 경우 주민세 종업원분은 재단채권이 아니다. 그 이유는 채무자가 소득금액변동통지서를 받은 날 주민세 종업원분 납세의무가 성립하기 때문이다(지방세기본법 제34조 제2항 제3호 가목). 따라서 위 주민세 종업원분은 파산선고 후의 원인으로 생긴 조세채권에 해당하지만 파산재단에 관하여 생긴 것도 아니므로 기타채권이다.[121] ② 부가가치세의 납세의무가 파산선고 후에 발생(성립)한 경우이다. 납세의무가 파산선고 후에 발생하였으므로 파산채권이 아니고, 파산재단에 관하여 생긴 것이 아니므로 재단채권도 아니다.[122] ③ 파산선고 후 소득금액 변동통지로 인한 청구권도 파산채권도 재단채권도 아니다.[123] ④ 파산선고 후 저당권자의 별제권 행사로 부동산이 경매되어 발생한 양도소득세는 파산재단에 관하여 생긴 것이라고 할 수 없으므로(파산관재인이 파산재단을 관리처분하는 과정에서 발생한 것이 아니므로) 파산채권도 재단채권도 아니다. ⑤ 공급을 받은 자에 대하여 대손세액을 추징할 경우 그 추징세액(부가가치세법 제45조 제3항)도 기타채권이다. ⑥ 부탁 없는 보증인이 파산선고 후 변제에 의하여 취득한 구상권도 기타채권이다. 부탁 없는 보증인의 이행(변제)이 사무관리에 해당하여도 파산채권자 전체에 이익이나 이득이 발생하는 것은 아니기 때문이다. ⑦ 환어음의 발행인 등에 대한 파산선고 후 지급인 등이 악의로 지급 등을 한 경우 그로 인하여 발생한 구상권(또는 자금관계상의 청구권)은 기타채권이다(제333조 참조).

파산선고 이후에 발생한 채권 중 재단채권(제473조)이나 파산채권에도 포함되지 않는 채권은 채무자의 자유재산에 대하여 자유롭게 권리를 행사할 수 있다.

파산채권도 재단채권도 아닌 조세의 납세의무자는 파산관재인이 아니라 채무자이다.[124] 따라서 파산관재인에게 과세처분을 하는 것은 납세의무자가 아닌 자를 상대로 한 것으로 당연무효이다.[125] 이러한 채권은 파산선고 후에 발생한 것으로 기타채권이고, 파산재단으로부터 만족을 받을 자격이 없다. 또한 파산관재인도 이를 변제할 수 없다(물론 강제집행도 할 수 없다). 결국 자유재산이나 파산절차종료 후 채무자의 재산으로 변제받아야 할 것이다.

121) 대법원 2011. 11. 10. 선고 2009다28738 판결 참조.
122) 대법원 2007. 6. 15. 선고 2007두7697 판결 참조.
123) 대법원 2005. 6. 9. 선고 2004다71904 판결.
124) 대법원 2017. 11. 29. 선고 2015다216444 판결. 파산채권도 아니고 재단채권도 아닌 조세채권의 납세의무자는 파산관재인이 아니라 채무자이기 때문에 사실상 조세채권을 확보하는 데 한계가 있다.
125) 대법원 2007. 6. 15. 선고 2007두7697 판결 참조.

2. 개인회생절차

개인회생절차의 경우 개인회생절차개시 이후에 발생한 채권이지만 개인회생재단채권이 아닌 기타채권이 있을 수 있다. 개인회생재단채권이 열거주의를 취하고 있기 때문이다. 예컨대 ① 개인회생절차개시결정 이후 상속이 이루어진 경우 상속으로 인한 취득세나 ② 개인회생절차개시 이후 발생한 불법행위로 인한 손해배상채권, ③ 개인회생절차개시결정 후의 원인으로 생긴 채무자의 근로자의 임치금 및 신원보증금의 반환청구권(제583조 제1항 제4호 참조)은 기타채권이다. 그렇다면 이러한 채권들은 어떻게 취급되는가.

회생절차에서는 이러한 채권의 취급에 관한 명시적 규정이 있지만(제181조), 개인회생절차에서는 아무런 규정이 없다. 회생절차에 관한 제181조를 유추적용하여야 한다는 견해가 있을 수 있지만, 채권자목록에 기재되지 않는 개인회생채권에 기한 강제집행 등이 가능하다(제600조 제1항 단서)는 점 등에 비추어 보면 통상적인 민사실체법의 원리에 따라 처리할 수밖에 없다. 결국 기타채권을 가진 채권자는 권리행사에 제한을 받지 않는다고 할 것이다. 하지만 기타채권자가 개인회생절차 진행 중에 강제집행 등을 할 수 있다고 하면, 개인회생절차를 정상적으로 진행하기 어렵다. 개인회생재단에 대하여 팽창주의를 취하고 있다(제580조 제1항)는 점에서 입법적 해결이 필요하다(제181조와 유사한 규정을 둘 필요가 있다).[126] 파산절차와 마찬가지로 자유재산에 대하여 집행을 할 수 있다고 할 것이다.

면책결정이 되면 기타채권도 면책이 되는가. 면책대상은 개인회생채권만이므로(제625조 제2항 본문 참조) 기타채권은 면책결정으로 면책되지 않는다. 이 때문에 통상 감당하기 어려운 기타채권이 발생한 경우, 실무상 개인회생절차폐지신청을 한 후 재신청을 통해 다시 채무재조정을 시도하곤 한다.

제4절 주주 · 지분권[회생절차]

회생절차가 개시되면 업무수행권과 재산의 관리처분권이 관리인에게 전속하게 되지만, 법인인 채무자는 그대로 존속하므로, 주주 · 지분권자는 사단적 관계에 있어서의 활동은 할 수 있다. 따라서 주주 · 지분권자는 회생절차와 관계없이 주주총회 · 사원총회 등을 통하여 활동에 참가할 수 있다.

---

126) 고정주의를 취하고 있는 파산절차와 달리 팽창주의를 취하고 있는 일본 회사갱생법 제134조, 민사재생법 제123조는 채무자회생법 제181조와 유사한 규정을 두고 있다.

다만 회생계획인가 후 회생계획을 수행함에 있어서는 법령 또는 정관의 규정에 불구하고, 법인인 채무자의 창립총회·주주총회 또는 사원총회(종류주주총회 또는 이에 준하는 사원총회를 포함한다) 또는 이사회의 결의를 하지 아니하여도 된다(제260조). 또한 회생절차개시 후 그 종료까지는 회생절차에 의하지 아니하고는 자본출자액의 증가·감소나 지분권자의 가입, 신주의 발행, 이익의 배당 등이 금지되고 있으므로(제55조 제1항) 주주·지분권자의 권리는 일정한 제약을 받는다.[127)]

Ⅰ. 주주·지분권자의 회생절차참가

주주·지분권자는 그가 가진 주식 또는 출자지분으로 회생절차에 참가할 수 있다(제146조 제1항). 주식이나 출자지분은 주주·지분권자의 지위를 세분화하여 비율적 지위를 형상화한 것이기 때문에 주주·지분권자는 그가 가진 주식 또는 출자지분으로 회생절차에 참가할 수 있도록 한 것이다.

주주·지분권자가 회생절차에 참가하기 위해서는 목록에 기재되거나 신고기간 내에 신고하여야 한다(제150조 제1항). 목록에 기재된 경우 신고한 것으로 의제된다(제151조).

주주·지분권자는 회생계획안을 작성하여 법원에 제출할 수 있고(제221조 제1항), 회생절차에서 회생계획에 따라 권리가 변경될 수 있으며(제193조), 그 권리의 변경에 있어서 가장 후순위의 지위에 서게 된다(제217조 제1항).

Ⅱ. 주주·지분권자의 의결권

주주·지분권자는 그가 가진 주식 또는 출자지분의 수 또는 액수에 비례하여 의결권을 가진다(제146조 제2항). 주주·지분권자는 채권조사기간 내에 이의를 하거나(제161조 제1항), 특별조사기일에 출석하여 도산채권에 대하여 이의를 진술하고(제164조 제2항), 관계인집회에 출석하여 의견을 진술하고 의결권을 행사할 수 있다(제182조, 제225조, 제232조).

회생절차개시 당시 채무초과상태가 아닌 경우 주주·지분권자는 주식 또는 출자지분 1주에 대하여 1개의 의결권을 가진다(제146조 제2항). 또한 회생계획 외에서 영업양도의 경우에도 특별결의(상법 제374조)에서 의결권을 가진 주주에게는 거부권이 인정된다(제62조 제4항). 그러나 회생절차개시 당시 채무자의 부채총액이 자산총액을 초과(채무초과)하는 경우에는 의결권을 가지지 못한다(제146조 제3항). 이는 채권자의

---

127) 그러나 소수주주의 회계장부 등에 대한 열람·등사청구권(상법 제466조 제1항)은 회사에 대하여 회생절차가 개시되더라도 배제되지 않는다(대법원 2020. 10. 20. 자 2020마6195 결정).

주주·지분권자에 대한 우선권 또는 주식·지분권의 잔여지분청구권(residual claim)으로서의 성격을 반영한 것이다. 원칙적으로 주주·지분권자의 회생절차 참여를 인정하면서 채무초과의 경우에는 주주·지분권자에게 의결권이 인정되지 않는다. 채무초과의 경우 주주·지분권자의 실질적인 지분은 없다고 생각되고, 채권자가 잔여지분청구권자가 되므로 채권자에게 의사결정권한을 부여한 것으로 볼 수 있기 때문이다.

Ⅲ. 주부·지분권의 실권 여부

도산채권은 채권을 신고하지 않고 채권자목록에 기재되어 있지 않으면 실권된다(제251조).

반면 회생계획에 의하여 인정된 주주·지분권자의 권리는 주식 또는 출자지분의 신고를 하지 아니하더라도 인정되므로(제254조), 주주·지분권자는 목록에 기재되지 않고 신고하지 않더라도 절대적으로 실권되지는 아니한다. 다만 회생절차에 참가할 수는 없다(제150조 제1항).

제7장

도산채권의 확정

Ⅰ. 도산절차에서 채권의 확정

1. 도산절차에서 채권 확정의 의미

도산절차는 기본적으로 도산재단을 채권자들에게 채권액에 비례하여 배당(변제)하는 절차이므로 채권자가 가지는 채권의 존부, 금액을 확정하는 문제가 중요하다.

(1) 채권의 확정 문제는 채권자별로 얼마씩 배당(변제)할 것인지를 결정하는 기준이 된다. 분배의 원칙과 방법은 도산절차마다 조금씩 다르나, 분배에 관한 채권자 상호간의 우선순위나 채권의 존부 또는 금액의 확정은 특별한 사정이 없는 한 민사실체법의 규율을 받는다. 회생절차에서는 이종의 권리 간에는 '공정하고 형평에 맞는 차등의 원칙'(제217조)을, 동종의 권리 간에는 '평등의 원칙'(제218조)을 분배의 원칙으로 삼고 있다. 파산절차에서는 채권의 순위, 채권액에 따라 평등한 비율로 분배하도록 하고 있다(제440조 참조). 개인회생절차의 경우도 마찬가지이다.

(2) 의결권 행사와 관련하여 채권의 확정 문제가 중요하다. 회생절차에서 회생계획이 인가되기 위해서는 원칙적으로 관계인집회에서 가결되어야 한다(제237조)[개인회생절차의 경우에는 변제계획에 대하여 개인회생채권자집회에서 결의를 요하지 않는다]. 파산절차에서는 채권자집회에서 파산채권자가 의결권을 행사한다(제370조 제1항). 의결권은 원칙적으로 확정된 도산채권액에 따라 행사할 수 있다(제188조 제1항, 제373조 제1항). 따라서 채권의 확정이 어떻게 이루어지는지에 따라 관계인집회에서 회생계획안에 대한 가결이나 채권자집회에서의 결의에 중요한 영향을 미칠 수 있다.

2. 채권의 확정절차

도산절차에서 채권의 확정절차는 도산절차 또는 채권의 유형에 따라 조금씩 다르다. ① 도산채권과 같이 도산절차에 의하여 변제하도록 하는 채권과 ② 공익채권·재단채권·개인회생재단채권('공익채권 등'이라 한다)과 같이 도산절차에 의하지 않고 수시로 우선적으로 변제받도록 하는 채권으로 나눌 수 있다.

먼저 ①의 경우에 관하여 본다. 도산절차에서는 도산채권이 다수 존재하는 것이 통상적이므로 채권신고·조사·확정이라는 집단적 채권확정절차를 채택하고 있다. 구체적으로 회생절차에서는 관리인의 채권자목록제출, 채권신고 및 채권조사, 확정의 절차를, 파산절차에서는 채권신고 및 채권조사, 확정의 절차를, 개인회생절차에서는 채무자의 채권자목록제출 및 확정의 절차를 거친다. 개인회생절차에서는 절차의 간이화를 위하여 채권신고절차 없이 채무자가 제출한 목록에 대하여 이의를 하도록 하고 있다.

다음으로 ②의 경우에 관하여 본다. 공익채권 등은 도산절차에 의하지 아니하고 수시로 도산채권보다 먼저 변제받는다(제180조 제1항, 제475조, 제476조, 제583조 제2항). 따라서 공익채권자 등은 직접 도산관리인 등에게 변제를 요구할 수 있고, 도산관리인 등이 이에 응하지 아니할 경우 도산관리인 등을 상대로 소를 제기할 수 있다. 위와 같이 공익채권 등의 확정을 위한 절차는 채무자회생법에 별도로 규정되어 있지 않고 일반 민사소송절차에 의하도록 하고 있다.

Ⅱ. 도산채권의 확정절차

1. 도산채권자목록제출[회생절차 · 개인회생절차]

채무자의 회생을 목적으로 하는 회생절차나 개인회생절차에서는 집단적 채무재조정을 주된 내용으로 하는 회생계획이나 변제계획이 핵심이 된다. 그런데 회생계획이나 변제계획을 작성하기 위해서는 먼저 이에 반영될 채권의 규모를 정확히 파악하는 것이 필요하다. 또한 회생절차에서는 채권액이 의결권 행사의 기준이 된다는 점에서도 그러하다.

채권의 규모를 파악할 수 있는 방법으로 채무자회생법은 도산채권자가 도산채권을 신고하도록 하고 있다. 도산절차의 신속한 진행을 위하여 개별적이 아닌 집단적인 확정을 도모하는 것을 목적으로 도산절차 내에 채권신고제도를 둔 것이다(회생절차 · 파산절차). 한편 회생절차에서는 도산채권자의 신고의 불편을 덜어줌과 동시에 신고하지 않은 도산채권이 회생계획의 인가결정으로 실권되는 불이익을 방지하기 위하여 관리인으로 하여금 도산채권자의 신고에 앞서 도산채권자목록을 작성하여 법원에 제출하도록 하는 채권자목록제출제도를 두고 있다(제147조).

요컨대 회생절차에서 도산채권의 확정은 [채권자목록제출 → 채권신고 → 채권조사(시부인) → 채권조사확정재판 → 채권조사확정재판에 대한 이의의 소]의 절차로 진행된다.

개인회생절차에서는 절차의 신속한 진행을 위해 회생절차 · 파산절차와 달리 채권신고절차를 두지 않고, 채무자가 개인회생절차개시신청을 할 때 스스로 개인회생채권자목록을 작성하여 제출하고, 채권자목록의 내용에 관하여 채권자의 이의가 있으면 채권조사확정재판 등을 거쳐(제604조 등) 채권의 존부 및 내용을 확정짓는 채권자목록제출제도를 채택하였다.

〈도산절차별 도산채권 확정 관련 비교표〉

	회생절차	파산절차	개인회생절차
도산채권자목록제출	○(관리인 제출)	×	○(채무자 제출)
채권신고	○	○	×
채권조사	○	○	×
채권조사확정재판	○	○	○
도산채권자표	○(신고시 작성)	○(신고시 작성)	○(확정시 작성)

가. 회생절차

(1) 목록 기재 대상

도산채권자목록의 기재 대상이 되는 것은 도산채권(제147조)으로 도산채권의 신고 대상과 같다.[1] 공익채권은 회생절차와 관계없이 그 권리를 행사할 수 있으므로(제180조) 목록의 기재는 물론 채권신고의 대상도 아니다.

국세징수법 또는 지방세징수법에 의하여 징수할 수 있는 청구권, 국세징수의 예에 의하여 징수할 수 있는 청구권은 도산채권이므로 다른 도산채권과 마찬가지로 목록에 기재되거나 신고되어야만 실권되지 않는다.

벌금 · 과료 · 형사소송비용 · 추징금 · 과태료(제140조)도 도산채권에 해당하므로 목록에 기재하여야 한다. 다만 목록에 기재되지 않고 신고하지 않더라도 회생계획인가 결정에 의하여 실권되지 않고(제251조 단서), 회생계획에서 감면 기타 권리에 영향을 미칠 내용을 정하지 못한다(제140조 제1항).

개시후기타채권은 도산채권이 아니므로 관리인이 이를 목록에 기재할 필요가 없고, 채권자도 신고할 필요가 없다. 목록에 기재되지 않고 신고되지 않더라도 실권되지 않는다.

(2) 도산채권자목록의 작성 및 제출의무자

도산채권자목록을 작성 · 제출하여야 하는 자는 관리인이다(제147조 제1항). 도산채권자로 하여금 회생절차에 관하여 알지 못하여 자신의 채권을 신고하지 못함으로써 회생계획인가에 따른 실권의 불이익을 받는 것을 방지하기 위한 도산채권자목록제도의 취지에 비추어 볼 때, 관리인은 비록 소송절차에서 다투는 등으로 회생절차에

1) 관리인은 주주 · 지분권자의 목록도 제출하여야 하고(제147조 제1항), 회생절차에 참가하고자 하는 주주 · 지분권자는 신고기간 내에 신고를 하여야 한다(제150조 제1항). 입법론적으로 주주명부 등을 통해 그 존부나 내용의 확인이 가능한데, 주주 · 지분권자의 목록을 제출하고 신고하도록 할 필요가 있는지는 의문이다.

관하여 주장되는 어떠한 도산채권의 존재를 인정하지 아니하는 경우에도, 그 도산채권의 부존재가 객관적으로 명백한 예외적인 경우가 아닌 한 이를 도산채권자목록에 기재하여야 할 의무가 있다.[2)]

한편 사전회생계획안을 제출하는 자는 회생절차개시 전까지 도산채권자목록을 작성하여 제출하여야 한다(제223조 제4항).

(3) 도산채권자목록에 기재할 사항

도산채권자목록에 기재할 사항에 관하여는 제147조와 규칙 제52조에 상세히 규정되어 있다. 목록에 기재한 도산채권은 그 기재 내용대로 확정될 수 있으므로(제166조 제2호), 관리인은 권리의 존부와 내용에 관하여 면밀한 검토를 하여야 한다.

(가) 회생채권자 목록에 기재할 사항

① 회생채권자의 성명과 주소

② 회생채권의 내용과 원인

③ 의결권의 액수

관리인은 의결권의 액과 수를 기재하여야 한다. 도산채권자의 권리가 금전채권인 경우에는 원칙적으로 채권액이 의결권 액이 되지만(제133조 제2항), 이자 없는 기한부 채권 등에 대하여는 평가 등에 관한 특칙이 있다(제134조 내지 제138조).

④ 일반의 우선권 있는 채권이 있는 때에는 그 뜻

⑤ 제118조 제2호 내지 제4호의 규정에 의한 회생채권일 때에는 그 취지 및 액수

⑥ 집행력 있는 집행권원 또는 종국판결이 있는 회생채권인 때에는 그 뜻

⑦ 회생채권에 관하여 회생절차개시 당시 소송이 계속하는 때에는 법원·당사자·사건명 및 사건번호

(나) 회생담보권자 목록에 기재할 사항

① 회생담보권자의 성명 및 주소

② 회생담보권의 내용 및 원인, 담보권의 목적 및 그 가액, 회생절차가 개시된 채무자 외의 자가 채무자인 때에는 그 성명 및 주소

회생담보권의 내용 및 원인은 담보목적물의 가액에 따라 담보된 범위의 것을 말한다. 담보되지 않는 부분은 회생채권에 포함시켜야 한다.

③ 의결권의 액수

---

2) 대법원 2023. 3. 16. 선고 2021다223368 판결, 대법원 2020. 9. 3. 선고 2015다236028(본소),2015다236035(반소) 판결.

④ 집행력 있는 집행권원 또는 종국판결이 있는 회생담보권인 때에는 그 뜻

⑤ 회생담보권에 관하여 회생절차개시 당시 소송이 계속하는 때에는 법원·당사자·사건명 및 사건번호

(다) 벌금·조세 등 청구권의 목록에 기재할 사항

① 제140조 제1항, 제2항에서 규정하는 벌금·조세 등 청구권을 갖고 있는 자의 명칭과 주소

② 청구권의 내용

③ 회생절차개시 당시 행정심판 또는 소송이 계속 중인 때에는 그 행정심판 또는 소송이 계속하는 행정기관 또는 법원, 당사자, 사건명 및 사건번호

나. 개인회생절차

개인회생채권자목록[3]은 개인회생절차개시신청서에 첨부하여야 할 서류 중 하나이다(제589조 제2항 제1호). 채무자가 신청시에 작성하여 제출한다.

개인회생채권자목록에는 ① 채권자의 성명 및 주소, ② 채권의 원인 및 금액은 반드시 기재하여야 한다(제589조 제2항 제1호, 규칙 제80조 제1항). 한편 개인회생채권자목록은 채무액 상한 요건의 판단, 변제계획의 작성 등의 근거자료가 되므로 별제권자가 있는 때에는 별제권의 목적과 그 행사에 의하여 변제받을 수 없는 채권액(예정부족액)을 기재하여야 한다(규칙 제80조 제2항). 또한 개인회생채권 중 일반의 우선권이 있는 부분, 후순위인 부분 및 다툼이 예상되는 채권의 유무 및 범위, 전부명령의 내역(규칙 제80조 제4항) 등도 기재할 필요가 있다.

다. 도산채권자목록 제출의 효과

(1) 시효중단

관리인(회생절차)이나 채무자(개인회생절차)가 도산채권자목록을 작성하여 법원에 제출하면 시효중단의 효과가 있다(제32조 제1호 본문, 제3호 본문). 관리인이나 채무자가 도산채권자목록을 작성하여 제출하는 것은 권리의 존재를 인정하는 승인(민법 제168조 제3호)으로 볼 수 있기 때문이다. 사전회생계획안을 제출한 채무자가 도산채권자목록을 작성하여 법원에 제출한 경우(제223조 제4항)에도 마찬가지로 보아야 한다.

---

3) 회생절차, 파산절차, 개인회생절차에서 채권자목록의 개념과 취지가 다르다. ① 회생절차에서는 채권자목록의 제출로 채권신고가 의제된다(제151조). 채권확정은 채권신고와 채권조사(이의가 있으면 조사확정재판)로 이루어진다. ② 파산절차에서 채무자의 채권자목록제출은 채권자에게 절차 참여의 기회를 보장하기 위한 것이다(대법원 2016. 4. 29. 선고 2015다71177 판결 참조). 채권확정은 채권신고와 채권조사(이의가 있으면 조사확정재판)이다. ③ 개인회생절차에서 채권자목록은 채권확정을 위한 것이다. 채권자가 개인회생채권자목록에 이의(조사확정재판의 신청)를 하지 않으면 채권이 확정된다.

시효중단의 시점은 관리인이나 채무자가 작성한 목록이 법원에 실제로 제출된 때이다.[4] 도산절차가 종료될 때까지 시효의 중단은 계속되고 종료된 다음부터 시효가 다시 진행한다.

(2) 신고의제[회생절차]

도산채권자목록에 기재된 도산채권은 신고기간 안에 신고된 것으로 본다(제151조). 따라서 이해관계인이 신고를 하지 아니하여도 도산채권자목록에 기재되어 있는 이상 회생계획인가결정으로 인하여 실권되지 않고 목록의 기재에 따라 회생계획에서 정하는 대로 변제를 받을 수 있으며, 목록에 기재되어 확정된 의결권의 액이나 수에 따라 회생절차에 참가할 수 있다(제188조 제1항).

(3) 개인회생절차에 존재하는 특유의 효과

개인회생채권자목록에 기재된 채권은 변제계획에 의하지 아니하고는 이를 소멸하게 하는 행위(면제를 제외한다)를 하지 못한다(제582조).

개인회생채권자목록을 제출하지 않은 경우 개인회생절차개시신청이 기각될 수 있고(제595조 제2호), 개인회생절차개시결정으로 개별 집행이 중지·금지되는 채권은 개인회생채권자목록에 기재된 채권에 한한다(제600조 제1항 단서).

개인회생채권자목록에 기재된 채권에 대하여 이의기간 내에 개인회생채권조사확정재판이 신청되지 않은 경우, 해당 채권은 목록에 기재된 대로 확정된다(제603조 제1항 제1호).

면책결정 당시까지 채무자가 악의로 개인회생채권자목록에 기재하지 아니한 개인회생채권이 있는 경우 법원은 면책불허가결정을 할 수 있다(제624조 제3항 제1호).

면책결정이 확정된 경우에도 개인회생채권자목록에 기재되지 아니한 채권에 대하여는 면책의 효력이 미치지 아니한다(제625조). 채권신고제도가 없어 실권에 관한 규정을 둘 수 없기 때문이다.

(4) 목록에 기재되지 아니한 도산채권자의 도산절차참가 방법

① 회생절차

회생절차에서 채권자목록에 기재되지 아니한 도산채권자는 채권신고를 함으로써 회생절차에 참가할 수 있다.

4) 대법원 2019. 8. 30. 선고 2019다235528 판결.

② 개인회생절차

개인회생절차에는 채권신고제도가 없으므로 채권신고를 통한 참가는 할 수 없다. 개인회생절차의 경우에는 채권조사확정재판을 통하여 참가할 수밖에 없다. 제32조 제3호의 '그 밖의 개인회생절차참가'는 개인회생절차에서 목록에 기재되지 아니한 개인회생채권자가 채권조사확정재판을 신청하는 것을 말한다.

개인회생채권자목록에 기재되지 아니한 개인회생채권자가 채권조사확정재판을 신청할 경우 시효중단의 효력이 있다(제32조 제3호 본문). 다만 목록에 기재되어 있지 아니한 개인회생채권자가 그 조사확정재판신청을 취하하거나 그 신청이 각하된 때에는 시효중단의 효력이 없다(제32조 제3호 단서).

라. 도산채권자목록의 수정·정정 및 변경

(1) 회생절차

관리인이 도산채권자목록을 제출한 후 오류나 누락 등을 발견한 경우에는 신고기간의 말일까지 법원의 허가를 받아 목록에 기재된 사항을 변경 또는 정정할 수 있다(제147조 제4항, 규칙 제53조 제1항).

신고기간 이후 목록에 오류나 누락 등을 발견한 경우에는 관리인도 자신이 작성한 목록에 대하여 이의할 수 있으므로 목록에 대한 이의로써 해결할 수 있다.

(2) 개인회생절차

(가) 개인회생채권자목록의 수정

① 개인회생절차개시결정 전까지

채무자는 개인회생절차개시결정이 있을 때까지 개인회생채권자목록에 기재된 사항을 수정할 수 있다(제589조의2 제1항). 채무자는 개시결정 전이라면 언제라도 개인회생채권자목록을 임의로 수정할 수 있다.

② 개인회생절차개시결정 전부터 변제계획인가결정 전까지

채무자는 그가 책임을 질 수 없는 사유로 개인회생채권자목록에 누락하거나 잘못 기재한 사항을 발견한 경우에는 개인회생절차개시결정 후라도 변제계획인가결정이 있기 전까지는 법원의 허가를 받아 개인회생채권자목록에 기재된 사항을 수정할 수 있다(제589조의2 제2항).

③ 변제계획인가결정 후

개인회생채권자목록의 수정은 변제계획인가결정 전까지만 인정되므로 변제계획인가결정 후에는 채무자가 책임질 수 없는 사유로 목록에서 누락이 발생한 경우에도 수정이 불가능하다. 누락 채권의 변제 및 면책을 위해서는 개인회생절차폐지를 신청한 후 개인회생절차를 다시 신청할 수밖에 없다.

(나) 개인회생채권자목록의 변경

개인회생채권자목록의 내용에 관하여 이의가 있는 개인회생채권자는 법원이 정한 이의기간(제589조의2 제4항 또는 제596조 제2항 제1호) 안에 서면으로 이의를 신청할 수 있다. 채무자가 이의내용을 인정하는 때에는 법원의 허가를 받아 개인회생채권자목록을 변경할 수 있다. 이 경우 법원은 조사확정재판신청의 이익이 없으므로 조사확정재판신청에 대한 결정을 하지 아니할 수 있다(제604조 제1항).

2. 도산채권의 신고[회생절차 · 파산절차]

도산채권자가 도산절차에 참가하기 위해서는 채무자회생법이 정한 일정한 사항을 법원에 신고하여야 한다(제148조 내지 제150조, 제447조). 도산절차에서 변제나 배당을 받기 위해서는 도산채권자표에 기재되어야 하는데, 그 전제로 채권신고가 필요하다. 채무자회생법은 도산채권의 확정은 채권자의 자치에 맡기고 있고, 그것의 시작이 채권신고이다.

도산채권 신고제도는 도산채권자가 누구인지를 파악함과 동시에 도산채권의 존재와 내용을 파악하는 데에 목적이 있으므로, 도산채권이 존재하고 그 신고가 있는 한 일단 그 신고를 유효하게 취급하되, 진정한 채권자가 따로 있음이 판명된 경우에는 그때부터 진정한 채권자를 도산채권자로 취급하여야 한다.[5)]

도산채권의 신고는 법원에 대한 도산절차참가의 신청이다. 도산채권자에게 도산절차에서 인정되는 여러 가지 권능, 즉 관계인집회 또는 채권자집회에서의 의결권, 채권조사절차에서의 이의권 등을 행사하기 위해서는 도산채권을 신고하여(회생절차에서 채권자목록제출에 의하여 의제되는 경우를 포함한다) 그 존재 및 내용이 확정될 필요가 있다. 도산채권자로서도 도산채권을 신고하지 않는 한 도산절차에서 도산채권자로서의 권능을 행사할 수 없다. 따라서 신고는 법원에 대하여 도산채권으로서 확정을 구하는 소송행위로서의 성질을 가진다.

채무자회생법은 채권신고에 있어 집행권원을 요구하지 않는다. 전체집행은 개별집행과 달리 모든 채권자들을 위해 일어나는 것으로서, 권리의 확정은 앞에서 본 바와 같이 1차적으로 채권자자치에 맡겨져 있기 때문이다.[6)]

---

5) 대법원 2003. 9. 26. 선고 2002다62715 판결 참조.

가. 신고권자 및 상대방

신고행위는 도산채권의 관리처분행위이므로, 도산채권에 대하여 관리처분권을 가진 자가 신고권자이다. 따라서 통상은 도산채권자 본인(대리인)이 하겠지만(제148조, 제149조, 제447조 제1항, 규칙 제73조 제2항 제1호), 관리처분권을 가진 질권자(민법 제353조 제1항), 추심채권자(민집법 제229조 제2항)나 대위채권자(민법 제404조 제1항)도 채권신고를 할 수 있다.[7]

신고는 법원에 대하여 하여야 하고(제148조 내지 제150조, 제447조), 도산관리인이나 채무자에 대하여 한 신고는 효력이 없다. 신고를 법원에 하도록 한 것은 시효중단 등 실체법상의 효과와 연결되어 있기 때문이다.

나. 신고기간 및 신고사항

(1) 신고기간

① 회생절차

법원은 회생절차개시결정을 하면서 개시결정일로부터 2주 이상 2개월 이하의 범위 내에서 도산채권자의 목록제출기간을 정하여야 하고, 동시에 도산채권자의 목록의 제출기간의 말일(제223조 제4항에 따른 목록이 제출된 경우에는 회생절차개시결정일)부터 1주 이상 1월 이하의 기간 내에서 신고기간을 결정하여야 한다(제50조 제1항 제2호). 다만 법원은 특별한 사정이 있는 경우에는 위 기간을 늘일 수 있다(제50조 제2항).

채무자회생법이 신고기간을 둔 것은 관리인 기타 이해관계인에게 조사의 편의를 제공하기 위한 것일 뿐 기간 준수 여부를 기준으로 권리를 인정하거나 배제하기 위한 것이 아니다.[8]

도산채권의 신고는 신고기간 내에 하여야 한다(제148조 제1항, 제149조 제1항, 제150조 제1항).[9] 지연된 신고는 신속한 절차 진행을 방해하는 결과를 초래한다. 따라서 신고기간 이후의 신고는 엄격한 요건하에서만 추후 보완 신고를 허용하고 있다.

② 파산절차

채권신고기간은 파산선고를 한 날로부터 2주 이상 3월 이하의 범위에서 법원이

---

6) Reinhard Bork, 185쪽. 채권신고는 소제기와 마찬가지로 시효중단사유이다(제32조). 그러나 채권신고는 그 채권에 관한 소송계속을 발생시키지는 않는다.

7) 조세채권에 기해 채권을 압류한 경우 추심권을 갖는 관할 세무서장이나 지방자치단체의 장도 채권신고를 할 수 있다(국세징수법 제50조, 지방세징수법 제50조).

8) 대법원 2018. 7. 24. 선고 2015다56789 판결.

9) 파산절차의 경우에서도 마찬가지이지만(제447조 제1항), 회생절차와 달리 신고기간 이후의 신고에 대하여 엄격한 제한을 두고 있지 않다(제453조 참조).

파산선고와 동시에 정한다(제312조 제1호). 채권신고기간은 공고되고 알고 있는 채권자에게는 송달하여야 한다(제313조 제1항 제3호, 제2항).

③ 벌금·조세 등 청구권에 관한 특칙

회생절차에서 벌금 등 청구권(제140조 제1항) 및 조세 등 청구권(제140조 제2항), 파산절차에서 벌금 등 청구권(제446조 제1항 제4호)[10]을 가지고 있는 자는 지체 없이 그 액 및 원인 등을 법원에 신고하여야 한다(제156조 제1항, 제471조 제1항).

벌금 등 청구권과 조세 등 청구권은 모두 공법상의 청구권이고, 그 성질로부터 도산절차에서도 특별한 대우가 요청되어, 채무자회생법은 이들에 대한 채권신고에 있어 특별하게 취급하고 있다.

'지체 없이 신고하여야 한다'는 취지는 ㉮ 회생절차의 경우 회생계획안 수립에 장애가 되지 않는 시기까지, 즉 늦어도 회생계획안 심리를 위한 관계인집회 전까지는 신고되어야 한다는 의미이다.[11] ㉯ 파산절차의 경우는 정당하거나 합리적인 이유 없이 지체를 허용하지 않는다는 취지이지만, 구체적으로는 개별사정을 고려하여 결정할 수밖에 없다. 물론 다른 파산채권과 마찬가지로 최후배당의 배당제외기간(제521조)이 만료된 이후에는 신고가 허용되지 않는다.

(2) 신고사항

① 회생채권자

회생채권자는 ㉮ 회생채권자의 성명 및 주소, ㉯ 회생채권의 내용 및 원인, ㉰ 의결권의 액수, ㉱ 일반의 우선권 있는 채권인 때에는 그 뜻, ㉲ 소송 계속 중인 회생채권은 법원, 당사자, 사건명과 사건번호, ㉳ 통지 또는 송달을 받을 장소(대한민국 내의 장소로 한정한다) 및 전화번호·팩시밀리번호·전자우편주소, ㉴ 제118조 제2호 내지 제4호의 규정에 의한 회생채권일 때는 그 취지 및 액수, ㉵ 집행력 있는 집행권원 또는 종국판결이 있는 회생채권인 때에는 그 뜻을 신고하여야 한다(제148조, 규칙 제55조 제1항).

② 회생담보권자

회생담보권자는 ㉮ 회생담보권자의 성명 및 주소, ㉯ 회생담보권의 내용 및 원인, ㉰ 회생담보권의 목적 및 가액, ㉱ 의결권의 액수, ㉲ 회생절차가 개시된 채무자 외의 자가 채무자인 때에는 그 성명 및 주소, ㉳ 소송 계속 중인 회생담보권은 법원,

10) 파산절차에서 조세 등 청구권은 재단채권이므로 신고대상이 아니다.
11) 대법원 2024. 6. 13. 선고 2023두63079 판결, 대법원 1980. 9. 9. 선고 80누232 판결 등 참조.

당사자, 사건명과 사건번호, ㉳ 통지 또는 송달을 받을 장소(대한민국 내의 장소로 한정한다) 및 전화번호·팩시밀리번호·전자우편주소, ㉴ 집행력 있는 집행권원 또는 종국판결이 있는 회생담보권인 때에는 그 뜻을 신고하여야 한다(제149조, 규칙 제55조 제1항).

③ 파산채권자

파산채권자는 그 채권액 및 원인, 일반의 우선권이 있는 때에는 그 권리, 후순위 파산채권에 해당하는 부분이 있는 때에는 그 부분을 신고하고, 증거서류 또는 그 등본이나 초본을 제출하여야 한다(제447조 제1항). 파산절차에서는 파산채권의 균질화에 대한 규정(제425조 내지 제427조)을 두고 있으므로 회생절차와 달리(제148조 제1항 제3호, 제149조 제1항 제4호) '의결권의 액수'는 신고사항이 아니다.

파산채권자가 별제권을 가지는 때에는 별제권의 목적과 그 행사에 의하여 변제를 받을 수 없는 채권액(예정부족액)도 신고하여야 한다(제447조 제2항). 별제권자는 예정부족액에 대하여만 파산채권자로서 권리행사를 할 수 있다(제413조).

파산채권에 관하여 파산선고 당시 소송이 계속되어 있는 때에는 파산채권자는 그 법원, 당사자, 사건명 및 사건번호도 신고하여야 한다(제447조 제3항).

다. 신고의 효력

(1) 시효중단

채권신고는 도산절차참가에 해당하므로 시효중단의 효과가 있다(제32조 제1호 본문, 제2호 본문). 다만 도산채권자가 그 신고를 취하하거나 그 신고가 각하된 때에는 시효중단의 효력이 인정되지 않는다(제32조 제1호 단서, 제2호 단서). 그러나 최고로서의 효력은 인정된다(민법 제170조 참조).

채권조사절차에서 채무자나 도산채권자의 이의는 시효중단의 효력에 영향을 미치지 않는다. 이의가 있더라도 도산채권자가 채권신고를 함으로써 권리행사를 하였다는 것에는 변함이 없고, 이의는 단순히 도산채권의 확정을 저지하는 효력을 가지는 것에 그치기 때문이다.

(2) 미신고의 경우

① 회생절차

도산채권자가 목록에 기재되지 않은 상태에서 그 권리를 신고하지 않으면 관계인 집회에서 의결권을 행사할 수 없을 뿐만 아니라 회생계획에서 제외되고 회생계획이 인가되면 실권된다(제251조).

② 파산절차

파산채권자가 채권신고를 하지 아니할 경우 파산절차에 참가할 수 없을 뿐만 아니라 배당을 받을 수도 없다. 다만 회생절차와 달리 실권되지는 않는다.

라. 신고기간 경과 후의 신고(추후 보완 신고)

(1) 회생절차

회생절차에서는 신고기간 내에 신고를 하지 않으면 그 권리를 잃게 되지만, 도산채권의 신고기간이 경과하였더라도 실권시키는 것이 도산채권자에게 가혹한 경우를 구제하기 위하여 추후 보완 신고제도를 두고 있다.

① 추후 보완 신고사유

추후 보완 신고를 할 수 있는 경우는 ㉮ 도산채권자가 그 책임을 질 수 없는 사유[12]로 인하여 신고기간 안에 신고를 하지 못한 때(제152조 제1항, 제162조), ㉯ 신고기간 경과 후에 도산채권이 발생한 때(제153조 제2항, 제162조)와 ㉰ 채무자의 행위가 부인되어 상대방의 채권이 회복된 경우이다(제109조 참조).

추후 보완 신고를 할 수 있는 기간에도 제한이 있다. ㉮의 경우는 그 사유가 끝난 후 1월 이내에 그 신고를 보완하여야 하고(제152조 제1항), ㉯의 경우는 그 권리가 발생한 날로부터 1월 이내에 신고하여야 한다(제153조 제1항). 다만 위와 같은 경우라도 회생계획안 심리를 위한 관계인집회가 끝난 후 또는 제240조에 의한 서면결의에 부친다는 결정이 있은 후에는 추후 보완신고를 할 수 없다(제152조 제3항, 제153조 제2항). 회생계획을 확정하기 위해서는 채권액을 확정해야 하고, 위 시기 이후에는 회생계획안을 수정할 수 없어(제228조 참조) 신고를 수리하여도 회생계획안에 반영할 수 없기 때문이다.

한편 ㉰의 경우 채무자의 행위가 회생계획안 심리를 위한 관계인집회가 끝난 후 또는 제240조에 의한 서면결의에 부친다는 결정이 있은 후에 부인되었다면, 상대방은 부인된 날로부터 1월 이내에 추후 보완 신고를 할 수 있다(제109조 제2항).[13] 여기서 '부인된 날'은 부인소송이 확정된 날을 의미한다.

---

12) 여기서 '책임을 질 수 없는 사유'는 민사소송법 제173조 제1항의 사유와 용어는 동일하지만, 신고기간의 공시방법이 미비하기 때문에 민사소송법 규정보다는 넓게 해석한다(대법원 1999. 7. 26. 자 99마2081 결정 참조).

13) 변제행위가 부인되는 것은 회생절차개시 후이기 때문에 부활하는 채권이 회생채권일 경우 회생채권을 행사할 수 없을 우려가 있다. 그래서 이러한 우려를 없애기 위해 제152조 제3항의 규정에 불구하고 부인된 날로부터 1개월 이내에 추후 보완신고를 할 수 있도록 한 것이다. 채권자로서는 예비적 신고를 하여 권리보전을 도모하는 것이 안전할 것이다.

② 특별조사기일의 지정

도산채권에 대하여 추후 보완 신고가 있는 경우 그에 대한 채권조사를 실시하기 위하여는 특별조사기일을 지정하여야 한다. 특별조사기일을 진행하는 데 필요한 비용은 추후 보완 신고한 도산채권자의 부담으로 한다(제162조).

(2) 파산절차

파산절차에서는 채권신고기간 경과 후에도 채권신고를 할 수 있다.[14] 다만 배당의 경우에는 배당제외기간의 정함이 있으므로 늦어도 최후의 배당에 관한 제외기간 만료시까지(제521조) 채권의 신고가 없으면 배당을 받을 수 없다.

신고기간 후에 신고한 채권에 관하여는 파산관재인 및 파산채권자의 이의가 있는 때를 제외하고는 채권조사의 일반기일에 그 조사를 할 수 있다.

파산관재인 또는 파산채권자의 이의가 있거나 일반기일 이후에 추후 보완 신고가 있는 때에는 법원은 채권조사를 하기 위하여 특별기일을 정하여야 한다. 이 경우 채권조사에 소요되는 비용은 신고기간 후에 신고한 파산채권자의 부담으로 한다(제453조). 다만 실제로 배당받을 수 있는 금액을 고려하면 파산채권자의 채권조사비용 부담이 현저히 부적정한 경우에는 실무상 송달에 갈음하는 공고 등을 통해 송달비용 부담을 최소화하기도 한다.

마. 도산채권자표의 작성

법원사무관 등은 도산채권의 신고기간이 종료된 후 지체 없이(회생절차) 또는 채권신고가 있으면(파산절차) 신고된 도산채권에 대하여 도산채권자표를 작성하여야 한다(제158조, 규칙 제60조 제1항, 제448조).

작성의 주체는 법원사무관 등이다. 도산채권자표를 작성하는 목적은 채권조사의 대상이나 조사결과를 명확히 하여, 의결권 행사나 회생계획안 작성 또는 배당심사의 자료로 되게 하고, 확정채권에 대하여는 도산채권자에 대하여 확정력을(제168조, 제460조 등), 채무자에 대하여는 집행력을 각 부여함에 있다(제255조 제2항, 제292조 제2항, 제293조, 제535조 제2항 등).

---

14) 파산채권의 신고기간은 정하여져 있지만, 기간 경과 후 신고에는 제한이 없고 실권효도 없어서 최후 배당을 할 때 채권신고가 있어도 특별조사기일을 개최하여야 한다. 이로 인하여 배당시기가 상당히 지체되는 폐해가 있다. 따라서 입법론적으로 신고기간 경과 후의 신고를 제한할 필요가 있다(일본 파산법 제112조 참조).

Ⅲ. 도산채권의 조사 및 확정

도산채권의 조사 및 확정이란 도산절차에 따라 실현이 허용되는 도산채권의 내용을 조사하여 이해관계인 사이에 이를 확정하고 그 후 도산절차 처리의 기초로 하기 위한 절차를 말한다.

파산절차에서 채권의 확정은 필수적이다. 파산채권자 사이에 각각의 몫을 정하는 비율의 계산에 있어 기초가 되는 각 채권액을 확정하고, 파산채권자 사이에서는 더 이상 다툴 수 없는 것으로 하여야 파산재단의 분배(배당)가 확정적 효력을 가질 수 있고, 결국 청산의 목적을 달성할 수 있다. 반면 회생절차에서는 다수결에 의한 채권자의 합의에 의하여 도산채권자의 권리변경의 내용을 도출하기 때문에 반드시 각 채권자의 권리 내용을 엄밀히 확정하여 둘 필요는 없다. 최소한 다수결로 결정할 경우의 의결권만을 확정하여 두고, 권리의 실체적 내용 자체는 전혀 확정하지 않은 채 다수결에 의하여 장래에 향하여 권리의 내용을 확정할 수 있으면 회생절차의 목적은 달성할 수 있다. 그러나 회생절차는 복잡하고 장기간이 소요되며 도산채권자의 수나 종류도 많기 때문에 절차 진행의 편의를 위해 도산채권을 확정하고 그 후 절차에서 이를 다툴 수 없도록(불가쟁력) 하는 채권조사·확정절차를 두고 있다.[15)]

개인회생절차에서는 변제계획안을 작성하기 위한 전제로 개인회생채권이 확정되어야 한다.

1. 도산채권의 조사[회생절차 · 파산절차]

가. 의 의

회생절차에서 도산채권자는 그가 가지고 있는 채권을 법원에 신고(채권자목록에 기재되어 신고한 것으로 의제된 것을 포함한다)하지 않으면 회생계획에 따라 변제를 받을 수 없다. 파산절차에서도 공평한 만족을 얻기 위해 파산채권자는 그가 가지고 있는 채권을 법원에 신고하지 않으면 배당을 받을 수 없다.

그러나 목록에 기재되거나 신고된 도산채권은 그 기재나 신고 내용대로 존재하는 것은 아니다. 또는 도산절차가 개시되기 전부터 채무자와 사이에서 존부나 액을 둘러싸고 다툼이 있는 채권일지도 모른다. 그래서 목록에 기재되거나 신고된 도산채권이 진정으로 존재하는지, 그 채권액 또는 원인이 적법·적정한지를 조사할 필요가 있다. 왜냐하면 이러한 과정을 절차상 거치지 않으면, 적법하고 적정한 회생계획에

15) 條解 破産法, 870쪽, 노영보, 409, 414~415쪽.

따른 변제나 배당표에 의한 배당을 실현할 수 없기 때문이다. 이를 위한 과정(프로세스)이 도산채권의 조사이다.

도산채권의 조사란 도산채권에 대하여 시부인을 하거나(회생절차), 채권조사기일에 도산관리인, 도산채권자, 채무자가 도산채권자목록에 기재되거나(회생절차) 신고된 도산채권에 관하여 그 존부, 채권액, 내용과 원인, 의결권액(회생절차), 순위 등의 진실 여부를 검토하여 확정하는 과정을 말한다(제161조, 제162조, 제450조 참조). 채권조사는 이해관계인 사이에 다툼이 있는지를 확인하는 것이고, 법원이 실체적인 심리를 하는 것은 아니다.

개인회생절차에서는 채권조사가 없다.

나. 조사방법

(1) 회생절차

도산채권을 조사하는 방법은 목록에 기재되어 있는지 또는 신고기간 내에 신고가 되었는지에 따라 다르다.

① 시부인표의 제출

도산채권자목록에 기재하여 제출된 도산채권이나 법원이 개시결정시에 결정한 신고기간 안에 신고된 도산채권에 대하여는 조사기일을 열지 않고 기일 외에서 관리인 또는 이해관계인이 조사기간 안에 이의를 하는 방식으로 조사를 한다(제161조). 통상적으로 관리인이 시·부인표(인부서)를 작성하여 법원에 제출한다.

법원은 회생절차개시결정과 함께 목록에 기재되거나 신고기간 내에 신고된 도산채권의 조사를 위한 조사기간을 결정하여야 한다. 조사기간은 신고기일의 말일부터 1주 이상 1월 이하의 기간 내로 결정해야 한다(제50조 제1항 제3호).

② 특별기일

신고기간이 경과한 뒤에 추후 보완 신고된 도산채권에 대하여는 특별조사기일[16]을 열어 조사한다(제162조).

(2) 파산절차

법원은 파산관재인, 파산채권자 및 채무자가 모여 신고채권에 대한 조사를 하기 위해서 채권조사기일을 지정한다(제312조 제1항 제3호).[17] 채권조사기일에는 일반조사

16) 실무상 특별조사기일은 회생계획안 심리를 위한 관계인집회를 지정하면서 같이 지정하고 있다. 같은 이유로 양자를 병합하여 진행한다(제186조).

17) 실무적으로 채권조사기일을 진행하는 경우는 많지 않다. 왜냐하면 대부분의 파산사건은 배당할 재원

기일과 특별조사기일이 있다.

① 일반조사기일

일반조사기일에서 조사할 수 있는 채권은 ㉮ 신고기간 내에 신고한 채권과 ㉯ 신고기간 후에 신고된 채권으로서 파산관재인이나 파산채권자의 이의[18]가 없는 채권(제453조 제1항)과 ㉰ 신고기간 후에 파산채권자의 이익을 해하는 변경을 가하고 파산관재인이나 파산채권자의 이의가 없는 채권(제454조)이다.

채권조사기일과 제1회 채권자집회기일을 병합할 수 있다(제312조 제2항). 실무적으로 대부분 병합하여 진행하고 있다.

② 특별조사기일

특별조사기일은 채권신고기간 경과 후에 신고가 있는 채권으로서 파산관재인 또는 파산채권자의 이의가 있는 경우에 진행하는 기일이다(제453조 제2항). 특별조사기일에서 조사할 수 있는 채권은 ㉮ 신고기간 후에 신고된 채권으로서 파산관재인이나 파산채권자의 이의가 있는 채권(제453조 제1항)과 ㉯ 신고기간 후에 파산채권자의 이익을 해하는 변경을 가하고 파산관재인이나 파산채권자의 이의가 있는 채권(제454조)이다.

파산채권자가 일반조사기일 후에 채권을 신고한 경우에도 특별조사기일을 열어야 한다(제455조).[19]

다. 채권조사의 주체

회생절차에서 도산채권의 조사에 참가하는 자는 관리인, 채무자, 목록에 기재되거나 신고한 도산채권자, 주주·지분권자이다(제161조 제1항). 파산절차에서 도산채권의 조사에 참가하는 자는 파산관재인, 신고한 도산채권자, 채무자이다(제451조 제1항, 제452조).

이 없어 굳이 채권조사를 할 필요가 없기 때문이다. 따라서 파산선고를 할 때 채권조사기일은 추후에 지정한다고 공고하고, 나중에 배당할 재원이 있으면 채권조사기일을 지정하여 채권조사를 진행하고 없으면 파산폐지를 한다(개인파산사건의 경우는 대부분이 그렇다). 파산선고를 할 때 채권조사기일을 지정하는 경우에도 파산관재인으로 하여금 신속하게 채무자의 재산상태를 조사하게 하고, 배당할 재원이 없다고 밝혀지면(대부분의 경우가 그렇다) 채권조사기일에 대하여 추정신청을 하도록 한다(주로 법인파산사건의 경우가 그렇다).

18) 여기서 이의는 일반조사기일에서 조사하는 것 자체에 대한 이의이고, 채권의 확정을 방해하는 이의가 아니다.

19) 이처럼 파산채권의 신고기간에 아무런 제한을 두고 있지 아니한 것은 그 신고시점까지 유효하게 채권을 보유하고 있는 자로 하여금 신고를 통하여 채권을 행사할 수 있도록 하는 것이지, 그 신고시점 이전에 이미 소멸시효 완성 등으로 채권을 상실한 자에게까지 뒤늦게 파산채권 신고를 통하여 소멸한 채권을 부활시켜 주고자 하는 것은 아니다(대법원 2006. 4. 14. 선고 2004다70253 판결).

도산관리인, 도산채권자 등 이해관계인들은 채권조사 단계에서 도산채권에 대하여 이의를 진술할 수 있다. 이의를 진술할 경우 도산채권은 확정되지 아니한다. 반면 채무자가 이의를 제기하였다고 하더라도 다른 이해관계인의 이의가 없는 한 도산채권은 확정된다(제166조, 제255조, 제458조). 채무자는 기업가치의 분배나 배당에 관한 의사결정에 참가하는 지위가 인정되지 않기 때문에 그 이의는 도산채권의 내용에 대하여 확정차단효를 갖지 않는다. 다만 채무자가 이의를 한 때에는 ① 회생절차에서 회생계획인가 전에 종료된 경우나 ② 파산절차가 종료된 경우 도산채권자표의 확정판결과 동일한 효력이 인정되지 않고(제292조 제1항 단서, 제535조 제1항, 제548조 제1항), 도산채권자표에 의해 강제집행을 할 수도 없다(집행력의 배제, 제292조 제2항, 제535조 제2항, 제548조 제1항).[20]

라. 채권조사의 대상

(1) 회생절차

목록에 기재되거나 신고된 도산채권이 채권조사의 대상이다. 채권조사의 내용은 목록에 기재되거나 신고된 도산채권의 채권금액, 채권의 내용, 의결권의 액,[21] 담보권의 내역(종류, 소재지, 근저당권 설정순위, 설정권자, 설정금액 등), 담보권에 대한 가치평가액 등이 맞는지이다.

국세징수법 또는 지방세징수법에 의하여 징수할 수 있는 청구권(국세징수의 예에 의하여 징수할 수 있는 청구권으로서 그 징수우선순위가 일반 회생채권보다 우선하는 것을 포함한다)(제156조, 제140조 제2항)과 회생절차 개시 전의 벌금, 과료, 과태료, 추징금, 형사소송비용(제156조, 제140조 제1항)은 채권조사의 대상이 아니다. 이러한 청구권은 행정심판이나 행정소송 등 절차에 의해 불복신청을 할 수 있을 뿐이다(제157조 제1항). 벌금 · 조세 등 청구권은 일응 진실성이 추정되기 때문에 조사의 결과에 준하여(조사 · 확정절차는 거치지 않는다) 도산채권자표에 기재된다(제156조 제2항, 제167조 제1항).

(2) 파산절차

채권조사의 대상은 파산선고시에 있어서 신고된 채권의 존부, 채권액, 내용과 원

---

20) 다만 회생절차에서 회생계획이 인가된 때에는 채무자의 이의 유무를 불문하고, 회생채권자표 등의 기재는 채무자에 대하여 확정판결과 동일한 효력을 갖고, 회생채권자는 회생절차종료 후 강제집행을 할 수 있다(제255조, 제293조 참조). 바꾸어 말하면 회생계획인가 후 종결이나 폐지의 경우에는 채무자가 이의를 하였다고 하더라도 회생채권자의 강제집행을 저지할 수 없다.

21) 다만 의결권의 액수는 채권조사확정재판이나 채권조사확정재판에 대한 이의의 소의 대상이 될 수 없다(대법원 2015. 7. 23. 선고 2013다70903 판결, 제170조 제2항 참조). 의결권 액수는 최종적으로 법원이 재량으로 결정한다(제188조 제2항).

인, 순위, 별제권자가 신고한 피담보채권액의 존부 및 예정부족액의 당부이다(제450조, 제448조 제1항).[22] 배당의 기초가 되는 예정부족액은 채권조사에서 확정되는 것은 아니고, 별제권이 실행되어 부족액이 증명됨으로써 확정된다(제525조 참조).

벌금·과료·형사소송비용·추징금 및 과태료는 성질상 일단 정당하다고 보아 채권조사절차에 의하지 않고, 행정심판, 행정소송 등 채무자가 불복할 수 있는 방법으로 다투어야 한다(제472조).

마. 채권조사 이후의 후속조치

(1) 도산채권자표에의 조사결과 기재

(가) 조사결과 기재

법원사무관 등은 도산채권에 관한 조사결과를 도산채권자표에 기재하여야 한다. 채무자가 제출한 이의도 마찬가지이다(제167조 제1항, 제459조 제1항).

(나) 주장(청구원인)의 제한

① 의 의

도산채권자는 채권조사확정재판(제170조, 제462조), 채권조사확정재판에 대한 이의의 소(제171조, 제463조) 및 이의채권에 관한 소송의 수계(제172조 제1항, 제464조)에 의하여 수계한 소송절차, 집행력있는 집행권원이 있는 채권 등에 대한 이의(제174조 제1항, 제2항, 제466조 제1항, 제2항)에서, 이의채권의 원인 및 내용에 관하여 도산채권자표에 기재된 사항만을 주장할 수 있다(제173조, 제174조 제3항, 제465조, 제466조 제3항).

주장(청구원인)의 제한을 받는 자는 도산채권자이다. 주장이 제한되는 것은 이의채권의 원인 및 내용이다. 그래서 도산채권자표에 기재된 권리와 동일한 권리라고 하더라도 채권액의 증액이나 원인의 변경, 새로운 우선권의 주장 등은 허용되지 않는다. 반대로 채권액을 감액하여 주장하는 것은 가능하다.[23]

② 취 지

주장(청구원인)을 제한하는 취지는 다음과 같다. 도산절차에서 채권조사는 도산채권자표의 기재를 기초로 채권조사기간 내에서의 인부나 채권조사기일에서의 이의를 통해 모든 이해관계인이 관여함으로써 채권확정의 정당성을 담보한다. 그런데 도산채권자표에 기재되지 않는 사항에 대하여 채권확정재판에서 당사자 사이에 확정되

---

22) 회생절차와 달리 '의결권액'은 채권조사의 대상이 아니다. 파산절차는 채무자의 청산 및 배당을 위해 채권이 금전화·현재화되고, 금액기준으로 인부가 행해지기 때문이다. 의결권에 대하여 다툼이 있는 경우 법원이 결정한다(제373조 제2항).

23) 서울회생법원 2020. 1. 15. 자 2019회확713 결정.

는 것으로 한다면, 당사자를 제외한 이해관계인의 관여 없이 권리가 확정되는 것으로 되어 채무자회생법의 취지에 반하고, 채권조사기간이나 채권조사기일에서 이의를 한 이해관계인의 이의권을 무시하는 것이 되기 때문이다.

③ 제한의 범위

주장(청구원인)이 제한된다고 하더라도 경우에 따라 허용되는 경우가 있을 수 있다. 이와 관련하여 허용되는 주장(청구원인)의 범위가 문제된다.

당초의 신고채권과 발생 원인사실부터 별개의 채권으로 보이는 것의 확정을 구하는 것은 허용되지 않지만, 도산채권자표에 기재되어 있는 권리와 급부의 내용이나 수액에 있어서 같고 청구의 기초가 동일하지만 그 발생원인을 달리하는 다른 권리의 확정을 구하는 경우와 같이 비록 법률상의 성격은 다르더라도 사회경제적으로 동일한 채권으로 평가되는 권리로서 그 채권의 확정을 구하는 것이 다른 채권자 등의 이의권을 실질적으로 침해하는 것이 아니라면 그러한 채권의 확정을 구하는 것은 허용된다고 할 것이다.[24)]

(2) 도산채권에 관한 이의의 통지

법원은 채권에 관하여 이의가 있는 때에는 그 사실을 도산채권자에게 통지하여야 한다(제169조 제461조). 이는 도산채권자의 조사확정재판에 대한 신청권을 보장하기 위한 것이다.

채무자가 이의를 한 경우에는 통지할 필요가 없다. 채무자가 이의를 하여도 도산절차에서 채권확정절차의 결과에 영향을 미치지 않기 때문이다.

(3) 도산채권에 관한 이의의 철회

이의의 철회란 도산관리인 등이 이의를 한 후 조사한 결과 그 채권을 시인할 필요가 있을 때에 그 이의를 철회함으로써 이의의 효력을 상실시킬 수 있도록 하는 것을 말한다.

이의를 철회할 수 있는 기간은 도산절차에 따라 다르다. ① 회생절차의 경우 이의를 철회할 수 있는 기간은 이의의 대상인 권리가 확정될 때까지이다. 구체적으로 상대방으로부터 조사확정재판의 신청이 제기되지 않았을 경우에는 조사기간의 말일 또는 특별조사기일로부터 1월이 경과하기 전까지(제170조 제2항 참조), 상대방으로부터 조사확정재판의 신청이 있는 경우에는 그 재판이나 이의의 소가 확정적으로 종료되기 전까지이다. 조사확정재판의 신청기간(제170조 제2항)이 경과하면 회생채권으

24) 대법원 2007. 4. 12. 선고 2004다51542 판결 참조.

로서 절차참가가 인정되지 않는 것으로 확정되기 때문에 이의의 철회는 허용되지 않는다. ② 파산절차의 경우는 언제든지 이의를 철회할 수 있다. 다만 이의를 철회할 수 있는 시적 한계는 최후배당의 배당제외기간 만료시까지라고 보아야 할 것이다.

2. 도산채권의 확정

가. 도산채권에 대하여 이의가 없는 경우

도산채권에 대한 채권조사 단계에서 이해관계인의 이의가 없거나(회생절차 · 파산절차) 채권조사확정재판을 신청하지 않는 등(개인회생절차)의 경우 도산채권은 확정된다. 법원의 공권적 판단을 거치지 않고 이해관계인의 의사에 의하여 대량의 도산채권을 획일적으로 확정하는 독특한 방법이다. 이의 등이 없어 확정된 채권은 도산채권자표에 기재되거나(제167조 제1항, 제459조 제1항), 도산채권자표를 작성한다(제603조 제2항).

(1) 각 도산절차의 확정 내용

① 회생절차

도산채권자목록에 기재되어 있거나 신고된 도산채권에 대하여 관리인, 도산채권자, 주주 · 지분권자로부터 조사기간 내에 또는 특별조사기일에 이의가 없는 때에는 도산채권의 내용과 의결권의 액수가 확정되며, 우선권이 있는 채권에 관하여는 우선권이 있는 것이 확정된다(제166조). 채무자가 이의를 제기하더라도 도산채권의 확정을 차단하지 않는다.

도산채권 확정의 기준시점은 채권조사기간의 말일 또는 특별조사기일이다. 채권조사절차에서 확정된 도산채권에 대하여는 관계인집회에서 그 확정된 액이나 수에 따라 당연히 의결권을 행사할 수 있고(제188조 제1항), 관리인 등은 이에 대하여 이의를 할 수 없다(제187조 단서). 또한 확정된 도산채권은 인가된 회생계획에 따라 변제를 받게 된다.[25)]

② 파산절차

채권조사기일에 파산관재인 및 도산채권자의 이의가 없는 때에는 채권액, 우선권, 제446조 제1항 각 호의 어느 하나에 해당하는 청구권의 구분이 확정된다(제458조).

---

25) 반면 이의가 제기되어 미확정된 채권은 회생계획안 결의를 위한 관계인집회에서 의결권 이의의 대상이 되어 법원이 결정한 의결권의 액만을 부여받아 행사하게 되며(제188조 제2항), 사후 확정에 관한 재판에서 그 권리가 확정된 경우에 그 재판 내용은 회생채권자표 등에 기재되고(제175조) 회생계획에 따라 변제를 받게 된다.

채무자가 이의를 제기하더라도 도산채권의 확정을 차단하지 않는다.

확정은 배당의 기초가 되는 도산채권의 범위 및 액의 확정과 채권자집회에서의 의결권액의 확정이라는 2가지 의미를 갖는다.[26]

③ 개인회생절차

채무자가 제출한 개인회생채권자목록에 대하여 ㉮ 개인회생채권자목록에 기재된 채권자가 이의기간 내에 개인회생채권조사확정재판을 신청하지 아니하거나, ㉯ 개인회생채권조사확정재판 신청이 각하된 경우, 개인회생채권은 목록에 기재된 대로 확정된다(제603조 제1항). ㉰ 정해진 이의기간 내에 서면에 의한 이의를 제출한 개인회생채권자가 이의를 철회하거나, 개인회생채권조사확정재판을 신청한 개인회생채권자가 신청을 취하한 경우에도 개인회생채권은 목록에 기재된 대로 확정된다.

제603조 제1항은 회생절차(제166조)나 파산절차(제458조)와는 달리 그 확정의 대상이 무엇인지 명확히 규정하지 않은 채 '개인회생채권자목록의 기재대로'라고만 규정하고 있으나, 회생절차나 파산절차의 규정에 비추어 '개인회생채권의 액수, 우선권, 후순위채권 해당 여부' 등이 그 확정대상이라고 보아야 할 것이다.

(2) 개인회생채권자표의 작성

회생절차나 파산절차와 달리 개인회생절차에서는 개인회생채권이 확정된 때에 법원사무관 등은 채권자의 성명 및 주소와 채권의 내용 및 원인을 기재한 개인회생채권자표를 작성한다(제603조 제2항).

개인회생채권자표는 채무자에 대한 개인회생절차의 폐지결정이 확정된 때에는 채무자에 대한 집행권원이 될 수 있으므로(제603조 제4항) 그 청구권원을 알 수 있도록 채권자에 관한 사항, 채권의 발생시기와 내용 및 원인 등을 정확하게 기재하여야 한다.

(3) 확정된 도산채권에 대한 도산채권자표 기재의 효력

(가) 확정판결과 동일한 효력

확정된 도산채권에 관한 도산채권자표의 기재는 도산채권자(회생절차의 경우 주주·지분권자 포함) 전원에 대하여 확정판결과 동일한 효력이 있다(제168조, 제460조, 제603조 제3항). 도산채권자표의 기재가 확정판결과 동일한 효력을 창설하는 것이다.

확정판결과 동일한 효력이 있다는 의미는 확정판결의 기판력과 동일한 내용의 효력을 갖는다는 것이 아니라 그 효력을 도산절차 내에서 불가쟁력의 효력이 있다는

26) 破産法·民事再生法, 609쪽.

것에 지나지 않는다.[27)]

효력을 도산채권자 전원에 대하여 확장하는 이유는 확정된 도산채권이 모든 도산채권자와의 관계에서 획일적으로 정해지지 않으면 각 채권자의 변제(배당)금액에 대하여 혼란이 발생할 수 있기 때문이다. 나중에 신고를 한 채권자는 물론 신고를 하지 않았던 채권자 모두에 대하여 그 이유를 묻지 않고 효력이 있다. 도산관리인에게도 효력이 미친다고 할 것이다. 따라서 도산관리인도 도산채권의 존재나 내용 등을 부인하는 것이 허용되지 않는다.

(나) 도산채권자표 기재에 대한 불복방법

① 경정결정 또는 무효확인의 소

확정판결과 동일한 효력이 있다는 의미는 확정판결의 기판력과 동일한 내용의 효력을 갖는다는 것이 아니라 그 효력을 도산절차 내에서 불가쟁력의 효력이 있다는 것에 지나지 않는다. 따라서 존재하지 아니하거나 이미 소멸된 채권이 이의 없이 확정되어 도산채권자표에 기재되어 있더라도 이로 인하여 채권이 있는 것으로 확정되는 것이 아니므로 이것이 명백한 오류인 경우에는 회생법원의 경정결정에 의하여 이를 바로잡을 수 있고(제33조, 민소법 제211조), 그렇지 아니한 경우에는 무효확인의 판결을 얻어 이를 바로잡을 수 있다.[28)29)]

② 청구이의의 소

도산채권자표에 기재된 확정채권이 그 후에 변제, 상계 등으로 소멸하였을 때에는 (이후 변경신고도 되지 않았다) 도산관리인 등은 당해 채권자에 대하여 청구이의의 소를 제기하여 도산절차로부터 배제를 구할 수 있다.[30)] 이 경우 청구이의의 소를 제기할 수 있으므로 도산채권의 부존재확인을 구하는 것은 부적법하다.

③ 재심의 소 등

재심사유가 있는 경우 도산계속법원[31)]에 재심의 소를 제기할 수 있고(제33조, 민소법 제451조, 제453조), 과다하게 변제(배당)된 경우 도산관리인 등은 부당이득반환소송을 제기할 수 있다. 또한 확정된 도산채권자표에 기재된 채권이라도 그 실체적 권리

27) 대법원 2005. 6. 10. 선고 2005다15482 판결 참조.

28) 대법원 2003. 5. 30. 선고 2003다18685 판결, 대법원 1991. 12. 10. 선고 91다4096 판결 참조.

29) 무효확인의 소의 관할은 어디인가. 일반법원인가 도산계속법원인가. 채무자회생법에 별도의 규정이 없으므로 일반법원의 관할에 속한다고 할 것이다. 따라서 서울회생법원에서 작성된 회생채권자표라고 하더라도 무효확인의 소는 서울중앙지방법원 등 일반법원에 소를 제기하여야 한다. 실무도 그렇게 운영하고 있다(서울남부지방법원 2017가합105358 사건, 수원지방법원 안산지원 2019가단79865 사건 등).

30) 대법원 2007. 10. 11. 선고 2005다45544,45551 판결 참조.

31) 도산절차가 계속 중이거나 계속 중이었던 회생법원을 말한다.

관계를 다투는 취지의 배당이의의 소도 가능하다.[32)]

나. 도산채권에 대하여 이의가 있는 경우

이의가 있는 도산채권의 확정(절차)은 ① 채권조사확정재판, ② 채권조사확정재판에 대한 이의의 소, ③ 도산절차개시 당시에 계속 중인 소송의 수계 및 ④ 집행력 있는 집행권원 또는 종국판결이 있는 채권의 확정에 관한 특칙 등 4가지로 구성된다. 개인회생절차의 경우 채권신고제도가 없기 때문에 회생절차나 파산절차에서와 같은 주장의 제한(제173조, 제174조 제3항)이나 청구원인의 제한(제465조, 제466조 제3항)은 없다.

주의할 것은 이의가 있는 도산채권에 대하여 확정을 하여야 하는 것은 도산채권의 내용에 대한 것에 한정된다는 것이다. 도산채권의 의결권에 대하여 이의가 있는 경우에는 채권의 확정과는 관계가 없다. 의결권에 대하여 다툼이 있는 경우 최종적으로는 법원이 재량으로 의결권을 행사하게 할 것인지와 의결권 액을 정한다(제188조 제2항, 제373조 제2항). 개인회생절차의 경우에는 의결권을 행사할 여지가 없다.

(1) 채권조사확정재판

채권조사확정재판이란 목록에 기재되거나(회생절차 · 개인회생절차) 신고된 도산채권에 관하여 도산관리인, 도산채권자, 주주 · 지분권자(회생절차)가 이의를 하거나 이의가 있을 때 그 도산채권(이하 '이의채권'이라 한다)의 확정을 위하여 법원[33)]에 신청하는 재판을 말한다(제170조 제1항 본문, 제462조 제1항, 제2항, 제604조 제1항).

(가) 당사자

① 신청권자

회생절차 · 파산절차는 이의채권의 보유자가 신청권자이다(제170조 제1항 본문, 제462조 제1항).

개인회생절차에서는 이의가 있는 채권자이다(제604조 제1항). 회생절차 · 파산절차와 달리 채권신고제도 없이 채무자가 기재한 채권자목록에 따라 진행하는 개인회생절차에 있어서는 자신이 채권을 신고하거나 기재한 적이 없는 이의채권의 보유자로 하여금 조사확정재판을 신청하도록 하는 것은 부적절하다는 점을 고려한 것이다.

---

32) 대법원 2003. 9. 26. 선고 2002다62715 판결 참조.

33) 채권조사확정재판의 관할에 관하여는 별다른 규정이 없으나, 조문의 취지상 도산절차가 계속 중인 회생법원이라고 보아야 할 것이다. 실무적으로도 채권조사확정재판은 도산계속법원에서 관할하고 있고, 사무분담은 도산사건을 담당하는 재판부(파산부)가 맡고 있다.

② 상대방

회생절차·파산절차에서는 이의자 전원을 상대방으로 하여야 한다(제170조 제1항 본문, 제462조 제1항). 이의채권의 보유자가 수인으로부터 이의를 당하였음에도 불구하고 이의를 진술한 자 중 일부만을 상대로 하여 신청한 채권조사확정재판은 부적법하다. 채무자의 이의는 채권의 확정을 방해하지 않기 때문에, 이의를 한 채무자는 상대방이 되지 못한다.[34]

개인회생절차에서는 개인회생채권자가 ㉮ 자신의 개인회생채권의 내용에 관하여 개인회생채권조사확정재판을 신청하는 경우에는 채무자를 상대방으로 하고, ㉯ 다른 개인회생채권자의 채권내용에 관하여 개인회생채권조사확정재판을 신청하는 경우에는 채무자와 다른 개인회생채권자를 상대방으로 하여야 한다(제604조 제3항).

(나) 신청기간

이의채권을 보유한 도산채권자가 조사확정재판을 신청하여야 하는 기간은, ① 회생절차의 경우 조사기간의 말일 또는 특별조사기일로부터, ② 파산절차의 경우 채권조사기일로부터 각 1월 이내이다(제170조 제2항, 제462조 제5항). 위와 같이 신청기간을 제한한 이유는 채무자가 부담하는 채무는 되도록 빨리 확정함으로써 회생계획의 작성이나 배당표의 작성 등 도산절차를 신속하게 진행하여 권리관계의 빠른 안정을 꾀하고자 하는 데 있다.

개인회생절차의 경우에는 이의가 있는 채권자는 법원이 정한 이의기간(제589조의2 제4항 또는 제596조 제2항 제1호) 안에 서면으로 조사확정재판을 신청하여야 한다(제604조 제1항).

회생절차와 파산절차에서는 이의와 조사확정재판신청이 명확히 구분되지만, 개인회생절차에서는 이의와 조사확정재판을 모두 이의기간 내에 하여야 한다. 이 때문에 개인회생절차에서는 이의가 있는 채권자가 이의자 겸 채권조사확정재판의 신청인이 된다. 실무적으로 개인회생절차에서 이의가 있는 채권자가 이의신청만을 하는 경우가 많은데, 이 경우에도 채권조사확정재판을 신청한 것으로 본다. 이에 따라 개인회생채무자가 이의신청의 내용대로 채권자목록을 보정하지 않은 경우, 사건번호를 부여하고 채권자에게 조사확정재판절차가 개시됨을 알리면서 인지 보정명령 등을 발령한 후 심판에 들어간다.

34) 일본 회사갱생법 제151조 제1항은 이를 명시적으로 규정하고 있다.

(다) 심판의 대상

채권조사확정재판의 심리의 대상이 되는 것은 이의채권의 존부 또는 그 내용이다(제170조 제3항, 제462조 제2항, 제604조 제1항 참조). 신고하지 아니한 도산채권에 대하여 확정을 구하는 것은 부적법하다.[35]

의결권의 존부와 그 액수 등은 조사확정재판의 대상이 아니다(제170조 제3항, 제373조 제2항).[36] 그 이유는 의결권은 채권의 존부 및 내용과 같은 실체법적 권리의 문제가 아니라 단지 도산절차 내에서 어떠한 액만큼의 의결권을 행사할 수 있는가에 관한 절차적법 권리의 문제에 불과하고, 일단 결정된 의결권의 액이라도 법원이 직권 또는 신청에 의하여 '언제든지' 변경할 수 있는 등 아무런 확정력이 부여되어 있지 아니하므로(제188조 제3항, 제373조 제3항), 조사확정재판처럼 엄격한 절차를 거쳐 확정하여야 할 필요성이 없기 때문이다.[37] 의결권에 다툼이 있는 경우 앞에서 본 바와 같이 법원이 재량으로 결정한다(제188조 제2항, 제373조 제2항). 개인회생절차는 의결권을 확정할 필요가 없다.

(라) 주장(청구원인)의 제한[회생절차 · 파산절차]

도산채권자는 앞에서 본 바와 같이 채권조사확정재판에서 이의채권의 원인 및 내용에 관하여 도산채권자표에 기재된 사항만을 주장할 수 있다(제173조, 제465조).

(마) 재 판

채권조사확정재판은 결정절차이지만 구체적인 권리의 존부에 관한 판단이므로 이의자 또는 이해관계인[38]을 필요적으로 심문하여야 한다(제170조 제4항, 제462조 제3항, 제604조 제5항). 이의자 중 일부를 누락하고 심문절차를 진행하고 결정을 한 경우 재판의 누락에 해당하므로 판결의 경정은 허용되지 않는다.[39]

채권조사확정재판의 소송물은 도산채권으로 인정한 금액을 초과하는 채권의 존재 여부이다.[40] 따라서 조사확정재판에서 정할 대상은 이의채권의 존부와 그 내용이지 신청의 당부가 아니다.

35) 대법원 2003. 5. 16. 선고 2000다54659 판결 참조.
36) 대법원 2015. 7. 23. 선고 2013다70903 판결.
37) 사법연수원, 전게서, 127쪽.
38) 회생절차와 파산절차에서는 '이의자'를 심문하여야 한다고 규정하고 있음(제170조 제4항, 제462조 제3항)에 반하여, 개인회생절차에서는 '이해관계인'을 심문하여야 한다고 규정하고 있다(제604조 제5항).
39) 대법원 2025. 3. 31. 자 2024그866 결정.
40) 대법원 2016. 4. 12. 선고 2014다68761 판결, 대법원 2012. 11. 15. 선고 2011다67897 판결.

(2) 채권조사확정재판에 대한 이의의 소

채권조사확정재판에 대한 불복은 즉시항고가 아닌 채권조사확정재판에 대한 이의의 소이다(제171조 제1항, 제463조 제1항, 제605조 제1항). 채권조사확정재판에 불복하고자 하는 자는 채권조사확정재판에 대한 이의의 소를 제기하여야 한다. 도산채권의 확정은 그 기초가 되는 실체 권리 그 자체의 존부에 관한 것이기 때문에, 판결절차에 의한 불복신청을 보장한다는 취지이다.[41)]

채권조사확정재판에서 신청의 일부가 인용된 경우, 신청인과 상대방은 모두 자신이 패소한 부분에 대하여만 이의의 소를 제기하여야 한다. 또한 신청인과 상대방의 일방만이 이의의 소를 제기한 후, 반대당사자가 반소의 형식으로 이의의 소를 제기하는 것도 가능하다.[42)]

이의의 소의 성질은 채권조사확정재판의 변경을 구하는 형성의 소이다.

(가) 당사자

1) 원 고

채권조사확정재판에 대하여 이의의 소를 제기할 수 있는 자는 이의채권의 보유자 또는 이의채권에 관하여 이의를 제기하였던 자로서 조사확정재판의 당사자이었던 자에 한한다.[43)]

2) 피 고

가) 회생절차 · 파산절차

이의채권의 보유자가 이의의 소를 제기하는 경우에는 이의자 전원을 필수적으로 공동피고로 하여야 한다(고유필수적 공동소송). 이의채권에 관하여 이의를 한 자가 이의의 소를 제기한 경우에는 이의채권의 보유자를 피고로 하여 이의의 소를 제기하면 족하다(제171조 제3항, 제463조 제3항).

나) 개인회생절차

① 개인회생채권자가 자신의 채권의 내용에 관하여 이의를 한 경우

개인회생채권자가 자신의 채권의 내용에 관하여 이의를 한 경우에는 상대방(채무자)에게 피고적격이 있다.

---

41) 會社更生法, 523쪽.
42) 倒産と訴訟, 132쪽.
43) 대법원 2025. 3. 31. 자 2024그866 결정.

② 개인회생채권자가 다른 개인회생채권자의 채권 내용에 관하여 이의를 한 경우

개인회생채권자가 다른 개인회생채권자의 채권(이하 '이의채권'이라 한다) 내용에 관하여 이의가 있어서 채무자 및 이의채권 보유자를 상대로 개인회생채권조사확정재판을 신청하여 재판을 받은 경우, 이의채권 보유자가 위 재판에 불복하여 개인회생채권조사확정재판에 대한 이의의 소를 제기하는 때에는 채무자와 개인회생채권조사확정재판을 신청한 개인회생채권자 모두를 피고로 하여야 한다.[44)]

(나) 제소기간

이의의 소는 채권조사확정재판의 결정서를 송달받은 날로부터 1월 이내에 제기하여야 한다(제171조 제1항, 제463조 제1항, 제605조 제1항). 제소기간을 제한한 취지는 채무자가 부담하는 채무를 되도록 빨리 확정함으로써 회생계획(변제계획)의 작성, 배당표의 작성 등 도산절차를 신속하게 진행하여 권리관계의 빠른 안정을 꾀하는 데 있다.[45)]

이의의 소가 1월 이내에 제기되지 아니한 경우에는 부적법하므로 각하하여야 한다.

(다) 관 할

이의의 소는 도산계속법원의 관할에 전속한다(제171조 제2항, 제463조 제2항, 제605조 제1항). 이의의 소는 동일한 도산채권에 대하여 이의의 소가 여러 개 동시에 계속될 수 있는 등 복수의 당사자가 관여될 것으로 예상되는 점, 복수의 당사자들에게 공통적인 관할을 부여하는 것이 바람직하다는 점, 도산계속법원은 도산사건에서 이해관계인의 이해관계 중심에 있다는 점 등을 고려하여 이의의 소는 도산계속법원의 전속관할로 한 것이다.

도산계속법원이란 도산사건이 계속 중인 관서로서의 회생법원을 가리킨다(제60조, 제353조 제4항, 제605조 제1항).

(라) 재 판

채권조사확정재판에 대한 이의의 소의 소송물은 인정한 금액을 초과하는 채권의 존재 여부라고 할 것이고, 도산채권으로 인정한 금액을 초과하는 도산채권이 존재한다는 것은 이를 주장하는 도산채권자가 증명하여야 한다.[46)]

이의의 소의 판결 형태로는 ① 채권조사확정재판의 결정이 정당하다고 판단되어

---

44) 대법원 2009. 4. 9. 선고 2008다91586 판결.
45) 대법원 2003. 2. 11. 선고 2002다56505 판결 참조.
46) 대법원 2012. 11. 15. 선고 2011다67897 판결.

조사확정재판을 인가하는 경우, ② 도산채권의 내용 일부를 변경하는 경우, ③ 도산채권이 부존재한다는 취지의 조사확정재판을 취소하고 새로이 도산채권의 내용을 인정하는 경우, ④ 도산채권의 내용을 인정한 조사확정재판을 취소하고 새로이 도산채권이 부존재한다는 취지의 판결을 하는 경우 등이 있다.[47)]

(3) 계속 중인 소송절차의 중단 및 수계[회생절차 · 파산절차][48)]

도산절차가 개시된 경우 도산채권에 관하여 도산채권자와 채무자 사이에 그 존부나 액에 관하여 소송이 이미 계속 중인 것은 흔한 일이다. 채무자회생법은 도산절차 개시의 효력으로서 그 시점에 계속 중인 도산채권에 관한 소송은 중단되도록 하고 있다.

도산절차에 있어서는 절차개시 전 도산채권의 존부 등에 대하여 소송절차에서 다툼이 있는 경우에도, 일단 집단적이고 간단한 도산절차 중의 채권신고 · 조사의 대상으로 하고, 도산절차개시신청이라는 상황에서도 여전히 다툼이 남아 있는지를 본 후, 다툼이 해소되지 않는 경우에는 중단된 종전 소송을 수계에 의해 부활시켜 권리의 확정을 꾀하는 제도를 채택하고 있다.

(가) 소송절차의 중단

도산절차개시 당시 이의채권에 관하여 소송이 계속되어 있는 경우에는 심리가 어떤 단계에 있다고 하더라도 도산채권에 관한 소송은 도산절차개시결정으로 중단된다(제59조 제1항, 민소법 제239조).

(나) 소송절차의 수계

1) 수계대상

도산절차개시 당시 이의채권에 관하여 소송이 계속하는 경우 도산채권자가 그 권리의 확정을 구하고자 하는 때에는 채권조사확정재판을 신청하여서는 아니 되고, 이

---

47) **각 상황에 따른 주문 기재례(회생절차의 경우)**
① 서울회생법원 2025. ○. ○. 자 2025회확○○호 회생채권조사확정재판을 인가한다.
② 수원회생법원 2025. ○. ○. 자 2025회확○○호 회생채권조사확정재판을 다음과 같이 변경한다. 원(피)고의 채무자 ○○○에 대한 회생채권은 △△△원임을 확정한다.
③ 인천지방법원 2025. ○. ○. 자 2025회확○○호 회생채권조사확정재판을 취소한다. 원(피)고의 채무자 ○○○에 대한 회생채권은 △△△원임을 확정한다.
④ 의정부지방법원 2025. ○. ○. 자 2025회확○○호 회생채권조사확정재판을 취소한다. 원(피)고의 채무자 ○○○에 대한 회생채권은 존재하지 아니함을 확정한다.

48) 개인회생절차의 경우에는 개인회생재단에 대한 관리처분권이 여전히 채무자에게 있기 때문에(제580조 제2항 본문) 중단 · 수계가 발생하지 않는다. 다만 청구취지는 도산채권확정의 소 형태로 변경하여야 한다.

의자 전원을 그 소송의 상대방으로 하여 소송절차를 수계하여야 한다(제172조 제1항, 제464조).

수계가 필요한 소송은 이의가 있는 도산채권을 소송물로 하는 소송이다. 구체적으로 ① 도산절차개시 당시 소송이 계속되어 있고 ② 이의가 있는 ③ 도산채권에 관한 소송이다. 통상 이행소송인 경우가 많겠지만, 적극적인 확인소송이나 채무자가 제기한 소극적 확인소송(채무부존재확인소송)[49]도 포함된다. 이 경우에도 도산채권에 대한 조사 결과 도산채권자표에 기재된 사항에 한하여 수계신청이 가능하고, 그곳에 기재되지 않은 사항을 주장하는 수계신청은 부적법하여 각하되어야 한다.

2) 수계기간

회생절차의 경우 수계신청은 이의가 있는 채권에 관한 조사기간의 말일 또는 특별조사기일로부터 1월 이내에 하여야 한다(제172조 제2항, 제170조 제2항). 1개월은 채권조사확정재판 신청기간(제170조 제2항)과 균형을 고려한 것이다. 1개월의 기간이 경과한 후에 제기된 수계신청은 부적법하다.[50] 한편 조사기간 말일 이전에 한 수계신청은 부적법하다.[51]

반면 파산절차의 경우 수계신청의 시기에 대하여 제한이 없다.

3) 당사자

도산절차개시 당시 이의채권에 관하여 소송이 계속하는 경우 도산채권자가 이의자 전원을 상대방으로 소송절차를 수계하여야 한다. 이의자란 도산채권의 내용을 인정하지 아니하고 이의를 제기한 도산관리인이나 도산채권자를 말한다.

상대방도 수계신청을 할 수 있지만(민소법 제241조), 채권의 확정을 구할 것인지의 여부는 이의 등을 받은 도산채권자의 자유이기 때문에 도산채권자가 수계신청에 대하여 이의를 진술하는 한 상대방의 수계신청은 기각하여야 할 것이다.

4) 수계절차

이의채권이 공익채권(재단채권)인 경우에는 곧바로 수계가 이루어지지만, 도산채권인 경우에는 채권신고의 결과에 따라 처리하여야 한다. 채권신고 후 채권조사에서 이의가 없는 경우에는 수계의 이익이 없다. 이의가 있는 경우 비로소 중단된 소송절

---

49) 실무적으로 공사대금과 관련하여 도급인이 수급인을 상대로 공사대금 관련 채무부존재확인의 소를 제기한 후 도급인에 대하여 회생절차가 개시되는 경우가 있다. 이 경우 상대방(수급인)은 공사대금채권을 신고한 후(도급인은 당연히 부인할 것이다) 수계된 위 채무부존재확인의 소에 반소로 공사대금채권확정의 소를 제기하면 된다. 그럼으로써 기존의 소송상태를 이용할 수 있게 되어 소송경제에도 부합한다.

50) 대법원 2000. 2. 11. 선고 99다52312 판결, 대법원 1997. 8. 22. 선고 97다17155 판결 등 참조.

51) 대법원 2013. 5. 24. 선고 2012다31789 판결.

차를 수계하여야 할 것이다. 관련 내용은 이미 앞에서 살펴보았다. **〈제4장 Ⅵ.2.〉**(본서 147쪽)를 참조할 것.

5) 수계 후 소송

① 청구취지 변경

도산절차에서 조사확정재판에 대한 이의의 소의 법적 성질은 이의가 있는 사항에 관한 확인소송이다(통설). 따라서 수계 후의 소송은 확인소송의 성질에 부합하게 도산채권의 확정을 구하는 것으로 청구취지를 변경하여야 한다. 예컨대 회생채권자가 원고가 되어 이행의 청구를 하고 있었다면, "원고의 채무자 ○○○에 대한 회생채권은 □□□원임을 확정한다"라고 청구취지를 변경하여야 한다.[52)]

② 소송상태의 승계

수계 후 소송에서 당사자는 종전의 소송상태를 승계하므로 종전 소송수행의 결과를 전제로 하여 소송행위를 하여야 한다. 종전의 당사자인 도산채권자뿐만 아니라 새로운 당사자인 도산관리인 및 이의자 등도 마찬가지이다. 종전의 소송상태에 구속되고, 종전의 자백은 수계 후 소송에서도 구속력을 갖는다. 다만 부인권은 도산절차 개시 후에만 행사할 수 있는 공격방어방법이기 때문에 이것을 행사하는 것을 방해하지 않는다.

③ 주장의 제한

수계한 도산채권자는 이의 등이 있는 도산채권의 내용 및 원인에 대하여 도산채권자표에 기재된 사항만을 주장할 수 있다(제173조, 제465조).

(4) 집행력 있는 집행권원 또는 종국판결이 있는 도산채권에 대한 특칙

(가) 집행력 있는 집행권원 또는 종국판결이 있는 도산채권

집행력 있는 집행권원이 있는 채권은 강제집행에 착수할 수 있는 지위에 있고, 종국판결을 얻은 채권은 권리의 존재에 관하여 고도의 추정력이 있는 재판을 받은 것이므로 일반의 도산채권에 비하여 유리한 지위에 있다.

채무자회생법은 이런 점을 고려하여 이의채권에 관하여 집행력 있는 집행권원이 있거나 종국판결이 있는 경우에는 이의자가 채무자가 할 수 있는 소송절차에 의하

---

52) 만약 이의가 있는 채권이 우선권 있는 회생채권으로 신고된 경우, 채권의 존재 및 우선권 모두를 다투는 때에는 "원고의 채무자 ○○○에 대한 우선권 있는 회생채권은 □□□원임을 확정한다" 또는 "원고는 채무자 ○○○에 대하여 □□□원의 우선권 있는 회생채권을 가지고 있는 것을 확정한다"로 변경하여야 한다. 즉 이의의 대상이 된 회생채권이 우선권이 있는 것이라면, 수계 후 이행소송은 우선권 있는 회생채권임을 확인하는 확정소송으로 청구취지를 변경할 필요가 있다.

여만 이의를 주장할 수 있는 것으로 규정하고 있다(제170조 제1항 단서, 제174조 제1항, 제462조 제1항 단서, 제456조 제1항). 개인회생절차의 경우에는 이러한 규정이 없지만, 채권자가 이미 집행력 있는 집행권원이나 종국판결을 받았음에도 그 채권에 대하여 채권조사확정재판으로 다투도록 하는 것은 부당하므로 회생절차나 파산절차의 규정을 유추적용하여 집행력 있는 집행권원이나 종국판결이 있는 경우 개인회생절차에서도 채무자가 다툴 수 있는 절차로만 다툴 수 있다고 볼 것이다.[53)]

1) 집행력 있는 집행권원

집행력 있는 집행권원이란 집행력 있는 정본과 동일한 효력을 가지고 곧 집행을 할 수 있어야 하고, 집행문이 필요한 경우에는 이미 집행문의 부여를 받았어야 한다.[54)] 집행권원은 민사집행법에 개별적으로 규정되어 있다. 집행권원은 집행력을 내포하는 것도 있지만(이러한 종류의 집행권원은 집행문을 필요로 하지 않는다), 집행력 있는 집행권원이 되기 위해서는 집행력 존재의 공증이 요구되는 것이 원칙이다(집행권원에는 원칙적으로 집행문이 필요하다)(민집법 제28조 제1항).

① 집행문을 필요로 하지 않는 경우(예외)

확정된 지급명령(민집법 제58조 본문), 소액사건의 확정된 이행권고결정(소액사건심판법 제5조의8 본문), 확정된 배상명령 또는 가집행선고 있는 배상명령이 적힌 유죄판결(소송촉진 등에 관한 특례법 제34조 제1항)은 집행력 있는 집행권원에 해당한다.[55)]

② 집행문을 필요로 하는 경우(원칙)

확정된 종국판결(민집법 제24조), 가집행선고 있는 종국판결(민집법 제24조), 확정된 집행판결이 있는 외국판결(민집법 제26조),[56)] 집행증서(민집법 제56조 제4호, 제59조), 확정판결과 동일한 효력이 있는 화해조서(민소법 제220조), 인낙조서(민소법 제220조)

---

53) 개인회생절차의 경우 회생절차나 파산절차에 비하여 더 신속한 채권의 확정이 필요하고, 명문의 규정이 없으며, 회생절차나 파산절차와 달리 채권신고제도가 없어 채권자가 집행력 있는 집행권원이나 종국판결이 있는 개인회생채권이라는 뜻과 그 사본을 제출할 방법이 없다(규칙 제55조 제1항 제3호, 제2항 제2호, 제73조 제1항 제3호, 제2항 제2호 참조)는 점을 고려하여 집행력 있는 집행권원이나 종국판결이 있다고 하더라도 채권조사확정재판에 의하여야 한다는 견해가 있다.

한편 실무적으로 집행력 있는 집행권원이나 종국판결이 있는 개인회생채권에 대하여 채무자가 채권자목록에 기재하지 않거나 이에 대하여 다른 개인회생채권자가 이의를 제기하는 경우는 거의 발생하지 않는다.

54) 대법원 1990. 2. 27. 자 89다카14554 결정 참조.

55) 다만 확정된 지급명령, 이행권고결정은 집행에 조건이 붙어 있는 경우 등에는 예외적으로 집행문의 부여가 필요하다(민집법 제58조 제1항 단서, 소액사건심판법 제5조의8 제1항 단서).

56) 다만 확정된 종국판결(민집법 제24조), 가집행선고 있는 종국판결(민집법 제24조), 확정된 집행판결이 있는 외국판결(민집법 제26조)은 아래의 종국판결에 해당하기 때문에 집행력 있는 집행권원인지를 논할 실익이 없다.

및 조정조서(민사조정법 제29조)는 집행문의 부여를 받아야 집행력 있는 집행권원이 된다. 가집행선고 있는 종국판결, 집행판결, 집행증서와 같이 집행권원 자체에 집행할 수 있다는 취지가 적혀 있는 경우라도 집행문이 필요하다. 도산채권자표도 집행문을 부여받아야 한다.

2) 종국판결

종국판결은 도산채권의 존재에 관하여 소 또는 상소에 의하여 계속된 사건의 전부 또는 일부를 그 심급으로서 완결하는 판결을 말하고 그 소송이 확정되었는지는 불문한다. 종국판결은 소송물로서 도산채권의 존재를 인정하는 취지의 것이나 이에 준하는 것으로 충분하고, 이행판결인지 확인판결인지를 묻지 않는다. 도산채권의 존재를 판결 주문 중에서 인정되는 것이어야 한다. 또한 채권자의 권리가 고도로 추정되는 것이어야 하기 때문에 일부라도 채권자가 승소한 판결을 전제로 한다(전부패소판결은 포함되지 않는다). 구체적으로 채권자의 이행청구를 인용한 판결, 채무존재확인판결, 채무부존재확인소송의 청구기각판결, 저당권존재확인소송의 청구인용판결, 청구이의소송의 청구기각판결도 포함된다.

중재판정은 확정판결과 동일한 효력이 인정되기 때문에(중재법 제35조 본문) 종국판결과 동일시된다고 할 것이다.

(나) 소제기

이의채권에 관하여 집행력 있는 집행권원이 있거나 종국판결이 있는 경우에는 이의자는 채무자가 할 수 있는 소송절차에 의하여만 이의를 주장할 수 있다(제170조 제1항 단서, 제174조 제1항, 제462조 제1항 단서, 제456조 제1항).

1) 주 체

채무자가 할 수 있는 소송을 제기하여야 하는 자는 이의자이다. 다만 집행력 있는 집행권원 또는 종국판결이 있는 도산채권이라도 그 취지가 목록에 기재되어 있거나(회생절차 · 개인회생절차) 신고되어야 제소책임을 이의자에게 지울 수 있다(규칙 제55조 제1항 제3호 참조).

2) 채무자가 할 수 있는 소송절차

채무자가 할 수 있는 소송절차로서 이의자가 취할 수 있는 절차는 집행권원이나 종국판결의 종류에 따라 다르다.

① 확정판결

재심의 소(민소법 제451조)나 판결의 경정(민소법 제211조)이 가능하다. 또한 확인판결에 대하여는 기판력 기준시 이후에 발생한 사정이 있다면 소극적 확인의 소를 제기할 수도 있다. 나아가 소송형태에 관하여 특별한 제한이 없으므로 채무자가 제기할 수 있는 소송절차에는 부인의 소도 포함된다.[57]

청구이의의 소(민집법 제44조)에 관하여는 가능하다는 것이 판례[58] 및 일반적인 견해이다(일본의 통설).[59] 이에 대하여 청구이의의 소의 주된 목적은 집행력을 배제하는 것이라는 점, 도산절차개시에 의해 강제집행 그 자체가 금지되거나(제58조 제1항, 제2항) 실효되는데(제348조 제1항 본문), 원래 채권의 확정과는 무관하다는 점, 청구이의의 소는 형성소송(청구이의의 소의 소송물은 형성권인 집행법상의 이의권인바, 예컨대 집행권원에 표시된 청구권이 변제에 의해 소멸하였다는 것을 이유로 청구가 인용되어도, 청구권의 부존재는 판결이유 중에 판단되는 것에 지나지 않으므로 기판력이 없다. 이 점을 중시하는 형성소송설로부터는 부정설이 일관성이 있다)이라는 점에서 소극적 확인의 소를 제기하는 것이 합리적이라는 이유로 부정하는 견해도 있다(일본의 유력설).[60] 도산절차개시결정이 된 경우에는 개시결정 전 존재하였던 집행권원에 기한 강제집행은 금지(중지) 또는 실효되고(이러한 점에서 도산절차가 진행 중인 동안에는 청구이의의 소를 제기할 실익이 없다), 회생계획인가나 도산절차 종료 이후에는 도산채권자표의 기재만이 집행권원이 되며 개시결정 전에 존재하였던 집행권원에 기한 강제집행은 허용되지 않는다는 점에서 청구이의의 소는 소의 이익이 없다고 할 것이므로, 후자의 견해가 타당하다.

② 미확정 종국판결

미확정 종국판결의 경우에는 이의채권에 관하여 도산절차개시 당시 소송이 계속 중인 경우이기 때문에 이의자는 소송절차를 수계하여야 한다. 새로이 채무부존재확인의 소를 제기하는 것은 허용되지 않는다. 수계하여 상소심에서 절차를 속행하거나 상소를 제기한다.

③ 지급명령

확정된 지급명령은 확정판결에 준하여 취급한다(민소법 제474조 참조). 지급명령은 독촉절차를 수계하면서 동시에 이의의 신청을 할 수 있다(민소법 제469조 제2항).

57) 서울회생법원 2019. 2. 13. 선고 2018가합100132 판결(확정).
58) 대법원 2023. 8. 31. 선고 2021다234528 판결.
59) 條解 民事再生法, 571쪽. 실무적으로는 청구이의의 소를 제기하고 있다{서울고등법원(춘천) 2019. 10. 23. 선고 2018나1785 판결(확정), 대법원 2019. 10. 31. 선고 2019다250350 판결(서울고등법원(춘천) 2019. 5. 22. 선고 2018나1747 판결에 대하여 심리불속행기각)}. 공정증서와 같이 집행력 있는 집행권원이 있는 채권에 관하여 '채무자가 할 수 있는 소송절차'의 형식은 아무런 제한이 없으므로 청구이의소송을 포함한다는 하급심 재판례로 「대전지방법원 2021. 11. 17. 선고 2020가합109636 판결」이 있다.
60) 破産法・民事再生法, 629쪽, 條解 破産法, 912쪽, 會社更生法, 499쪽.

④ 집행증서(민집법 제57조, 제56조 제4호)

소극적 확인의 소가 가능하다. 청구이의의 소도 가능하다. 그런데 집행증서는 집행문 부여가 있어야 집행력 있는 집행권원이 된다(민집법 제59조 참조). 그래서 이의자는 집행문 부여를 다투는 절차로도 이의를 주장할 수 있는지가 문제된다. 집행문 부여에 관한 이의의 소(민집법 제45조)나 집행문 부여에 관한 이의신청(민집법 제34조)에 의하여도 집행력 있는 집행권원이라는 것을 부정하여 집행력 없는 집행권원(일반적인 이의채권)으로 만들 수 있기 때문에 집행문 부여에 대한 이의의 소 등도 가능하다는 견해도 있다. 그러나 집행문 부여의 점을 다투어 승소하더라도 집행력 없는 집행권원(일반적인 이의채권)이 될 뿐 결국은 신고채권자로 하여금 조사확정재판신청을 신청하게 하는 것에 지나지 않을 뿐이라는 점, 집행력 없는 집행권원(일반적인 이의채권)에 관한 조사확정재판신청은 1개월이라는 기간제한이 있어(제170조 제2항, 제462조 제5항) 집행문 부여가 취소된 후 조사확정재판을 신청하는 것은 실제로 어렵고 이 경우만 제소기간의 시기를 조절한다는 것은 해석상 곤란한 점, 이러한 경우 오히려 이의자는 직접 실체권의 부존재를 확정하는 소(청구이의의 소)를 제기하는 것이 간명하고 나아가 종국적 해결을 도모할 수 있다는 점에서 부정하는 것이 상당하다.[61]

(다) 소송수계

집행력 있는 집행권원 또는 종국판결이 있는 도산채권에 관하여 도산절차개시 당시에 이미 소송이 계속 중인 때에는 이의자가 이의채권의 보유자를 상대로 하여 그 소송을 수계하여야 한다(제174조 제2항, 제466조 제2항). 그때까지 이루어진 기존의 소송상태를 이용하는 것이 적절하기 때문이다.

제소책임은 전환되므로 이의자가 수계를 신청하여야 하지만, 도산채권자가 유리한 지위를 포기하는 것은 자유이기 때문에 도산채권자로부터의 수계신청도 적법하다.

회생절차의 경우는 수계기간의 제한이 있다. 집행력 있는 집행권원 또는 종국판결이 있는 도산채권에 관하여 이의의 주장을 하거나 소송을 수계하여야 하는 기간은 조사기간의 말일 또는 특별조사기일로부터 1월 이내이다(제174조 제3항, 제170조 제2항). 위 기간 내에 주장을 하지 않거나 수계신청을 하지 않는 경우에는, 이의자가 도산채권자인 경우에는 이의가 없었던 것으로 보며, 이의자가 관리인인 때에는 이의채권을 인정한 것으로 보므로(제174조 제4항),[62] 도산채권은 목록에 기재되거나 신고된 대로 확정되고 도산채권자표에 기재되면 확정판결과 동일한 효력이 있다.

61) 破産法・民事再生法, 629쪽, 條解 破産法, 913쪽.
62) 전주지방법원 2020. 9. 3. 선고 2019가합837 판결 참조.

파산절차의 경우에는 수계기간에 제한이 없다.

3. 도산채권확정에 관한 재판 등의 효력

가. 도산채권의 확정에 관한 소송결과의 기재

(1) 도산채권자표의 기재 및 그 취지

법원사무관 등은 ① 회생절차의 경우 관리인, 도산채권자, ② 파산절차의 경우 파산관재인 또는 파산채권자, ③ 개인회생절차의 경우 채무자, 회생위원 또는 개인회생채권자의 신청에 의하여, 도산채권의 확정에 관한 소송결과를 도산채권자표에 기재하여야 한다(제175조, 제467조, 제606조).

기재 사항이 통일된 서면을 작성함으로써 도산절차에서 필요한 처리사항의 기초로서 역할을 한다.

(2) 소송결과

소송의 결과란 확정된 종국판결[63]만을 의미하는 것이 아니고, 그 소송의 확정적 결론, 즉 판결의 확정, 인낙, 화해 등을 의미한다. 채권조사확정재판에 대한 이의의 소가 제소기간을 지나서 제기되었거나 각하된 때에는 그 재판의 내용을 말한다(제175조 괄호, 제467조 괄호, 제606조).

여기서 '소송'은 채권조사확정재판에 대한 이의의 소, 도산채권자 등이 수계한 소송, 집행력 있는 집행권원 있는 채권 등에 대한 이의자 등이 제기한 소송 또는 수계한 소송을 말한다. 그 외에 도산채권의 확정에 영향을 미치는 소송에 관한 판결 등도 기재의 대상이 된다고 해석된다(제606조 제3호 참조). 여기에는 부인소송의 판결이 포함된다.

(3) 기재의 절차

도산채권자표에 기재하는 ① 회생절차의 경우 관리인, 도산채권자, ② 파산절차의 경우 파산관재인 또는 파산채권자, ③ 개인회생절차의 경우 채무자, 회생위원 또는 개인회생채권자의 신청에 의하여(법원이 직권으로 하는 것이 아니다) 기재하게 되는데, 이때 신청인은 재판서의 등본 및 당해 재판의 확정에 관한 증명서를 제출하여야 한다(규칙 제67조, 제77조).

신청을 전제로 한 것은 별도의 재판부에서 심리된 채권확정소송의 내용을 법원사무관 등이 파악하는 것은 곤란하기 때문이다.

---

63) 종국판결만으로 충분하지 않고 확정될 것을 요한다.

(4) 기재의 의미

① 도산채권확정에 관한 소송결과는 그 자체가 판결로서의 효력을 갖고, 도산채권자 등 전원에 대하여 효력을 갖는다(제176조 제1항, 제468조 제1항, 제607조 제1항).

② 채권조사확정재판에 대한 이의의 소가 결정서의 송달일로부터 1월 이내에 제기되지 아니하거나 각하된 때에는 채권조사확정재판은 도산채권자, 주주·지분권자(회생절차) 전원에 대하여 확정판결과 동일한 효력이 있다(제176조 제2항, 제468조 제2항, 제607조 제2항).

③ 따라서 소송결과나 채권조사확정재판의 내용의 도산채권자표 기재(제175조, 제467조, 제606조)는 제168조(제460조, 제603조 제3항)의 경우와 달리 창설적 효력을 갖는 것은 아니고, 확인적으로 채권확정절차에 관한 결과를 도산채권자표에 반영하여 기록하는 것에 불과하다.[64)]

나. 도산채권의 확정에 관한 판결 등의 효력

(1) 도산채권의 확정에 관한 판결의 효력

① 판결효의 확장

도산채권의 확정에 관한 소송에 대한 판결은 소가 부적법하여 각하된 경우를 제외하고는 도산채권자, 주주·지분권자(회생절차) 전원에 대하여 그 효력이 있다(제176조 제1항, 제468조 제1항, 제607조 제1항).

원래 확정판결의 효력은 당해 소송의 당사자 사이에서만 미치는 것이 원칙이지만(민소법 제218조), 도산절차와 같은 집단적 채권채무처리절차에서는 도산채권을 모든 이해관계인에 대하여 일률적으로 확정할 필요가 있다. 소송 당사자 이외의 다른 이해관계인은 스스로 이의를 제기하지 않은 이상 위와 같은 소송의 결과를 승인할 의사를 표명하였다고 볼 수 있고, 그와 같은 승인을 한 이상 도산채권의 확정에 관한 재판결과에 의하여 불이익을 입었다고 볼 수 없다. 따라서 판결효의 일반원칙에 대한 특칙으로서 도산채권자 및 주주·지분권자(회생절차) 전원에게 판결효의 확장을 인정하고 있다.

② 확장된 판결의 효력

판결효 확장의 기초로 되는 것은 '도산채권의 확정에 관한 소송에 대한 판결'이다. 따라서 당사자 사이에서는 기판력이라는 것은 당연하다. 그렇다면 당사자 이외에 도

---

64) 결국 제168조(제460조, 제603조 제3항)의 '기재'는 창설적 효력이 있지만, 제175조(제467조, 제606조)의 '기재'는 확인적 효력이 있을 뿐이다.

산채권자 등에게 확장된 효력도 기판력이라고 보는 것이 솔직한 이해이다.

소송당사자로 되었던 도산채권자 등은 판결 주문으로 된 판단에 대하여 다투는 것이 허용되지 않지만(소송의 당사자 사이에는 민사소송의 일반원칙에 따라 도산절차 밖에서도 판결효가 미친다), 확장된 기판력이 도산절차 이외에서도 인정되는가는 별개의 문제이다. 기판력의 확장을 인정하는 것은 앞에서 본 바와 같이 도산절차 내에서의 필요성 때문이다. 따라서 확장된 기판력은 도산절차 밖에서는 인정될 수 없다.

다. 도산채권확정에 관한 채권조사확정재판의 효력

(1) 효력의 확장

채권조사확정재판에 대한 이의의 소가 결정서의 송달일로부터 1월 이내에 제기되지 아니하거나 각하된 때에는 채권조사확정재판은 도산채권자, 주주・지분권자(회생절차) 전원에 대하여 확정판결과 동일한 효력이 있다(제176조 제2항, 제468조 제2항, 제607조 제2항). 명문의 규정은 없지만 채권조사확정재판에 대한 이의의 소가 취하된 때에도 동일하게 보아야 할 것이다. 위 〈나.(1)①〉에서 설명한 판결효의 확장과 같은 취지에서 그 효력을 확장하고 있다.

(2) 확정판결과 동일한 효력

확정판결과 동일한 효력의 의미에 관하여, 기판력으로 보는 견해도 있지만,[65] 도산절차 내에서의 불가쟁력으로 보아야 할 것이다. 그 이유는 다음과 같다. (1) 법원이 구체적 소송사건에서 변론을 거쳐 종국판결을 선고하여 그 판결이 확정됨으로써 형식적 확정력이 발생하면 그 판결의 판단 내용에 따른 기판력이 생긴다. 법원 판단의 통용성으로서의 그 효력은 처분권주의, 변론주의 등의 절차적 보장 아래 소송당사자가 자기책임으로 소송을 수행한 소송물에 관하여 법원이 판결 주문에 판단을 특정 표시함으로써 이루어지는 것이다. 반면 채권조사확정재판은 그 신청기간이 비교적 단기간으로 엄격히 제한되어 있을 뿐만 아니라 ① 변론절차가 아니라 이해관계인의 심문을 거쳐 ② 채권의 존부 등에 관한 소명의 유무를 심리하여 '결정'의 형식으로 재판이 이루어진다. 따라서 변론을 거쳐 종국판결을 선고하는 경우와 비교해 볼 때 충분한 절차적 보장 아래 소송당사자가 자기책임으로 소송을 수행하였다고 보기 어렵다. (2) 확정된 종국판결뿐만 아니라 결정・명령재판에도 실체관계를 종국

65) 노영보, 432쪽, 條解 民事再生法, 577쪽. 소송에 의해 확정되지 아니한 제168조(제460조, 제603조 제3항)의 경우와 법원의 공권적 판단의 결과인 재판에 관한 제176조 제2항(제468조 제2항, 제607조 제2항)과는 그 효력의 법적 성질을 달리 보아야 한다는 점을 근거로 한다.

적으로 판단하는 내용의 것인 경우에는 기판력이 있다. 그러나 민사소송법은 소송비용액확정결정 등 실체관계의 종국적 판단을 내용으로 하는 결정에 대해서는 준재심을 허용함으로써 그 소송절차 등에 중대한 흠이 있는 것이 판명된 경우 예외적으로 기판력으로부터 해방시켜 그 재판을 시정할 기회를 부여하고 있다. 그러나 채무자회생법은 채권조사확정재판에 따른 결정이 확정된 경우 이에 대해서 준재심을 허용하는 규정을 두고 있지 않다. 채무자회생법이 채권조사확정재판에 대하여 '실체관계에 대한 종국적 판단'으로서 기판력을 부여하려 하였다면 이에 대해서 기판력을 배제하는 비상의 불복신청방법을 미리 마련해 두었을 것이다.[66]

4. 소송목적의 가액과 소송비용의 상환

가. 소송목적의 가액

소송목적의 가액(소송목적의 값)은 소장 및 상소장에 첩부할 인지액 산정이나 청구가 확장되는 등으로 추가로 인지액을 납부하여야 하는 경우 그 인지액을 산정하는 기준이 될 뿐만 아니라(민사소송 등 인지법 제2조 제1항, 제3조, 제5조 참조) 사물관할 결정의 표준이 되기도 하고(민사 및 가사소송의 사물관할에 관한 규칙 제2조) 소송비용에 산입되는 변호사 보수의 계산기초가 되기도 한다(변호사보수의 소송비용산입에 관한 규칙 제3조).

도산절차의 경우 사물관할은 도산절차개시신청시에 결정되고 별도의 규정이 있으므로(제3조 제5항 등) 인지액 및 소송비용에 산입되는 변호사보수의 산정과 관련하여 소송목적의 가액 규정(제178조, 제470조, 제609조)이 적용된다. 결국 도산계속법원이 결정한 소송목적의 가액은 인지액 및 소송비용에 산입되는 변호사보수의 산정 기준이 된다.

도산채권의 확정에 관한 소송목적의 가액은 ① 회생절차의 경우 회생계획으로 얻을 이익의 예정액을, ② 파산절차의 경우 배당예정액, ③ 개인회생절차의 경우 변제계획으로 얻을 이익의 예정액을 각 표준으로 도산계속법원이 이를 정한다(제178조, 제470조, 제609조). 이는 도산채권자가 회생계획(변제계획)으로 얻을 이익이나 배당예정액은 도산계속법원이 아니면 알기 어렵기 때문이다. 실무상 도산사건을 담당하는 재판부가 이를 결정하고 있다.

'도산채권의 확정에 관한 소송'은 조사확정재판에 대한 이의의 소, 도산절차개시 당시 이의채권에 관하여 소송이 계속되어 있는 소송을 수계한 경우, 집행력 있는 집

66) 대법원 2017. 6. 19. 선고 2017다204131 판결 참조.

행권원이 있는 채권 등에 대한 이의를 주장하는 소송(예컨대 청구이의의 소)을 모두 포함한다. 이의채권에 관하여 계속 중인 소송을 수계한 경우에도 적용하는 것은 그 소송의 판결에 상소하는 때에 상소심 인지 산정을 위하여 소송목적의 값을 정할 필요가 있기 때문이므로, 이 경우 소송목적의 가액 결정은 수계가 이루어진 심급이 아니라 그 이후 진행되는 상소심의 소송목적의 값을 정한 것으로 봄이 타당하다.[67] 그러나 채권조사확정재판은 포함되지 않는다.

나. 소송비용의 상환

도산재단이 도산채권의 확정에 관한 소송(채권조사확정재판을 포함한다)으로 이익을 받은 때에는 이의를 주장한 도산채권자 또는 주주·지분권자(회생절차)는 그 이익의 한도에서 공익채권자(재단채권자·개인회생재단채권자)로서 소송비용의 상환을 청구할 수 있다(제177조, 제469조, 제608조).

도산채권의 확정에 관한 소송에서 채권의 존부가 부정되거나 그 내용이 감축된 경우에는 이의를 주장한 도산채권자 등은 그 부담에 의해 권리를 갖지 않은 자가 회생계획(변제계획)이나 배당절차에서 도산채권자로 취급되는 것을 저지하고, 이에 따라 도산재단이 이익을 받게 된다. 즉 이러한 소송은 도산채권자 전체의 이익에 이바지한 것으로 평가할 수 있다. 따라서 그 이익의 한도에서 이의를 주장한 도산채권자 등에게 소송비용상환청구권을 인정하고, 나아가 공익채권(재단채권·개인회생재단채권)으로 취급하는 것이다.

67) 대법원 2023. 7. 13. 자 2019마449 결정.

제8장

도산채권에 대한 변제와 배당

도산절차는 채권자들의 집단적 만족을 추구한다. 채권자들의 집단적 만족은 도산절차마다 방법이 다르다.

회생절차의 경우 도산재단은 투자와 구조조정을 거쳐 수익을 낼 수 있도록 최적화한 다음 그 수익으로 채권자들에게 변제한다. 경우에 따라 인수합병(M&A)을 통해 변제가 이루어지기도 한다. 파산절차의 경우는 도산재단에 속하는 개별 재산이 금전화되고(환가) 그 환가대금은 채권자들에게 비율적으로 배당한다. 일반적으로 채권 전액이 아니라 일정 비율만 변제되고, 그 비율은 처분할 수 있는 환가가능 재산이 얼마나 있는지에 달려 있다. 개인회생절차에서는 채무조정을 거친 후 미래에 벌어들이는 수입(소득)으로 변제한다.

도산절차는 변제(배당) 가능한 재원을 확보하거나 확보를 예상하여 채권자들에게 어떻게 변제(배당)할 것인지를 결정하여야 한다. 채권자들은 채무자가 제시하는 변제(배당)방법에 대하여 검토한 후 절차에 협조할 것인지를 판단한다. 물론 파산절차나 개인회생절차의 경우에는 채권자들의 동의가 꼭 필요한 것은 아니다.

회생형 절차인 회생절차와 개인회생절차에서는 어떻게 변제할 것인지가 채권자들에게 먼저 제시되고 이후 존속하면서 회생계획이나 변제계획을 수행한다. 채권자들에게 어떻게 변제할 것인지를 기재한 것이 회생계획(회생절차)이고, 변제계획(개인회생절차)이다. 회생계획 또는 변제계획은 일정한 절차를 거쳐 확정(완성)되고, 이후 회생계획 또는 변제계획의 수행을 통해 변제가 이루어진다. 이는 회생형 절차에서 당연한 과정이다. 반면 청산형 절차인 파산절차에서는 환가를 통해 먼저 배당할 재원이 확정되고 이후 채권자들에게 배당을 한다.

회생계획 또는 변제계획의 완성은 도산채권자에 대한 변제를 위한 사전절차로서, 파산재단의 관리·환가는 파산채권자에 대한 배당을 위한 사전절차로서의 성격을 갖는다. 회생계획·변제계획의 수행은 도산채권자에 대한 변제로 배당표에 의한 배당과 함께 도산채권자의 집단적 만족을 의미한다.

제1절 회생계획 및 변제계획

제1관 회생계획[회생절차]

Ⅰ. 회생계획안의 작성과 제출

1. 회생계획과 회생계획안

가. 회생계획

회생계획(Plan)이란 채무자 또는 그 사업의 효율적인 회생을 위한 계획으로 이해관계인의 권리변경 및 변제방법, 채무자의 조직변경 등에 관한 사항을 정한 것을 말한다. 회생계획안이 결의를 위한 관계인집회에서 가결되고 법원이 인가한 것이다. 회생계획이 효력을 발생하려면 관계인집회에서의 가결만으로는 부족하고 법원의 인가결정이 있어야 한다(제246조).

회생절차는 회생계획에 정하는 것에 의하여 채권자 등 이해관계인의 법률관계를 적절히 조절하여 채무자나 그 사업의 효율적인 회생을 도모하는 것을 목적으로 한다(제1조). 그래서 회생계획은 회생절차에서 핵심적인 의미를 갖고, 회생계획에서는 도산채권자의 권리를 변경하는 조항(권리변경조항)이 특히 중요하다(제193조 제1항 제1호, 제194조 등).

회생계획은 도산채권자를 포함한 이해관계인 사이의 집단적 화해(특수한 화해계약)로서의 성격을 갖는다.[1] 회생계획은 법률행위의 해석 방법에 따라 해석하여야 한다. 회생계획 문언의 객관적 의미를 합리적으로 해석하되, 그 문언의 객관적인 의미가 명확하지 않은 경우에는 그 문언의 형식과 내용, 회생계획안 작성 경위, 회생절차 이해관계인들의 진정한 의사 등을 종합적으로 고려하여 사회정의와 형평의 이념에 맞도록 논리와 경험의 법칙, 사회일반의 상식과 거래의 통념에 따라 합리적으로 해석하여야 한다.[2]

---

1) 헌법재판소 1996. 1. 25. 선고 93헌바5,58 전원재판부 결정 참조. 일반적으로 회생계획의 법적 성질을 일종의 집단적 화해로 이해되고 있지만(대법원 2014. 3. 18. 자 2013마2488 결정 참조), 이는 회생계획이 실질적으로 이해관계인의 상호양보를 내용으로 하고 있다는 점에서 화해의 일종이라고 볼 수 있다는 것이지, 그 성립형식을 보면 통상적인 화해의 성립의 경우처럼 다수의 당사자가 청약자와 승낙자로 양분되어 일방으로부터 상대방에로의 의사표시가 교환되는 것은 아니다.

2) 대법원 2023. 6. 29. 선고 2021다285090 판결, 대법원 2021. 10. 14. 선고 2021다240851 판결, 대법원 2018. 5. 30. 선고 2018다203722(본소),2018다203739(반소) 판결, 대법원 2017. 7. 18. 선고 2016두41781 판결, 대법원 2014. 9. 4. 선고 2013다204140,204157 판결 참조.

회생계획은 향후 회생절차 수행의 기본규범이 되는 것으로서 사적자치가 허용되는 범위에서는 도산채권의 권리변경과 변제방법, 존속범위 등과 같은 내용을 자유롭게 정할 수 있다.[3)]

나. 회생계획안

회생계획안이란 채무자의 회생계획을 문서화한 것으로 관계인집회의 심리와 결의의 대상이 되는 것을 말한다. 회생계획은 채무자를 둘러싼 다수 이해관계인의 권리관계를 실체적으로 변경시킨다는 점에서 이들에게 미치는 영향이 매우 크다. 그래서 회생계획안은 우선 회생계획안에 대한 이해관계인들의 심리 및 결의라는 집단적 의견수렴 및 의사결정 과정을 거치고, 그 이후에 법원이 감독적인 입장에서 적극적으로 개입하여 공·사익과 관련된 여러 인가요건의 충족 여부를 두루 검토하여 최종적으로 인가 여부에 대한 재판을 한다.

2. 회생계획안의 작성·제출권자

회생계획안의 작성·제출권이 누구에게 있느냐는 회생절차에서 중요한 의미를 갖는다. 회생계획안 제출권자는 회생계획안의 내용과 채무자의 운영형태에 대한 결정을 할 수 있다. 회생계획안 제출시기를 결정할 수도 있으므로 회생절차의 진행 속도도 결정할 수 있다. 채무자 재산의 채권자에 대한 변제조건을 결정할 수 있으므로 회생절차의 최종 결과의 모습에 광범위한 영향력을 행사할 수 있다.

회생계획안의 제출권자는 관리인, 채무자, 목록에 기재되어 있거나 신고한 도산채권자, 주주·지분권자이다(제220조, 제221조). 신주인수권자는 아직 주주의 지위에 있다고 볼 수 없으므로 회생계획안을 제출할 수 없다. 관리인은 재산에 대한 관리처분권을 가진 작성의무자로서 반드시 회생계획안을 작성하여 제출하여야 하지만(절차기관으로서 관리인의 의무이다), 나머지 제출권자는 회생계획안의 작성의무자는 아니다(이들은 회생절차의 기관은 아니지만, 이해관계를 가지고 있기 때문에 독자적인 회생계획안 제출권이 인정된다). 다만 사전에 회생계획안이 제출되어 있는 경우, 관리인은 법원의 허가를 받아 별도의 회생계획안을 제출하지 아니하거나 제출한 회생계획안을 철회할 수 있다(제223조 제5항).

---

3) 대법원 2021. 10. 14. 선고 2021다240851 판결, 대법원 2005. 10. 27. 선고 2005다33138 판결 등 참조.

3. 회생계획안의 제출기간

가. 원 칙

회생계획안의 제출권자는 법원이 정한 기간 내에 회생계획안을 작성하여 제출하여야 한다. 법원은 회생절차개시결정과 동시에 회생계획안의 제출기간을 정하여야 한다. 이 경우 제출기간은 회생채권 등의 조사기간 말일(제223조 제1항에 따른 사전회생계획안이 제출된 경우에는 회생절차개시결정일)부터 4개월 이하(채무자가 개인인 경우에는 조사기간 말일부터 2개월 이하)여야 한다(제50조 제1항 제4호). 회생계획안 제출기간을 법정하여 절차의 신속화를 도모하려는 취지이다. 구체적인 제출기간은 채무자의 사업규모나 이해관계인의 수 등 사정을 고려하여 법원이 정한다.

법원은 이해관계인의 신청이나 직권으로 위와 같이 결정한 제출기간을 2개월 이내에서 늘일 수 있다. 다만 채무자가 개인이거나 중소기업자인 경우에는 제출기간의 연장은 1개월을 넘지 못한다(제50조 제3항). 회생절차의 진행 상황을 고려하여 회생계획안의 작성 및 제출에 유연하게 대처하기 위함이다. 연장결정은 1회에 한하지 않고 수차례 할 수 있다. 연장결정을 하더라도 회생계획안은 회생절차개시결정일로부터 1년(불가피한 사유가 있는 경우 1년 6개월) 내에 가결되어야 한다는 점에 유의하여야 한다(제239조 제3항).

만약 회생계획안이 정해진 제출기간을 지나 제출된 경우 법원은 회생계획안을 배제하여 심리나 결의에 부치지 않을 수 있다(제231조 제1호). 또한 회생절차를 폐지할 수도 있다(제286조 제1항 제1호). 그러나 실무적으로 회생계획안이 제출기간을 넘어 제출되더라도 그 회생계획안이 유일한 회생계획안이고 회생절차를 현저히 지연시키는 경우가 아니라면 회생계획안을 심리, 결의에 부쳐 절차를 그대로 진행하고 있다. 제출기간이 연장될 수 있다는 점에서 법원이 정한 제출기간은 강행규정으로 보기 어렵기 때문이다.

관리인은 제출기간 내에 회생계획안을 제출할 수 없을 때에는 그 기간 안에 그 사실을 법원에 보고하여야 한다(제220조 제2항).

나. 사전제출제도

회생절차개시의 신청 전에 사적 정리가 진행되고 나아가 동의를 얻는 등 채권자와의 교섭이 진척된 경우나 채권자의 수가 적고 협조적이어서 신청단계에서 원활한 절차 진행이 예견되는 경우에는 신속하게 회생절차를 진행할 필요가 있다. 이러한 경우에는 회생계획안의 제출시기를 늦출 이유가 없다.

이에 채무자의 부채의 2분의 1 이상에 해당하는 채권을 가진 채권자 또는 이러한 채권자의 동의를 얻은 채무자는 회생절차개시의 신청이 있은 때로부터 회생절차개시 전까지 회생계획안을 작성하여 법원에 제출할 수 있도록 하였다(제223조 제1항). 이를 회생계획안 사전제출제도라 한다.

회생계획안 사전제출제도(Prepackaged Bankruptcy)[4]를 둔 취지는 절차 지연에 따르는 경제적 비효율을 제거하고, 부실기업의 구조조정을 촉진함과 아울러 채무자의 회생을 신속히 도모하려는 데 있다. 회생절차는 최소한의 비용으로 채무자의 기업가치의 손상을 최대한 줄이는 효율성과 신속성을 요하는데, 이러한 요구에 부응하는 것이 회생계획안 사전제출제도이다. 회생계획안 사전제출제도도 통상적인 회생절차 사건과 동일한 법적 요건을 갖추어야 한다. 다만 회생계획안 사전제출제도는 조건을 만족시키는 순서에 있어 차이가 있을 뿐이다.

또한 회생계획안 사전제출제도는 자율적 구조조정 협상(워크아웃, 기촉법상 공동관리절차)과 법적 도산절차의 접목을 통한 신속한 절차 진행을 도모할 수 있다.

(1) 제출권자

사전회생계획안은 채무자의 부채의 2분의 1 이상에 해당하는 채권을 가진 채권자 또는 이러한 채권자의 동의를 얻은 채무자가 제출할 수 있다(제223조 제1항). 부채에는 공익채권에 해당하는 채무는 포함되지 않는다(제221조 제2호 참조). '2분의 1 이상' 요건의 기준시는 회생절차개시결정시이다.

(2) 제출시기

회생절차개시의 신청이 있은 때로부터 회생절차개시 전까지 제출할 수 있다(제223조 제1항). 절차를 신속하게 진행하기 위하여 회생계획안 제출기한을 '회생절차개시 전까지'로 제한한 것이다.

(3) 도산채권자목록 등의 제출

사전회생계획안을 제출하는 자는 회생절차개시 전까지 도산채권자, 주주·지분권자의 목록(제147조 제2항 각 호의 내용을 포함하여야 한다), 제92조 제1항 각 호에 규정된 사항을 기재한 서면 및 그 밖에 대법원규칙으로 정하는 서면을 법원에 제출하여야 한다(제223조 제4항). 사전회생계획안이 제출된 사건을 다른 사건에 비해 신속히 진행할 수 있는 기반을 마련하기 위하여 사전회생계획안 제출자로 하여금 도산채권

---

4) 실무적으로는 'Prepackaged plan 또는 P－plan'이라 부른다. 엄밀한 의미에서 'Prepackaged plan' 또는 'P－plan'은 사전에 제출된 회생계획안을 말한다.

자목록 등을 제출하도록 한 것이다.

사전회생계획안 제출자가 도산채권자, 주주·지분권자의 목록을 제출한 때에는 그 목록을 관리인이 제출하여야 하는 도산채권자 등 목록(제147조 제1항의 목록)으로 본다(제223조 제5항).

4. 회생계획안의 작성원칙

법원은 회생계획안이 제출되면 그 회생계획안을 심리하기 위하여 기일을 정하여 관계인집회를 소집하여야 한다(제224조 본문). 법원은 제출된 회생계획안을 심리에 부치기에 앞서 그 회생계획안이 법률에 위반되는지, 공정·형평한지, 수행가능한지, 청산가치보장원칙은 지켜졌는지 등을 사전에 심리하여야 한다(제231조). 따라서 관리인 등이 회생계획안을 작성함에 있어서는 위와 같은 요건들이 충족될 수 있도록 주의하여야 한다.

가. 공정하고 형평한 차등원칙

(1) 의 미

공정하고 형평에 맞는(fair and equitable) 차등원칙이란 권리의 순위를 고려하여 회생계획의 조건에 공정하고 형평에 맞는 차등을 두어야 한다는 것으로, 제217조 제1항이 정하는 권리의 순위를 고려하여 이종(異種)의 권리자들 사이에는 회생계획의 조건에 공정하고 형평에 맞는 차등을 두어야 한다는 것을 의미한다.[5)]

구체적으로 회생담보권자, 회생채권자, 주주·지분권자의 권리를 변경하는 내용을 정함에 있어 제217조 제1항에서 정하는 순위(① 회생담보권, ② 일반의 우선권 있는 회생채권, ③ 일반 회생채권, ④ 잔여재산의 분배에 관하여 우선적 내용이 있는 종류의 주주·지분권자의 권리, ⑤ ④에 규정된 것 외의 주주·지분권자의 권리)를 고려하여 공정하고 형평에 맞는 차등을 두어야 한다는 것이다. 따라서 회생계획에서 법에 규정된 순위를 무시하고 후순위의 권리를 우선하여 취급하는 것은 원래부터 부적법하고, 이러한 회생계획안은 관계인집회에서 가결되더라도 법원에 의하여 인가될 수 없다(제243조 제1항 제2호).

다만 회생절차개시 전의 벌금·과료·형사소송비용·추징금·과태료와 국세징수법 또는 지방세징수법에 의하여 징수할 수 있는 청구권(국세징수의 예에 의하여 징수할 수 있는 청구권으로서 그 징수우선순위가 일반 회생채권보다 우선하는 것을 포함한다)에 대

---

5) 대법원 2015. 12. 29. 자 2014마1157 결정 참조.

하여는 공정하고 형평한 차등원칙이 적용되지 않는다(제217조 제2항). 이러한 채권에 대하여는 예외적으로 회생계획에서 권리의 순위에 관계없이 조건이 결정되도록 하여, 다수결에 의한 조건의 변경을 강요받지 않는다.[6)]

회생계획안이 공정하지 아니하거나 형평에 맞지 아니한 경우 이를 배제할 수 있다(제231조 제2호).

주의할 것은 공정하고 형평에 맞는 차등은 조(class) 단위로 인정되는 권리라는 것이다. 개별 도산채권자 또는 주주・지분권자는 파산절차에서 받을 수 있는 것을 요구할 수 있다(청산가치보장원칙). 그러나 그가 속한 조가 우선순위를 양보하여 결의한 경우 반대하는 개별 권리자는 그와 같은 양보를 기초로 작성된 회생계획을 저지할 수 없다.[7)]

(2) 구체적인 판단기준: 절대우선의 원칙과 상대우선의 원칙

공정하고 형평에 맞는(fair and equitable) 차등의 의미와 관련하여 채무자회생법은 이를 명시하고 있지 않아 절대우선의 원칙(절대우선설)과 상대우선의 원칙(상대우선설)의 대립이 있다.

절대우선의 원칙(absolute priority rule)이란 권리의 순위가 엄격하게 지켜져야 한다는 것으로 우선순위가 다른 각 권리자가 있는 경우 선순위의 권리자가 충분하고 완전하게 만족을 받지 못하는 한 후순위의 권리자에게 만족을 주는 것을 금지하는 것이 공정하고 형평한 차등원칙에 부합한다는 것이다. 따라서 회생채권자는 회생담보권자가 100% 변제받기 전에는 어떠한 권리도 받을 수 없으며, 주주도 마찬가지로 회생채권자가 100% 변제받기 전에는 어떠한 권리도 받지 못한다. 미국 연방도산법이 채택하고 있는 원칙이나, 일반적으로 적용되는 것은 아니다.[8)]

반면 상대우선의 원칙(relative priority rule)이란 적절한 차등이 있으면 된다는 것으로 선순위의 권리자에게 주는 만족이 후순위의 권리자에게 주는 만족보다 상대적으

---

6) 벌금 등 청구권에 대하여는 회생계획에서 감면 기타 권리에 영향을 미치는 규정을 하지 못하고(제140조 제1항), 조세 등 청구권에 대하여는 권리에 영향을 미치는 내용을 정할 때에는 징수권자의 동의를 얻어야 하기 때문에(제140조 제3항), 각 청구권의 공적인 성질을 고려하여 특별히 취급하고 있는 것이다.

7) Douglas G. Baird, 73쪽.

8) 미국의 경우에도 언제나 절대우선의 원칙이 요구되는 것이 아니라 일부의 조가 부동의하는 강제인가(cram down)의 경우에만 요구된다(Douglas G. Baird, 70쪽). 법원이 회생계획안을 강제인가할 때 계획안에 반대한 무담보채권자와 주주의 조에만 적용한다(계획안에 강경하게 반대할 경우 강제인가를 하면 후순위 권리자는 아무런 가치도 분배받을 수 없다는 점을 설명하여 양보를 얻어내는 수단으로 활용하고 있다고 한다). 절대우선의 원칙은 강제인가에서 채권자를 보호하기 위하여 고안된 개념이다(Elizabeth Warren, 155쪽).

로 크면 공정하고 형평한 차등원칙은 지켜진 것이라고 보는 것이다. 즉 상위관계자가 하위관계자보다도 상대적으로 불이익한 취급을 받으면 안 된다는 규율이다. 상대우선의 원칙에서는 순위별로 공정하고 형평한 차등이 있다면 선순위자가 완전한 변제를 받지 아니하여도 후순위자에게 일정한 몫을 줄 수 있다고 본다.

살피건대 일반적으로 실체법상 담보권자는 일반채권자 또는 주주보다 우선하여 권리를 행사할 수 있고, 일반권리자는 담보권 실행 후 남은 가치가 있으면 그에 대하여 권리를 행사할 수 있을 뿐이므로 회생절차가 개시되었다고 하여 상위권리자가 하위권리자에게 그 권리의 일부를 양보할 이유는 없다.[9] 즉 채권자들이 투자결정 단계에서 기대하는 기업가치 배분에 대한 우선순위는 회생절차에서도 온전히 보장되는 것이 타당하므로 절대우선의 원칙을 도입하는 것이 바람직하다.[10] 그러나 절대우선의 원칙을 고수하는 경우 기업가치의 평가를 두고 채권자와 주주 사이에 끝없는 다툼이 있을 수 있고, 이에 따라 기업가치 평가에 많은 시간과 비용을 들여야 하는 문제가 있을 수 있다. 절대우선의 원칙을 엄격히 적용하면 대주주인 경영자가 회사를 계속하여 맡아야 사업의 유지·존속이 가능한 때에도 이를 배제하여야 하는 폐단이 나타난다. 제217조 제1항이 '권리의 순위에 따라'라는 용어를 사용하지 않고 '권리의 순위를 고려하여'라는 표현을 사용한 것은 절대우선의 원칙을 따르지 않더라도 부적법한 것은 아니라는 의미로 볼 수 있다. 또한 회생계획은 회생절차를 통해서 창출된 미래의 기업가치를 이해관계인 사이에 나누는 과정이므로 청산가치가 보장되는 한 다수의 이해관계인 사이에 합의된 배분원칙을 존중하는 것이 바람직하므로 (권리자들 사이에 상호양보를 통하여 합리적인 차등을 두는 것으로 충분하다) 상대우선의 원칙이 타당하다고 본다. 실무는 상대우선의 원칙에 따라 운영되고 있다.

나. 평등원칙

(1) 의 미

평등원칙이란 회생계획에서 같은 성질의 권리를 가진 자는 평등하게 대우한다는 원칙을 말한다(제218조 제1항 본문). 동종(同種)의 권리자들 사이에는 회생계획의 조건을 평등하게 하여야 한다는 것이다.[11] 이는 회생계획안을 가결함에 있어 조별 표결방식을 채택하고 있고, 같은 조 내에서는 다수결의 원칙을 취하고 있기 때문에, 서

9) 김주학, 447쪽.

10) 파산절차에서는 별제권(제3편 제4절), 우선권 있는 파산채권(제441조), 일반 파산채권, 후순위 파산채권(제446조)의 순서로 권리의 순위가 정해지고, 선순위자가 완전한 만족을 얻지 못하는 한 후순위자에 대한 변제가 이루어지지 않는다.

11) 대법원 2015. 12. 29. 자 2014마1157 결정 참조.

로 같은 성질의 권리를 한 조에 편성한 다음 그 취급에 차등을 두어 의결권 액이 큰 채권자를 우대함으로써 발생할 수 있는 폐해를 방지하기 위함이다. 다른 한편으론 회생절차에서는 다수결원리가 원칙이기 때문에 평등원칙은 그 남용으로부터 소수자의 권리를 보호하기 위한 원칙이다.[12)]

여기서 말하는 평등은 형식적 의미의 평등이 아니라 공정·형평의 관념에 반하지 않는 실질적인 평등을 가리키는 것으로[13)] 합리적인 범위 내에서의 차등은 인정하는 것이다.

(2) 예 외

채무자회생법은 실질적 평등의 관점에서 평등원칙에 관한 몇 가지 예외를 인정하고 있다.

(가) 동의가 있는 경우 등

① 불이익을 받는 자의 동의가 있는 때, ② 채권이 소액인 도산채권자 및 제118조 제2호 내지 제4호의 청구권을 가지는 자에 대하여 다르게 정하거나 차등을 두어도 형평을 해하지 아니하는 때, ③ 채무자의 거래상대방인 중소기업자의 도산채권에 대하여 그 사업의 계속에 현저한 지장을 초래할 우려가 있어 다른 도산채권보다 우대하여 변제하는 때, ④ 그 밖에 동일한 종류의 권리를 가진 자 사이에 차등을 두어도 형평을 해하지 아니하는 때가 그 경우이다.

④에서 형평이란 권리의 성질이나 발생원인을 고려할 경우 그 권리자를 다른 권리자보다 유리하게 또는 불리하게 취급하는 것도 합리적 이유가 인정되는 것을 의미한다. '차등을 두어도 형평을 해하지 아니하는 때'에 해당하는지에 대하여는 일률적인 기준을 정하는 것은 어렵고, 결국 개별 사건에서 차등을 두어 취급하는 것이 형평의 관점으로부터 타당한지(실질적 평등을 해하는지)에 대하여, 해당 채권자의 속성이나 해당 채권의 발생원인 등 개별 구체적인 사정을 고려하여 판단하여야 할 것이다.

(나) 내부채권의 열후화와 그 한계

① 내부채권의 열후화

회생계획에서 ㉮ 회생절차개시 전에 채무자와 대통령령(제4조)이 정하는 범위의 특수관계에 있는 자의 금전소비대차로 인한 청구권, ㉯ 회생절차개시 전에 채무자가

---

12) 條解 民事再生法, 834쪽.

13) 대법원 2004. 6. 18. 자 2001그132 결정, 대법원 1999. 11. 24. 자 99그66 결정. 반면 파산절차나 개인회생절차에서는 형식적 평등이 준수되어야 한다.

대통령이 정하는 특수관계에 있는 자를 위하여 무상으로 보증인이 된 경우의 보증채무에 대한 청구권, ㉰ 회생절차개시 전에 채무자와 대통령령이 정하는 범위의 특수관계에 있는 자가 채무자를 위하여 보증인이 된 경우 채무자에 대한 보증채무로 인한 구상권을 다른 회생채권과 다르게 정하거나 차등을 두어도 형평을 해하지 아니한다고 인정되는 경우에는 다른 회생채권보다 불이익하게 취급할 수 있다(제218조 제2항).

이는 회생채무자의 부실화에 중대한 책임이 있거나 영향력을 행사한 지배주주·지배회사 등 특수관계에 있는 자의 채권은 다른 채권보다 열등하게 취급하는 것이 실질적인 평등에 부합한다는 점에 근거한 것이다.[14)]

② 열후적 취급의 한계

내부채권에 대하여는 다른 회생채권에 비하여 열후적으로 취급할 수 있다. 그런데 이 경우 평등원칙과 청산가치보장원칙이 문제될 수 있다. 채권자가 동의하는 한 평등원칙이나 청산가치보장원칙은 문제되지 않는다(제218조 제1항 제1호, 제243조 제1항 제4호 단서).

실무적으로 대부분 해당 채권자들의 동의를 받아 회생계획(안)을 작성한다. 문제는 동의하지 않는 경우이다. ㉮ 먼저 평등원칙과의 관계에 대하여 본다. 동일한 종류의 권리를 가진 자 사이에 차등을 두어도 형평을 해하지 아니한 때에는 평등원칙의 예외가 허용된다(제218조 제1항 단서 제4호). 일반적으로 해당 채권자의 속성이나 해당 채권의 발생원인 등 구체적인 사정을 고려하면, 내부채권을 열후적으로 취급하여도 실질적 평등원칙에 반하지 않는다고 할 것이다. ㉯ 다음으로 청산가치보장원칙과의 관계에 대하여 본다. 평등원칙과의 관계에서 열후적 취급이 허용된다고 하여도 청산가치보장원칙이 문제될 수 있다. 즉 회생채권에 대한 변제에 차이를 둔 결과, 해당 채권자에 대한 변제가 청산배당률을 하회하는 경우 청산가치보장원칙과의 관계에서 문제가 된다. 열후화의 결과 해당 채권자에 대해 청산가치보장원칙을 보장할 수 없는 결과로 되는 것은 채권자가 동의하지 않는 한 허용되지 않는다고 할 것이다(제243조 제1항 제4호).

결국 특정채권에 대하여 해당 채권자의 동의 없이 다른 회생채권보다 열후적으로 취급할 경우에는 평등원칙과 청산가치보장원칙에 대한 검토가 필요하다. 평등원칙을 위반한 경우에는 회생계획이 법률의 규정에 적합하지 않거나 평등원칙에 반한다는

14) 채무자의 부실경영에 책임이 없는 특수관계에 있는 자의 채권을 감면하여 권리변경을 시키는 것은 제218조 제2항의 '차등을 두어도 형평을 해하지 아니한다고 인정되는 경우'에 해당한다고 보기 어려울 뿐만 아니라 청산가치 이하로 변경시키는 것은 청산가치보장의 원칙에도 위배된다.

이유로(제243조 제1항 제1호 또는 제2호), 청산가치보장원칙이 지켜지지 않은 경우에는 제243조 제1항 제4호 본문을 위반한 것으로 회생계획이 인가되지 않을 수 있다는 점에 유의할 필요가 있다.

(다) 회생절차개시 전의 벌금 등 청구권

회생절차개시 전의 벌금·과료·형사소송비용·추징금 및 과태료의 청구권에 관하여는 회생계획에서 감면 그 밖의 권리에 영향을 미치는 내용을 정하지 못한다(제140조 제1항). 벌금 등의 제재적 성격을 고려한 것이다.

회생절차개시 전의 벌금 등은 채권자목록에 기재되지 않고 신고하지 않아도 면책의 대상이 되지 않고(제251조 단서), 부인권의 대상도 되지 않는 등(제100조 제2항) 다른 회생채권보다 우대하여 취급하지만, 의결권은 부여되지 않는다(제191조 제1호)는 점에서 열후적으로 취급된다.

(3) 특별한 이익을 주는 행위의 무효

채무자가 자신 또는 제3자의 명의로 회생계획에 의하지 아니하고, 일부 도산채권자, 주주·지분권자에게 특별한 이익을 주는 행위는 무효이다(제219조[15]).[16]

여기에서 '채무자가 제3자 명의로 특별한 이익을 주는 행위'는 채무자가 자신이 계산하거나 또는 계산하기로 하고, 제3자의 명의로 회생계획의 공정한 성립을 방해하거나 부당하게 회생계획의 성립에 영향을 미치기 위하여 회생계획과는 다른 특별한 이익을 제공하는 행위를 의미하고, 제3자가 자신의 재산으로 한 행위는 이에 해당하지 아니한다.[17]

다. 수행가능성

회생계획은 수행가능하여야 한다. 채무자가 다시 회생절차를 밟지 않을 수 있을 만큼 회생계획이 수행가능하여야 한다.[18] 회생계획의 수행가능성 문제는 회생절차 전반에 걸쳐 제기될 수 있다. 회생계획이 수행가능하지 않을 경우 회생계획을 인가할 수 없다(제243조 제1항 제2호). 인가된 회생계획이 수행할 수 없는 것이 명백하게 된 때에는 회생절차를 폐지하여야 한다(제288조 제1항). 또한 회생계획의 수행가능성

---

15) 상법 제467조의2(이익공여의 금지)에도 같은 취지의 규정이 있다.

16) 이는 당연한 내용으로 별도로 규정할 필요가 없다. 삭제하여야 할 것이다. 개인회생절차(제612조)에도 같은 내용이 규정되어 있으나 마찬가지로 불필요한 규정이다. 반면 파산절차에서는 면책불허가사유(제564조 제1항 제1호, 제651조 제1항)로 규정하고 있다.

17) 대법원 2014. 8. 20. 선고 2013다23693 판결(회생사건), 대법원 2007. 12. 27. 선고 2006다61925 판결(화의사건) 등 참조.

18) 대법원 2016. 5. 25. 자 2014마1427 결정 참조.

에 문제가 발생할 경우 회생절차를 종결할 수도 없다(제283조 제1항 단서).

회생계획을 수행할 수 있는지는 채무자가 예측한 대로 변제자금을 조달하여 회생채권을 변제하고, 회생계획기간이 종료될 때에 정상적인 사업이 가능한 상태로 존속할 수 있는지 여부에 달려 있다. 따라서 회생계획안을 작성함에 있어 변제자금을 조달할 수 있는지를 세밀하게 살펴보아야 한다.

회생계획안의 수행이 불가능한 경우 이를 배제할 수 있다(제231조 제3호).

라. 청산가치보장원칙

(1) 의 의

청산가치보장의 원칙(the best interest rule)이란 채권자가 회생절차에서 변제받을 금액이 채무자가 파산적 청산을 하는 경우 청산절차에서 배당받을 수 있는 금액보다 적어서는 안 된다는 것을 말한다(제243조 제1항 제4호 본문). 채권자가 동의한 경우에는 청산가치보장원칙을 요구하지 않는다(제243조 제1항 제4호 단서).

회생절차에서는 조를 분류하여 결의를 하고, 한 개의 조에서 법정 가결요건 이상의 찬성 의결권이 확보되면 같은 조에서 반대하는 채권자들도 그 결의에 구속된다. 청산가치보장원칙은 위와 같이 같은 조에서 반대하는 채권자들에게도 결의의 효력을 미치게 하는 정당화의 근거가 되는 것이다. 왜냐하면 회생절차를 통하여 변제받을 금액이 파산절차를 통한 배당액보다 적지 않다면 회생절차에 반대하는 채권자들에게 회생계획의 효력을 미치게 하여도 반대하는 채권자들의 재산권을 본질적으로 침해한 것으로 볼 수는 없기 때문이다.

어느 시점을 기준으로 청산가치보장원칙이 충족되었는지를 판단할 것인가. 청산가치의 기준시에 관하여는 ① 회생절차개시시설, ② 회생계획인가시설, ③ 원칙적으로 개시시이지만 인가시까지 위법하지 않은 사정으로 자산이 감소한 경우는 그 기준시를 계획제출시 또는 인가시까지 조정하는 것이 가능하다는 절충설, ④ 각 시점에 청산가치보장원칙이 보장되지 않으면 안 된다는 판단시설 등이 있다. 청산가치보장원칙의 근거가 회생계획을 인가할 경제적 합리성에 있다고 보는 이상 청산가치보장원칙이 충족되고 있는지는 그 판단 시점인 인가결정시를 기준으로 하여야 한다.

(2) 내 용

회생계획을 인가하기 위해서는 각 도산채권자가 최소한 파산적 청산시의 배당액[19] 이상으로 변제받는 내용으로 회생계획이 작성되어야만 한다(제243조 제1항 제4

19) 청산시의 배당액을 산정할 때에는 파산절차가 고정주의를 전제로 하기 때문에 채무자가 장래에 취득

호 본문). 회생계획에 의한 채권자별 변제예정금액을 현재가치로 환산한 금액이 채권자별 청산가치 배분액과 최소한 동일하거나 이를 초과하여야 한다.

한편 청산가치보장원칙은 개별 채권자에 대한 변제액만이 아니라 모든 채권자들에 대한 변제액의 총액에 관하여도 충족되어야 한다는 견해가 있지만,[20] 제243조 제1항 제4호는 '각 채권자'에게 변제하는 것을 기준으로 하고 있고, 변제에 있어 최저한도 보장으로서의 성질상 개별 채권자에 대한 변제액만을 대상으로 한다고 할 것이다.[21]

5. 회생계획안의 내용

회생절차의 목적은 회생계획을 인가받아 성공적으로 수행하는 것이다. 회생계획은 채무자, 채권자, 주주 · 지분권자 사이의 협상 과정의 결과물이다. 이해관계가 있는 모든 채권자들은 회생계획에 투표를 한다. 다수 채권자의 동의를 얻지 못하는 한 법원으로부터 인가를 받기는 어렵다.

채권자들은 변형된 다수결의 원칙에 따라 투표를 한다. 필요한 다수의 동의를 얻으면, 동의한 조의 모든 채권자들은 구속된다. 단지 제한된 조건하에서만 권리보호조항을 정한 인가, 즉 강제인가(cram down)를 할 수 있고 채권자들의 반대를 극복할 수 있다. 결국 회생계획안의 내용은 채권자들과의 협상 내용을 기재한 것이라고 할 수 있다.

가. 회생계획안의 기재사항

(1) 필요적 기재사항(제193조 제1항, Mandatory Plan Provisions)

필요적 기재사항은 이를 기재하지 아니하면 회생계획안은 부적법하고 법원은 인가결정을 할 수 없다(제243조 제1항 제1호). 주로 권리의 변경과 변제방법에 관한 것이다.

필요적으로 기재하여야 할 사항으로는 ① 도산채권자, 주주 · 지분권자의 권리의 전부 또는 일부의 변경에 관한 조항, ② 공익채권의 변제에 관한 조항, ③ 채무의 변제자금의 조달방법에 관한 조항, ④ 회생계획에 있어서 예상된 액을 넘는 수익금의 용도에 관한 조항, ⑤ 알고 있는 개시후기타채권에 관한 조항이다(제193조 제1항).

할 수입은 고려하여서는 아니 된다(條解 民事再生法, 922쪽).

20) 회생사건실무(상), 693쪽.

21) 會社更生法, 672쪽. 미국 연방도산법은 제11장 절차에서 회생계획안의 인가요건으로 청산가치보장원칙을 규정하고 있다. 미국 연방도산법도 개별 채권자를 기준으로 청산가치보장원칙을 요구하고 있다.

(2) 임의적 기재사항(제193조 제2항 등, Optional Plan Provisions)

임의적 기재사항은 해당사항에 관한 조항을 정하지 않아도 회생계획이 부적법한 것으로 되는 것은 아니지만, 그러한 사항에 대하여 효력이 발생하도록 하기 위해서는 회생계획에서 정할 필요가 있다.[22] 기재하면 회생계획의 조항으로서 효력을 갖는다. 다만 제200조 내지 제216조의 임의적 기재사항을 회생계획에 포함시킬 경우에는 특별한 사정이 없는 한 제200조 내지 제216조가 규정하는 내용이 포함되어야 한다.[23] 임의적 기재사항이 필요 없으면(예컨대 조직변경이 필요 없는 경우) 해당 사항을 회생계획에 기재할 필요가 없다.

여기에 해당하는 것으로는 ① 담보의 제공과 채무의 부담에 관한 사항(제196조), 미확정 회생채권, 회생담보권의 조치에 관한 조항(제197조 제1항), ② 추후 보완신고의 종기 후의 부인권 행사로 부활될 채권이 신고될 경우에 관한 적당한 조치(제197조 제2항), ③ 변제한 회생채권에 관한 조항(제198조), ④ 분쟁이 해결 안 된 권리에 관한 조항(제201조), ⑤ 채무자(법인인 채무자, 주식회사, 회사 등)의 조직에 관한 기본적 사항 등이다.

임의적 기재사항은 이해관계인의 협상에 따라 회생계획에 포함시킬지를 선택할 수 있는 사항으로 주로 구체적인 이행 방법이다.

나. 출자전환

(1) 의 의

출자전환(Debt－Equity Swap)이란 채권자가 보유하고 있는 채권을 채무자의 주식으로 전환시켜 당해 기업의 금융비용을 절감시키는 한편, 영업을 계속 유지케 함으로써 그 결과 창출되는 미래현금흐름(Future Cash－flow)의 수익가치를 채권의 추심재원으로 변경시키는 것을 말한다.

주주가 주금을 납입함에 있어 금전으로 납입함이 원칙이나, 상계도 허용된다(상법 제421조 제2항).[24] 회생계획에 의한 출자전환도 가능한가. 회사와 합의에 의한 상계만을 허용할 경우 도산채권자가 그의 채권을 출자전환하는 것을 막게 되어 기업의 구조조정에 지장을 초래할 수 있다. 그리하여 제206조 제1항은 회생절차에서 회생계

22) 破産法・民事再生法, 988쪽.
23) 예컨대 만약 회생계획에 사채발행에 관한 제209조에 규정된 내용을 정하지 않고, 제193조 제2항 제5호에 따라 단순히 '관리인이 법원의 허가를 얻어 사채를 발행할 수 있다'라고만 규정한 경우에는, 회생계획이 인가되더라도 사채발행의 특례에 관한 제267조, 제268조, 제277조가 적용되지 않는다.
24) 2011년 상계에 의한 주금 납입을 금지하는 상법 제334조가 삭제됨으로써 상계 방식에 의한 주금 납입이 일반화되었다.

획에 의한 출자전환이 가능함을 명시하고 있다.

주식회사인 채무자가 도산채권자 또는 주주에 대하여 새로이 납입 또는 현물출자를 하게 하지 아니하고 신주를 발행하는 때에는 회생계획에 신주의 종류와 수, 신주의 배정에 관한 사항, 신주의 발행으로 인하여 증가하게 되는 자본과 준비금의 액, 신주의 발행으로 감소하게 되는 부채액 등 구체적인 사항을 정하여야 한다(제206조 제1항). 회생계획에 출자전환에 의해 신주를 발행할 것을 정한 경우에는 회생계획에서 특별히 정한 때를 제외하고 회생계획인가가 결정된 때에 주주가 된다(제265조 제1항).

출자전환은 채무자 입장에서는 채무변제를 위한 자금의 유출이 없어 채무면제와 동일한 효과를 누리면서도 법인세 부담이 이연될 수 있는 점에서 유리하다. 채권자 입장에서는 언젠가는 출자전환된 주식을 금전으로 환가할 가능성이 있고, 경우에 따라서는 지배주주로서 경영에 참가할 기회를 얻을 수도 있다는 점에서 회생계획안 작성 시에 자주 활용되고 있다.

주의할 것은 출자전환으로 채무면제익에 대한 과세 문제, 법인세법상 대손금 처리 여부, 부가가치세법상 대손세액공제 문제, 과점주주의 취득세(간주취득세) 납세의무 등 다양한 세법적인 쟁점이 있으므로 면밀한 검토가 필요하다.

(2) 법적 성격

회생절차에서 도산채권을 출자전환하기로 한 경우 그 법적 성격에 관하여, ① 도산채권에 갈음하여 신주를 받음으로써 도산채권이 소멸한다고 보는 대물변제설,[25] ② 도산채권 자체를 현물출자로 보는 현물출자설,[26] ③ 회생절차상의 특수한 채무소멸원인으로 보는 설[27]이 있다.

도산채권의 출자전환은 현물출자로 인한 신주발행을 규정하고 있는 제206조 제2항이 아닌 같은 조 제1항이 적용되므로 현물출자로 보기는 어렵고, 회생절차는 이해

25) 김용덕, "정리채권의 출자전환과 공동채무자의 채무소멸", 상사판례연구Ⅶ권(2007. 5.), 박영사, 432쪽.

26) 신필종, "정리채권의 출자전환과 보증채무의 소멸－대법원 2002. 1. 11. 선고 2001다64035 판결에 대한 비판적 고찰을 중심으로", 민사재판의 제문제 11권(2002. 12.), 331쪽.

27) 민정석, "기업개선작업절차에서의 출자전환의 법적성격 및 부진정연대채무자 중 1인이 한 상계 내지 상계계약의 효력", 사법 제15호(2011. 3.), 사법발전재단, 312쪽. 현물출자설은 신주인수대금의 납입 및 현물출자를 생략하고 이루어지는 출자전환에 대해서는 처음부터 그 적용의 여지가 없고, 기존채무에 대하여 신주를 발행하는 것을 마치 대물변제와 유사하게 볼 여지도 있다고 할 것이나, 회생회사 또는 제3자가 이미 소유하고 있던 주식을 채권자에게 양도하는 것이 아니고 신주를 발행하는 것인 점에서 전형적인 대물변제와는 상이하다는 측면을 고려하면, 신주인수대금의 납입 및 현물출자를 생략하고 이루어지는 출자전환은 기본적으로 회생절차상의 특수한 채무소멸원인이라고 보아야 한다. 대법원도 기업개선작업절차에서 이루어진 출자전환에 대하여 '채무자(기업)와 채권자(금융기관) 사이에 채무자가 채권자에게 주식을 발행하여 주고, 채권자의 신주인수대금채무와 채무자의 기존 채무를 같은 금액만큼 소멸시키기로 하는 내용의 상계계약 방식'이라고 하고 있다(대법원 2010. 9. 16. 선고 2008다97218 전원합의체 판결 참조).

관계인의 집단적 의사결정에 따라 개별채권자의 동의를 받지 않더라도 회생계획인가결정을 통하여 권리변경이 이루어지는 절차인데, 도산채권의 출자전환에 따른 신주발행의 경우 일반적으로 회생계획안에 "회생채권자가 주금을 신규로 납입하지 아니하고 채권액을 출자로 전환하는 경우 신주발행의 효력발생일에 변제로 갈음한다"고 정함과 동시에 신주의 발행으로 감소하게 되는 부채액을 기재하고 있으며, 채권자의 입장에서 도산채권에 갈음하여 채무자의 주식을 받는다는 측면에서 기발행주식과 신주를 달리 평가해야 할 이유가 없으므로, 회생계획에서 위와 같이 정하고 있는 이상 도산채권의 출자전환에 따른 신주발행의 법적 성격을 대물변제로 보는 것이 타당하다.

6. 회생계획안의 수정 · 변경

회생계획안은 작성 · 제출하는 데 시간적 제약이 있고, 제출 이후 이해관계인의 의견을 반영하여야 할 필요가 있거나(제226조, 제227조), 회생계획안의 불비를 보완하거나 경제사정의 변동 등으로 회생계획안을 수정 또는 변경할 필요가 있다.

회생계획안의 수정이란 회생계획안 심리를 위한 관계인집회가 종료되기 전(또는 제240조의 규정에 의한 서면결의에 부치는 결정이 있는 날)까지 할 수 있는 것으로 이해관계인에게 불리한 영향을 주는 내용의 변경까지도 가능한 것을 말한다(제228조).

회생계획안의 변경이란 회생계획안 심리를 위한 관계인집회가 종료된 후부터 회생계획안의 결의까지 사이에 이해관계인에게 불리한 영향을 주지 않는 범위에서 회생계획안을 변경하는 것을 말한다(제234조).

회생계획안의 수정 · 변경은 회생계획이 인가되기 전에 수정 · 변경되는 것이라는 점에서, 회생계획인가 시에 하는 변경(제244조, 권리보호조항을 정하고 회생계획을 인가하는 것, 이른바 강제인가) 및 회생계획인가 후에 하는 회생계획의 변경과 다르다.

가. 회생계획안의 수정

(1) 제출자에 의한 수정

회생계획안의 제출자는 회생계획안의 심리를 위한 관계인집회의 기일 또는 제240조의 규정에 의한 서면결의에 부치는 결정이 있는 날까지는 법원의 허가를 얻어 회생계획안을 수정할 수 있다(제228조). 수정은 제출한 회생계획안의 불비를 보충하고, 경제상황 등 변화에 대응하기 위하여 행하는 것이다.

회생계획안의 수정을 신청할 수 있는 자는 제출자에 한한다. 수정의 시기는 회생계획안 심리를 위한 관계인집회의 기일 또는 제240조의 규정에 의한 서면결의에 부치는 결정이 있는 날까지이다. 이렇게 시기적 제한을 둔 것은 이해관계인의 신뢰를 보호하기 위함이다.

수정할 내용에는 제한이 없다. 따라서 수정된 내용이 이해관계인에게 불리한 영향을 미치는지를 불문한다. 수정할 내용은 이해관계인에게 유·불리를 묻지 않지만 제출된 것과 본질적으로 다른 내용의 수정은 새로운 회생계획안의 제출로 보아야 한다.

회생계획안의 수정은 법원의 허가를 얻어야 한다. 법원은 직권으로 회생계획안을 수정할 수는 없다. 법원의 수정허가 또는 불허가에 대하여는 불복할 수 없다(제13조). 수정신청에 대하여 법원의 허가가 된 때에는 그 수정내용이 회생계획안의 일부가 된다.

(2) 법원의 수정명령

법원은 이해관계인의 신청에 의하여 또는 직권으로 회생계획안의 제출자에 대하여 회생계획안을 수정할 것을 명할 수 있다(제229조 제1항).

법원으로 하여금 수정명령을 할 수 있도록 한 것은 회생계획안을 제출하지 않은 이해관계인에게 수정명령의 신청권을 인정하기 위한 것이다.

나. 회생계획안의 변경

회생계획안 제출자는 도산채권자, 주주·지분권자에게 불리한 영향을 주지 않는 한 회생계획안 결의를 위한 관계인집회에서 법원의 허가를 얻어 회생계획안을 변경할 수 있다(제234조). 관계인집회 기일에서 아직 남아있는 회생계획안의 문제점을 해결하기 위하여 변경을 인정함으로써 회생계획안의 가결을 용이하게 하기 위하여 둔 규정이다.

회생계획안의 변경신청은 회생계획안 제출자만 할 수 있다. 변경할 수 있는 시기는 회생계획안 결의를 위한 관계인집회에서만 가능하다.

변경할 수 있는 내용도 도산채권자 등 이해관계인에게 불리한 영향을 미치지 않는 한도에서만 가능하다. 이 점이 회생계획안의 수정 및 회생계획의 변경과 다르다.

7. 회생계획안의 배제

회생계획안의 배제란 법원이 일정한 경우에 회생계획안을 관계인집회의 심리 또는 결의에 부치지 아니하는 것을 말한다(제231조). 회생계획안이 인가될 수 없음에도 오랫동안 절차가 진행되도록 하는 것은 적절하지 않기 때문에 그에 대한 적절한 조치를 취할 필요가 있거나 채무자의 재정적 파탄에 책임이 있는 이사 등이 회생절차를 악용하여 채무를 탕감받고 경영권을 회복하는 행위를 제한하기 위하여 둔 것이다.

회생계획안이 ① 회생계획안이 법률의 규정을 위반한 경우, ② 회생계획안이 공정하지 아니하거나 형평에 맞지 아니한 경우, ③ 회생계획안의 수행이 불가능한 경우에는 법원은 회생계획안을 관계인집회의 심리 또는 결의에 부치지 아니할 수 있다(제231조).

또한 회생절차개시에 중대한 책임이 있거나 해악을 끼친 채무자의 경영자나 그 특수관계인 등이 회생절차를 남용하여 정당한 채권자 등의 희생을 바탕으로 채무를 감면받은 후 다시 정상화된 기업을 인수하여 경영권을 회복하는 것을 방지하기 위하여 일정한 경우 임의적 또는 필요적으로 회생계획안을 배제하도록 하고 있다(제231조의2 제1항, 제2항).

회생계획안이 배제되면 그 회생계획안에 대하여는 그 후의 절차가 진행되지 않는다. 배제된 후에는 이에 대한 수정도 할 수 없다. 관계인집회의 심리 또는 결의에 부칠 회생계획안이 없게 되면 회생절차는 폐지된다(제286조 제1항 제1호).

Ⅱ. 회생계획의 확정

1. 회생계획안 심리 및 결의를 위한 관계인집회

회생계획은 채권자들의 결정을 통해 정당성을 부여받아야 한다. 이를 위해 법원은 회생계획안 심리 및 결의를 위한 관계인집회를 개최한다. 채권자들은 이들 집회를 통해 회생계획안의 승인 여부를 결정한다.

회생계획안 심리를 위한 관계인집회란 회생계획안 제출자가 회생계획안의 내용을 이해관계인에게 알리고, 이에 대한 이해관계인의 의견을 듣는 관계인집회를 말한다.

회생계획안 결의를 위한 관계인집회란 심리를 마친 회생계획안에 대하여 이해관계인들이 회생계획안에 대하여 동의를 하는지에 대하여 가결하는 관계인집회를 말한다.

일반적으로 신속한 절차의 진행을 위하여 대부분의 경우 회생계획안 심리를 위한 관계인집회와 결의를 위한 관계인집회는 물론 추후 보완신고된 도산채권에 대한 특별조사기일을 병합하여 실시하고 있다(제186조, 제39조의2 제2항 제4호).

2. 회생계획안에 대한 결의

가. 조의 분류

회생계획안에 대한 결의는 채무자회생법의 규정과 법원의 결정에 의하여 분류된 조별로 나누어 행하고(제236조 제1항), 모든 조에서 가결되었을 때 회생계획안이 가결된 것으로 된다. 회생절차에서 "조"란 회생계획안의 결의에 있어서 이해관계인에 의하여 구성되는 의결 단위를 말하는 것으로서 회생계획안의 작성에 있어서도 하나의 기준이 되는 단위이다.

관계인집회에서 회생계획안에 대하여 결의를 할 때는 다양한 이해관계인의 의견을 정확하게 반영하기 위하여 기준에 따라 분류된 조마다 결의를 하도록 하고 있다.

기본적인 조의 분류는 ① 회생담보권자(제1호), ② 일반의 우선권 있는 채권을 가진 회생채권자(제2호), ③ 일반 회생채권자(제3호), ④ 잔여 재산의 분배에 관하여 우선적 내용을 갖는 종류의 주식 또는 출자지분을 가진 주주 · 지분권자(제4호), ⑤ 그 밖의 주주 · 지분권자(제5호)로 분류하는 것을 원칙으로 하되, 법원은 그 권리의 성질과 이해관계를 고려하여 2개 이상의 호의 자를 하나의 조로 분류하거나, 하나의 호에 해당하는 자를 2개 이상의 조로 분류할 수 있다. 그러나 회생담보권자, 회생채권자, 주주 · 지분권자는 각각 다른 조로 분류하여야 한다(제236조 제1항 내지 제3항).[28)]

나. 의결권

의결권이란 회생계획안의 가부 결정과 관련하여 이해관계인들의 의사를 반영하기 위하여 부여된 것이다(제133조 제1항, 제141조 제1항, 제146조 제1항). 회생절차가 개시되면 이해관계인은 회생절차 중에 개별적인 권리행사를 할 수 없고, 의결권 행사에 의하여 자기에게 불리하다고 판단되는 회생계획안의 확정을 저지하여 유리한 회생계획안의 작성을 유도하거나 회생절차의 폐지를 도모할 수밖에 없다.[29)] 따라서 이해관계인에게 그 의결권의 범위와 의결권을 행사할 수 있는지는 상당히 중요한 의미를 갖는다.

---

28) 실무적으로는 회생담보권자조, 회생채권자조, 주주 · 지분권자조의 세 가지로 분류되는 경우가 대부분이다. 조 분류를 지나치게 세분화하면 소수(소액) 채권자에게 거부권을 부여하게 되는 부작용이 있다. 하지만 담보권자나 일반채권자들 사이에서도 이해관계가 다를 수 있는데, 실무처럼 3개의 조로만 분류하는 것이 적절한지는 검토가 필요해 보인다.

미국의 경우 서로 다른 이해관계를 갖는 채권자들은 같은 조로 분류할 수 없다. 그래서 담보물이 다르면 담보권자라도 조를 달리하여 분류한다. 또한 미국 연방도산법은 권리에 대한 불리한 변경이 있는 조가 1개 이상이 있고 그중 적어도 한 조가 회생계획안에 동의한 경우에는 법원은 반드시 강제인가를 하도록 규정하고 있다{§1129(b)(1)}. 그래서 DIP는 그가 제안하는 회생계획안의 동의 가능성을 조금이라도 높이는 방법으로 조를 구성한다. 결국 미국에서는 우리나라에 비하여 조를 세분하고 있다. 조 분류를 세분하면 할수록 부결될 가능성이 높지만, 오히려 강제인가를 통하여 회생계획안을 인가시키려는 의도로 조 분류를 세분화하고 있다. 채권자들은 DIP의 자의적 조 구성을 "gerrymandering"이라고 이에 대한 조치를 요구하고 있고(Elizabeth Warren, 150쪽), 학설과 판례는 이를 적절한 기준으로 제한하여야 한다는데 견해를 일치하고 있다.

29) 대법원 2005. 6. 15. 자 2004그84 결정 참조.

의결권은 회생절차 내에서만 인정되는 권리이고, 다툼이 있거나 확정되지 아니한 경우 법원이 재량으로 의결권의 액을 결정할 수 있는 것이므로 도산채권자에게 특정 액수의 의결권이 부여되더라도 그가 가지는 실체법적인 권리의 존부 및 내용까지 확정되는 것은 아니다. 반대로 의결권이 부여되지 않았다고 하더라도 실체법적으로 권리가 부존재하게 되는 것은 아니다.

(1) 의결권의 범위

① 회생채권자는 그 채권액에 따라 의결권을 가진다. 다만 비금전채권 등 제134조 내지 제138조에 규정된 채권은 그 규정에 의하여 산정한 금액에 따라 의결권을 가진다(제133조 제2항). 여기서 '채권액'이란 금전채권에서 급부의 목적인 금전의 액수를 말한다. 그리고 위 금액은 국내 통화(원화)로 표시된 것이다.

② 회생담보권자는 그 담보권의 목적의 가액에 비례하여 의결권을 가진다. 다만 피담보채권액이 담보권의 목적의 가액보다 작은 때에는 그 피담보채권액에 비례하여 의결권을 가진다(제141조 제5항). 회생담보권자는 담보목적물과 피담보채권액이라는 두 가지 요소에 의하여 의결권이 정해진다. 회생담보권의 경우에도 의결권의 평가액으로 산정한 금액에 따라 의결권을 가진다(제141조 제6항).

③ 주주·지분권자는 그가 가진 주식 또는 출자지분의 수 또는 액수에 비례하여 의결권을 가진다(제146조 제2항). 한편 의결권은 회생절차 내에서의 절차적 권리이기 때문에 상법상 의결권이 없거나 제한되는 종류주식을 가진 주주(상법 제344조의3)라 하더라도 회생절차에서 의결권이 부여될 수 있다.

(2) 의결권의 행사

도산채권자, 주주·지분권자가 의결권을 행사하기 위해서는 목록 기재로 신고 간주되어 있거나(제147조, 제151조), 도산채권 등을 신고하여야 한다. 도산채권 등의 신고를 회생절차 참가의 요건으로 하고 있기 때문이다(제148조 제1항, 제149조 제1항, 제150조 제1항).

(가) 의결권이 확정된 도산채권자의 의결권 행사

확정된 도산채권을 가진 도산채권자는 그 확정된 액이나 수에 따라 의결권을 행사할 수 있다(제188조 제1항). '확정된 도산채권'이란 조사절차에서 ① 채권의 존부 및 내용과 ② 의결권의 액수에 대하여 조사기간 안(제161조 제1항)이나 특별조사기일(제164조 제2항)에 이의가 없어 신고되거나 목록에 기재된 대로 확정된 도산채권을 말한다.

(나) ① 의결권이 미확정인 도산채권자와 ② 주주 · 지분권자의 의결권 행사

조사절차에서 도산채권자의 채권의 존부 및 내용 또는 의결권의 액수에 대하여 이의가 제기된 경우 의결권은 미확정인 상태가 된다. 한편 주주 · 지분권은 조사절차에서 조사대상이 아니므로 주주 · 지분권자에 대하여는 의결권 확정의 여지가 없다.

① 의결권이 미확정인 도산채권자와 ② 주주 · 지분권자의 의결권은 관계인집회에서 의결권에 대한 이의(제187조)가 제기되었는지에 따라 다르게 결정된다.

1) 관계인집회에서 의결권에 대한 이의가 없는 경우

조사절차에서 도산채권의 존부 및 내용 등에 관하여 이의가 제기되어 의결권이 미확정인 도산채권자라고 하더라도 관계인집회에서 이의(제187조)가 없는 경우 목록 기재나 신고된 액수만큼 의결권을 행사할 수 있다(규칙 제68조 제1항).[30] 이의 없는 의결권을 가진 주주 · 지분권자는 목록에 기재되거나 신고한 액이나 수에 따라 의결권을 행사할 수 있다(제188조 제1항).

2) 관계인집회에서 의결권에 대한 이의가 있는 경우

이의있는 권리에 관하여는 법원은 의결권을 행사하게 할 것인지와 의결권을 행사하게 할 액 또는 수를 결정한다(제188조 제2항).

(다) 의결권의 포기

의결권은 도산채권자 등의 권리이기 때문에 포기하는 것도 가능하고, 포기한 경우에는 그 의결권은 의결권 총액(제237조)으로부터 공제된다.

(3) 의결권에 대한 이의와 확정

관리인과 목록에 기재되어 있거나 신고한 도산채권자, 주주 · 지분권자는 관계인집회에서 도산채권자, 주주 · 지분권자의 의결권에 관하여 이의를 진술할 수 있다(제187조 본문). 그러나 채권조사절차에서 확정된 도산채권을 가진 도산채권자의 의결권에 관하여는 이의를 진술할 수 없다(제187조 단서).

법원은 의결권에 대하여 이의가 있는 경우 그 권리에 관하여 의결권을 행사하게 할 것인지와 의결권을 행사하게 할 액 또는 수를 결정한다(제188조 제2항). 이러한 법원의 결정은 권리의 실체적 내용까지 확정짓는 것은 아니고 단지 회생절차 내에서 절차적인 효력을 가지는 것에 불과하므로 법원은 이해관계인의 신청에 의하거나 직권으로 언제든지 의결권에 관한 결정을 변경할 수 있다(제188조 제3항).

---

30) 대법원 2014. 2. 21. 자 2013마1306 결정 참조.

제187조 본문의 의결권에 대한 이의는 도산채권에 대한 조사절차에서의 이의(제161조 제1항, 제164조 제2항)와 다르다. 전자는 의결권의 존부나 액에 관한 것이므로 이의의 유무는 도산채권의 실체적인 권리의 확정에 영향을 미치지 못한다. 도산채권의 실체적인 권리 내용은 채권조사확정재판 등 도산채권의 확정절차에 의해 확정된다.

(4) 의결권이 없거나 의결권을 행사할 수 없는 자

(가) 채무초과 상태에 있는 주주 · 지분권자

회생절차개시 당시 채무자의 부채 총액이 자산 총액을 초과하는 경우에는 주주 · 지분권자는 회생계획안에 대하여 의결권을 가지지 못한다. 회생계획인가 후에 변경회생계획안을 제출할 당시 채무자의 부채 총액이 자산 총액을 초과하는 때에도 주주 · 지분권자는 그 변경회생계획안에 대하여 의결권을 가지지 못한다. 반면 변경회생계획안을 제출할 당시 채무자의 자산총액이 부채총액을 초과한 때에는 의결권을 가진다(제146조 제3항, 제4항).

여기서 '부채'란 대차대조표상의 부채 총액을 말하는 것이 아니라 현실화될 보증채무 등을 포함한 채무자의 '채무' 총액을 말한다.

(나) 부당한 의결권자

법원은 권리취득의 시기, 대가 그 밖의 사정으로 보아 의결권을 가진 도산채권자, 주주 · 지분권자가 결의에 관하여 재산상의 이익을 수수하는 등 부당한 이익을 얻을 목적으로 그 권리를 취득한 것으로 인정되는 때에는 그에 대하여 그 의결권을 행사하지 못하게 할 수 있다(제190조 제1항, 제191조 제4호).

법원은 이러한 처분을 하기 전에 그 의결권자를 필요적으로 심문하여야 한다(제190조 제2항). 의결권자에게 심문의 기회를 부여하는 것으로 충분하고 반드시 의결권자가 심문기일에 출석하여 의견을 진술하여야 하는 것은 아니다.

부당한 이익이란 이해관계인의 무지에 편승하여 부당하게 권리를 취득한다거나 회생계획안의 성립을 원하는 관리인이나 이해관계인을 곤란하게 만들어 이들로부터 계획 외에서 얻는 금전 기타 이익을 말한다.

(다) 법률의 규정에 의하여 의결권을 행사할 수 없는 자

① 회생계획으로 그 권리에 영향을 받지 아니하는 자, ② 회생절차개시 전의 벌금, 과료, 형사소송비용, 추징금 및 과태료 청구권을 가진 자(제191조 제2호, 제140조 제1항), ③ 조세 등의 청구권자(제191조 제2호, 제140조 제2항), ④ 회생절차개시 후의 이자, 회생절차개시 후의 불이행으로 인한 손해배상금 및 위약금, 회생절차 참가비

용의 청구권을 가진 자(제191조 제3호, 제118조 제2호 내지 제4호), ⑤ 법원의 결정에 의해 의결권이 없게 되거나 의결권이 배제된 자(제191조 제4호, 제188조, 제190조), ⑥ 권리보호조항에 의하여 보호되는 자(제191조 제5호, 제244조 제2항)는 의결권을 행사하지 못한다(제191조).

① 내지 ④는 법률상 당연한 효과로서, ⑤는 제188조 제2항 또는 제190조의 재판의 효과로서 각 의결권이 부정된다. ⑥은 제244조 제2항의 재판의 효과로서 의결권이 부정된다.

의결권을 행사할 수 없는 자에게는 관계인집회기일을 통지할 필요가 없고(제182조 제2항), 회생계획안 가결을 위해 필요한 법정 다수의 계산에도 이들 의결권의 액 또는 수는 산입되지 않는다. 다만 회생계획의 인부결정에 대한 즉시항고는 제기할 수 있다(제247조 제2항).

(5) 의결권의 행사방법

의결권은 원칙적으로 관계인집회에서 행사되는 것이다(제187조 내지 제192조). 다만 예외적으로 법원의 결정에 의해 서면결의에 의한 방법으로 행사될 수도 있다(제240조 제5항, 제6항).

도산채권자, 주주·지분권자는 대리인에 의하여 그 의결권을 행사할 수 있다(제192조 제1항 전문). 대리인의 자격은 변호사로 국한하지 아니하고 소송능력이 있는 자이면 누구나 대리인으로 될 수 있다. 대리인은 대리권을 증명하는 서면을 제출하여야 한다(제192조 제1항 후문).

회생계획안의 결의를 함에 있어 의결권자가 자기의 의결권 전액에 대하여 찬성 또는 반대의 의사를 하나로 표시하지 않고, 이를 나누어 행사할 수 있다(제189조 제1항). 다만 의결권 불통일 행사의 유무를 법원이 사전에 파악함으로써 결의 업무를 원활히 진행하기 위하여 의결권자는 관계인집회 7일 전까지 법원에 그 취지를 서면으로 신고하여야 한다(제189조 제2항).

다. 회생계획안 가결 절차

(1) 가결요건

법원이 최종적으로 회생계획안을 인가하기 위해서는 회생계획안이 관계인집회에서 가결되어야 한다. 회생계획안이 가결되기 위해서는 제237조 소정의 가결요건을 충족할 수 있는 법정 다수에 해당하는 이해관계인의 동의가 있어야 한다. 도산채권자, 주주·지분권자 전원의 동의가 아니더라도 회생계획안이 법정 다수의 동의로 가결되고 법원이 인가하면, 도산채권자 등의 권리는 회생계획안에 반대한 도산채권자 등이 가지고 있는 채권을 포함하여, 모두 회생계획에서 정하는 바에 따라 변경되는 것이다(제252조 제1항). 결국 도산채권자 등이 가진 채권은 헌법에서 보장된 불가침의 재산권이지만 「채무자 또는 그 사업의 효율적인 회생」이라는(제1조) 공공복리를 실현하기 위해서, 권리자인 도산채권자 등의 의사에 반하여도 그 재산권을 제약할 수 있다는 것을 헌법이 용인하고 있는 것이다(헌법 제23조). 이것이 회생절차에서 다수결원리가 인정되는 근거이다.

관계인집회에서의 회생계획안에 대한 동의 또는 부동의의 의사표시는 조(회생담보권자조, 회생채권자조, 주주·지분권자조)를 단위로 하는 일종의 집단적 화해의 의사표시로서 재판절차상의 행위이고 이해관계인 사이에 일체 불가분적으로 형성되는 집단적 법률관계의 기초가 되는 것이어서 내심의 의사보다 표시를 기준으로 하여 효력 유무를 판정하여야 한다. 따라서 민법 제107조 이하 의사표시의 하자에 관한 규정은 적용 또는 유추적용될 수 없다.[31)]

회생계획안은 분류된 모든 조에서 가결요건을 충족하여야 한다. 따라서 한 개의 조에서라도 가결요건이 충족되지 아니하면 회생계획안은 원칙적으로 부결된 것으로 처리하여야 한다.

회생계획안의 결의에 있어서는 의결권 총액(총수)만이 요건이고, 권리의 종류에 따라 조를 분류하여 각 조에 있어 다수결요건에 차이가 있다. 이것은 채무자의 재산에 대하여 각 권리자가 가지는 이익의 차이를 중시한 것이다.

(가) 회생채권자의 조

회생채권자의 조에 있어서는 그 조에 속하는 의결권의 총액의 3분의 2 이상에 해당하는 의결권을 가진 자의 동의가 필요하다(제237조 제1호).

(나) 회생담보권자의 조

회생담보권자의 조는 회생계획안의 내용에 따라 그 가결요건이 다르다.

① 채무자의 존속, 합병 등 사업의 계속을 내용으로 하는 회생계획안을 제출한 경우

의결권을 행사할 수 있는 회생담보권자의 의결권의 총액의 4분의 3 이상에 해당하는 의결권을 가진 자의 동의가 있어야 한다(제237조 제2호 가목).

---

31) 대법원 2014. 3. 18. 자 2013마2488 결정.

② 법원의 허가를 얻어 청산(영업의 전부 또는 일부의 양도, 물적 분할을 포함한다)을 내용으로 하는 계획안을 제출한 경우

의결권을 행사할 수 있는 회생담보권자의 의결권의 총액의 5분의 4 이상에 해당하는 의결권을 가진 자의 동의가 있어야 한다(제237조 제2호 나목).

(다) 주주 · 지분권자의 조

의결권을 '행사하는' 주주 · 지분권자의 의결권의 총수의 2분의 1 이상에 해당하는 의결권을 가진 자의 동의가 있어야 한다(제237조 제3호). 여기서 의결권을 행사하는 주주 · 지분권자란 관계인집회기일 또는 서면결의시 실제로 결의에 참가하여 의결권을 행사하는 주주 · 지분권자를 의미한다.

(2) 결의의 시적 제한

회생계획안의 가결은 회생계획안 결의를 위한 관계인집회의 제1기일부터 2월 이내에 하여야 한다(제239조 제1항). 기산점이 되는 제1기일은 회생계획안의 결의를 위한 관계인집회로 최초로 지정된 기일을 말한다. 법원은 필요하다고 인정하는 때에는 계획안제출자의 신청에 의하거나 직권으로 위 기간을 늘일 수 있으나,[32] 그 기간은 1월을 넘지 못한다(제239조 제2항).

회생계획안의 가결은 회생절차개시일부터 1년 이내에 하여야 한다. 다만, 불가피한 사유가 있는 때에는 법원은 6월의 범위 안에서 그 기간을 늘일 수 있다(제239조 제3항). 결국 회생계획안은 회생절차개시일로부터 늦어도 1년 6개월 이내에 가결되어야 한다.

3. 회생계획안이 가결되지 않았을 경우의 처리

회생계획안 결의를 위한 관계인집회에서 회생계획안이 가결되지 못한 경우 ① 기일을 속행하는 방법(제238조), ② 권리보호조항을 정하여 회생계획을 인가하는 방법(제244조), ③ 회생절차를 폐지하는 방법(제286조 제1항 제2호)이 있다. ①과 ③은 모든 조에서 가결요건을 갖추지 못한 경우에 사용할 수 있고, ②는 적어도 하나의 조에서는 가결요건을 갖춘 경우에 사용할 수 있는 방법이다. 한편 ①과 ② 및 회생계획안의 변경은 회생계획안이 가결되지 못하더라도 가능한 한 계획안이 가결될 수 있도록 하기 위한 제도이다.

32) 실무적으로 연장결정을 하는 경우는 흔하지 않다.

가. 기일의 속행

결의를 위한 관계인집회에서 회생계획안이 가결되지 않아 기일을 속행하기 위해서는 각 조에서 법정 다수의 동의가 있어야 한다. ① 회생채권자조에 있어서는 의결권 총액의 3분의 1 이상에 해당하는 의결권을 가진 자, ② 회생담보권자조에 있어서는 의결권을 행사할 수 있는 회생담보권자의 의결권 총액의 2분의 1 이상에 해당하는 의결권을 가진 자, ③ 주주·지분권자의 조에 있어서는 의결권을 실제로 행사하는 주주·지분권자의 의결권 총수의 3분의 1 이상에 해당하는 의결권을 가진 자의 동의가 있어야 한다(제238조).

나. 권리보호조항을 정한 회생계획인가

회생계획안이 가결되지 못했더라도 법원이 직권으로 계획안을 변경하여 회생계획을 인가할 수 있다(제244조). 아래 〈**4. 다.**〉 참조.

다. 회생절차의 폐지

결의를 위한 관계인집회에서 회생계획안이 부결된 경우에 더 이상 기일을 속행하지 못하고 권리보호조항을 정하여 인가할 여지도 없다면 채무자에 대한 회생절차를 폐지하여야 한다(제286조 제1항 제2호).

4. 회생계획의 인가

회생계획의 효력이 발생하기 위해서는 회생계획안 결의를 위한 관계인집회에서 법정 다수의 동의에 의해 가결되는 것으로 충분하지 않고 법원에 의한 인가가 필요하다. 그 이유는 다음과 같다. ① 회생절차에서는 절차에 참여하지 않고 회생계획에 채권자로 기재되지 않는 권리자의 권리는 소멸하고, 절차에 참여한 권리자의 권리도 회생계획안에 동의 여부를 묻지 않고 회생계획에서 정한 내용으로 변경된다(제251조, 제252조). ② 회생절차는 회생담보권자, 회생채권자, 주주 등 서로 다른 실체적 권리를 가진 자를 강제적으로 절차에 참여시키기 때문에 그 사이의 이해관계를 조정할 필요가 있고, 나아가 회생계획안의 내용은 채무자의 회생계획이라는 고도의 전문적인 판단을 필요로 하므로 회생계획안에 반대하는 소수자의 이익을 적절히 보호할 필요가 있다. ③ 수행불가능한 회생계획안을 수행함으로써 비용, 노력, 시간을 허비할 수도 있는 이해관계인의 불이익을 방지할 필요가 있기 때문에, 법원은 관계인집회에서 가결된 회생계획안이 절차, 내용면에서 적법한 것인지에서 나아가, 다양한

권리자 사이의 공정·형평하고 수행가능한 것인지를 후견적 견지에서 재심사해야 한다.[33]

가. 회생계획의 인가요건

회생계획안이 가결되었더라도 회생계획의 인가요건을 갖추지 못한 경우에는 회생계획을 인가할 수 없다. 회생계획이 인가요건을 갖추었는지 여부를 판단하는 기준시점은 인부결정을 하는 시점, 즉 인가시를 기준으로 하여야 하는 것이 원칙이다.[34] 다만 인부결정에 대해 즉시항고가 제기된 경우에는 항고심이 속심이므로 항고심의 결정시이고,[35] 환송심에서는 환송심의 인부결정시이다. 인가요건의 존부는 법원의 직권조사사항이다.[36] 따라서 인부결정을 하기까지 나타난 모든 자료를 인가요건에 대한 판단자료로 삼을 수 있다(제12조 제2항 참조).

(1) 적극적 요건

법원은 아래의 요건을 구비하고 있는 경우에 한하여 회생계획인가의 결정을 할 수 있다(제243조 제1항). 회생계획인가의 요건을 엄격하게 규정하고 있는 취지는 회생절차에 있어서는 우선순위가 다른 채권자들끼리의 결의에 의하여 권리변경이 이루어지므로 회생계획의 내용이 각 이해관계인 사이에 공정·형평하게 이루어질 수 있도록 함과 동시에 회생제도의 목적인 채무자 또는 그 사업의 효율적인 회생을 달성할 수 있도록 하려는 것이다.[37]

① 회생절차 또는 회생계획이 법률의 규정에 적합할 것(제1호)
② 회생계획이 공정하고 형평에 맞아야 하며 수행이 가능할 것(제2호)
③ 회생계획에 대한 결의를 성실·공정한 방법으로 하였을 것(제3호)
④ 청산가치보장원칙을 충족시킬 것(제4호 본문)

채권자가 동의한 경우는 청산가치보장원칙이 지켜지지 않아도 된다(제4호 단서).

⑤ 합병 또는 분할합병을 내용으로 한 회생계획에 관하여는 다른 회사의 주주총회 또는 사원총회의 합병계약서 또는 분할합병계약서의 승인결의가 있었을 것(제5호 본문)
⑥ 회생계획에서 행정청의 허가·인가·면허 그 밖의 처분을 요하는 사항은 행정청의 의견과 중요한 점에서 차이가 없을 것(제6호)

---

33) 會社更生の實務(下), 305~306쪽.
34) 대법원 2018. 5. 18. 자 2016마5352 결정.
35) 대법원 2016. 5. 25. 자 2014마1427 결정.
36) 대법원 2018. 5. 18. 자 2016마5352 결정, 대법원 2014. 2. 21. 자 2013마1306 결정.
37) 대법원 2018. 5. 18. 자 2016마5352 결정, 대법원 2016. 5. 25. 자 2014마1427 결정, 대법원 2000. 1. 5. 자 99그35 결정 참조.

⑦ 주식의 포괄적 교환을 내용으로 하는 회생계획에 관하여는 다른 회사의 주주총회의 주식의 포괄적 교환계약서의 승인결의가 있을 것(제7호 본문)

(2) 소극적 요건

회생계획안이 ① 채무자의 영업, 사업, 중요한 재산의 전부나 일부의 양수, ② 채무자의 경영권을 인수할 목적으로 하는 주식 또는 출자지분의 양수, ③ 채무자의 주식의 포괄적 교환, 주식의 포괄적 이전, 합병 또는 분할합병(이하 '영업양수 등'이라 한다)의 어느 하나에 해당하는 행위를 내용으로 하는 경우로서 일정한 요건을 모두 충족하는 경우에는 법원은 회생계획을 불인가할 수 있다(제243조의2 제1항).

회생계획안이 영업양수 등의 어느 하나에 해당하는 행위를 내용으로 하는 경우로서 그 행위를 하려는 자 또는 그와 대통령령으로 정하는 특수관계에 있는 자가 일정한 요건에 해당하는 경우에는 법원은 회생계획안을 불인가하여야 한다(제243조의2 제2항).

나. 회생계획인가 여부 결정

(1) 가결요건을 갖춘 경우

관계인집회에서 회생계획안을 가결한 때에는 법원은 회생계획인가의 요건을 갖추고 있는지를 심사하여 그 기일에 또는 즉시로 선고한 기일에 회생계획의 인가 여부에 관하여 결정을 하여야 한다(제242조 제1항).[38] 회생계획의 인가 여부의 기일을 정하는 결정은 선고를 한 때에는 공고와 송달을 하지 아니할 수 있다(제242조 제3항).

회생계획안이 가결되면 회생절차의 근본 규범으로서 회생계획이 성립하지만, 그 효력은 법원의 인가결정이 있어야 발생한다(제246조). 따라서 회생계획안의 가결은 회생계획의 성립요건이고, 인가결정은 효력발생요건이다.

(2) 가결요건을 갖추지 못한 경우

회생계획안이 관계인집회에서 가결요건을 갖추지 못하면, 속행된 경우를 제외하고 법원은 회생절차를 폐지할 것인지(제286조 제1항 제2호), 권리보호조항을 정하여 회생계획을 인가할 것인지(제244조)를 결정하여야 한다.

---

38) 실무적으로 회생계획안을 관계인집회의 결의에 부치기 전에 법원이 미리 회생계획인가요건까지도 심사를 마친 후 회생계획안이 관계인집회에서 가결되면 바로 그 자리에서 회생계획을 인가하는 결정을 선고하고 있다.

다. 권리보호조항을 정한 회생계획인가

(1) 의의 및 취지

권리보호조항제도란 비록 회생계획안이 일부 조에서 법정 다수의 동의를 얻지 못하여 가결요건을 충족시키지 못하였다고 하더라도 법원이 직권으로 가결요건을 충족시키지 못한 권리자들의 권리를 보호하는 조항을 정하고, 회생계획을 인가하는 제도를 말한다(제244조). 실무적으로 권리보호조항을 정하여 인가하는 것을 강제인가(cram down)라 한다.

도산채권자나 주주 등 이해관계인이 확실하게 파악할 수 있는 것은 채무자 회사의 재산 중 담보목적물의 가치 또는 일반재산의 청산가치, 즉 담보권의 실행에 의하여 실현할 수 있는 이익이나 파산배당액 또는 잔여재산분배에 의한 이익이기 때문에, 이것에 상당하는 액 또는 그것과 등가의 이익을 도산채권자 등이나 주주 등에게 부여한다면, 부동의한 조에 속한 이해관계인의 이익을 본질적으로 침해하지 않는다는 것이 권리보호조항의 취지이다.[39]

권리보호조항을 정하여 회생계획을 인가할 것인지는 법원의 재량에 속하는 사항이므로, 법원이 권리보호조항을 정하여 회생계획을 인가하지 않았음을 이유로 항고할 수는 없다.[40]

권리보호조항제도는 법원이 직권으로 회생계획안을 변경할 수 있는 유일한 제도이다. 강제인가는 청산되는 기업보다 회생되는 기업의 수를 늘려줌과 동시에 회생절차에 대한 선호도를 높여준다.[41]

(2) 요 건

① 일부 조의 부동의

권리보호조항을 설정하기 위해서는 적어도 1개 조에서 가결요건을 갖추어야 한다. 모든 조에서 가결요건을 갖추지 못한 경우에는 권리보호조항을 설정할 수 없고 회생절차를 폐지하여야 한다(제286조 제1항 제2호).

---

39) 會社更生法, 678쪽.
40) 대법원 2014. 3. 18. 자 2013마2488 결정 참조.
41) 실무적으로 채무자의 부실채권(NPL)을 인수한 유동화전문회사 등이 과다한 변제를 요구하면서 회생계획에 반대하거나 회생담보권자 조(회생담보권자가 반대하는 것은 회생계획이 부결될 경우 담보권을 실행할 수 있다는 점을 염두에 두기 때문이다)에서 반대하는 경우가 종종 있다. 이러한 경우 법원으로서는 강제인가를 설득의 도구로 잘 활용하면 원만하게 회생절차를 진행할 수 있을 것이다.

② 권리보호조항의 설정

권리보호조항은 가결요건을 갖추지 못한 조의 권리자 전원에 대하여 정한 것이어야 한다. 반대한 특정의 권리자에 대하여만 정하여서는 안 된다. 정해야 하는 권리보호조항의 내용은 동의를 하지 않았던 권리의 종류에 따라 다르다(제244조 제1항).

③ 인가요건의 충족

권리보호조항을 설정한 경우에도 회생계획의 적극적 요건(제243조)과 소극적 요건(제243조의2)은 충족되어야 한다. 강제인가는 모든 조에서 가결요건을 갖추어야 한다는 조건을 제외하고 나머지 인가 요건들은 모두 충족되어야 한다.

이와 관련하여 모든 조에서 가결요건을 갖추었지만 적극적 요건(제243조)을 갖추지 못한 경우에도 강제인가를 할 수 있는지이다.[42] 모든 조에서 가결요건을 갖추었으나, 회생계획의 적극적 요건(제243조)을 갖추지 못한 경우에도 적극적 요건에 맞는 권리보호조항을 정하여 인가할 수 있다.[43]

5. 회생계획인가 여부 결정에 대한 불복

회생계획인가 여부의 결정에 대하여는 즉시항고의 방법으로 불복할 수 있다(제247조 제1항). 회생계획인가 여부의 결정은 회생절차의 핵심인 회생계획을 수행할 것인지 아니면 회생절차를 종료시킬 것인지를 결정함으로써 채무자 및 그 이해관계인에게 매우 커다란 영향을 미치는 중요한 재판이다. 따라서 회생계획인가 여부의 결정에 대하여는 즉시항고의 방법으로 불복할 수 있도록 하고 있다.

가. 즉시항고권자

회생계획인가 여부의 결정에 대하여 즉시항고를 할 수 있는 자는 그 재판에 대하여 법률상 이해관계를 가지고 있는 자이다(제13조 제1항). 여기서 '이해관계'는 '법률상 이해관계'를 의미하는 것이므로, 결국 회생계획인가결정에 대하여 즉시항고를 할 수 있는 자는 그 회생계획의 효력을 받는 지위에 있는 자로서 회생계획의 효력발생에 따라 자기의 이익이 침해되는 자라고 할 것이다.[44] 따라서 공익채권자,[45] 벌금 등 청구권자(제140조 제1항)는 즉시항고권이 없다.

---

42) 제244조는 동의하지 않는 조가 있는 경우의 강제인가에 대하여만 규정하고 있기 때문이다.
43) 대법원 2000. 1. 5. 자 99그35 결정 참조.
44) 대법원 2008. 6. 17. 자 2005그147 결정, 대법원 2006. 1. 20. 자 2005그60 결정 참조.
45) 대법원 2016. 2. 18. 자 2015다10868, 10875 결정, 대법원 2006. 3. 29. 자 2005그57 결정, 대법원 2006. 1. 20. 자 2005그60 결정 등 참조.

나. 항고심의 재판과 회생계획의 수행

(1) 회생계획의 수행

회생계획인가결정에 대한 즉시항고는 회생계획의 수행에 영향을 미치지 아니한다(제247조 제3항). 회생계획은 인가결정이 있은 때부터 효력이 발생하고(제246조),[46] 민사소송법상의 즉시항고와는 달리 집행정지의 효력을 인정하지 않음으로써 인가결정의 확정을 기다리지 않고 회생계획을 수행할 수 있다.

(2) 회생계획수행정지가처분

회생계획인가결정에 대한 즉시항고는 집행정지의 효력이 없는 것이 원칙이므로[47] 경우에 따라서는 항고심에서 항고가 인용되더라도 항고인에게 회복할 수 없는 손해를 입힐 수 있다. 그렇다면 결국 인가결정에 대한 불복신청을 허용하는 것이 무의미하게 되므로 엄격한 요건 아래 회생계획수행정지의 가처분제도를 두고 있다.

항고법원 또는 도산계속법원은 항고가 이유 있다고 인정되고 회생계획의 수행으로 생길 회복할 수 없는 손해를 예방하기 위하여 긴급한 필요가 있음을 소명한 때에는 신청에 의하여 항고에 관하여 결정이 있을 때까지 담보를 제공하게 하거나 담보를 제공하게 하지 아니하고 회생계획의 전부나 일부의 수행을 정지하거나 그 밖에 필요한 처분을 할 수 있다(제247조 제3항 단서).

(3) 항고심의 재판

항고법원은 항고가 이유 없는 경우에는 항고기각의 결정을 하고, 항고가 이유 있는 경우에는 원결정을 취소하는 결정을 한다. 물론 항고권 없는 자에 의한 항고와 같이 부적법한 항고에 대하여는 항고각하의 결정을 한다.

회생계획이 인가요건을 충족하고 있는지는 인가시를 기준으로 하는 것이 원칙이나, 즉시항고가 제기된 경우에는 항고심의 속심적 성격에 비추어 항고심 결정 시를 기준으로 판단하여야 한다. 그런데 이는 항고심이 인가결정 당시의 회생법원의 고려사항과 다르게 회생계획인가 이후에 변동된 사정이 없는지를 심리하여 인가결정의 당부를 판단하라는 취지이므로, 항고심이 회생법원의 회생계획인가결정 당시에 예정

---

46) 회생계획은 인가결정이 있는 때부터 효력이 발생하고, 인가결정에 대해 즉시항고가 있다고 하여도 원칙적으로 회생계획의 수행에 영향을 미치지 않는다. 이는 인가결정을 할 때 법원의 후견적 기능이 적극적으로 요구되어 항고심에서 인가결정이 취소되는 경우는 적다는 구조에서 나온 것이다.

47) 즉시항고가 제기되어도 회생계획인가 또는 회생계획불인가의 확정은 차단되지만, 이미 인가된 회생계획의 효력발생을 방해하지는 않는다(제246조). 따라서 회생계획의 수행에 영향을 미치지 않는다. 반면 회생계획불인가결정은 확정된 때 효력이 발생한다.

되어 있던 회생계획의 수행결과까지 고려하여 회생계획 인가요건의 충족 여부를 판단하여야 하는 것은 아니다.[48)]

다. 회생계획인부결정의 확정

회생법원의 인부결정은 일반원칙에 따라 ① 즉시항고기간의 도과, ② 즉시항고에 대한 각하 또는 기각 결정의 확정 또는 ③ 재항고기간의 도과나 재항고에 대한 각하 또는 기각 결정에 의하여 확정된다.

6. 회생계획인가결정의 효력

가. 효력발생시기

회생계획은 인가결정이 있는 때로부터 효력이 발생한다(제246조). 회생절차의 신속한 처리를 위하여 확정을 기다리지 않고 인가결정이 있는 때에 효력이 발생하도록 한 것이다.[49)]

나. 면책 및 권리의 소멸

(1) 의의 및 취지

회생계획인가결정이 있으면, 관리인의 잘못으로 확정된 권리가 누락되는 등의 특별한 사정이 없는 이상 신고된 채권인지 신고되지 않은 채권인지를 불문하고 채무자는 회생계획이나 채무자회생법의 규정에 의하여 인정된 권리를 제외한 모든 도산채권에 관하여 그 책임을 면하며,[50)] 주주·지분권자의 권리와 채무자의 재산상에 있던 모든 담보권은 소멸한다(제251조 본문 참조).

실권제도는 회생절차를 통하여 채무자에 대한 권리자들에게 그동안 절차 참여의 기회를 보장하였음에도 절차에 참여하지 아니한 권리자는 보호할 가치가 없다는 점과 뒤늦게 권리를 주장하고 나서는 권리자로 인하여 회생계획의 수행이 불가능하게 된다는 점을 감안하여 마련된 것이다.[51)] 이러한 실권제도는 공공의 복리를 위하여 헌법상 허용이 필요하고 합리적인 재산권의 제한을 정한 것이므로 헌법에 위배되지

48) 대법원 2016. 5. 25. 자 2014마427 결정 참조.

49) 회생계획인가결정의 확정시가 아닌 결정시에 효력이 발생하도록 한 구체적인 이유는 ① 조기에 회생계획의 수행을 개시하여야 하는 점, ② 회생계획의 수행도 회생절차의 일부인 점, ③ 인가요건이 엄격하고 인가결정의 취소라는 상황은 거의 상정하기 어려운 점, ④ 법정의 인가요건을 모두 갖춘 경우에만 인가결정을 하고, 그 이외의 경우에는 원칙적으로 불인가결정을 하도록 규정되어 있는 점 등을 고려한 것이다.

50) 대법원 2019. 5. 10. 선고 2018다291033 판결.

51) 대법원 2003. 3. 14. 선고 2002다20964 판결 참조.

않는다.[52)]

여기서 '책임을 면한다(면책)'의 의미에 관하여 ① 채무소멸설(채무가 절대적으로 소멸한다는 견해), ② 책임소멸설(채무 자체는 존속하지만 채무자에 대하여 소구하거나 이행을 강제할 수 없는, 즉 소구력[53)]이나 집행력[54)]이 없는 이른바 자연채무로 남는다는 견해),[55)] ③ 종국적으로는 책임만 소멸되지만 회생절차 중에는 채권의 모든 효력이 정지되어 마치 채권 자체의 소멸과 동일하게 된다고 보는 견해[56)]가 대립하고 있다. 대법원은 채무는 있으나 이행을 강제할 수 없다는 책임소멸설을 취하고 있다.[57)] 따라서 면책된 도산채권은 통상의 채권이 가지는 소 제기 권능을 상실하게 된다.[58)]

요컨대 책임소멸설(자연채무설)이 타당하다고 할 것이지만, 회생계획에서 이와 달리 실체법상의 채권이 소멸한다고 규정할 수도 있다고 할 것이다.

(2) 면책 · 소멸의 대상이 되는 권리

① 도산채권

도산채권으로서 회생계획에서 인정되지 않거나 채무자회생법에 특별한 규정이 없는 것이다. 따라서 목록에 기재되지 아니하고 신고되지 않아 회생계획에 기재되지 못한 도산채권은 면책되므로 채무를 이행할 필요가 없다.

반면 공익채권이나 환취권은 면책되거나 소멸하지 않는다. 또한 회생절차개시 전의 벌금, 과료, 형사소송비용, 추징금과 과태료는 면책되거나 소멸하지 않는다(제251조 단서, 제140조 제1항). 벌금 등 청구권은 신고의무가 있지만(제156조 제1항), 신고를 하여도 감면 그 밖의 권리에 영향을 미치는 내용을 정할 수 없으므로(제140조 제1항) 신고의 유무와 관계없이[59)] 면책의 대상이 되지 않는다. 다만 신고를 하지 아니한 경

---

52) 대법원 1993. 11. 9. 자 93카기80 결정, 헌법재판소 1996. 1. 25. 선고 93헌바5,58 전원재판부 결정.

53) 채무자가 자발적으로 채무를 이행하지 않는 경우 그 채무이행을 할 것을 명하는 판결을 구하는 재판을 청구할 수 있는 효력을 말한다.

54) 채무자가 집행권원을 가지면 채무가 강제적으로 이행될 수 있도록 집행법원에 청구할 수 있는데, 이를 채권의 집행력이라 한다.

55) 남효순 · 김재형, 622쪽. 독일 도산법도 채권자가 도산계획에서 정한 것보다 많이 변제받은 경우, 원래 채권의 액면가까지는 받은 것을 보유할 수 있다는 취지를 규정함으로써(제254조 제3항), 책임소멸설을 채택하고 있다. 미국 연방도산법은 채무자는 면책을 받았다고 하더라도 채무를 자발적으로 변제할 수 있다(제524조(f))고 규정함으로 마찬가지 입장으로 보인다.

56) 박홍우, "정리채권 등의 신고 · 조사 · 확정에 있어서의 문제점", 재판자료 제86집.

57) 대법원 2018. 11. 29. 선고 2017다286577 판결, 대법원 2015. 11. 12. 선고 2013다214970 판결, 대법원 2003. 3. 14. 선고 2002다220964 판결, 대법원 2001. 7. 24. 선고 2001다3122 판결 참조.

58) 대법원 2021. 7. 8. 선고 2020다47369 판결, 대법원 2019. 3. 14. 선고 2018다281159 판결, 대법원 2015. 9. 10. 선고 2015다28173 판결 등 참조. 실권됨으로써 통상의 채권이 가지는 소 제기 권능을 잃은 채권을 청구원인으로 제기한 소는 권리보호이익이 없어 부적법하다.

59) 신고를 한 경우와 하지 않는 경우는 차이가 있다. 신고를 하지 않은 경우(채권자목록에도 기재되어 있지 않은 경우)에는 회생계획에 반영될 수 없을 것이므로 전액을 변제기간(일반적으로 10년)이 만료

우 변제를 받을 수 있는 시기는 회생계획에서 정한 변제기간이 만료된 후가 된다. 제251조 단서에 의하여 면책되거나 소멸되지 않는 청구권은 한정적으로 열거된 것으로 보아야 하므로 과징금청구권은 회생계획인가결정이 있으면 면책된다고 할 것이다.[60]

개시후기타채권은 회생절차가 개시된 때로부터 회생계획에서 정하여진 변제기간이 만료하는 때까지는 변제 등 소멸행위가 금지되지만(제181조 제1항), 면책되는 것은 아니다.

회생절차가 개시될 당시는 물론 이후 회생절차가 종결될 때까지도 행사요건이 갖추어지지 않아 주식매수청구권이 행사될 수 없었던 경우, 그 주식매수청구권과 그 행사로 성립할 주식매매계약상 매매대금채권은 실권되지 않는다.[61]

② 주주·지분권자의 권리

주주·지분권자의 권리도 목록에 기재되지 않거나 신고되지 않는 것은 원칙적으로 소멸한다(제251조 본문). 다만 회생계획에서 주주·지분권자에 대하여 권리를 인정한 경우에는 주식 또는 출자지분의 신고를 하지 아니한 주주·지분권자에 대하여도 그 권리가 인정된다(제254조). 왜냐하면 주식 또는 출자지분의 수 또는 액은 이미 주주명부 또는 사원명부를 통하여 쉽게 알 수 있어서 신고를 하지 않았더라도 회생계획의 수립과 수행에 지장이 생기는 것은 아니기 때문이다.

③ 채무자의 재산상에 있던 모든 담보권

목록에 기재되지 아니하거나 신고되지 않은 담보권 또는 목록에 기재되거나 신고가 되었더라도 회생계획에서 존속규정을 두지 않은 담보권은 회생계획인가결정과 함께 소멸한다(제251조 본문). 부동산 위에 설정된 담보권이 소멸하는 경우에 법원은 직권으로 그 말소등기의 촉탁을 하여야 한다(제24조 제2항).

(3) 회생계획인가결정에도 실권되지 않는 권리

회생계획인가결정에도 ① 관리인의 잘못 등으로 확정된 권리가 회생계획의 권리변경 및 변제대상에서 누락되거나 제외된 경우,[62] ② 관리인이 도산채권의 존재를 알고서도 도산채권자목록에 누락한 경우,[63] ③ 도산채권자가 채권신고를 하고 회생

된 후에 변제받게 될 것이다. 반면 신고할 경우에는 회생계획에 반영되어 변제기간 동안 회생계획에 따라 변제를 받다가 남은 금액은 변제기간이 만료된 후에 변제받게 될 것이다.

60) 대법원 2013. 6. 27. 선고 2013두5159 판결.

61) 대법원 2022. 7. 28. 선고 2020다277870 판결. 주식매수청구권은 형성권이라는 점에서도 실권되지 않는다고 할 것이다.

62) 대법원 2008. 6. 26. 선고 2006다77197 판결.

절차에 참가할 것을 기대할 수 없는 등 특별한 사정이 있는 경우,[64] ④ 회생계획에 의하여 인정된 주주·지분권자의 권리(제254조 참조)는 소멸하지 않는다.

다. 권리의 변경

회생계획인가결정이 있으면 도산채권자와 주주·지분권자의 권리는 회생계획에 따라 변경된다(제252조 제1항). 회생계획인가는 그 자체로 권리변경의 효력을 발생시키는 '형성적 효력'을 갖는 것이다. 권리변경이란 채무와 구별되는 책임만이 변경되는 것이 아니라 또한 회생절차 내로 한정되는 것이 아니라 회생계획의 내용대로 권리가 실체적으로 변경된다는 의미이다.[65]

변경의 내용은 채무 전부 또는 일부의 면제, 기한의 유예 또는 출자전환, 담보권의 존속 또는 소멸, 주주 권리의 변경 또는 소멸 등 각 권리에 대하여 정한 회생계획의 조항에 따른다. 조세채권도 회생채권으로서 변경의 대상이 된다. 그러나 벌금 등 청구권은 감면 그 밖에 권리에 영향을 미치는 내용을 정하지 못한다(제140조 제1항). 벌금 등 청구권의 주체는 국가 또는 공공단체로 다른 회생채권과 동일하게 권리변경의 대상으로 하는 것은 타당하지 않기 때문이다.

권리가 실체적으로 변경된다는 점에서 책임만의 변경을 뜻하는 제251조의 면책과 다르다.[66]

회생계획인가에 의하여 생긴 권리변경의 효과는 그 뒤 회생절차가 폐지되더라도 존속한다(제288조 제4항). 따라서 견련파산절차에서 파산채권 또는 별제권의 존부와 범위에 관하여 판단할 때에는 인가된 회생계획에서 도산채권 등의 내용이 변경되고 파산선고 당시까지 변제되는 등 사정을 모두 고려해야 하고,[67] 회생계획에서 도산채권 중 일부가 출자전환되는 것으로 정해졌다면 그 출자전환의 효력이 발생하는 시점이 언제인지, 파산선고 당시에 출자전환의 효력이 발생하였는지 등에 관하여 검토하여야 한다.[68]

회생계획에 주식 또는 출자지분의 소각이나 병합 등 자본감소의 규정이 있으면 그 내용에 따라 주주·지분권자의 권리는 전부 또는 일부가 소멸되거나 변경을 받

---

63) 대법원 2023. 3. 16. 선고 2021다223368 판결.
64) 대법원 2016. 11. 25. 선고 2014다82439 판결 참조.
65) 대법원 2018. 11. 29. 선고 2017다286577 판결, 대법원 2017. 10. 26. 선고 2015다224469 판결.
66) 면책은 책임이 면제되고 자연채무로 존속한다(채무존재)는 것임에 반하여, 권리의 변경은 아예 채무로서 존재하지 않는다(권리소멸)는 것이다(채무부존재). 법인의 경우 권리의 변경은 채권자들에 대한 과거의 채무가 소멸된다는 의미에서 기업의 새로운 자본구조(new capital structure)를 획득할 수 있게 해주는 메커니즘의 일부분이라고 할 수 있다.
67) 대법원 2021. 1. 28. 선고 2018다286994 판결 참조.
68) 대법원 2020. 12. 10. 선고 2016다254467(본소), 2016다254474(반소) 판결.

는다(제264조 제1항).

라. 인가된 회생계획의 효력 범위

(1) 회생계획의 효력이 미치는 자(효력이 미치는 인적 범위)

회생계획은 채무자, 도산채권자, 주주·지분권자와 회생을 위하여 채무를 부담하거나 담보를 제공하는 자 및 신회사(합병 또는 분할합병으로 설립되는 신회사를 제외한다)에 대하여 효력이 있다(제250조 제1항).

'효력이 있다'는 것은 회생계획이 정하는 바에 따라 권리의 변경을 받거나 새로운 권리를 취득한다는 의미이다. 나아가 채무자의 조직변경 또는 도산채권 등의 면책 등 회생계획에 의하여 인정되는 모든 실체법상의 효과도 포함된다.

(2) 회생계획의 효력을 받지 않는 자

회생계획은 도산채권자가 회생절차가 개시된 채무자의 보증인 그 밖에 회생절차 개시된 채무자와 함께 채무를 부담하는 자에 대하여 가지는 권리와 채무자 외의 자가 도산채권자를 위하여 제공한 담보에 영향을 미치지 아니한다(제250조 제2항). 이는 회생계획에 따라 채무자의 채무가 면책되거나 변경되더라도 보증인이나 물상보증인 등의 의무는 면책되거나 변경되지 않는다는 취지이다.[69] 회생계획에 의한 권리변경은 어디까지나 채무자의 회생을 위하여 인정되는 것이고, 그 한도를 넘어 도산채권자의 권리에 불리한 영향을 미치게 할 수는 없기 때문이다.[70]

'회생절차가 개시된 채무자의 보증인 그 밖에 회생절차가 개시된 채무자와 함께 채무를 부담하는 자'란 채무자의 공동의무자로서 민법 등의 일반원칙에 의하면 채무자의 채무가 감면되는 경우 그의 채무도 부분적으로 감면되는 자를 말한다. 보증인에는 보증인, 연대보증인 및 근보증인이 포함된다. 채무자와 함께 채무자를 부담하는 자에는 연대채무자, 부진정연대채무자, 불가분채무자 및 어음법, 수표법상의 합동채무자도 포함된다. '채무자 외의 자가 도산채권자를 위하여 제공한 담보'란 도산채권자가 채무자에 대한 채권을 피담보채권으로 하여 제3자의 재산상에 가지고 있는 담보권(물상보증)을 말한다.[71]

69) 대법원 2003. 5. 30. 선고 2003다18685 판결 참조.
70) 대법원 2005. 11. 10. 선고 2005다48482 판결.
71) 대법원 2017. 11. 23. 선고 2017다251298 판결, 대법원 2017. 11. 9. 선고 2015다44274 판결.

마. 도산채권자표에의 기재와 그 효력

(1) 도산채권자표에의 기재

회생계획인가결정이 확정된 때에는 법원사무관 등은 회생계획에서 인정된 권리를 도산채권자표에 기재하여야 한다(제249조). 이는 회생계획이 인가되면 회생계획의 정함에 따라 도산채권자의 권리변경도 확정되기 때문에, 이후 회생계획의 수행과정에서 기준이 되는 변경된 권리내용을 명확히 하기 위한 것이다.

여기서 '회생계획에서 인정된 권리를 기재'한다는 것은 회생계획 조항을 기재한다는 것을 의미한다. 회생계획 조항을 기재한다는 것은 개개의 도산채권마다 회생계획에서 정함에 따라 변경된 권리를 기재한다는 것을 말한다.

(2) 도산채권자표 기재의 효력

① 확정판결과 동일한 효력

회생계획에 관하여 인정된 권리에 관한 도산채권자표의 기재는 회생계획인가의 결정이 확정된 때에 채무자, 도산채권자, 주주·지분권자, 회생을 위하여 채무를 부담하거나 또는 담보를 제공하는 자, 신회사(합병 또는 분할합병으로 설립되는 신회사를 제외한다) 및 관리인[72]에 대하여 확정판결과 동일한 효력이 있다(제255조 제1항). 도산채권자표의 기재는 확정판결과 동일한 효력을 창설하는 것이라고 말할 수 있다.

그 취지는 회생계획인가결정이 확정된 경우 도산채권자표에 기재된 도산채권 중 회생계획의 규정에 의하여 인정된 권리를 기준으로 회생계획을 수행하도록 하여 신속하고도 안정적인 회생계획의 수행을 보장하려는 데에 있고, 이와 같은 의미에서 '확정판결과 동일한 효력이 있다'는 것은 기판력이 아닌 회생절차 내부에서의 불가쟁의 효력으로 보아야 한다.[73] 따라서 존재하지 아니하거나 이미 소멸한 도산채권이 이의 없이 확정되어 도산채권자표에 기재되어 있더라도 이로 인하여 권리가 있는 것으로 확정되는 것은 아니므로, 이것이 명백한 오류인 경우에는 회생법원의 경정결정에 의하여 이를 바로잡을 수 있고, 회생절차 내부에서는 더 이상 다툴 수 없다고 하여도 채무자회생법에서 마련하고 있는 절차 외의 다른 절차에 의해 다투는 것까지 금지되는 것은 아니어서 명백한 오류가 아닌 경우[74]에는 무효확인의 판결을 얻어 이를 바로잡을 수 있다.[75]

---

72) 효력이 미치는 자에 관리인에 대하여는 명문의 규정은 없지만 효력이 미친다는데 이론이 없다.
73) 대법원 2005. 6. 10. 선고 2005다15482 판결 참조.
74) 대법원 2016. 3. 24. 선고 2014다229757 판결.
75) 대법원 2024. 3. 28. 선고 2019다253700 판결, 대법원 2019. 5. 30. 선고 2019다206407 판결, 대법원

도산채권자표가 작성된 회생절차가 종료된 후라도 채무자가 도산채권자표 기재에 관한 무효확인의 소를 제기하는 것이 도산채권자표에 기재된 도산채권에 관한 권리 관계의 불안이나 위험을 제거하기 위하여 유효적절한 수단이 되는 경우에는 이를 허용할 수 있다. 다만 신의성실의 원칙 및 금반언의 원칙에 반하는 경우에는 허용되지 않는다.[76]

② 집행력 – 도산채권자표에 의한 강제집행

회생계획에 의하여 도산채권자에게 인정된 권리가 금전의 지급 기타 이행의 청구를 내용으로 하는 때에는 그 권리에 관한 도산채권자표의 기재는 집행력을 갖고, 인정된 권리는 회생절차 종결[77] 후에 채무자와 회생을 위하여 채무를 부담한 자에 대하여 도산채권자표에 의하여 강제집행을 할 수 있다(제255조 제2항 전문). 회생계획불인가결정의 확정(제248조)이나 회생계획인가 전 폐지와 달리(제292조) 채무자가 이의를 한 경우라도 도산채권자표에 의하여 채무자 등에 대하여 강제집행을 할 수 있다.

도산채권자표에 의한 강제집행은 회생절차 종결(종료) 후에 허용된다(제255조 제2항, 제292조 제2항, 제293조). 회생절차 중에는 비록 회생계획에 정해진 변제기에 변제가 되지 않더라도 회생계획에서 정해진 바에 따라 변제를 받을 수 있을 뿐 강제집행은 허용되지 않고 담보권의 실행도 할 수 없다. 또한 그 채권의 이행이나 확인을 청구하는 소송도 제기할 수 없다.[78] 강제집행을 할 수 있는 시기를 회생절차 종결(종료) 후로 한 것은 회생절차에서는 관리인이 존재하고 회생절차가 종결되기 전에는 채무자에게 관리처분권이 회복되지 않기 때문이다.

(3) 소멸시효기간의 특칙과 정지

도산채권자표의 기재에 대하여 확정판결과 같은 효력이 있다고 규정하고 있으므로, 그 도산채권은 10년보다 단기의 시효기간의 정함이 있는 경우라도 소멸시효기간은 10년이 된다(민법 제165조 제2항, 제1항).

다만 체납처분(강제징수)이 가능한 공법상의 청구권(제140조 제2항의 조세 등 청구권, 이하 같다)은 도산채권자표에 기재되더라도 확정판결과 같은 효력이 생기기는 것이

2016. 3. 24. 선고 2014다229757 판결, 대법원 2003. 5. 30. 선고 2003다18685 판결 등 참조.

76) 대법원 2024. 3. 28. 선고 2019다253700 판결.

77) 회생계획인가 후 폐지된 경우에도 동일하다(제293조). 회생계획인가 후 폐지와 회생절차종결의 경우는 모두 회생계획이 인가되었다는 점에서 공통점이 있으므로(인가로 인한 효력이 동일하다) 도산채권자표의 효력은 서로 동일할 수밖에 없다. 그래서 제293조에서 회생계획인가 후 폐지의 경우에도 회생절차종결에 관한 제255조 제2항을 준용하고 있는 것이다. 회생계획인가 전 폐지의 경우에는 제292조 제2항에서 규정하고 있다.

78) 대법원 1991. 4. 9. 선고 91다63 판결 참조.

아니므로, 시효기간에 영향이 없다.[79] 체납처분(강제징수)이 가능한 공법상의 청구권에 대하여는 일반 도산채권과 같은 조사·확정절차를 거치지 아니한 채 도산채권자표에 기재하도록 하되, 다만 그러한 기재가 있었다고 하더라도 그 청구권의 원인이 행정심판·소송 등 불복의 신청을 허용하는 처분인 때에는 관리인이 여전히 채무자가 할 수 있는 방법으로 불복을 신청할 수 있도록 하고 있어서(제156조 제2항, 제157조 제1항), 이 경우에는 도산채권으로 신고되어 도산채권자표에 기재되면 확정판결과 동일한 효력이 있다고 규정한 제255조가 적용될 여지가 없기 때문이다.

회생계획인가의 결정이 있으면 조세 등 청구권에 대한 시효는 징수를 유예하거나 체납처분(강제징수)에 의한 재산의 환가를 유예하는 기간 중에는 진행하지 아니한다(제140조 제5항).[80]

바. 회생계획인가결정효력 관련 개별 논점

(1) 신고되지 않는 채권의 처리에 관한 규정을 둔 경우

회생계획은 채무자, 모든 도산채권자와 주주 등을 위하여 또 이들에 대하여 효력이 있고, 회생계획인가결정이 있은 때에는 회생계획의 규정 또는 채무자회생법의 규정에 의하여 인정된 권리를 제외하고 채무자는 모든 도산채권에 관하여 책임을 면하며 주주의 권리와 회사의 재산상에 있던 모든 담보권은 소멸한다(제251조 본문). 이러한 규정의 내용과 재정적 궁핍으로 파탄에 직면하였으나 경제적으로 회생의 가치가 있는 채무자에 관하여 채권자, 주주 기타의 이해관계인의 이해를 조정하며 사업의 회생을 도모하려는 채무자회생법의 목적 등에 비추어 보면, 관리인이 법원의 관여 아래 공정하고 적정한 회생계획을 수립하면서 채무자의 회생에 필요한 한도에서 이해관계인의 이해 조정의 방법으로 회생계획안에 미신고 권리의 효력을 존속하는 조항을 두었고, 법원이 그 회생계획을 인가하여 회생계획 인가결정이 그대로 확정되었다면, 그 조항이 공정·형평의 관념에 반한다는 등의 특별한 사정이 없는 한, 회생계획의 규정에 의하여 인정된 권리가 신고되지 않았다고 하더라도 채무자는 책임을 면할 수 없다.[81]

(2) 채무자가 아닌 제3자(non-debtor party)의 채무면제

회생계획에 주채무자인 회사에 대한 임원 등의 보증책임을 면제하는 규정을 둘

---

79) 대법원 2000. 12. 22. 선고 99두11349 판결.

80) 조세법에 의한 징수유예기간, 체납처분(강제징수)유예기간 동안의 시효정지에 관하여는 국세기본법 제28조 제3항, 지방세기본법 제40조 제3항에서 각 규정하고 있다.

81) 대법원 2014. 9. 4. 선고 2013다204140,204157 판결 참조.

수 있는가. 임원 등의 보증책임을 면제하는 내용이 들어 있는 회생계획안에 대하여 출석한 모든 회생채권자들이 동의하고 가결되었음에도 도산채권자가 보증인에 대하여 채무의 이행을 구한 경우 보증인의 책임은 어떻게 되는가.

제250조 제2항이 강행규정이 아니고 임의규정이므로 회생계획에 위 법 규정과 다른 내용을 규정하더라도 유효하다고 볼 여지도 있다. 그러나 회생절차는 공익상의 필요에서 재정적 궁핍으로 파탄에 직면한 채무자의 회생의 목적을 이루기 위하여 채무자가 부담하고 있는 채무 또는 책임을 감소시켜 되도록 부담이 가벼워진 상태에서 채무자가 영업을 계속하여 수익을 올릴 수 있는 여건을 만들어 주자는 것이므로, 채무자가 도산채권자에 대하여 부담하는 채무에 관해서는 면책 등 광범위한 변경을 가하여 그 이해의 조정을 하게 되지만, 보증인 등 채무자가 아닌 제3자가 도산채권자에 대하여 부담하는 채무를 경감시키는 것은 회생절차가 달성하고자 하는 본래의 목적과는 전혀 무관한 것이다. 뿐만 아니라 만약 회생계획에 의하여 도산채권자가 채무자에 대하여 갖는 권리가 소멸 또는 감축되는 이외에 보증인 등에 대하여 갖는 권리까지도 마찬가지로 소멸 또는 감축되게 된다면, 이는 채무자의 회생에 직접 필요한 범위를 넘어 도산채권자에게 일방적인 희생을 강요하게 되는 셈이 되어 오히려 채무자의 회생을 저해하는 요인이 될 수 있다 할 것이며, 제250조 제2항에서 회생계획은 보증인 등의 책임범위에 아무런 영향이 없다고 규정하고 있는 것도 이러한 취지에서 비롯된 것이다.[82] 이러한 입법 취지 등에 비추어 볼 때, 채무자의 채무를 보증한 보증인의 책임을 면제하는 것과 같은 내용은 회생계획으로 정할 수 있는 성질의 것이 아니고, 설사 그와 같은 내용을 회생계획에 규정했다고 하더라도 그 부분은 회생계획으로서의 효력이 없다.[83] 설령 채무자가 채권자의 동의를 받아 보증채무의 책임 면제조항을 정하더라도 아무런 효력이 없다.

Ⅲ. 회생계획의 수행과 변경

1. 회생계획의 수행담당자

회생계획인가결정이 있으면 관리인은 지체 없이 그 계획을 수행하여야 하므로(제257조 제1항), 회생계획수행의 담당자는 관리인이다.

법원과 관리위원회는 관리인의 회생계획 수행이 적정하게 진행되도록 감독한다(제81조 제1항, 제17조 제1항 제2호). 관리인이 회생계획의 수행을 게을리 할 경우 이해관계인의 신청이나 직권으로 관리인을 해임할 수 있다(제83조 제2항).

---

82) 헌법재판소 1992. 6. 26. 선고 91헌가8,9 전원재판부 결정 참조.
83) 대법원 2005. 11. 10. 선고 2005다48482 판결 참조.

관리위원회는 매년 회생계획이 적정하게 수행되고 있는지에 관하여 평가하고 그 평가결과를 법원에 제출하여야 한다(제257조 제3항).

2. 회생계획의 수행과 상법 등 법령의 적용 배제 또는 특례

채무자회생법은 회생계획이 인가되면 채무자에 대한 운영은 회생계획에 따라 관리인의 권한으로 이루어질 것이 예정되어 있으므로 일정한 사항에 대하여는 상법 등의 적용을 배제하고 있다. 또한 채무자가 회생절차를 진행하고 있는 동안 자본의 감소 등 일정한 행위는 회생계획에 의하지 아니하고는 할 수 없도록 금지하면서(제55조 제1항), 위와 같은 내용들을 회생계획에 정한 경우 회생절차의 원활하고 신속한 진행을 위해 여러 가지 특례를 인정하고 있다. 즉 회생계획을 수행함에 있어서 상법을 비롯한 다른 법령의 적용을 배제하거나 별도의 특례 규정을 두고 있다(제260조 내지 제281조, 제284조).

원래 채무자의 기관, 자본구성, 조직 등을 변경함에 있어서는 상법 등에 관련 규정이 존재하고, 재산관계의 변동에 관하여는 상법 등이 적용된다. 그러나 이러한 변경이나 변동이 회생계획에 기초한 경우에는 회생계획의 정함에 의하여 상법 등 관련 법령의 규정을 대체한다는 것에 특례의 의의가 있다. 채무자의 조직에 관한 사항으로서 회생계획에 기재하여야 할 내용에 관하여는 기본적으로 제193조 제2항에서 정하고, 그 세부 내용은 제200조, 제202조 내지 제216조에서 정하고 있다. 상법 등은 이해관계인의 이익을 조정하는 것이 목적임에 반하여, 채무자회생법은 채무자의 효율적인 회생을 도모하는 것이 목적이므로 상법 등의 적용을 배제하거나 특례를 인정할 수밖에 없다.

상법의 관련 규정과 채무자회생법의 관련 규정의 취지, 회생절차에서의 공익채권자의 지위 등에 비추어 보면, 채무자회생법의 특례규정들은 도산채권에 대하여 적용될 수 있지만, 공익채권에 대하여는 적용되지 아니한다고 봄이 타당하다.[84)]

3. 회생계획의 변경

가. 의 의

회생계획의 변경이란 회생계획인가결정이 있은 후 부득이한 사유로 회생계획에 정한 사항을 변경하는 것을 말한다(제282조 제1항).

회생계획인가결정 후에는 관계인집회의 가결 및 법원의 인가결정이라는 절차를

84) 대법원 2016. 2. 18. 선고 2015다10868,2015다10875(병합) 판결, 대법원 2016. 2. 18. 선고 2014다31806 판결.

밟아 권리변경 및 실권을 발생시킨 것이므로 원칙적으로 회생계획의 변경은 허용되지 않는다. 그렇다고 하더라도 회생계획의 수행 중 당초 예상하지 못했던 사회경제적 상황과 경영환경에 변화가 생겨 회생계획의 수행이 현저히 곤란하게 되었고, 이러한 경우 곧바로 회생계획의 수행가능성이 없다고 회생절차를 폐지하여 파산절차로 이행하는 것보다 기업에 수익력 등으로 보아 회생이 예견되는 경우라면, 오히려 수행가능한 회생계획으로 변경하여 회생절차를 유지하는 것이 사회경제적 관점으로 보아 바람직하고 이해관계인의 의사에도 부합하다. 그래서 채무자회생법은 엄격한 요건 하에 회생계획인가 후에도 회생계획의 변경을 인정하고 있다. 다만 조기종결의 실무가 정착됨으로 인하여 회생계획의 변경은 거의 없다.

회생계획의 변경은 인가에 의하여 회생계획이 대외적으로 성립되어 현실적으로 수행되고 있는 단계에서 행하여지는 것이고, 인가로 인한 권리변경이나 면책의 효과가 발생한 후의 채권이나 주식·출자지분을 대상으로 하는 것이라는 점에서 회생계획의 성립과정(인가 전)에 있어서의 회생계획안의 수정(제228조, 제229조), 변경(제234조)과는 구별된다.[85]

나. 변경의 요건

(1) 신청권자

회생계획의 변경은 신청에 의하여만 가능하다. 신청권자는 관리인, 채무자 또는 목록에 기재되어 있거나 신고한 도산채권자, 주주·지분권자이다(제282조 제1항).

(2) 변경의 시기

회생계획의 변경은 회생계획인가결정 후 회생절차 종료 전에 한하여 허용된다. 따라서 회생절차 종결 후 회생계획 수행 중에는 회생계획의 변경이 불가능하다.

(3) 부득이한 사유와 변경의 필요성

회생계획의 변경이 허용되는 경우는 인가결정이 있은 후 부득이한 사유로 회생계획에 정한 사항을 변경할 필요가 생긴 때라야 한다.

부득이한 사유란 원래의 회생계획 인가 당시 그러한 사정이 예상되었다면 당연히 현재와는 다른 회생계획이 수립되었을 것이라는 사태의 출현을 말한다. 인가 후 경제상황의 급변이나 예정된 행정청의 인허가를 받지 못하여 회생계획의 수행이 어려운 경우 등을 들 수 있다. 원칙적으로 인가 후에 발생한 사정에 제한되지만, 객관적

85) 대법원 1991. 12. 13. 선고 91다1677 판결.

으로 예측이 곤란하였던 경우에는 인가 전에 발생한 사정도 포함될 수 있을 것이다.

변경할 필요가 생긴다는 것은 현재의 상태를 그대로 내버려두면 회생계획의 전부 또는 일부가 수행 불능 또는 현저하게 곤란하게 되는 상황에 처해 있으나, 그 회생계획을 변경한다면 그와 같은 사태를 회피할 수 있고 채무자의 회생을 도모할 수 있는 경우를 말한다.[86]

다. 변경의 대상

(1) 회생계획에 정한 사항

회생계획의 변경절차가 필요한 것은 '회생계획에 정한 사항을 변경'하는 경우이다(제282조 제1항). 여기에는 도산채권의 추가적인 면제, 변제기의 유예 등이나 주주의 권리에 관한 조항의 변경이 있다. 변경의 내용도 회생계획의 내용이 되기 때문에 공정하고 형평한 원칙(제217조), 평등의 원칙(제218조) 등에 반하는 것이어서는 아니 된다.

(2) 회생계획에 정하지 않았던 사항의 실행

자본 또는 출자액의 감소, 지분권자의 가입, 신주 또는 사채의 발행, 자본 또는 출자액의 증가, 주식의 포괄적 교환 또는 주식의 포괄적 이전, 합병·분할·분할합병 또는 조직변경, 해산 또는 회사의 계속, 이익 또는 이자의 배당은 회생계획에 의하지 않고는 할 수 없으므로(제55조 제1항), 당초의 회생계획에 정하지 않았는데 회생계획인가 후 사정변경으로 새로이 행할 필요가 생긴 경우에는 회생계획변경절차가 필요하다.

라. 회생계획변경신청에 대한 재판

(1) 회생계획변경요건을 갖추지 못한 경우

회생계획의 변경신청이 신청권자, 신청방식, 신청시기 등의 형식적 요건을 갖추지 못한 경우에는 회생계획의 변경신청을 각하하고, 변경의 필요성이 없거나 인가의 요건(제243조 제1항)을 갖추지 못한 경우에는 회생계획변경불허가결정을 한다.

(2) 회생계획변경요건을 갖춘 경우

① 도산채권자 등에게 불리한 영향을 미치지 않는 때

회생계획의 변경요건을 갖춘 경우, 법원은 그 내용이 도산채권자 또는 주주·지

---

86) 실무적으로는 채권자들로부터 동의를 받기 위해 회생계획안을 무리하게 작성한 것에서 비롯된 경우가 많다.

분권자에게 불리한 영향을 미치지 않는다고 인정되면, 그대로 회생계획변경결정을 하면 된다. 변경하는 회생계획이 인가요건(제243조 제1항)을 갖추어야 하는 것은 당연하다.

② 도산채권자 등에게 불리한 영향을 미친 때

만약 불리한 영향을 미친다고 인정되면 회생계획안의 제출이 있는 경우에 관한 규정을 준용한다(제282조 제2항 본문). 불리한 영향을 미친다고 인정된다는 것은 현 회생계획과 비교하여 변경의 법적효과가 도산채권자 또는 주주의 권리나 지위를 질적으로 또는 양적으로 감소시키거나, 감소될 우려가 있을 것인지를 기준으로 판단한다.

제2관 변제계획[개인회생절차]

Ⅰ. 변제계획안의 제출

변제계획안이란 개인회생절차를 신청한 채무자가 자신의 가용소득(제579조 제4호)을 투입하여 얼마 동안 어떤 방법으로, 개인회생채권자들에게 채무금액을 변제하여 나가겠다는 내용으로 계획을 세운 것을 말한다. 변제계획안에 대하여 법원의 인가결정이 있으면 변제계획이 되는데, 채무자회생법은 변제계획안과 변제계획을 명확하게 구분하여 사용하고 있지 않다(입법적 정비가 필요하다).

변제계획안은 채무자만이 제출할 수 있고, 개인회생절차 개시신청일로부터 14일 이내에 제출하여야 한다. 다만 법원은 상당한 이유가 있다고 인정하는 때에는 그 기간을 늘일 수 있다(제610조 제1항). 실무적으로는 절차의 신속한 진행을 위해 개시신청서에 변제계획안을 첨부하여 제출하도록 하고 있다. 채무자가 변제계획안의 제출기한을 지키지 않으면 개인회생절차개시신청을 기각할 수 있다(제595조 제4호).

변제계획안은 채무자만 제출할 수 있도록 한 이유는 개인회생절차의 변제계획안은 채무자의 장래의 가용소득으로 일정기간 변제하는 내용으로 되어 있는데, 채무자 이외의 자가 채무자의 장래의 가용소득을 정확히 산정하기 어려울 뿐만 아니라 변제계획안의 수행은 채무자의 자발적 의사가 중요하고, 변제계획안의 인가에 채권자들의 결의절차를 배제하고 있으므로 굳이 채권자 등 다른 이해관계인에게 변제계획안의 제출권을 인정할 필요가 없기 때문이다.

Ⅱ. 변제계획의 내용

1. 필요적 기재사항

변제계획에는 다음 각 사항을 정하여야 한다(제611조 제1항).

① 채무변제에 제공되는 재산 및 소득에 관한 사항

② 개인회생재단채권 및 일반의 우선권 있는 개인회생채권의 전액의 변제에 관한 사항

개인회생재단채권은 수시로 우선 변제하여야 한다(제583조 제2항, 제475조, 제476조). 따라서 개인회생절차개시결정시까지 발생한 개인회생재단채권은 변제기간 동안의 가용소득으로 변제하는 것이 아니라 미리 변제하여야 한다.

일반의 우선권 있는 개인회생채권은 그 채권액 전액을 변제하여야 한다. 여기서 '전액'이라 함은 변제기간 동안 변제액의 현재가치가 변제계획 인가 당시 채권액과 동액이 되어야 할 것을 요구하는 것이 아니라, 변제기간 동안 명목상 변제액의 합계액이 변제계획 인가 당시 채권액과 동액이면 된다는 의미이다.

우선권 있는 채권에 대한 특별한 취급은 회생절차·파산절차와 개인회생절차에서 다르다. 회생절차·파산절차에서의 우선권 있는 채권에 대한 특별한 취급은 '우선적으로 지급하는(paid first)' 것이다. 반면 개인회생절차에서는 우선권 있는 채권에 대하여 우선적으로 지급할 것을 요구하지 않는다. 대신에 우선권 있는 채권자가 동의하지 않는 한 변제기간에 걸쳐 전액 변제를 요구한다.[87)]

일반의 우선권 있는 개인회생채권에 관하여는 일반 개인회생채권과 달리(제611조 제1항 제3호) 개인회생채권자목록에 기재된 채권으로 한정되지 않으므로, 일반의 우선권 있는 개인회생채권은 채무자가 이를 채권자목록에 기재하였는지를 묻지 않고 그 전액의 변제를 변제계획에 포함시켜야 한다.

③ 개인회생채권자목록에 기재된 개인회생채권의 전부 또는 일부의 변제에 관한 사항

개인회생채권은 각 채권액에 비례하여(pro rata) 변제하여야 한다. 개인회생절차는 DIP형 절차이고, 채무자의 자주성을 존중하는 것이기 때문에, 변제계획안에서 어느 정도 변제할 것인지(변제율)는 최저변제액 기준 등 준수하고 청산가치가 보장되는 한 채무자의 판단에 위임되어 있다(자유재량). 개인회생채권에 대하여는 일부라도 변제하는 내용이어야 한다.

---

87) David G. Epatein · Steve H. Nickles, 82~83쪽. 개인회생절차에서는 회생절차에서의 제217조 제1항과 같은 규정이 없다.

2. 임의적 기재사항

변제계획에는 다음 각 사항을 정할 수 있다(제611조 제2항).

① 개인회생채권의 조의 분류

조의 분류란 개인회생채권을 서로 유사한 것끼리 묶는 것을 말한다. 실무적으로 개인회생채권자 사이에 달리 취급하여야 할 합리적인 사유가 있는 경우가 드물 뿐만 아니라, 변제계획인가를 위해 채권자들의 결의가 필요한 것도 아니어서 결의를 위한 조 분류가 필요 없기 때문에 조를 분류하는 경우는 없다.

② 변제계획에서 예상한 액을 넘는 재산의 용도

③ 변제계획인가 후의 개인회생재단에 속하는 재산의 관리 및 처분권의 제한에 관한 사항

④ 그 밖에 채무자의 채무조정을 위하여 필요한 사항

실무적으로 변제액의 회생위원에 대한 임치 및 지급에 관한 사항, 면책의 범위 및 효력발생시기에 관한 사항 등을 기타사항으로 기재하기도 한다.

3. 변제계획의 조건

가. 평등원칙

변제계획에서 채권의 조를 분류하는 때에는 같은 조로 분류된 채권을 평등하게 취급하여야 한다(제611조 제3항 본문). 개인회생절차에서는 회생절차와 달리 사건의 성질에 비추어 실질적 평등을 고집하지 않고 형식적 평등을 관철하였다. 이는 개인회생절차의 간이·신속성을 중시한 것이다. 다만 ① 불이익을 받는 개인회생채권자가 동의한 경우와 ② 소액의 개인회생채권의 경우에는 평등주의의 예외를 인정하고 있다(제611조 제3항 단서).

나. 정기적인 변제

변제계획은 변제계획인가일부터 1월 이내에 변제를 개시하여 정기적으로 변제하는 내용을 포함하여야 하고, 그것이 어려운 경우에는 법원의 허가를 받아야 한다(제611조 제4항).

다. 변제기간

변제계획에서 정하는 변제기간은 변제개시일부터 3년을 초과하여서는 아니 되고, 필요한 경우 법원은 변제계획의 이행을 위하여 인적·물적 담보를 제공하게 할 수

있다(제611조 제5항 본문, 제6항). 변제기간은 최장 3년이다.

다만 청산가치보장원칙(제614조 제1항 제4호)을 충족하기 위하여 필요한 경우 등 특별한 사정이 있는 때에는 변제개시일부터 5년을 초과하지 않는 범위에서 변제기간을 정할 수 있다(제611조 제5항 단서). 또한 ① 변제기간을 3년으로 단축하게 되면 최저변제액(제614조 제2항 제3호)에 미달하는 경우, ② 변제기간 3년 중 대부분을 우선권 있는 개인회생채권만을 변제하는 경우에도 변제기간을 연장할 필요가 있을 것이다.

한편 아무런 기간 제한 없이 채무자가 장래에 발생하는 모든 가용소득을 채권자들에게 변제하도록 하는 것은 일종의 노예제이므로 허용되지 않는다.

4. 전부명령이 있는 경우의 처리

채무자에 대하여 개인회생절차개시결정이 있기 전에 채무자의 급여 등 장래소득에 대하여 전부명령이 발하여져 확정된 경우, 전부채권자가 채무자의 장래 소득을 이전받음으로써 장래 수입을 변제재원으로 하는 개인회생절차의 진행은 어려우므로 그 전부명령의 효력을 제거할 필요가 있다. 이러한 이유로 채무자회생법은 전부명령의 효력에 대하여 일정한 제한을 가하고 있다. 즉 변제계획인가결정이 있는 때에는 채무자의 급료 · 연금 · 봉급 · 상여금, 그 밖에 이와 비슷한 성질을 가진 급여채권에 관하여 개인회생절차개시 전에 확정된 전부명령은 변제계획인가결정 후에 제공한 노무로 인한 부분에 대하여 그 효력이 상실한다(제616조 제1항). 따라서 채무자는 변제계획인가결정 후의 급여채권으로 변제계획안을 작성하면 된다. 이때 변제계획인가결정으로 인하여 전부채권자가 변제받지 못하게 되는 채권액은 개인회생채권으로 한다(제616조 제2항).

개인회생절차개시결정 전에 전부명령이 확정되지 않은 경우에는 개시결정으로 전부명령절차는 중지되므로(제600조 제1항 제2호) 문제가 없다. 채무자의 제3채무자에 대한 급료채권에 관하여 내려진 전부명령이 확정되지 아니하여 아직 효력이 없는 상태에서, 채무자에 대하여 개인회생절차가 개시되고 이를 이유로 위 전부명령에 대하여 즉시항고가 제기되었다면, 항고법원은 다른 이유로 위 전부명령을 취소하는 경우를 제외하고는 항고에 관한 재판을 정지하였다가(민집법 제229조 제8항 참조) 변제계획이 인가된 경우 전부명령이 효력이 발생하지 않게 되었음을 이유로 전부명령을 취소하고 전부명령신청을 기각하면 된다.[88]

88) 대법원 2015. 5. 28. 자 2013마301 결정, 대법원 2010. 12. 13. 자 2010마428 결정, 대법원 2008. 1. 31. 자 2007마1679 결정.

Ⅲ. 변제계획의 인가요건

채권자는 변제계획에 대하여 개인회생채권자집회에서 이의를 진술할 수 있으나(제613조 제5항), 회생절차와 달리 법원이 변제계획을 인가함에 있어서 채권자의 동의가 필요한 것은 아니다. 법원으로서는 법에 규정된 요건을 갖춘 변제계획안은 인가하여야 한다. 즉 법원의 통제는 적법성 심사에 그친다.

1. 개인회생채권자 등의 이의가 없는 경우

법원은 개인회생채권자 또는 회생위원이 이의를 진술하지 아니하고 아래의 요건이 모두 충족된 때에는 변제계획인가결정을 하여야 한다. 다만 법원의 변제계획안 수정명령(제610조 제3항)에 불응한 경우에는 그러하지 아니하다(제614조 제1항).

(1) 변제계획이 법률의 규정에 적합할 것(제1호)

(2) 변제계획이 공정하고 형평에 맞으며 수행가능할 것(제2호)

(3) 변제계획인가 전에 납부되어야 할 비용·수수료 그 밖의 금액이 납부되었을 것(제3호)

(4) 변제계획의 인가결정일을 기준일로 하여 평가한 개인회생채권에 대한 총변제액이 채무자가 파산하는 때에 배당받을 총액보다 적지 아니할 것. 다만 채권자가 동의한 경우에는 그러하지 아니하다(제4호).

다른 개인회생채권자 등의 이의가 없다는 것은 사실상 동의한 것이므로 개별 청산가치보장원칙은 요구하고 있지 않은 것이다. 이런 점에서 보면 개인회생채권자 등의 이의가 없는 경우 총채권자의 청산가치보장원칙을 요구할 필요가 있는지는 의문이다.

2. 개인회생채권자 등의 이의가 있는 경우

법원은 개인회생채권자 또는 회생위원이 이의를 진술하는 때에는 위 〈1〉의 요건에 더하여 아래 각 요건을 구비하고 있는 때에 한하여 변제계획인가결정을 할 수 있다(제614조 제2항).

(1) 변제계획의 인가결정일을 기준일로 하여 평가한 이의를 진술하는 개인회생채권자에 대한 총변제액이 채무자가 파산하는 때에 배당받을 총액보다 적지 아니할 것(제1호)

총채권자의 청산가치보장원칙은 물론 이의를 진술한 개별 채권자의 청산가치보장원칙도 충족시켜야 한다.

(2) 채무자가 최초의 변제일부터 변제계획에서 정한 변제기간 동안 수령할 수 있

는 가용소득의 전부가 변제계획에 따른 변제에 제공될 것(제2호) – 가용소득제공원칙

이의가 있는 경우 가용소득의 전부가 변제에 제공되는 변제계획이라야 인가요건을 충족한다는 것을 가용소득제공원칙(The Disposable Income Test)이라 한다. 개인회생절차에서는 변제계획의 인가를 받음에 있어서도 채권자들의 동의를 요하지 않는다. 따라서 개인회생채권자들의 이의에도 불구하고 변제계획이 인가되고 면책이 이루어질 수 있는 제도 하에서 가용소득제공원칙은 최저변제액 규정과 더불어 채권자들이 변제받을 수 있는 최저한도를 설정해 주는 기능을 수행하게 된다.

가용소득(Disposable Income)이란 채무자가 수령하는 근로소득 · 연금소득 · 부동산임대소득 · 사업소득 · 농업소득 · 임업소득, 그 밖에 합리적으로 예상되는 모든 종류의 소득의 합계 금액에서 ① 소득세 · 주민세 균등분[89] · 개인지방소득세 · 건강보험료, 국민연금보험료 · 고용보험료 및 산업재해보상보험료(시행령 제17조), ② 채무자 및 그 피부양자의 인간다운 생활을 유지하기 위하여 필요한 생계비로서, 국민기초생활 보장법 제6조의 규정에 따라 공표된 최저생계비, 채무자 및 그 피부양자의 연령, 피부양자의 수, 거주지역, 물가상황, 그 밖에 필요한 사항을 종합적으로 고려하여 법원이 정하는 금액, ③ 채무자가 영업에 종사하는 경우에 그 영업의 경영, 보존 및 계속을 위하여 필요한 비용을 공제한 나머지 금액을 말한다(제579조 제4호). 가용소득은 개인회생채권자 등에 대한 변제재원이 된다.

(3) 변제계획의 인가결정일을 기준일로 하여 평가한 개인회생채권에 대한 총변제액이 3천만 원을 초과하지 아니하는 범위 내에서 ① 변제계획의 인가결정일을 기준일로 하여 평가한 개인회생채권의 총금액이 5천만 원 미만인 경우에는 위 총금액에 100분의 5를 곱한 금액이나 ② 변제계획의 인가결정일을 기준일로 하여 평가한 개인회생채권의 총금액이 5천만 원 이상인 경우에는 위 총금액에 100분의 3을 곱한 금액에 1백만 원을 더한 금액보다 적지 아니할 것(제3호)

이는 채무자가 개인회생절차에서 변제하여야 할 최저변제액을 정한 것이다. 개인회생절차는 변제계획안에 대한 의결절차가 없는 대신에 최저변제액 기준에도 미치지 못하는 가용소득밖에 제공할 수 없는 채무자에 대하여 개인회생절차 대신에 개인파산절차를 이용하도록 하는 것이 바람직하다는 고려에서 규정한 것이다. 또한 개인회생채권자가 채권자집회에서 이의하더라도 인가요건을 갖추면 법원은 인가를 하여야 하는데, 변제계획을 인가하려면 최소한 개인회생채권자들에게 일정 금액 이상을 변제하게 함으로써 개인회생절차의 정당성을 부여하기 위함이기도 하다. 나아가

89) 2021년 1월 1일부터는 주민세 개인분 및 사업주가 개인인 경우 사업소분을 말한다.

청산가치 보장원칙만을 불인가사유로 할 경우 장래의 수입은 기대할 수 있지만 자산이 없는 개인채무자가 저액의 변제총액을 내용으로 하는 변제계획안을 제출하여도 인가될 가능성이 있어, 이른바 도덕적 해이(moral hazard)를 초래할 수 있다는 점도 고려한 것이다. 또한 채권자 입장에서도 무용한 채권관리비용을 부담하도록 강제하는 것은 적당하지 않다. 이런 의미에서 최저변제액 규정은 청산가치 보장원칙과 함께 채권자의 권리를 보호하는 역할을 한다.

Ⅳ. 개인회생채권자집회

개인회생채권자집회는 채무자가 제출한 변제계획안에 대하여 개인회생채권자들이 직접 채무자로부터 설명을 듣고 결의에 부치지 아니한 채 변제계획안에 대한 이의진술의 기회만을 부여한 다음 집회를 종료함으로써 변제계획안의 인가 여부를 간이·신속하게 결정하기 위하여 마련된 제도이다(제613조). 다만 그 구성원은 개인회생채권자에 한하고 별제권자는 그 구성원이 될 수 없다.

개인회생절차는 개인회생채권자집회에서 개인회생채권자들의 결의를 요건으로 하지 않는 것을 특징으로 하고 있다. 법원은 개인회생채권자 또는 회생위원의 이의진술이 있는 경우와 없는 경우 각 인가요건을 구비하고 있는지 심리하여 인가요건을 구비하였다고 판단되는 때에는 변제계획인가결정을 하여야 한다. 따라서 회생절차에서 회생계획안 결의를 위한 관계인집회와 같은 결의기구로서의 기능은 없다.

개인회생채권자집회는 법원이 지휘한다(제613조 제3항). 회생위원이 선임되어 있는 때에는 법원은 회생위원으로 하여금 이를 진행하게 할 수 있으나(제613조 제4항), 특별한 사정이 없는 한 법원이 개인회생채권자집회를 직접 진행하여야 한다(개인예규 제8조의2). 실무적으로 법원(단독판사)이 개인회생채권자집회를 진행하고 있다.

Ⅴ. 변제계획의 인부 결정

법원은 채무자가 제출한 변제계획안에 대하여 개인회생채권자 또는 회생위원이 이의를 진술하지 아니하고 제614조 제1항 각 호의 요건이 모두 충족된 때에는 변제계획안에 대하여 인가결정을 하여야 하고, 개인회생채권자 또는 회생위원이 이의를 진술하는 때에는 제614조 제1항 및 제2항 각 호의 요건을 구비하고 있는 때에는 변제계획안에 대하여 인가결정을 할 수 있다(제614조 제1항, 제2항).

변제계획의 인가요건이 갖추어진 경우 변제계획에 대한 법원의 인가는 재량이 아니라 의무적인 것이다.[90] 인가요건을 갖추지 못한 경우에는 변제계획불인가결정을

90) 대법원 2015. 6. 26. 자 2015마95 결정, 대법원 2009. 4. 9. 자 2008마1311 결정 등 참조.

한다.

1. 변제계획인가결정의 효력

가. 변제계획의 효력발생시기

변제계획은 인가의 결정이 있은 때부터 효력이 생긴다(제615조 제1항 본문). 일반적으로 결정은 확정되어야 효력이 발생하지만, 변제계획은 기본적으로 채무자의 회생을 위한 계획이므로 신속하게 진행할 필요가 있을 뿐만 아니라 인가결정 전에 법원은 인가요건을 엄격하게 심사하므로 나중에 인가결정이 취소되는 경우는 드물기 때문이다.

나. 권리변경효력 및 실권의 불발생

(1) 권리변경효력의 불발생

회생절차와 달리(제252조 제1항) 변제계획에 의한 권리의 변경은 면책결정이 확정되어야 비로소 발생한다(제615조 제1항 단서[91]).[92] 즉 변제계획인가로 인한 권리변경의 효력 발생 시점은 면책결정이 확정될 때이다.

변제계획인가로 인한 권리의 변경은 잠정적인(면책결정확정을 조건으로 한) 것이다. 변제계획인가는 그 자체로 권리변경의 효력을 발생시키는 '형성적 효력'을 갖는 것이 아니라, 단지 변제계획에서 정하여진 변제기간 동안 정해진 변제율과 변제방법에 따라 변제를 완료하면 추후 면책신청절차를 통하여 면책결정을 받아 확정되면 권리가 변경된다는 취지를 개인회생채권자들에게 명백히 알리는 '예고'로서의 성격을 갖는 것에 불과하다.[93]

위와 같이 변제계획이 인가되더라도 그 변제계획에서 정한 내용대로 권리변경의 효력이 발생하지 않기 때문에, 법원사무관 등은 변제계획조항을 개인회생채권자표에 기재할 필요가 없다.

(2) 실권의 불발생

개인회생절차에서는 개인회생채권자들에게 신고의무를 부여하고 있지 않기 때문에 개인회생채권자에게 신고의무가 있음을 전제로 하는 실권제도가 존재하지 아니한다. 오히려 채무자가 개인회생절차를 신청할 당시 채권자의 성명 및 주소와 채권

---

91) 권리의 변경에 관하여 회생절차(제252조)와 달리 개인회생절차에서는 직접적인 규정은 없고, 제615조 제1항 단서에서 간접적으로 규정하고 있다.

92) 대법원 2021. 2. 25. 선고 2018다43180 판결.

93) 대법원 2021. 2. 25. 선고 2018다43180 판결, 대법원 2019. 7. 25. 자 2018마6313 결정 등 참조.

의 원인 및 금액이 기재된 개인회생채권자목록에 기재하지 아니하는 채권은 변제계획에 의하지 아니하고서도 변제를 받고 나아가 강제집행 등을 할 수 있는 권리를 계속 보유할 뿐만 아니라(제582조), 면책결정의 효력도 미치지 않기 때문에(제625조 제2항 제1호), 개인회생채권자목록에 기재된 개인회생채권자들보다 더욱 강력한 지위를 보유하게 된다.

다. 개인회생재단에 속하는 재산의 귀속

변제계획인가결정이 있는 때에는 변제계획 또는 변제계획인가결정에서 다르게 정하지 않는 한 개인회생재단에 속하는 모든 재산은 채무자에게 귀속된다(제615조 제2항).

개인회생재단은 개인회생절차개시결정으로 관념적으로 성립하고 채무자가 이에 대한 관리처분권만 보유하다가, 변제계획이 인가되면 개인회생재단은 소멸하고 개인회생재단에 속한 모든 재산은 변제계획이나 변제계획인가결정에서 다르게 정하지 않는 한 채무자에게 귀속된다.

라. 중지된 절차의 실효

변제계획인가결정이 있는 때에는 변제계획 또는 변제계획인가결정에서 다르게 정하지 않는 한 개인회생절차개시결정에 의하여 중지된(제600조) 회생절차 및 파산절차와 개인회생채권에 기한 강제집행·가압류 또는 가처분은 그 효력을 잃는다(제615조 제3항).

개인회생채권자목록에 기재된 개인회생채권은 인가된 변제계획에 따라 변제를 받을 수 있으므로(제582조) 개별적인 집행을 허용할 필요가 없을 뿐만 아니라 개인회생절차의 원활한 진행을 위함이다. 다만 해석상 ① 개인회생채권자목록에 기재되지 아니한 개인회생채권이나 ② 개인회생재단채권에 기한 강제집행 등은 실효되지 아니하고 강제집행 등이 가능하다. 나아가 ③ 개인회생재단채권에 해당하는 채권을 개인회생채권으로 취급하여 개인회생채권자목록에 기재하였다 하더라도 그 법적 성질이 개인회생채권으로 변경되지는 않는다고 할 것이므로[94] 이 경우에도 변제계획인가결정으로 강제집행 등은 실효되지 않는다고 할 것이다.

마. 전부명령에 관한 특칙

변제계획인가결정이 있는 때에는 채무자의 급료·연금·봉급·상여금, 그 밖에

94) 대법원 2007. 11. 30. 선고 2005다52900 판결, 대법원 2004. 8. 20. 선고 2004다3512, 3529 판결, 서울중앙지방법원 2019. 2. 21. 선고 2018나60627 판결 등 참조.

이와 비슷한 성질을 가진 급여채권에 관하여 개인회생절차개시 전에 확정된 전부명령은 변제계획인가결정 후에 제공한 노무로 인한 부분에 대하여 그 효력이 상실되고, 변제계획인가결정으로 인하여 전부채권자가 변제받지 못하게 되는 채권액은 개인회생채권으로 한다(제616조). 관련 내용은 위 〈Ⅱ.4.〉를 참조할 것.

2. 변제계획불인가결정의 효력

회생계획의 불인가결정만으로 절차가 종료되는 회생절차와 달리, 개인회생절차에서는 변제계획을 인가하지 않을 경우 변제계획불인가결정을 하고 그 확정을 기다렸다가(제618조 제1항 참조) 다시 개인회생절차폐지결정을 하여야 한다(제620조 제1항 제2호). 변제계획불인가결정만으로는 개인회생절차가 종료되지 않는다.

변제계획이 인가요건을 갖추지 못하여 불인가결정 및 개인회생절차폐지결정[95]이 확정되면 개인회생절차는 종료된다. 불인가결정 및 개인회생절차폐지결정이 있더라도 개인회생절차 중에 생긴 법률효과는 소급하여 무효로 되지 않고 원칙적으로 유효하다.

변제계획불인가결정 및 개인회생절차폐지결정이 확정되면, 개인회생채권자는 더 이상 개인회생절차의 제약을 받지 아니하고 채권을 추심하고 강제집행, 가압류, 가처분을 할 수 있다.

Ⅵ. 변제계획의 수행과 변경

1. 변제계획의 수행

변제계획이 인가되면, 채무자는 인가된 변제계획을 수행하여야 한다.

가. 회생위원이 선임되어 있는 경우

채무자는 인가된 변제계획의 내용에 따라 개인회생채권자에게 변제하여야 할 금원을 회생위원에게 임치하여야 하고(제617조 제1항), 개인회생채권자는 임치된 금원을 변제계획에 따라 회생위원으로부터 지급받아야 한다.[96] 회생위원으로 하여금 지급하게 한 것은 채무자가 직접 변제하는 경우에 생길 수 있는 편파변제 등을 막기 위함이다. 개인회생채권자가 지급받지 않는 경우에는 회생위원은 채권자를 위하여

---

95) 실무적으로 변제계획불인가결정 확정 이전에 폐지결정이 먼저 확정되는 곤란한 상황이 생길 수 있으므로 변제계획불인가결정을 선고할 경우 그 확정을 기다렸다가 다시 개인회생절차폐지결정을 하고 있다.

96) 미확정 개인회생채권이 있는 경우에는 해당 변제금을 매월 유보한다. 이후 미확정 개인회생채권이 조사확정재판이나 소송 등을 통하여 확정되면, 법원에 확정신고를 하여 개인회생채권자로서 그 권리를 행사할 수 있다.

공탁할 수 있다(제617조 제2항).

한편 회생위원은 개인회생절차폐지의 결정 또는 면책의 결정이 확정된 후에도 임치된 금원(이자를 포함한다)이 존재하는 경우에는 이를 채무자에게 반환하여야 할 것이다. 채무자가 수령을 거부하거나 채무자의 소재불명 등으로 반환할 수 없는 경우에는 채무자를 위하여 공탁할 수 있다(제617조의2).

나. 회생위원이 선임되어 있지 않거나 변제계획 또는 변제계획인가결정에서 다르게 정한 경우

회생위원이 선임되지 않은 경우에는 채무자는 인가된 변제계획의 내용에 따라 개인회생채권자에게 변제하여야 할 금원을 스스로 직접 개인회생채권자에게 지급하여야 한다(개인예규 제13조 제1항).

회생위원이 선임되었더라도 변제계획이나 변제계획인가결정에서 다른 방법을 정하였다면 그 정해진 다른 방법에 따라 변제계획을 수행하여야 한다(제617조 제3항).

2. 변제계획의 변경

변제계획의 변경이란 변제계획인가결정 후 변제계획에 따른 변제가 완료되기 전에 변제계획에서 정한 사항을 변경하는 것을 말한다.

개인회생절차에서는 회생절차와 달리(제282조) 인가 후의 변제계획 변경에 관하여 변경사유(제출사유)를 제한하고 있지 않다(제619조 제1항 참조).[97] 그러나 인가된 변제계획의 변경은 인가 후에 변제계획에서 정한 사항의 변경이 필요한 사유가 발생하였음을 당연한 전제로 하는 것으로서, 제619조 제1항이 변제계획 인가 후에 채무자의 소득이나 재산의 변동 등 인가된 변제계획에서 정한 사항의 변경이 필요한 사유가 발생하지 아니한 경우에도 아무런 제한 없이 변제계획을 변경할 수 있도록 허용하고 있는 것으로 볼 수는 없다. 이와 달리 위와 같은 변경사유의 발생 없이도 인가된 변제계획의 변경이 가능하다고 보게 되면 안정적인 변제계획의 수행이 매우 곤란해질 뿐만 아니라 변제계획 인가절차 자체가 무의미해져, 변제계획 인가 전에 제610조 제2항에 따라 변제계획안을 수정하는 것과 별다른 차이가 없게 되기 때문이다. 따라서 변제계획 인가 후에 채무자의 소득이나 재산의 변동 등 인가된 변제계획의 변경이 필요한 사유가 발생한 경우에 한하여 변제계획의 변경이 가능하다고 봄이 타당하다.[98] 결국 변제계획 인가 후에 채무자의 소득이나 재산 등의 변동으로 인

97) 대법원 2019. 3. 19. 자 2018마6364 결정, 대법원 2015. 6. 26. 자 2015마95 결정.
98) 대법원 2021. 2. 26. 자 2018마6694 결정, 대법원 2019. 3. 19. 자 2018마6364 결정.

가된 변제계획에서 정한 변제기간이 상당하지 아니하게 되거나 질병이나 전직 등으로 정기적인 수입이 감소한 경우와 같이 제한적으로 변경을 고려할 수 있을 것이다.

제2절 파산재단의 관리, 환가 및 배당[파산절차]

파산절차의 목적인 파산채권자에 대한 배당을 하기 위해서는(제1조), 한편으론 배당을 받을 파산채권자의 범위, 금액 등을 확정하여야 함과 동시에, 다른 한편으론 배당하여야 할 금전, 즉 배당재원을 형성하여야 한다. 이를 위해 파산재단에 속한 재산을 파산관재인이 적절히 관리하고,[99] 나아가 현금 이외의 재산을 현금화(환가)할 필요가 있다. 파산선고로 파산재단이 형성되지만, 이후 그에 대한 관리 및 환가가 적절하게 행하여지는지에 따라 실제 배당률(배당액)은 차이가 발생할 수 있다. 따라서 파산재단의 관리 및 환가는 파산관재인의 직무 중 가장 중요하다고 할 수 있다. 파산재단에 대한 환가가 된 이후에는 파산채권자에게 배당을 한다.

Ⅰ. 파산재단의 관리

1. 파산관재인의 파산재단 관리

파산관재인은 취임 후 즉시 파산재단에 속하는 재산의 점유 및 관리에 착수하여야 한다(제479조). 파산관재인은 파산선고결정을 집행권원으로 하여(비록 집행권원이 파산재단에 포함된 목적물을 개별적으로 언급하고 있지 않더라도) 채무자가 보관하고 있는 물건의 인도를 강제집행의 방법으로 실현할 수 있다.[100] 그리고 파산관재인은 채권자집회가 정하는 바에 따라 채권자집회 또는 감사위원에게 파산재단의 상황을 보고하여야 한다(제499조).

파산재단에 귀속하는 재산의 점유를 확보하여 현상을 동결한 파산관재인은 지체없이 파산재산에 속한 모든 재산을 파산선고 당시의 가액으로 평가하여야 한다(제482조 전문).

99) 파산관재인의 관리에는 부인권의 행사를 통한 파산재단의 증가, 법인의 이사 등에 대한 책임 추급 등 광의의 관리행위도 있지만, 여기서는 협의의 관리만을 다룬다.

100) 독일 도산법 제148조 제2항: 관리인은 개시결정의 집행력 있는 정본에 근거하여 채무자가 보관하고 있는 물건의 인도를 강제집행의 방법으로 실현할 수 있다. 입법론적으로 해석론상의 다툼을 없애고 간단한 절차로 집행권원을 얻을 수 있도록 하기 위하여 채무자에 대하여 파산관재인에게 해당 재산을 인도할 것을 명하는 인도명령제도를 도입할 필요가 있다(일본 파산법 제156조 제1항 참조).

2. 파산관재인의 관리행위에 대한 제한

파산관재인은 파산재단에 대한 관리를 원칙적으로 재량에 의하여 한다. 하지만 중요한 관리행위에 대하여는 파산절차에 가장 밀접한 이해관계를 가진 파산채권자, 그 집합체인 채권자집회 또는 파산관재인에 대한 감독권을 가진 법원이 관리에 관여할 것을 요구하고 있다(제488조, 제492조 등). 이러한 한도에서 파산관재인의 관리행위는 제한받는다. 무엇보다 파산채권자의 이익에 중대한 영향을 미치는 관리 및 환가행위를 파산관재인이 할 경우 법원의 허가를 받도록 하고 있다(제492조). 아래 〈Ⅱ.2.〉를 참조할 것.

Ⅱ. 파산재단의 환가

환가란 파산재단을 구성하는 각 재산을 현금화하는 절차로, 그 적부는 배당재원의 다과에 직접적으로 영향을 미치는 것으로 파산절차에서 중요한 절차 중 하나이다.

1. 환가시기의 제한

채권조사기일(제312조 제1항 제3호)이 종료되기 전에는 법원의 허가나 감사위원의 동의가 없는 한 파산관재인은 파산재단에 속한 재산의 환가를 할 수 없다(제491조). 채권조사기일이 종료되기 전에는 파산채권의 총액이 확정되지 않아 어느 정도의 재산을 환가하여야 하는지 알 수 없기 때문이다. 하지만 입법론적으로는 신속한 환가가 중요하므로 환가시기를 제한할 필요는 없을 것이다.

파산관재인이 환가시기에 대한 제한을 위반한 경우에는 이로써 선의의 제3자에게 대항할 수 없다(제495조).

2. 법원의 허가를 받아야 하는 행위

파산관재인이 부동산에 관한 물권이나 등기하여야 하는 국내선박 및 외국선박의 임의매각 등에 해당하는 행위를 하고자 하는 경우에는 법원의 허가를 받아야 하며, 감사위원이 설치되어 있는 때에는 감사위원의 동의를 얻어야 한다. 다만 동산의 임의매각 등 일정한 행위에 해당하는 경우 중 그 가액이 1천만 원 미만으로서 법원이 정하는 금액 미만인 때에는 법원의 허가나 감사위원의 동의를 받지 않아도 된다(제492조).[101]

101) 회생절차와 달리(제61조 제1항) 반드시 법원의 허가를 받도록 하고 있다. 이는 절차의 목적에 차이가 있기 때문이다. 회생절차는 채무자의 회생을 위해 관리인에게 어느 정도 재량을 줄 필요가 있지만,

파산관재인의 환가에 법원의 허가 등을 받도록 한 것은 환가의 공정성을 위한 것이다. 위와 같은 파산관재인의 환가행위에 대하여 채무자는 파산관재인에게 의견을 진술할 수 있다. 파산관재인이 감사위원의 동의를 얻어 위와 같은 환가행위를 하는 때에도 법원은 채무자의 신청에 의하여 그 행위의 중지를 명하거나 그 행위에 관한 결의를 하게 하기 위하여 채권자집회를 소집할 수 있다(제494조).

파산관재인이 환가행위의 제한을 위반하거나 중지명령을 위반한 때에도 이로써 선의의 제3자에게 대항할 수 없다(제495조).

3. 환가방법

환가는 원칙적으로 파산관재인의 재량에 맡겨져 있다. 파산관재인은 파산재단의 이익을 고려하여 가능한 한 신속하게, 가능한 한 고액으로 매각할 수 있는 방법으로 환가를 진행하여야 한다. 환가방법에는 ① 공고를 통한 공개매각, ② 수의계약, ③ 경매(제497조 제1항, 민집법 제274조 제1항), ④ 제335조에 따라 기본계약을 해제한 후 원상회복청구권 등 행사, ⑤ 임대, ⑥ 추심, ⑦ 재산의 일괄매각, ⑧ 영업양도, ⑨ 그 밖에 재산의 환가에 적당한 방법 등이 있다.[102]

가. 민사집행법에 의한 환가

파산재단에 속한 재산 중 민사집행의 대상이 된 재산에 대하여는 파산관재인은 민사집행법에 의하여 환가할 수 있다(제496조 제1항). 이는 형식적 경매(민집법 제274조)에 속하므로 담보권 실행을 위한 경매의 예에 따라 실시한다. 따라서 집행권원은 필요 없고 경매청구권을 증명하는 서류로서 파산선고 결정등본을 제출하면 된다.[103] 형식적 경매이므로 경매절차에서 매각이 되면 매각대금은 모두 파산관재인에게 교부되고, 경매절차에 의한 배당절차는 존재하지 않는다.

나. 임의매각

파산관재인은 법원의 허가를 얻어 영업양도 등 다른 방법으로 환가를 실시할 수 있고(제496조 제2항), 여기에는 임의매각도 당연히 포함된다.[104] 파산관재인이 법원의

파산절차는 청산을 하여 채권자들에게 평등하게 배당하는 것이 중요하다.

102) 실무적으로 개인파산절차에서는 화해계약체결의 방식으로 환가가 이루어지기도 한다. 부인권의 대상이 되는 재산이나 행위에 대하여 법원의 허가를 얻어 화해계약이 체결되는 경우가 여기에 해당한다.

103) 법원실무제요, 민사집행Ⅲ－부동산집행2, 사법연수원(2020), 414쪽.

104) 파산관재인의 환가는 경매절차가 원칙이지만, 실무적으로는 법원의 경매절차에 따를 경우 시간이 많이 걸리고 매각대금 역시 임의매각에 비하여 높다고 할 수 없으므로 법원의 허가를 얻어 임의매각의 방법을 많이 이용하고 있다.

허가를 받아 임의매각하는 경우에는 그 환가의 방법, 시기, 매각절차, 매수상대방의 선정 등 구체적 사항은 파산관재인이 자신의 권한과 책무에 따라 선량한 관리자의 주의를 다하여 적절히 선택할 수 있다.[105] 파산재단에 속하는 재산에 대한 환가는 배당재원에 큰 영향을 미치기 때문에 임의매각의 경우 법원의 허가를 받도록 한 것이다(제492조).

다. 화해계약

파산관재인은 선량한 관리자로서의 주의의무에 반하지 않는 한 파산재단에 속하는 재산을 적당한 방법으로 환가할 수 있는 재량권을 가지므로, 제492조 제11호에 따라 법원의 허가를 받아 파산재단의 매각(파산재단에 속하는 일부 재산을 채무자가 보유하기를 원하거나, 재산의 매각이 쉽지 아니한 경우)이나 회복(채무자가 부인권의 대상이 되는 행위를 한 경우)을 위한 효율적인 수단으로 매각·회복에 갈음하여 채무자로부터 일정한 금원을 받아 이를 파산재단에 편입하는 내용으로 화해계약을 체결하는 것도 가능하다. 그러나 이러한 화해계약 방식의 환가방법은 환가의 대상이 되는 채무자의 파산재단이 존재하거나 향후 파산재단으로 회복될 가능성이 있음을 전제로 하는 것이므로, ① 채무자의 파산선고 당시 재산이 압류금지재산(제383조 제1항) 또는 면제재산(제383조 제2항)의 범위 내이어서 환가할 재산이 없거나 극히 미미한 경우, ② 채무자의 처분행위가 부인권의 대상이 되는지가 불확실한 경우 등에는 채무자로 하여금 일정한 금원을 파산재단에 편입하도록 권유하여서는 아니 된다.[106]

4. 별제권의 목적인 재산의 환가

가. 파산관재인의 환가권

별제권은 파산절차에 의하지 않고 행사할 수 있고(제412조), 별제권을 언제 행사할 것인지는 별제권자의 자유이다. 그러나 별제권의 목적인 재산에 잉여가 있는 경우에는 파산재단의 확보를 위하여 조기에 환가를 하는 것이 바람직하다. 이러한 이유로 파산관재인에게 별제권의 목적재산에 대한 환가권을 부여하고 있다. 별제권자는 파산관재인에 의한 경매신청을 거절할 수 없다(제497조 제1항). 민사집행법에 의한 환가는 가장 공정한 것으로 별제권자로서는 반대할 이유가 없기 때문이다.

별제권의 목적인 재산에 대한 파산관재인의 환가권은 관리처분권의 발현이라고 할 수 있다.[107]

105) 대법원 2010. 11. 11. 선고 2010다56265 판결.
106) 대법원 2024. 12. 26. 자 2024마6789 결정.

파산관재인이 행한 경매는 형식적 경매이므로(경매청구권은 파산선고결정 등본에 의하여 증명한다) 배당절차가 존재하지 않는다. 따라서 집행법원은 매각대금 전액을 파산관재인에게 교부한다. 파산관재인은 매각대금을 별제권자에게 우선변제한 후 잔액이 있으면 파산재단에 포함시킨다. 별제권자가 받을 금액이 아직 확정되지 아니한 때에는 파산관재인은 대금을 따로 임치하여야 한다. 이 경우 별제권은 그 대금 위에 존재한다(제497조 제2항).

나. 파산관재인의 환가권과 별제권자의 환가권의 관계

파산관재인에 의한 환가권은 파산관재인의 파산재단에 대한 관리처분권에서 나오는 독립된 권한으로, 별제권자의 환가권에 대하여 이차적 보충적으로 인정되는 권리가 아니다. 파산관재인의 환가권은 파산채권자의 이익을 실현하기 위하여 파산선고결정에 의하여 부여되는 것으로 별제권자의 환가권과는 독립적으로 존재한다.

담보권이 설정된 부동산에 대하여 집행권원을 가지고 강제경매가 인정되는 것과 마찬가지로 별제권자의 환가권과 파산관재인의 환가권과의 사이에서는 우열관계가 존재하는 것이 아니다.[108] 채무자회생법은 별제권자가 법률이 정한 방법에 의하지 아니하고 별제권의 목적을 처분하는 권리를 가진 경우에는 그 처분기간을 정하고 정해진 기간 내에 별제권자가 처분을 하지 아니한 때에 파산관재인에게 환가권을 인정하는 것과 달리(제498조), 일반적인 별제권에 대한 파산관재인의 환가권의 행사에는 아무런 제한 규정을 두고 있지 않다는 점에서도 그렇다.

다만 파산관재인에 의한 형식적 경매와 별제권자에 의한 담보권실행절차가 경합하는 경우에는 어느 것이 우선하였는지와 관계없이 배당절차가 존재하는 담보권실행절차를 속행하여야 할 것이다.[109]

5. 파산재단으로부터의 포기

파산관재인은 파산재단에 속하는 모든 재산을 환가하는 것이 원칙이지만, 환가가

107) 破産法·民事再生法, 649쪽.

108) 破産法·民事再生法, 649쪽 각주 145). 이에 대하여 파산관재인의 환가권과 별제권자의 환가권이 병존하지만 같은 순위로 병렬적인 관계는 아니고, 별제권자의 환가권은 실체법에 의해 당초부터 부여되어 있기 때문에 제1차적 권리라고 할 수 있음에 반하여, 파산관재인의 환가권은 파산절차상의 지체로 인한 손해방지를 위하여 보충적으로 인정되는 것이므로, 제2차적인 것이라고 해석하는 것이 정당하다는 견해도 있다{임준호, "파산절차상 담보권의 권리", 파산법의 제문제(하), 재판자료 제83집, 법원도서관(1999), 111쪽}.

109) 條解 破産法, 1230쪽. 결국 별제권자가 경매신청에 의하여 그 권리실행에 착수한 때에는 파산관재인의 환가권은 인정되지 않으며 잉여를 남길 가망이 없는 경우에는 별제권의 목적인 재산을 포기하고 파산재단으로부터 제외시킬 수 있다(제492조 제12호).

불가능하거나 환가비용이 과다하여 이를 공제하면 남는 것이 없는 경우 파산재단에 이익이 없고 파산절차의 종료만 지연될 우려가 있다. 이러한 경우 파산절차의 신속하고 효율적인 진행을 위해 파산관재인은 그 재산을 파산재단으로부터 포기할 수 있다. 환가의 포기 또는 관리처분권의 포기라고도 한다. 권리의 포기(제492조 제12호) 중 하나이다.

파산재단으로부터의 포기는 법원의 허가(또는 감사위원의 동의)를 받아야 한다(제492조 제12호). 다만 그 가액이 1천만 원 미만으로서 법원이 정한 금액 미만인 때에는 법원의 허가를 받을 필요가 없다(제492조 단서).

포기는 파산재단에서 제외되어 채무자의 자유로운 처분에 맡기는 것이므로(상대적 포기) 그 재산은 포기에 의해 채무자가 개인인 경우 채무자의 자유재산이 되고, 채무자가 법인인 경우 법인의 자유재산을 인정하는 입장에서는 청산법인이 그 관리처분권을 갖게 된다. 이에 따라 채무자는 그 재산에 대해 관리처분권을 갖게 되고 조세 등의 부담도 채무자가 진다.[110] 포기된 재산은 파산재단으로부터 분리되고 채무자는 당해 재산에 대한 관리처분권을 회복한다는 점에서 민법상 물권의 소멸원인 중 하나인 포기와 구별된다.

Ⅲ. 배 당

파산채권의 범위, 액 및 순위가 채권조사확정절차에 의하여 확정되고, 파산재단의 환가가 진행되어 재단이 현금화되었다면, 파산채권자에 대한 배당이 가능하다. 배당은 파산절차의 최종적인 목표이고(제1조 참조), 파산재단을 환가하여 얻은 금원을 확정된 파산채권자에게 배당을 실시하는 것이다. 파산재단의 관리·환가에 관한 파산관재인의 업무수행도 배당의 실시로 집약된다. 또한 파산채권자의 관심도 배당의 시기 및 배당률에 집중되기 때문에 파산절차에 대한 파산채권자의 신뢰를 유지하기 위해서도 배당의 적정한 실시는 중요하다.

배당은 실체법상 변제로서의 성격이 있다. 파산채권자가 배당절차에서 배당금을 수령하는 것은 실체법적으로 해당 파산채권에 대한 만족을 받는 것이 되므로, 그 한도에서 '변제'로서의 효과가 발생하는 파산채권은 실체법적으로도 소멸하는 것이다. 배당절차에서 만족(변제)을 얻지 못한 부분(잔존채무)은 파산절차가 종료하여도 소멸하지 않는다. 그래서 개인채무자의 경우에는 면책이 문제된다.

110) 서울행정법원 2005. 7. 7. 선고 2005구합6904 판결.

1. 배당의 의의

배당이란 파산관재인이 환가한 금전을 법정의 절차에 따라 각 파산채권자에게 채권액에 비례하여 평등하게 변제하는 것을 말한다. 파산절차에서 가장 핵심적인 절차로 채무자에게 얽혀 있는 많은 채권자들을 어떻게 조화롭고 공평하게 배당하느냐가 중요한 관건이다. 배당절차에는 확정된 파산채권자뿐만 아니라 미확정채권자나 조건부채권자 등에 대하여도 잠정적인 참가의 기회를 줌으로써 채권의 조기 만족과 각종 권리자의 성질에 따른 처우의 조화를 도모하고 있다.

2. 배당의 유형

배당은 파산재단의 환가가 완료할 때까지 수회에 걸쳐 하게 된다. 배당은 이루어지는 시기에 따라 중간배당, 최후배당, 추가배당으로 구별된다.[111)]

가. 중간배당

채권조사기일(제312조 제1항 제3호)이 종료된 후 파산관재인은 배당하기에 적당한 정도의 금원이 있을 때마다 지체없이 배당을 실시하여야 한다(제505조). 파산관재인이 배당을 할 경우 법원의 허가(또는 감사위원의 동의)를 받아야 한다(제506조). 법원의 허가 등을 받도록 하는 것은 배당가능한 금액이나 중간배당의 필요성 등 실질적인 판단이 요구되기 때문이다. 중간배당은 경우에 따라 여러 번 할 수 있다. 다만 간이파산절차에서는 재단의 규모가 작기 때문에 중간배당을 하지 않고 최후에 1회 배당한다(제555조).

배당의 실시는 파산관재인이 배당표를 작성하고, 이것에 대한 이의절차를 거쳐 확정될 것을 전제로 한다.

(1) 배당표의 작성

파산관재인은 법원으로부터 배당의 허가를 받은 후 파산채권자표와 대조하여 배당표를 작성하여 이해관계인의 열람을 위해 이를 법원에 제출한다(제507조, 제508조). 배당표에는 배당에 참가시킬 채권자의 성명 및 주소, 배당에 참가시킬 채권의 액, 배당할 수 있는 금액 등을 기재하여야 한다. 배당에 참가시킬 채권은 우선권의 유무

111) 채무자회생법은 중간배당을 배당의 원칙적인 모습으로 하고, 중간배당에 관한 규정이 최후배당이나 추가배당에도 직접 적용되는 것으로 하고 있다. 하지만 실무적으로 보면 중간배당이 이루어지는 경우는 많지 않고 대부분 최후배당만이 실시되고 있으므로, 입법론적으로는 최후배당을 원칙적인 것으로 규정한 후 이를 중간배당이나 추가배당에 준용하는 형태로 하는 것이 바람직하다.

에 의하여 이를 구별하고, 우선권이 있는 것에 관하여는 그 순위에 따라서 기재하며, 우선권이 없는 것에 관하여는 제446조의 규정에 의하여 다른 채권보다 후순위의 것을 구별하여 이를 기재하여야 한다(제507조).

(2) 배당액의 공고 및 배당제외기간[112)]

배당표를 작성하면 배당에 참가시킬 채권의 총액 및 배당할 수 있는 금액을 공고하여야 한다. 배당표 작성 후에 발생한 사유로 배당표를 경정하는 경우(제513조, 제527조)에는 공고할 필요가 없다(제509조).

배당제외기간은 공고일로부터 기산하여 14일이다(제512조 참조). 배당제외기간 내에 집행력 있는 집행권원이나 종국판결이 없는 이의가 있는 채권에 관한 채권자와 별제권자는 배당에 참가하는 절차를 취하지 않는 한 배당에서 제외된다(제512조).

(3) 배당표에 대한 이의

파산채권자는 배당공고가 있는 날로부터 기산하여 14일(배당제외기간)이 경과한 후 7일 이내에 배당표에 대하여 이의를 신청할 수 있다(제514조 제1항). 이의기간이 지나게 되면 배당표는 확정되고 파산채권자는 이에 기하여 행한 배당을 다툴 수 없게 된다.

배당표에 대한 이의는 배당을 받을 권리를 신속하게 확정하기 위한 특별한 절차로 소송절차에 의한 신청은 인정되지 않는다. 이것은 배당표가 배당의 기초로 되는 중요한 것이기는 하지만, 파산채권자가 최후배당을 받는 것에 대한 종국적인 권리상태를 조기에 확정시키기 위하여 이의라는 특별한 절차를 인정하고 있기 때문이다.

이의신청권자는 신고를 하였던 파산채권자이다. 재단채권자나 채무자에게는 인정되지 않는다. 파산채권자라면 채권신고를 한 것으로 충분하고, 채권조사절차를 거쳤어야 한다거나 파산채권자의 이의 등이 없어야 하는 것을 요건으로 하는 것은 아니다(아직 미확정이어도 괜찮다). 다만 배당표의 변경으로 법률상의 이해관계가 있을 것

---

112) 채무자회생법은 민사집행절차에 존재하지 않는 배당제외기간이라는 제도를 두고 있다. 채권조사기일이 경과하거나 채권조사기일 이후에 실시되는 배당 단계에 이르면 대부분의 파산채권의 내용이나 액은 확정된다. 그렇지만 그 단계에서도 채권의 유무나 액에 대하여 이해관계인 사이에 다툼이 있고, 그 확정을 위한 법적 절차가 계속되어 있는 파산채권 등과 같이 현실적으로 행사할 수 없는 미확정인 것이 있다. 또한 별제권의 피담보채권인 파산채권과 같이 파산절차에 의하지 않고 우선적으로 변제받을 수 있는 액이 확정되지 않는 채권도 존재한다. 다수의 파산채권에 대하여 배당을 실시하는 것이 가능한데, 미확정 채권 전부에 대하여 확정되지 않으면 배당을 할 수 없다고 하는 것은, 파산채권자 사이의 공평을 해하는 것이 된다. 이러한 이해를 조정하기 위하여 다수의 파산채권자에게 배당이 가능한 시점에 배당절차에 참가할 것을 알린 후(공고) 상당한 기간을 두어 그 때까지 일정한 사항을 증명할 수 없는 것에 대하여는 배당절차의 참가를 인정하지 않음으로써(배당제외) 배당의 실시가 가능하도록 하는 합리적인 제도를 둘 필요가 있었다. 이것이 배당제외기간이다.

은 필요하다. 구체적으로 자신의 파산채권에 조금이라도 영향이 있는 자이어야 한다.

(4) 배당률의 결정 및 통지

파산관재인의 배당표에 대한 이의기간이 경과하거나 이의의 신청에 대한 결정이 있은 후 지체없이 배당률[배당에 참가시킬 채권의 총액(분모)으로 배당할 수 있는 금액(분자)을 나눈 것]을 정하여 배당에 참가시킬 각 채권자에게 통지하여야 한다. 그리고 배당률을 정함에 있어서는 법원의 허가(감사위원의 동의)를 받아야 한다(제515조).

배당률의 통지에 의하여 파산채권자의 파산재단에 대한 배당금청구권은 구체화되므로 통지 후에는 배당률을 변경할 수 없다. 따라서 배당률의 통지를 한 후에는 재단채권이 있다고 하더라도 당해 배당에서 배당할 금액으로 변제할 수 없다(제534조).[113)]

(5) 배당금의 지급 · 임치 · 공탁

(가) 배당금의 지급

배당률의 통지를 받은 채권자는 별도의 합의가 없는 한 파산관재인이 직무를 행하는 장소에서 배당을 받아야 한다(제517조 제1항 본문). 파산절차의 신속한 진행을 위해 지참채무의 원칙(민법 제467조 제2항)을 수정한 것이다. 다만 파산관재인과 파산채권자 사이에 별도의 합의가 있는 경우에는 그러하지 아니하다(제517조 제1항 단서).

파산관재인이 배당을 한 때에는 파산채권자표 및 채권의 증서에 배당한 금액을 기입하고 기명날인하여야 한다(제517조 제2항).

배당률의 통지를 하기 전에 파산관재인이 알고 있지 아니한 재단채권자는 각 배당에서 배당할 금액으로써 변제를 받을 수 없다(제534조).[114)]

(나) 배당금의 임치

1) 임치사유

배당표에 기재된 채권자라고 하더라도 아래와 같은 유동적 권리자에 대하여는 지급을 보류하고 배당액을 임치하여야 한다(제519조). 임치된 금전은 여전히 파산재단에 속하므로 그 이자는 파산재단으로 귀속된다.

① 이의가 있는 채권에 관하여 채권조사확정재판의 신청, 소의 제기 또는 소송의 수계가 있는 경우

---

113) 재단채권자가 배당을 받은 파산채권자에 대하여 부당이득반환청구권을 주장하는 것은 허용되지 않는다.
114) 따라서 재단채권자는 변제에서 제외되는 것을 막기 위하여, 파산선고결정이 있다는 것을 안 경우에는 신속하게 재단채권을 가지고 있다는 취지를 파산관재인에게 신고하여야 한다.

② 배당률의 통지를 발송하기 전에 행정심판 또는 소송 그 밖의 불복절차가 종결되지 아니한 채권

③ 별제권자가 예정부족액을 소명한 채권액

목적물의 처분이 종료되어 예정부족액이 확정되기까지 배당액을 임치한다.

④ 정지조건부채권과 장래의 청구권

⑤ 담보를 제공하지 아니한 해제조건부채권

2) 임치된 배당금의 처리

파산채권조사확정절차의 계속을 이유로 한 것[위 1)의 ①, ②]에 대하여는, 최후배당의 경우 파산관재인은 임치된 배당액을 수취하여야 할 파산채권자를 위하여 공탁하여야 한다(제528조 제1호).

별제권자의 파산채권의 부족액 소명분 및 정지조건부채권 또는 장래의 청구권인 파산채권에 대하여 임치된 것[위 1)의 ③, ④]은 최후배당의 배당제외기간 내에 부족액을 증명하지 못하거나(제525조) 행사할 수 있게 되지 못하여(제523조) 이들이 최후배당절차에 참가할 수 없게 된 때에는 파산관재인은 그 임치된 금액을 다른 파산채권자에 대한 최후배당에 충당하여야 한다(제526조 전문).

담보를 제공하지 아니한 해제조건부채권인 파산채권에 대하여 임치된 경우[위 1)의 ⑤]에는 최후배당의 배당제외기간 내에 해제조건이 성취되지 못하면, 파산관재인은 그 임치금을 해당 파산채권자에게 지급하여야 한다(제524조 전문).

(다) 배당금의 공탁

채권자가 배당금을 수령하지 않는다든지 배당통지서가 이사불명 등의 사유로 반송되어 온 경우 등과 같이 수령을 기대할 수 없으면 배당금을 공탁한다.[115] 배당금 지급의무는 추심채무이므로 공탁장소는 파산관재인의 사무소 소재지 관할법원의 공탁소가 된다(민법 제488조 제1항).

공탁은 임치와 달리 채권자의 이익을 위한 것으로 파산관재인은 공탁을 함으로써 책임을 면한다.

나. 최후배당

최후배당이란 파산재단에 관한 소송 등이 종결된 후 예외적으로 가치가 없다고 인정하여 환가하지 아니한 것을 제외하고 파산재단의 환가를 완료한 후에 행하는

115) 실무적으로는 채권자에게 지급하기 어려운 경우 배당금을 임치하여 두었다가 최후배당할 때 한꺼번에 공탁하고 있다.

배당을 말한다. 파산관재인이 최후배당을 할 때에는 법원의 허가를 받아야 한다. 감사위원의 동의가 있는 때라도 마찬가지이다(제520조). 이는 파산절차에 있어서 마지막 배당이므로 위 배당으로 파산절차가 종료하기 때문이다.

최후배당은 파산재단의 환가가 모두 종료한 다음 파산종결을 전제로 최종적으로 1회에 한하여 행하는 것이므로 중간배당과 다른 몇 가지 특칙이 마련되어 있다.

① 중간배당에서 배당제외기간이 14일로 고정되어 있는 것과 달리, 최후배당에 관한 배당제외기간은 배당의 공고가 있을 날로부터 기산하여 14일 이상 30일 이내로 법원이 이를 정한다(제521조). 파산채권자가 최종적으로 권리를 행사할 수 있는 기회라는 점을 고려하여 법원이 기간을 조정할 수 있도록 한 것이다.

② 배당에 참가할 수 있는 채권은 기본적으로 중간배당의 경우와 같다. 다만 최후배당에서는 미확정의 권리상태를 종결시킬 필요가 있어 조건부 채권자 등의 지위가 이 단계에서 확정되어야 하므로 배당에 참가시킬 채권의 범위가 중간배당시보다 좁아진다.[116]

③ 최후배당에 있어서는 파산관재인은 배당표에 대한 이의가 종결된 후 지체없이 각 채권자에 대한 배당액[117]을 정하여 통지를 하여야 한다(제522조).

④ 중간배당의 경우에는 배당표에 대한 이의가 있어도 그에 대한 결정이 있으면 불복절차가 계속 중이라도 배당을 할 수 있지만(제515조 제1항), 최후배당의 경우에는 배당표에 대한 이의가 종료[118]된 후가 아니면 배당을 실시할 수 없다(제522조).

최후배당이 끝나면 파산의 목적은 달성되어 파산관재인의 임무는 종료되므로 파산관재인은 채권자집회를 소집하여 계산보고를 하여야 하고, 위 채권자집회에서 파산관재인이 가치 없다고 인정하여 환가하지 아니한 재산의 처분에 관하여 결의를 하여야 한다(제529조). 채권자집회가 종결된 때에는 법원은 파산종결의 결정을 하여야 하고 그 주문 및 이유의 요지를 공고하여야 한다(제530조).

다. 추가배당

배당액을 통지한 후에 새로 배당에 충당할 재산이 있게 된 때에는 파산관재인은 법원의 허가를 얻어 추가배당을 하여야 한다. 파산종결의 결정이 있은 후에도 또한

116) 이의가 있는 채권 및 별제권자의 파산채권에 관하여 제512조의 규정에 의한 증명 또는 소명을 하지 아니하여 종전의 배당에서 제외된 채권자가 최후배당에서 그 배당제외기간 안에 그 증명을 한 때에는 그 전의 배당에서 받을 수 있는 액에 관하여 동일한 순위의 다른 채권자에 우선하여 배당을 받을 수 있다(제518조).

117) 중간배당의 경우는 '배당률'이다(제515조).

118) 이의절차가 종료된 이상 배당에 대하여 다른 파산채권자는 부당이득반환청구 등을 하는 것도 허용되지 않는다(破産法 · 民事再生法, 683쪽).

같다(제531조 제1항). 따라서 파산관재인의 직무는 이러한 한도에서 파산종결 후라도 남아있게 된다. 법원의 허가를 받도록 한 것은 배당가능액이나 추가배당의 필요성 등에 대한 실질적인 판단이 필요하기 때문이다.

추가배당의 재원으로 될 재산은 4가지가 있다. ① 파산관재인 등의 이의로 채권확정절차가 계속 중인 파산채권에 대해 공탁된 배당액(제528조 제1호)으로 최종적으로 채권조사확정재판 등에서 파산채권자가 패소한 경우이다. ② 파산절차종료시까지 부인소송 등에서 파산관재인이 승소하여 파산재단에 회복된 재산이다. ③ 파산관재인의 착오 등을 이유로 파산채권자로부터 반환된 배당금이나 세금환급금 등이다. ④ 최후배당액의 통지 후 새롭게 발견된 재산이다.[119]

한편 ④의 재산범위(제531조 제1항 후문)와 관련하여(새롭게 발견된 재산의 범위에 파산종결결정시까지 발견된 재산에 한정되는가) 다툼이 있다. 제531조 제1항 후문의 문언을 존중한다면 배당액의 통지를 한 후로 제한되지 않고, 파산절차종결결정이 된 후에 발견된 재산도 추가배당의 재원이 된다고 할 것이다. 그러나 파산종결결정 후에는 채무자의 관리처분권이 회복되고, 반대로 파산관재인의 관리처분권은 소멸하기 때문에 재산이 발견된다고 하여도 파산관재인은 그것을 배당재원으로 할 수 없고, 파산절차종결결정 후에도 파산관재인에게 재산관리의무를 부과하는 것은 부당하며, 추가배당의 재원으로 한다는 것은 종결결정 후에 채무자와 거래한 자의 지위를 해하기 때문에 파산종결결정 전까지 발견된 재산에 대해서만 추가배당이 가능하다고 할 것이다. 따라서 파산종결결정 이후에 발견된 재산은 원칙적으로 청산절차를 밟아야 할 것이다. 다만 채무자가 은닉한 재산을 우연히 발견한 경우는 추가배당을 할 수 있다고 할 것이다. 그 이유는 파산선고 당시 채무자에게 귀속하는 재산인 한 파산절차 중에 파산관재인에게 발견되지 않았다고 하여도 잠재적으로 파산관재인의 관리처분권이 미친다고 보아야 하기 때문이다.[120] 또한 파산절차 종료 후 파산채권확정소송 등에서 파산채권자가 패소하여, 당해 채권자를 위하여 공탁된 배당액을 다른 채권자에게 배당하여야 할 필요가 생긴 경우나 파산관재인이 임무를 게을리 하여 본래 파산절차에서 배당하여야 할 배당을 하지 않은 경우 등 추가배당의 대상으로 될 것을 예정하였거나 예정하여야 할 특단의 사정이 있는 경우에도 추가배당을 할 수 있다고 할 것이다.

추가배당에 충당할 재산은 배당절차비용 등을 고려하여 상당한 정도여야 한다.[121]

---

119) 條解 破産法, 1409쪽, 전병서, 415쪽.

120) 破産法・民事再生法, 687쪽.

121) 일본 파산법 제215조 제1항은 이를 명확히 규정하고 있다. 한편 독일 도산법은 "법원은 금액이 아주 적거나 목적물의 가치가 근소하고 추가배당의 비용을 고려하여 적절하게 보이는 경우 추가배당을 명

상당한 정도에 달하지 아니한 경우에는 파산관재인의 추가보수로 정하거나 파산종결 후 채무자에게 인도하여야 한다.

하지 않고, 처분 가능한 금액이나 발견된 목적물을 채무자에게 남겨둘 수 있다"고 규정하고 있다(§203(3) 전문).

제9장

도산절차의 종료

Ⅰ. 도산절차의 종료 사유

도산사건에 대하여 도산절차의 계속이 소멸하는 것을 도산절차의 종료라 한다. 도산절차는 그 절차의 목적을 달성하고 종료되는 경우와 목적을 달성하지 못하고 종료하는 경우가 있다. 일반적으로 전자를 종결이라고 하고 후자를 폐지라 한다.

도산절차의 종료사유는 각 도산절차마다 조금씩 차이가 있다.

1. 회생절차

회생절차는 ① 회생절차가 종결되거나(제283조), ② 회생절차폐지결정이 확정되거나(제286조 내지 제288조), ③ 회생계획불인가결정이 확정되거나(제242조), ④ 회생절차개시결정의 취소결정 및 회생절차개시신청의 기각결정이 확정되거나(제54조, 제42조), ⑤ 항고(재항고)심에서의 회생계획인가결정에 대한 취소결정 및 불인가결정이 확정된 경우(제247조), ⑥ 회생절차개시결정 전 신청취하의 경우(제48조)에 종료된다. 또한 ⑦ 개인회생절차에서 변제계획인가결정으로 회생절차가 실효됨으로써 종료되기도 한다(제615조 제3항).

위 종료사유 중 회생절차종결결정은 회생절차의 목적이 달성됨으로써 그 절차를 종료하는 것임에 반하여, 나머지는 회생절차의 목적을 달성하지 못한 채 종료된 것이라는 점에서 차이가 있다.

2. 파산절차

파산절차는 본래의 목적인 배당이 완료된 후 파산절차를 종결하거나, 청산목적을 달성하지 못하거나 파산절차비용에 충당할 재단이 부족하여 파산절차를 폐지한 경우에 종료한다. 파산절차를 종결하는 경우에는 배당을 위해 채권조사절차가 진행되지만, 파산절차를 폐지할 경우에는 채권조사절차가 필요 없다.

파산취소에 의하여도 파산절차가 종료할 수 있는데 파산취소를 포함하여 파산절차가 종료되는 모든 경우를 파산해지라 한다(민소법 제240조 참조).

한편 파산선고 전이든 후이든 채무자는 회생절차(개인회생절차)개시를 신청할 수 있는데(제35조, 제600조 제1항 제1호), 회생절차(개인회생절차)개시결정이 있으면 진행 중인 파산절차는 중지되고(제58조 제2항 제1호, 제600조 제1항 제1호),[1] 회생계획(변제계

1) 회생절차(개인회생절차)개시신청이 있으면 법원은 회생절차(개인회생절차)개시의 신청에 대한 결정이 있을 때까지 파산절차의 중지를 명할 수 있다(제44조 제1항 제1호, 제593조 제1항 제1호). 파산신청 전의 채무자는 회생절차(개인회생절차)개시결정이 있으면 파산신청을 할 수 없다(제58조 제2항 제1호, 제600조 제1항 제1호). 회생계획(변제계획)인가결정 전에 회생절차(개인회생절차)가 종료되는 경

획)인가결정이 있으면 중지된 파산절차는 실효된다(제256조 제1항 본문, 제615조 제3항). 따라서 회생계획(변제계획)인가결정도 파산절차종료의 원인이 된다. 복수형 도산법제가 채택된 관계로 절차 상호간에는 우열이 있고, 일반적으로 회생형 절차가 청산형 절차에 우선한다는 점이 반영된 것이다.

파산선고 후 채권신고를 한 자가 없는 경우 또는 신고된 채권의 채권신고가 전부 취하된 경우에는 더 이상 파산절차를 진행할 이유가 없으므로 직권으로 파산절차폐지에 의해 파산절차가 종료된다.

3. 개인회생절차

개인회생절차의 종료사유는 회생절차와 거의 같다. 개인회생절차개시신청의 취하, 개인회생절차개시신청 기각결정의 확정, 개인회생절차개시 취소결정의 확정, 개인회생절차폐지결정의 확정 등.

다만 회생절차와 달리(제283조 참조) 개인회생절차에서는 종결에 의한 종료는 없다. 개인채무자가 변제계획에 따른 변제를 완료한 경우 당사자의 신청이나 직권으로 면책결정을 할 뿐이다(제624조 제1항). 개인회생절차의 경우 변제계획인가에 권리변경효가 없고, 변제인가 이후에도 회생위원의 감독을 받는다는 점 및 변제계획에 따라 변제를 완료하였다고 종결결정을 할 경우 면책결정이 있기 전에 채권자들에 의해 강제집행 등이 가능하다는 점(제600조 제1항 참조) 등을 고려하여 변제계획인가 후 변제가 시작되더라도(나아가 변제가 완료되었다고 하더라도) 개인회생절차를 종결하지 않는 것으로 해석된다.

Ⅱ. 회생절차의 종료

1. 회생절차의 종결

회생절차의 종결이란 회생계획에 따른 변제가 시작된 이후 회생계획의 수행에 지장이 없어 회생절차의 목적을 달성할 수 있는 경우에 법원이 관리인, 목록에 기재되어 있거나 신고한 도산채권자의 신청 또는 직권으로 회생절차를 종료시키는 것을 말한다(제283조 제1항).

우, 파산선고 후의 채무자에 대하여는 중지 중인 파산절차가 당연히 속행된다(제7조 제1항, 제593조 제3항).

2. 회생절차의 폐지

가. 의 의

회생절차의 폐지란 회생절차개시결정 후에 당해 회생절차가 그 목적을 달성하지 못한 채 법원이 그 절차를 중도에 장래를 향하여 종료시키는 것을 말한다. 회생절차의 폐지는 종결과 더불어 회생절차의 종료 사유 중의 하나이지만, 회생절차의 종결이 회생절차의 목적을 달성하여 회생절차로부터 벗어나는 것임에 반하여, 회생절차의 폐지는 회생절차의 목적을 달성하지 못한 채 회생절차로부터 퇴출당하는 것이라는 점에서 차이가 있다.

나. 회생절차폐지의 종류

회생절차의 폐지는 크게 ① 회생계획인가 전의 폐지와 ② 회생계획인가 후의 폐지로 나눌 수 있다. 회생계획인가 전의 폐지는 다시 그 사유에 따라 ㉮ 회생계획안이 기간 안에 제출되지 않았거나 제출된 회생계획안이 가결되지 않았음 등을 사유로 하는 폐지(제286조 제1항), ㉯ 회생계획안 제출 전 또는 그 후에 채무자의 청산가치가 계속기업가치보다 명백히 크다는 것을 사유로 하는 폐지(제286조 제2항), ㉰ 채무자가 신고된 회생채권을 모두 변제할 수 있다는 것을 사유로 하는 폐지(제287조)로 나눌 수 있다.

(1) 회생계획인가 전 폐지

(가) 제286조 제1항에 의한 폐지

법원은 아래와 같은 사정이 있는 경우 직권으로 회생절차폐지의 결정을 하여야 한다(제286조 제1항). 회생절차는 채무자 또는 그 사업의 효율적인 회생을 목적으로 하는 것이고(제1조), 채권자 다수의 동의와 법원의 인가를 받은 회생계획이 정하는 바를 실현하는 것이다. 따라서 아래와 같은 사정이 있는 경우는 절차를 계속하여도 목적을 달성할 수 없는 것이 명백하므로 절차를 지속하는 것은 무용하다. 그래서 법원은 직권으로 회생절차를 폐지하여야 한다.

① 법원이 정한 기간 또는 연장한 기간 안에 회생계획안의 제출이 없는 경우(제1호 전단)

② 회생계획안 제출기간 안에 제출된 모든 회생계획안이 관계인집회의 심리 또는 결의에 부칠 만한 것이 못되는 때(제1호 후단)

③ 회생계획안이 부결된 경우(제2호 전단)

④ 회생계획안이 결의를 위한 관계인집회의 제1기일부터 2월 이내 또는 연장한 기간 안에 가결되지 아니한 때(제2호 후단)

⑤ 회생계획안이 회생절차개시일부터 1년(1년 6개월) 이내에 가결되지 아니한 때(제3호)

⑥ 서면결의에 의하여 회생계획안이 가결되지 아니한 때(제4호)

(나) 제286조 제2항에 의한 폐지

회생계획안 제출 전 또는 그 후라도 채무자의 사업을 청산할 때의 가치(청산가치)가 사업을 계속할 때의 가치(계속기업가치)보다 크다는 것이 명백하게 밝혀진 경우에는 법원은 회생계획 인가결정 전까지 관리인의 신청에 의하거나 직권으로 회생절차폐지의 결정을 할 수 있다(제286조 제2항).

청산가치 초과에 따른 회생절차폐지결정은 회생계획안 제출 전후를 불문하고 법원의 재량사항이다.

(다) 제287조에 의한 폐지(신청에 의한 폐지)

채무자가 목록에 기재되어 있거나 신고한 도산채권자에 대한 채무를 완제할 수 있음이 명백하게 된 때에는 법원은 관리인, 채무자, 목록에 기재되어 있거나 신고한 도산채권자의 신청에 의하여 회생절차폐지의 결정을 하여야 한다(제287조 제1항).

채무를 완제할 수 있음이 명백함에도 회생절차를 계속할 경우 자력이 있음에도 변제가 허용되지 않고(제132조), 게다가 채권자에 의한 회수행위도 제약되는(제58조) 부당한 상태가 계속되기 때문에 폐지하도록 한 것이다. 또한 본질적으로 회생절차는 채무자의 재산이 모든 도산채권자를 만족시키기에 충분하지 않다는 것을 전제로 한다. 이러한 전제가 충족되지 않은 것이 나중에 밝혀진 경우 회생절차는 폐지되어야 한다.

(2) 회생계획인가 후 폐지

회생계획 인가결정이 있은 후 회생계획을 수행[2]할 수 없는 것이 명백하게 된 때에는 법원은 관리인이나 목록에 기재되어 있거나 신고한 도산채권자의 신청에 의하거나 직권으로 회생절차폐지의 결정을 하여야 한다(제288조 제1항).

수행가능성은 회생계획의 인가요건이지만(제243조 제1항 제2호), 일단 수행가능성이 존재한다고 판단하였어도 채무자의 수익이 악화되거나 거래처 또는 금융기관의 대응에 변화가 발생하여 수행가능성이 없다는 것이 명백하게 되는 경우가 있을 수 있다.

---

2) 개인회생절차에서는 '이행'이라고 규정하고 있다(제621조 제1항 제2호).

3. 회생절차종료의 효과

가. 관리인의 권한 소멸과 채무자의 권한 회복

회생절차가 종료되면 관리인의 권한은 소멸하고, 채무자는 업무수행권과 재산의 관리처분권을 회복한다.[3] 따라서 당사자적격도 다시 채무자에게 있게 된다. 다만 회생절차폐지의 결정이 확정되더라도 직권으로 파산절차로 이행하는 경우에는 파산관재인이 종전 회생절차에서 관리인이 수행 중이던 부인의 소나 부인권행사에 기한 청구를 수행함으로써 부인권을 계속하여 행사할 수 있다(제6조 제6항).[4]

회생절차폐지결정이 확정된 때에는 관리인은 채무자의 재산으로 공익채권을 변제하고 이의 있는 것에 관하여는 그 채권자를 위하여 공탁하여야 한다(제291조). 이는 회생절차를 통한 채무자의 재건이 실패하는 경우에도 그 절차비용(대부분 공익채권으로 열거되어 있다)을 책임지도록 함으로써 궁극적으로 회생절차의 효용과 적극적인 이용을 유도하기 위한 조치이다.

나. 채무자에 대한 절차적 구속의 소멸

법인인 채무자는 자유로이 ① 자본 또는 출자액의 감소, ② 지분권자의 가입, 신주 또는 사채의 발행, ③ 자본 또는 출자액의 증가, ④ 주식의 포괄적 교환 또는 주식의 포괄적 이전, ⑤ 합병 · 분할 · 분할합병 또는 조직변경, ⑥ 해산 또는 회사의 계속, ⑦ 이익 또는 이자의 배당, ⑧ 법인 채무자의 경우의 정관변경을 할 수 있다(제55조 참조).

다. 채권자에 대한 개별적 권리행사 제약 해소

회생절차 진행 중에는 회생절차에 의하지 않고서는 변제를 받을 수 없었지만(제131조), 회생절차가 종료된 후에는 기한이 도래한 도산채권에 대하여는 개별적으로 권리행사를 할 수 있다. 즉 회생절차가 종료되면 도산채권자는 도산채권자표에 의하여 강제집행을 할 수 있다. 관련 내용은 〈**제14장 V.1.**〉(본서 536쪽)을 참조할 것. 상계의 제한(제144조, 제145조)도 해소된다.

라. 회생절차폐지결정 효과의 불소급성

회생절차폐지결정은 그 확정 시점이 회생계획인가 이전 또는 이후인지에 관계없

---

3) 대법원 2019. 10. 17. 선고 2014다46778 판결, 대법원 2017. 5. 17. 선고 2016다274188 판결.

4) 대법원 2015. 5. 29. 선고 2012다87751 판결.

이 소급효가 인정되지 아니한다. 장래를 향하여 회생절차의 진행이 중지된다.[5]

4. 파산절차로의 이행과 속행

가. 제도의 취지

채무자회생법은 회생절차를 파산절차보다 우선시하고 있다. 그래서 채무자는 파산절차가 진행 중이더라도 회생절차개시신청을 할 수 있고(제35조 제2항, 제44조), 회생절차개시결정이 내려지면 새로운 파산신청은 금지되며, 진행 중이던 파산절차는 중지되고(제58조 제1항, 제2항), 나아가 회생계획인가결정이 내려지면 중지된 파산절차는 효력을 잃게 된다(제256조 제1항). 반면 회생계획인가 전 폐지나 회생계획불인가결정이 확정되면 중지된 파산절차는 속행된다(제7조 제1항 참조).

한편 회생절차개시신청기각, 회생절차폐지, 회생계획불인가에 의하여 회생절차가 진행 도중에 종료된 경우, 절차 경제적 관점에서 법원은 임의적 또는 필요적으로 신청에 의하거나 직권으로 파산을 선고할 수 있다.[6] 구체적으로 ① 회생계획인가 후 폐지결정이 확정되었는데 법원이 채무자에게 파산의 원인이 되는 사실이 있다고 인정하여 직권으로 파산을 선고하여야 하는 경우(제6조 제1항), ② 회생절차개시신청의 기각결정, 회생계획인가 전 회생절차폐지결정, 회생계획불인가결정 중 어느 하나에 해당하는 결정이 확정되었는데 법원이 채무자에게 파산의 원인이 되는 사실이 있다고 인정하여 채무자 또는 관리인의 신청에 의하거나 직권으로 파산을 선고할 수 있는 경우(제6조 제2항), ③ 파산선고를 받은 채무자에 대한 회생계획인가결정으로 파산절차가 효력을 잃은 후(제256조 제1항) 회생절차폐지결정이 확정되어 법원이 직권으로 파산을 선고하여야 하는 경우(제6조 제8항) 등이 그것이다.

파산절차로의 이행(견련파산)이나 속행(재시파산)은 모두 중도에 좌절된 절차를 방치하지 않고 조속히 파산에 의한 합리적인 청산을 하고자 하는 것으로, 채권자를 비롯하여 이해관계인의 이익을 보호하고 도산절차의 일원적인 운용(선행절차와 후행절차의 일체성)을 확보하기 위한 시스템이다. 채무자회생법은 파산절차로의 이행이나 속행의 신속과 경제성을 고려하여 몇 가지 특칙을 두고 있다.[7]

---

5) 반면 회생절차개시결정의 취소의 경우 효력은 소급적으로 실효된다.

6) 이를 실무적으로 견련파산이라 부른다. 견련파산이란 회생절차가 그 목적을 달성할 수 없고, 파산절차에 의해 채무자의 재산을 청산할 필요가 있는 경우, 회생계속법원이 적시에 개시하는 파산절차를 말한다. 견련파산의 경우, 먼저 진행되던 회생절차가 있었기 때문에 그 회생절차에서 공익채권이 발생하였을 수 있고, 도산채권에 관한 채권조사가 이미 이루어졌을 수 있으며, 인가까지 이루어진 경우에는 도산채권의 권리가 변경된 상태에 있게 된다. 그러한 경우 후행하는 파산절차에서 채권을 조사함에 있어서 선행하는 회생절차에서의 진행 경과에 영향을 받게 되는 경우가 있다.

7) 견련파산절차는 일반파산절차와 몇 가지 다른 점이 있다. 이는 양자를 구별하여야 하는 실익이기도

나. 견련파산의 신청권자 및 신청시기

(1) 신청권자

견련파산의 신청권자는 채무자 또는 관리인이다(제6조 제2항). 물론 법원이 직권으로 견련파산을 선고할 수도 있다(제6조 제1항, 제2항).

(2) 신청시기

견련파산신청은 언제까지 하여야 하는가. 이에 대하여 선행 회생절차와 견련성이 있다는 이유로 회생절차개시결정의 취소결정, 회생절차폐지결정, 회생계획불인가결정의 확정 후에 이루어진 파산신청을 견련파산이라고 하면 그 기준이 애매하고, 채무자회생법이 예외적으로 견련파산절차를 일반파산절차와 달리 취급하고 있는 점과 모순된다는 이유로 회생절차폐지결정 시부터 폐지결정확정 시까지만 가능하다는 견해가 있다.[8] 대법원도 제6조 제2항과 법률관계의 안정 등을 고려하여 견련파산신청(제6조 제2항에 의한 파산신청)은 '회생절차개시신청의 기각결정 등이 있은 이후'부터 '그 결정의 확정 이전'에 이루어진 파산신청만을 의미하는 것으로 보고 있다.[9]

그러나 회생절차폐지결정확정 전에 채무자가 파산신청을 할 경우 여전히 견련파산신청인지 일반파산신청인지는 당사자의 의사를 확인하지 않는 한 명확하지 않고,[10] 회생절차 진행 중에는 파산신청을 할 수 없으며(제58조 제1항 제1호), 견련파산절차에 특칙을 인정한 것은 절차의 신속과 경제성을 고려한 것으로 신청시기와 특별한 연관성이 있는 것으로 보이지 않고, 문언상 '회생절차폐지결정 등이 확정'된 경우 신청에 의하거나 직권으로 파산선고를 하도록 하고 있으므로(제6조 제2항) 현행 채무자회생법 하에서는 회생절차폐지결정 등이 확정된 이후에만 견련파산신청을 할 수 있다고 할 것이다.

하다. ① 일반파산절차는 채권자 또는 채무자의 신청이 있어야 파산선고가 가능하지만, 견련파산절차는 법원이 직권으로 파산선고를 할 수 있다. 일반파산절차는 채무자뿐만 아니라 채권자에게도 신청권이 있지만, 견련파산절차는 채권자에게 신청권이 인정되지 않는다. ② 견련파산선고가 있는 경우 제3편(파산절차)의 규정을 적용함에 있어 그 파산선고 전에 지급의 정지 또는 파산의 신청이 없는 때에는 파산절차에 선행하는 회생절차개시신청 또는 사기파산죄에 해당하는 법인인 채무자의 이사가 한 행위를 지급의 정지 또는 파산신청으로 본다(제6조 제4항). ③ 회생절차에서 공익채권은 견련파산절차에서 재단채권으로 취급된다(제6조 제4항). ④ 기존의 회생채권신고, 이의와 조사확정 결과를 파산절차에서 다시 이용할 수 있다(제6조 제5항).

8) 주석 채무자회생법(Ⅰ), 125쪽, 임치용, "견련파산절차에 관한 연구－회생절차폐지를 중심으로", 사법 46호(2018년 12월), 사법발전재단, 115~116쪽.

9) 대법원 2024. 5. 30. 선고 2024다226627 판결, 서울중앙지방법원 2023. 9. 12. 선고 2023가단5071168 판결 등 참조.

10) 실무에서는 관리인이나 채무자가 견련파산을 신청할 경우, 견련파산신청임을 명확히 하도록 지도하고 있다.

다만 입법론적으로는 선행 회생절차와 후행 파산절차의 일체성 확보라는 견련파산제도의 취지, 특칙의 인정으로 인해 어느 파산절차가 견련파산절차인지는 파산절차에 참가하는 채권자 및 파산재단에 있어 매우 중요하다는 점을 고려하면, 견련파산신청은 회생절차폐지결정 등의 확정 전으로 명확히 제한할 필요가 있다(나아가 제58조 제1항 제1호를 배제하는 내용을 포함하여야 한다).[11)]

다. 견련파산에 관한 특칙

회생절차에서 파산절차로의 이행이 확보되었다고 하여도, 양자를 각각 독립적인 것으로 보고 이해관계인의 지위 등을 공통되는 것으로 인정하지 않으면 불공평한 결과가 발생할 수 있고, 원활한 이행이 방해받게 된다. 이행할 때 그 전후의 절차는 성질을 달리하는 것이지만, 도산처리라는 목적은 공통되기 때문에 가능한 한 일체로서 처리하는 것이 바람직하다. 채무자회생법은 아래의 몇 가지 조치들을 규정하여 선행절차와 후행절차의 일체성을 확보하고 있다.

(1) 지급정지 · 파산신청의 의제

채무자회생법 제3편(파산절차)의 규정을 적용함에 있어서 어느 행위와 지급정지 또는 파산신청의 선후에 의하여 권리관계에 큰 차이가 발생하는 것이 있다. 부인할 수 있는 행위(제391조 제1항 제2호 내지 제4호, 제392조 제1항, 제2항, 제393조 제2항, 제394조) 또는 상계금지(제422조 제2호, 제4호)가 그것이다.

견련파산의 경우 그 파산절차에서는 부인할 수 있는 행위 또는 상계금지의 범위를 정하는 기준이 되는 지급정지 또는 파산신청이 선행하지 않을 수 있으므로(직권으로 견련파산을 선고하는 경우 파산신청은 없다. 견련파산신청이 있다고 하더라도 위기시기의 기준시를 신청시로 하는 것은 늦어져 이해관계인의 공평을 해한다) 이 경우 회생절차에서 어느 행위를 파산절차에서의 지급정지 또는 파산신청으로 볼 것인지를 정할 필요가 있다. 견련파산이 선행하는 회생절차와 이른바 일체로 되는 것이라면, 회생절차개시신청시=파산신청(지급정지)시로 하여야 한다. 채무자회생법은 이러한 취지에서 직권 또는 신청에 의한 견련파산과 관련하여, 파산신청(지급정지)시에 대하여 간주규정을 두고 있다(제6조 제4항).

① 파산선고 전의 채무자

회생절차가 중도에 좌절됨에 따라 파산선고 전 채무자에 대하여 회생절차를 종료시키고 신청에 의하거나 직권으로 파산선고를 하는 경우, 채무자회생법은 제3편(파

---

11) 일본 회사갱생법 第251조, 민사재생법 第249조 참조.

산절차)의 규정을 적용함에 있어서 (간이)회생절차개시의 신청 또는 제650조의 사기 파산죄에 해당하는 법인 채무자의 이사(업무집행사원 그 밖에 이에 준하는 자를 포함한다)의 행위를 지급정지 또는 파산신청으로 본다(제6조 제4항). 지급정지 또는 파산신청으로 보는 행위가 여럿 있는 때에는 그중 가장 빠른 시기를 적용하여야 한다.

② 파산선고 후의 채무자

파산선고 후의 채무자에 대하여 회생계획인가결정으로 파산절차가 효력을 잃은 다음에 그 후 사정으로 회생절차가 폐지되는 경우에 필요적으로 파산선고를 하게 된다(제6조 제8항). 이 경우 뒤의 파산선고는 실질적으로 선행 파산절차의 연속이므로, 제3편(파산절차)의 규정을 적용함에 있어서 효력이 상실된 파산절차에서의 파산신청이 있은 때에 파산신청이 있는 것으로 본다(제6조 제9항). 지급정지도 마찬가지로 볼 것이다. 즉 실효된 선행 파산절차의 지급정지를 후행 파산절차에서도 지급정지로 보아야 할 것이다.

(2) 공익채권의 재단채권으로의 보장

공익채권을 재단채권으로 간주하는 것은 제6조 제1항 또는 제2항, 제8항에 의하여 파산이 선고되거나 제7조 제1항에 의하여 파산절차가 속행되는 경우에 한한다. 제3편의 규정에 의한 일반 파산신청에 기초하여 파산선고가 된 경우에는 제6조 제4항이 적용 내지 유추적용이 되지 않는다. 이 경우 변제되지 아니한 공익채권은 본래의 재단채권을 제외하고는 원칙적으로 파산채권이 된다.

① 파산선고의 경우

파산선고를 받지 아니한 채무자에 대하여 회생절차폐지결정의 확정 등으로 법원이 파산선고를 하는 경우(제6조 제1항, 제2항의 규정에 의하여 파산선고를 하는 경우) 회생절차에서의 공익채권과 파산절차에서의 재단채권의 범위가 일치하는 것은 아니나 양 절차가 연속하여 이루어지고 있는 이상 양 채권을 동일한 정도로 보호할 필요성이 있으므로{회생절차 진행에 채무자(관리인)와 거래로부터 발생한 채권의 우선권은 회생절차가 좌절된 후에도 유지하여 채무자(관리인)와의 거래안전을 확보할 필요성도 있다} 회생절차에서의 공익채권은 파산절차에서의 재단채권으로 인정한다(제6조 제4항). 파산선고를 받은 채무자에 대한 회생계획인가결정으로 파산절차가 효력을 잃은 후 회생절차폐지결정이 확정되어 법원이 직권으로 파산을 선고하여야 하는 경우에도 마찬가지이다(제6조 제9항).

② 파산절차 속행의 경우

파산선고를 받은 채무자에 대하여 회생절차개시신청 또는 간이회생절차개시신청(제293조의5 제2항 제2호 가목의 회생절차개시결정이 있는 경우는 제외한다)의 기각결정, 회생계획인가 전 회생절차 폐지결정 또는 간이회생절차 폐지결정(제293조의5 제3항에 따른 간이회생절차 폐지결정 시 같은 조 제4항에 따라 회생절차가 속행된 경우는 제외한다), 회생계획불인가결정이 확정되어 기존의 파산절차가 속행되는 경우 공익채권이 파산선고 후에 발생된 채권이라는 점(이러한 이유로 파산채권으로 보기는 어렵다)에서 재단채권으로 취급해야 할 필요성이 더욱 강하게 인정되므로 이 경우도 역시 공익채권은 재단채권으로 취급한다(제7조 제1항).

(3) 파산채권으로 신고의제

① 회생계획인가 전 폐지에 따른 견련파산의 경우

회생계획인가 전 회생절차폐지결정, 회생계획불인가결정에 따른 견련파산의 경우에는 회생절차에서의 회생채권의 신고, 이의와 조사 또는 확정은 파산절차에서 행하여진 신고, 이의와 조사 또는 확정으로 본다(제6조 제5항 본문). 따라서 회생절차에서 신고한 채권자는 파산선고일까지의 채권원리금 중 신고 누락한 부분만 추가로 신고하면 된다. 파산선고를 받은 채무자에 대하여 중지되었던 파산절차가 속행된 경우에도 마찬가지이다(제7조 제2항). 회생절차에서 파산절차로의 이행을 보다 원활하게 하기 위함이다. 파산절차에서 회생절차에서의 채권신고 등을 그대로 이용함으로써 파산채권자 및 파산관재인의 부담이 경감될 수 있다.

다만 이자 없는 기한부채권(제134조), 정기금채권(제136조), 불확정기한채권 등(제136조), 비금전채권 등(제137조), 조건부채권과 장래의 청구권(제138조)의 경우에는 파산채권으로 다시 신고할 필요는 없지만, 조사·이의 및 확정절차를 새로이 하여야 한다(제6조 제5항 단서). 그 이유는 위 채권들은 회생절차와 파산절차에서 서로 다르게 취급하고 있기 때문이다(위 채권들에 대하여는 회생절차개시 당시를 기준으로 의결권이 산정되었다고 하더라도 회생채권이 금전으로 액수가 정하여 조사되고 확정된 것이 아니므로 파산절차에서 별도의 조사확정절차를 거칠 필요가 있다).

② 회생계획인가 후 폐지에 따른 견련파산의 경우

회생계획인가결정 후 파산선고를 한 경우(필요적 파산선고)에는 회생계획인가결정으로 이미 회생채권 등이 면책되거나(제251조) 회생계획에 따른 권리변동이 발생하였으므로(제252조 제1항) 또는 회생계획인가결정이 있은 후 회생절차폐지는 회생계획의 수행과 채무자회생법의 규정에 의하여 생긴 효력에 영향을 미치지 아니하므로(제

288조 제4항) 새로이 파산채권의 신고・조사 등 절차를 밟아야 한다. 파산선고 후의 채무자에 대하여 회생계획인가결정으로 파산절차가 효력을 잃은 후 회생절차가가 폐지되고 직권으로 파산선고를 하는 경우에도 마찬가지이다(제6조 제8항, 제10항 참조). 따라서 파산관재인은 회생절차에서 인가된 회생계획의 내용을 확인하여 권리변경된 채권액을 기준으로 시부인을 하여야 한다.

(4) 소송절차의 중단과 수계

회생절차폐지 등에 따른 파산선고가 있는 때에는 관리인 또는 보전관리인이 수행하는 소송절차는 중단되고, 이 경우 파산관재인 또는 그 상대방이 이를 수계할 수 있다(제6조 제6항, 제10항). 위 소송절차에는 부인의 소도 포함된다.[12]

파산선고를 받은 채무자에 대하여 중지되었던 파산절차가 속행된 경우에도 마찬가지이다(제7조 제2항).

(5) 법원 등 행위의 효력 — 유효한 행위의 범위 결정

회생절차폐지 등에 따른 파산선고가 있는 때(제6조 제1항, 제2항)에는 회생절차에서 행하여진 ① 법원, ② 관리인・보전관리인・조사위원・간이조사위원・관리위원회・관리위원・채권자협의회, ③ 채권자・담보권자・주주・지분권자(주식회사가 아닌 회사의 사원 및 그 밖에 이와 유사한 지위에 있는 자를 말한다), ④ 그 밖의 이해관계인의 처분・행위 등은 그 성질에 반하지 아니하는 한 파산절차에서도 유효한 것으로 본다(제6조 제7항 전문). 예컨대 관리인이 제119조 제1항에 따라 계약을 해제한 경우 해제의 효력,[13] 회생절차에서 이루어진 회생채권자의 상계통지는 모두 파산절차에서도 유효하다(제6조 제7항 제3호).[14]

이 경우 법원은 필요하다고 인정하는 때에는 유효한 것으로 보는 처분・행위 등의 범위를 파산선고와 동시에 결정으로 정할 수 있다(제6조 제7항 후문).

제6조 제8항에 의하여 파산선고를 한 경우나 파산선고를 받은 채무자에 대하여 중지되었던 파산절차가 속행된 경우에도 마찬가지이다(제6조 제10항, 제7조 제2항).

12) 대법원 2015. 5. 29. 선고 2012다87751 판결.
13) 대법원 2017. 4. 26. 선고 2015다6517,6524,6531 판결.
14) 서울고등법원 2019. 2. 13. 선고 2018나204464 판결.

Ⅲ. 파산절차의 종료

1. 파산절차의 종결

가. 의 의

배당이 끝나면 파산관재인의 임무가 종료된다. 이 경우 파산관재인은 채권자집회에 계산보고를 하여야 한다(제365조 제1항). 계산보고를 위한 채권자집회가 종결된 때에는 법원은 파산종결결정을 하고, 그 주문 및 이유의 요지를 공고한다(제530조). 파산종결결정에 대하여는 불복할 수 없다(제13조 제1항). 따라서 고지(공고)에 의하여 확정된다.

파산절차종결결정에 의하여 파산절차는 그 본래의 목적인 청산을 완료하고 마무리를 할 수 있다.

나. 효 과

파산절차종결의 효과는 결정할 때가 아니라 공고가 있는 때부터 발생한다.[15] 공고에 의해 외부에 대한 고지가 확실하게 된다고 보기 때문이다.

(1) 채무자에 대한 효과

① 개인의 경우

개인채무자는 파산이 종결되어도 복권의 절차를 거치지 않으면 공·사법상의 권리의 제한은 계속된다(제575조). 파산채권도 소멸하지 않고 채무자가 책임을 면하기 위해서는 면책절차를 거쳐야 한다.

채무자는 파산재단에 속하는 재산의 관리처분권을 회복한다. 따라서 채무자는 잔여재산에 대하여 자유로이 처분할 수 있다.

② 법인의 경우

법인의 경우 잔여재산이 없으면 청산종결의 경우와 마찬가지로 법인격이 소멸하나, 잔여재산이 있다면 그 재산에 관한 청산의 목적 범위 내에서 존속한다.[16] 따라서 민법·상법 등에 따라 청산절차를 밟아야 한다. 파산종결 후 청산사무는 파산관재인이 아니라 청산인이 하여야 하고 잔여재산의 처리가 완료되어 청산이 종결되면 법인은 소멸한다.

이 경우 청산인은 누가 되는가. 이에 관하여는 ㉮ 청산인 선임의 일반원칙에 따

15) 條解 破産法, 1418, 1461쪽, 破産法·民事再生法, 690쪽, 전병서, 416쪽.
16) 대법원 1989. 11. 24. 선고 89다카2483 판결.

라 정관 또는 총회의 결의로 청산인을 정하지 않은 때에는 이사가 청산인이 되고, 청산인이 될 자가 없는 경우에는 이해관계인의 청구에 의하여 법원이 청산인을 선임한다는 견해,[17] ㉯ 파산선고로 위임관계는 종료하므로 이해관계인의 청구에 따라 법원이 청산인을 선임하여야 한다는 견해(일본 실무례), ㉰ 파산선고로 당연히 위임관계가 종료되는 것은 아니므로 이사가 청산인이 된다는 견해(일본의 다수설)[18]가 있다.

살피건대 법인이 파산하면 법인과 이사의 위임관계는 종료하므로(민법 제690조) 종전의 이사는 청산인이 될 수 없는 점(자격상실설), 이사의 지위가 유지된다고 하더라도 조직법상의 활동에 제한된다고 보아야 하는 점(자격유지설), 법인이 해산한 경우 이사가 청산인으로 되는데 파산의 경우에는 이를 제외하고 있는 점(민법 제82조, 상법 제531조 제1항) 등을 고려하면, 주주총회에서 새로이 청산인을 선임하거나(상법 제531조 제1항) 이해관계인의 신청에 따라 법원이 청산인을 선임하여야 할 것이다.[19]

(2) 파산채권자에 대한 효과

파산채권자는 파산절차에 의하여만 권리를 행사하여야 한다는 제약에서 벗어나 자유로이 그 권리를 행사할 수 있다. 채권자는 파산종결 후에 파산채권자표의 기재에 의하여 강제집행을 할 수 있다(제535조 제2항). 파산채권자는 배당에 의하여 만족을 받지 못한 채권에 대하여는 채무자의 재산에 대하여 강제집행을 할 수 있다. 다만 채무자가 채권조사기일에 이의를 하지 않는 경우에 한하여 강제집행을 할 수 있다고 할 것이다.[20] 채무자의 이의는 파산채권의 확정을 막는 효과는 없지만, 채권조사기일에 이의를 함으로써 자신에 대한 집행권원(파산채권자표의 집행권원화)을 방지할 수는 있다고 보아야 하기 때문이다.

(3) 채무자의 보증인 등에 대한 효과

파산이 종결되더라도 파산채권자가 채무자의 보증인 그 밖에 채무자와 더불어 채

---

17) 편집대표 곽윤직, 민법주해(Ⅰ), 박영사(1992), 755쪽.

18) 破産法・民事再生法, 699쪽. 그 근거는 근소한 잔여재산의 처리를 위해 청산인을 선임한다는 것은 불합리하므로 종전의 이사가 청산을 하도록 하는 것이 타당하다는 것이다. 이 견해는 중요한 재산이 존재하는 경우에는 주주총회에서 청산인을 선임하면 된다고 한다.

19) 실무적으로는 이해관계인(파산채권자)의 신청에 따라 사정을 잘 알고 있는 종전의 파산관재인을 청산인으로 선임하고 있기도 하다. 파산선고에 따른 법인의 청산은 파산관재인에 의하여 수행되는 것이므로 파산절차 진행 중에 청산인 선임을 신청할 수는 없다는 하급심 재판례도 있다(서울북부지방법원 2018. 10. 4. 자 2018비합12 결정 참조).

한편 일본 최고재판소는 동시폐지가 된 주식회사에 대한 사건에서, 이사는 파산선고로 그 지위를 상실한다는 전제에서, 잔여재산에 대한 청산절차에 있어서는, 종전의 이사가 당연히 청산인이 되는 것은 아니고, 이해관계인의 청구에 의해 법원이 청산인을 선임하여야 한다고 판시하였다{도산법(加藤哲夫등), 238쪽}.

20) 일본 파산법 제221조 제2항은 이를 명시적으로 규정하고 있다.

무를 부담하는 자에 대하여 가지는 권리와 파산채권자를 위하여 제공한 담보에는 영향이 없다(제548조 제2항, 제567조).

2. 파산절차의 폐지

파산절차의 폐지란 신고한 파산채권자의 동의가 있는 경우 또는 파산재단이 부족한 경우에 파산절차의 본래의 목적을 달성하지 못한 채 파산절차를 장래에 향하여 중지하는 것을 말한다. 파산절차의 폐지의 경우 파산절차가 장래에 향하여만 진행을 종료한다는 것으로 파산절차가 소급적으로 효력을 잃는 파산취소와 다르다.

가. 파산절차폐지의 유형

파산폐지에는 파산채권자의 동의에 의한 폐지(동의폐지)와 파산재단 부족으로 인한 폐지가 있다. 후자는 다시 파산선고와 동시에 하는 폐지(동시폐지)와 파산선고 이후에 하는 폐지(이시폐지)가 있다.

(1) 동의폐지

동의폐지란 채무자가 ① 채권신고기간 내에 신고한 파산채권자 전원의 동의를 얻거나 ② 동의를 얻지 못한 경우에는 동의를 하지 아니한 파산채권자에 대하여 다른 파산채권자의 동의를 얻어 파산재단으로부터 담보를 제공한 때 채무자의 신청으로 파산절차를 폐지하는 것을 말한다(제538조 제1항).[21] 파산포기라고도 한다.

파산절차는 파산재단을 극대화하여 파산채권자에게 최대한의 배당을 목적으로 하는 파산채권자를 위한 절차이므로, 파산절차에 참가한 모든 파산채권자가 파산절차를 종료시키는 것에 동의하고, 파산채권자에게 손해가 없다면 그 의사를 존중하는 것이 타당하며, 굳이 그 의사를 무시한 채 파산절차를 진행할 필요는 없다는 점을 고려한 것이다.[22] 채무자가 융자나 채무면제 등을 통하여 지급불능이나 채무초과의 상태를 해소할 수 있다고 판단되는 경우 법인격을 회복할 수 있는 수단이다.

개인의 경우 면책신청을 하는 때에는 동의폐지의 신청을 할 수 없다(제556조 제4항). 동의폐지는 채권자의 동의를 얻어 파산절차를 종료시키는 제도이고 파산절차가 종료된 후에는 변제가 예정되어 있기 때문이다. 동의폐지의 신청을 한 때에는 그 기각의 결정이 확정된 후가 아니면 면책신청을 할 수 없다(제556조 제5항).

---

21) 실무적으로 동의폐지는 거의 없다.
22) 條解 破産法, 1447쪽.

(2) 파산재단 부족으로 인한 폐지

파산재단으로 파산절차비용을 충당하기에 부족하다고 인정되는 경우에 하는 폐지이다(제317조, 제545조). 여기에는 동시폐지와 이시폐지가 있다. 파산재단이 파산절차비용에도 충당하기 부족한 경우 국가가 무상으로 파산절차를 진행·운영할 필요는 없다. 파산절차는 공적 이익을 위해서가 아니라 채권자들의 이익을 위해 실행되는 것이기 때문이다.[23]

① 동시폐지

동시폐지란 파산원인의 존재 그 밖의 파산선고의 요건을 모두 구비하고 있지만, 파산재단이 적어 파산절차의 비용을 충당하기에 부족하다고 인정되는 때에 파산선고와 동시에 파산폐지의 결정을 하는 것을 말한다(제317조 제1항). 파산재단으로 파산절차비용에도 충당하지 못한 경우에는 계속하여 파산절차를 실시할 의미가 없기 때문이다.

동시폐지는 파산관재인을 선임하는 등 동시처분이 허용되지 않고 파산재단이 성립하지 않아 파산재단의 수집·환가·배당절차가 실시되지는 않지만, 파산선고의 효력이 발생한 것에는 변함이 없고 자격제한 등의 효과도 발생한다. 개인에 대하여 동시폐지가 된 경우 파산신청이 된 이상 채무자는 면책신청의 자격이 인정된다(제556조 제1항 참조).

② 이시폐지

이시폐지란 파산선고 후에 파산절차의 비용까지 지급할 수 없을 정도로 부족하다고 인정된 경우에 하는 파산폐지를 말한다(제545조 제1항). 따라서 파산절차비용을 충당하기에 충분한 금액이 미리 납부되어 있는 때에는 이시폐지를 하지 못한다(제545조 제2항).

이시폐지는 법원이 파산관재인의 신청에 의하여 또는 직권으로 한다. 이 경우 법원은 미리 채권자집회의 의견을 들어야 한다. 이시폐지결정에 대하여는 즉시항고를 할 수 있다(제545조 제3항).

나. 파산절차폐지결정의 효력

(1) 동시폐지의 경우

채무자가 법인인 경우 잔여재산이 없으면 법인격이 소멸하고, 잔여재산이 있으면

23) Reinhard Bork, 62쪽.

청산절차가 필수이며 청산의 목적 범위 내에서 존속한다. 이 경우 청산인은 누가 되는가. 이에 관하여는 〈1.나.(1)②〉를 참조할 것.

파산재단 자체가 처음부터 성립하지 않으므로 강제집행 등의 절차는 실효되지 않고(제348조는 적용되지 않는다) 그대로 진행된다. 다만 개인의 경우에는 대부분의 사건이 면책신청과 연동되어 있으므로 동시폐지가 되더라도 파산채권에 기한 강제집행 등의 개별적 권리행사는 면책신청에 관한 재판이 확정될 때까지 금지 또는 중지된다(제557조).

(2) 이시폐지의 경우

파산폐지에는 소급효가 없으므로[24] 파산관재인이 이미 행한 관리처분행위의 효력은 그대로 유지된다.

① 채무자에 대한 효과

채무자는 파산재단에 대한 관리처분권을 회복한다. 채무자가 법인인 경우 잔여재산이 없으면 법인격이 소멸하고, 잔여재산이 있으면 청산의 목적 범위 내에서 존속한다. 이 경우 청산인은 누가 되는가. 이에 관하여는 〈1.나.(1)②〉를 참조할 것.

파산재단에 관한 소송은 중단된 후 채무자가 수계한다.

② 파산관재인에 대한 효과

이시폐지결정이 확정되면 파산관재인은 파산재단에 관한 관리처분권을 상실한다. 그래서 관리처분권은 채무자에게 복귀하는 것이 원칙이다.

파산관재인의 임무는 종료한다. 파산선고 전에 제기되어 파산선고에 의하여 중단된 파산재단에 관한 소송으로 파산관재인 또는 상대방에 의해 수계되지 않은 것은 채무자가 당연히 수계하고(민소법 제239조), 수계된 것은 다시 중단된 후 채무자가 수계하여야 한다(민소법 제240조).

파산관재인이 제기한 부인의 소와 부인의 청구는 당연히 종료한다.[25]

법인의 이사 등에 대한 손해배상청구권 등의 조사확정재판은 파산절차가 종료한 때 종결한다(제352조 제8항).

---

24) 대법원 2014. 12. 11. 선고 2014다210159 판결, 헌법재판소 2016. 4. 28. 선고 2015헌바25 전원재판부 결정.

25) 파산선고 전에 사해행위취소의 소가 제기되고, 파산선고로 수계(제406조)된 후 부인의 소로 변경된 경우는 다르다. 파산절차가 폐지되면 부인의 소는 중단되고 채권자가 다시 수계한다. 수계된 후 채권자는 부인권을 행사할 수 없고(부인권은 파산절차 진행 중에 파산관재인만이 행사할 수 있고, 파산절차가 종료되면 소멸한다) 다른 주장을 하여야 소송이 유지될 수 있다.

③ 파산채권자에 대한 효력

파산채권자는 파산절차에 의하여만 권리를 행사하여야 한다는 제약에서 벗어나 자유로이 그 권리를 행사할 수 있다. 채권자는 파산폐지결정 확정 후에 채무자의 이의가 없는 경우 파산채권자표의 기재에 의하여 강제집행을 할 수 있다(제548조 제1항, 제535조 제2항).

파산선고로 실효된 강제집행, 가압류, 가처분 등(제348조 제1항 본문 참조)은 파산폐지에 의하여 부활되지 않는다.[26] 따라서 채권자는 파산폐지결정 확정 후에 다시 강제집행 등을 신청하여야 한다.

개인은 면책신청이 있는 경우 면책신청에 관한 재판이 확정될 때까지 채무자의 재산에 대하여 파산채권에 기한 강제집행·가압류 또는 가처분을 할 수 없고, 채무자의 재산에 대하여 파산선고 전에 이미 행하여지고 있던 강제집행·가압류 또는 가처분은 중지된다(제557조 제1항).

법인에 대하여는 법인격이 소멸하기 때문에 강제집행의 여지는 없고 채무소멸과 마찬가지로 취급된다. 파산절차폐지 후 청산절차에서 채권자는 파산채권자표를 집행권원으로 하여 잔여재산에 대하여 강제집행을 할 수 있다고 할 것이다.

④ 채무자의 보증인 등에 대한 효력

파산이 폐지되더라도 파산채권자가 채무자의 보증인 그 밖에 채무자와 더불어 채무를 부담하는 자에 대하여 가지는 권리와 파산채권자를 위하여 제공한 담보에는 영향이 없다(제548조 제2항, 제567조).

Ⅳ. 개인회생절차의 종료

1. 개인회생절차의 폐지

개인회생절차의 폐지란 개인회생절차개시 후 그 개인회생절차가 목적을 달성하지 못하고 법원이 그 절차를 중도에 종료시키는 것을 말한다.

개인회생절차의 폐지는 변제계획인가 전의 폐지(제620조)와 변제계획인가 후의 폐지(제621조)가 있다.

---

26) 대법원 2014. 12. 11. 선고 2014다210159 판결. 이에 대하여 파산절차가 폐지된 경우 실효된 강제집행 등이 부활한다는 견해가 있다(條解 破産法, 1445쪽). 채권자의 파산선고에 의한 권리행사의 제한은 파산절차폐지에 의하여 해소되고, 파산선고 전에 한 강제집행 등의 효력도 당연히 부활한다는 것이다. 파산선고에 의하여 강제집행 등이 실효되는 것은 파산재단에 대한 관계에서이고, 파산관재인에 의한 속행의 여지도 있는 것이므로(제348조 제1항 단서) 절차가 중지된다고 해석하여야 한다. 하지만 파산선고에 의한 효력은 강제집행절차 등의 중단이 아니라 실효이고, 폐지는 소급효가 없기 때문에 당연히 강제집행 등이 부활한다고 보기는 어렵다.

가. 변계계획인가 전 폐지

(1) 필요적 폐지사유

법원은 다음과 같은 경우 개인회생절차폐지결정을 하여야 한다(제620조 제1항).

① 개인회생절차의 개시결정 당시 ㉮ 채무자가 신청권자의 자격을 갖추지 아니하였거나 ㉯ 채무자가 신청일 전 5년 이내에 면책(파산절차에 의한 면책을 포함한다)을 받은 사실이 명백히 밝혀진 때

② 채무자가 제출한 변제계획안을 인가할 수 없는 때

(2) 임의적 폐지사유

법원은 다음의 어느 하나에 해당하는 때에는 개인회생절차폐지의 결정을 할 수 있다(제620조 제2항).

① 채무자가 개인회생절차개시신청시 첨부하여야 할 서류(제589조 제2항)의 어느 하나에 해당하는 서류를 제출하지 아니하거나, 허위로 작성하여 제출하거나 법원이 정한 제출기한을 준수하지 아니한 때

채무자가 개인회생절차를 지연시키거나 악용하는 것을 방지하기 위하여 법원이 폐지할 수 있도록 한 것이다.

② 채무자가 정당한 사유 없이 개인회생채권자집회에 출석 또는 설명을 하지 아니하거나 허위의 설명을 한 때

채무자는 개인회생채권자집회에 출석하여 개인회생채권자의 요구가 있는 경우 변제계획에 관하여 필요한 설명을 하여야 한다(제613조 제2항). 채무자가 개인회생채권자집회에 출석할 의무가 있음에도 정당한 사유 없이 출석을 거부하거나 출석하였더라도 설명을 거부하여 개인회생절차를 지연한 경우 또는 허위의 설명을 함으로써 개인회생절차를 악용하는 경우에는 그 위반의 정도에 따라 법원이 개인회생절차의 폐지결정을 할 수 있도록 한 것이다.

나. 변제계획인가 후 폐지

법원은 변제계획을 인가한 후 다음의 어느 하나에 해당하는 때에는 개인회생절차폐지의 결정을 하여야 한다(제621조). 필요적 폐지사유이다.

(1) 면책불허가결정이 확정된 때

(2) 채무자가 인가된 변제계획을 이행[27]할 수 없음이 명백할 때. 다만, 채무자가

---

27) 회생절차에서는 '수행'이라고 규정하고 있다(제288조 제1항).

제624조 제2항의 규정에 의한 면책결정을 받은 때에는 그러하지 아니하다.

(3) 채무자가 재산 및 소득의 은닉 그 밖의 부정한 방법으로 인가된 변제계획을 수행하지 아니하는 때

변제계획을 수행하고 있지 아니한 경우이므로 폐지하여야 한다.

2. 개인회생폐지결정 확정의 효력

가. 개인회생절차의 종료

개인회생절차에서 개인회생채권자는 변제계획에 의하지 아니하고는 변제하거나 변제받는 등 이를 소멸하게 하는 행위를 하지 못하는데(제582조), 개인회생채권자는 개인회생절차폐지결정이 확정된 때에는 채무자에 대하여 개인회생채권자표에 기하여 강제집행을 할 수 있어(제603조 제4항) 개인회생채권자가 개인회생절차폐지결정의 확정으로 절차적 구속에서 벗어나는 점 등에 비추어 보면, 개인회생절차폐지결정이 확정된 경우에 개인회생절차는 종료한다고 봄이 타당하다.[28]

나. 개시결정으로 인한 절차 구속으로부터 해제

개인회생절차개시결정으로 중지 또는 금지되었던 채무자에 대한 회생절차 등(제600조 제1항)도 속행되거나 가능하게 된다. 개인회생채권자는 개인회생절차폐지결정이 확정된 때에는 채무자에 대하여 개인회생채권자표에 기하여 강제집행을 할 수 있다(제603조 제4항).

다. 변제계획인가 후 폐지의 경우

변제계획인가 후 개인회생절차의 폐지는 이미 행한 변제와 채무자회생법의 규정에 의하여 생긴 효력에 영향을 미치지 아니한다(제621조 제2항). 따라서 변제계획이 인가된 후 변제계획에 따라 이미 변제한 경우 개인회생절차가 폐지되더라도 변제한 만큼의 채무소멸효과는 유지된다.

또한 개인회생채권자목록의 제출 또는 개인회생절차참가에 대하여 부여되는 시효중단의 효력은 그대로 유지되고,[29] 변제계획인가결정에 따른 회생절차 등의 실효(제615조 제3항), 변제계획인가결정에 의한 채무자의 급여 등에 대한 전부명령의 실효(제616조 제1항)도 번복되지 않는다.

---

28) 대법원 2012. 7. 12. 자 2012마811 결정.

29) 변제계획인가 전 폐지의 경우에도 개인회생채권자목록의 제출 또는 개인회생절차참가에 대하여 부여되는 시효중단의 효력은 그대로 유지된다. 중단된 시효는 폐지결정 확정 시부터 다시 진행한다.

제10장

면책 및 복권

파산절차는 파산재단을 파산채권자에게 공평하게 분배(배당)하는 것에서 나아가, 개인인 채무자에 대하여는 자유재산을 기초로 경제적 재출발을 촉진하는 역할을 할 것이 예정되어 있다. 이를 위한 제도가 면책과 복권이다.[1] 면책(discharge)은 채무자를 파산채권자에 의한 추심으로부터 해방시켜 자유재산으로 생활이나 사업활동을 가능하도록 하여 채무자의 경제적 재기를 도모하는 것이다. 복권은 파산선고로 자격제한을 받고 있는 채무자를 해방시켜, 채무자가 사회적 · 경제적 활동에 종사하는 것이 가능하도록 하는 것이다.

연혁적으로 면책은 채무자의 협조를 이끌어 내기 위하여 도산법(채무자회생법)에 도입되었다. 원래의 의도는 채무자에게 새로운 출발을 부여하기 위한 것이 아니라 채무자가 채권자들에게 협조하여 채무자의 재산을 원만하게 수집할 수 있도록 유인하기 위한 것이었다. 살인죄로 형사처벌을 받은 사람은 면책을 받을 수 있지만, 사기파산죄에 해당하는 행위를 할 경우 면책을 받을 수 없는 것(제564조 제1항 제1호)은 이를 잘 설명하고 있다. 채무자가 면책을 받아 새로운 출발을 하고 다시 면책을 얻기 위해서는 7년(5년)이라는 기간의 제한을 두고 있다(제564조 제1항 제4호). 이는 면책제도의 악용을 막기 위한 것도 있지만, 다른 한편으론 채무자가 새로 돈을 빌리는 것을 용이하게 하는 측면도 있어 채무자의 이익을 위해서도 작용한다. 파산절차로부터 벗어난 지 얼마 지나지 않은 채무자에게 돈을 빌려주는 채권자는, 상환을 받을 수 있는 충분한 시간이 있고, 그 이전에는 채무자가 파산면책의 신청을 할 수 없다는 것을 잘 알기 때문이다.[2]

개인회생절차에서 채무자를 위한 면책제도를 둔 취지는 채권자들에 대하여 공평한 변제를 확보함과 아울러 지급불능 또는 그럴 염려가 있는 상황에 처한 채무자에 대하여 경제적 재기와 회생의 기회를 부여하고자 하는 데에 있다.[3] 이를 통하여 채무자는 개인회생채무로 인한 압박을 받거나 의지가 꺾이지 않은 채 앞으로 경제적 회생을 위한 노력을 할 수 있게 된다.[4]

회생절차의 경우는 회생계획이 인가되면 인가의 효력에 기하여 채무가 면책되나, 개인회생절차의 경우는 변제계획이 인가된 후 일정한 요건이 충족된 경우에 한하여 면책결정을 통하여 면책된다. 개인파산절차의 경우에도 법원의 면책결정으로 면책된다.[5]

---

1) 파산절차에서 배당을 받은 이후에 남은 잔액은 파산절차 종료 후 채권자는 채무자에 대하여 변제를 요구할 수 있다. 나아가 파산절차가 종료되어도 채권이 남아있는 채권자는 파산절차에서 확정된 파산채권자표에 의해 채무자에 대하여 강제집행을 할 수도 있다(제548조 제1항, 제535조). 법인은 파산에 의하여 해산(상법 제227조, 제269조, 제517조, 제609조)으로 소멸하므로 파산절차 종료 후 법인 자체가 책임을 추급당하는 일은 없으나, 개인채무자에 대하여는 파산절차 종료 후에도 채권자로부터 추급을 당할 수 있다. 이렇게 되면 개인채무자의 경제적 회생은 어렵다. 개인채무자의 경제적 회생을 용이하게 하기 위한 제도가 면책이다.

2) Douglas G. Baird, 38쪽.

3) 동일한 회생형 절차임에도 개인회생절차에서는 면책절차를 별도로 두고 있음에 반하여, 회생절차에서는 두고 있지 않다. 회생절차에서는 절차 내에서 회생계획인가를 통해 면책이 이루어지기 때문에(제251조) 별도로 면책절차를 둘 필요가 없다. 하지만 개인회생절차에서는 개인회생절차가 종료된 경우 미변제부분에 관하여 채권자가 다시 권리를 행사할 수 있다(개인회생절차도 포괄적 강제집행절차로서 재산환가절차라고 볼 수 있고, 재산환가절차에서는 비율적 채권 만족만 이루어지기 때문이다). 이렇게 될 경우 채무자의 새로운 출발은 어렵게 되기 때문에 별도로 면책절차를 둔 것이다. 개인파산절차의 경우에도 마찬가지이다.

4) 대법원 2021. 9. 9. 선고 2020다277184 판결.

5) 법인이든 개인이든 궁극적으로 면책을 얻는다. 하지만 그 의미와 결과는 다르다. 개인에게 있어 면책은 새로운 출발의 기회를 보장한다. 과거의 채무로부터 벗어나 채권자의 청구로부터 자유로운 미래수입을 누릴 수 있게 해준다. 법인에게 있어 면책은 새로운 자본구조를 획득하게 해줄 수 있는 메커니즘의 일부분에 불과하고 미래수입이 채권자들의 손에서 벗어나지 못한다.

제1절 면책[개인파산절차 · 개인회생절차]

면책은 법인의 경우 저절로 발생한다. 왜냐하면 법인은 통상 파산절차가 종료되면 소멸하고 채무자와 함께 채무도 사라지거나(사실상 면책이 되는 것이다), 회생절차에서는 회생계획인가결정으로 면책이 이루어지기 때문이다(제251조). 그러나 개인(자연인)의 경우 별도의 면책절차가 필요하다. 왜냐하면 순수한 재산환가절차에서는 비율적 채권만족만 이루어지기 때문이다. 도산절차 종료 후 채권자는 미변제채권에 관하여 채무자에게 다시 권리를 행사할 수 있다(제535조 제2항, 제548조 제1항). 도산절차에서 채권변제 비율은 통상 극히 낮기 때문에 제한 없이 사후 권리행사를 허용하면 채무자는 새로운 출발이나 회생을 하기 매우 어렵게 된다. 성실하지만 불운한 채무자들의 새로운 출발을 가능하게 하려고 도산법은 면책제도를 도입한 것이다.[1)]

Ⅰ. 개인파산절차

1. 면책의 의의

개인인 채무자에 대하여 법원은 일정한 면책불허가사유가 있는 경우를 제외하고는 면책을 허가하여야 하고(제564조 제1항), 면책불허가사유가 있는 경우에도 파산에 이르게 된 경위, 그 밖의 사정을 고려하여 면책을 허가할 수 있다(재량면책, 제564조 제2항).

면책이란 개인(자연인)인 채무자에 대하여 파산절차에서 배당에 의하여 변제되지 아니한 잔여채무에 대하여 채무자의 책임을 면제하는 것을 말한다. 법인은 파산절차가 종료되면 청산종결의 경우와 마찬가지로 법인격이 소멸되므로 면책을 신청할 수 없다.[2)]

파산절차에서 개인채무자를 위한 면책제도를 둔 취지는 채권자들에 대하여 공평한 변제를 확보함과 아울러 지급불능 상태에 빠진 개인채무자에 대하여 경제적 재기와 회생의 기회를 부여하고자 하는 데에 있다. 이를 통하여 개인채무자는 파산채무로 인한 압박을 받거나 의지가 꺾이지 않은 채 앞으로 경제적 회생을 위한 노력을 할 수 있게 된다.[3)] 채무자의 재산을 환가 · 배당함으로써 채권자들 사이의 적정하고

1) Reinhard Bork, 4~5쪽 참조.
2) 대법원 2016. 8. 25. 선고 2016다211774 판결 참조, 김정만, "파산면책의 효력", 사법논집(제30집), 법원도서관, 195면.
3) 대법원 2007. 11. 29. 선고 2007도8549 판결 등 참조.

공평한 만족을 도모하는 개인파산절차에서도 채무자의 경제적 회생은 도모되어야 한다. 이는 채무자가 파산선고 이후에도 잔여 채무에 대한 무제한의 책임을 지게 되는 경우 오로지 채권자에 대한 채무변제를 위해서만 경제활동을 해야 하는 극단적 상황을 방지하여야 한다는 요청에 따른 것이다.[4)]

2. 면책의 합헌성

개인파산제도의 목적은 모든 채권자가 평등하게 채권의 만족을 얻도록 보장하는 것 외에 지급불능의 상태에 빠진 채무자에게 경제적으로 재기·갱생할 수 있는 기회를 부여하는 데에도 있다고 할 것이다. 그 제도를 설계함에 있어서 반드시 채무자에 대한 면책을 일종의 특전으로 이해하는 전제 위에서 이를 행할 필연적인 이유는 없고, 적극적으로 채무자의 불성실성을 드러내는 것으로 평가되는 사유 등이 없는 한 원칙적으로 면책을 인정한다고 하여도 이는 파산상태에 있는 채무자에게 가급적 넓은 범위에서 경제적 재생의 기회를 부여하여 인간다운 삶을 살 수 있는 터전을 마련하려는 정당하고 중요한 입법목적에 기한 것으로서, 그것이 헌법에 규정된 재산권, 평등권, 인간으로서의 존엄과 가치, 행복추구권, 과잉금지의 원칙 등을 근거 없이 부당하게 침해하거나 위반하는 것이라고 할 수 없다.[5)]

3. 면책절차

가. 면책의 신청

(1) 신청권자

면책을 신청할 수 있는 자는 파산신청이 계속되어 있는 개인채무자에 한정된다(제556조). 채무자가 제한능력자인 경우에는 그 법정대리인이 그를 대리하여 신청할 수 있다. 외국인도 개인인 이상 면책신청을 할 수 있다(제2조). 채무자가 파산을 신청한 경우에는 반대의 의사표시가 없는 한 면책신청을 한 것으로 보기 때문에(제556조 제3항) 개인채무자가 면책을 신청한다는 것은 원칙적으로 채권자가 파산신청을 한 경우를 말한다. 물론 채무자가 파산신청을 한 경우에도 채권자에 대한 배려 기타 사정으로 면책신청을 하지 않겠다는 의사를 표시한 경우에는 채무자도 제556조 제1항의 기간 내에 면책을 신청할 수 있다.

---

4) 대법원 2021. 9. 9. 선고 2020다269794 판결.

5) 대법원 2009. 7. 9. 자 2009카기122 결정, 헌법재판소 2011. 11. 24. 선고 2009헌바320 전원재판부 결정 등 참조. 미국 연방대법원은 Local Loan Co. v. Hunt 사건에서 면책의 목적은 성실하지만 불운한 채무자로 하여금 '기존채무의 압박과 굴레로부터 벗어난 새로운 삶의 기회와 미래를 설계할 깨끗한 상태를 향유하도록 하는 것'이라고 판시함으로써 면책의 정당성을 확인시켜 주었다.

면책을 받을 것인지는 어디까지나 채무자 자신의 판단에 맡겨야 할 사안이기 때문에, 채무자 이외의 제3자에게는 그 신청권이 인정되지 않는다.

(2) 신청시기

채무자는 파산신청일부터 파산선고가 확정된 날 이후 1개월 이내에 언제든지 법원에 대하여 면책의 신청을 할 수 있다(제556조 제1항). 여기서 '법원'은 '파산사건이 계속되어 있는 회생법원'을 말한다(제353조 제4항). 면책은 채무자에 대하여 파산절차가 시작되어야 비로소 할 수 있는 것이므로 면책신청을 위해서는 파산신청이 먼저 될 필요가 있다.

채무자가 그 책임없는 사유로 위 면책신청기간 내에 면책신청을 할 수 없었던 경우에는 그 사유가 종료된 후 30일 이내에 면책신청을 할 수 있다(제556조 제2항). 책임없는 사유로 면책신청을 할 수 없었던 경우로는 파산선고·동시폐지결정 정본의 송달이 공고보다 지체되어 면책신청기간을 도과한 경우를 들 수 있다. 면책신청기간의 제한은 정책적인 목적으로 둔 것에 지나지 않으므로 책임없는 사유는 유연하게 해석할 필요가 있다.

채무자에 의한 파산신청이건 채권자에 의한 파산신청이건, 채무자는 파산신청이 있은 후에는 파산선고 전이라도 면책신청을 할 수 있다(면책신청의 시기). 개인채무자가 파산을 신청하는 대부분의 경우는 면책을 받아 경제적으로 새로운 출발을 하려는 것이므로 시기적으로 파산을 신청한 날부터 면책신청을 할 수 있도록 하여 채무자로 하여금 신속하게 면책결정을 받을 수 있도록 하였다. 면책신청의 종기는 동시폐지사건을 포함하여 파산선고가 확정된 날 이후 1개월 이내이다.

채무자가 파산신청을 한 경우에는 채무자가 반대의 의사표시를 한 경우를 제외하고, 당해 신청과 동시에 면책신청을 한 것으로 본다(제556조 제3항).[6)]

나. 면책심리기간 중의 강제집행 등의 금지 및 중지

(1) 취 지

파산절차 중에는 파산채권자의 개별적인 권리행사가 금지되고(제424조) 파산선고가 되면 파산채권에 기하여 파산재단에 속하는 재산에 대하여 행하여진 강제집행·가압류 또는 가처분은 파산재단에 대하여 효력을 잃는다(제348조 제1항). 그러나 파산절차와 면책절차는 별개의 절차이고, 동시폐지의 경우에는 채무자가 파산선고 후

6) 실무적으로 대부분 채무자 신청 사건은 파산과 면책을 동시에 신청하고, 채권자 신청 사건에서는 파산선고 확정 이후 1개월 이내에 채무자가 면책신청을 하는 경우가 많다.

취득한 재산에 대하여 관리처분권을 취득하므로 파산채권자는 파산절차가 종료된 후에는 채무자의 재산에 대하여 권리행사를 할 수 있다(동시폐지의 경우에는 파산재단이 성립하지 않으므로 강제집행 등이 실효되지 않고 그대로 속행된다). 또한 파산절차가 종료되어도 채무가 남은 경우, 채권이 남은 채권자는 파산절차에서 확정된 파산채권자표의 기재에 의하여 채무자에 대하여 강제집행을 할 수 있다(제535조 제2항, 제548조 제1항). 면책신청 자체에는 강제집행 등의 금지효나 중지효가 없기 때문이다. 나아가 강제집행 후 면책결정이 나더라도 면책결정의 효력이 소급하지 않으므로 그로 인한 이득을 부당이득으로 볼 수도 없다. 그런데 채무자의 회생을 위한 면책주의의 입장과 신득재산을 비롯한 자유재산은 채무자가 새롭게 출발하기 위한 재원으로 사용되어야 한다는 점을 고려하면, 면책절차 진행 중에 파산채권자들의 개별적인 강제집행을 허용하는 것은 바람직하지 않다. 이러한 점을 고려하여 면책신청이 있는 경우 면책심리기간 중에는 파산채권에 기한 강제집행 등을 금지하거나 중지되도록 하였다(제557조).

(2) 강제집행 등의 중지 · 금지

면책신청이 있고, 파산폐지결정의 확정 또는 파산종결결정이 있는 때에는 면책신청에 관한 재판이 확정될 때까지[7] 채무자의 재산에 대하여 파산채권에 기한 강제집행 · 가압류 또는 가처분을 할 수 없고, 채무자의 재산에 대하여 파산선고 전에 이미 행하여지고 있던 강제집행 · 가압류 또는 가처분은 중지된다. 면책결정이 확정된 때에는 중지한 절차는 그 효력을 잃는다(제557조).

다. 면책심리절차

(1) 채무자심문

법원은 면책의 허부를 결정하기 위하여 기일을 정하여 채무자를 심문할 수 있다. 위 기일을 정하는 결정은 공고하고 파산관재인 및 면책의 효력을 받을 파산채권자로서 법원이 알고 있는 파산채권자에게 송달하여야 한다(제558조 제1항, 제2항).

---

7) 개별적인 강제집행 등이 금지되는 기간은 면책신청에 대한 재판이 확정될 때까지라고 규정하고 있어 면책결정 확정 이후부터는 파산채권에 기한 개별적인 강제집행 등에 대하여 더 이상 집행장애사유로 기능할 수 없다. 면책결정이 확정된 후의 개별적인 강제집행 등에 대하여는 명문의 규정이 없고, 면책결정정본을 민집법 제49조 제1호(강제집행을 허가하지 아니하는 취지를 적은 집행력 있는 재판의 정본)에 해당한다고 볼 수도 없다. 따라서 면책결정 확정 후에 비로소 개시된 개별적인 강제집행 등을 배제하기 위해서는 청구이의의 소를 제기할 수밖에 없다{대법원 2014. 2. 13. 자 2013마2429 결정 참조, 법원실무제요 민사집행(Ⅰ)－집행총론－, 사법연수원(2020), 281쪽}.

(2) 면책에 대한 조사 및 보고

법원은 파산관재인으로 하여금 면책불허가사유의 유무에 관하여 조사를 하게 하고(대부분의 실무는 파산관재인으로 하여금 면책불허가사유를 조사하게 한다) 채무자 심문기일에 그 결과를 보고하게 할 수 있다(제560조). 면책신청이 된 경우 면책불허가사유가 있는지는 법원의 직권조사사항이지만, 파산관재인이 선임된 경우 채무자와 접촉이 많은 파산관재인으로 하여금 면책불허가사유를 조사하게 하는 것은 법원이 적절한 정보를 수집하는 효과적인 방법이라는 점을 고려한 것이다.

(3) 면책신청에 대한 이의신청

검사, 파산관재인 또는 면책의 효력을 받을 파산채권자는 위 채무자 심문기일(심문기일을 정하지 않은 경우에는 법원이 정하는 날)로부터 30일 이내에 면책신청에 대하여 법원에 이의를 신청할 수 있다. 법원은 상당한 이유가 있는 때에는 신청에 의하여 위 기간을 늘일 수 있다. 이의신청을 하려면 면책불허가사유(제564조 제1항)를 소명하여야 한다(제562조).

라. 면책 여부의 결정

면책허가결정은 파산절차와 별개의 절차이기 때문에, 파산절차의 계속 중이라도 면책결정을 하기에 충분한 심리가 마쳐졌다면 언제든지 할 수 있다. 그러나 파산절차 계속 중에는 채무자가 파산절차방해(제564조 제1항 제3호, 제5호 등) 등 새로운 면책불허가사유에 해당하는 행위를 할 수 있고, 파산절차가 종료된 이후 비로소 면책불허가사유가 있는지에 관한 조사가 완료되는 경우가 있으며, 존재 여부가 불확실하던 면책불허가사유가 파산절차 종료 이후 확실하게 되는 경우가 있고, 다른 한편 파산절차에 대한 채무자의 협조나 채권자에 대한 자유재산으로의 일부 변제 등 재량면책에 유리하게 작용할 사정이 발생할 수 있기 때문에, 파산절차 계속 중에는 원칙적으로 면책허부결정을 하지 않아야 한다. 실무적으로도 면책결정은 일반적으로 파산절차가 종료된 후에 하고 있다.

4. 면책불허가사유

채무자회생법은 제564조 제1항에서 6가지 면책불허가사유를 규정하고 있다. 면책불허가사유는 행위유형별로 크게 세 가지로 나눌 수 있다.

(1) 채무자가 의도적으로 채권자를 해하는 행위를 한 유형이다. 여기에는 ① 제564조 제1항 제1호에서 규정하는 ㉮ 제650조의 사기파산죄, ㉯ 제651조의 과태파산

죄의 해당사유와 ② 제564조 제1항 제2호(사술에 의한 신용거래) · 제3호(허위의 채권자 목록의 제출 또는 재산상태에 관한 허위의 진술), 제6호(채무자가 과다한 낭비 · 도박 그 밖의 사행행위를 하여 현저히 재산을 감소시키거나 과대한 채무를 부담한 사실이 있는 때)에 규정하는 사유가 여기에 속한다.

(2) 파산절차상의 이행의무를 태만히 하고 절차의 진행을 방해하는 행위이다. 이에 해당하는 것으로 ① 제564조 제1항 제5의2호에서 규정하는 구인불응, ② 제656조의 파산증뢰죄, ③ 제658조의 설명의무위반죄의 해당 사유와 ④ 제564조 제1항 제5호(법에서 정하는 의무위반)에 해당하는 사유가 있다.

(3) 면책제도의 운영과의 관계에서 정책적인 이유로 면책불허가사유로 규정한 것이다. 여기에 해당하는 것으로 제564조 제1항 제4호(7년 이내에 파산절차상의 면책을 받은 사실 또는 5년 이내 개인회생절차에 따른 면책을 받은 사실)가 있다.

면책불허가사유에 해당한다고 하기 위해서는 면책제도가 기본적으로 채무자의 경제적 갱생을 위한 제도라는 점,[8] 그것이 형사처벌의 대상이 될 수 있는 점, 재도의 파산신청이 허용되지 않는 점 등을 감안하여 엄격하고 신중하게 판단하여야 한다.[9]

한편 면책불허가행위의 주체는 원칙적으로 채무자이다. 실제의 행위자가 채무자의 친족, 사용인 기타 제3자라고 하더라도 그것이 채무자의 행위로 평가될 수 있는 경우도 포함된다. 다만 제564조 제1항 제1호의 경우는 달리 보아야 할 것이다. 왜냐하면 위 제1호의 면책불허가사유는 파산범죄와 연계되어 있기 때문이다. 그러므로 채무자 이외의 제3자의 행위를 채무자의 행위로 포섭하여 면책불허가사유에 해당하는지 여부를 검토하기 위해서는 형법상의 공범관계의 성립이 필요하다.

가. 파산범죄에 해당하는 행위가 있다고 인정하는 때(제564조 제1항 제1호)

제564조 제1항 제1호의 면책불허가사유는 모두 파산범죄에 해당하는 행위를 대상으로 하고 있고, 그 사유의 존부를 판단하는 데 채무자가 반드시 파산범죄로 기소되거나 유죄판결을 받아야 하는 것은 아니지만, 경우에 따라 형사처벌의 대상이 될 수도 있음을 감안하여 위 사유에 해당하는지에 관해서는 더욱 엄격하고 신중하게 판단하여야 하고, 법원으로서는 채무자가 제출한 자료 및 면책신청에 대하여 이의를 신청한 채권자 등이 제출한 자료 외에도 채무자가 주장하는 사유를 소명하는 데 필요하다고 판단되는 자료의 제출을 적극적으로 명하는 등의 방법으로 채무자의 행위가 면책불허가사유에 해당하는지를 심리 · 판단하여야 한다.[10]

---

8) 대법원 2006. 9. 22. 자 2006마600 결정 참조.

9) 대법원 2004. 4. 13. 자 2004마86 결정, 대법원 2011. 8. 16. 자 2011마1071 결정 참조.

(1) 사기파산죄에 해당하는 행위(제564조 제1항 제1호, 제650조 제1항)

사기파산죄는 채무자가 파산선고의 전후를 불문하고 자기 또는 타인의 이익을 도모하거나 채권자를 해할 목적으로 다음 (가) 내지 (라)의 어느 하나에 해당하는 행위를 하고, 그 파산선고가 확정된 때 성립한다(제650조 제1항).

'자기 또는 타인의 이익을 도모할 목적'은 그 이익에 관한 단순한 인식으로는 부족하고 '채권자를 해할 목적'에 준하여 '자기 또는 타인의 이익 추구에 대한 적극적 의욕'에 이르는 것으로 보아야 한다.[11] 행위시기는 파산선고 전후를 묻지 않는다. 사기파산죄에 관하여는 〈제11장 Ⅱ.1.라.(1)〉(본서 475쪽)을 참조할 것.

(가) 파산재단에 속하는 재산을 은닉 또는 손괴하거나 채권자에게 불이익하게 처분하는 행위가 있다고 인정하는 때(제564조 제1항 제1호, 제650조 제1항 제1호)

1) 파산재단에 속하는 재산

파산재단에 속하지 않는 재산(자유재산), 즉 압류금지재산, 면제재산, 새로 취득한 재산, 파산재단으로부터 포기한 재산은 대상이 아니다. 따라서 채무자가 파산재단에 속하지 아니하는 재산을 임의로 처분하였다고 하더라도 '파산재단에 속하는 재산을 은닉 또는 손괴하거나 채권자에게 불이익하게 처분을 하는 행위'에 해당하지 않는다.[12] 예컨대 국민기초생활 보장법에 따른 생계급여, 주거급여 및 장애인복지법에 따른 장애수당은 수급자 명의의 지정된 계좌로 입금하여야 하는데, 급여수급계좌의 예금에 관한 채권은 압류가 금지된다(국민기초생활 보장법 제35조 제2항, 제27조의2 제1항, 장애인복지법 제82조 제2항, 제50조의4 제1항). 따라서 국민기초생활 보장법에 따른 생계급여, 주거급여 및 장애인복지법에 따른 장애수당은 압류할 수 없는 재산으로서 파산재단에 속하지 않으므로, 채무자가 이를 임의로 처분하였다고 하더라도 면책불허가사유인 "파산재단에 속하는 재산을 은닉 또는 손괴하거나 채권자에게 불이익하

---

10) 대법원 2016. 8. 31. 자 2016마899 결정.

11) 대법원 2024. 5. 30. 자 2023마6319 결정. 위 결정의 사안은 다음과 같다. 채무자는 2021. 6.경부터 2022. 6. 중순경까지 회사에 근무하면서 전 배우자 명의의 계좌(이하 '이 사건 계좌')로 급여를 지급받았는데, 그중 상당액이 전 배우자 명의의 다른 은행 계좌로 이체하였다. 압류금지채권의 목적물인 채무자의 급여가 이 사건 계좌에 입금된 경우 그 예금은 압류금지채권에 해당하지는 않지만, 이러한 경우에도 원래의 압류금지 취지는 참작될 여지가 있는 점(대법원 1996. 12. 24. 자 96마1302, 1303 결정 등 참조), 당시 채무자에게는 미성년 자녀가 있었고, 채무자가 회사에서 단기간 근무하다가 퇴사한 것으로 보이는 점 등을 고려해 보면, 채무자가 파산선고 전에 급여를 이 사건 계좌로 지급받고 그 중 상당액을 전 배우자 명의의 다른 은행 계좌로 송금하였다고 하더라도 이를 '파산재단에 속하는 재산의 은닉, 손괴 또는 불이익한 처분 행위'에 해당한다거나 채무자가 자기 또는 타인의 이익 추구를 적극적으로 의욕하거나 채권자를 해할 목적을 가지고 있었다고 단정하기 어려우므로, 채무자의 행위가 제650조 제1항 제1호의 면책불허가사유에 해당한다고 보기 어렵다.

12) 대법원 2024. 5. 30. 자 2023마6319 결정.

게 처분을 하는 행위"에 해당하지 않는다고 봄이 타당하다.[13)]

2) 행위의 유형

① 은 닉

'재산의 은닉'은 재산의 발견을 불가능하게 하거나 곤란하게 만드는 것을 말하고, 재산의 소재를 불명하게 하는 경우뿐만 아니라 재산의 소유관계를 불명하게 하는 경우도 포함한다. 다만, 채무자가 법원에 파산신청을 하면서 단순히 소극적으로 자신의 재산 및 수입 상황을 제대로 기재하지 아니한 재산목록 등을 제출하는 행위는 '재산의 은닉'에 해당한다고 할 수 없다.[14)]

② 손 괴

'손괴'란 물리적 훼손 등 재산의 가치를 감소시키는 일체의 행위를 포함한다.

③ 채권자에게 불이익하게 처분하는 행위

'채권자에게 불이익하게 처분을 하는 행위'는 부당한 저가의 매매나 무상의 증여 등과 같이 '은닉', '손괴'에 견줄 수 있을 만큼 채권자 전체에게 절대적으로 불이익을 미치게 하는 행위를 뜻하는 것이지, 단순히 채권자간의 공평을 해함에 그치게 하는 행위를 뜻하는 것이 아니므로, 특정의 채권자에 대한 변제 등은 다른 채권자에게 불이익한 결과를 가져온다 하더라도 특별한 사정이 없는 한 이에 해당하지 아니한다.[15)]

채권자에게 불이익한 처분행위란 재산의 증여나 현저히 부당한 가격으로 매각하는 것과 같이 모든 채권자에게 절대적으로 불이익한 처분행위를 말하는 것이다. 따라서 채무자가 여럿의 채권자들 중 일부 채권자에게 채무의 내용에 좇아 변제를 하는 행위는 이에 해당하지 않는다.[16)]

이혼에 따른 재산분할이 상당한 정도를 벗어나는 과대한 것일 때에는 불이익한 처분에 해당한다.[17)] 협의 또는 심판에 의하여 구체화되지 않은 이혼에 따른 재산분할청구권은 채무자의 책임재산에 해당하지 않으므로 이혼에 따른 재산분할청구권을 포기하거나 불행사하더라도 불이익한 처분으로 볼 수 없다.[18)19)]

---

13) 대법원 2023. 8. 18. 자 2023마5633 결정.

14) 대법원 2010. 5. 13. 선고 2010도2752 판결, 대법원 2009. 1. 30. 선고 2008도6950 판결, 대법원 2009. 7. 9. 선고 2009도4008 판결 등 참조.

15) 대법원 2001. 5. 8. 선고 2001도679 판결 참조.

16) 대법원 2008. 12. 29. 자 2008마1656 결정.

17) 대법원 2016. 12. 29. 선고 2016다249816 판결, 대법원 2006. 9. 14. 선고 2006다33258 판결 참조.

18) 대법원 2013. 10. 11. 선고 2013다7936 판결 참조.

19) 실무는 통일되어 있지 않다. 의정부지방법원 2014. 6. 3. 자 2013라755 결정(대법원 심리불속행 기각으로 확정), 수원지방법원 2014. 11. 21. 자 2013라2020 결정(확정) 등은 불이익한 처분으로 볼 수 없다는 입장이고, 서울중앙지방법원 2015. 12. 1. 자 2014하면8575 결정(확정), 창원지방법원 2014. 5.

이혼 후 재산분할을 청구하지 않는 경우 면책불허가사유가 되는가. 이에 대하여 면책불허가사유가 된다는 견해가 있고, 일부 법원의 실무도 그렇게 운영되고 있는 것 같다.[20] 하지만 이혼으로 인한 재산분할청구권은 그 행사 여부가 청구인의 인격적 이익을 위하여 그의 자유로운 의사결정에 전적으로 맡겨진 권리로서 행사상의 일신전속성을 가지므로, 채권자대위권의 목적이 될 수 없고 파산재단에도 속하지 않는다고 보아야 한다는 점에서[21] 이혼 후 재산분할을 청구하지 않았다고 하여 면책불허가사유가 될 수는 없다.[22]

유류분반환청구권은 그 행사 여부가 유류분권리자의 인격적 이익을 위하여 그의 자유로운 의사결정에 전적으로 맡겨진 권리로서 행사상의 일신전속성을 가진다고 보아야 하므로,[23] 유류분반환청구권이 있다고 하더라도 이를 행사하지 않은 행위가 곧바로 파단재단에 속하는 재산을 은닉하거나 채권자에게 불이익하게 처분하는 행위라고 보기는 어렵다.[24]

(나) 채무자가 파산선고의 전후를 불문하고 자기 또는 타인의 이익을 도모하거나 채권자를 해할 목적으로 파산재단의 부담을 허위로 증가시키는 행위가 있다고 인정하는 때(제564조 제1항 제1호, 제650조 제1항 제2호)

'파산재단의 부담을 허위로 증가시키는 행위'는 파산재단의 부담을 증가시키거나 파산재단에 속하는 재산에 대하여 저당권이나 질권 등을 설정하는 것 등을 말한다. 이러한 행위가 민법 제108조(통정허위표시)에 해당하여 무효가 되더라도 사기파산죄의 성립에는 영향이 없다고 할 것이다.

(다) 채무자가 파산선고의 전후를 불문하고 자기 또는 타인의 이익을 도모하거나 채권자를 해할 목적으로 법률의 규정에 의하여 작성하여야 하는 상업장부를 작성하지 아니하거나, 그 상업장부에 재산의 현황을 알 수 있는 정도의 기재를 하지 아니하거나, 그 상업장부에 부실한 기재를 하거나, 그 상업장부를 은닉 또는 손괴하는 행위가 있다고 인정하는 때(제564조 제1항 제1호, 제650조 제1항 제3호)

(라) 채무자가 파산선고의 전후를 불문하고 자기 또는 타인의 이익을 도모하거나 채권자를 해할 목적으로 제481조 규정에 의하여 법원사무관 등이 폐쇄한 장부에 변경을 가하거나 이를 은닉 또는 손괴하는 행위가 있다고 인정하는 때(제564조 제1항

---

27. 자 2013라537 결정(대법원 심리불속행 기각으로 확정)은 불이익한 처분이라는 입장이다.

20) 개인파산·회생실무, 70쪽.

21) 대법원 2022. 7. 28. 자 2022스613 결정.

22) 대법원 2023. 7. 14. 자 2023마5758 결정.

23) 대법원 2010. 5. 27. 선고 2009다93992 판결.

24) 서울중앙지방법원 2013. 6. 26. 자 2012라1262 결정 참조.

제1호, 제650조 제1항 제4호)

(2) 과태파산죄에 해당하는 행위(제564조 제1항 제1호, 제651조 제1항)

과태파산죄는 채무자가 파산선고의 전후를 불문하고 다음 **(가)** 내지 **(라)**의 어느 하나에 해당하는 행위를 하고, 그 파산선고가 확정된 경우 성립한다(제651조 제1항).

과태파산죄(제651조)도 총채권자의 이익을 보호하기 위한 것이다. 다만 사기파산죄와 달리 자기 또는 타인의 이익을 도모하거나 채권자를 해할 목적을 요건으로 하지 않는다. 행위의 시기는 파산선고의 전후를 묻지 않는다. 과태파산죄에 관하여는 **〈제11장 Ⅱ.1.마.(1)〉**(본서 476쪽)을 참조할 것.

(가) 파산의 선고를 지연시킬 목적으로 신용거래로 상품을 구입하여 현저히 불이익한 조건으로 이를 처분하는 행위(제564조 제1항 제1호, 제651조 제1항 제1호)

(나) 파산의 원인인 사실이 있음을 알면서 어느 채권자에게 특별한 이익을 줄 목적으로 한 담보의 제공이나 채무의 소멸에 관한 행위로서 채무자의 의무에 속하지 아니하거나 그 방법 또는 시기가 채무자의 의무에 속하지 아니하는 행위(제564조 제1항 제1호, 제651조 제1항 제2호)

어느 채권자에게 특별한 이익을 줄 목적은 단순한 인식으로는 부족하고 적극적으로 이를 희망하거나 의욕하는 것을 의미한다.[25] 채무자가 파산의 원인인 사실이 있음을 알면서 여럿의 채권자들 중에서 어느 채권자에게 특별한 이익을 줄 목적으로 변제하였더라도 그 행위가 '변제기에 도달한 채무를 그 내용에 좇아 변제하는 것'인 경우에는 면책불허가사유에 해당한다고 볼 수 없다.[26]

채권자는 특정되면 충분하고 복수의 경우도 포함된다. 파산선고 후 재단채권으로 되어야 할 채권이라도 재단부족으로 인한 이시폐지의 경우 다른 재단채권자에 비하여 특별한 이익을 부여하는 것이 되기 때문에 채권자에 포함된다. 반면 별제권자도 포함된다는 견해도 있으나,[27] 별제권으로 담보되어 있는 채권에 관련된 채권자는 포함되지 않는다고 할 것이다.

특별한 이익이란 다른 채권자와의 공평성을 해하는 편파적인 이익으로, '특별한'으로 평가되는 이익이어야 한다.

면책결정을 받더라도 특정 파산채권을 변제하겠다는 내용의 차용증을 작성한 행위가 파산원인이 있음을 알면서 한 비본지행위(채무자의 의무에 속하지 아니하거나 그 방법 또는 시기가 채무자의 의무에 속하지 아니하는 행위)에 해당하는가. 즉 면책결정 전

---

25) 대법원 2010. 1. 20. 자 2009마1588 결정, 대법원 2009. 3. 2. 자 2008마1654 결정.
26) 대법원 2016. 8. 31. 자 2016마899 결정, 대법원 2008. 12. 29. 자 2008마1656 결정.
27) 개인파산·회생실무, 312쪽.

채무재승인약정이 면책불허가사유가 되는가. 면책결정 전 채무재승인약정은 유효하나, 새로 생긴 채무에도 면책의 효력이 미치므로[28] 일반 채권자의 이익을 침해하지 아니하는 점을 고려하면, 채무가 소멸하는 것이 아니라 단순히 채무를 승인하고 면책결정이 있더라도 변제하겠다는 취지의 차용증을 작성하는 행위는 면책불허가사유에 해당하지 않는다고 할 것이다.

(다) 법률의 규정에 의하여 작성하여야 하는 상업장부를 작성하지 아니하거나, 그 상업장부에 재산의 현황을 알 수 있는 정도의 기재를 하지 아니하거나, 그 상업장부에 부정의 기재를 하거나, 그 상업장부를 은닉 또는 손괴하는 행위(제564조 제1항 제1호, 제651조 제1항 제3호)

(라) 제481조의 규정에 의하여 법원사무관등이 폐쇄한 장부에 변경을 가하거나 이를 은닉 또는 손괴하는 행위(제564조 제1항 제1호, 제651조 제1항 제4호)

(3) 파산증뢰죄에 해당하는 행위(제564조 제1항 제1호, 제656조)

파산증뢰죄는 채무자가 파산관재인, 감사위원, 파산채권자, 파산채권자의 대리인, 파산채권자의 이사에게 뇌물을 약속 또는 공여하거나 공여의 의사를 표시한 때 성립한다(제656조).

(4) 설명의무위반죄에 해당하는 행위(제564조 제1항 제1호, 제658조)

설명의무위반죄는 파산관재인·감사위원 또는 채권자집회의 요청에 의하여 파산에 관하여 필요한 설명을 하여야 할 의무가 있는 채무자(제321조)가 정당한 사유 없이 설명을 하지 아니하거나 허위의 설명을 한 때 성립한다(제658조). 설명의무를 위반한 것이 파산채권자의 이익을 직접적으로 해치는 것은 아니지만 파산절차의 원활한 진행을 방해하고 파산재단의 형성을 방해한다는 점에서 면책불허가사유로 한 것이다.[29]

설명의 대상(파산에 관하여 필요한 설명)은 파산에 이른 사정, 파산재단, 파산채권, 재단채권, 부인권, 환취권, 별제권, 상계권 기타 파산관재업무에 필요한 일체의 사항에 미친다. 다만 파산에 관하여 필요한 설명이라는 요건을 충족하려면, 파산관재인 등이 채무자에게 요청하는 모든 사항에 관한 설명을 의미하는 것이 아니라, 설명을 요구하는 사항 자체가 파산관재업무에 필요한 것이어야 할 뿐만 아니라, 구체적인

---

28) 대법원 2021. 9. 9. 선고 2020다277184 판결 참조.

29) 실무적으로 설명의무위반을 이유로 한 면책불허가 여부가 많이 문제되고 있다. 설명의무위반 행위에 관한 구체적인 기준이 정립되어 있지 않은 현실에서 결국 개별적인 사안별로 판단할 수밖에 없을 것이다. 설명의무위반 여부에 관한 구체적인 사례에 관하여는 「남대하, "면책불허가사유 중 설명의무위반 행위", 사법 제36호(2016년 6월), 사법발전재단(2016), 193~195쪽」을 참조할 것.

개별 사안에서 파산관재인이 그와 같은 설명을 요구하게 된 이유가 기록상 나타나는 여러 정황에 비추어 합리적인 것으로 인정되어야 한다. 즉 파산절차의 진행을 위하여 필수적인 내용에 관한 설명으로 한정되어야 한다. 설명에는 자료제출도 포함된다. 만일 파산관재인 등의 설명이나 자료제출 요구가 파산절차의 진행을 위하여 필수적인 내용에 관한 것이 아니라면, 그에 대한 채무자의 설명이나 자료제출이 불충분하다고 하더라도 설명의무위반죄가 성립한다고 보기는 어렵다.[30]

'정당한 사유'라 함은 파산관재인 등이 설명을 요구하는 내용이 채무자가 보유 또는 지배하고 있는 정보의 범위를 넘어서는 경우이거나 채무자의 지적 능력, 연령, 건강상태, 사안의 복잡성 등에 비추어 채무자에게 온전한 설명을 기대하기 어려운 경우와 같이 채무자에게 책임을 돌릴 수 없는 사유를 말한다.[31] 따라서 채무자의 나이, 지적능력, 사안의 복잡성, 채무자가 보유하거나 지배하는 정보의 범위 등에 비추어 채무자에게 온전한 설명을 기대하기 어려운 경우에는 정당한 사유를 인정할 수 있을 것이다.

나. 채무자가 파산선고 전 1년 이내에 파산의 원인인 사실이 있음에도 불구하고 그 사실이 없는 것으로 믿게 하기 위하여 그 사실을 속이거나 감추고 신용거래로 재산을 취득한 사실이 있는 때(제564조 제1항 제2호)

채무자가 파산원인인 사실이 있음을 알면서도 기망하여 신용거래로 재산을 취득하는 행위는 형법상의 사기죄를 구성하는 행위로, 채무자의 강한 불성실성을 드러내는 것이고, 또한 관련 거래가 행하여지는 것을 방지하여 신용질서를 보호한다는 취지에서 면책불허가사유로 한 것이다.

채무자가 파산의 원인인 사실이 없는 것으로 믿게 하기 위하여 그 사실을 속이거나 감추었다고 판단하기 위해서는, 채무자가 객관적으로 지급불능의 상태에 있었다는 사정만으로 부족하고, 채무자가 신용거래로 재산을 취득하는 과정에서 상대방인 채권자에게 한 언행, 상대방인 채권자가 채무자에게 다액의 채무가 있다거나 지급불능의 상태에 빠질 수도 있다는 사정을 알고서 과다한 이익을 얻기 위하여 신용거래에 나아간 것인지 여부 등 상대방인 채권자가 신용거래를 하게 된 경위, 채무자의 전체 채무 중에서 위와 같이 취득한 재산이 차지하는 비중 및 그 증감의 정도, 신용거래의 성격 즉, 새로운 신용거래인지 아니면 종전의 신용거래를 연장 내지 갱신한 거래에 지나지 않는지 여부, 채무자가 신용거래로 취득한 재산의 사용처 등을 면밀

30) 대법원 2024. 12. 26. 자 2024마6789 결정, 대법원 2024. 5. 30. 자 2023마6319 결정, 대법원 2024. 3. 14. 자 2023마6044 결정.

31) 대법원 2024. 12. 26. 자 2024마6789 결정.

히 심리하여 판단하여야 한다.[32)]

다. 채무자가 허위의 채권자목록 그 밖의 신청서류를 제출하거나 법원에 대하여 그 재산상태에 관하여 허위의 진술을 한 때(제564조 제1항 제3호)

(1) 의의 및 취지

채권자목록이란 면책신청을 할 때 제출하는 채권자목록을 말한다(제556조 제6항).[33)] 채무자가 파산신청을 한 경우에는 반대의 의사표시를 한 경우를 제외하고 당해 신청과 동시에 면책신청을 한 것으로 보기 때문에(제556조 제3항), 파산신청을 할 때 제출하는 채권자목록(제302조 제2항 제1호)은 제556조의 채권자목록으로 보게 된다(제556조 제7항). 따라서 파산신청을 할 때 제출한 채권자목록의 허위 기재도 면책불허가사유가 된다.

허위란 채권자목록에 채권자의 이름이나 채권액, 그 발생원인 등에 대하여 사실에 반하는 내용을 기재하거나 기재하여야 할 채권자의 이름을 기재하지 않는 것을 말한다. 허위 내용의 기재나 불기재는 면책불허가라는 강력한 제재가 뒤따르므로 채무자가 절차 수행을 방해하거나 채권자를 해할 목적에서 의도적으로 기재하거나 기재하지 않은 경우에 한정된다. 채권자는 채권자목록에 채권자의 이름이나 채권액을 기재함으로써, 그것을 열람하는 제3자를 통하여 채권자 자신의 신용이 훼손되는 것을 염려하여 채권자목록에의 기재를 희망하지 않을 때가 있고, 채무자가 이에 응하여 기재하지 아니한 경우에도 고의는 인정된다. 그러나 채무자에게 절차 방해 목적이 없어 면책불허가사유로 되지 않는다고 할 것이다.[34)]

채무자가 고의로 허위 신청서류를 제출하거나 허위의 진술을 한 경우에 한정되어 적용되는 것일 뿐, 채무자가 과실로 허위 신청서류를 제출하거나 허위의 진술을 한 경우에는 적용되지 않는다.[35)]

재산상태란 채무자의 재산상태를 말하고, 채무자의 재산에는 채무자가 자신의 명의로 보유하는 재산뿐만 아니라 타인의 명의를 빌려 실질적으로 자신이 보유하는 재산도 포함된다. 그러나 채무자의 친족 등이 보유하는 재산은 채무자의 재산이라고 볼 수 없으므로, 채무자가 친족 등의 재산상태에 관하여 허위의 진술을 하였다고 하

32) 대법원 2010. 8. 23. 자 2010마227 결정.

33) 법원이 면책절차를 진행하기 위해서는 채권자 이름 및 그 채권액의 전모를 알아야 하는 것이 불가결하다. 그래서 면책신청을 하기 위해서는 채권자목록의 제출을 의무화하고 있고(제556조 제6항), 이것에 허위 기재를 하는 것은 면책절차의 적정한 진행을 방해하는 행위가 된다. 따라서 채권자목록의 허위 기재를 면책불허가사유로 한 것이다.

34) 條解 破産法, 1663쪽.

35) 대법원 2011. 8. 16. 자 2011마1071 결정, 대법원 2008. 12. 29. 자 2008마1656 결정.

여 면책불허가사유에 해당한다고 볼 수 없다.[36)]

(2) 판단기준

'허위의 신청서류를 제출하거나 재산상태에 관하여 허위의 진술을 한 경우'에 해당하는지 여부를 판단하는 기준은 무엇인가. 지급불능 상태에 빠진 채무자에 대하여 경제적 재기와 갱생의 기회를 부여하여야 한다는 면책제도의 이념, 특별한 사정이 없으면 원칙적으로 면책을 허가하여야 한다고 규정하고 있는 제564조 제1항의 입법 취지, 파산선고를 받았음에도 면책이 불허가된 채무자가 입는 신분상 불이익 등을 고려하면, 면책불허가사유인 '허위의 신청서류를 제출하거나 재산상태에 관하여 허위의 진술을 한 경우'에 해당한다는 사실은 객관적인 자료에 의하여 명백히 드러나야 하고, 단지 채무자가 허위의 신청서류를 제출하거나 진술을 하였을 가능성이 있다거나 채무자의 진술을 신뢰하기 어려운 정황이 존재한다는 등의 사정만으로 섣불리 면책불허가사유에 해당한다고 판단하여서는 아니 된다.[37)]

채무자가 고의로 허위의 신청서류를 제출한 것인지 여부는 신청서류 제출 당시를 기준으로 판단하여야 하고, 사후적으로 해당 신청서류가 실제와 부합하지 않게 되는 사정이 발생하더라도 이러한 사정만으로 채무자가 고의로 허위의 신청서류를 제출한 것이라고 섣불리 단정하여서는 아니 된다.[38)]

라. 채무자가 면책의 신청 전에 이 조에 의하여 면책을 받은 경우에는 면책허가결정의 확정일부터 7년이 경과되지 아니한 때, 개인회생절차(제624조)에 의하여 면책을 받은 경우에는 면책확정일부터 5년이 경과되지 아니한 때(제564조 제1항 제4호)

면책허가를 제한하는 7년(5년)의 기산점은 면책허가결정시가 아니라 면책허가결정 확정일이다.[39)] 면책허가결정의 확정이란 면책허가결정에 대하여 즉시항고기간이 경과한 것을 말한다(제564조 제4항, 제3항, 제13조 제2항).

개인회생절차에서 면책을 얻는 경우 채무자는 개인파산절차에서 면책을 얻는 경우보다 2년의 혜택을 부여받고 있다. 개인회생절차에서 아무리 적은 금액을 변제하였다고 하더라도 마찬가지이다. 이처럼 개인회생절차에서 면책을 받은 경우 2년의 혜택을 부여한 것은 개인회생절차에서는 적어도 소액이나마 채권자들에게 변제하였

---

36) 대법원 2009. 3. 20. 자 2009마78 결정.
37) 대법원 2023. 8. 18. 자 2023마5633 결정.
38) 대법원 2024. 1. 30. 자 2023마53 결정.
39) 면책허가결정을 받은 적이 있는지 여부 및 있는 경우 그 결정의 확정일자는 파산신청서의 필수적 기재사항이다(제302조 제2항 제4호, 규칙 제72조 제2항 제2호).

다는 것을 고려한 것으로 보인다.

마. 채무자가 채무자회생법에 정하는 채무자의 의무를 위반한 때(제564조 제1항 제5호)

채무자회생법에 정하는 채무자의 의무의 내용이 무엇인지에 관하여는 구체적인 규정이 없다. 결국 채무자회생법의 해석을 통해 그 내용을 확정할 수밖에 없다. 다만 지급불능 상태에 빠진 채무자에 대하여 경제적 재기와 갱생의 기회를 부여하여야 한다는 면책제도의 이념, 특별한 사정이 없으면 원칙적으로 면책을 허가하여야 한다고 규정하고 있는 제564조 제1항의 입법취지, 파산선고를 받았음에도 면책이 불허가되는 경우 채무자가 결과적으로 입게 되는 신분상 불이익 등을 고려하면, 일반적·보충적으로 규정하고 있는 '이 법에 정하는 채무자의 의무를 위반한 때'라 함은 그 의무 위반의 대상이나 정도를 엄격하게 제한적으로 해석할 필요가 있다.[40)]

여기에 해당하는 것으로 ① 채무자가 파산선고 전에 변제금지가처분(제323조 제1항)에 위반하여 변제를 한 경우, ② 법원이 필요한 직권조사(제12조 제2항)로서 채무자에게 파산에 이르게 된 경위 및 재산상황 등에 관하여 설명을 요구하고 관계서류의 제출을 명하였으나 채무자가 이에 따르지 않는 경우, ③ 파산선고 후에 파산관재인에게 알리지 아니하고 파산재단에 속한 재산을 처분한 경우 등이 있다.[41)] 반면 채무자가 3차례 채권자집회 및 의견청취기일에 불출석한 정도만으로는 '채무자의 의무를 위반한 때'에 해당하는 것으로 평가하기 어렵다.[42)]

바. 구인불응(제564조 제1항 제5의2호)

채무자가 제319조 또는 제322조에 따른 구인의 명을 받고 그 사실을 알면서도 정당한 사유 없이 출석하지 아니한 경우는 면책불허가사유가 된다.

사. 채무자가 과다한 낭비·도박 그 밖의 사행행위를 하여 현저히 재산을 감소시키거나 과대한 채무를 부담한 사실이 있는 때(제564조 제1항 제6호)

(1) 낭 비

낭비란 채무자의 사회적 지위, 직업, 영업상태, 생활수준, 수지상황, 자산상태 등에 비추어 사회통념을 벗어나는 과다한 소비적 지출행위를 말한다.[43)] 즉 낭비는 단

---

40) 대법원 2024. 3. 14. 자 2023마6044 결정.
41) 개인파산·회생실무, 359～360쪽.
42) 대법원 2024. 3. 14. 자 2023마6044 결정.
43) 대법원 2004. 4. 13. 자 2004마86 결정. 齋藤秀夫·麻上正信·林屋札二 編, 註解 破産法(第三版), 下卷, 青林書院, 871쪽.

순히 불요불급한 지출을 의미하는 것은 아니고 지출의 정도가 사회적으로 허용되는 범위를 현저히 넘는 것을 의미한다.[44]

(2) 도 박

도박이란 우연한 승패에 관하여 재물을 거는 것을 말한다. 반드시 형법상의 도박죄가 성립하여야 하는 것이 아니다. 도박의 경우도 과다할 것을 요구하고 있다. 그 결과로서 현저히 재산을 감소시키거나 과대한 채무를 부담하여 파산채권자의 이익을 해하는 것으로 되지 않으면 안 된다.

(3) 사행행위

사행행위의 경우도 투기적인 거래 자체가 문제되는 것이 아니라 자신의 자력이나 판단능력을 넘는 거래(적합성에 반하는 거래)를 하여 현저히 재산을 감소키거나 과대한 채무를 부담하는 것이 면책불허가사유가 된다.

(4) 현저히 재산을 감소시키거나 과대한 채무를 부담한 사실

'현저하게 재산을 감소시키거나 과대하게 채무를 부담'하는 결과를 초래하여야 한다. 그 결과인 과대한 채무부담은 단순히 채무자의 지급능력을 초과하여야 할 뿐만 아니라 그 정도가 현저하다고 해석되어야 한다. 그 정도가 현저한지 또는 과대한지 여부는 채무자의 모든 재산상태와의 관계에서 사회통념에 따라 결정할 수밖에 없을 것이다.[45]

5. 면책신청에 대한 재판

가. 신청 각하

면책신청기간(제556조 제1항)을 도과하여 신청한 경우 면책신청을 각하한다.

나. 신청 기각

(1) 기각사유

법원은 ① 채무자가 신청권자의 자격을 갖추지 아니한 때, ② 채무자에 대한 파산절차의 신청이 기각된 때, ③ 채무자가 절차의 비용을 예납하지 아니한 때, ④ 그 밖에 신청이 성실하지 아니한 때[46]에는 면책신청을 기각할 수 있다(제559조 제1항).

44) 破産法・民事再生法, 716쪽.
45) 齋藤秀夫・麻上正信・林屋札二 編, 전게서, 871쪽.
46) 실무적으로 채무자가 정당한 사유 없이 계속적으로 의견청취기일에 불출석하거나 주소보정명령에 계

(2) 기각결정의 효력

면책신청이 기각된 경우 채무자는 동일한 파산에 관하여 다시 면책신청을 할 수 없다(제559조 제2항). 여기서 '동일한 파산'은 무엇을 의미하는가. 채무자회생법은 파산절차와 면책절차를 분리하고 있으나 파산신청이 기각되면 면책신청 역시 기각되도록 하고 있어(제559조 제1항 제2호) 파산선고가 면책신청의 전제가 되고 있다. 또한 파산절차와 면책절차는 총 채권자를 위하여 파산재단을 환가·배당하고 나머지 파산채권은 면책하여 채무자로 하여금 새로운 출발을 할 수 있도록 하는 목적 하에 긴밀하게 연관되어 있어 실질적으로 하나의 절차로 볼 수 있다. 이에 비추어 볼 때 위 규정은 동일한 파산원인에 기하여 개시된 파산사건과 면책사건은 하나의 절차로 진행되어야 한다는 원칙을 나타낸 것으로 봄이 상당하다. 따라서 '동일한 파산'이란 기각된 면책신청의 전제가 된 '동일한 파산선고결정'을 말한다고 볼 것이다. 그러므로 파산신청이 기각됨에 따라(제559조 제1항 제2호에 따라 면책신청도 기각될 것이다), 즉 파산선고 자체가 없었던 경우 채무자는 다시 파산신청을 할 수 있고, 면책신청도 할 수 있다.

다. 면책결정

(1) 원칙적 면책결정

법원은 면책불허가사유가 있는 경우를 제외하고 면책을 허가하여야 한다(제564조 제1항). 이는 면책이 성실한 채무자에 대한 은혜로서 인정되는 것이 아니라, 채무자가 일정한 요건을 충족하는 한 채무자의 경제적 회생을 도모하기 위하여 그 권리로서 인정되는 제도라는 것을 나타낸 것이다.

미국 연방도산법은 파산신청을 한 채무자가 면책허가를 받기 위하여 법원에 별도의 면책신청을 할 것을 요구하지 않고, 법원은 채권자 또는 파산관재인 등이 면책에 대한 이의를 신청한 후 면책불허가사유를 증명하거나 채무자가 스스로 면책권을 포기(waiver of discharge)하지 않는 이상 자동적으로 면책을 허가하고 있다(§727(a)(c)).

(2) 재량면책

면책불허가사유가 있다고 하더라도 법원은 파산에 이르게 된 경위, 그 밖의 사정을 고려하여 상당하다고 인정되는 경우에는 면책을 허가할 수 있다(제564조 제2항). 이를 재량면책이라 한다.

속 불응한 경우 신청이 성실하지 않다고 보고 있다.

재량면책을 결정함에 있어서는 면책불허가사유에 해당하는 행위의 경중, 채무의 발생과 증가 원인 등을 비롯한 채무자가 파산에 이르게 된 경위, 변제노력의 정도, 채무자와 가족들의 현재의 생활정도, 경제적 갱생에 대한 의욕과 갱생의 가망성, 이의신청의 유무, 채권자들의 손실이 어떤 경위로든 전보되었는지 여부, 면책으로 인한 채권자들의 불이익 정도, 면책불허가사유를 구성하는 행위에 대한 채무자의 관여 정도, 파산·면책 신청시점과 면책불허가사유의 발생시점 사이의 시간적 간격, 면책불허가사유가 밝혀진 경위, 채무자가 파산절차에서 성실히 협력하였는지(특히 파산관재인에게 적절히 정보를 제공한 것인지) 등 여러 사정을 고려하되, 기본적으로 채무자의 경제적 갱생을 통한 사회복귀를 실현하려는 면책제도의 사회·정책적 기능에 유념해야 한다.[47]

재량면책은 신청 또는 직권으로 가능하고, 채무자가 재량면책을 주장하고 있는 경우에는 이에 관하여 심리·판단하여야 한다.[48]

라. 면책불허가결정

면책불허가사유가 있고, 재량면책을 허가할 특별한 사정이 없으면 면책불허가를 결정한다. 채무자는 면책불허가결정에 대하여 즉시항고로 불복할 수 있다(제564조 제4항).

채무자에게 면책불허가결정정본을 송달하여야 한다(제8조 제1항).

6. 재도의 파산신청

가. 의 의

재도의 파산신청이란 채무자가 동일한 파산에 대하여 면책신청기간을 경과하거나 재차 면책신청을 하지 못하는 등의 법률상 제한을 피하고자 오로지 면책을 받기 위하여 동일한 파산원인으로 다시 파산신청을 하는 것을 말한다(제556조, 제559조, 제564조 등 참조).[49] 주로 문제되는 것은 채무자가 파산선고는 받았으나 ① 면책불허가

47) 대법원 2024. 12. 26. 자 2024마6789 결정, 대법원 2024. 5. 30. 자 2023마6319 결정 등 참조.

48) 대법원 2009. 10. 9. 자 2009마1369 결정.

49) 대법원 2023. 6. 30. 자 2023마5321 결정 참조. 파산신청 자체가 각하 또는 기각된 경우에는 면책신청이 기각된다(제559조 제1항 제2호). 파산신청이 각하되거나 기각된 후 면책결정을 받기 위하여 채무자가 다시 파산신청을 할 수 있는가. 파산선고를 할 것인지는 파산선고 당시 파산원인이 있는지에 따라 결정하는 것이고, 종전의 파산신청에 대한 결정에 재소금지효력이나 기판력이 인정되는 것도 아니므로 과거에 파산신청 각하 또는 기각결정이 있었다고 하더라도 새로운 파산신청은 허용된다고 할 것이다. 다만 채무자가 단기간에 거듭하여 파산신청을 한다면 경우에 따라 파산절차남용에 해당하여 제309조 제2항에 따라 파산신청이 기각될 수 있을 것이다.

결정을 받은 경우나, ② 면책신청이 각하(면책신청기간 도과 등) 또는 기각된 경우일 것이다.[50)]

재도의 파산신청에 해당하기 위해서는 ① 주관적 요건으로 오로지 면책결정을 받기 위한 목적일 것, ② 객관적 요건으로 파산원인이 동일할 것이다. 파산원인이 동일한지 여부는 주로 종전의 파산선고 이후 채무자의 재산상황의 변동으로 새로이 파산원인이 발생하였는지에 의하여 판단하여야 할 것이다.[51)]

나. 재도의 파산신청의 적법 여부

대법원은 구체적인 논거를 밝히지 않은 채 재도의 파산신청을 불허하는 입장이 주류를 이루고 있다.[52)] 채무자회생법에 면책신청 기간 및 면책신청 추완 규정이 있고(제566조), 면책신청이 기각된 채무자는 동일한 파산에 관하여 다시 면책신청을 할 수 없도록 규정하고(제569조 제2항) 있는 이상 면책을 위한 재도의 파산신청을 허용한다면 이들 규정의 취지를 몰각하는 것이고, 이미 파산선고가 이루어진 이상 이와 동일한 파산원인에 기하여 파산신청을 하는 것은 신청의 이익이 없으므로 재도의 파산신청은 부적법(허용되지 않는다)하다는 견해도 있다.[53)]

살피건대 채무자회생법에 재도의 파산신청을 금지하는 명문의 규정이 없음에도 재도의 파산신청을 무조건적으로 부적법하다고 하는 것이 타당한지는 의문이다. 예컨대 채무자가 면책불허가결정을 받았지만 수년간 성실하게 사업을 수행하다 다시 파산신청을 한 경우 면책을 인정하여야 하는 것이 아닐까. 이 경우 재도의 파산신청으로 보면 면책불허가결정을 받고 10년이나 20년이 지나도 파산신청을 할 수 없는

50) 파산선고를 받고 면책신청을 취하한 후 다시 파산신청을 하는 것이 가능한가(면책신청기간은 도과되었다). 이와 관련하여 이러한 경우도 재도의 파산신청에 해당하여 부적법하다는 견해가 있다(개인파산·회생실무, 379쪽). 그러나 면책신청의 취하는 언제든지 가능하고(기간 제한이 없다), 면책신청을 취하하였다는 이유로 면책결정을 받기 위한 새로운 파산신청까지 제한된다고 볼 근거는 없다. 파산선고를 받고 면책허가결정을 받은 경우(면책불허가사유가 될 뿐이다)에도 새로운 파산신청이 가능하다는 점에서도 더욱 그렇다(나아가 재량면책의 여지도 있다). 따라서 면책신청을 취하한 경우 새로운 파산신청이 가능하다고 할 것이다. 다만 파산원인이 동일한 경우에는 신청의 이익이 없으므로 파산신청을 각하하여야 할 것이다. 면책신청은 파산신청이 각하되었음을 이유로 기각하여야 할 것이다(제559조 제1항 제2호 참조). 「수원지방법원 2022. 10. 24. 선고 2022하단12562, 2022하면12562 결정」 참조. 파산원인이 다른 경우에는 통상적인 절차에 따라 처리하면 된다.

면책신청만 하는 경우(파산 및 면책신청을 하였다가 파산신청을 취하한 경우)에는 어떻게 처리하여야 하는가. ① 면책신청의 추완이 인정되지 않는 한(거의 대부분이 그럴 것이다) 면책신청은 기간도과로 각하될 것이다. ② 면책신청의 추완이 인정된다면 면책 여부를 판단할 수 있을 것이다.

51) 대법원 2023. 6. 30. 자 2023마5321 결정.

52) 대법원 2023. 6. 30. 자 2023마5321 결정, 대법원 2011. 8. 16. 자 2011마1071 결정(면책불허가결정된 경우), 대법원 2009. 11. 6. 자 2009마1583 결정(면책신청이 기각된 경우), 대법원 2006. 12. 21. 자 2006마877 결정(면책신청기간이 도과되어 면책신청이 각하된 경우) 참조.

53) 개인파산·회생실무, 379쪽.

점, 면책결정을 받은 사람도 7년이 지나면 다시 파산신청을 할 수 있는데 재도의 파산신청에 해당한다고 하여 기간 제한도 없이 허용하지 않는 것은 가혹하다는 점, 파산면책제도의 취지, 재도의 회생절차나 개인회생절차가 허용되는 것과의 균형 등을 고려하면 재도의 파산신청에 해당한다고 파산신청을 각하(기각)하는 것은 적절하지 않다. 무엇보다 면책의 제한은 이전에 면책을 받은 경우에만 적용되어야 한다.[54] 앞에서 언급한 여러 가지 점을 감안하여 재도의 파산신청이라고 하더라도 '새로운 파산원인'으로 보아('새로운 파산원인'을 넓게 해석하여) 파산선고를 하고 면책 여부를 심리하여야 할 것이다.[55] 미국 연방도산법도 파산신청이 기각되었다 해도 법원이 달리 명하지 않는 한 새로운 파산신청이나 면책을 금지하지 않는다(§349(a)).

최근 대법원도 '재도의 파산신청'에 해당하는지는 종전 파산사건에서 면책결정을 받지 못한 이유를 비롯한 종전 파산사건의 경과, 채무자가 다시 파산신청에 이르게 된 경위와 의도, 종전 파산사건과 새로운 파산신청 사이의 시간적 간격, 종전 파산선고 이후 채무자의 재산상황 변동 등 구체적 사정을 살펴서 채무자가 면책신청이 제한되는 법률상 제한을 피하고자 오로지 면책을 받기 위하여 동일한 파산원인으로 파산신청을 하였다고 볼 수 있는지에 따라 신중하게 판단하여야 하고, 이러한 구체적 사정을 살피지 않은 채 파산선고를 받은 후 면책을 받지 못한 상태에서 다시 파산신청을 하였다는 외형적 경과만으로 이를 허용되지 않는 재도의 파산신청에 해당한다고 볼 것은 아니라며 유연한 입장을 취하고 있다.[56]

다. 재도의 면책신청

개인인 채무자는 파산선고가 확정된 날 이후 1월 이내에 면책신청을 할 수 있고(제556조 제1항), 책임 없는 사유로 그 기간 내에 면책신청을 하지 못한 때에는 일정한 기간 내에 추후 보완할 수 있으며(제556조 제2항), 파산신청을 한 경우에는 반대의사를 표시한 경우가 아닌 한 동시에 면책신청을 한 것으로 본다(제556조 제3항). 면책신청이 기각된 채무자는 동일한 파산에 관하여 다시 면책신청을 할 수 없고(제

54) ANDREW BALBUS, 210쪽.

55) 하급심에서 재도의 파산신청이라는 이유로 파산신청을 각하한 원심결정에 대하여, 재도의 파산신청을 금지하는 규정이 없고, 미국 연방도산법은 파산신청이 기각되었다 하더라도 특별한 사정이 없으면 새로운 파산신청이나 면책을 방해하지 않는다는 명문의 규정을 두고 있으며(§349(a)), 영구적으로 소멸하지 않는 채권으로부터 채무자의 현실적인 구제가 필요하고, 재도의 회생절차·개인회생절차는 허용되는 실무와 균형 등을 고려하여 원심결정을 취소한 사례가 있다(서울회생법원 2020. 4. 17. 자 2018라467 결정(확정)). ☞ [사안의 개요: ① 채무자 2007. 3. 23. 파산선고 결정, 2007. 11. 27. 면책불허가 결정 받아 각 확정, ② 채무자 2017. 10. 26. 파산 및 면책신청, ③ 제1심 법원 2018. 7. 26. 재도의 파산신청임을 이유로 파산신청 각하, 면책신청 기각]

56) 대법원 2023. 6. 30. 자 2023마5321 결정.

559조 제2항), 면책기각결정에 대하여는 즉시항고를 할 수 있다(제559조 제3항). 한편 법원은 제564조 제1항 각호의 사유가 있으면 면책불허가결정을 할 수 있고, 면책불허가결정에 대하여는 즉시항고를 할 수 있다(같은 조 제4항). 파산선고 후 면책신청을 할 수 있는 기간을 한정하고 면책신청이 기각된 경우 동일한 파산에 관하여 다시 면책신청을 할 수 없도록 정하면서 면책기각결정이나 면책불허가결정에 대하여 즉시항고의 방법으로만 불복할 수 있도록 한 것은 동일한 파산원인에 기하여 진행된 파산절차와 면책절차가 서로 긴밀하게 연관되어 있으므로 면책결정을 받지 못한 채무자가 기존의 파산절차를 전제로 다시 면책을 신청하거나 장기간 면책에 관한 결정이 확정되지 않은 상태로 있는 것을 방지하여 이미 진행된 면책절차가 형해화되거나 파산채권자들의 지위가 불안정해지지 않도록 하기 위함이다.

이와 같이 파산선고를 받았으나 면책신청기간이 경과하면 면책신청이 허용되지 않고, 면책신청이 기각되어 그 결정이 확정된 후에는 동일한 파산에 관하여 재차 면책신청을 할 수는 없다. 나아가 파산선고를 받은 후 면책신청을 취하하였는데 면책신청기간이 이미 경과한 경우와 면책불허가결정이 확정된 경우에도 기존 파산 및 면책절차와 관련한 절차적 안정을 도모할 필요성은 마찬가지이므로, 동일한 파산에 기하여 재차 제기하는 면책신청은 역시 허용되지 않는다고 봄이 타당하다.[57]

7. 면책결정의 효력

가. 면책결정의 효력발생시기

면책결정은 확정되어야 효력이 발생한다(제565조). 면책결정은 이해관계인에게 미치는 영향이 크기 때문에 확정되어야 효력이 발생하는 것으로 규정한 것이다.

면책결정은 공고(제564조 제3항)가 있은 날로부터 14일이 경과한 때까지 즉시항고가 없으면 확정된다(제13조 제2항, 제564조 제4항). 즉시항고가 된 경우에는 집행정지의 효력이 있기 때문에(제13조 제3항) 항고심의 재판이 이루어지기까지는 효력이 발생하지 않는다.

나. 면책결정의 파산채권자표에의 기재

법원사무관 등은 면책의 결정이 확정되면 파산채권자표가 있는 경우에는 파산채권자표에 면책의 결정이 확정된 뜻을 기재하여야 한다(제568조). 이에 의해 집행권원인 파산채권자표의 기재 자체에서 비면책채권을 제외한[58] 채권에 대해서는 집행력이

57) 대법원 2023. 6. 30. 자 2023마5321 결정 참조.

58) 면책결정이 확정되면, 그 파산채권이 비면책채권인지 여부와 상관없이, 파산채권자표에 그 취지를 기

없어지게 된다.

확정채권에 대하여 채무자가 채권조사기일에 이의를 진술하지 아니한 때에는 파산채권자표의 기재는 파산선고를 받은 채무자에 대하여 확정판결과 동일한 효력이 있고(제535조 제1항), 채권자는 파산종결 후나 파산폐지의 결정이 확정된 경우 파산채권자표의 기재에 의하여 강제집행을 할 수 있다(제535조 제2항, 제548조 제1항). 이처럼 파산채권자표는 집행력을 가지고 있기 때문에 면책결정의 확정에 의해 그러한 효력이 소멸되었다는 것을 명확히 할 필요가 있다. 그래서 면책결정이 확정된 경우 법원사무관 등으로 하여금 그 취지를 파산채권자표에 기재하도록 한 것이다.

다. 파산채권자에 대한 효력

(1) 책임의 면제

면책을 받은 채무자는 파산절차에 의한 배당을 제외하고 모든 파산채권자에 대한 채무의 전부에 관하여 그 책임이 면제된다(제566조 본문).

면책의 효력은 파산채권에 대한 것이므로 재단채권, 환취권이나 별제권 등에는 면책의 효력이 미치지 않는다. 파산채권인 한 확정판결에 의한 채권이라도 면책이 될 수 있다.[59]

면책(책임이 면제된다)이란 채무 자체는 존속하지만 채무자에 대하여 이행을 강제할 수 없다는 의미이다(자연채무설 또는 책임소멸설).[60] 따라서 채무자에 대한 면책결정이 확정되면 면책된 채권은 통상의 채권이 가지는 소 제기 권능을 상실하게 된다.[61] 파산선고 후 면책결정이 확정되면 개인채무자의 파산채권자에 대한 채무는 그대로 존속하지만 책임은 소멸하므로, 개인채무자의 파산채권자에 대한 책임은 파산선고 당시에 개인채무자가 가진 재산 한도로 한정된다. 채무는 그대로 존속하지만 책임만이 위와 같은 범위로 제한되므로 개인채무자는 파산선고 이후에 취득하는 재산으로 변제할 책임은 지지 않는다. 이로써 개인채무자는 경제적 회생을 도모하여 파산채무로 인한 압박을 받거나 의지가 꺾이지 않은 채 경제적 회생을 위한 노력을

재한다(제568조). 그러나 비면책채권은 그 기재에도 불구하고 파산채권자표 기재의 집행권원으로서의 효력이 상실되는 것은 아니다.

59) 대법원 2018. 7. 19. 선고 2018다22008 전원합의체 판결 참조.

60) 대법원 2023. 12. 21. 자 2023마6918 결정, 대법원 2022. 7. 28. 선고 2017다286492 판결, 대법원 2021. 9. 9. 선고 2020다269794 판결.

61) 대법원 2015. 9. 10. 선고 2015다28173 판결. 면책결정이 확정된 채권에 대한 소는 권리보호의 이익이 없어 부적법 각하하여야 한다. 반대로 채무자가 면책된 채무에 대하여 채무부존재확인의 소를 제기하는 것도 특별한 사정이 없는 한 확인의 이익을 인정할 수 없어 부적법하다(대법원 2019. 6. 13. 선고 2017다277986 판결, 대법원 2019. 3. 14. 선고 2018다281159 판결 등 참조).

할 수 있게 된다.[62)]

한편 면책절차가 종료되면 파산채권자는 파산채권을 자유롭게 행사할 수 있고, 집행권원을 취득한 경우 이를 근거로 강제집행을 할 수 있다. 이 경우 채무자는 면책허가결정의 확정으로 책임이 소멸되었음을 이유로 청구이의 소(민집법 제44조)를 제기하면서 강제집행정지(민집법 제46조 제2항)를 신청하면 된다. 나아가 확정판결 전에 면책결정을 받았으나 면책 주장이 제기되지 않은 경우에도 특별한 사정[63)]이 없는 한 청구이의의 소를 제기하여 면책을 주장할 수 있다. 즉 원칙적으로 확정판결의 변론종결 전에 발생한 사유를 이유로 확정판결의 집행을 막는 청구이의의 소를 제기할 수 없지만, 면책이 청구이의 사유인 경우에는 '변론종결 후' 면책된 경우뿐만 아니라 '변론종결 전'에 면책된 경우에도 예외적으로 청구이의 사유로 허용된다.[64)]

파산채권은 그것이 면책신청의 채권자목록에 기재되지 않았다고 하더라도 비면책채권(제566조 단서)에 해당하지 않는 한 면책의 효력으로 그 책임이 면제된다.[65)]

(2) 면책되거나 면책된 채무에 대한 지급 약정의 효력

① 면책결정 확정 전 파산채권을 지급하기로 한 약정의 경우

파산선고 후 면책절차가 진행되는 과정에서 채무자가 채권자와 파산채권의 지급을 약정하는 경우 이는 파산선고 후 발생한 새로운 채무로 볼 여지도 있다. 그러나 과도한 채무에 시달리는 채무자를 면책시켜 새롭게 출발할 수 있도록 하자는 면책제도의 취지를 고려할 때 채무자가 파산선고 후 면책결정 확정 전에 채권자에게 지급을 약정한 새로운 채무에도 당연히 면책의 효과가 미친다고 할 것이다. 요컨대 면책결정 전 파산채권을 지급하기로 한 약정은 유효하나, 파산채권을 기초로 한 새로운 채무에도 면책의 효력이 미친다.[66)]

---

62) 대법원 2022. 7. 28. 선고 2017다286492 판결, 대법원 2021. 9. 9. 선고 2020다269794 판결 등 참조.

63) 면책을 받은 자가 법률관계의 조속한 안정을 저해하거나 분쟁의 해결을 현저하게 지연시킬 목적으로 선행소송에서 일부러 면책주장을 하지 않은 경우 등을 말한다(대법원 2022. 7. 28. 선고 2017다286492 판결).

64) 한정승인과 관련된 대법원 2006. 10. 13. 선고 2006다23138 판결(채권자가 피상속인의 금전채무를 상속한 상속인을 상대로 그 상속채무의 이행을 구하여 제기한 소송에서 채무자가 한정승인 사실을 주장하지 않으면 책임의 범위는 현실적인 심판대상으로 등장하지 아니하여 주문에서는 물론 이유에서도 판단되지 않으므로 그에 관하여 기판력이 미치지 않는다. 그러므로 채무자가 한정승인을 하고도 채권자가 제기한 소송의 사실심 변론종결시까지 그 사실을 주장하지 아니하여 책임의 범위에 관한 유보가 없는 판결이 선고되어 확정되었다고 하더라도, 채무자는 그 후 위 한정승인 사실을 내세워 청구에 관한 이의의 소를 제기할 수 있다) 참조.

65) 대법원 2019. 11. 15. 선고 2019다256167,2019다256174(병합) 판결, 대법원 2016. 4. 29. 선고 2015다71177 판결, 대법원 2010. 5. 13. 선고 2010다3353 판결.

66) 대법원 2021. 9. 9. 선고 2020다277184 판결 참조.

② 면책결정 확정 후 파산채권을 지급하기로 한 약정의 경우

책임소멸설(자연채무설)에 의할 경우 면책된 채권이 전부 소멸하는 것이 아니라 자연채무로 되고, 자연채무는 채무자가 임의로 지급할 것을 약속한 때에는 이행을 강제할 수 있는 채무가 된다. 그러나 자연채무라고 하여 모두 동일한 효과를 발생하는 것은 아니고, 각각에 대하여 그 성질에 따라 그 효과를 판단하여야 한다. 채무자에 대한 면책규정은 면책에 의해 채무자의 경제적 회생을 용이하게 하는 것이기 때문에, 채무자가 새로운 이익을 얻기 위하여 종전의 채무를 함께 처리한다는 사정도 없이, 채권자의 지급요구에 단순히 종전 채권의 지급을 약속하고 지급의무를 부담한다는 것은, 채무자의 경제적 회생을 지연시킬 뿐 어떠한 이익도 없는 것이다. 따라서 채무자에게 어떠한 이익도 없이 면책 후 단순한 지급약속은 제566조 본문의 면책취지에 반하여 무효이다.[67]

대법원도 「면책결정 확정 후 파산채권을 변제하기로 하는 채무자와 파산채권자 사이의 합의(이하 '채무재승인약정'이라고 한다)가 면책제도의 취지에 반하거나 확정된 면책결정의 효력을 잠탈하는 결과를 가져온다면 그 효력을 인정하기 어렵다. 나아가 채무재승인약정의 효력을 인정하여 판결을 통해 집행력을 부여할 것인지를 판단할 때에는 면책제도의 입법목적에 따라 위 약정이 채무자의 회생에 지장이 없는지가 충분히 고려되어야 한다. 즉, 채무재승인약정은 채무자가 면책된 채무를 변제한다는 점에 대해 이를 충분히 인식하였음에도 자신의 자발적인 의사로 위 채무를 변제하기로 약정한 것일 뿐 아니라 위 약정으로 인해 채무자에게 과도한 부담이 발생하지 않는 경우에 한하여 그 효력을 인정할 수 있다. 이때 채무자가 자발적으로 채무재승인약정을 체결한 것인지, 채무재승인약정의 내용이 채무자에게 과도한 부담을 초래하는지는 채무재승인약정을 체결하게 된 동기 또는 목적, 채무재승인약정을 체결한 시기와 경위, 당시의 채무자의 재산·수입 등 경제적 상황을 종합적으로 고려하여 판단하여야 한다」고 판시함으로써 동일한 입장이다.[68]

라. 채무자에 대한 효력

면책을 받은 채무자는 파산절차에 의한 배당을 제외하고 모든 파산채권자에 대한 채무의 전부에 관하여 그 책임이 면제된다(제566조 본문). 다만 면책결정이 확정되어

67) 倒産判例百選, 182쪽. 미국 연방도산법상의 채무재승인약정(reaffirmation agreement)의 경우 약정은 반드시 면책결정 전에 하도록 하여(§524(c)(1)) 면책결정 후 약정은 효력이 없는 것으로 보고 있다. 이는 채권자가 면책결정 전까지 약정을 체결하지 않을 경우 채무자를 다시 어려움에 빠지게 할 수 있기 때문이다(Jeffrey T. Ferriell · Edward J. Janger, 448쪽).

68) 대법원 2021. 9. 9. 선고 2020다269794 판결.

채무자의 채무를 변제할 책임이 면제되었다고 하더라도, 이는 면책된 채무에 관한 집행권원의 효력을 당연히 상실시키는 사유는 되지 아니하고, 청구이의의 소를 통하여 그 집행권원의 집행력을 배제시킬 수 있는 실체상의 사유에 불과하다.

면책결정이 확정된 후 채권자가 비면책채권임을 주장하여 다투는 경우 채무자는 어떻게 대처하여야 하는가. ① 면책된 채무에 관한 집행권원을 가지고 있지 않은 채권자가 채무자를 상대로 이행의 소를 제기하면 채무자는 면책항변을 하면 된다.[69] 채권자가 소를 제기하지 않으면 채무자가 직접 채권자를 상대로 면책확인의 소를 제기하면 된다.[70] 가압류(가처분)의 경우 가압류(가처분) 전에 면책받은 채무를 원인으로 하는 불복방법은 가압류(가처분) 이의에 의한 방법으로 처리하면 된다. 가압류(가처분) 후에 면책받은 채무를 원인으로 하는 불복방법은 가압류(가처분) 이의나 가압류(가처분) 취소에 의한 방법으로 처리하면 될 것으로 보이나, 파산선고가 되면 가압류(가처분)는 효력을 상실하므로(제348조 제1항) 그 이익이 없어 부적법하다. 이 경우 채무자(파산관재인)는 집행기관에 파산선고결정 등본을 취소원인 서면으로 소명하여 가압류(가처분)의 집행취소신청을 함으로써 집행처분의 외관을 제거하면 된다.[71] ② 그러나 면책된 채무에 관한 집행권원을 가지고 있는 채권자에 대한 관계에서 채무자는 청구이의의 소를 제기하여 면책의 효력에 기한 집행력의 배제를 구하는 것이 그 법률상 지위에 현존하는 불안·위험을 제거하는 유효적절한 수단이 된다. 따라서 이러한 경우에도 면책확인을 구하는 것은 분쟁의 종국적인 해결 방법이 아니므로 확인의 이익이 없어 부적법하다.[72]

---

69) 채무자가 면책항변을 하지 아니한 경우라도 법원이 직권으로 면책채권 해당 여부를 심리하여야 하는 것은 아니다(대법원 2018. 10. 25. 선고 2018다230359 판결).

70) 대법원 2017. 10. 12. 선고 2017다17771 판결, 대법원 2014. 12. 11. 선고 2014다62282 판결 참조.

71) 대법원 2002. 7. 12. 선고 2000다2351 판결 참조.

72) 대법원 2017. 10. 12. 선고 2017다17771 판결. 실무적으로 면책결정이 확정된 후 채권자가 기존에 가지고 있던 집행권원을 가지고 채권압류 및 추심명령을 하는 경우가 많다. 이 경우 채무자는 어떻게 대처하여야 하는가. 압류명령에 대하여 면책을 이유로 즉시항고(민집법 제227조 제4항)를 할 수 있는가? 집행채권의 소멸 또는 소멸가능성이나 압류된 채권의 부존재와 같은 실체상 사유는 압류명령에 대한 항고사유가 되지 못한다(대법원 2004. 1. 5. 자 2003마1667 결정, 대법원 1994. 11. 10. 자 94마1681,94마1682 결정 등 참조). 면책결정이 확정되어 책임이 면제되었다고 하더라도, 이는 청구이의의 소를 통하여 그 집행권원의 집행력을 배제할 수 있는 실체상의 사유에 불과하다(위 판결 참조). 따라서 면책을 이유로 압류명령에 대하여 즉시항고를 할 수는 없다. 면책을 받은 채무자에 대하여 면책된 사실을 알면서 강제집행 등의 방법으로 추심을 할 경우 과태료에 처하기 때문에(제660조 제3항), 주로 채권자목록에 누락된 채권자가 면책결정사실을 모르고 채권압류 및 추심명령을 받은 경우가 문제된다. 비면책채권에 해당하는지 판단하려면 채무자가 악의로 채권자목록에 기재하지 아니한 것인지 심리를 하여야 하기 때문에 집행절차에서 처리하는 것은 적절하지 않다는 점을 고려한 것으로 보인다. 결국 청구이의의 소로 해결하여야 한다.

마. 보증인 등에 대한 효과

면책은 파산채권자가 채무자의 보증인 그 밖에 채무자와 더불어 채무를 부담하는 자에 대하여 가지는 권리와 파산채권자를 위하여 제공한 담보에 영향을 미치지 아니한다(제567조).

바. 면책 후 권리행사와 상계

채무자가 면책결정을 받은 후 파산채권자에 대하여 금전지급을 구하는 이행소송을 제기한 경우, 파산채권자는 면책된 파산채권을 가지고 상계항변을 할 수 있는가. 예컨대 甲의 채권(a)가 파산채권으로 확정되고 면책결정이 된 후, 채무자가 甲에 대한 채권(b)에 기하여 이행소송을 제기한 경우 甲은 채권(a)를 자동채권으로 하여 상계항변할 수 있는가. 채무자에 대한 파산절차에서의 면책효과가 이행소송에서의 자동채권의 존부나 액에 대하여 영향을 미치는가.

이에 대하여 ① 파산채권자의 상계를 허용하면 결과적으로 채무자에게 변제를 강제하고 재기와 갱생을 어렵게 한다거나 상계에 대한 기대권조차 없다거나[73] 자연채무는 상계의 자동채권이 될 수 없으므로[74] 면책채권에 기한 상계는 허용되지 않는다는 견해, ② 면책의 효력을 받는 채권이 면책결정에 의하여 자연채권으로 되기 이전에 상계적상에 이르렀다면 이를 상계의 자동채권으로 하는 것이 가능하다는 견해[75]가 있다.

살피건대 파산절차에서는 상계의 시기적 제한이 없고(제416조), 채권자에게 상계항변을 인정하지 않으면 불공평하며, 면책효과에 관한 책임소멸설(자연채무설) 입장에서 보면 면책된 채권을 강제적으로 변제시키는 것이 되지만 시효소멸된 채권도 시효완성 이전에 상계적상에 있으면 상계할 수 있기 때문에(민법 제495조) 상계의 담보적 기능을 관철시키기 위해서는 상계금지에 해당하지 않는 한 파산채권자는 면책된 채권을 자동채권으로 하여 파산재단에 대하여 부담하는 채무와 상계할 수 있다고 할 것이다.[76] 별제권의 피담보채권이 면책되어도 별제권의 실행이 인정되는 것과 같

---

73) 정건희, 전게 "채무자회생법상 면책의 효력 및 그 법률관계", 151～152쪽.

74) 최준규, 282쪽.

75) 개인회생·파산실무, 397쪽.

76) 이러한 문제는 회생절차와 달리(제144조) 파산절차에서는 상계권 행사의 시기적 제한이 없다는 점에서 비롯된 것이다. 상계권을 가진 파산채권자가 상계권을 행사하지 않으면 배당하여야 할 파산채권이나 환가하여야 할 파산재단 소속 채권의 확정이 지체되어 절차의 신속한 진행을 해할 염려가 있다. 그래서 일본 파산법(제73조)처럼 파산관재인에게 파산채권자에 대해 상계권 행사를 최고하는 권한을 부여하고 기간 내에 확답을 하지 아니한 경우 파산채권자는 상계의 효력을 주장할 수 없도록 할 필요가 있다.

이 상계의 담보적 기능에서 보면 면책결정이 되어도 상계를 할 수 있다고 보는 것이 타당하므로 상계적상의 시기를 면책결정 이전으로 제한할 필요는 없다고 할 것이다(소멸시효는 완성시기가 특정되어 있지만, 면책결정은 법원의 재량에 달린 것이므로 언제 면책결정을 하느냐에 따라 상계의 허용 여부가 결정된다. 따라서 상계적상 시기를 면책결정 이전으로 제한하면 부당하다). 물론 면책결정이 확정된 후 채무자에 대하여 채무를 부담하게 된 경우에는 상계가 허용되지 않는다고 할 것이다.

상계항변을 허용할 경우의 문제점은 자연채무인 피면책채무를 강제적으로 변제시킨다는 점에 있다. 그렇지만 위 예에서 본래 파산관재인이 면책결정 전에 甲에 대해 이행소송을 제기하였다면 甲은 상계할 수 있었을 것이다. 파산절차의 진행으로 甲의 채권(a)는 권리행사가 금지되는데, 채무자가 채권(b)을 행사하지 않다가 사후적으로 제소하는 것은 공정, 공평을 결한다는 점에서 위 문제점은 해소된다고 볼 것이다.[77)]

8. 비면책채권

면책의 효과는 파산채권 전부에 대하여 미치는 것이 원칙이다. 그러나 채무자회생법은 채권자 사이의 형평 내지 구체적인 정의관념, 공익상의 필요나 사회정책적인 이유에서 면책에서 제외되는(면책의 효력이 미치지 않는) 채권을 규정하고 있다(제566조 단서). 정의관념(채무자의 나쁜 행위)을 이유로 한 비면책은 파산제도의 남용을 방지하기 위한 기능도 있다. 어떠한 채권이 면책대상채권인지, 비면책채권인지는 면책결정이 있은 이후에 그 채권에 기한 이행청구 또는 강제집행의 절차에서 문제가 됨은 별론으로 하고 채무자에게 면책결정을 할 것인지 여부와는 관계가 없다.[78)] 즉 면책절차에서는 당해 채권이 비면책채권에 해당하는지를 판단하지 않는다. 비면책채권을 가진 소유자는 파산재단의 분배에 참가할 수 있고, 비면책채권이 만족을 얻지 못한 경우 면책에도 불구하고 여전히 존재한다.[79)]

비면책채권은 당연히 비면책채권으로 되는 것이지 채권자의 신청 등이 필요한 것은 아니다.

가. 비면책채권의 종류

(1) 조세(제566조 단서 제1호)

비면책채권으로서 조세에 해당하는지는 원칙적으로 채권 발생의 근거 법률이 조세법인지에 따라 결정된다. 조세채권은 국가나 지방자치단체의 수입 확보라는 조세

77) 倒産と訴訟, 527쪽.
78) 대법원 2009. 7. 9. 자 2009카기122 결정.
79) Daniel J. Bussel · David A. Skeel, Jr., 117쪽.

정책적 요구에 의해 비면책채권으로 한 것이다.

국세징수의 예에 의하여 징수할 수 있는 청구권은 조세채권이 아니므로 비면책채권이 아니다. 그러나 위 청구권 중 그 징수우선순위가 일반 파산채권보다 우선하는 것은 조세채권이 아니어서 비면책채권은 아니나, 재단채권이므로(제473조 제2호) 면책의 효력이 미치지 않는다. 또한 지연배상금 성격의 납부지연가산세는 후순위 파산채권이지만(제473조 제2호 괄호, 제446조 제2호), 조세채권이므로 비면책채권에 해당한다.

(2) 벌금·과료·형사소송비용·추징금 및 과태료(제566조 단서 제2호)

채무자에 대한 형벌 내지 질서벌로써 본인에게 직접 그 고통을 주는 것을 목적으로 하는 것으로 성질상 실제적으로 이행시켜야 하기 때문에 비면책채권으로 규정한 것이다. 또한 벌금 등을 면책대상채권으로 하게 되면 이를 면탈하기 위하여 파산제도를 악용할 우려도 있다는 점도 고려한 것이다.[80)]

(3) 채무자가 고의로 가한 불법행위로 인한 손해배상(제566조 단서 제3호)

고의로(intentional) 가한 불법행위로 인한 손해배상채권에 대하여는 채무자의 채무가 사회적으로 비난받을 만한 행위로 인한 경우까지 면책결정에 의하여 그 채무에 관한 책임을 면제하는 것은 정의의 관념에 반하는 결과가 되고,[81)] 피해자 구제와 가해자에 대한 제재의 실효성을 확보하기 위하여 비면책채권으로 규정한 것이다. 불법행위만 해당하므로 계약위반(채무불이행)으로 인한 손해배상채권은 면책된다. 따라서 상법 제399조에 기한 이사 등의 회사에 대한 손해배상책임은 채무불이행책임이므로 해당 손해배상채권은 면책의 대상이 된다.[82)]

보험자가 보험자대위에 의하여 취득한 제3자에 대한 채권(상법 제682조 제1항)도, 보험자대위는 보험자가 제3자에 대한 피보험자 등의 권리는 동일성을 잃지 않고 그대로 보험자에게 이전되는 것이고, 따라서 보험자가 취득한 채권이 비면책채권에 해당하는지는 피보험자 등이 제3자에 대하여 가지는 채권 자체를 기준으로 판단하여야 한다는 점에서 피보험자 등이 제3자에 대하여 가지는 채권이 비면책채권이면 보험자가 보험자대위에 의하여 취득한 제3자에 대한 채권도 여전히 비면책채권에 해당한다.[83)]

---

80) 헌법재판소 2013. 3. 21. 선고 2012헌마569 전원재판부 결정 참조.

81) 대법원 2018. 4. 26. 선고 2017다290477 판결, 대법원 2009. 5. 28. 선고 2009다3470 판결 참조.

82) 대법원 1985. 6. 25. 선고 84다카1954 판결 참조.

83) 대법원 2018. 4. 26. 선고 2017다290477 판결, 대법원 2009. 5. 28. 선고 2009다3470 판결. 이러한 논리는 제4호의 경우에도 그대로 적용된다.

(4) 채무자가 중대한 과실로 타인의 생명 또는 신체를 침해한 불법행위로 인하여 발생한 손해배상(제566조 단서 제4호)

불법행위의 피해자를 보호할 필요성이 크고 중대한 과실로 타인의 생명을 침해한 사람을 면책에 의하여 보호하는 것은 정의 관념에 반하므로 비면책채권으로 규정한 것이다. 고의로 타인의 생명 또는 신체를 침해한 불법행위로 인하여 발생한 손해배상채권은 제3호에 의한 비면책채권이다.

중대한 과실이란 채무자가 어떠한 행위를 함에 있어서 조금만 주의를 기울였다면 생명 또는 신체 침해의 결과가 발생하리라는 것을 쉽게 예견할 수 있음에도 그러한 행위를 만연히 계속하거나 조금만 주의를 기울여 어떠한 행위를 하였더라면 생명 또는 신체 침해의 결과를 쉽게 회피할 수 있음에도 그러한 행위를 하지 않는 등 일반인에게 요구되는 주의의무에 현저히 위반하는 것을 말한다.[84] 이때 채무자에게 '중대한 과실'이 있는지는 주의의무 위반으로 타인의 생명 또는 신체를 침해한 사고가 발생한 경위, 주의의무 위반의 원인 및 내용 등과 같이 주의의무 위반 당시의 구체적 상황을 종합적으로 고려하여 판단하여야 한다.[85]

(5) ① 채무자의 근로자의 임금·퇴직금 및 재해보상금(제566조 단서 제5호), ② 채무자의 근로자의 임치금 및 신원보증금(제566조 단서 제6호)

근로자를 보호하려는 사회정책적인 배려에서 비면책채권으로 규정한 것이다. 고용관계로 인한 채권 중 재단채권으로 된 부분(제473조 제10호, 제11호)은 처음부터 면책의 대상이 아니다.

(6) 채무자가 악의로 채권자목록에 기재하지 아니한 청구권(제566조 단서 제7호 본문)

채권자목록은 채무자가 면책신청을 하면서 제출한 것(제556조 제6항)을 말한다. 파산 및 면책결정을 받은 채무자는 파산절차에 의한 배당을 제외하고는 파산채권자에 대한 채무의 전부에 관하여 그 책임이 면제되므로, 파산채권은 그것이 면책신청의 채권자목록에 기재되지 않았다고 하더라도 원칙적으로 면책의 효력으로 그 책임이 면제된다.[86] 그러나 채무자가 악의로 채권자목록에 기재하지 아니한 청구권은 면책

---

84) 대법원 2024. 5. 17. 선고 2023다308270 판결, 대법원 2010. 5. 13. 선고 2010다3353 판결, 대법원 2010. 3. 25. 선고 2009다91330 판결 등 참조.

85) 대법원 2024. 5. 17. 선고 2023다308270 판결.

86) 대법원 2019. 11. 15. 선고 2019다256167,2019다256174(병합) 판결, 대법원 2010. 5. 13. 선고 2010다3353 판결.

되지 않는다.

악의로(malicious) 채권자목록에 기재하지 아니한 청구권을 면책대상에서 제외한 이유는, 채권자목록에 기재되지 아니한 채권자가 있을 경우 그 채권자로서는 면책절차 내에서 면책신청에 대한 이의 등을 신청할 기회를 박탈당하게 될 뿐만 아니라 그에 따라 제564조에서 정한 면책불허가사유에 대한 객관적 검증도 없이 면책이 허가, 확정되면 원칙적으로 채무자가 채무를 변제할 책임에서 벗어나게 되므로, 위와 같은 절차 참여의 기회를 갖지 못한 채 불이익을 받게 되는 채권자를 보호하기 위한 것이다.[87] 따라서 채권자가 파산선고가 있음을 안 때에는 면책절차에도 참가할 수 있었을 것이므로 면책대상채권이 된다(제566조 제7호 단서). 채무자의 악의에 대한 증명책임은 비면책채권임을 주장하는 채권자가 부담한다.[88]

'채무자가 악의로 채권자목록에 기재하지 아니한 청구권'이라고 함은 채무자가 면책결정 이전에 파산채권자에 대한 채무의 존재 사실을 알면서도 이를 채권자목록에 기재하지 않은 경우를 뜻하므로, 채무자가 채무의 존재 사실을 알지 못한 때에는 비록 그와 같이 알지 못한 데에 과실이 있더라도 비면책채권에 해당하지 아니하지만, 이와 달리 채무자가 채무의 존재를 알고 있었다면 과실로 채권자목록에 이를 기재하지 못하였다고 하더라도 비면책채권에 해당한다.[89] 채권은 확정되어 있을 것을 요하지 않는다.

한편 면책제도는 지급불능 상태에 빠진 채무자에 대하여 경제적 재기와 회생의 기회를 부여하기 위한 것이고, 면책결정이 확정되었음에도 비면책채권으로 남는 경우 채무자는 면책의 효과를 누리지 못하고 오로지 그 채무변제를 위해서 경제활동을 해야 하는 상황에 놓이게 된다. 따라서 채무자의 악의 여부는 제566조 제7호의 규정 취지와 함께 위와 같은 면책제도의 이념과 비면책채권으로 인한 채무자의 불이익 등을 충분히 감안하여 판단하여야 한다. 구체적으로는 누락된 채권의 내역과 채무자와의 견련성, 그 채권자와 채무자의 관계, 채무부담의 원인이 된 법률행위 시점부터 면책신청 시까지 시간적 간격, 그동안 채권자의 이행청구, 집행 등의 유무와 이에 대한 채무자의 현실적인 인식 가능성, 누락의 경위에 관한 채무자의 소명과 객관적 자료와의 부합 여부, 면책절차 당시 채무자의 경제적 · 심리적 상황 등 여러 사

87) 대법원 2024. 12. 12. 선고 2023다266031 판결, 대법원 2018. 6. 28. 선고 2018다214401 판결, 대법원 2016. 4. 29. 선고 2015다71177 판결, 대법원 2010. 10. 14. 선고 2010다49083 판결.

88) 대법원 2024. 12. 12. 선고 2023다266031 판결, 헌법재판소 2014. 6. 26. 선고 2012헌가22 전원재판부 결정.

89) 대법원 2024. 12. 12. 선고 2023다266031 판결, 대법원 2018. 6. 28. 선고 2018다214401 판결, 대법원 2016. 4. 28. 선고 2015다256022 판결, 대법원 2013. 2. 14. 선고 2012다95554(본소), 2012다95561(반소) 판결.

정을 종합하여 판단하여야 하고,[90] 파산채권 성립을 위한 법률관계가 형성될 무렵 채무자가 그러한 법률관계의 존재를 인식하고 있었다는 사정만을 들어 채무자의 악의를 인정하는 것에는 신중하여야 할 뿐만 아니라[91] 단순히 채무자가 제출한 자료만으로는 면책불허가사유가 보이지 않는다는 등의 점만을 들어 채무자의 선의를 쉽게 인정하여서는 아니된다.[92]

(7) 채무자가 양육자 또는 부양의무자로서 부담하여야 하는 비용(제566조 단서 제8호)

친족법상의 채권은 보호의 필요성이 크기 때문에 비면책채권으로 규정한 것이다. 부부 간의 부양의무(민법 제826조 제1항), 이혼에 따른 자의 양육책임(민법 제837조), 직계혈족 및 그 배우자 간의 부양의무(민법 제974조 제1호), 생계를 같이하는 친족간의 부양의무(민법 제974조 제3호)가 여기에 해당한다.

한편 채무자 및 그 부양을 받는 자의 부양료는 재단채권이므로(제473조 제9호) 본 규정은 실제적으로 큰 의미가 없다.

나. 비면책채권과 관련한 개별적 논점

(1) 비면책채권의 대위취득

비면책채권을 제3자가 대위변제한 경우, 대위변제자가 취득한 원래의 채권은 비면책채권으로서의 속성을 유지하는가. 예컨대 보험회사가 피해자에게 보험금을 지급한 결과로 가해자인 채무자에 대한 손해배상청구권을 대위취득한 경우(상법 제682조 제1항), 이것이 비면책채권이 되느냐이다. 면책에 있어 채무자의 경제적 회생기능을 중시하는 취지에서 보면, 대위취득자가 비면책채권자의 지위를 승계(주장)하는 것을 부정하여야 할 것이다. 그러나 비면책채권 중에는 불법행위자의 제재 등 정책적 고려에서 인정되는 것이 존재하기 때문에 이러한 것들(예컨대 제566조 제3호, 제4호)은 그 속성이 유지된다고 볼 수도 있을 것이다.[93] 대법원도 앞(〈가.(3)〉)에서 본 바와 같이 비면책채권이라는 입장이다.[94]

(2) 면책결정의 효력이 별제권자의 파산채권에도 미치는지

회생절차에서 회생담보권(제251조 본문)과 달리, 파산절차에서는 별제권의 면책 또

---

90) 대법원 2018. 6. 28. 선고 2018다214401 판결.
91) 대법원 2024. 12. 12. 선고 2023다266031 판결.
92) 대법원 2016. 4. 28. 선고 2015다256022 판결, 대법원 2010. 10. 14. 선고 2010다49083 판결.
93) 破産法 · 民事再生法, 728쪽 각주 66), 條解 破産法, 1685쪽.
94) 대법원 2018. 4. 26. 선고 2017다290477 판결, 대법원 2009. 5. 28. 선고 2009다3470 판결.

는 소멸 여부에 대하여 아무런 규정을 두고 있지 않다.

제566조는 "면책을 받은 채무자는 파산절차에 의한 배당을 제외하고는 파산채권자에 대한 채무의 전부에 관하여 그 책임이 면제된다. 다만 다음 각 호의 청구권에 대하여는 책임이 면제되지 아니한다"고 규정하면서, 제411조의 별제권자가 채무자에 대하여 가지는 파산채권을 면책에서 제외되는 청구권으로 규정하고 있지 아니하므로, 면책결정의 효력은 별제권자의 파산채권에도 미친다고 할 것이다. 따라서 별제권자가 별제권을 행사하지 아니한 상태에서 파산절차가 폐지되었다고 하더라도, 면책결정이 확정된 이상, 별제권자였던 자로서는 담보권을 실행할 수 있을 뿐[95] 채무자를 상대로 종전 파산채권의 이행을 소구할 수는 없다.[96] 즉 별제권자는 피담보채권이 면책되어 채무자에게 이행의 청구는 할 수는 없고, 단지 별제권을 행사(담보권의 실행)할 수 있을 뿐이다. 예컨대 甲이 乙에게 2,000만 원을 대여하면서 그 소유 부동산을 담보로 제공한 후 乙에 대하여 파산선고가 되고 면책결정이 되었다면, 甲은 乙을 상대로 대여금청구소송을 제기할 수는 없다.

9. 면책의 취소

면책의 취소(Revocation of Discharge)란 ① 채무자에 대하여 사기파산에 관한 유죄판결이 확정된 경우나 ② 채무자가 부정한 방법으로 면책을 받은 경우 면책을 취소하는 것을 말한다(제569조).

면책취소결정이 확정되면 면책결정은 그 효력을 잃는다. 따라서 면책의 효력을 받는 모든 파산채권자의 권리는 면책 이전의 상태로 회복되고, 면책으로 소멸된 채무자의 책임이 부활된다.

면책결정이 취소되었다고 하여도 당연히 새로운 파산절차가 개시되는 것은 아니다. 그렇지만 채무자는 면책이 취소된 후 새로운 파산원인에 기하여 파산신청을 할 수 있다. 면책결정 확정 후 채무자에게 신용을 부여한 채권자는 기존 파산채권자의 권리가 행사되지 않을 것(소멸)을 전제로 거래를 한 것인데, 면책이 취소되어 기존 채권이 부활하면, 채무자는 일시에 다액의 채무를 부담하는 것으로 되기 때문에, 채무자가 새로 취득한 재산을 믿고 거래한 새로운 채권자는 예상치 못한 불이익을 입게 된다. 그래서 면책의 취소가 있은 때에는 면책 후 취소에 이르기까지의 사이에 생긴 원인으로 인하여 채권을 가지게 된 자는 다른 채권자에 우선하여 변제를 받을

---

95) 다만 담보권의 실행에 의하여 회수할 수 없었던 예정부족액 부분은 파산채권이므로 그 부분에 관하여는 담보권 실행을 할 수 없음은 물론, 면책되었으므로 채무자에게 청구할 수도 없을 것이다.

96) 대법원 2011. 11. 10. 선고 2011다27219 판결. 소를 제기할 경우 각하된다(대법원 2005. 4. 29. 선고 2003다20299, 2003다20305 판결 참조).

권리를 가지는 것으로 하였다(제572조). 이는 면책을 신뢰하여 거래를 한 상대방을 보호하기 위한 것이다. 한편 이러한 우선권은 어디까지나 새로운 파산절차가 개시된 경우 그 절차 내에서의 우선권을 말하는 것이지, 개별집행의 경우에 그 우선권을 주장할 수 있다는 것은 아니다.[97)]

Ⅱ. 개인회생절차

1. 면책요건

개인회생절차에서는 변제계획이 인가된 후 일정한 요건이 충족된 경우 면책된다.

가. 일반면책

법원은 채무자가 변제계획에 따른 변제를 완료한 때에는 당사자의 신청에 의하거나 직권으로 면책을 결정하여야 한다(제624조 제1항). 변제계획 인가결정이 즉시항고기간 도과로 확정된 후 확정된 변제계획에 따른 변제를 완료하였다면 면책을 받을 수 있다는 의미이다.[98)] 이때 법원은 필요적으로 면책하여야 한다.

나. 특별면책

법원은 채무자가 변제계획에 따른 변제를 완료하지 못하였더라도 ① 채무자가 책임질 수 없는 사유로 인하여 변제를 완료하지 못하였고, ② 개인회생채권자가 면책결정일까지 변제받은 금액이 채무자가 파산절차를 신청한 경우 파산절차에서 배당받을 금액보다 적지 아니하며(청산가치보장원칙), ③ 변제계획의 변경이 불가능한 경우에는 면책을 결정할 수 있다. 이 경우에는 이해관계인의 의견을 들어야 한다(제624조 제2항). 이는 미국 연방도산법 §1328(b)에 규정된 곤궁면책(Hardship Discharge)을 도입한 것이다.

채무자의 수입이 예상치 못하게 감소하는 등으로 변제계획을 수행할 수 없는 경우에는 변제계획을 변경할 수 있지만, 나아가 변제계획의 수행이 매우 곤란한 경우에는 변제계획의 변경으로도 대처할 수 없다. 이러한 경우 견련파산이 인정되지 않기 때문에[99)] 개인회생절차를 폐지할 수밖에 없다. 그러나 이는 채무자의 회생을 목

---

97) 條解 破産法, 1693쪽, 破産法・民事再生法, 734쪽, 倒産法, 627쪽.

98) 대법원 2019. 12. 5. 자 2018마7129 결정, 대법원 2019. 8. 20. 자 2018마7459 결정 등 참조.

99) 미국 연방도산법은 채무자는 언제든지 개인회생사건(제13장)을 파산사건(제7장)으로 전환할 수 있고, 전환할 수 있는 권리를 포기하기로 한 약정은 효력이 없도록 규정{§1307(a)}하고 있음은 물론, 인가된 계획상의 조건에 관한 채무자의 중대한 불이행이 있는 경우 법원은 개인회생사건(제13장)을 파산사건(제7장)으로 이행할 수 있다{§1307(c)(6)}고 규정함으로써 절차의 전환(conversion)을 인정하고 있다.

적으로 출발한 개인회생절차의 바람직한 모습은 아니다. 그래서 개인회생절차가 종료하기 전에 이러한 사태가 채무자가 책임질 수 없는 사유로 발생하고, 나아가 변제계획의 수행이 상당 정도 행하여질 것을 조건으로 나머지 채무를 면제함으로써 채무자의 경제생활의 재건을 도모할 수 있는 제도를 마련한 것이다.

2. 면책불허가사유

면책요건을 갖추었다고 하더라도 아래의 어느 하나에 해당하는 경우에는 면책을 불허하는 결정을 할 수 있다(제624조 제3항). 파산절차(제564조 제1항)에 비하여 면책불허가사유가 상당히 축소되어 있다. 면책불허가사유가 있다고 하더라도 반드시 면책불허가를 하여야 하는 것은 아니다. 면책불허가사유가 있다고 하더라도 제반 사정을 종합하여 면책하는 것이 타당하다고 판단되면 면책을 할 수도 있다(재량면책).

가. 면책결정 당시까지 채무자에 의하여 악의로 개인회생채권자목록에 기재되지 아니한 개인회생채권이 있는 경우[100)]

'악의로'는 '알면서도'라는 의미이다. 단순한 고의가 아니라 적극적 해의가 있어야 한다. 개인회생채권자목록에 기재하지 않는 경우 해당 채권은 면책에서 제외되나(제625조 제2항 단서), 알면서도 개인회생채권자목록에 기재하지 아니한 경우 면책이 불허가될 수 있다.

채무자가 채무의 존재 사실을 알지 못한 때에는 비록 그와 같이 알지 못한 데에 과실이 있다고 하더라도 면책불허가사유에 해당하지 아니하고, 반대로 채무자가 채무의 존재를 알고 있었다면 과실로 개인회생채권자목록에 이를 기재하지 못하였다고 하더라도 면책불허가사유에 해당한다.

개인회생절차에서는 채권신고제도가 없고 채무자가 제출한 개인회생채권자목록에 의하여 변제할 채권이 확정되도록 하였다. 따라서 채무자로 하여금 자신이 알고 있는 채권은 모두 개인회생채권자목록에 기재하여 채권자간 형평을 기할 수 있도록 하기 위하여 면책불허가사유로 규정한 것이다. 즉 채무자가 특정채권자와 공모하여 일부러 개인회생채권자목록에서 누락한 후 그 채권자에게 변제하는 것을 방지하기 위함이다.

---

100) 개인파산절차에서는 채무자가 악의로 채권자목록에 기재하지 않은 파산채권이 있는 경우 그 파산채권은 비면책채권이지만(제566조 단서 제7호), 면책불허가사유는 아니다. 개인회생절차에서는 채무자의 악의 유무와 상관없이 채권자목록에 기재되지 않은 개인회생채권은 개인회생절차의 구속도 받지 않고(제582조 등 참조) 면책의 대상도 아니라는 점(제625조 단서 제1호)에서 개인파산절차와 달리 면책불허가사유로 규정한 것은 개인회생채권자에 대한 과잉보호로 볼 수밖에 없다.

〈개인파산절차와 개인회생절차의 면책불허가사유 비교[101]〉

개인파산절차(제564조 제1항)	개인회생절차(제624조 제3항)
1. 채무자가 제650조 · 제651조 · 제656조 또는 제658조의 죄에 해당하는 행위가 있다고 인정하는 때 2. 채무자가 파산선고 전 1년 이내에 파산의 원인인 사실이 있음에도 불구하고 그 사실이 없는 것으로 믿게 하기 위하여 그 사실을 속이거나 감추고 신용거래로 재산을 취득한 사실이 있는 때 3. 채무자가 허위의 채권자목록 그 밖의 신청서류를 제출하거나 법원에 대하여 그 재산상태에 관하여 허위의 진술을 한 때 4. 채무자가 면책의 신청 전에 이 조에 의하여 면책을 받은 경우에는 면책허가결정의 확정일부터 7년이 경과되지 아니한 때, 제624조에 의하여 면책을 받은 경우에는 면책확정일부터 5년이 경과되지 아니한 때 5. 채무자가 이 법에 정하는 채무자의 의무를 위반한 때	1. 면책결정 당시까지 채무자에 의하여 악의로 개인회생채권자목록에 기재되지 아니한 개인회생채권이 있는 경우 2. 채무자가 이 법에 정한 채무자의 의무를 이행하지 아니한 경우
6. 채무자가 과다한 낭비 · 도박 그 밖의 사행행위를 하여 현저히 재산을 감소시키거나 과대한 채무를 부담한 사실이 있는 때	* 개인파산절차와 달리 과다한 낭비 등으로 인한 과대한 채무 부담은 면책불허가사유가 아님

나. 채무자가 개인회생절차에 정해진 채무자의 의무를 이행하지 아니한 경우

채무자가 개인회생절차에서 부담하는 의무로 ① 개인회생절차개시를 신청할 때 일정한 서류를 제출할 의무(제595조 제2호, 제589조 제2항 각호), ② 재산목록, 금전의 수입과 지출에 관한 목록 등 법정 서류를 허위로 제출하지 아니하여야 할 의무(제595조 제2호), ③ 성실하게 개인회생절차를 신청하고, 상당한 이유 없이 절차를 지연시키지 아니하여야 할 의무(제595조 제7호), ④ 개인회생채권자집회에 출석하여 개인회생채권자의 요구가 있는 경우 변제계획에 관하여 필요한 설명을 할 의무(제613조 제2항), ⑤ 법원 또는 회생위원이 금전의 수입과 지출 그 밖에 채무자의 재산상의 업무에 관하여 보고를 요구하면 이에 응하여야 할 의무(제591조) 등이 있다.

채무자가 위와 같은 의무를 이행하지 아니할 경우 각 절차 단계에서 채무자에게 불이익을 줄 수도 있지만, 법원은 면책결정 단계에서 다시 면책불허가결정을 할 수

101) 개인회생절차의 면책불허가사유가 개인파산절차보다 제한적인 것은 개인회생절차의 경우 채무자가 채권자에게 일정한 소득으로 청산가치 이상을 변제하여 개인파산절차에 비하여 채권자에게 유리하므로 채무자에게 개인파산절차보다 개인회생절차를 이용하도록 유도하기 위한 것이다.

도 있다.

3. 면책결정의 효력

가. 면책의 의미

면책결정은 확정되어야 효력이 발생한다(제625조 제1항). 면책결정을 받은 채무자는 변제계획에 따라 변제한 것을 제외하고 개인회생채권자에 대한 채무에 관하여 그 책임이 면제된다(제625조 제2항). 변제계획에 의한 권리의 변경은 면책결정이 확정되어야 비로소 효력이 발생하고(제615조 제1항 단서) 개인회생절차도 종료되는 것이다(규칙 제96조).

책임이 면제된다는 의미는 채무 자체는 존속하지만 채무자에 대하여 이행을 강제할 수 없다는 의미이다(자연채무, 책임소멸설). 따라서 채무자에 대한 면책결정이 확정되면 면책된 채권이 가지는 소 제기 권능을 상실하게 된다.[102] 면책된 채무에 대한 채무부존재확인의 소는 특별한 사정이 없는 한 확인의 이익이 없어 부적법(각하)하다.[103]

나. 면책결정 확정 전 채무재승인약정의 효력

채무자가 개인회생절차가 개시된 후 면책결정 확정 전에 개인회생채권자에게 변제계획과 별도로 개인회생채무를 변제하겠다고 약정(채무재승인약정)한 경우 위 채무에도 면책결정의 효력이 미치는가.

채무자회생법이 개인회생절차에서 채무자를 위한 면책제도를 둔 취지는 채권자들에 대하여 공평한 변제를 확보함과 아울러 지급불능 또는 그럴 염려가 있는 상황에 처한 채무자에 대하여 경제적 재기와 회생의 기회를 부여하고자 하는 데에 있다. 이를 통하여 채무자는 개인회생채무로 인한 압박을 받거나 의지가 꺾이지 않은 채 앞으로 경제적 회생을 위한 노력을 할 수 있게 된다.

만일 채무자가 개인회생절차가 개시된 후 면책결정 확정 전에 개인회생채권자에게 '변제계획과 별도로 개인회생채무를 변제하겠다'는 취지의 의사를 표시한 경우에 면책결정이 확정된 이후에도 채무자에게 개인회생채무 전부나 일부를 이행할 책임이 존속한다고 보게 되면, 이는 앞서 본 면책제도의 취지에 반한다. 따라서 채무자가 면책결정 확정 전에 변제계획과 별도로 개인회생채무를 변제하겠다는 취지의 의

102) 대법원 2021. 9. 9. 선고 2020다277184 판결, 대법원 2019. 7. 25. 자 2018마6313 결정, 대법원 2015. 9. 10. 선고 2015다28173 판결 참조.

103) 대법원 2019. 6. 13. 선고 2017다277986(본소),2017다277993(반소) 판결.

사를 표시한 경우, 이로 인한 채무가 실질적으로 개인회생채무와 동일성이 없는 완전히 새로운 별개 채무라고 볼 만한 특별한 사정이 없는 한, 원래의 개인회생채무와 동일하게 면책결정의 효력이 미친다고 보아야 한다.[104)]

요컨대 면책결정 전 채무재승인약정은 유효하나,[105)] 이전의 개인회생채권을 기초로 한 새로운 채무에 면책의 효력이 미친다는 것이다.

4. 비면책채권

면책의 효력은 원칙적으로 개인회생채권자에 대한 채무에 관하여 효력이 미친다. 확정된 개인회생채권 중 변제되지 않고 남은 부분은 모두 면책된다. 즉 개인회생채권의 확정절차를 통해 확정된 개인회생채권이 변제계획의 변제의 대상이 되고, 변제의 대상이 된 채권 중 변제계획을 통하여 변제되지 않은 부분이 면책되는 것이다. 그러나 몇 가지 청구권(채권)에 관하여는 책임이 면제되지 아니한다(제625조 제2항 단서). 개략적으로 보면 채권이 개인회생채권자목록에 기재되지 않아 채권자가 개인회생절차에서 권리보호조치를 취할 수 없는 경우, 조세와 같이 국가재정을 형성하는 공적 채무나 채무자의 중대한 불법행위로 발생한 채무, 근로자의 임금이나 양육비 등 그 면책이 정의 관념에 반하거나 오히려 사회적 부작용을 초래할 수 있는 경우에 채무자의 면책을 제한하고 있다.

가. 비면책채권의 종류

(1) 개인회생채권자목록에 기재되지 아니한 청구권(제625조 제2항 단서 제1호)[106)]

개인회생채권자목록에 기재되지 아니한 청구권은 비면책채권이다. 채권자목록에 기재되지 않은 채권자는 개인회생절차개시 신청사실을 알 수 없어 개인회생절차에 참가하여 이의신청 등을 통한 권리보호조치를 취할 수 없는데, 이 경우까지 면책의 효력이 미치도록 하는 것은 부당하다는 취지에서 비면책채권으로 한 것이다. 또한 변제계획의 변제대상이 되는 개인회생채권자목록에 기재된 개인회생채권 중 변제계획에 따라 변제한 것을 제외한 부분은 모두 면책되지만(제582조, 제611조 제1항 제1호, 제3호, 제624조 제1항, 제625조 제1호), 개인회생채권자목록에 기재되지 아니한 청구권

104) 대법원 2021. 9. 9. 선고 2020다277184 판결.

105) 면책결정 후 채무재승인약정의 효력에 관하여는 <대법원 2021. 9. 9. 선고 2020다269794 판결>을 참조할 것.

106) 개인회생채권자목록에 기재하지 않은 청구권은 비면책채권이 되므로 다른 채권자보다 유리한 지위가 되고, 이는 채권자 사이의 형평을 해칠 수 있다. 따라서 채무자가 악의로 개인회생채권자목록에 기재하지 않은 개인회생채권이 있는 경우를 면책불허가사유로 규정한 것이다(제624조 제3항 제1호).

은 변제계획에 의한 변제대상이 될 수 없어 면책결정의 효력이 미치지 않는다.[107]

임대인에 대한 개인회생절차의 진행 중에 임차주택의 환가가 이루어지지 않아 주택임차인이 그 환가대금에서 임대차보증금반환채권을 변제받지 못한 채 임대인에 대한 면책결정이 확정되어 그 개인회생절차가 종료되었다고 하더라도 특별한 사정이 없는 한 주택임차인의 임대차보증금반환채권 중 제586조, 제415조 제1항에 의하여 인정된 우선변제권의 한도 내에서는 '개인회생채권자목록에 기재되지 아니한 청구권'에 해당하여 면책결정의 효력이 미치지 않는다.[108] 왜냐하면 주택임차인은 제586조, 제415조 제1항에 의하여 인정된 우선변제권의 한도 내에서는 임대인에 대한 개인회생절차에 의하지 아니하고 자신의 임대차보증금반환채권의 만족을 받을 수 있으므로, 설혹 주택임차인의 임대차보증금반환채권 전액이 개인회생채무자인 임대인이 제출한 개인회생채권자목록에 기재되었다고 하더라도, 주택임차인의 임대차보증금반환채권 중 위와 같이 우선변제권이 인정되는 부분을 제외한 나머지 채권액만이 개인회생절차의 구속을 받아 변제계획의 변제대상이 되고 면책결정의 효력이 미치는 개인회생채권자목록에 기재된 개인회생채권에 해당한다고 보아야 하기 때문이다.

한편 채무자가 '악의로' 채권자목록에 기재하지 아니한 경우에만 비면책채권으로 규정하고 있는 개인파산절차(제566조 제7호)와 달리, 개인회생절차에서 개인회생채권자목록에 기재되지 아니한 청구권은 어떤 경우에도 비면책채권으로 하는 것이 타당한지는 의문이다. 채무자의 입장에서는 개인회생절차개시신청 당시나 그 이후에 자신의 채무임을 알 수 없는 경우가 있을 수 있다. 예컨대 부인이 아파트 분양대금을 납입하기 위하여 남편 명의로 은행으로부터 1억 원을 차용하였는데,[109] 남편은 이것을 모른 채(그래서 채권자목록에도 기재하지 않았다) 개인회생절차를 신청하고 3년간 정상적으로 변제한 후 면책결정을 받았음에도, 이후 은행이 일상가사대리(민법 제827조 제1항, 제832조 본문)를 근거로 남편에 대하여 변제를 요구한 경우 남편으로서는 변제할 수밖에 없다. 이것이 정당한가. 이는 본질적으로 개인회생절차에 채권신고제도가 없다는 점에서 기인한다. 채무자가 악의로 채권자목록에 기재하지 않는 경우 면책불허가사유가 되고, 면책취소제도가 마련되어 있으므로 개인회생절차에서도 개인회생채권자목록에 기재되지 아니한 청구권을 어떠한 경우에도 비면책채권으로 볼 것은 아니고 채무자가 악의로 채권자목록에 기재하지 아니한 경우로 제한하여야 할 것이다. 궁극적으로는 입법적 해결이 필요하다.

---

107) 대법원 2017. 1. 12. 선고 2014다32014 판결.
108) 대법원 2017. 1. 12. 선고 2014다32014 판결.
109) 대법원 1999. 3. 9. 선고 98다46877 판결.

(2) 제583조 제1항 제2호의 규정에 의한 조세 등의 청구권(제625조 제2항 단서 제2호)

위 조세 등 청구권은 개인회생재단채권으로 면책의 효력이 미치지 않는다. 따라서 비면책채권으로 규정할 이유는 없다. 주의적 규정에 불과하다.

파산절차에서는 모든 조세채권을 비면책채권으로 규정하고 있지만(제566조 단서 제1호), 개인회생절차에서는 제583조 제1항 제2호의 규정에 의한 개인회생재단채권인 조세채권만을 비면책채권으로 규정하고 있다. ① 제583조 제1항 제2호 이외의 개인회생재단채권에 해당하는 조세채권은 개인회생재단채권이기 때문에 면책의 대상이 되지 않는다. ② 우선권 있는 개인회생채권에 해당하는 조세채권은 전액 변제를 하여야 하기 때문에(제611조 제1항 제2호) 비면책채권으로 규정할 필요가 없다. ③ 후순위 개인회생채권에 해당하는 조세채권(지연배상금 성격의 납부지연가산세)은 면책의 대상이다(파산절차에서는 비면책채권이다).

(3) 벌금 · 과료 · 형사소송비용 · 추징금 및 과태료(제625조 제2항 단서 제3호)

이들은 형벌 내지 질서벌로 제재적 성격이 있어 채무자가 반드시 납부하여야 한다는 점에서 비면책채권으로 한 것이다.

(4) 채무자가 고의로 가한 불법행위로 인한 손해배상(제625조 제2항 단서 제4호)

고의로 불법행위를 가한 채무자에 대한 제재의 의미에서 비면책채권으로 한 것이다. 다른 한편 채무자의 채무가 사회적으로 비난받을 만한 행위로 인한 경우까지 면책결정에 의하여 그 채무에 관한 책임을 면제하는 것은 정의의 관념에 반하는 결과가 된다는 점을 고려한 것이다.[110]

고의로 가한 불법행위에는 타인의 생명 또는 신체를 침해한 경우뿐만 아니라 타인의 재산을 침해한 경우 등을 모두 포함한다.[111] 반면 사용자책임(민법 제756조)과 같이 다른 사람의 행위에 대하여 채무자가 책임을 지는 경우에는 그 다른 사람의 행위가 고의라고 하더라고 본호에 해당하지 않는다.

채무자의 행위로 인하여 채권자가 고의의 불법행위에 기한 손해배상청구권과 채무불이행에 기한 손해배상청구권을 모두 가지는 경우(청구권 경합) 채무불이행에 기한 손해배상청구권에는 면책의 효력이 미치나, 고의의 불법행위에 기한 손해배상청구권에는 면책의 효력이 미치지 아니한다(비면책채권).

110) 대법원 2018. 4. 26. 선고 2017다290477 판결 참조.
111) 헌법재판소 2011. 10. 25. 선고 2009헌바234 전원재판부 결정.

(5) 채무자가 중대한 과실로 타인의 생명 또는 신체를 침해한 불법행위로 인하여 발생한 손해배상(제625조 제2항 단서 제5호)

생명 또는 신체에 대한 법익보호를 감안하여 비면책채권으로 한 것이다. 피해자 보호의 필요성이 크고 채무자에 대한 제재의 의미가 크다. 제4호의 경우와 달리 중대한 과실로 타인의 재산을 침해한 경우에는 면책의 효력이 미친다.

(6) 채무자의 근로자의 임금·퇴직금 및 재해보상금(제625조 제2항 단서 제6호)

근로자의 보호라는 사회정책적 고려에서 비면책채권으로 한 것이다.

(7) 채무자의 근로자의 임치금 및 신원보증금(제625조 제2항 단서 제7호)

근로자의 보호라는 사회정책적 고려에서 비면책채권으로 한 것이다.

(8) 채무자가 양육자 또는 부양의무자로서 부담하여야 할 비용(제625조 제2항 단서 제8호)

채무자가 부부 간의 부양의무(민법 제826조 제1항), 이혼에 따른 양육책임(민법 제837조), 직계혈족 및 그 배우자 간의 부양의무(민법 제974조 제1호), 생계를 같이 하는 친족간의 부양의무(민법 제974조 제3호)를 지는 경우 등이 여기에 해당한다. 이러한 채권은 보호할 필요성이 크기 때문에 비면책채권으로 한 것이다.

비면책채권에 관하여는 변제계획에 기초하여 변제기간 중에는 다른 개인회생채권과 마찬가지의 기준으로 변제하고, 변제기간이 만료된 경우에는 일괄하여 나머지 채권을 변제하여야 한다. 해당 채권이 비면책채권인지에 대하여 다툼이 있는 경우 개인회생절차 내에서 확정할 방법은 없고, 별도의 소송으로 확정할 수밖에 없다.[112)]

별제권은 법리상 당연히 면책의 효력이 미치지 않는다.

나. 개인회생절차와 개인파산절차에서의 비면책채권 범위

개인회생절차와 파산절차에서 비면책채권의 범위에 관한 규정을 표로 나타내면 다음과 같다.

112) 條解 民事再生法, 1182쪽.

	개인회생절차(제625조 단서)	개인파산절차(제566조 단서)
목록 불기재	개인회생채권자목록에 기재되지 아니한 청구권(제1호)	채무자가 악의로 채권자목록에 기재하지 아니한 청구권, 다만, 채권자가 파산선고가 있음을 안 때에는 그러하지 아니하다.(제7호)
조세	제583조 제1항 제2호의 규정에 의한 조세 등의 청구권(제2호)	조세(제1호)
기타사유	벌금·과료·형사소송비용·추징금 및 과태료(제3호)	좌동(제2호)
	채무자가 고의로 가한 불법행위로 인한 손해배상(제4호)	좌동(제3호)
	채무자가 중대한 과실로 타인의 생명 또는 신체를 침해한 불법행위로 인하여 발생한 손해배상(제5호)	좌동(제4호)
	채무자의 근로자의 임금·퇴직금 및 재해보상금(제6호)	좌동(제5호)
	채무자의 근로자의 임치금 및 신원보증금(제7호)	좌동(제6호)
	채무자가 양육자 또는 부양의무자로서 부담하여야 할 비용(제8호)	좌동(제8호)

개인파산절차가 개인채무자의 도산절차라는 점에서는 개인회생절차와 성질을 같이 하나, 개인파산절차는 청산형절차로서 채무자가 파산선고를 받으면 신분상의 불이익을 받게 되는 데 반하여, 개인회생절차는 회생형절차로서 급여소득자 등 정기적인 수입을 얻을 가능성이 있는 채무자가 신분상의 불이익을 받지 않으면서 일정 기간 채무를 변제하면 나머지 채무에 관하여 면책을 받게 된다. 이와 같이 개인파산절차와 개인회생절차는 그 제도의 취지와 기능이 다르므로, 각 절차에서 채무의 면책 여부 및 그 정도를 달리 정하는 것에는 합리적인 이유가 있다.[113] 그러나 개인회생절차와 개인파산절차에서의 비면책채권의 범위는 아래에서 보는 몇 가지를 제외하고 큰 차이가 없다.

(1) 채권자목록에 기재하지 않은 청구권과 관련하여, 개인파산절차에서는 '악의로' 채권자목록에 기재하지 않는 경우에 한하여 비면책채권으로 하고 있고, 나아가 채권자가 파산선고를 알고 있는 경우에는 면책되도록 규정하고 있다. 반면 개인회생절차에서는 악의를 요구하지 않고(채무자의 악의 여부를 묻지 않는다) 채권자가 개인회생절

113) 헌법재판소 2013. 3. 21. 선고 2012헌마569 전원재판부 결정.

차개시결정을 알고 있었던 경우에도 비면책채권으로 하고 있다. 이는 개인회생절차에서는 채권신고제도가 없다는 점을 고려한 것으로 보인다.

(2) 조세와 관련하여, 규정상으로는 양 절차에 차이가 있는 것으로 보이지만{개인회생절차에서 비면책채권은 개인회생재단채권에 해당하는 조세에 한정되지만, 파산절차에서는 단순히 조세라고만 하고 있다(제566조 제1호)} 실질적으로는 큰 차이가 없다. 개인파산절차에서 조세는 재단채권으로 면책의 대상이 아니거나 후순위 파산채권이라도 비면책채권이고, 개인회생절차에서 개인회생채권인 조세는 일반의 우선권 있는 채권으로 전액 변제하여야 한다(제611조 제1항 제2호 참조). 결과적으로 양 절차에서 개인회생절차에서 후순위 개인회생채권을 제외하고(면책의 대상이다) 조세는 전액 변제되어야 한다는 점에서 같다.

Ⅲ. 면책의 한계

도산법의 가장 매력적인 모습은 면책에 대한 가능성이다.[114] 면책은 도산법에 있어 가장 핵심적인 개념 중 하나이다. 앞에서 본 바와 같이 도산제도는 면책을 통한 새로운 출발의 기회를 부여하기 위하여 등장한 것이다. 면책이 되면 채무자는 장래의 수입을 즐길 수 있고 채권자(creditor)로부터 자유로워진다. 그런데 새로운 출발이라는 용어는 도산법(채무자회생법) 어디에도 등장하지 않는다. 그러나 법원이나 학자들은 끊임없이 면책이라는 것과 새로운 출발을 연결시키고 있다. 면책이라는 용어는 채무자회생법 여러 곳에서 등장한다(제251조, 제3편 제8장 제1절, 제4편 제6장 등). 면책을 받은 채무자는 면책받은 채무에 대하여 더 이상 법적인 책임을 부담하지 않는다. 그렇지만 면책이라는 개념에도 일정한 한계가 있다.[115]

(1) 모든 채무자가 면책을 받는 것은 아니다. 면책을 받을 수 있는지는 각 절차에 따라 다르다. ① 파산절차에서는 개인이 아닌 법인은 면책을 받을 수 없다. 개인만이 면책을 받을 수 있다. 개인이 파산선고 전의 채무에 대하여 면책을 받을 수 있는 가능성은 현대 도산법의 가장 중요한 특징 중 하나이다. 개인은 생활의 주체로서 면

114) "부채는 반드시 갚아야 한다"는 가정을 꼼꼼히 따지고 들면, 표준적인 경제학 이론을 따른다 하더라도, 그 말은 진리가 아니다. 돈을 빌려주는 사람은 어느 정도 위험을 감수하게 되어 있다. 아무리 비상식적인 대출이라 하더라도 대출이 언제나 상환받을 수 있는 것이 된다면, 예를 들어 파산법 같은 것이 전혀 없다면, 결과는 재앙이나 다름 없을 것이다. 그런 경우 대출업자가 떼일 확률이 대단히 높은 대출까지 안할 이유가 있겠는가? 만약 은행이 원금을 이자와 합쳐 언제나 돌려받는다는 보장을 받게 된다면 전체 시스템이 제대로 돌아가지 않을 것이다. 부채는 반드시 상환되어야 한다는 가정은 문제다{데이비드 그레이버, "부채, 첫 5,000년의 역사", 도서출판 부글북스(2021), 12~13쪽}.

115) David G. Epstein · Steve H. Nickles, 8~10쪽, Charles J. TABB · Ralph Brunbaker, 588~589쪽, Daniel J. Bussel · David A. Skeel, Jr., 19, 25쪽.

책을 통하여 새로운 출발을 할 수 있도록 할 필요가 있지만, 법인의 경우는 분배(배당) 후 소멸되는 운명이므로 새로운 출발이 필요한 것은 아니다.[116] 법인의 경우 사실상 면책이 저절로 발생하는 것이다. ② 회생절차에서는 개인이든 법인이든 회생계획이 인가됨으로써 회생계획이나 채무자회생법에서 인정된 권리를 제외하고 면책된다(제251조).[117] 회생절차에서의 면책은 파산절차에서보다 넓게 인정된다{벌금 등 청구권과 같이 일부 채권을 제외하고(제140조 제1항) 비면책채권이 존재하지 않는다}. ③ 개인회생절차에서는 개인채무자가 변제계획에 따라 변제를 완료하여 면책된다(물론 변제를 완료하지 못하더라도 일정한 조건이 갖추어지면 면책을 받을 수 있다). 개인회생절차에서의 면책은 개인파산절차에서의 면책보다 넓게 인정되고 있다(superdischarge).[118] 이는 개인파산절차와 달리 개인회생절차에서는 적어도 일정 부분 변제가 이루어진다는 것을 고려한 것이다. 회생절차에서는 회생계획 인가결정으로 면책되지만(제251조), 개인회생절차에서는 면책결정의 확정으로 면책된다(제625조 제1항).

(2) 면책은 채무를 사라지게 하는 것은 아니다. 면책은 채무자에 대하여만 작용하고, 채무자로 하여금 책임으로부터 벗어나게 한다(책임소멸설). 예컨대 甲의 채무에 대하여 乙이 보증을 한 경우, 甲에 대한 면책은 乙에게 아무런 영향을 미치지 못한다(제250조 제2항 제1호, 제567조, 제625조 제3항 참조). 채권자는 乙을 상대로 소송을 제기할 수 있다.

(3) 면책은 채무자로 하여금 모든 채무로부터 벗어나게 하지는 않는다. 면책은 단지 면책이 될 수 있는 채무에 대하여만 영향을 미친다. 벌금 등 청구권이나(제140조 제1항), 비면책채권(제566조 단서, 제625조 제2항 단서)에는 면책의 효력이 미치지 않는다.

(4) 면책이 되는 채무에도 시간적인 제한이 있다. 도산절차가 개시되기 전의 채무(도산채권)만이 면책된다. 도산절차개시 이후에 발생한 채무(공익채권 · 재단채권 · 개인회생재단채권, 개시후기타채권 · 기타채권)는 면책되지 않는다.

(5) 면책이 되더라도 채무자는 자발적으로 면책된 채무를 지급할 수 있다(책임소멸설). 채권자는 면책의 효력으로 인해 지급을 청구할 수 없지만, 채무자가 면책된

116) 개인은 무한책임을 부담함에 반하여, 법인은 본래 유한책임이다(주식회사를 염두에 두라). 따라서 법인은 가지고 있는 재산(파산재단)을 모두 환가하여 변제한 후 소멸하면 그만이다. 필요한 경우 기존의 법인을 이용할 필요가 없고, 새로운 법인을 만들면 된다.

117) 회생절차는 법인뿐만 아니라 개인(자연인)도 대상으로 한다. 개인의 경우 사업을 어떻게 할 것인지의 문제뿐만 아니라 회생절차 종료 후 일상적인 평온한 '생활'을 할 수 있도록 보호할 필요가 있다. 그러기 위해서는 채무를 개인의 장래 수입으로 지급할 수 있는 범위로 감축(채권포기, 기한유예 등)하여야 한다. 이러한 역할을 하는 것이 회생계획을 통한 채무조정이다(지급할 수 있는 범위까지 면제된다).

118) 미국 연방도산법의 입장이자 이념적 측면에서는 그렇다. 다만 채무자회생법은 개인회생절차와 개인파산절차에서의 면책 범위(비면책채권의 범위)에 있어 큰 차이가 없다.

채무를 자발적으로 지급한다면, 채권자는 지급을 받아 보유할 수 있다. 채무자는 지급한 후 부당이득반환청구를 할 수 없다.

제2절 복권[개인파산절차]

Ⅰ. 의 의

복권이란 채무자가 파산선고로 인하여 제한된 공적 또는 사적인 자격과 권리를 일반적으로 회복시키는 것을 말한다. 파산절차는 채권채무를 청산하는 절차이고, 채무자의 인격적 또는 신분상의 비난을 포함하고 있지 않으며(비징계주의), 나아가 파산절차 중에 있다는 이유로 차별적 취급을 금지하고 있으므로(제32조의2) 파산선고에 의하여 채무자에게 위와 같은 제한을 영구적으로 가하는 것은 타당하지 않다.

개별법에 의하여 파산선고로 인하여 제한된 채무자의 자격이나 권리는 파산절차가 종료되었다고 하여 당연히 회복되는 것은 아니라는 점에 복권제도의 의의가 있다. 이러한 의미에서 복권제도는 개인채무자의 회생을 위한 제도로 볼 수 있다.

Ⅱ. 복권의 유형

복권에는 채무자의 신청을 기다리지 아니하고 일정사유가 존재하는 것에 의해 당연히 복권되는 당연복권과 채무자의 신청에 따라 재판에 의하여 복권되는 신청에 의한 복권이 있다.[119)]

채무자에게 ① 면책의 결정이 확정된 때, ② 제538조의 규정에 의한 신청에 기한 파산폐지의 결정이 확정된 때, ③ 파산선고를 받은 채무자가 파산선고 후 제650조의 규정에 의한 사기파산으로 유죄의 확정판결을 받음이 없이 10년이 경과한 때에는 당연히 복권된다(제574조 제1항, 당연복권).

당연복권의 사유(제574조 제1항)에 해당하지 않더라도 채무자가 변제 그 밖의 방법으로 파산채권자에 대한 채무 전부에 대하여 책임을 면한 경우, 여전히 자격제한 등을 유지하는 것은 적당하지 않기 때문에 채무자의 신청에 의해 재판에 의한 복권을 인정하고 있다(제575조).

Ⅲ. 복권의 효과

복권에 의해 파산선고로 인한 공적 또는 사적 자격제한은 모두 그 효력을 잃고,

---

119) 당연복권을 법정복권, 신청에 의한 복권을 재판에 의한 복권이라고 부르기도 한다.

채무자는 파산선고 전의 법적 지위를 회복한다.[120] 다만 파산절차 진행 중에 복권된 경우에도 파산재단에 속한 재산의 관리처분권은 채무자에게 회복되는 것은 아니고, 파산관재인에게 전속한다.

---

120) 현행법은 복권의 효과에 관하여 명시적인 규정이 없다. 일본 파산법 제255조 제2항은 '복권의 효과는 사람의 자격에 관한 법률에서 정한 바에 따른다'는 취지로 규정하고 있다.

제11장

도산절차에서의 벌칙

Ⅰ. 도산범죄와 과태료

도산절차를 진행하는 과정에서 채무자 등의 범죄행위에 대하여 일반 형법으로도 처벌할 수 있다. 형법상의 강제집행면탈죄,[1] 사기죄, 배임죄,[2] 업무상횡령죄, 뇌물수수죄 등이 그것이다. 그러나 이러한 형법상의 규정만으로는 채권자들의 이익을 침해하는 채무자 등의 행위를 적절하게 통제하기가 어렵다. 이에 채무자회생법은 도산과 밀접하게 관련이 있는 채무자 등의 일정한 행위에 대하여 형벌(도산범죄) 및 행정벌(과태료)을 규정하고 있다.

형법상의 범죄와 비교하여 도산범죄는 몇 가지 특징이 있다. ① 도산범죄는 기본적으로 총채권자의 재산상의 이익을 침해하는 행위로 개인적인 재산상의 이익이 아니라 도산절차에 관여된 다수의 채권자들 이익을 침해하는 경제범죄의 특징을 가지고 있다. ② 형벌권을 발생시키기 위하여 객관적 처벌조건인 '회생절차개시결정(간이회생절차개시결정)의 확정'(제643조), '파산선고의 확정'(제650조, 제651조)을 필요로 한다.

도산범죄는 크게 실질적 도산범죄와 절차적 도산범죄로 나눌 수 있다. 실질적 도산범죄란 채권자의 실질적인 불이익에 직결되는 행위를 구성요건으로 하는 것이다. 사기회생죄(제643조), 사기파산죄(제650조), 과태파산죄(제651조) 등이 여기에 해당한다. 이들 범죄는 총채권자의 재산적 이익을 보호법익으로 하는 위험범이다. 절차적 도산범죄란 채권자의 재산적 이익의 보호를 궁극적인 목적으로 하지만 직접적으로는 절차의 적정과 원활한 수행이라는 국가적 법익을 보호법익으로 하는 것이다. 회생수뢰죄(제645조), 회생증뢰죄(제646조), 경영참여금지위반죄(제647조), 무허가행위 등의 죄(제648조), 보고와 검사거절의 죄(제649조), 파산수뢰죄(제655조), 재산조회결과의 목적외 사용죄(제657조), 설명의무위반죄(제658조) 등이 여기에 해당한다.

도산절차의 원만한 수행과 면책을 받은 채무자를 보호하기 위하여 행정벌인 과태료의 규정을 두고 있다.

채무자회생법은 도산범죄나 행정벌(과태료)에 대한 실체적 규정을 한 것일 뿐이고, 절차는 형사소송법이나 「질서위반행위규제법」에 따른다.

---

1) 대구지방법원 2014. 10. 15. 선고 2014고단2174 판결(골프장 위탁경영의 목적이 재산은닉이라고 본 사례).

2) 회생절차중인 회사의 관리인대리가 제131조에 위반하여 회사의 운영자금 중에서 일부 채권자들에게 채무의 일부를 변제하고 그 채권자들은 나머지 채무를 면제하였다면 그 채무의 변제는 무효이고 그 유효를 전제로 하는 채무면제 역시 무효이어서 결국 회사의 채무는 소멸되지 않고 여전히 존속하게 되는 것이므로 법률상 효력도 없는 채무변제로 인하여 특별한 사정이 없는 한 그 회사와 주주 및 기타 채권자에게는 재산상 손해를 가하고 변제받은 채권자에게는 재산상의 이득을 얻게 한 것이 된다(대법원 1980. 10. 14. 선고 80도1597 판결 참조).

Ⅱ. 도산범죄

도산절차개시 전후에 걸쳐 채무자는 재산을 은닉하거나 특정 채권자의 이익을 위하여 중요한 재산으로 대물변제를 하는 등 다양한 방법으로 도산채권자의 이익을 침해할 수 있다. 도산채권자의 이익을 위해 이러한 행위들에 대하여 도산관리인 등은 부인권을 행사하여 일탈된 재산을 도산재단으로 회복시킬 수 있다. 그러나 도산채권자의 재산권을 침해할 정도로 위법성이 인정되는 경우에는 이러한 행위의 사법상(私法上)의 효과를 부정하여야 할 뿐만 아니라 범죄로서 형사처벌을 함으로써 위법행위를 억제할 필요가 있다.

또한 채무자 등이 도산절차상의 의무를 위반하거나, 도산관리인 등이 직무를 수행하면서 부정한 행위를 한 경우에도 형벌로 대처할 필요가 있다. 물론 이러한 행위가 사기죄[3]나 배임죄를 구성할 경우 형법에 따라 처벌되는 것은 당연하지만, 도산과 관

---

3) **파산절차와 사기죄** 파산절차를 진행하는 과정에서 채무자의 범죄행위에 대하여 형법에 의한 처벌도 가능하다. 실무적으로 가장 문제가 되는 것이 사기죄의 성립 여부이다. 대법원은 사기죄 인정에 신중한 입장이다. ① 기업경영자가 파산에 직면한 상태에서 이루어진 거래에 있어서 사기죄의 고의를 인정하는 데 있어서는 신중을 기할 필요가 있다. 즉 사업의 수행과정에서 이루어진 거래에 있어서 그 채무불이행이 예측된 결과라고 하여 그 기업경영자에 대한 사기죄의 성부가 문제된 경우, 그 거래시점에 그 사업체가 경영부진 상태에 있었기 때문에 사정에 따라 파산에 이를 수 있다고 예견할 수 있었다는 것만으로 사기죄의 고의가 있다고 단정하는 것은 발생한 결과에 따라 범죄의 성부를 결정하는 것과 마찬가지이다. 따라서 설사 기업경영자가 파산에 의한 채무불이행의 가능성을 인식할 수 있었다고 하더라도 그러한 사태를 피할 수 있는 가능성이 있다고 믿었고, 계약이행을 위해 노력할 의사가 있었을 때에는 사기죄의 고의가 있었다고 단정하여서는 안 된다(대법원 2017. 1. 25. 선고 2016도18432 판결, 대법원 2016. 6. 9. 선고 2015도18555 판결, 대법원 2001. 3. 27. 선고 2001도202 판결 등 참조).

또한 ② 채무자회생법상 개인파산·면책제도의 주된 목적 중의 하나는 파산선고 당시 자신의 재산을 모두 파산배당을 위하여 제공한, 정직하였으나 불운한 채무자의 파산선고 전의 채무의 면책을 통하여 그가 파산선고 전의 채무로 인한 압박을 받거나 의지가 꺾이지 않고 앞으로 경제적 회생을 위한 노력을 할 수 있는 여건을 제공하는 것이다. 그러나 한편, 채무자회생법은 채권자 등 이해관계인의 법률관계를 조정하고 파산제도의 남용을 방지하기 위하여, 제309조에서 법원은 파산신청이 성실하지 아니하거나 파산절차의 남용에 해당한다고 인정되는 때에는 파산신청을 기각할 수 있도록 하고, 제564조 제1항의 각 호에 해당하는 경우에는 법원이 면책을 불허가할 수 있도록 하고, '채무자가 고의로 가한 불법행위로 인한 손해배상청구권' 등 제566조의 각 호의 청구권은 면책대상에서 제외하며, 제569조에 따라 채무자가 파산재단에 속하는 재산을 은닉 또는 손괴하는 등 사기파산죄로 유죄의 확정판결을 받거나 채무자가 부정한 방법으로 면책을 받은 경우 법원의 결정에 의하여 면책이 취소될 수 있도록 하고 있다. 따라서 개인파산·면책제도를 통하여 면책을 받은 채무자에 대한 차용금 사기죄의 인정 여부는 그 사기로 인한 손해배상채무가 면책대상에서 제외되어 경제적 회생을 도모하려는 채무자의 의지를 꺾는 결과가 될 수 있다는 점을 감안하여 보다 신중한 판단을 요한다(대법원 2017. 1. 12. 선고 2016도13904 판결, 대법원 2008. 2. 14. 선고 2007도10770 판결, 대법원 2007. 11. 29. 선고 2007도8549 판결).

개인회생절차와 사기죄 개인회생절차의 입법취지와 면책의 목적 등을 감안하면 개인회생절차에서 사기죄를 인정하는데 신중할 필요가 있다. 그러나 최근 금융기관으로부터 대출을 받은 후 곧바로 개인회생절차를 신청하는 사례가 발견되고 있다. 이와 관련하여 대법원은 「피고인은 피해자 은행에 대하여 다른 금융기관에 동시에 진행 중인 대출이 있는지 여부를 허위로 고지하였고, 피해자 은행이 제대

련한 위법행위를 억제하기 위해서는 형법에 따른 처벌만으로는 충분하지 않다. 따라서 채무자회생법은 일정한 유형의 행위에 대하여 도산범죄로 규정하고 있다.

1. 실질적 도산범죄

가. 사기회생죄(제643조)

(1) 채무자의 사기회생죄(제643조 제1항)[회생절차]

채무자가 자기 또는 타인의 이익을 도모하거나 채권자를 해할 목적으로 ㉮ 채무자의 재산을 손괴 또는 은닉하거나 회생채권자·회생담보권자·주주·지분권자에 불이익하게 처분하는 행위, ㉯ 채무자의 부담을 허위로 증가시키는 행위, ㉰ 법률의 규정에 의하여 작성하여야 하는 상업장부를 작성하지 아니하거나, 그 상업장부에 재산의 현황을 알 수 있는 정도의 기재를 하지 아니하거나, 그 상업장부에 부정의 기재를 하거나, 그 상업장부를 손괴 또는 은닉하는 행위, ㉱ 「부정수표단속법」에 의한 처벌회피를 주된 목적으로 회생절차개시 또는 간이회생절차개시의 신청을 하는 행위를 하고, 채무자에 대하여 회생절차개시 또는 간이회생절차개시의 결정이 확정된 경우 그 채무자는 10년 이하의 징역 또는 1억 원 이하의 벌금에 처한다(제643조 제1항).

① 행위의 주체

채무자의 사기회생죄 주체는 채무자(개인=자연인)[4]에 한정된다(진정신분범). 행위의 시기는 회생절차개시 또는 간이회생절차개시 전후를 묻지 않는다. 자기 또는 타인의 이익을 도모하거나 채권자를 해할 목적을 요하는 목적범이다.

② 채무자의 재산

채무자의 재산이란 채무자에 속하는 일체의 재산을 말한다. 현재 채무자에 속하는

로 된 고지를 받았더라면 대출을 실행하지 않았을 것으로 보인다. 그 밖에 피고인의 재력, 채무액, 대출금의 사용처, 대출일로부터 약 3개월 후 개인회생을 신청한 점 등 객관적인 사정을 종합하여 보면, 기망행위, 기망행위와 처분행위 사이의 인과관계 및 편취 범의가 인정된다고 볼 여지가 많다」고 한 후, 무죄를 선고한 원심을 파기환송하였다(대법원 2018. 8. 30. 선고 2018도828 판결). 따라서 금융기관으로부터 대출을 받은 후 단기간 내에 개인회생절차를 신청한 경우 형법상의 사기죄로 처벌될 수 있음에 주의를 요한다.

금융기관으로부터 대출을 받은 지 6개월 후에 신용회복위원회에 프리워크아웃을 신청한 사안에서 사기죄를 인정한 사례도 있다(대법원 2018. 8. 1. 선고 2017도20682 판결).

4) 채무자회생법상 채무자는 개인뿐만 아니라 법인을 포함하는 개념이다. 한편 사기회생죄를 비롯한 제6편 벌칙에 범죄주체로 채무자라고 규정하고 있다. 그렇다면 법인도 사기회생죄 등의 주체가 될 수 있는가. 법인이 형법상 행위능력을 갖고 범죄행위의 주체가 될 수 없다는 것이 다수설이자 판례(대법원 2018. 8. 1. 선고 2015도10388 판결, 대법원 1994. 2. 8. 선고 93도1483 판결 등)인 것에 비추어, 여기서 채무자는 개인(자연인)만을 의미하는 것으로 보아야 할 것이다. 입법적 정비가 필요해 보인다(법인도 처벌 필요성이 있는 경우에는 명시적으로 양벌규정을 두어야 할 것이다).

재산에 한정되지 않고 부인권(제100조) 행사에 의해 채무자의 재산으로 복귀되는 것도 포함한다.

③ 행위의 유형

재산의 은닉, 손괴, 채권자에게 불이익하게 처분을 하는 행위, 채무자의 부담을 허위로 증가시키는 행위의 의미에 관하여는 **〈제10장 제1절 Ⅰ.4.가.(1)(가)(나)〉**(본서 427~429쪽) 및 아래 〈(3)②〉를 참조할 것.

④ 객관적 처벌조건

객관적 처벌조건으로 '채무자에 대하여 회생절차개시 또는 간이회생절차개시의 결정이 확정'되어야 한다.[5] 위에서 설명한 위반행위와 회생절차개시결정 등의 확정 사이에는 인과관계가 있어야 하는 것은 아니고, 사실상의 견련관계가 있으면 충분하다.

⑤ 행위의 시기 등

회생절차개시결정 등의 전후를 묻지 않고, 각 행위가 종료된 때 기수가 된다. 미수범은 처벌하지 않는다. 위 ㉮, ㉯의 경우 실제로 손해가 발생할 것을 요건으로 하지 않기 때문에 추상적 위험범이다. 실제 손해발생의 가능성이 전혀 없는 경우(대상으로 된 재산의 환가가치가 없는 경우 등)에는 범죄의 성립을 부정하여야 할 것이다.

(2) 준채무자의 사기회생죄(제643조 제2항)[회생절차]

채무자의 법정대리인, 법인인 채무자의 이사, 채무자의 지배인이 자기 또는 타인의 이익을 도모하거나 채권자를 해할 목적으로 위 (1)의 행위를 하고, 채무자에 대하여 회생절차개시 또는 간이회생절차개시의 결정이 확정된 경우 그 자는 5년 이하의 징역 또는 5천만 원 이하의 벌금에 처한다(제643조 제2항).

채무자의 사기회생죄와 범죄구성요건은 동일하나, 행위주체가 다르다. 준채무자는 채무자보다 형을 가볍게 처벌하고 있다.

(3) 개인채무자의 사기회생죄(제643조 제3항)[개인회생절차][6]

채무자가 자기 또는 타인의 이익을 도모하거나 채권자를 해할 목적으로 ① 재산

---

5) 객관적 처벌조건을 두는 것이 타당한가. 회생사건의 일부에 대하여만 회생절차가 개시되는 현실을 고려하면 객관적 처벌조건으로 인해 처벌이 제한되는 문제가 있다. 그러나 채무자에게 위법한 행위가 있었다고 하더라도 회생절차라는 공적인 절차가 개시되지 않는 경우에는 형사사법이 개입하여서는 안 된다는 점에서 객관적 처벌조건은 필요하다.

6) **사기회생죄와 사기죄** 사기회생죄는 채무자가 채권자를 해할 목적으로 재산을 은닉하는 등의 행위를 저지르는 것으로 형법상의 사기죄(형법 제347조)와 다르다. 사기죄의 피해자가 가지는 채권은 비면책채권(제625조 제2항 제3호)이나, 사기회생죄에 해당하는 행위가 인정된다고 하여 그로 인하여 발생한

을 은닉 또는 손괴하거나 채권자에게 불이익하게 처분하는 행위를 하거나, ② 허위로 부담을 증가시키는 행위를 하고, 채무자에 대하여 개인회생절차개시의 결정이 확정된 때에는 5년 이하의 징역 또는 5천만 원 이하의 벌금에 처한다(제643조 제3항).

채무자가 위와 같은 행위를 하는 것을 방지하여 개인회생채권자들의 이익을 보호하기 위함이다.

① 행위의 주체

행위의 주체로서 채무자는 행위 당시에 개인회생절차개시를 신청할 수 있는 자격(제579조 제1호)이 있는 개인채무자여야 한다.[7] 예컨대 20억 원의 담보부채무를 부담하고 있는 개인채무자가 위와 같은 행위를 하였다고 하더라도 사기회생죄가 성립하지 않는다.

② 행위의 유형

재산의 은닉, 손괴, 채권자에게 불이익하게 처분을 하는 행위의 의미에 관하여는 **〈제10장 제1절 Ⅰ.4.가.(1)(가)〉**(본서 427쪽)을 참조할 것.

'허위로 부담을 증가시키는 행위'는 개인회생재단의 부담을 증가시키거나 개인회생재단에 속하는 재산에 대하여 저당권이나 질권 등을 설정하는 것 등을 말한다. 이러한 행위가 민법 제108조(통정허위표시)에 해당하여 무효가 되더라도 사기회생죄의 성립에는 영향이 없다고 할 것이다.

③ 행위의 시기

행위의 시기는 개인회생절차개시결정의 전후를 묻지 않는다. 다만 사기회생죄는 총채권자의 이익을 보호하기 위한 규정이므로 이를 인정하기 위해서는 행위 당시에 총채권자의 이익을 해할 수 있는 객관적인 상황, 즉 개인회생절차의 개시요건인 파산의 원인이 있거나 파산의 원인이 생길 염려(제579조 제1호)가 있어야 한다.[8]

④ 개인회생절차개시결정의 확정

사기회생죄로 처벌하기 위해서는 객관적 처벌조건으로 개인회생절차개시결정이 확정되어야 한다.

나. 제3자의 사기회생죄(제644조)[회생절차]

채무자, 채무자의 법정대리인, 법인인 채무자의 이사, 채무자의 지배인 외의 자가

채권이 비면책채권이 되는 것은 아니다.

7) 대법원 2016. 10. 13. 선고 2016도8347 판결 참조.

8) 개인파산・회생실무, 765쪽.

① 제643조 제1항 각호의 행위나 ② 자기 또는 타인의 이익을 도모하거나 채권자를 해할 목적으로 도산채권자, 주주·지분권자로서 허위의 권리를 행사하는 행위를 하고, 채무자에 대하여 회생절차개시의 결정이 확정된 경우[9] 그 자는 5년 이하의 징역 또는 5천만 원 이하의 벌금에 처한다(제644조).

①의 행위는 회생절차개시 전후를 불문하지만, ②의 행위는 회생절차에서 이루어질 것을 요하므로 회생절차개시결정 후에 행하여진 것으로 한정하여야 할 것이다.

다. 사기회생죄에 대한 특칙(제644조의2)[회생절차]

회생절차개시에 중대한 책임이 있거나 해악을 끼친 채무자의 경영자나 그 특수관계인 등이 회생절차를 남용하여 정당한 채권자 등의 회생을 바탕으로 채무를 감면받은 후 다시 정상화된 기업을 인수하여 경영권을 회복하는 것을 방지하기 위하여 일정한 경우 임의적 또는 필요적으로 회생계획안을 배제하거나(제231조의2 제1항, 제2항), 회생계획을 불인가하도록 하고 있다(제243조의2).

법원은 위와 같은 내용을 확인하기 위하여 필요한 경우에는 채무자, 관리인, 보전관리인, 그 밖의 이해관계인 등에게 정보의 제공 또는 자료의 제출을 명할 수 있다(제231조의2 제3항, 제243조의2 제3항).

채무자, 관리인, 보전관리인, 그 밖의 이해관계인 등이 회생계획안의 배제나 불인가를 면탈할 목적으로 법원에 거짓의 정보를 제공하거나 거짓의 자료를 제출하고, 회생계획인가의 결정이 확정된 경우 해당 정보를 제공하거나 해당 자료를 제출한 자는 5년 이하의 징역 또는 5천만 원 이하의 벌금에 처한다(제644조의2).

행위의 주체는 채무자이든지 제3자이든지 제한이 없고 거짓의 정보를 제공하거나 거짓의 자료를 제출한 자이다. 회생계획안의 배제나 불인가를 면탈할 목적으로 하는 목적범이다. 또한 객관적 처벌조건으로 '회생계획인가의 결정이 확정'되어야 한다.

라. 사기파산죄(제650조)[파산절차]

사기파산죄는 파산채권자의 재산상의 이익을 보호하기 위한 규정으로 채무자 등이 일정한 행위를 함으로써 성립하고, 채권자에게 실질적인 손해가 발생할 필요가 없다. 일종의 추상적 위험범이다. 사기파산죄는 채무자가 채권자를 해할 목적으로 파산재단에 속하는 재산을 은닉하는 등의 행위를 저지르는 것으로 형법상의 사기죄(형법 제347조)와 다르다. 사기죄의 피해자가 가지는 채권은 비면책채권(제566조 제3

9) 사기회생죄(제643조)와 달리 '간이회생절차개시의 결정이 확정된 경우'가 빠져있지만, 간이회생절차의 경우에도 적용된다고 보아야 할 것이다(제293조의3 제2항). 다만 죄형법정주의 원칙상 문제의 소지가 있으므로 입법적으로 명확히 할 필요가 있다.

호)이나, 사기파산죄의 행위가 인정되면 면책불허가사유가 될 수 있을 뿐이다(제564조 제1항). 면책결정이 확정되어도 사기파산죄로 유죄의 확정판결을 받으면 면책결정이 취소될 수 있으나(제569조 제1항), 사기죄로 유죄의 확정판결을 받아도 면책취소를 할 수 없다.

(1) 채무자의 사기파산죄(제650조 제1항)

채무자가 파산선고의 전후를 불문하고 자기 또는 타인의 이익을 도모하거나 채권자를 해할 목적으로 ① 파산재단에 속하는 재산을 은닉 또는 손괴하거나 채권자에게 불이익하게 처분을 하는 행위, ② 파산재단의 부담을 허위로 증가시키는 행위, ③ 법률의 규정에 의하여 작성하여야 하는 상업장부를 작성하지 아니하거나, 그 상업장부에 재산의 현황을 알 수 있는 정도의 기재를 하지 아니하거나, 그 상업장부에 부실한 기재를 하거나, 그 상업장부를 은닉 또는 손괴하는 행위, ④ 제481조의 규정에 의하여 법원사무관등이 폐쇄한 장부에 변경을 가하거나 이를 은닉 또는 손괴하는 행위를 하고, 그 파산선고가 확정된 때에는 10년 이하의 징역 또는 1억 원 이하의 벌금에 처한다(제650조 제1항).

사기파산죄는 '자기 또는 타인의 이익을 도모하거나 채권자를 해할 목적'이 있어야 한다. 여기서 채권자는 특정 채권자가 아닌 총채권자를 말하고, 목적은 단순한 인식으로는 부족하고 적극적으로 이를 희망하거나 의욕하는 것을 의미한다.[10] 행위의 시기는 파산선고의 전후를 묻지 않는다.

행위의 유형 등은 사기회생죄의 그것과 같다.

(2) 유한책임신탁재산파산에서의 사기파산죄(제650조 제2항)

수탁자, 신탁재산관리인, 수탁자의 법정대리인, 수탁자의 지배인 또는 법인인 수탁자의 이사가 파산선고의 전후를 불문하고 자기 또는 타인의 이익을 도모하거나 채권자를 해할 목적으로 위 (1)과 같은 행위를 하고, 유한책임신탁재산에 대한 파산선고가 확정된 경우에는 10년 이하의 징역 또는 1억 원 이하의 벌금에 처한다(제650조 제2항).

(3) 준채무자의 사기파산죄

채무자의 법정대리인, 법인인 채무자의 이사, 채무자의 지배인이 위 (1)에서와 같은 행위를 하고, 채무자에 대한 파산선고가 확정된 때에도 사기파산죄로 처벌된다(제652조 전문).

---

10) 대법원 2009. 3. 2. 자 2008마1654,1655 결정.

사기파산죄(제650조)의 범죄주체는 자연인인 채무자에 한정된다. 따라서 법인파산의 경우 법인의 대표자 등을 사기파산죄로 처벌하기 위하여 둔 규정이다.

상속재산파산의 경우 상속인 및 그 법정대리인과 지배인에 대하여도 마찬가지이다(제652조 후문).

(4) 제3자의 사기파산죄(제654조)

채무자 및 채무자의 법정대리인, 법인인 채무자의 이사, 채무자의 지배인이 아닌 자가 파산선고의 전후를 불문하고 자기 또는 타인의 이익을 도모하거나 채권자를 해할 목적으로 제650조 제1항 각호[11]의 행위를 하거나 자기나 타인을 이롭게 할 목적으로 파산채권자로서 허위의 권리를 행사하고, 채무자에 대한 파산선고가 확정된 경우 그 행위를 한 자는 10년 이하의 징역 또는 1억 원 이하의 벌금에 처한다(제654조).

(5) 사기회생죄와 사기파산죄의 관계

회생절차개시결정이 확정된 후 회생절차가 폐지됨에 따라 파산절차로 이행한 경우, 어떤 1개의 행위가 사기회생죄와 사기파산죄의 요건을 모두 충족시킬 수 있다. 이러한 경우 양자는 택일적 관계에 있고, 원칙적으로 먼저 개시된 회생절차에 관한 처벌규정에 따라 처벌하면 되고, 다시 파산절차에 관한 처벌규정에 따라 처벌하여서는 안 된다.[12]

마. 과태파산죄(제651조)[파산절차]

'자기 또는 타인의 이익을 도모하거나 채권자를 해할 목적'이 필요하지 않고, 제3자는 과태파산죄의 주체가 될 수 없다는 점에서 사기파산죄와 다르다.

(1) 채무자의 과태파산죄(제651조 제1항)

채무자가 파산선고의 전후를 불문하고 아래의 어느 하나에 해당하는 행위를 하고, 그 파산선고가 확정된 경우 그 채무자는 5년 이하의 징역 또는 5천만 원 이하의 벌금에 처한다(제651조 제1항).

① 파산의 선고를 지연시킬 목적으로 신용거래로 상품을 구입하여 현저히 불이익한 조건으로 이를 처분하는 행위

---

11) 제654조에는 '제650조 각호'라고 되어 있으나, '제650조 제1항 각호'라고 보아야 한다. 제2항을 추가하면서 수정되었어야 했는데 수정되지 않았다.

12) 會社更生法, 752쪽, 條解 破産法, 1795~1796쪽.

② 파산의 원인인 사실이 있음을 알면서 어느 채권자에게 특별한 이익을 줄 목적으로 한 담보의 제공이나 채무의 소멸에 관한 행위로서 채무자의 의무에 속하지 아니하거나 그 방법 또는 시기가 채무자의 의무에 속하지 아니하는 행위

③ 법률의 규정에 의하여 작성하여야 하는 상업장부를 작성하지 아니하거나, 그 상업장부에 재산의 현황을 알 수 있는 정도의 기재를 하지 아니하거나, 그 상업장부에 부정의 기재를 하거나, 그 상업장부를 은닉 또는 손괴하는 행위

④ 법원사무관등이 폐쇄한 장부에 변경을 가하거나 이를 은닉 또는 손괴하는 행위

(2) 유한책임신탁재산파산에서의 과태파산죄(제651조 제2항)

수탁자, 신탁재산관리인, 수탁자의 법정대리인, 수탁자의 지배인 또는 법인인 수탁자의 이사가 파산선고의 전후를 불문하고 위 (1)과 같은 행위를 하고, 유한책임신탁재산에 대한 파산선고가 확정된 경우에는 5년 이하의 징역 또는 5천만 원 이하의 벌금에 처한다(제651조 제2항).

(3) 준채무자의 과태파산죄(제652조)

채무자의 법정대리인, 법인인 채무자의 이사, 채무자의 지배인이 위 (1)과 같은 행위를 하고 채무자에 대한 파산선고가 확정된 때에도 과태파산죄로 처벌된다(제652조 전문).

상속재산파산의 경우 상속인 및 그 법정대리인과 지배인에 대하여도 마찬가지이다(제652조 후문).

2. 절차적 도산범죄

가. 회생수뢰죄 · 회생증뢰죄[회생절차]

(1) 회생수뢰죄(제645조)

① 관리위원 · 조사위원 · 간이조사위원 · 회생위원 · 보전관리인 · 관리인(국제도산관리인 포함), 고문이나 관리인 또는 보전관리인 · 회생위원의 대리인이 그 직무에 관하여 뇌물을 수수 · 요구 또는 약속한 경우 그 자는 5년 이하의 징역 또는 5천만 원 이하의 벌금에 처한다. 도산채권자 · 주주 · 지분권자, 이들의 대리위원 또는 대리인, 임원 또는 직원이 관계인집회의 결의에 관하여 뇌물을 수수 · 요구 또는 약속한 때에 그 자도 마찬가지이다(제645조 제1항).

② 관리인(국제도산관리인 포함) · 보전관리인 또는 조사위원 · 간이조사위원이 법인인 경우에는 관리인 · 보전관리인 또는 조사위원 · 간이조사위원의 직무에 종사하는 그 임원 또는 직원이 그 직무에 관하여 뇌물을 수수 · 요구 또는 약속한 경우 그 임

원 또는 직원은 5년 이하의 징역 또는 5천만 원 이하의 벌금에 처한다. 관리인·보전관리인 또는 조사위원·간이조사위원이 법인인 경우 그 임원 또는 직원이 관리인·보전관리인 또는 조사위원·간이조사위원의 직무에 관하여 관리인·보전관리인 또는 조사위원·간이조사위원에게 뇌물을 수수하게 하거나 그 공여를 요구 또는 약속한 때에도 마찬가지이다(제645조 제2항).

③ 회생수뢰죄의 경우 법인 또는 그 정을 아는 제3자가 수수한 뇌물은 몰수한다. 몰수가 불가능한 때에는 그 가액을 추징한다(제645조 제3항).

(2) 회생증뢰죄(제646조)

회생수뢰죄에서 규정한 뇌물을 약속 또는 공여하거나 공여의 의사표시를 한 자는 5년 이하의 징역 또는 5천만 원 이하의 벌금에 처한다(제646조).

나. 경영참여금지위반죄(제647조)[회생절차]

회생절차 또는 간이회생절차가 종결되면 법인인 채무자는 법원의 감독으로부터 벗어나고 모든 절차적 구속으로부터 해방된다. 따라서 이사나 대표이사의 선임도 자율적으로 할 수 있다. 그러나 법인인 채무자의 파탄에 책임이 있는 자는 법인 경영에 참가하지 못하도록 규정하고 있다.

이사 또는 대표이사에 의한 채무자 재산의 도피, 은닉 또는 고의적인 부실경영 등의 원인에 의하여 회생절차가 개시된 때에는 유임하게 할 수 없다(제203조 제2항 단서, 제293조의3 제2항). 이사 또는 대표이사로 유임되지 못한 자는 회생절차종결 또는 간이회생절차의 결정이 있은 후에도 채무자의 이사로 선임되거나 대표이사로 선정될 수 없다(제284조, 제293조의3 제2항).

이를 위반하여 회생절차종결 또는 간이회생절차종결 후 채무자의 이사로 선임되거나 대표이사로 선정되어 취임한 자는 3년 이하의 징역 또는 3천만 원 이하의 벌금에 처한다(제647조).

경영참여금지위반죄는 회생절차종결 또는 간이회생절차종결 후에도 법인인 채무자의 파탄에 중대한 책임이 있는 이사나 대표이사에 대한 법인 채무자 경영관여금지규정의 실효성을 확보하기 위하여 둔 것이다.

다. 무허가행위등의 죄(제648조)[회생절차·파산절차]

(1) 의 의

도산관리인(국제도산관리인 포함, 이하 같다) 또는 보전관리인의 책임을 강화하기 위하여 법원의 허가를 요하는 행위에 대하여 허가를 받지 아니하고 행위를 하거나 허위보고를 한 경우 등에 대하여 처벌하고 있다.

① 도산관리인 또는 보전관리인이 법원의 허가를 받아야 하는 행위를 허가받지 아니하고 행한 경우 그 자는 3년 이하의 징역 또는 3천만 원 이하의 벌금에 처한다(제648조 제1항).

② 관리인 또는 보전관리인이 법원에 허위의 보고를 하거나 임무 종료 후 정당한 사유 없이 제84조 제1항의 규정에 의한 계산에 관한 보고를 하지 아니한 경우 그 자는 1년 이하의 징역 또는 1천만 원 이하의 벌금에 처한다(제648조 제2항). 관리인 또는 보전관리인에게 허위보고죄가 성립하려면 객관적으로 보고의 내용이 허위로서 진실과 불일치하여야 할 뿐만 아니라 주관적으로 관리인 등에게 그러한 허위에 관한 인식이 있어야 한다.[13]

파산관재인(제365조 제1항)에 대하여는 처벌 규정이 없다.

(2) 대향범인지 여부

무허가행위로 인한 채무자회생법위반죄가 대향범인지에 대하여 실무적으로 다툼이 있다. 2인 이상의 서로 대향된 행위의 존재를 필요로 하는 대향범에 대하여는 공범에 관한 형법 총칙 규정이 적용될 수 없으므로[14] 무허가행위로 인한 채무자회생법위반죄가 대향범인지에 따라 관리인과 무허가행위를 한 상대방을 공범으로 처벌할 수 있는지 여부가 결정된다. 이에 대하여 ① 법원의 허가를 받아야 하는 행위(제61조 참조)의 내용 등을 종합하면 무허가행위로 인한 채무자회생법위반죄 자체가 2인 이상의 서로 대향된 행위의 존재를 필요로 하고 있다고 볼 수 없다는 견해[15]와 ② 법원의 허가를 받아야 하는 행위의 경우 반드시 관리인과 그 계약 상대방의 서로 대향적인 행위의 존재가 필요하고, 계약 상대방의 관여는 무허가행위로 인한 채무자회생법위반죄가 성립하는 데 당연히 예상될 뿐만 아니라 범죄의 성립에 없어서는 아니 되는 행위이므로 대향범으로 보아야 한다는 견해[16]가 대립하고 있다.

살피건대 제648조 제1항은 관리인 등이 법원의 허가를 받아야 하는 행위를 허가를 받지 아니하고 행한 경우 처벌하도록 규정하고 있다. 관리인 등의 무허가 행위에 관리인과 거래하는 상대방의 대향된 행위의 존재가 반드시 필요하다거나 거래 상대방의 관여가 당연히 예상된다고 볼 수 없다. 관리인 등의 무허가 행위와 거래 상대

---

13) 대법원 2013. 1. 31. 선고 2012도2409 판결.
14) 대법원 2011. 10. 13. 선고 2011도6287 판결, 대법원 2007. 10. 25. 선고 2007도6712 판결 등 참조.
15) 수원지방법원 2017. 2. 13. 선고 2016고정238 판결(항소).
16) 수원지방법원 2017. 11. 15. 선고 2017노1578 판결(상고, 위 2016고정238 판결의 항소심 판결).

방의 행위는 대향범의 관계에 있다고 할 수 없다.[17]

라. 보고와 검사거절의 죄(제649조)[회생절차 · 파산절차]

아래에 해당하는 자는 1년 이하의 징역 또는 1천만 원 이하의 벌금에 처한다(제649조).

(1) 정당한 사유 없이 제22조 제3항의 규정에 의한 자료제공을 거부 · 기피 또는 방해하거나 허위의 자료를 제공한 관리인

(2) 정당한 사유 없이 제34조 제3항의 규정에 의한 자료제출을 거부 · 기피 또는 방해하거나 허위의 자료를 제출한 채무자

(3) 정당한 사유 없이 제79조 제1항(제88조와 제293조의7 제1항 후단에서 준용하는 경우를 포함한다)의 규정에 의한 보고를 거부 · 기피 또는 방해하거나 허위의 보고를 한 자

(4) 정당한 사유 없이 제79조 제1항(제88조와 제293조의7 제1항 후단에서 준용하는 경우를 포함한다)의 규정에 의한 검사를 거부 · 기피 또는 방해한 채무자

(5) 정당한 사유 없이 제231조의2 제3항에 따른 정보제공 또는 자료제출을 거부 · 기피 또는 방해하거나, 거짓의 정보를 제공하거나 거짓의 자료를 제출한 자

(6) 정당한 사유 없이 제243조의2 제3항에 따른 정보제공 또는 자료제출을 거부 · 기피 또는 방해하거나, 거짓의 정보를 제공하거나 거짓의 자료를 제출한 자

마. 재산조회결과의 목적 외 사용죄(제657조)[도산절차]

제29조 제1항의 규정에 의한 재산조회의 결과를 회생절차[18] · 파산절차 또는 개인회생절차를 위한 채무자의 재산상황조사 외의 목적으로 사용한 자는 2년 이하의 징역 또는 2천만 원 이하의 벌금에 처한다(제657조).

이는 민사집행법상 재산조회제도를 채무자회생법에도 도입함에 따라 민사집행법에서 규정하고 있는 재산조회결과의 목적외 사용을 처벌하고 있는 것(민집법 제76조 제2항)과 균형을 맞추기 위해 채무자회생법에서도 재산조회결과의 목적 외의 사용행위를 처벌하도록 한 것이다.[19]

재산조회결과가 남용될 경우 채무자 개인의 사생활이 침해될 소지가 있으므로 이를 방지하기 위하여 둔 규정이다. 행위의 주체에 대하여는 특별한 제한이 없다.

---

17) 대법원 2019. 4. 25. 선고 2017도20361 판결(위 2017노1578 판결의 상고심 판결).

18) '간이회생절차'가 빠져있지만, 간이회생절차의 경우에도 적용된다고 보아야 할 것이다(제293조의3 제2항).

19) 법무부 해설서, 207쪽.

바. 파산수뢰죄 · 파산증뢰죄[파산절차]

(1) 파산수뢰죄(제655조)

파산관재인(국제도산관리인 포함) 또는 감사위원이 그 직무에 관하여 뇌물을 수수 · 요구 또는 약속한 경우 그 자는 5년 이하의 징역 또는 5천만 원 이하의 벌금에 처한다. 파산채권자, 파산채권자의 대리인, 파산채권자의 이사가 채권자집회의 결의에 관하여 뇌물을 수수 · 요구 또는 약속한 때에 마찬가지이다(제655조 제1항).

이 경우 범인 또는 그 정을 아는 제3자가 수수한 뇌물은 몰수한다. 이 경우 몰수가 불가능한 때에는 그 가액을 추징한다(제655조 제2항).

(2) 파산증뢰죄(제656조)

파산관재인(국제도산관리인 포함), 감사위원, 파산채권자, 파산채권자의 대리인, 파산채권자의 이사에게 뇌물을 약속 또는 공여하거나 공여의 의사를 표시한 자는 3년 이하의 징역 또는 3천만 원 이하의 벌금에 처한다(제656조).

사. 설명의무위반죄(제658조)[파산절차]

설명의무가 있는 ① 채무자 및 그 대리인, ② 채무자의 이사, ③ 채무자의 지배인, ④ 상속재산에 대한 파산의 경우 상속인, 그 대리인, 상속재산관리인 및 유언집행자가 정당한 사유 없이 설명을 하지 아니하거나 허위의 설명을 한 때에는 1년 이하의 징역 또는 1천만 원 이하의 벌금에 처한다(제658조, 제321조).

3. 국외범(제659조)

회생수뢰죄(제645조) 및 파산수뢰죄(제655조)에 대하여는, 대한민국 외에서 위 죄를 범한 자에게도 적용한다. 대한민국 외에서 뇌물 수수 등을 할 가능성이 있으므로 이러한 국외범을 처벌하는 것이다.

회생증뢰죄(제646조) 및 파산증뢰죄(제656조)에 대하여는, 형법 제5조(외국인의 국외범)의 예에 따른다. 따라서 대한민국 외에서 회생증뢰죄 · 파산증뢰죄를 범한 외국인도 처벌한다. 형법 제5조에서 정한 죄는 대한민국의 중요한 국가적 · 사회적 이익에 대한 것이므로 보호주의에 터잡아 누구라도(대한민국 국민인지를 묻지 않는다) 어떤 장소에서라도(국내외를 묻지 않는다) 범한 죄에 대하여도 대한민국에서 처벌한다는 취지를 규정한 것이다.

Ⅲ. 과 태 료

과태료란 행정법상의 질서벌적인 성격을 가지며 일반적으로 행정법상의 질서위반 행위에 대한 제재이다. 행정법상의 의무위반의 정도가 비교적 가벼워서 직접적으로 행정목적이나 사회목적을 침해하지 않으나 간접적으로 행정상의 질서에 장애를 초래할 위험성이 있을 정도의 단순한 의무위반에 대하여 과하는 일종의 금전벌이다.

행정질서벌과 형벌은 그 목적, 성격을 달리하는 것이므로 행정질서벌을 받은 뒤에 형사처벌을 한다고 하여 일사부재리의 원칙에 반하는 것은 아니다.[20]

채무자회생법은 과태료 부과에 대한 실체적 규정을 둔 것뿐이고, 과태료의 부과·징수, 재판 및 집행 등의 절차에 관하여는 「질서위반행위규제법」을 적용한다. 한편 「질서위반행위규제법」은 과태료의 부과대상인 질서위반행위에 대하여도 책임주의 원칙을 채택하여 제7조에서 "고의 또는 과실이 없는 질서위반행위는 과태료를 부과하지 아니한다"고 규정하고 있으므로, 질서위반행위를 한 자가 자신의 책임 없는 사유로 위반행위에 이르렀다고 주장하는 경우 법원으로서는 그 내용을 살펴 행위자에게 고의나 과실이 있는지를 따져보아야 한다.[21] 위반행위에 대하여 위반자의 고의 또는 과실이 인정되지 않는 경우 과태료를 부과할 수 없다.[22]

채무자회생법은 도산절차와 관련하여 과태료 부과의 대상으로 몇 가지를 규정하고 있다. 형벌로 처벌할 정도의 위법성은 가지고 있지 않은 행위에 대하여 형벌에 준하는 제재를 예정함으로써 회생절차의 적정한 실현을 확보하기 위하여 둔 것이다.

1. 재산조회불응 및 허위자료제출에 대한 과태료

제29조 제1항의 규정에 의하여 조회를 받은 공공기관·금융기관·단체 등의 장이 정당한 사유 없이 자료제출을 거부하거나 허위의 자료를 제출한 경우 그 자는 500만 원 이하의 과태료에 처한다(제660조 제1항).

자료제출의 실효성을 확보하기 위한 취지이다. 채무자의 재산에 대한 조회는 도산절차에서 법원, 관리위원이나 도산채권자 등에게 필요한 제도이다. 따라서 위 제도의 원활한 운영을 위하여 법원으로부터 재산조회를 요구받은 공공기관 등이 정당한 사유 없이 조회를 거부하지 못하도록 과태료를 부과하도록 한 것이다.

정당한 사유는 과태료 부과 대상이 되는 공공기관 등의 장이 적극적으로 소명하

---

20) 대법원 2000. 10. 27. 선고 2000도3874 판결.
21) 대법원 2011. 7. 14. 자 2011마364 결정.
22) 수원지방법원 2011. 10. 11. 자 2011라983 결정 참조.

여야 한다.

2. 회생계획수행에 관한 법원명령위반에 대한 과태료[회생절차]

채무자, 신회사의 이사나 지배인, 도산채권자·주주·지분권자와 회생을 위하여 채무를 부담하거나 담보를 제공한 자가 회생계획수행에 관한 법원의 명령(제258조 제1항, 제2항)을 위반하는 행위를 한 경우 그 자는 500만 원 이하의 과태료에 처한다(제660조 제2항).

진정신분범으로 '명령을 위반'하였다는 것은 명령에 따르지 않은 '부작위'를 말한다. 사법행정의 실효성을 확보하기 위하여 법원의 명령에 위반한 행위를 한 자에 대하여 과태료를 부과하고 있다.

3. 면책된 채권에 기한 추심행위에 대한 과태료

회생계획인가결정(제251조), 법원의 면책결정(제566조, 제625조)에 의하여 면책을 받은 개인인 채무자에 대하여 면책된 사실을 알면서 면책된 채권에 기하여 강제집행·가압류 또는 가처분의 방법으로 추심행위를 한 자는 500만 원 이하의 과태료에 처한다(제660조 제3항).[23)]

채무자의 회생과 면책의 실효성을 담보하기 위하여 면책채무에 대한 추심을 금지하고 있다.

가. 대 상

면책을 받은 채무자에 대한 추심행위에 한한다. 따라서 채무자의 보증인 그 밖에 채무자와 더불어 채무를 부담하는 자에 대한 추심행위는 이에 해당하지 않는다(제250조 제2항, 제567조, 제625조 제3항 참조).

나. 면책된 사실을 알면서 한 추심행위

면책을 받은 개인채무자에 대하여 면책된 사실을 알면서 추심행위를 한 경우에 한한다. 따라서 채권자가 도산절차의 진행사실에 대한 송달을 받지 못하여 면책결정

23) 채권추심법에도 면책된 채무에 대한 추심을 금지하고 있다. 면책채무의 채권추심에 있어 채권추심법은 채무자회생법의 일반법이다. 채권추심법은 면책채무의 추심행위를 불공정한 행위로 규정하면서 '채무자회생법에 따른 회생절차에 따라 전부 또는 일부 면책되었음을 알면서 법령으로 정한 절차 외에서 반복적으로 채무변제를 요구하는 행위'를 금지한다(채권추심법 제12조 제4호). 이를 위반한 자에 대하여는 500만 원 이하의 과태료를 부과한다(채권추심법 제17조 제3항). 다만 위반한 자가 사업자가 아닌 경우에는 과태료를 그 다액의 2분의 1로 감경한다(채권추심법 제17조 제3항). 채권추심법은 채무자 보호를 위해 면책채무 이외에도 개인회생절차를 계속 중인 채무자를 보호하는 규정을 두고 있다.

이 확정된 사실을 알지 못한 경우에는 처벌대상에서 제외된다.

다. 추심행위의 내용

추심행위의 내용은 면책된 채권에 기하여 강제집행·가압류 또는 가처분에 한한다. 법문이 추심금지 범위를 세 유형으로 한정한 이상 다른 유형을 포섭할 여지가 없고, 추심금지 범위는 과태료 부과의 구성요건이므로 엄격해석을 하여야 하기 때문이다.

따라서 면책된 채권에 기하여 이행의 소를 제기하거나 변제를 요구하는 행위 등은 처벌대상이 아니다.

4. 구인불응에 따른 과태료

구인의 명을 받은 자(제319조, 제320조, 제322조, 제578조의6)가 그 사실을 알면서도 정당한 사유 없이 출석하지 아니한 때에는 500만 원 이하의 과태료에 처한다(제660조 제4항).

제12장

특별한 도산절차

간이회생 · 상속재산파산 · 유한책임신탁재산파산

Ⅰ. 소액영업소득자에 대한 간이회생절차

1. 도입취지

2014. 12. 30. 개정되기 전 채무자회생법은 회생형 절차로 개인에 대하여는 회생절차(제2편)와 개인회생절차(제4편)를 두고 있었으나, 법인에 대하여는 회생절차(제2편)만을 두고 있었다. 그런데 회생절차(제2편)는 대기업에 적합한 모델로 절차가 복잡하고 과다한 비용이 소요되는 측면이 있었다. 이에 따라 채무자회생법이 시행된 후 시간이 지나면서 중소기업을 위한 별도의 회생절차가 필요하다는 주장이 제기되었다. 이에 2014. 12. 30. 채무자회생법 제2편(회생절차)에 제9장을 신설하여 '소액영업소득자에 대한 간이회생절차'라는 새로운 회생제도를 도입하였다.

간이회생절차는 종래 법인의 경우 일원화된 회생형 도산절차에 대한 비판을 수용하면서, 중소기업과 자영업자로 하여금 저렴한 비용으로 쉽고 빠르게 재기할 수 있도록 하는 데에 기본적인 입법취지가 있다. 간이회생절차는 우리 경제에서 차지하는 비중이 작지 않은 중소기업의 신속하고 효율적인 회생을 도모하는 데 있어 중요한 역할을 하고 있다. 간이회생절차의 마련은"국가는 중소기업을 보호·육성하여야 한다"(헌법 제123조 제3항)는 헌법정신을 구현한 것이기도 하다.

2. 회생절차와의 관계

간이회생절차는 기본적으로 회생절차이므로 제2편 제9장의 규정을 적용하는 외에는 제2편 회생절차의 규정을 적용하고, 채무자회생법과 다른 법에서 회생절차를 인용하는 경우 특별한 규정이 없으면 간이회생절차를 포함하는 것으로 본다(제293조의3).

따라서 간이회생절차 대부분은 회생절차와 동일하다. 다만 간이회생절차는 소액영업소득자를 대상으로 하는 절차로서 신청자격에 일정한 제한이 있고, 절차적 측면에서 간이조사위원을 두며, 회생계획안 가결 요건을 완화하였다는 점에서 차이가 있을 뿐이다.

간이회생절차는 회생절차의 특별제도로 간이회생절차를 이용할 수 있는 요건에 해당하는 채무자를 특별히 배려한 제도이므로 채무자 스스로 그 혜택이나 배려를 원하지 아니하는 경우 회생절차를 선택할 수 있다. 회생절차와 간이회생절차는 배타적 관계에 있는 것이 아니다. 특히 소액영업소득자가 신청일 전 5년 이내에 면책을 받은 사실이 있는 경우 간이회생절차를 신청할 수 없으므로(제293조의4 제1항 단서) 회생절차를 신청할 수밖에 없을 것이다.

3. 신청권자

가. 소액영업소득자

간이회생절차는 소규모 사업자에 대하여 특별히 비용 절감과 절차의 간소화를 제공하는 것이므로 모든 중소기업을 대상으로 하는 것은 바람직하지 않고 그 범위를 축소할 필요가 있다.

간이회생절차는 소액영업소득자가 신청할 수 있다(제293조의4 제1항). 소액영업소득자란 간이회생절차개시의 신청 당시 회생채권 및 회생담보권 총액이 50억 원 이하인 채무를 부담하는 영업소득자를 말한다(제293조의2 제2호, 시행령 제15조의3). 영업소득자는 부동산임대소득 · 사업소득 · 농업소득 · 임업소득, 그 밖에 이와 유사한 수입을 장래에 계속적으로 또는 반복하여 얻을 가능성이 있는 채무자를 말한다(제293조의2 제1호).[1)]

소액영업소득자는 법인과 개인을 포함하며, 급여소득자는 제외된다.[2)] 다만 개인인 소액영업소득자가 신청일 전 5년 이내에 개인회생절차 또는 파산절차에 의한 면책을 받은 사실이 있는 경우에는 신청할 수 없다(제293조의4 제1항 단서).

채무의 액수는 회생채권 또는 회생담보권 총액을 기준으로 하므로, 공익채권은 제외된다.

채무자회생법은 소액영업소득자가 간이회생절차 개시신청을 할 수 있도록 규정하고 있으므로, 비록 채무자가 소액영업소득자에 해당하더라도 채권자는 간이회생절차 개시신청을 할 수 없다.[3)] 또한 통상의 회생절차(제2편)와 달리 주주 · 지분권자도 간이회생절차 개시신청을 할 수 없다.

나. 소액영업소득자의 판단 시점

신청인이 소액영업소득자에 해당하는지를 판단하는 기준 시점은 간이회생절차개시의 신청시이다(제293조의2 제2호). 간이회생절차개시 후에 소액영업소득자 여부가 문제되더라도 개시신청 시점을 기준으로 채무 총액을 판단하여야 한다.

---

1) 제579조 제3호와 비교할 때 '개인'을 '채무자'로 표시한 것을 제외하고 동일하다.
2) 급여소득자는 부채구조가 영업소득자보다 단순하고 간이회생절차의 도입취지에 비추어 급여소득자에 대하여도 소액영업소득자에 준하여 취급할 필요가 있다. 실무적으로는 회생절차개시의 신청 당시를 기준으로 회생채권 및 회생담보권 총액이 50억 원 이하인 경우 간이회생절차에 준하여 처리하고 있다. 다만 다툼의 여지를 없애기 위해 간이조사위원이 아닌 조사위원을 선임하여 조사보고서를 작성하게 하고 있다.
3) 채권자는 통상의 회생절차를 신청할 수 있을 뿐이다.

4. 간이회생절차개시결정

간이회생절차개시신청이 개시 요건에 부합하고, 기각사유가 없으면 간이회생절차 개시결정을 한다(제293조의5 제1항). 간이회생절차에는 채무자회생법이 달리 정한 경우를 제외하고는 회생절차에 관한 규정을 적용하므로(제293조의3 제1항), 간이회생절차개시결정의 효과, 개시결정에 뒤이은 후속 절차 등은 회생절차개시결정이 있은 때와 같다.

관리인은 회생채권자 등의 목록을 제출하고 채권 등의 신고를 받으며, 시부인 및 조사확정재판을 통한 채권확정절차를 거친다. 채무자의 재산상태 등을 조사하며, 회생계획안을 제출받아 심리 및 결의를 거쳐 인가 또는 불인가결정을 하게 된다.

회생절차와 다른 간이회생절차의 특칙으로 ① 관리인 불선임 원칙, ② 간이조사위원의 선임과 간이한 방법에 의한 조사, ③ 회생계획안 가결 요건의 완화 등이 있다.

가. 관리인 불선임 원칙

간이회생절차에서는 원칙적으로 관리인을 선임하지 아니하고, 채무자 또는 법인인 채무자의 대표자를 관리인으로 간주한다(제293조의6). 다만 제74조 제2항 각호가 정하는 제3자 관리인 선임 사유가 있으면 관리인을 선임할 수 있다. 간이회생절차는 경영자에 대한 의존도가 높은 중소기업 등 소액영업소득자를 대상으로 한다는 점에서 관리인 불선임을 원칙으로 규정한 것이다.

나. 간이조사위원

(1) 간이조사위원의 지위

간이회생절차에서 법원은 이해관계인의 신청 또는 직권으로 간이조사위원을 선임할 수 있다(제293조의7 제1항). 간이조사위원은 회생절차에 소요되는 채무자의 비용 절감을 위해 도입된 조사위원의 대체 기관이다. 회생절차(제87조 제1항)와는 달리 이해관계인의 신청에 의하여도 선임할 수 있다.

간이조사위원의 지위는 기본적으로 조사위원과 동일하다(제293조의7 제1항 제2문). 간이조사위원은 채권자협의회 및 관리위원회의 의견을 들어 1인 또는 여럿을 선임한다. 간이조사위원은 법원의 감독을 받으며, 법원은 간이조사위원을 선임할 경우 선임을 증명하는 서면을 교부하여야 한다(제293조의7 제1항 제2문, 제81조). 간이조사위원은 정당한 사유가 있으면 법원의 허가를 얻어 사임할 수 있으며, 법원은 상당한 이유가 있으면 이해관계인의 신청 또는 직권으로 간이조사위원을 심문한 후 해임할 수 있다(제293조의7 제1항 제2문, 제83조 제1항, 제87조 제5항).

(2) 간이조사위원의 자격

법원은 ① 관리위원, ② 법원사무관 등, ③ 변호사·공인회계사 또는 법무사의 자격이 있는 자, ④ 법원주사보·검찰주사보 이상의 직에 근무한 경력이 있는 자, ⑤ 은행에서 근무한 경력이 있는 자로서 간이조사위원의 직무수행에 적합한 자, ⑥ 채무자를 상대로 신용관리교육·상담 및 채무조정업무를 수행하는 기관 또는 단체에 근무 중이거나 또는 근무경력이 있는 자로서 간이조사위원의 직무수행에 적합한 자, ⑦ ① 내지 ⑥에 준하는 자로서 간이조사위원의 직무수행에 적합한 자를 간이조사위원으로 선임할 수 있다(제293조의7 제1항).

실무적으로 간이회생절차를 도입한 주된 취지가 회생절차의 비용을 절감해 줌으로써 자금 여력이 없는 중소기업 등 소액영업소득자에 대하여 회생절차의 접근성을 높여주기 위한 것이라는 점을 고려하여 원칙적으로 법원사무관을 간이조사위원으로 선임하고, 법인사건 등 일부 복잡한 사건에 대하여 변호사, 회계사 또는 회계법인 등을 간이조사위원으로 선임하고 있다.

다. 회생계획안 가결 요건의 특례

간이회생절차에서 회생계획안의 가결은 회생채권자 조의 경우 통상의 회생절차에서의 가결 요건(의결권 총액의 2/3 이상에 해당하는 의결권자의 동의)을 갖춘 경우뿐만 아니라, 의결권을 행사할 수 있는 회생채권자 의결권 총액의 1/2을 초과하는 의결권을 가진 자의 동의 및 의결권자 과반수의 동의가 있는 경우에도 가결된 것으로 본다(제293조의8). 채무자가 의결권 총액의 동의는 2/3에 미치지 못하더라도, 소액의 의결권을 가진 여러 채권자의 동의를 받은 경우에도 회생계획안이 가결될 수 있도록 함으로써, 결과적으로 회생계획안 가결 요건을 완화한 것이다.

회생담보권자 조와 주주·지분권자 조에 관하여는 특례를 규정하고 있지 않으므로, 이들 조에 대하여는 통상의 회생절차에서의 회생계획안 가결 요건이 그대로 적용된다.

5. 간이회생절차의 폐지 및 회생절차의 속행

가. 간이회생절차의 폐지

(1) 일반적 사유에 따른 폐지

간이회생절차에 대해서도 회생절차에 관한 규정이 적용되므로, 회생절차폐지에 관한 제286조 이하의 규정이 그대로 적용된다. 위와 같은 사유로 간이회생절차가 폐지되는 경우에는 회생절차 속행 규정이 적용되지 아니하므로, 간이회생절차는 폐지로 종료되거나 견련파산을 통해 파산절차로 이행될 수 있을 뿐이다.

(2) 소액영업소득자 미해당 등에 따른 폐지

간이회생절차개시의 결정이 있은 후 회생계획인가결정의 확정 전에 ① 채무자가 소액영업소득자에 해당하지 아니함이 밝혀진 경우나,[4] ② 개인인 채무자가 개시신청 전 5년 이내에 개인회생 또는 파산절차에 의한 면책을 받은 사실이 밝혀진 경우에는 간이회생절차를 폐지하여야 한다(제293조의5 제3항). 필요적 폐지사유이다. 따라서 간이회생절차개시의 결정이 있은 후에 위와 같은 사유가 밝혀졌음에도 법원이 이를 간과하고 간이회생절차폐지의 결정을 하지 않았다면, 이는 '회생절차 또는 회생계획이 법률의 규정에 적합할 것'이라는 제243조 제1항 제1호 소정의 회생계획 인가요건을 충족하지 못하였다고 보아야 한다.[5]

채무자에게 위와 같은 사유가 있는 것으로 밝혀진 경우 법원은 이해관계인의 신청 또는 직권으로 간이회생절차폐지결정을 하여야 한다. 위 규정에 따른 간이회생절차폐지결정은 절차개시 후 회생계획인가결정 확정 전까지 할 수 있다(제293조의5 제3항). 이미 확정된 인가결정에 따라 새로운 법률관계가 형성되었기 때문에 기존의 결정을 번복하는 것보다 이를 존중하는 것이 타당하다는 것을 고려한 것이다.

한편 위와 같은 사유로 간이회생절차가 폐지되는 경우에는 회생절차가 속행되는 길이 열려 있다(제293조의5 제4항 전문). 이는 간이회생절차개시결정 전에 위와 같은 사유가 밝혀진 경우에는 간이회생절차개시의 신청을 기각하고 회생절차개시의 신청의 의사를 밝힌 경우 회생절차개시결정을 할 수 있게 한 것(제293조의5 제2항 제2호 가목)에 상응하여 둔 것으로 보인다.

나. 회생절차의 속행

법원은 ① 채무자가 소액영업소득자에 해당하지 않다거나 ② 개인인 채무자가 개시신청 전 5년 이내에 개인회생 또는 개인파산절차에 의한 면책을 받은 사실이 밝혀졌다는 이유로 간이회생절차를 폐지한 경우 채권자 일반의 이익 및 채무자의 회생가능성을 고려하여 회생절차를 속행할 수 있다(제293조의5 제4항).

---

4) 간이회생절차는 소액영업소득자를 대상으로 하는 회생절차의 특례적 성격을 가진 점을 고려하여, 절차개시 이후라도 소액영업소득자가 아님이 밝혀진 경우에는 절차를 폐지하고 통상의 회생절차에 의하도록 하기 위한 것이다.

5) 대법원 2018. 1. 16. 자 2017마5212 결정.

간이회생절차와 회생절차가 모두 회생계획인가를 통해 채무자의 회생을 도모하는 절차라는 점에서, 채무자 회생이라는 궁극적 목적을 달성함과 동시에 간이회생절차 폐지로 인한 법률관계의 혼란과 무익한 절차의 반복을 방지하기 위한 규정이다.

회생절차로의 속행이 될 수 있으므로 신청인은 간이회생절차개시의 신청이 기각될 경우에 대비하여 회생절차개시의 신청을 하는 의사가 있는지를 명확히 밝혀야 하는바, 회생절차개시의 신청 의사 역시 신청서의 필요적 기재사항이다(제293조의4 제2항, 제3항 제7호).

회생절차 속행은 법원이 회생절차 속행의 필요성을 인정하는 경우 직권으로 하는 것으로 신청인 등이 속행신청을 하더라도 이는 직권발동을 촉구하는 의미밖에 없다.

법원이 회생절차의 속행결정을 한 경우에는 간이회생절차에서 행하여진 법원, 관리인·보전관리인, 간이조사위원, 채권자협의회, 채권자·담보권자·주주·지분권자, 그 밖의 이해관계인이 한 처분·행위 등은 성질에 반하는 경우가 아니면 회생절차에서도 유효하다(제293조의5 제4항). 다만 간이조사위원은 간이회생절차의 고유한 기관이므로 회생절차에서는 성질상 지위를 유지할 수 없다. 필요한 경우 별도로 조사위원을 선임하여야 한다.

간이회생절차로 개시되었다가 회생절차의 속행으로 회생절차로 진행되지만, 전체적으로 절차의 동일성은 유지된다. 따라서 절차개시의 시점과 절차개시로 인한 효과는 간이회생절차개시 시점에 발생하여 계속 유지된다. 간이회생절차 폐지 당시 계속 중인 소송은 중단되지 않고 소송수계의 문제도 발생하지 않는다.

Ⅱ. 상속재산파산절차

1. 의의 및 취지

상속재산파산이란 상속재산으로 상속채권자(피상속인의 채권자) 및 유증을 받은 자에 대한 채무를 완제할 수 없을 때 상속채권자 및 유증을 받은 자와 상속인의 (고유)채권자의 이익을 조정할 목적으로 상속재산과 상속인의 고유재산을 분리하여 상속재산에 대해 청산을 하는 파산절차를 말한다(제307조 참조). 상속재산파산에 의해 피상속인의 자산과 부채를 상속재산의 한도에서 청산함으로써, 상속재산을 상속채권자에게 우선적으로 만족시킬 수 있다.

실체법상 상속의 개시에 의하여 피상속인의 일신전속적인 것을 제외하고, 상속인의 의사와 무관하게 상속인이 알건 모르건, 피상속인의 재산·부채가 전부 법률상 당연히 상속인에게 포괄승계되는 당연상속주의를 취하고 있는 우리나라에서(민법 제1005조), 상속채권자는 상속이 개시된 후에는 상속인의 (고유)채권자와 동일하게 상속재산과 상속인의 고유재산 전부에서 평등하게 변제를 받게 된다. 당연상속주의의 경우 채무 기타 재산적 의무도 상속되므로 상속인은 피상속인의 채무에 대하여도 책임을 진다. 따라서 상속채권자는 상속인의 고유재산에 대하여도 강제집행을 할 수 있다.

그러나 이러한 당연상속주의 하에서는 피상속인 또는 상속인의 재산상태(자산과 부채의 비율)에 따라 상속채권자 및 유증을 받은 자나 상속인 또는 상속인의 (고유)채권자가 이익 또는 불이익을 받게 된다. 상속재산의 상태가 악화되어 있는 경우에는 상속인이 불이익을 받음은 물론, 상속인의 (고유)채권자도 변제가능성의 저하라는 불이익을 받을 우려가 있다. 반대로 상속인의 재산상태가 악화되어 있는 경우에는 상속채권자 및 유증을 받은 자가 변제가능성의 저하라는 불이익을 받을 우려가 있다.

그래서 현행 민법은 위와 같은 문제점을 해결하고자 한정승인과 재산분리제도를 두고 있다. 이들은 상속재산에서 상속채권자 및 유증을 받은 자가 받는 이익과 상속인의 재산에서 상속인의 (고유)채권자가 받는 이익을 조정하기 위하여 상속인의 고유재산에서 상속재산을 분리하여 청산하기 위한 제도이다.

먼저 상속재산의 상태가 악화되어 있는 경우 ① 상속인에게는 한정승인을 인정하여(민법 제1028조), 상속채권자 및 유증을 받은 자가 가진 권리에 대한 책임재산을 상속재산의 범위로 한정시킬 수 있도록 하고, ② 상속인의 (고유)채권자에게는 재산분리청구권을 인정하여 상속인의 고유재산을 분리한 후 상속채권자나 유증을 받은 자보다 우선하여 변제받을 수 있도록 하고 있다(제2형 재산분리, 민법 제1045조).

다음으로 상속인의 재산상태가 악화되어 있는 경우에는 상속채권자와 유증을 받은 자에게 재산분리청구권을 인정하여 상속재산을 분리한 후 상속인의 (고유)채권자보다 우선하여 변제받을 수 있도록 하고 있다(제1형 재산분리, 민법 제1045조).

한편 상속재산이 부채초과상태(부채가 자산을 초과한 상태)에 빠져있는 경우에는 상속재산에서 변제를 받을 채권 전액을 만족시킬 수 없으므로, 민법은 상속채권자간의 평등 확보(한정승인의 경우에는 민법 제1034조 제1항, 재산분리에 대하여는 제1051조 제2항) 및 상속채권자의 유증을 받은 자에 대한 우선성 확보(한정승인의 경우에는 민법 제1036조, 재산분리에 대하여는 제1051조 제3항)에 대한 조치를 취하고 있다.

그러나 부족한 상속재산을 상속채권자 및 유증을 받은 자에게 공평하고 평등하게 분배하는 시스템으로서의 한정승인이나 재산분리는 상속재산파산절차와 비교하면 충분하다고 하기 어려운 점이 있다. 한정승인은 상속채권자를 위한 책임재산을 상속재산으로 한정하는 역할을 하지만, 상속재산을 관리하고 상속채무를 변제하는 것은 상속인이며(민법 제1022조 단서, 제1034조 참조) 파산관재인과 같이 공평하고 중립적인 제3자가 아니다. 또한 채권조사절차가 존재하지 않으며, 부인이나 상계제한제도도 존재하지 않기 때문에 실체와 괴리된 변제, 편파적인 만족 또는 상속재산의 부당한 감소를 강제적으로 시정할 방법이 없다.[6] 또한 재산분리는 상속채권자나 유증을 받은 자 또는 상속인의 채권자의 의사에 따라 상속재산과 상속인의 고유재산을 분리하여(민법 제1045조), 상속재산에 대해서는 상속채권자나 유증을 받은 자의 우선변제권을, 고유재산에 대하여는 상속인의 (고유)채권자의 우선변제권을 인정하고 있지만(민법 제1052조), 이해관계인의 공평을 도모하면서 상속재산을 청산하는 절차로서는 충분하지 못하다.

그래서 채무자회생법은 개인인 상속인에 대한 파산과 별도로 상속채권자나 유증을 받은 자가 그 권리에 따라 공평하고 평등한 변제를 받을 수 있도록 상속재산 그 자체에 대한 엄격한 파산절차를 두고 있다.[7] 상속재산파산은 상속재산을 상속인의 고유재산에서 따로 떼어내어 한정승인이나 재산분리보다도 엄밀한 절차로 공평하게 청산하기 위한 제도이다.

한편 일반적으로 상속재산의 파산은 상속채권자 등의 신청으로 개시되지만(제299조), 채무자나 채권자의 파산신청이 있었거나 파산선고가 있은 후 상속이 개시된 때에는 파산절차가 상속재산에 대하여 속행되므로 이러한 경우에도 상속재산의 파산이 문제된다(제308조).

2. 상속재산파산에서 채무자

상속재산파산을 어떻게 법률구성할지, 구체적으로는 누가 또는 무엇이 「채무자」인지를 둘러싸고 다툼이 있다.[8] 상속재산파산에서 채무자를 누구로 보는지에 따라 면책신청권을 인정할 것인지, 채무자회생법에서 말하는 '채무자'에 상속재산을 포함시켜 해석할 수 있는지 등에 있어 차이가 발생할 수 있다

① 상속인이 채무자라는 견해, ② 피상속인이 채무자라는 견해, ③ 상속개시 전에는 피상속인 · 상속개시 후에는 상속인이라는 견해[9] 등이 있지만, 채무자회생법은 상속인에 대하여 상속재산 파산신청권을 인정하고 있고(제299조 제1항), 상속인에게 파산채권자로서의 지위를 인정하고 있으며(제437조), 상속인이 채무자라고 한다면 파산원인이 없는 상속인에게 공적 · 사적 자격의 제한이 발생한다는 부당한 결과가 생기고, 상속재산의 파산원인이 지급불능(제305조 제1항)이 아니라 채무초과라는 것(제307

---

6) 條解 破産法, 1472～1473쪽.
7) 상속재산파산에 있어서는 상속인의 (고유)채권자는 파산채권자가 될 수 없다(제438조).
8) 條解 破産法, 1474～1475쪽.
9) 양형우, "상속재산의 파산에 관한 고찰", 비교사법(2006.3.), 한국비교사법학회, 466～467쪽.

조)을 설명할 수 없으며,[10] 채무자회생법도 상속재산이 채무자라는 전제에서 규정한 것이 있다(예컨대 상속재산파산의 폐지신청을 상속인이 하도록 규정하고 있는 제539조 제2항)는 점 등을 고려하면 상속재산 그 자체를 채무자로 보아야 할 것이다.[11]

3. 신청권자 및 파산신청의무자

가. 신청권자

상속재산에 대하여는 ① 상속채권자, 유증을 받은 자와 ② 상속인, 상속재산관리인 및 유언집행자가 파산신청을 할 수 있다(제299조 제1항). 일반파산사건에서 채권자 또는 채무자에게 파산신청권을 인정(제294조 제1항)한 것에 대한 특칙이다.

①은 파산절차에서 파산채권자가 될 자들이고, ②는 상속재산의 관리권을 가진 자들이다.

나. 파산신청의무자

상속재산관리인, 유언집행자 및 한정승인 또는 재산분리가 있는 경우의 상속인은 상속재산으로 상속채권자 및 유증을 받은 자에 대한 채무를 완제할 수 없는 것, 즉 상속재산이 채무초과상태에 빠진 것을 발견한 때에는 파산을 신청할 의무가 있다(제299조 제2항). 그 이유는 이들은 청산법인의 청산인과 마찬가지로 채무초과로 판명된 이상 파산절차에 의해 공평하고 평등한 변제를 강제해야 한다는 취지에 기한 것으로 이해되고 있다.

4. 파산원인

상속재산에 대한 파산(선고)원인은 "상속재산으로 상속채권자 및 유증을 받은 자에 대한 채무를 완제할 수 없[다]"고 인정되는 것이다(제307조). 상속재산으로 상속채권자나 유증을 받은 자의 채무를 완제할 수 없다는 것은 상속재산이 채무초과상태에 있다는 것을 의미한다. 채무초과만을 파산원인으로 한 것은 상속재산파산의 특징 중 하나이다.

---

10) 吉岡伸一, 相續財産破産, 現代民法學の理論と實務の交錯, 成文堂(2003), 407쪽.

11) 실무도 상속재산채무자설을 전제로, 신청서의 채무자 표시는 '피상속인 망 ○○○의 상속재산'이라고 표시하고, 파산선고결정의 주문은 "피상속인 망 ○○○의 상속재산에 대하여 파산을 선고한다"라고 기재한다.

5. 파산절차의 상속재산에 대한 속행

가. 파산절차 진행 중 상속이 개시된 경우

피상속인이 채무자가 되어 파산신청을 한 후 또는 파산선고가 된 후에 채무자가 사망한 경우 파산절차는 어떻게 되는가. 민사소송의 경우 당사자가 사망하면 소송절차가 중단되는데(민소법 제233조 제1항), 파산절차도 중단되는가. 중단된 후 수계가 있어야 하는가. 아니면 누구 또는 무엇에 대하여 속행되는가. 속행되는 경우에도 당연히 속행되는 것인가 아니면 상속인에 의한 신청이 있어야 하는가.

피상속인의 재산에 대한 파산절차가 진행 중에 피상속인이 사망한 경우, 즉 상속이 개시된 경우에는 그 파산절차는 상속재산의 파산으로 전환된다. 다시 말해 파산신청 또는 파산선고가 있은 후에 채무자에 대하여 상속이 개시된 때는 파산절차의 중단을 동반함이 없이 당연히 그 상속재산에 대해 파산절차가 속행된다(제308조).

나. 파산재단 및 파산채권의 범위

속행이 된 상속재산파산의 절차에 있어 파산재단이 되는 것은 선행하는 파산선고 당시에 채무자가 가지고 있던 모든 재산으로(제382조 제1항), 파산선고 후 생전의 채무자가 얻은 재산(새로이 취득한 재산)은 포함되지 않고 자유재산이 된다. 상속재산파산의 파산재단의 범위에 관한 제389조 제1항은 '상속재산에 대하여 파산선고가 있는 때'라고 정하고 있기 때문에 제308조에 의한 속행절차와 같이 파산선고가 먼저 있는 경우에는 적용이 없다.

파산채권의 범위도 채무자에 대한 선행하는 파산선고 전의 원인으로 생긴 재산상의 청구권이다(제423조). 따라서 채무자에 대한 파산선고 후 채무자의 사망시까지의 원인에 기한 채권자는 파산채권자가 되지 않는다.

요컨대 파산절차 자체는 피상속인(채무자)에 대하여 일반파산사건으로 파산선고가 되었고 그 파산선고시점에 당해 파산절차에 의하여 처리될 재산(파산재단에 속하는 재산) 및 파산채권의 범위는 확정되어 있다. 따라서 그 후 채무자에 대하여 상속이 개시된 때에도 파산재단 및 파산채권의 범위는 원칙적으로 종전과 다름없다.

6. 파산선고의 효과

가. 상속재산의 재산관계에 관한 효과

(1) 강제집행 등의 실효

상속재산에 대하여 파산선고가 되면 파산채권에 기하여 파산재단에 속하는 재산에 대하여 행하여진 강제집행·가압류 또는 가처분은 파산재단에 대하여는 그 효력을 잃는다(제348조). 나아가 파산선고 후에는 파산재단에 대하여 국세징수법 또는 지방세징수법에 의하여 징수할 수 있는 청구권(국세징수의 예에 의하여 징수할 수 있는 청구권을 포함한다)에 기한 체납처분(강제징수)도 할 수 없다(제349조 제2항).

(2) 파산재단의 성립

일반파산사건에서처럼 '채무자가 … 가진'이라는 표현을 사용할 수 없는 상속재산파산의 특수성으로 인해 채무자회생법은 파산재단에 관한 일반적인 규정(제382조 제1항)에 관한 특칙을 두고 있다. 상속재산파산에 있어 파산재단은 상속재산에 속하는 모든 재산이다(제389조 제1항). 상속재산파산은 상속재산의 공평하고 평등한 청산을 목적으로 한다는 점에서 상속재산에 속하는 모든 재산이 파산재단을 구성하는 것은 당연하다.

파산재단의 범위에 관한 기준시에 관하여는 명확한 규정이 없으므로 일반원칙인 제382조 제1항이 적용된다고 해석할 수밖에 없다. 따라서 파산선고시를 기준으로 파산재단의 범위를 정하여야 할 것이다.[12)]

상속재산파산절차에 있어서도 제383조 제1항이 적용되는가. 개인채무자의 경제적 갱생을 목적으로 한다는 점에서 제383조 제1항의 적용을 부정하는 견해도 있다.[13)] 대법원은 제383조 제1항은 상속재산파산절차에서는 원칙적으로 적용되지 않지만, 피상속인 및 그 가족의 최소한의 생계를 보장하려는 사회적·정책적 요청에 근거한 압류금지재산의 경우에는 적용될 수 있다고 하고 있다.[14)] 즉 「채무자회생법은 '상속재산으로 상속채권자 및 유증을 받은 자에 대한 채무를 완제할 수 없는 때에는 법원은 신청에 의하여 결정으로 파산을 선고한다.'고 규정하여(제307조), 개인인 채무자에 대한 파산절차와 별도로 상속재산 자체에 대한 파산절차를 두었다. 상속재산파산절차는 상속재산 자체에 파산능력을 인정하여 채무초과상태의 상속재산을 엄격한 절

---

12) 條解 破産法, 1499쪽, 전병서, 132쪽 참조.
13) 條解 破産法, 1499쪽.
14) 대법원 2024. 1. 4. 선고 2022다285097 판결.

차에서 공평하게 청산할 수 있도록 하기 위한 절차로서, 이에 대하여 '상속재산에 대하여 파산선고가 있는 때에는 이에 속하는 모든 재산을 파산재단으로 한다.'라고 정함으로써(제389조 제1항), 채무자가 개인인 경우와 달리 파산재단의 범위에 관한 별도의 독립된 규정을 두었다. 이와 같이 상속재산 자체를 채무자로 보는 상속재산 파산절차의 성질·목적·취지 등을 종합하면, 채무자가 개인인 경우에 적용되는 채무자회생법의 규정들이 상속재산파산절차에 그대로 적용된다고 보기는 어려우므로, '압류할 수 없는 재산은 파산재단에 속하지 아니한다.'라고 정한 제383조 제1항 역시 상속재산파산절차에는 원칙적으로 적용되지 않는다고 봄이 타당하다.

그러나 상속재산파산절차에서도 피상속인 및 그 가족의 최소한의 생계를 보장하려는 사회적·정책적 요청에 근거한 압류금지재산의 경우에는 그 취지가 참작되어야 한다. 즉, 채권의 2분의 1에 해당하는 금액에 대해서만 압류를 금지하는 민사집행법 제246조 제1항 제4·5호에서 정한 퇴직금채권·퇴직연금채권과 비교하여 근로자퇴직급여 보장법(이하 '퇴직급여법'이라 한다) 제7조는 '퇴직연금제도(중소기업퇴직연금기금 제도 포함)의 급여를 받을 권리는 양도 또는 압류하거나 담보로 제공할 수 없다.'고 규정하여 퇴직연금수급권 전액에 관하여 압류가 금지되는바,[15] 이는 퇴직급여제도의 설정·운영을 통해 마련된 경제적 수입이 근로자 본인은 물론 그 가족의 안정적 노후생활을 보장하는 기초가 되도록 하려는 사회적·정책적 고려 등에 따른 것이다. 이러한 퇴직급여법의 목적과 취지, 입법을 통하여 퇴직급여법상 퇴직급여채권에 대해서는 민사집행법상 일반적인 압류금지채권에 비해 압류금지의 범위를 확대시킨 점 등을 종합하면, 퇴직급여법상 피상속인의 퇴직급여채권은 피상속인의 상속재산을 채무자로 하는 상속재산파산절차에서 일반적인 압류금지재산과 달리 특별한 사정이 없는 한 파산재단에 속하지 아니한다고 보아야 한다.」고 판시하였다.

살피건대 상속재산파산은 상속재산을 공평하게 분배하기 위한 제도로 그 대상이 상속재산이지만, 상속재산은 상속인의 소유라는 점에는 변함이 없다. 그런 점에서 상속재산파산에서도 상속인을 보호할 필요성은 여전히 존재하는 것이다. 상속재산파산의 경우에도 상속재산파산절차의 개시로 우선 파산재단 압류의 효과가 발행하고, 파산재단은 압류가 가능한 상속재산만으로 구성된다.[16] 민사집행법 등이 규정한 압류금지재산이 모두 채무자(피상속인)의 보호만을 위한 것은 아니고 채무자(피상속인) 가족(상속인)의 최소한의 생계를 보장하는 것과 같은 공공복리를 도모하기 위한 사회정책적 요청에 근거한 것도 있다. 또한 채권자들도 본래 피상속인의 압류금지재산에

15) 대법원 2014. 1. 23. 선고 2013다71180 판결 참조.
16) Reinhard Bork, 267쪽.

대하여 강제집행을 할 수 없었으므로 파산재단에서 제외하더라도 부당하다고 할 수 없다. 따라서 채무자(피상속인) 가족(상속인)의 최소한의 생계를 보장하는 것과 같은 공공복리를 도모하기 위한 사회정책적 요청에 근거한 압류금지재산은 파산재단에서 제외된다고 할 것이다.

(3) 소송절차의 중단과 수계

상속재산파산선고 당시 이미 소송이 계속 중이었는데 상속재산에 대하여 파산선고가 된 경우 소송절차는 중단되고, 파산관재인이 이를 수계할 수 있는가(수계하여야 하는가). 예컨대 채권자 A(파산채권을 가진 자)가 채무자 B를 상대로 소를 제기한 후 B가 사망하였다. 상속인 C가 소송을 수계하였고 한정승인을 하였다. 나아가 C의 신청으로 상속재산파산이 선고되어 파산관재인으로 甲이 선임되었다. 이 경우 소송은 중단되고, 甲이 이를 수계할 수 있는가(수계하여야 하는가).

민사소송법 제239조는 '당사자'가 파산선고를 받은 경우 소송절차가 중단된다고 규정하고 있고, 위 소송에서 당사자인 C는 파산선고를 받은 것이 아니므로 소송절차는 중단되지 않고 계속 진행되어야 한다는 견해가 있을 수 있다. 하지만 상속재산파산이 선고되면 채권자 A는 채권신고를 하고 이를 파산관재인이 시인할 경우 소송을 계속할 이익이 없다. 소송이 그대로 진행되더라도 한정승인을 전제로 한 판결이 선고될 수밖에 없고 결과적으로 상속재산파산절차에 참가하는 것과 차이가 없다, 파산관재인이 부인할 경우 공정하게 상속재산을 배당하기 위해서는 파산관재인이 소송절차에 참가할 필요가 있다. 또한 파산재단에 관한 소송에서는 파산관재인이 당사자가 된다(제359조). 따라서 상속재산에 대하여 파산선고가 되면 파산재단에 관한 소송절차는 중단되고(제33조, 민소법 제239조 유추적용), 파산관재인이 이를 수계한다고 할 것이다.[17]

나. 상속인에 대한 효과

상속재산에 대하여 파산선고가 있는 때에는 상속인은 한정승인을 한 것으로 본다. 다만 상속인이 한정승인을 한 것으로 간주된 후에 상속재산을 은닉하거나 부정 소비하거나 고의로 재산목록에 기입하지 아니하여 단순승인한 것으로 보는 경우에는 그러하지 아니하다(제389조 제3항, 민법 제1026조 제3호).

---

17) 대법원 2023. 2. 23. 선고 2022다267440 판결, 서울고등법원 2019. 10. 23. 선고 2018나10601 판결(심리불속행 기각으로 확정) 참조.

Ⅲ. 유한책임신탁재산파산절차

1. 유한책임신탁

신탁은 위탁자가 신임관계에 기하여 수탁자에게 수익자의 이익 또는 특정의 목적을 위하여 특정재산을 처분하고 신탁목적의 달성을 위하여 필요한 행위를 하도록 하는 법률관계이다(신탁법 제2조). 신탁재산은 수탁자에게 귀속하지만 수탁자의 고유재산과는 독립하며, 신탁재산으로부터의 이익은 수익자에게 귀속한다. 동일한 재산에 대하여 귀속과 수익이 분리되고, 그 수익을 귀속시키는 방법도 다양하게 설계할 수 있다.

수탁자는 신탁재산의 소유자이고 자기의 이름과 계산으로 신탁재산의 관리처분을 하므로 신탁사무의 처리에 관련된 채무는 모두 수탁자가 부담한다. 수탁자의 이행책임이 신탁재산의 한도 내로 제한되는 것은 신탁행위로 인하여 수익자에 대하여 부담하는 채무에 한정되므로(신탁법 제38조), 제3자에 대한 수탁자의 채무에 대하여는 신탁재산뿐만 아니라 고유재산[18]도 책임을 지는 무한책임을 부담하는 것이 원칙이다.[19]

이러한 원칙에 대하여 수탁자가 신탁행위로 발생한 신탁채무에 대하여 수탁자의 지위에서 신탁재산에 그 책임이 한정되도록 한 것이 유한책임신탁이다(신탁법 제114조 제1항). 수탁자는 신탁행위로 인하여 수익자에게 부담하는 채무에 대하여 신탁재산만으로 책임을 질 뿐이다(신탁법 제38조). 따라서 유한책임신탁이 의미가 있는 것은 신탁사무의 처리상 발생한 권리에 의하여 채권을 취득한 제3자에 대한 수탁자의 책임이라고 할 수 있다. 유한책임신탁에 의하여 수탁자는 제3자에 대하여 신탁재산으로만 채무를 이행하면 족하고, 수탁자의 고유재산으로부터 채무를 이행할 책임은 지지 아니한다. 이러한 유한책임신탁의 설정으로 유한책임신탁이 수탁자의 인적 책임과 분리되고, 나아가 신탁재산 자체에 대한 청산 및 파산이 행해진다는 점에서 그 독립성이 강화되는 것은 분명하다. 그러나 이는 어디까지나 유한책임신탁은 그 신탁사무처리상 발생한 채권의 책임재산을 신탁재산으로 한정한다는 취지일 뿐, 유한책임신탁 자체에 별도의 법인격이나 법주체성을 부여하는 것은 아니라고 할 것이다.[20]

유한책임신탁은 등기하여야 효력이 발생한다(신탁법 제114조 제1항). 이는 책임재산을 신탁재산의 범위로 제한하는 유한책임 형태인 새로운 신탁제도를 도입함에 따른

18) 수탁자에게 속한 재산으로 신탁재산에 속한 재산이 아닌 재산을 말한다.
19) 대법원 2005. 5. 27. 선고 2005다5454 판결, 대법원 2004. 10. 15. 선고 2004다31883,31890 판결.
20) 오영준, 전게 "유한책임신탁－2009. 10. 27. 입법 예고된 신탁법 전면개정안을 중심으로－", 30쪽.

거래 안전 및 상대방을 보호하고, 나아가 제도의 악용, 남용을 방지하기 위한 것이다. 유한책임신탁의 경우 신탁채권자는 수탁자의 고유재산에 대하여 강제집행 등이나 국세 등 체납처분(강제징수)을 할 수 없다(신탁법 제119조).

2. 유한책임신탁재산의 파산

유한책임신탁재산이란 유한책임신탁에 속하는 재산을 말한다. 유한책임신탁이란 개별적인 특약 없이도 수탁자가 신탁채권자에 대하여 신탁재산만으로 책임을 지는 것을 말한다(신탁법 제114조 전문).[21] 채무자회생법은 유한책임신탁재산의 파산에 관한 특칙(제3편 제9장)을 두고 있다. 신탁재산은 재산의 집합체라는 점에서 상속재산과 유사한 점이 많다. 그래서 양자의 파산에 관한 규정은 상당한 정도로 유사성이 있다.

유한책임신탁재산의 파산이란 유한책임신탁재산이 지급불능 또는 채무초과의 상태에 있는 경우 수탁자의 고유재산과는 독립한 유한책임신탁재산에 대하여 신탁채권 및 수익채권 등에 대하여 청산을 하는 제도를 말한다.

유한책임신탁재산에 대한 파산은 신탁채권자, 수익자, 수탁자, 신탁재산관리인 또는 청산수탁자(신탁법 제133조)가 신청할 수 있다(제578조의3 제1항).

유한책임신탁재산에 대한 파산원인으로 ① 유한책임신탁재산으로 지급을 할 수 없는 경우(지급불능)나 ② 유한책임신탁재산으로 신탁채권자 또는 수익자에 대한 채무를 전부 변제할 수 없는 경우(채무초과)이다(제578조의4 제1항, 제3항). 수탁자가 신탁채권자 또는 수익자에 대하여 지급을 정지한 경우에는 지급불능이 추정된다(제578조의4 제2항).

유한책임신탁재산에 관하여 파산선고가 있는 경우 이에 속하는 모든 재산이 파산재단이 된다(제578조의12).

21) 유한책임신탁을 설정하려면 ① 신탁행위와 ② 유한책임신탁의 등기가 있어야 한다. 등기는 효력발생요건이다(신탁법 제114조 후문). 책임이 신탁재산으로 제한됨으로 인한 거래 안전이나 제3자를 거래에 유인하기 위하여 유한책임신탁을 공시하도록 하고, 이를 강제하기 위한 수단으로 등기를 유한책임신탁의 효력발생요건으로 한 것이다.

제13장

국제도산

국제도산(Cross－Border Insolvency, Transnational Bankruptcy, International Insolvency)이란 도산재단 또는 채권자·채무자의 관계에 국제적(외국적) 요소를 포함하고 있는 도산사건을 말한다.[1] 오늘날 기업은 물론 개인도 국경을 넘어 활동하는 경우가 많다. 많은 개인이나 기업들이 국경 너머에 자산을 가지고 있고 사업을 하며 업무를 수행한다. 이러한 시대적 상황에서 채무자의 도산은 자산 및 부채의 소재, 채무자 또는 채권자의 국적 등의 점에서 국제성을 가질 수밖에 없다. 이로 인해 점차적으로 도산분야에서도 국제도산에 관한 쟁점들이 많이 등장하고 있다. 국제도산에서는 도산재단, 채권자 또는 채무자가 2개 이상의 국가에 위치하고 있다.

국제도산의 기본적인 문제는 이러한 상황에서 발생한다. 먼저 도산절차의 국제관할 문제가 제기된다. 다음으로 국경을 넘어서는 효력의 확장 문제이다. 국내에서 개시된 도산절차가 외국에서 어떠한 효력을 갖는 것인지, 반대로 외국에서 개시된 도산절차가 국내에서 승인될 수 있는지 나아가 지원결정을 할 수 있는지이다. 준거법의 문제는 이것과 밀접한 관계가 있다. 마지막으로 동일한 채무자에 대하여 국내와 외국에서 도산절차가 동시에 진행된 경우 양 절차의 조정 문제가 있다.

---

1) 국제도산은 일반적으로 지급불능에 처한 채무자가 둘 이상의 국가에 자산이나 채권자가 있는 상황을 의미한다.

Ⅰ. 국제도산관할

1. 직접적인 국제도산관할

국제도산은 여러 나라와 관련성을 가지므로 먼저 어떤 나라에 도산절차개시를 신청할 수 있는지가 문제된다. 이것이 직접적인 국제도산관할의 문제이다. 직접적인 국제도산관할은 채무자가 복수의 국가에 영업소나 재산 등을 갖고 있는 경우에 어느 국가의 법원이 도산법원으로서 도산절차를 개시할 수 있는가를 규율하는 것이다.

채무자회생법에는 직접적인 국제도산관할에 관한 규정을 두지 않고 단지 토지관할만을 규정하고 있다(제629조 제2항 참조). 우리나라에 채무자의 주된 사무소나 영업소가 있는 경우 우리나라 법원이 국제도산관할을 갖고, 외국에 주된 사무소나 영업소가 있는 채무자라도 우리나라에 채무자의 재산(채권의 경우에는 재판상의 청구를 할 수 있는 곳을 말한다)이 있다면 우리나라 법원의 국제도산관할을 인정할 수 있다(제3조 제1항). 재산소재지를 관할로 인정한 것은 국내에서 채무자의 재산을 담보로 금전을 대여한 국내 채권자를 보호할 필요성이 크다는 점을 고려한 것이다.

2. 간접적인 국제도산관할

우리나라에 주된 영업소를 갖는 채무자가 도산한 경우를 가정해 보자. 그 채무자가 해외에 재산을 가지고 있는 경우, 우리나라에서 개시된 회생절차 등 도산처리절차의 효력이 그 해외에 있는 재산에 미치는가. 반대로 외국법인에 대하여 외국에서 도산처리절차가 개시된 경우, 그 도산처리절차의 효력이 그 법인이 우리나라에 가지고 있는 재산에 미치는가. 간접적인 국제도산관할은 도산절차의 국경을 넘어서는 효력 확장의 문제와 관련된다.

가. 국내도산절차의 국외적 효력

여기에는 우선 국내에서 개시된 도산절차가 외국에서 어떠한 효력을 갖는지가 문제된다. 외국에 소재한 재산에 대하여 도산관리인의 관리처분권이 미치는지, 외국에서 진행 중인 법적 쟁송(소송)도 중단되는지 등이 여기에 해당한다.

채무자회생법은 국내도산절차의 국외적 효력을 인정하고 있지만(제640조) 외국이 그 효력을 인정할 것인가의 여부는 당해 외국법이 결정할 문제이다.[1] 즉 채무자회생법이 국내도산절차의 국외적 효력을 인정하였다고 하더라도 외국이 국외적 효력을 인정하여야 현실적인 집행력을 갖는 것인데, 외국에서 국내도산절차의 국외적 효력

1) 채무자회생법상의 '외국법이 허용하는 바에 따라'는 이러한 의미이다.

을 인정할 것인가는 외국의 입법정책의 문제이다. 외국에서 우리나라 도산절차를 승인하지 않으면 별다른 의미가 없다. 따라서 국내도산절차가 외국에 어떠한 영향을 미치는가는 따져보기 어려운 측면이 많다.

나. 외국도산절차의 국내적 효력－외국도산절차의 승인과 지원

다음으로 외국에서 개시된 도산절차가 국내에서 승인될 수 있는지가 문제된다. 채무자회생법은 국내도산절차의 국외적 효력을 인정하는 것과 균형상 외국도산절차의 국내적 효력을 인정하고 있다. 다만 외국도산절차의 승인절차와 지원절차라는 이원적인 방식을 채택하고 있다. 승인결정으로 외국도산절차의 효력이 우리나라에 그대로 확장되는 것이 아니라, 승인결정을 전제로 지원결정을 하는 체계이다.

(1) 외국도산절차에 대한 승인

외국도산절차의 승인절차란 외국도산절차에 대하여 우리나라 내에서 지원처분을 할 수 있는 기초로서 승인하는 것을 말한다(제628조 제3호). 외국도산절차의 승인은 민사소송법 제217조가 규정하는 '외국법원의 재판을 승인'과 달리 당해 '외국도산절차'를 승인하는 것으로서 그 법적 효과는 외국도산절차가 지원결정을 하기 위한 적격을 갖추고 있음을 확인하는 것에 그치는 것이고, 그 승인에 의하여 외국도산절차의 효력이 직접 대한민국 내에서 확장되거나 국내에서 개시된 도산절차와 동일한 효력을 갖게 되는 것은 아니다. 외국도산절차의 승인에 관한 사건은 서울회생법원 합의부의 관할에 전속한다(제630조).

(2) 승인 전 명령

외국도산절차의 승인신청이 있더라도 해당 채무자의 재산에 대한 채권자의 권리행사나 채무자의 변제금지 효력이 발생하는 것은 아니다. 따라서 채무자의 재산을 보전하기 위하여 법원은 외국도산절차 대표자의 신청에 의하거나 직권으로 외국도산절차의 승인신청이 있은 후 승인결정이 있을 때까지 이를 금지 또는 중지시키는 명령을 내릴 수 있다(제635조). 회생절차의 보전처분에 해당하는 것으로 이를 승인 전 명령(Provisional relief)이라 한다.

승인 전 명령에는 ① 채무자의 업무 및 재산에 대한 소송 또는 행정청에 계속하는 절차의 중지, ② 채무자의 업무 및 재산에 대한 강제집행, 담보권 실행을 위한 경매, 가압류·가처분 등 보전절차의 금지 또는 중지(stay order), ③ 채무자의 변제금지 또는 채무자 재산의 처분금지가 포함된다(제635조 제1항). 승인 전 명령도 지원결정 중 하나이다.

(3) 외국도산절차에 대한 지원

외국도산절차에 대한 지원절차란 외국도산절차의 승인신청에 관한 재판과 채무자의 우리나라 내에 있어서의 업무 및 재산에 관하여 당해 외국도산절차를 지원하기 위한 처분을 하는 절차를 말한다(제628조 제3호). 승인재판의 관할은 서울회생법원 합의부의 전속관할로 정하여져 있으므로 서울회생법원이 승인재판과 동시에 지원처분을 명하는 것이 보통이다. 다만 절차의 효율적인 진행이나 이해당사자의 권리보호를 위하여 필요한 때에는 당사자의 신청 또는 직권으로 지원사건을 제3조에서 정한 관할 법원에 이송할 수 있다(제630조 후문).

지원결정의 구체적인 내용에는 ① 채무자의 업무 및 재산에 대한 소송 또는 행정청에 계속하는 절차의 중지, ② 채무자의 업무 및 재산에 대한 강제집행, 담보권실행을 위한 경매, 가압류·가처분 등 보전절차의 금지 또는 중지, ③ 채무자의 변제금지 또는 채무자 재산의 처분금지, ④ 국제도산관리인의 선임, ⑤ 그 밖에 채무자의 업무 및 재산을 보전하거나 채권자의 이익을 보호하기 위하여 필요한 처분이 포함된다(제636조 제1항).

Ⅱ. 준 거 법

국제도산사건은 그 속성상 여러 나라의 법이 관련되어 있어 국내도산사건과는 달리 준거법의 결정이 문제된다. 여러 나라의 법 중에서 도산사건에 어떤 나라의 법을 적용할 것인지이다.

채무자회생법은 국제도산에서 제기되는 준거법 결정의 문제에 관하여 아무런 규정을 두고 있지 않다. 도산절차의 준거법은 국제사법의 한 영역이다.

우선 국제도산의 절차법적 사항에 관하여 본다. '절차는 법정지법에 따른다(forum regit processum)'는 국제사법원칙(lex fori-Prinzip)은 국제도산법에서도 타당하다. 도산절차에 있어 법정지법이란 도산법정지법(lex fori concursus, 도산절차개시지국법)을 의미한다. 결국 국제도산처리의 절차적인 사항은 도산절차개시국의 법률에 따른다. 따라서 도산절차에서의 도산절차의 개시, 도산관리인의 선임, 권한과 의무는 물론 도산채권의 신고, 확정, 배당 등 도산절차의 진행과 종료, 나아가 외국도산절차의 승인 등 절차법적인 사항은 도산법정지법에 의한다.

다음으로 국제도산의 실체법적 사항에 관하여 본다. 실체법적 사항도 원칙적으로 도산법정지법에 의한다.[2] 쌍방미이행 쌍무계약의 해제, 부인이나 상계금지 등에 대하

---

2) 도산사건의 실체법적 사항에 도산법정지법을 적용하는 근거로는 도산절차에서는 절차(procedure)와

여 거래지법이나 채무자의 본국법을 적용하는 것을 인정한다면, 이해관계인 사이에 불공평이 초래될 수 있기 때문이다. 다만 도산사건의 모든 실체법적 사항이 아니라 그중 도산절차의 목적에 봉사하는 '도산전형적인 법률효과(insolvenztypische Rechtsfolge)' 또는 '도산법에 특유한 효력(spezifisch insolvenzrechtliche Wirkungen)'만이 국제사법에 따라 도산법정지법의 규율을 받는다. 반면 실체법적 사항으로서 도산전형적인 법률효과에 해당하지 아니한 것은 법정지의 국제사법에 따라 정해지는 법률관계의 준거법에 따른다. 예컨대 매수인인 한국 기업과 매도인인 독일 기업간에 국제물품매매계약이 체결된 뒤 우리나라에서 매수인에 대하여 파산선고가 있었다면, 매수인의 파산관재인이 쌍방미이행 쌍무계약이라는 이유로 위 매매계약을 해제할 수 있는지는 도산전형적인 법률효과의 문제로서 도산법정지인 우리나라 채무자회생법에 따른다. 그러나 매매계약의 성립 및 효력의 문제는 법정지인 우리나라의 국제사법에 따라 결정되는 당해 계약의 준거법(예컨대 독일법)에 따른다.

Ⅲ. 외국도산절차와 국내도산절차의 조정

다국적기업에 대하여 우리나라와 외국에서 각각 도산절차가 개시된 경우(병행도산), 이들 2가지 절차를 어떻게 조정하여야 하는가. 특히 외국에서 행해진 도산절차가 우리나라의 도산절차와 어떠한 관계에 있는지, 어떠한 영향을 미치는지에 대한 측면에서 검토가 필요하다. 국제적인 거래가 활발한 오늘날에서는 각각의 내국법에서 조정이 시도되고 있다.

1. 외국도산절차와 국내도산절차의 동시 진행

채무자를 공통으로 하는 외국도산절차와 국내도산절차가 동시에 진행하는 경우 법원은 국내도산절차를 중심으로 승인 전 명령 등(제635조)이나 지원(제636조)을 결정하거나 이를 변경 또는 취소할 수 있다(제638조 제1항). 명시적으로 국내도산절차를 중심으로 조정을 꾀하고 있다.

2. 배당의 조정

채무자를 공통으로 하는 국내도산절차와 외국도산절차가 있는 경우 외국도산절차 또는 채무자의 국외재산으로부터 변제받은 채권자는 국내도산절차에서 그와 같은

실체(substance)가 밀접하게 관련되어 있다는 점과 도산법정지법을 적용함으로써 채권자들의 평등한 취급이라는 국제도산의 이념과 정의에 보다 충실할 수 있다는 점에 있다. 이에 의하면 국제도산의 절차법적 사항과 실체법적 사항이 모두 도산법정지법에 의하여 규율되므로 절차와 실체의 구별이라는 어려운 문제를 피할 수 있다.

조 및 순위에 속하는 다른 채권자가 동일한 비율의 변제를 받을 때까지 국내도산절차에서 배당 또는 변제를 받을 수 없다(제642조, 규칙 제107조 제2항). 외국도산절차에서 배당받은 것에 한정하지 않고, 채무자의 국외재산으로부터 변제받은 것도 포함하여 국내도산절차에서 공평한 배당을 받도록 하였다는 점에 특색이 있다.

제14장

도산과 관련된 개별적 논점들

Ⅰ. 도산과 조세

조세는 국가 또는 지방자치단체가 재정수요를 충족시키거나 경제적 사회적 특수 정책의 실현을 위하여 국민 또는 주민에 대하여 아무런 특별한 반대급부 없이 강제적으로 부과징수하는 금원이다.[1] 세법(tax law, law of taxation)은 조세채권의 확보를 위하여 징수단계에서 조세우선권과 자력집행권(강제징수권)이라는 특권을 인정하고 있다.

조세채권은 국세징수법 · 지방세징수법에 의하여 우선권 및 자력집행권 등이 인정되는 권리로서 사적자치가 인정되는 사법상의 채권과 그 성질을 달리할 뿐 아니라, 부당한 조세징수로부터 국민을 보호하고 조세부담의 공평을 기하기 위하여 그 성립과 행사는 법률에 의해서만 가능하고 법률의 규정과 달리 당사자가 그 내용 등을 임의로 정할 수 없으며, 조세채무관계는 공법상의 법률관계로서 그에 관한 쟁송은 원칙적으로 행정소송법의 적용을 받고, 조세는 공익성과 공공성 등의 특성을 갖는다는 점에서도 사법상의 채권과 구별된다.[2]

1. 도산절차에서 조세채권 취급의 중요성

도산절차에서도 조세채권의 우월적 지위가 인정되어야 한다는 것은 부정할 수 없다. 다만 어느 정도 인정할 것인지, 모든 도산절차에서 동일하게 인정할 것인지가 문제이다.

먼저 모든 도산절차에서 우월적 지위를 동일하게 인정할 수는 없고 각 도산절차의 제도적 취지나 차이를 두어야 하는 공익적 근거에 따라 조금씩 달라질 수 있다. 예컨대 회생절차보다는 파산절차에서 우월적 지위가 더 많이 인정될 수도 있을 것이다. 왜냐하면 파산절차는 파산재단을 환가하여 채권자들에게 배당하는 것(이후 법인은 소멸)이 목적이지만, 회생절차는 채무자의 존속이 목적이기 때문에 조세채권자도 채무자의 회생을 위하여 어느 정도 양보가 요구되기 때문이다. 회생절차에서는 원칙적으로 회생채권으로 취급하고, 파산절차에서는 재단채권으로 취급하는 것도 이러한 요구를 반영한 것으로 볼 수 있다.

다음으로 도산절차에서 조세채권의 우월적 지위를 인정한다고 하더라도 우선권을 어느 정도 인정하느냐(조세채권을 도산절차에서 어떤 종류의 채권으로 분류할 것인지)에 따라 한정된 자원의 분배나 도산절차의 성패에 중대한 영향을 미친다. 공익채권이나

---

1) 헌법재판소 1990. 9. 3. 선고 89헌가59 전원재판부 결정.
2) 대법원 2017. 8. 29. 선고 2016다224961 판결.

(개인회생)재단채권이 되는 조세채권의 범위가 지나치게 넓으면 도산절차의 폐지가 빈번하고 회생계획(변제계획)의 수행에 곤란한 점이 있다. 또한 조세채권이 어떠한 지위에서 얼마나 변제받는지는 주주, 채권자 등 이해관계인들의 중요한 관심사가 된다. 조세채권을 과도하게 보호할 경우 도산절차개시신청을 꺼리거나 미룸으로써 종국적으로 자원분배의 왜곡을 초래한다. 반대로 통상적인 강제집행절차에서 인정되는 조세채권의 우선권을 폐지할 경우 채무자에게 나쁜 유인을 제공할 수 있는 부작용이 있을 수 있다.

2. 도산절차에서 조세채권의 지위

도산절차에서 조세채권은 각 절차마다 다르게 취급하고 있다. 따라서 도산관리인 등으로서는 도산절차에서 조세채권이 어떻게 취급되고 있는지를 정확히 알아야 올바른 세무처리는 물론, 도산절차를 원만하게 진행해 나갈 수 있다.

가. 회생절차

회생절차에서 조세채권[3]은 조세채무(납세의무)가 언제 성립하였는지, 담보물에 의하여 담보된 것인지 등에 따라 회생채권, 회생담보권, 공익채권, 개시후기타채권으로 취급되고 있다.

(1) 회생채권

회생절차에서 조세채권은 원칙적으로 회생채권이다. 이는 채무자나 그 사업의 효율적인 회생을 위하여 공익채권의 범위를 제한할 필요가 있기 때문이다. 구체적으로 회생절차개시 전의 원인으로 생긴 조세채권은 회생채권이다. 여기서"생긴"은 조세채무의 성립을 의미한다. 따라서 회생절차개시 전에 조세채무가 성립한 조세채권은 원칙적으로 회생채권이다.

조세채무(납세의무)가 언제 성립하는지는 국세기본법 제21조, 지방세기본법 제34조에 각 규정되어 있다. 회생채권인 조세채권은 일반적인 회생채권과 마찬가지로 채권신고도 필요하고(제156조 제1항) 감면도 가능하다(제140조 제3항). 조세채권은 회생

3) 조세 등 청구권 등에는 ① 국세징수법(지방세징수법)에 의하여 징수할 수 있는 청구권(조세채권), ② 국세징수의 예에 의하여 징수할 수 있는 청구권으로서 그 징수우선순위가 일반 회생채권보다 우선하는 것(건강보험료, 연금보험료, 고용보험료, 산재보험료 등), ③ 국세징수의 예에 의하여 징수할 수 있는 청구권으로서 그 징수우선순위가 일반 회생채권보다 우선하지 않는 것(사용료, 대부료, 변상금 등)이 있다. 이 중 ①과 ②를 조세 등 청구권(제140조 제2항)이라고 하고 이는 일반의 우선권 있는 회생채권이고 아래에서 설명하는 여러 특칙이 적용된다. ③은 일반 회생채권으로 특칙이 적용되지 않는다.

채권 중 일반의 우선권 있는 회생채권(제217조 제1항 제2호)에 해당한다.

(2) 회생담보권

회생채권인 조세채권이나 회생절차개시 전의 원인으로 생긴 채무자 외의 자에 대한 조세채권으로서 회생절차개시 당시 채무자의 재산상에 존재하는 저당권 등에 의하여 담보된 범위의 조세채권은 회생담보권이다(제141조 제1항).

채무자회생법도 '조세채무담보를 위하여 제공된 물건'이라고 함으로써(제44조 제1항 제5호, 제58조 제3항 등) 회생담보권의 존재를 전제하고 있다.

(3) 공익채권

① 회생절차개시 후에 성립한 조세채권

조세채권이 회생채권인지 공익채권인지는 원칙적으로 조세채무가 회생절차개시 전에 성립한 것인지에 따라 결정된다. 회생절차개시 전에 조세채무가 성립한 것이면 회생채권, 후에 성립한 것이면 공익채권이다.

다만 회생절차개시 후에 성립한 조세채권이 모두 공익채권이 되는 것은 아니다(공익채권은 열거주의를 취하고 있다). 회생절차개시 후 성립한 조세채권으로서 ㉮ 회생절차개시 후의 채무자의 업무 및 재산의 관리와 처분에 관한 비용(제179조 제1항 제2호), ㉯ 채무자의 업무 및 재산에 관하여 관리인이 회생절차개시 후에 한 자금의 차입 그 밖의 행위로 인하여 생긴 청구권(제179조 제1항 제5호), ㉰ 제1호부터 제14호에 규정된 것 외의 것으로서 채무자를 위하여 지출하여야 하는 부득이한 비용(제179조 제1항 제15호)에 해당하는 경우 공익채권이 된다.

② 회생절차개시 전에 성립한 조세채권 중 원천징수하는 조세 등

회생절차개시 전에 성립된 조세채권이라도 개시결정 당시 아직 납부기한이 도래하지 아니한 원천징수하는 조세 등은 공익채권이다(제179조 제1항 제9호). 여기서 납부기한은 법정납부기한을 의미한다는 것이 판례이지만,[4] 지정납부기한으로 보아야 할 것이다.

원천징수하는 조세 등의 경우 채무자는 단순히 국가 또는 지방자치단체를 대신하여 보관하고 있는 것으로 볼 수 있으므로 공평의 관념에서 환취권과 유사한 취급을 하고 있다.

---

4) 대법원 2012. 3. 22. 선고 2010두27523 전원합의체 판결.

(4) 개시후기타채권

회생절차개시 후 원인으로 생긴 조세채권이지만, 공익채권(제179조 제1항 제2호, 제5호, 제15호)에 해당하지 않는 경우 개시후기타채권이다. 예컨대 채무자(일반과세자)가 2025. 1. 1.부터 3. 20.까지 부가가치세 과세대상 행위(재화나 용역의 공급)를 하고, 2025. 3. 30. 회생절차개시결정이 된 경우, 조세(예정신고기간에 대한 부가가치세)채무는 2025. 3. 31.에 성립하지만(국세기본법 제21조 제3항 제3호, 부가가치세법 제48조 제1항) 제179조 제1항 제2호, 제5호, 제15호에는 해당하지 않기 때문에(위 각 호에 해당한다고 보는 반대 견해가 있을 수는 있다) 부가가치세는 개시후기타채권이 된다.

개시후기타채권인 조세채권에 기한 체납처분(강제징수)은 할 수 없다(제181조 제2항 참조).

나. 파산절차

파산절차에서 조세채권은 재단채권 · 후순위 파산채권 · 기타채권으로 취급되고 있다.

(1) 재단채권

파산절차에서 조세채권은 원칙적으로 재단채권이다(제473조 제2호 본문). 조세채권 중 재단채권으로 되는 것은 ① 파산선고 전의 원인으로 인한 조세채권과 ② 파산선고 후의 원인으로 인한 것 중 파산재단에 관하여 생긴 조세채권 2가지이다. ②에 해당하는 것으로 재산세, 종합부동산세, 자동차세 등이 있다. '파산선고 전의 원인으로 인한 조세채권'으로 재단채권에 해당하는지 여부는 파산선고 전에 법률에 정한 과세요건이 충족되어 그 조세채권이 성립되었는가 여부를 기준으로 결정되는 것이다.[5]

재단채권인 조세채권에 대하여는 재단채권의 본래의 지급방법에 따라 재단부족의 경우를 제외하고 파산관재인은 법원의 허가를 얻어(제492조 제13호) 파산재단으로부터 수시로 변제한다(제475조).

(2) 후순위 파산채권

파산선고 전의 원인으로 인한 조세채권에 기하여 파산선고 후에 발생한 지연배상금 성격의 납부지연가산세[6]는 후순위 파산채권이다.[7]

5) 대법원 2005. 6. 9. 선고 2004다71904 판결 참조.

6) 국세는 '국세기본법 제47조의4 제1항 제1호 중 납부고지서 납부기한 다음날부터 납부일까지의 금액과 제3호의 금액'에 해당하는 납부지연가산세를, 지방세는 지방세기본법 제55조 제1항 제3호, 제4호의 납부지연가산세를 말한다.

(3) 기타채권

일부 조세채권은 파산채권도 아니고 재단채권도 아닌 것이 있다. 파산선고 후에 납세의무가 성립한 것으로서 재단채권이 아닌 것이 여기에 해당한다. 예컨대 파산선고 후에 납세의무가 성립한 것 중 파산재단에 관하여 생긴 것이 아닌 것을 들 수 있다(제473조 제2호 단서 참조).

면책결정이 되면 기타채권도 면책이 되는가. 면책의 대상은 파산채권만이므로(제566조 참조) 기타채권은 면책되지 않는다.

다. 개인회생절차

개인회생절차에서 조세채권은 개인회생채권이거나 개인회생재단채권이다. 개인회생채권에는 우선권 있는 개인회생채권과 후순위 개인회생채권이 있다. 경우에 따라 개인회생채권도 개인회생재단채권도 아닌 기타채권이 있을 수 있다.

(1) 개인회생채권

① 우선권 있는 개인회생채권

개인회생절차개시결정 전에 납세의무가 성립한 조세채권은 우선권 있는 개인회생채권이다. 개인회생절차개시결정 전의 원인으로 인한 국세나 지방세에 기하여 개인회생절차개시 전에 발생한 지연배상금 성격의 납부지연가산세는 우선권 있는 개인회생채권에 해당한다.

우선권 있는 개인회생채권인 조세채권은 전액 변제를 받는다(제611조 제1항 제2호 참조).

② 후순위 개인회생채권

개인회생절차개시결정 전의 원인으로 인한 조세에 기하여 개인회생절차개시 후에 발생한 지연배상금 성격의 납부지연가산세는 후순위 개인회생채권에 해당한다.[8]

후순위 개인회생채권은 실질적으로 변제받기 어렵다. 변제를 받지 못하더라도 면책결정이 되면 면책의 대상이 된다는 점에서(제625조 제2항 단서 제2호),[9] 후순위 파산채권이 면책의 대상이 되지 않는 것과 차이가 있다(제566조 단서 제1호).

---

7) 대법원 2017. 11. 29. 선고 2015다216444 판결 참조. 반면 파산선고 전의 원인으로 인한 조세채권에 기하여 파산선고 전에 발생한 납부지연가산세는 재단채권이다. 예컨대 2025. 1. 20. 파산선고가 되었다면 2025. 1. 19.까지 발생한 납부지연가산세는 재단채권이고, 2025. 1. 20. 이후 발생한 납부지연가산세는 후순위 파산채권이다.

8) 대법원 2017. 11. 29. 선고 2015다216444 판결 참조.

9) 서면－2018－징세－2732 [징세과－3022](2019. 4. 23.) 참조.

(2) 개인회생재단채권

조세채권으로서 개인회생절차개시결정 후에 납세의무가 성립한 것으로 채무자회생법에 개인회생재단채권으로 규정된 것(열거주의)은 개인회생재단채권이다. 개인회생재단채권이 될 수 있는 것으로 제583조 제1항 제5호, 제6호가 있다.

개인회생절차개시결정 전에 납세의무가 성립한 것으로 납부기한이 도래하지 아니한 원천징수하는 조세 등도 개인회생재단채권이다(제583조 제1항 제2호). 개인회생재단채권으로 취급하는 이유는 회생절차의 경우와 같다(위 〈가.(3)②〉 참조).

(3) 기타채권

개인회생절차개시 후에 발생한 조세채권은 원칙적으로 개인회생재단채권으로 볼 수 있지만, 경우에 따라서는 개인회생채권도 개인회생재단채권도 아닌 것이 있을 수 있다(개인회생재단채권은 열거주의를 취하고 있기 때문이다). 예컨대 개인회생절차개시결정 이후 상속이 이루어진 경우, 상속으로 인한 취득세는 개인회생채권도 개인회생재단채권도 아니라고 볼 수 있다.

면책결정이 되면 기타채권도 면책이 되는가. 면책의 대상은 개인회생채권만이므로(제625조 제2항 본문 참조) 기타채권은 면책되지 않는다.

3. 회생절차에서 조세채권에 관한 특칙[10]

회생절차에서 회생채권인 조세채권에 대하여는 여러 가지 특칙을 인정함으로써 비록 회생채권이지만 사실상 조세채권의 우선성을 확보하고 있다.

가. 회생절차개시 신청 단계

(1) 회생절차개시신청의 통지 등

① 회생절차개시신청이 있으면 관할 세무서장[11]에게 회생절차개시신청의 통지를 하고, 징수권한이 있는 자는 의견진술을 할 수 있다(제40조 제1항 제3호, 제2항 제3호).

② 조세채권에 기한 체납처분(강제징수)이나 조세채무담보를 위하여 제공된 물건의 처분(이하 '체납처분 등'이라 한다)도 중지명령의 대상이지만, 이들에 대한 중지명령을 할 때는 미리 징수권자의 의견을 들어야 한다(제44조 제1항 제5호 단서). 공익채권인 조세채권을 징수하기 위한 체납처분 등은 중지명령의 대상이 아니다.

10) 아래의 내용은 조세 등 청구권에 대하여도 그대로 적용된다.
11) 실무적으로 과세권자인 '지방자치단체의 장'에게도 통지하고 있다.

③ 체납처분 등은 포괄적 금지명령의 대상이 아니다. 따라서 포괄적 금지명령으로 체납처분 등을 금지시킬 수는 없고, 체납처분 등이 된 후 중지명령을 받아 중지시킬 수 있을 뿐이다.

(2) 취소명령의 대상인지

중지명령으로 중지된 조세채권에 기한 체납처분(강제징수) 등은 취소명령의 대상이 아니다. 회생절차개시결정이 되더라도 체납처분(강제징수) 등은 취소의 대상이 아니기 때문에(다른 견해 있음) 회생절차개시결정 전에도 취소명령의 대상으로 하지 않은 것이다.

나. 회생절차개시결정 단계

(1) 체납처분(강제징수) 등의 중지·금지 등

회생절차개시결정이 되면 조세채권에 관하여는 일정기간[12]만 체납처분(강제징수) 등이 중지·금지된다(제58조 제3항).[13] 체납처분(강제징수)이 중지·금지되는 것이므로 부과처분은 가능하다.

일정기간이 지나면 새로운 체납처분(강제징수) 등을 하거나 속행이 가능하다.[14] 회생계획이 인가되더라도 체납처분(강제징수) 등은 실효되지 않는다(제256조 참조).

회생절차개시결정으로 중지된 조세채권에 기한 체납처분(강제징수) 등은 경우에 따라 속행할 수 있다. 한편 회생절차개시결정으로 중지된 체납처분(강제징수) 등을 취소할 수 있는지에 관하여 회생계획인가 전까지 취소가 가능하다는 견해가 있으나, 체납처분(강제징수) 등은 취소명령의 대상이 아니다(제58조 제5항, 제2항 참조).

조세채권에 기한 체납처분(강제징수) 등이 속행되어 환가된 경우 조세채권은 우선적으로 변제받는다(제131조 단서). 공익채권보다도 우선하여 변제받는다.

(2) 회생절차개시결정과 지연배상금 성격의 납부지연가산세

회생채권인 조세채권은 회생절차에 의하지 아니하고도 관리인이 법원의 허가를 얻어 변제할 수 있는 것이고(제131조 단서) 납세자가 납세의 고지를 받은 후 지방세징수법 제25조 각호의 어느 하나에 해당하는 사유로 고지된 지방세를 납부기간까지 납부할 수 없다고 인정되는 때에는 징수의 유예를 받을 수 있고(지방세징수법 제25조

12) ① 회생절차개시결정이 있는 날부터 회생계획인가가 있는 날까지, ② 회생절차개시결정이 있는 날부터 회생절차가 종료되는 날까지, ③ 회생절차개시결정이 있는 날부터 2년이 되는 날까지 중 말일이 먼저 도래하는 기간을 말한다.
13) 물론 제2차 납세의무자에 대하여는 체납처분(강제징수) 등을 할 수 있다.
14) 대법원 1971. 9. 17. 자 71그6 결정 참조.

의2)[15] 징수를 유예한 지방세에 대하여는 납부지연가산세를 징수할 수 없도록 되어 있으므로(지방세징수법 제28조 제1항, 제2항) 회생채권인 조세채권에 관하여 납세의 고지를 받은 채무자가 납부지연가산세의 징수를 면하려면 그 고지된 세액에 관하여 지방세징수법 제25조의2 소정의 징수유예를 받거나 법원의 허가를 얻어 이를 납부기한 내에 납부하여야 할 것이고, 채무자가 회생채권인 조세채권에 대한 납세의 고지를 받고 위와 같은 징수유예를 받음이 없이 고지된 세액을 납부기한 내에 납부하지 아니한 경우에는 납부지연가산세의 징수를 면할 수 없다.[16] 요컨대 회생절차개시결정이 되었다고 하여 지연배상금 성격의 납부지연가산세가 면제되는 것은 아니다. 국세의 경우에도 마찬가지이다(국세기본법 제47조의4 제7항, 국세징수법 제13조 참조).

(3) 조세채권과 부인권

조세채권에 대하여 담보를 제공하거나 조세채무를 소멸하게 하는 행위는 부인할 수 없다(제100조 제2항).[17]

다. 채권신고 · 확정단계

(1) 조세채권의 신고 · 확정

조세채권은 다른 일반 회생채권과 달리 지체 없이 신고하면 되고(제156조 제1항) 채권조사의 대상도 아니다(제157조). '지체 없이'는 늦어도 회생계획안 심리를 위한 관계인집회가 끝나기 전까지는 신고되어야 한다는 의미이다.[18] 조세채권을 신고할 때에는 채무자가 납세의 고지 또는 독촉을 받은 후 회생계획이 인가되는 경우 인가일 이후에는 지연배상금 성격의 납부지연가산세가 부과되지 아니함에 유의하여야 하고, 회생계획안에 따른 조세채권의 인가기간을 감안하여 인가일까지 예상되는 지연배상금 성격의 납부지연가산세를 채권신고시 누락하지 않도록 하여야 한다.

조세채권의 경우 불복의 방법이나 중단 · 수계의 대상에 조세소송 · 조세심판(이의신청, 심사청구, 심판청구)은 물론 사전구제제도인 과세전적부심사(국세기본법 제81조의12, 지방세기본법 제88조, 관세법 제118조)가 포함된다고 할 것이다.

---

15) 국세의 경우는 고지된 국세 등의 징수유예 제도와 국세기본법에 따른 납부기한 연장 제도를 국세징수법에 납부기한 등의 연장 제도로 일원화하여 규정함으로써 납세자의 편의성을 높이고 있다(국세징수법 제13조). 따라서 제140조의 '징수를 유예하거나 체납처분에 의한 환가를 유예'한다는 것은 지방세에는 적절한 표현이나(지방세징수법 제25조 이하, 제105조), 국세는 '납부기한이 연장되거나 압류 · 매각을 유예'한다는 것으로 이해하여야 한다(국세징수법 제13조, 제105조). 법 개정이 필요하다.

16) 대법원 1982. 5. 11. 선고 82누56 판결 참조.

17) 파산절차나 개인회생절차에서는 이러한 규정이 없지만, 그 취지에 비추어 동일하게 해석하여야 할 것이다.

18) 대법원 2024. 6. 13. 선고 2023두63079 판결, 대법원 1980. 9. 9. 선고 80누232 판결 등 참조.

한편 조세채권이 목록에도 기재되어 있지 않고 신고도 하지 아니한 경우 실권이 됨은 물론, 회생계획인가여부결정이나 회생절차폐지결정에 대한 즉시항고권의 인정에 있어서도 차이가 있다. 목록에 기재되거나 신고한 조세채권자는 회생계획인가여부결정이나 회생절차폐지결정에 대하여 즉시항고권이 인정되나(제247조 제1항, 제290조 제1항), 목록에도 기재되어 있지 않고 신고도 아니한 조세채권자는 위 결정들에 대하여 즉시항고를 하려면 회생채권자(조세채권자)인 것을 소명하여야 한다(제247조 제2항, 제290조 제1항).

(2) 조세채권이 회생채권자표에 기재된 경우 소멸시효

회생채권자표에 기재된 채권은 단기소멸시효에 해당하는 것이라도 회생채권자표에 기재되면 확정판결과 동일한 효력이 있으므로(제168조, 제255조 제1항) 그 소멸시효는 10년으로 연장된다(민법 제165조 제2항). 그렇다면 조세채권이 회생채권자표에 기재된 경우 소멸시효기간은 5년(국세기본법 제27조 제1항 제2호, 지방세기본법 제39조)인가 10년인가.

제32조 제1호는 회생절차참가는 시효중단의 효력이 있다고 규정하고 있으므로 채무자에 대하여 회생절차가 개시되어 과세관청이 조세채권을 회생채권으로 신고하였다면 이로써 시효가 중단된다고 할 것이나, 제156조 제2항, 제167조 제1항에 의하면 조세채권과 같이 체납처분(강제징수)이 가능한 공법상의 채권에 대하여는 일반 회생채권과 같은 조사·확정절차를 거치지 아니한 채 회생채권자표에 기재하도록 하되 다만 그러한 기재가 있었다고 하더라도 그 청구권의 원인이 조세심판·소송 등 불복의 신청을 허용하는 처분인 때에는 관리인이 여전히 채무자가 할 수 있는 방법으로 불복을 신청할 수 있도록 하고 있어서(제157조 제1항), 이 경우에는 회생채권으로 신고되어 회생채권자표에 기재되면 확정판결과 동일한 효력이 있다고 규정한 제255조는 적용될 여지가 없고, 따라서 조세채권이 회생채권으로 신고되어 회생채권자표에 기재되었다고 하더라도 그 시효기간이 민법 제165조에 의하여 10년으로 연장되는 것으로 볼 수도 없다.[19]

라. 회생계획안 작성 단계

조세채권의 경우에는 권리변경의 정도에 따라 징수의 권한을 가진 자의 동의나 의견 청취가 필요하다. 회생계획에서 조세채권에 관하여 3년 이하의 기간 동안 징수

19) 대법원 2000. 12. 22. 선고 99두11349 판결 참조. 예컨대 지방세(지방세기본법 제39조)와 5억 원 미만인 국세(국세기본법 제27조 제1항 제2호)의 경우 징수권의 소멸시효는 5년인데, 회생절차에서 해당 조세채권을 신고하고 회생채권자표에 기재되었다고 하더라도 소멸시효가 10년으로 되는 것은 아니다.

를 유예하거나 체납처분에 의한 재산의 환가를 유예하는 내용을 정하는 때에는 징수의 권한을 가진 자의 의견을 들어야 한다(제140조 제2항). 회생계획에서 조세채권에 관하여 3년을 초과하는 기간 동안 징수를 유예하거나 체납처분에 의한 재산의 환가를 유예하는 내용을 정하거나, 채무의 승계, 조세의 감면 또는 그 밖에 권리에 영향을 미치는 내용을 정하는 때에는 징수의 권한을 가진 자의 동의를 얻어야 한다(제140조 제3항).

마. 회생계획안 결의 단계

조세채권은 관계인집회에서의 결의에 있어 어느 조에도 속하지 않고(제236조 제2항 단서), 의결권도 행사할 수 없다(제191조 제2호).

바. 회생계획인가단계

(1) 면 책

① 조세채권의 실효

조세채권이라도 회생채권인 경우 채권자목록에 기재되어 있지 않고 채권신고를 하지 아니한 경우에는 면책된다(제251조). 추상적 조세채권이 회생계획인가 이후 구체화되더라도 실권되어 부과권을 행사할 수 없다. 실효된 이후의 부과처분은 당연무효이다.[20] 따라서 조세채권자는 회생절차개시 전에 납세의무가 성립한 경우 반드시 채권신고를 하여야 한다.

한편 주된 납세자가 제251조에 따라 국세나 지방세의 납세의무에 대하여 면책된 경우에 있어서도 제2차 납세의무에 관한 국세나 지방세의 납세의무에는 영향을 미치지 아니한다.[21] 제2차 납세의무는 본래의 납세의무에 갈음하는 의무인 까닭에 후자에 대하여 부종성과 보충성을 갖는다는 점에서 보증인과 유사한 지위에 있다고 볼 수 있기 때문이다(제250조 제2항 참조).

② 면책과 형사처벌(조세범)

조세범이란 세법을 위반한 행위 중 그 위법성과 반사회성이 중대하여 특별히 형벌로써 다스려야 하는 행위를 말한다. 조세범은 크게 조세포탈에 관련된 탈세범과 조세행정질서 위반에 관한 조세질서범으로 나뉜다.

회생절차에서 조세채권은 원칙적으로 회생채권이고 채무자가 조세포탈 등의 의도를 가지고 있었다면 채권자목록에 기재하지 않았을 것이고(의도가 없었다고 하더라도

---

20) 대법원 2007. 9. 6. 선고 2005다43883 판결.
21) 국세징수법 기본통칙 12−0…3 참조.

채권자목록에 기재하지 않을 수 있다), 과세관청 입장에서도 조세채권이 존재하는지는 사후에 세무조사 등을 통하여 알 수 있다. 이 경우 채권신고를 하지 않아(또는 할 수 없어) 조세채권은 회생계획인가결정으로 실효된다.[22] 그렇다면 조세채권이 실효된 경우 채무자는 조세범으로 처벌될 수 있는가.[23]

㉮ 먼저 고발권이 있는지를 본다. 조세범은 국세청장, 지방국세청장 또는 세무서장(조세범 처벌법 제21조), 지방자치단체의 장 또는 범칙사건조사공무원(지방세기본법 제111조), 관세청장이나 세관장(관세법 제284조 제1항)의 고발이 있어야 처벌할 수 있다. 조세채권이 회생계획인가결정으로 실효된다고 하더라도 아래에서 보는 바와 같이 조세범이 성립하는 것에는 문제가 없으므로 국세청장 등의 고발권은 유지된다고 할 것이다.

㉯ 다음으로 조세범이 성립하는 것인지에 관하여 본다. 범죄의 성립은 행위시를 기준으로 하고(형법 제1조 제1항) 이후 조세채권이 실효되었다고 하여 성립된 범죄가 소멸된다고 보기는 어렵다. 또한 민사책임이 없어졌다고 하여 형사처벌이 면제되는 것은 아니다. 따라서 비록 회생계획인가결정으로 조세채권이 실효되었다고 하더라도 조세범의 성립에는 지장이 없다. 그러므로 당연히 공소시효의 경과 여부도 검토되어야 한다.

③ 실권되지 않는 경우

조세채권자는 늦어도 회생계획안 심리를 위한 관계인집회가 끝나기 전까지 조세채권을 신고하지 않으면 실권된다. 하지만 회생절차에서 조세채권자가 회생절차의 개시사실 및 조세채권의 신고기간 등에 관하여 개별적인 통지를 받지 못하는 등으로 회생절차에 관하여 알지 못함으로써 회생계획안 심리를 위한 관계인집회가 끝날 때까지 채권신고를 하지 못하고, 관리인이 그 조세채권의 존재 또는 그러한 조세채권이 주장되는 사실을 알고 있거나 이를 쉽게 알 수 있었음에도 회생채권자 목록에 기재하지 아니한 경우, 헌법상의 적법절차 원리에 비추어 제251조의 규정에 불구하고 회생계획이 인가되더라도 그 조세채권은 실권되지 않는다. 따라서 회생절차가 종결한 후에도 실권되지 않은 조세채권자는 특별한 사정이 없는 한 새로 체납처분 등을 하거나 중지된 체납처분을 속행할 수 있다.[24]

22) 물론 다른 일반 회생채권과 마찬가지로 추후보완신고 등을 통해 구제받을 수도 있을 것이다.
23) 회생절차에서 조세채권자(국가나 지방자치단체)가 조세채권의 감액에 동의하고 회생계획이 인가됨으로써 감액된 부분이 면책된 경우, 개인회생절차에서 후순위 개인회생채권인 조세채권이 면책된 경우에도 동일한 문제가 발생한다. 파산절차의 경우에는 비면책채권(제566조 제1호)이므로 이러한 문제가 발생할 수 없다.
24) 대법원 2024. 6. 13. 선고 2023두63079 판결.

(2) 권리의 변경

조세채권도 회생계획의 내용대로 권리가 변경된다(제252조). 지연배상금 성격의 납부지연가산세는 회생계획인가 전까지는 발생하지만, 인가 이후에는 납부기한이 연장되거나 징수가 유예된 기간 동안 발생하지 않고 그 이후에 발생한다(국세기본법 제47조의4 제7항, 국세징수법 제13조, 지방세징수법 제28조 제2항, 제4항 참조).

(3) 정리보류[25]

국세의 경우 세무서장(지방국세청장)은 제251조에 따라 체납한 채무자가 납부의무를 면제받게 된 경우 정리보류를 할 수 있다(국세징수사무처리규정 제126조 제1항 제5호). 지방세의 경우 지방자치단체의 장은 제251조에 따라 체납한 채무자가 납세의무를 면제받게 된 경우 정리보류를 하여야 한다(지방세징수법 제106조 제1항 제4호, 같은 법 시행령 제94조 제1항 제2호).

정리보류는 납세의무가 소멸하는 사유가 아니라 체납처분을 종료하는 의미만을 가진다.[26] 정리보류 후 재산이 발견될 경우에는 즉시 정리보류를 취소하고 체납처분(강제징수)을 한다는 점(국세징수사무처리규정 제126조 제2항, 지방세징수법 제106조 제3항 단서)에서 징수권이 소멸하는 소멸시효와 구분된다. 다만 제251조에 의한 면제의 경우는 성질상 그 자체로 체납처분(강제징수)을 할 수 없기 때문에 정리보류를 취소하고 새로운 체납처분(강제징수)을 할 수는 없다.

4. 도산절차와 체납처분(강제징수)

가. 회생절차와 체납처분(강제징수)

(1) 회생절차개시신청이 된 경우, 법원은 필요하다고 인정하는 때에는 징수의 권한을 가진 자의 의견을 들어 진행 중인 체납처분(강제징수)에 대하여 중지명령을 할 수 있다(제44조 제1항 제5호). 중지명령이란 체납처분(강제징수)을 현재 상태로 그대로 정지시키는 것을 말한다.

(2) 회생절차개시결정이 된 때에는 일정 기간 동안 체납처분(강제징수)은 할 수 없

---

25) 정리보류는 더 이상 납세의무가 소멸하는 사유가 아니라 체납처분(강제징수)을 종료하는 의미만을 가지게 되었고, 정리보류의 취소 역시 국민의 권리와 의무에 영향을 미치는 행정처분이 아니라 과거에 종료되었던 체납처분(강제징수) 절차를 다시 시작한다는 행정절차로서의 의미만을 가지게 되었다고 할 것이다(대법원 2019. 8. 9. 선고 2018다272407 판결, 대법원 2011. 3. 24. 선고 2010두25527 판결 등 참조). 정리보류가 이루어진 조세에 대하여 다시 체납처분(강제징수)을 하기 위해서는 해당 정리보류를 취소하는 절차를 미리 마쳐야 한다(국세징수사무처리규정 제130조, 지방세징수법 제106조 제3항).

26) 대법원 2019. 8. 9. 선고 2018다272407 판결.

으며, 이미 행한 체납처분(강제징수)은 중지된다(제58조 제3항). 일정 기간이 지나면, 일반적으로 회생계획이 인가되면 체납처분(강제징수)을 할 수 있게 된다. 하지만 실무적으로 회생계획에 납부기한의 연장 등이 규정되기 때문에 회생계획이 인가되더라도 곧바로 체납처분(강제징수)이 되는 경우는 없다.

(3) 공익채권인 조세채권의 경우 원칙적으로 권리행사에 아무런 제한을 받지 않는다. 그러나 채무자의 재산이 공익채권의 총액을 변제하기에 부족한 경우가 명백하게 된 때에는 공익채권은 법령에 따른 우선권에도 불구하고, 비율적 변제를 받을 수밖에 없다. 이 때문에 그 경우에는 공익채권인 조세채권을 위한 새로운 체납처분(강제징수)은 할 수 없고, 진행 중인 체납처분(강제징수)은 취소하여야 한다. 또한 공익채권은 회생채권에 우선하기 때문에, 채무자의 재산이 공익채권의 총액을 변제하기에 충분하지 않은 경우, 회생채권인 조세채권을 위한 체납처분(강제징수)은 새로이 할 수 없고, 진행 중인 체납처분(강제징수)은 취소하지 않으면 안 된다.

나. 파산절차와 체납처분(강제징수)

파산재단에 속한 재산에 대한 체납처분(강제징수)에 대하여, 파산선고 전에 체납처분(강제징수)을 한 때에는 파산선고 후에도 그대로 속행할 수 있다(제349조 제1항). 즉 파산선고 전에 체납처분(강제징수)을 하였다면 파산선고와 무관하게 체납처분(강제징수)을 계속 진행할 수 있다. 반면 파산선고 이후에는 체납처분(강제징수)을 할 수 없다(제349조 제2항). 파산절차는 포괄적 집행으로서 법원의 감독 아래 파산관재인의 판단과 책임으로 통일적으로 진행하여야 하는 것이라는 점을 고려한 것이다. 따라서 이 경우에는 파산관재인에 대한 교부청구에 의하여 조세채권의 만족을 도모할 수밖에 없다.

다. 개인회생절차와 체납처분(강제징수)

(1) 조세채권에 기한 체납처분(강제징수)은 중지·금지명령의 대상이 된다(제593조 제1항 제5호). 법원은 개인회생절차개시신청이 있는 경우 필요하다고 인정하는 때에는 체납처분에 대하여 중지 또는 금지를 명할 수 있다. 다만 중지 또는 금지명령을 하기 전에 징수권한이 있는 자의 의견을 들어야 한다.

(2) 개인회생절차개시결정이 있는 경우 체납처분(강제징수)은 중지되고, 새로이 체납처분(강제징수)을 하는 것은 금지된다(제600조 제1항 제4호). 중지 또는 금지되는 체납처분(강제징수)은 개인회생채권자목록에 기재된 개인회생채권에 의한 경우에 한정된다. 따라서 개인회생채권자목록에 기재되지 않은 개인회생채권인 조세채권이나 개인

회생재단채권인 조세채권에 기한 체납처분(강제징수)은 중지 또는 금지되지 않는다.

Ⅱ. 도산절차에서 담보권의 취급과 제한의 필요성

도산절차에서도 실체법에 따른 권리는 존중된다. 채권자가 담보권을 취득하는 이유는 채무자의 채무불이행, 도산 등의 위험으로부터 보호를 받기 위함이다. 이러한 담보 제도의 특성상 채무자에 대한 도산절차가 진행되더라도 담보권자의 권리는 그렇지 않은 권리에 비하여 강력히 보호되어야 한다. 다만 도산절차에서는 담보권의 효력을 민법 등 실체법이 규율하는 '평시'의 규율과 마찬가지로 취급할 것인지의 문제가 있다(이 문제는 각종 도산절차의 목적에 따라 다양한 형식으로 발생한다). 도산절차는 포괄적·집단적 집행이라는 점에서 개별적 집행을 전제로 한 담보권자의 권리가 제약을 받기도 한다. 이러한 제약은 채권자들의 희생을 바탕으로 채무자의 지속적인 경영(생존)을 추구하는 회생절차에서 상대적으로 강하게 나타나고, 채무자의 보유 자산을 현금화하여 각 채권자들의 실체법상 권리에 따라 이를 배당하는 청산절차인 파산절차에서 약하게 나타난다. 각 도산절차의 목적이 다르기 때문에 차이가 나는 것이다.

① 회생절차의 경우, 담보권에 의하여 담보되는 채권은 회생담보권으로 취급되어 일반적으로 담보권이 존재하지 않는 채권(회생채권)에 비하여 높은 변제율이 보장된다(제217조 제1항). 다만 회생담보권의 경우에도 회생채권과 마찬가지로 회생절차개시결정 이후 채무자의 재산에 관하여 담보권을 행사하는 것이 금지되고(제141조 제2항, 제131조), 회생계획인가의 결정이 있는 경우 담보권 존속 조항이 없다면 해당 담보권이 소멸하는(제251조 본문) 등 상당한 제약을 받게 된다. 채무자의 효율적인 회생을 위해 담보제도의 전통적인 의의에 변혁을 가한 것이다.

② 파산절차의 경우, 회생절차와는 달리 담보권자에게 별제권이라는 지위를 부여하여 담보권자들이 파산절차의 진행에도 불구하고 보유하고 있는 담보권을 실행시켜 채권의 우선적인 만족을 얻을 수 있도록 하고 있다. 담보권자는 별제권자로서 도산절차 밖에서 권리행사가 인정된다(제412조). 하지만 도산재단(파산재단)에 대한 실행이나 시점을 전부 담보권자의 의사에 맡긴다면, 관재업무에 지장이 발생한다. 또한 저당권 등의 목적재산을 고가로 매각하기 위하여 경우에 따라 민사집행법 등의 법령에 의하지 않는 환가(임의매각)에 의한 것도 바람직하다. 그래서 일정한 경우 파산관재인의 개입을 허용하고 있다(제490조, 제497조, 제498조 등). 별제권의 행사방법은 별제권의 종류에 따라 천차만별이다.

③ 개인회생절차에서도 파산절차와 마찬가지로 별제권으로 취급하고 있다. 다만

변제계획의 인가결정일 또는 개인회생절차 폐지결정의 확정일 중 먼저 도래하는 날까지는 담보권 실행이 제한된다(제600조 제2항). 개인회생절차의 원만한 진행을 위해 일정기간 담보권의 행사를 제한한 것이다.

요컨대 담보권자는 도산절차에서도 존중되는 것이 원칙이지만, 도산절차의 목적에 따라 그 존속 및 실행이 제한된다. 파산절차와 개인회생절차에서는 담보권자에게 별제권을 인정하여 우선변제권을 인정하되, 다만 개인회생절차에서는 담보권의 실행을 일정기간 제한할 수 있게 하고 있다. 회생절차에서는 담보권을 회생담보권으로 규정하고 그 실행을 중대하게 제한하고 있다. 이처럼 각각의 도산절차에서 담보권과 관련한 용어도 다르고, 법적 지위에도 차이가 있다.

〈각 도산절차에서 담보권자의 지위〉

	회생절차	파산절차	개인회생절차
담보권의 취급	회생담보권	별제권	별제권
담보권의 종류	유치권, 질권, 저당권, 양도담보권, 가등기담보권, 동산·채권 등의 담보에 관한 법률에 따른 담보권, 전세권, 우선특권(제141조)	① 유치권, 질권, 저당권, 동산·채권 등의 담보에 관한 법률에 따른 담보권, 전세권(제411조), ② 임차인의 우선변제권(제415조), ③ 임금채권자 등의 최우선변제권(제415조의2)	제586조(제411조, 제415조 준용) cf) 579조 제1호 가목(제141조와 동일)
중지명령 등	중지명령, 취소명령 대상	×	중지명령, 취소명령 대상
포괄적 금지명령	포괄적 금지명령 대상	×	포괄적 금지명령 대상
도산절차개시로 인한 효과	담보권 실행을 위한 경매 등의 중지·금지	담보권 실행을 위한 경매 등에 영향×	담보권 실행을 위한 경매 등의 중지·금지 (변제계획인가시까지만 중지·금지됨)
도산절차참가	회생절차참가 필요	별제권으로 변제받지 못한 부분에 한하여 파산절차 참가(부족액책임주의)	별제권으로 변제받지 못한 부분에 한하여 개인회생절차 참가(부족액책임주의)
담보권의 만족	회생계획에 따른 만족, 청산가치보장	별제권 행사로 인한 담보권 실현	별제권 행사로 인한 담보권 실현

Ⅲ. 임대인이 도산한 경우 임차보증금반환청구권의 처리[회생절차·파산절차]

임대인에 대하여 도산절차가 개시되기 전에 임차인이 임대인에게 임대차보증금을 지급한 경우, 임차보증금반환청구권은 어떻게 취급되는가.

임차보증금반환청구권은 임대차종료 후 임차건물을 임대인에게 인도할 때에 미지급 차임나 손해배상채권 등 모든 피담보채무를 공제한 잔액이 있을 것을 조건으로 하여 그 잔액에 대하여 발생하는 청구권으로 정지조건부채권이다.[27] 이러한 임대차 보증금을 설정하는 계약(보증금설정계약)은 임대차계약과 밀접한 관계에 있지만, 법률상으로는 별개 독립한 계약이므로 임대차보증반환청구권은 임대인에 대하여 도산절차가 개시된 경우에는 도산채권으로 되고, 도산절차개시 후 임대차계약이 존속하는 경우에도 공익채권·재단채권으로 되는 것이 아니다.

1. 회생절차의 경우

회생절차에서는 임차보증금반환청구권을 가진 임차인(도산채권자)이 차임채무를 변제할 때에는 채무자가 그 금전을 사업계속을 위하여 이용할 것을 희망하기 때문에 변제액의 임치제도는 없고 변제를 수령한 채무자가 그대로 사용하도록 하였다. 하지만 임차인을 보호하여야 한다는 관점에서 관련 규정을 두고 있다.

먼저 차임채무에 관하여 본다. 임차인의 회생절차개시 후의 차임채무에 관하여는 당기(當期)와 차기(次期)의 것에 한하여 상계할 수 있다. 다만, 임대차보증금이 있는 때에는 그 후의 차임채무에 관하여도 상계할 수 있다(제144조 제2항).

다음으로 임차보증금반환청구권에 관하여 본다. 회생절차에서는 파산절차와 달리 임치청구제도가 없다. 따라서 임차보증금반환청구권으로 상계가 가능하는지의 검토가 필요하다.

정지조건부채권을 자동채권으로 하는 상계는 인정되지 않는다는 견해가 있고,[28] 이 견해에 의하면 임차보증금반환청구권을 자동채권으로 한 상계는 허용되지 않는다. 하지만 상계를 하기 위해서는 회생채권이 회생절차개시 당시에 존재하지 않으면 안 된다고 하여도, 청구권이 현실화할 필요는 없고 회생절차개시 당시에 정지조건부채권으로 존재하면 충분하다고 할 것이다(다만 신고기간 만료 시까지 현실화되면 된다). 따라서 임대차보증금반환채권을 자동채권으로 한 상계는 가능하고, 다만 신고기간 만료시까지 임대차보증반환청구권이 현실화되어야 한다. 관련 내용은 **〈제5장 Ⅳ.2. 가.(1)(가)①〉**(본서 203쪽)을 참조할 것.

차임채무의 변제가 채무자(임대인)의 사업 계속에 공헌하고, 파산절차에서 임차인 보호와의 형평의 관점에서 보면 회생절차에서 임차인 보호는 미흡한 측면이 있다. 또한 임차인은 회생절차개시 당시 향후 조건이 성취될 경우 상계할 수 있다는 신뢰가 있었고, 이러한 신뢰는 보호되어야 한다. 이러한 측면에서 임차보증금반환청구권의 상계를 적극적으로 인정할 필요가 있다. 궁극적으로는 입법적 해결이 필요하다.[29]

---

27) 대법원 1988. 1. 19. 선고 87다카1315 판결, 대법원 1987. 6. 9. 선고 87다68 판결 등 참조.
28) 회생사건실무(상), 400쪽. 또한 다음과 같은 견해도 있다.

2. 파산절차의 경우

가. 임치청구

임차보증금반환청구권은 파산채권이다. 임차보증금반환청구권의 이행기는 임대차계약이 종료하고, 임대차계약의 목적물을 반환하는 등 임차인이 그 의무를 모두 이행한 때이다. 따라서 임대차계약이 계속된 경우에는 임차인은 차임채권과 임차보증금반환청구권을 상계할 수 없다. 그러나 이것은 임차인의 보호를 흠결한 것이므로 채무자회생법은 임치청구제도를 두고 있다. 즉 채무자회생법은 임대차보증금을 보호하기 위하여, 임차인은 차임을 변제할 때, 나중에 상계하기 위하여, 임대차보증금을 한도로, 변제액의 임치를 청구할 수 있고(제418조 참조), 파산관재인은 채권에 대한 배당액을 임치하여야 한다(제519조 제4호)고 규정하고 있다. 이후 임대차계약이 종료하는 등으로 임차보증금반환청구권이 구체화된 경우에는, 임차인은 상계를 하고, 임차보증금반환청구권을 우선적으로 회수할 수 있도록 배려하고 있다.

이 점에 대하여는 「이 경우 차임의 변제는 정지조건부채권인 임차보증금반환청구권의 정지조건의 성취(임대목적물의 인도 등)를 해제조건으로 하는 것이고, 그 후 이 해제조건의 성취에 의해 변제의 효력을 잃었다」⇒「임차인은 미지급 상태로 돌아온 차임채무와 구체화된 임차보증금반환청구권을 상계할 수 있다」⇒「임차인은 파산관재인에 대하여 부당이득이 된 차임의 반환을 재단채권(제473조 제5호)으로 청구할 수 있다」고 설명할 수 있다.[30] 그 결과 임차인은 차임을 변제할 때 임치청구를 한 만큼 임대차보증금이 보호되는 것으로 된다.

임치청구는 임차보증금반환청구권을 한도로 할 수 있다. 임차보증금반환청구권의 액은 실제로는 인도 후가 아닌 한 확정되지 않기 때문에, 손해배상채권 등이 예상되는 경우에 있어서도, '차감금액'을 임치청구의 상한에서 고려할 수 없다.

최후배당에 관한 배당제외기간까지 임대차계약의 종료 및 인도가 있다면, 차임채

29) 이와 관련하여 일본 민사재생법 제92조 제2항, 제3항을 참고할 필요가 있다.

> **민사재생법 제92조**
> ② 재생채권자가 재생절차개시 당시에 재생채무자에 대하여 부담하는 채무가 차임채무인 경우에는, 재생채권자는 재생절차개시 후 변제기가 도래하는 차임채무(신고기간 만료 후에 변제기가 도래하는 경우를 포함한다)에 대하여는, 재생절차개시 당시에 있어 차임 6개월분에 상당하는 액을 한도로 채권신고기간 내에 한하여, 재생계획에 의하지 아니하고 상계를 할 수 있다.
> ③ 전항의 규정이 있어서, 재생채권자가 재생절차개시 후에 변제기가 도래하는 차임채무에 대하여, 재생절차개시 후 그 변제기에 변제를 한 때에는, 재생채권자가 가지고 있는 임차보증금반환청구권은, 재생절차개시 당시에 있어 차임 6개월분에 상당하는 액(2항의 규정에 의하여 상계한 경우에는 상계로 면하게 되는 액을 공제한 액)의 범위 내에서 그 변제액을 한도로 하여 공익채권이 된다.

30) 倒産法(加藤哲夫등), 221쪽.

무에 대한 종전의 변제는 무효로 되고, 임치금은 임차인에게 반환되며, 차임은 미지급 상태로 되어 반환할 임차보증금에서 공제할 수 있는 것으로 된다. 임대차보증금의 경우 미지급 차임이나 손해배상채권 등은 상계가 아니라 당연히 공제되는 것이므로[31] 제418조의 '후일 상계를 위하여'는 '후일 공제하기 위하여'로 이해하여야 한다.

나. 임대물건이 양도된 경우

(1) 파산선고 후 파산관재인이 대항력을 갖춘 임대물건을 양도한 경우, 임대인의 지위는 양수인에게 이전됨에 따라(주택임대차보호법 제3조 제4항, 상가건물 임대차보호법 제3조 제2항) 임차보증금반환채무(양도할 때까지 발생한 미지급 차임 등을 공제한 것)는 양수인에게 당연히 승계된다.[32] 이 경우 임차보증금반환청구권과 차임채권의 후일 차감계산은 확정적으로 할 수 없는 것이므로, 즉 파산절차와의 관계에서는 정지조건의 성취의 가능성이 없기 때문에, 파산절차에서 임치금은 파산재단으로 귀속된다. 다시 말하면 최후배당에 관한 배당제외기간 안에, 임대목적물이 제3자에게 양도(환가)되어 임차보증금반환청구권이 구체화되지 않은 경우에는, 지급된 차임은 최후배당의 재원이 되고 다른 파산채권자에게 배당된다(제523조, 제526조).

(2) 임대물건이 파산절차 중에 채무자(임대인)로부터 제3자에게 양도된 경우, 임차보증금반환청구권은 양수인에게 승계되지만, 승계된 임차보증금반환청구권이 도산절차의 제약을 받는 파산채권인지가 문제이다. 임차보증금반환청구권이 파산채권으로 권리행사의 제약을 받는 것은 파산절차와의 관계에서 그렇다는 것이므로, 임차보증금반환채무가 제3자에게 승계되어 파산절차에서 벗어난 경우에는 그 제약이 없다고 할 것이다. 또한 임차인의 지위가 달라진다고 하여 다른 파산채권자들에게 아무런 불이한 영향을 미치지 않는다. 따라서 상속이나 합병과 같은 당사자 지위의 포괄승계가 아닌 임대물건 양수도로 인한 임대차보증금반환채무의 이전의 경우 임차인은 양수인에 대하여 파산절차의 제약을 받지 않는 임차보증금반환청구권을 행사할 수 있다고 할 것이다.

다. 물상대위의 경우

임대목적물에 대해 저당권을 가진 자가 별제권의 행사로 물상대위(민법 제370조, 제342조)에 의해 차임채권을 압류한 경우 임차인은 임치청구를 할 수 있는가. 이 점에 대하여는 다툼이 있는데, 압류 후에도 임차인의 차임채무는 '채무자(임대인)에 대

---

31) 대법원 2016. 7. 27. 선고 2015다230020 판결, 대법원 2005. 9. 28. 선고 2005다8323,8330 판결 등 참조.

32) 대법원 2021. 11. 11. 선고 2021다251929 판결 참조.

한 채무'이기 때문에, 임치청구를 긍정하는 견해와 차임은 저당권자에게 지급되고 파산재단에 들어가지 않기 때문에 임치청구를 부정하는 견해가 있다. 임차인의 임차보증금반환청구권을 다른 파산채권자와의 관계에서 어느 정도까지 보호할 것인지가 판단의 갈림길이 될 것이다. 살피건대 임치청구는 파산관재인에게 변제하는 경우 파산재단에 변제금이 들어간다는 것에 대응하여 파산관재인에게 임치를 청구할 수 있는 것인데, 물상대위의 경우 저당권자에게 차임을 변제하는 것이므로 임차인은 파산관재인에게 임치를 청구할 수 없다고 할 것이다.

Ⅳ. 회생절차에서의 영업양도

채무자는 영업양도의 방법으로 회생을 도모할 수도 있다. 채무자는 영업의 전부를 양도한 후 청산하지만, 영업은 양수인에 의해 회생된다. 이러한 경우도 채무자의 회생이라는 목적에 부합하는 것이다. 기업의 가치는 도산에 의해 급격히 악화되는 경우가 많기 때문에 조기에 영업양도를 할 필요가 있다. 또한 영업양도를 하고 영업양도의 대가를 변제재원으로 하여 권리변경 후 도산채권에 대한 일괄 변제가 가능한 경우도 많기 때문에 도산채권자에게도 유리한 점이 있고, 회생절차도 조기에 종결할 수 있다. 나아가 종업원을 영업양도에 앞서 승계함으로써 고용의 확보도 도모할 수 있다. 다만 영업양도 대가의 상당성의 담보가 필요하고, 양수인 선정과정의 공정성과 투명성이 확보되지 않으면 안 된다.[33] 한편 영업양도는 자산이전절차가 복잡하고 세금부담의 측면에서 비용이 많이 소요되며, 영업양도 후에도 잔존 사업부문의 계속, 해산 및 청산 등의 절차가 남아 장기간이 소요될 수도 있다는 문제점이 있다.

영업양도는 도산채권자뿐만 아니라 주주 등 채무자 구성원의 이해관계에도 중대한 영향을 미친다. 따라서 일정한 경우에만 영업양도를 허용하고 있다. 채무자회생법은 영업양도를 통한 회생을 도모하기 위하여 회생계획에 의한 영업양도(제261조)와 회생계획인가 전 영업양도(제62조 제1항)를 규정하고 있다. 회생절차에서 영업양도는 회생계획에서 정함에 의하는 것이 원칙이고, 예외적으로 회생계획인가 전 단계에서 법원의 허가를 얻어 할 수도 있다. 회생계획에 따라 영업양도를 할 경우 시간의 경과에 따라 기업가치가 훼손될 염려가 있기 때문에 예외적으로 법원의 허가를 얻어 영업양도를 할 수 있도록 한 것이다.

1. 회생계획인가 전 영업양도

기업의 가치는 기업이 도산상태에 빠진 것이 알려지면 급속히 악화되는 경우가

---

33) 實務 倒産法講義, 542~543쪽.

많고, 영업양도를 회생계획에 의하지 않으면 안 되는 것으로 하면 양도시기를 놓쳐 이해관계인에게 손해를 끼칠 수 있기 때문에 법원의 허가에 의한 조기 영업양도를 인정하고 있다. 최근 사전회생계획안 제출제도와 더불어 회생절차를 통한 구조조정 효과를 극대화하기 위해 주목받고 있는 것이 회생계획인가 전 영업양도이다.[34] 부실이 해결 불가능한 수준이거나 이해관계가 너무 복잡하여 통상의 회생절차를 통해서는 기업의 회생을 기대하기 어려운 경우에는 우량사업만 매각하여 존속시키는 구조조정 방식이 불가피하다. 특히 기업가치의 급격한 하락 등으로 구조조정의 성패가 신속성에 좌우되는 상황에서 그 활용가치는 더욱 크다. 회생계획인가 전 영업양도는 채무자회생법 제정과 함께 인수·합병(M&A)의 활성화를 위해 도입된 것이다.

가. 법원의 일반적 허가

회생절차개시 이후 회생계획인가 전 사이[35]에 관리인은 법원의 허가를 얻어 채무자의 영업 또는 는 사업의 전부 또는 중요한 일부를 양도할 수 있고(제62조 제1항), 법원은 그 영업양도가 채무자의 회생을 위하여 필요하다고 인정되는 경우 허가하여야 할 것이다. 「채무자의 영업 또는 사업의 전부 또는 중요한 일부」는 「재산의 처분」(제61조 제1항 제1호)에 해당하고, 그렇다면 법원의 재량에 의해 허가사항으로 정할 수 있는데, 채무자의 사업추이나 채권자의 변제 내용을 결정짓는 것이기 때문에 법원의 허가를 필요적으로 한 것이다. 법원이 채무자의 영업양도를 허가할 경우 양도대가의 사용방법을 정하여야 한다(제62조 제3항).

영업 또는 사업의 전부 또는 중요한 일부의 양도란 일정한 영업 또는 사업 목적을 위하여 조직되고 유기적 일체로서 기능하는 재산의 전부 또는 중요한 일부를 양도하는 것을 의미하고, 채무자의 영업 또는 사업 그 자체가 아닌 영업용 재산의 처분이라고 하더라도 그로 인하여 채무자의 영업 또는 사업의 전부 또는 중요한 일부를 양도하거나 폐지하는 것과 같은 결과를 가져오는 경우를 말한다.[36] '영업의 중요

34) 사전회생계획안 제출제도는 회생절차 신청부터 종결까지 기간이 짧기 때문에 회생절차 내에서 사업의 구조조정까지 실시하기는 어렵고 채무에 대한 조정만을 요하는 기업에 적합하다. 반면 회생계획인가 전 영업양도는 우량사업을 선별적으로 일괄 매각함으로써 계속기업으로 유지 발전시키고 부실사업은 잔존법인에 남겨 청산으로 이어지는 형태를 취할 수 있어 구조조정을 '채무'가 아닌 '사업' 중심으로 할 수 있다. 따라서 회생계획인가 전 영업양도는 사업 구조조정을 필요로 하는 기업에 적합하다.

35) 회생절차개시신청 후부터 회생절차개시결정 전까지의 영업양도는 어떠한가. 이 단계에서는 채무자가 관리처분권 등을 잃지 않기 때문에 영업양도 자체는 방해되지 않는다. 제62조 제1항은 적용되지 않기 때문에 법원의 허가나 의견청취는 필요하지 않지만, 주식회사라면 주주총회의 특별결의(상법 제374조)라는 통상의 절차를 거칠 필요가 있다. 만약 보전처분이 발령된 경우라면, 그 제한에 따라야 할 것이다.

36) 대법원 1998. 3. 24. 선고 95다6885 판결 참조. 이러한 영업양도에는 양수인에 의한 양도인의 영업적 활동의 전부 또는 중요한 일부분의 승계가 수반되어야 하는 것이므로 단순한 영업용 재산의 양도는

한 일부의 양도'에 해당하는지는 양도대상 영업의 자산, 매출액, 수익 등이 전체 영업에서 차지하는 비중, 일부 영업의 양도가 장차 회사의 영업규모, 수익성 등에 미치는 영향 등을 종합적으로 고려하여 판단하여야 한다.[37]

법원이 영업양도를 허가함에 있어서는 관리위원회, 채권자협의회, 채무자의 근로자의 과반수로 조직된 노동조합(위와 같은 노동조합이 없는 때에는 근로자의 과반수를 대표하는 자)의 의견을 들어야 한다(제62조 제2항). 노동조합의 의견을 듣도록 한 것은 영업양도는 근로자의 지위에도 중대한 영향을 미칠 가능성이 있기 때문이다. 입법론적으로 영업양도에 의해 그들이 받는 변제내용이 정해져 중대한 이해를 가지는 도산채권자(법원이 알고 있는 자에 한한다)에 대한 의견청취도 있어야 할 것이다(일본 민사재생법 제42조 제2항 참조). 의견청취의 방법은 정해져 있지 않고 비공식적인 것이어도 상관이 없다.

나. 법원에 의한 대체허가

주식회사인 채무자의 부채총액이 자산총액을 초과하는 때[38]에는 관리인의 신청에 의한 결정으로 주주총회의 특별결의(상법 제374조 제1항, 제434조)를 갈음할 수 있다(제62조 제4항 전문).[39] 제62조 제1항에 의해 법원이 영업양도를 허가하여도 주주총회의 특별결의가 필요하다. 그러나 사업가치 악화나 훼손을 방지하기 위해 조기에 영업양도를 할 필요성이 인정됨에도, 도산상태에 빠진 회사의 주주는 경영에 관심을 잃어 비협조적인 경우 등 주주총회의 특별결의를 거치는 것이 반드시 용이하지 않다는 점과 주주가 잔여재산분배 등의 형태로 이익을 받을 여지가 없다{채무초과 상태인 주식회사의 주주는 실질적으로 보면 주주로서의 권리(주주권)를 상실한 것이라고 말할 수 있다}는 점을 고려하여, 법원은 채무초과의 경우에 한하여 특별결의에

이에 해당하지 않는다(대법원 2014. 10. 15. 선고 2013다38633 판결).

37) 대법원 2014. 10. 15. 선고 2013다38633 판결.

38) 법원의 허가(대체허가)로 영업양도를 하기 위한 요건으로 채무자회생법은 채무초과만을 요구하고 있으나, 일본 민사재생법은 채무초과뿐만 아니라 '사업의 계속을 위하여 필요할 것'을 요건으로 하고 있다(민사재생법 제43조 제1항). 반면 회사갱생법은 채무초과를 요건으로 하지 않고 '사업의 회생을 위하여 필요하다는 것이 인정될 것'을 요건으로 하고 있다(회사갱생법 제46조 제2항).

살피건대 채무초과를 요건으로 한 것은 이로 인해 주주는 채무자의 재산에 대하여 지분권을 잃었기 때문에, 중요사항에 관한 주주총회를 통한 결정권한을 상실시킬 수 있다는 것을 고려한 것이다. 그런데 회생계획에 의해 채무자는 채무초과상태를 벗어날 수 있고, 기존 주주도 그 지위를 회복할 가능성이 있으므로 입법론적으로는 채무초과만을 정당화의 근거로 할 수는 없고, 필요성(사업의 계속을 위하여 필요할 것)을 추가하여야 할 것이다.

39) 채무자의 자산총액이 부채총액을 넘는 경우에는 주주총회의 특별결의가 필요하다. 채무자의 영업 또는 사업의 전부 또는 중요한 일부의 양도에 있어서는, 외부의 이해관계인인 도산채권자보다도, 채무자의 주주가 보다 직접적인 이해관계를 가진다고 볼 수 있기 때문이다.

대신하는 허가를 부여할 수 있도록 한 것이다. 이 경우 반대주주의 주식매수청구권은 인정되지 않는다(제62조 제4항 후문). 법원이 특별결의에 갈음하는 결정을 할 때에는 그 결정서를 관리인에게 송달하고 그 결정의 요지를 기재한 서면을 주주에게 송달하여야 한다(제63조 제1항). 위 결정의 효력은 결정서가 관리인에게 송달된 때에 발생한다(제63조 제2항). 주주는 위 결정에 대하여 즉시항고를 할 수 있다(제63조 제3항).[40]

한편 법원에 의한 대체허가제도가 있는 주식회사와 달리, 학교법인이나 의료법인 등에는 이러한 제도가 적용되지 않고, 이사 등이 반대하는 경우 신속한 영업양도가 불가능하므로 입법적 해결이 필요하다. 현재로서는 재정적 파탄에 빠져있지만 사업계속의 가능성이 있는 학교나 병원 등이라는 공공재를 제도의 불완전을 원인으로 소멸시키는 것은 적절하지 않으므로 제226조 제2항, 제243조 제1항 제6호와 같은 구도가 검토되어야 할 것이다.

다. 법원의 허가를 받지 아니한 영업양도의 효력

법원의 허가를 받지 아니하고 한 영업양도는 무효이다. 다만 선의의 제3자에게는 대항하지 못한다(제62조 제5항, 제61조 제3항).[41]

2. 회생계획에 의한 영업양도

채무자는 회생계획에 의하여 영업이나 재산의 전부나 일부를 양도할 수 있고(제261조 제1항 제1호 가목), 회생계획에 의해 영업양도를 하려고 할 경우 회생계획에 영업양도에 관한 사항을 기재하지 않으면 안 된다(제200조 제1항 제1호). 이와 같이 회생계획에 영업양도의 내용을 반영하고 관계인집회에서의 심리 및 결의 절차를 거쳐 회생계획이 인가되면 그 회생계획에 따라 영업양도절차를 실시하는 것을 회생계획에 의한 영업양도라 한다.[42]

---

40) 즉시항고에 대하여 집행정지의 효력이 인정되지만(제13조 제3항), 입법론적으로 인정되지 않는 것으로 하여야 할 것이다(일본 민사재생법 제42조 제7항 참조).

41) 상법상 주주총회 특별결의를 거치지 아니한 영업양도를 절대적 무효로 해석하고 있는 것과 대비된다. 선의의 상대방을 보호하는 것은 주주의 이익보다 회생절차의 안정을 중시하기 때문으로 보인다.
상법상 주주총회의 특별결의를 거치지 아니한 영업양도의 효력에 관하여는 무효라는 견해가 다수설이고 판례(대법원 1988. 4. 12. 선고 87다카1662 판결 참조)의 입장이다. 절대적 무효인지 상대적 무효인지에 관하여는 다툼이 있다. 거래안전은 다소 희생되지만 주주총회 특별결의를 거치도록 한 본래의 취지에 비추어 보면, 절대무효설이 타당하다(다수설){권기범, 기업구조조정법, 삼영사(2011), 544~545쪽}.

42) 회생계획인가결정 이후의 영업양도는 어떠한 절차가 필요한가. 채무자의 영업 계속 여부는 회생계획안에 동의한 도산채권자에게 중요한 사항이므로, 회생계획의 변경절차(제282조)가 필요하다는 견해가 있다. 이렇게 하면 도산채권자에 의한 결의와 법원의 인가 심사에 의해 영업양도의 타당성이 검토되

청산형 회생계획에서도 영업양도를 규정할 수 있지만, 이 경우에는 사전에 법원의 허가를 받아야 한다(제222조 제1항).

회생계획의 영업양도 조항에는 그 목적물 · 대가 · 상대방 그 밖의 사항을 기재하여야 한다(제200조 제1항). 영업양도대가를 도산채권자, 주주 · 지분권자에게 분배하는 때에는 그 분배의 방법도 기재하여야 한다(제200조 제2항).

회생계획에 의해 영업양도가 된 경우 주주총회의 특별결의(상법 제374조 제2항)는 필요 없고(제260조), 반대주주의 주식매수청구권도 인정되지 않는다(제261조 제2항). 회생계획에 의한 영업양도는 회생계획을 수행하는 것이므로 영업양도의 승인을 위해 상법상에 필요한 주주총회 또는 사원총회의 특별결의는 필요하지 않도록 한 것이다.

한편 영업양도 목적물에 담보권이 설정되어 있는 경우에는 회생계획에 담보권의 변제 및 소멸에 관한 내용을 기재함으로써 영업양도에 의한 회생계획 수행을 통해 담보권을 소멸시키고 법원의 의한 담보권 말소촉탁을 할 수 있다(제24조 제2항).

3. 회생계획인가 전 영업양도와 회생계획에 의한 영업양도의 차이

회생계획인가 전 영업양도와 회생계획에 의한 영업양도는 정지조건의 내용이 서로 다르다. 전자의 정지조건은 법원의 허가이고, 후자의 정지조건은 회생계획의 인가이다. 그렇지만 어느 것도 계약에 기하여 그 실체법상의 효과가 발생한다는 점에서 큰 차이는 없다.

영업양도의 당부, 범위, 대가 등 영업양도계약의 내용은 회생의 기본적 틀을 결정하기 때문에 도산채권자의 이해에 관련된 중대한 문제이다. 따라서 본래는 회생계획인가 전 영업양도보다도, 도산채권자의 의사를 단적으로 반영시킬 수 있는 회생계획에 의한 영업양도가 바람직하다. 그러나 실무적으로는 회생절차개시로 인한 기업가치의 급격한 훼손을 방지하기 위하여 신속한 영업양도에 의해 기업가치를 유지할 필요가 있는 경우가 많으므로 회생계획인가 전 영업양도를 적극 활용할 필요가 있다.

지만, 제62조의 허가도 필요하여 절차 부담이 크다는 문제가 있다. 따라서 회생계획의 변경절차는 필요하지 않고, 회생계획인가 전 영업양도와 달리 볼 이유가 없으므로 제62조의 허가 등에 의하면 충분하다고 생각된다. 회생채권자 등에 대하여는 영업양도에 의해 일괄 변제되므로 회생계획에 따른 변제리스크로부터 해방되고, '불리한 영향'(제282조 제2항)은 아니라고 할 수 있으며, 법원의 허가에 의해 이해관계인의 보호도 도모되기 때문이다.

V. 도산절차를 거치고 난 후의 강제집행－도산채권자표에 의한 강제집행

도산절차가 개시되면, 도산채권자는 권리행사를 할 수 없다(제58조 제1항 제2호, 제131조, 제424조, 제582조, 제600조 제1항 제2호). 도산채권자들은 도산절차가 종료되고 나서야 비로소 도산채권자표에 기하여 강제집행을 할 수 있다. 도산채권자표가 집행권원이 되는 것이다. 도산절차가 진행 중인 경우에는 강제집행을 할 수 없다.

도산절차가 개시되면 ① 회생절차·파산절차에서는 도산채권자의 채권신고⇒도산관리인의 도산채권자표 작성⇒다툼 있는 도산채권 확정 소송의 결과 도산채권자표에의 기재⇒도산절차 종료 후 강제집행, ② 개인회생절차에서는 채무자의 개인회생채권자목록 제출⇒다툼 있는 도산채권 확정 소송을 통한 도산채권의 확정⇒개인회생채권자표 작성⇒도산절차가 종료 후 강제집행의 순서로 진행된다.

1. 회생절차의 경우

회생절차가 종료된 경우 강제집행을 할 수 있다. 다만 회생계획인가 전에 종료된 것인지 회생계획인가 후에 종료된 것인지에 따라 요건이 다르다. 전자의 경우에는 채권조사단계에서 채무자의 이의가 없어야 강제집행을 할 수 있지만, 후자의 경우에는 법원의 회생계획인가결정을 거친 것이므로 채무자의 이의가 있어도 강제집행을 할 수 있다.

가. 회생계획인가 전 폐지의 경우

회생계획인가 전 폐지의 경우란 ① 회생계획인가 전 폐지(제286조)나 ② 신청에 의한 폐지(제287조)의 결정이 확정된 때를 말한다.

회생계획인가 전 폐지(제286조) 또는 신청에 의한 폐지(제287조)의 결정이 확정된 때에는 확정된 도산채권에 관하여는 도산채권자표의 기재는 채무자에 대하여 확정판결과 동일한 효력이 있다. 다만, 채무자가 도산채권의 조사기간 또는 특별조사기일에 그 권리에 대하여 이의를 하지 아니한 경우에 한한다(제292조 제1항). 회생계획인가 후 폐지와 달리 채무자가 이의를 하지 않는 경우에만 도산채권자표에 확정판결과 동일한 효력을 인정하는 이유는 회생계획이 인가되기 전이므로 권리변경을 예정하고 있지 않기 때문이다.

도산채권자는 회생절차종료(폐지) 후 제6조[43]의 규정에 의하여 파산선고를 하는

43) 제6조 제2항을 의미한다고 볼 것이다.

경우를 제외하고 채무자에 대하여 도산채권자표를 집행권원으로 하여(민집법 제56조 제5호) 강제집행을 할 수 있다. 다만 조사기간 또는 특별조사기일에 채무자가 이의를 하지 아니한 경우에 한한다(제292조 제2항, 제292조 제1항 단서).

나. 회생계획인가 후 종료된 경우

회생계획인가 후 종료된 경우란 회생계획인가 후 회생절차가 종결(제283조)되거나 회생절차 폐지(제288조)의 결정이 확정된 때를 말한다.

도산채권에 기하여 회생계획에 의하여 인정된 권리에 관한 도산채권자표의 기재는 회생계획인가의 결정이 확정된 때에 채무자와 회생을 위하여 채무를 부담한 자에 대하여 확정판결과 동일한 효력이 있다(제255조 제1항 제1호, 제3호).

도산채권에 기하여 회생계획에 의하여 인정된 권리로서 금전의 지급 그 밖의 이행의 청구를 내용으로 하는 권리를 가진 자는 회생절차종결 또는 회생절차폐지결정의 확정 후 채무자와 회생을 위하여 채무를 부담한 자에 대하여 도산채권자표에 의하여 강제집행을 할 수 있다(제255조 제2항, 제293조). 이 경우 채무를 부담하는 자가 보증인이라면, 그 보증인은 민법 제437조(보증인의 최고 · 검색의 항변)의 규정에 의한 항변을 할 수 있다(제255조 제1항 후문, 제293조).

회생계획인가 전 폐지와 달리 채무자가 이의를 한 경우라도 도산채권자표에 의하여 채무자 등에 대하여 강제집행을 할 수 있다. 회생계획인가결정에 의해 권리변경이 되므로 인가결정 확정 후에는 도산채권자표의 효력은 채무자가 이의를 진술하였어도 영향을 받지 않기 때문이다.

한편 명시적인 규정은 없지만, 회생계획인가 후 폐지되고 제6조 제1항에 의해 파산선고가 된 경우에는 강제집행을 할 수 없다고 할 것이다(제292조 제2항 유추적용).

2. 파산절차의 경우

파산절차가 종료된 경우 강제집행을 할 수 있다. 파산절차가 종료된 경우란 ① 파산절차가 종결된 때나 ② 파산폐지의 결정이 확정된 때를 말한다.

가. 채무자가 이의를 진술하지 아니한 경우

확정채권에 대하여 채무자가 채권조사의 기일에 이의를 진술하지 아니한 때에는 파산채권자표의 기재는 파산선고를 받은 채무자에 대하여 확정판결과 동일한 효력을 가진다(제535조 제1항). 채권자는 파산종료 후에 파산채권자표의 기재에 의하여 강제집행을 할 수 있다(제535조 제2항, 제548조 제1항).

나. 채무자가 이의를 진술한 경우

채권조사절차에서 채무자가 이의를 진술한 경우에는 이의를 파산채권자표에 기재하여야 한다(제459조 제1항). 채무자가 이의를 진술한 경우에는 파산채권자표의 기재에 확정판결과 동일한 효력 및 집행력이 인정되지 않는다.[44] 따라서 이의가 진술된 파산채권을 가진 채권자는 채무자에 대하여 강제집행을 하기 위해서는 파산절차종료 후 새로이 소송을 제기할 필요가 있다.

3. 개인회생절차의 경우

개인회생절차폐지결정이 확정된 때 강제집행을 할 수 있다.

개인회생채권자는 개인회생절차폐지결정이 확정된 때에는 채무자에 대하여 개인회생채권자표에 기하여 강제집행을 할 수 있다(제605조 제4항).[45] 채권신고제도가 없어 채무자의 이의는 있을 수 없다.

Ⅵ. 공동수급체와 도산

건설업과 관련된 공동수급체란 하나의 건설공사를 수 개의 건설회사가 공동 수주하여 공동 시공하는 것을 목적으로 형성된 사업조직체를 말한다. 실무적으로 대규모 관급공사는 물론 민간공사에서 공동도급계약 형태가 보편화되어 있다. 공동수급체[46]는 건설공사 등을 위하여 결성된 공동기업체라고 할 수 있다.

일반적으로 건설공동수급체의 장점으로 ① 신용력의 증대(자금부담의 경감), ② 위험(리스크)의 분산, ③ 기술력의 강화·확충, ④ 공사시공의 확실성, ⑤ 상위등급 공사의 참가기회의 확보, ⑥ 합병으로 가는 첫 단계를 들 수 있다. 단점으로 ① 불량·부적격 업체의 시장으로의 진입을 초래하고, ② 실제적으로 공동시공이 이루어지지 않는 경우가 있으며, ③ 시공이 비효율적으로 되고, ④ 담합이 초래될 수 있다는 것이다.[47]

공동수급체는 시공방식을 기준으로 공동이행방식과 분담이행방식으로 구분된다.

분담이행방식은 구성원 각자가 전체 공사 중 분담 부분을 정하여 시공하는 것이다. 이는 각 분담부분에 관한 여러 개의 도급계약을 형식상 하나의 계약 형태로 체

---

44) 일본 파산법 제221조 제2항은 집행력 배제와 관련하여 이를 명시적으로 규정하고 있다.

45) 개인회생절차에서는 「확정된 개인회생채권에 관하여는 개인회생채권자표의 기재는 채무자에 대하여 확정판결과 동일한 효력이 있다.」는 취지의 규정이 없다.

46) 공동수급체라는 용어는 「국가를 당사자로 하는 계약에 관한 법률 시행령」 제72조 제3항에서 사용하고 있다.

47) 現代型契約と倒産法, 156쪽.

결한 것으로 도급인이나 공동수급체 구성원 중 일부가 도산한 경우라도 보통의 경우와 특별히 달리 취급할 필요가 없고, 일반원칙에 따라 법률관계를 정리하면 된다.

공동이행방식은 구성원이 미리 정한 출자비율에 따라 자금, 인원, 기자재 등을 출연하여 전체 공사를 공동으로 시행하고, 이익배분 및 손실부담도 일정 비율을 정하여 산정하는 방식이다. 구성원이 일체가 되어 시공하고 도급인에 대한 시공책임도 연대하여 부담한다. 현재 대부분의 공동수급계약은 이 방식에 의한다. 공동이행방식의 공동수급체는 기본적으로 민법상 조합의 성질을 가지는 것이므로,[48] 이러한 형태의 공동수급체의 계약당사자가 도산한 경우에는 일반원칙과 다른 여러 가지 문제가 발생할 수 있다.

아래에서는 공동이행방식의 공동수급체 계약 당사자가 도산한 경우에 관하여 살펴보기로 한다.

1. 도급인이 도산한 경우

공동이행방식의 공동수급체는 기본적으로 민법상 조합의 성질을 가지는 것이므로, 공동수급체가 공사를 시행함으로 인하여 도급인에 대하여 가지는 채권은 원칙적으로 공동수급체 구성원에게 합유적으로 귀속하는 것이어서 특별한 사정이 없는 한 구성원 중 1인이 임의로 도급인에 대하여 출자지분 비율에 따른 급부를 청구할 수 없고, 구성원 중 1인에 대한 채권으로써 그 구성원 개인을 집행채무자로 하여 공동수급체의 도급인에 대한 채권에 대하여 강제집행을 할 수 없다.[49]

따라서 공동도급계약상의 도급인이 도산한 경우 공동수급체의 공사대금채권에 관하여 공동수급체가 합유적으로 회생채권이나 파산채권을 신고하여 도산절차에 참가하여야 할 것이다. 다만 구성원 모두가 함께 신고하여야 하는 것은 아니고 공동수급

---

48) 대법원 2018. 1. 24. 선고 2015다69990 판결, 대법원 2015. 3. 26. 선고 2012다25432 판결, 대법원 2012. 5. 17. 선고 2009다105406 전원합의체 판결, 대법원 2006. 8. 25. 선고 2005다16959 판결 등. 따라서 공동수급체의 법률관계에 대하여는 기본적으로 민법상의 조합 규정을 적용하여야 하지만, 민법상의 조합에 관한 규정은 대부분 임의규정이기 때문에, 공동수급체계약에서 특별한 규정을 둔 경우에는 그것이 적용된다. 또한 민법상의 조합이나 공동수급체계약의 규정을 형식적으로 적용하면 불합리한 경우에는, 이와 달리 해석·운용하여야 할 필요가 있을 것이다.

49) 대법원 2012. 5. 17. 선고 2009다105406 전원합의체 판결. 그러나 공동이행방식의 공동수급체와 도급인이 공사도급계약에서 발생한 채권과 관련하여 공동수급체가 아닌 개별 구성원으로 하여금 지분비율에 따라 직접 도급인에 대하여 권리를 취득하게 하는 약정을 하는 경우와 같이 공사도급계약의 내용에 따라서는 공사도급계약과 관련하여 도급인에 대하여 가지는 채권이 공동수급체 구성원 각자에게 지분비율에 따라 구분하여 귀속될 수도 있고, 위와 같은 약정은 명시적으로는 물론 묵시적으로도 이루어질 수 있다(위 2009다105406 전원합의체 판결). 이러한 경우에는 공동수급체 구성원 중 일부가 도산하더라도 보통의 경우와 특별히 달리 취급할 필요가 없고 일반원칙에 따라 법률관계를 정리하면 된다.

체의 대표자인 주간사 회사(업무집행조합원)가 공동수급체의 명의로 신고하면 된다(실무적으로도 공동수급체의 대표자가 대표자격을 증명하는 서류 등을 갖추어 채권신고를 한다). 물론 대표자가 아닌 공동수급체의 다른 구성원도 보존행위로서(민법 제272조 후문) 채권신고를 할 수 있다.

2. 수급인(공동수급체의 구성원 중 일부)이 도산한 경우

가. 회생절차가 개시된 경우

(1) 구성원의 탈퇴를 둘러싼 문제

공동수급체의 구성원에 대하여 회생절차가 개시되더라도 그 구성원은 파산절차와 달리(민법 제717조 제2호) 공동수급체에서 당연히 탈퇴되는 것은 아니다.

한편 공동수급체계약(협정)에 회생절차개시로 당해 계약을 이행하지 못한 경우 탈퇴조치를 할 수 있다고 규정되어 있는 경우[50]에는 위 계약(협정)에 따라 탈퇴조치를 할 수 있다는 견해가 있다.[51] 그러나 위 규정은 도산해지조항의 성질을 갖고 **〈제4장 Ⅴ.9.〉**(본서 143쪽)에서 본 바와 같이 도산해지조항은 무효라고 할 것이므로 회생절차개시를 탈퇴사유로 정하여도 효력은 발생하지 않는다고 할 것이다.[52]

(2) 쌍방미이행 쌍무계약의 적용을 둘러싼 문제

공동수급체계약(협정)에 대하여 제119조를 적용할 수 있는가. 이에 대하여 공동수급체계약(협정)은 성질상 조합계약이라고 할 것인데, 조합계약에 따른 구성원들의 출자의무, 해산 또는 탈퇴자의 지분환급금 또는 청산금의 지급의무 등은 그 쌍방의 채무가 '성립·이행·존속상 법률적, 경제적으로 견련성을 갖고 있어서 서로 담보로서 기능하는 경우'에 해당한다고 보기 어려우므로 제119조에서 정하는 쌍무계약이라고 보기 어렵다는 견해가 있다. 이 견해에 따르면 관리인에게 공동수급체계약(협정)의 해제 또는 이행의 선택권이 있다고 볼 수는 없고, 관리인과 공동수급체 사이에 새로운 약정에 의하여 공동수급체 구성원에 대한 회생절차개시에 따른 법률문제를 해결할 수밖에 없다.[53]

---

50) 공동이행방식의 공동수급표준협정서 제12조 제1항은 공동수급체 구성원이 파산, 해산, 부도 기타 정당한 이유 없이 당해 계약을 이행하지 아니하여 해당 구성원 외의 공동수급체의 구성원이 발주자의 동의를 얻은 경우에는 탈퇴조치를 할 수 있도록 규정하고 있다.

51) 윤재윤, 건설분쟁관계법[제8판(개정증보판), 박영사(2021), 734쪽. 이 경우 공동수급체의 구성원이 회생절차개시를 이유로 탈퇴조치가 된 때, 관급공사에서 합유지분 계산을 위해 회생절차가 개시된 구성원이 발주자로부터 직접 지급받은 금액을 조합체인 공동수급체에 반환하여야 하는 문제가 발생한다. 이 경우 그 반환채권이 환취권인가 회생채권인가. 이에 관하여는 아래 파산선고가 된 경우를 참조할 것.

52) 現代型契約と倒産法, 175쪽.

하지만 공동수급체계약에 대하여도 민법상의 조합계약과 마찬가지로 제119조가 적용되고,[54] 관리인은 계약의 이행 또는 해제(해지)를 선택할 수 있다고 보는 것이 타당하다.[55] 실무적으로도 관리인이 공동수급체에서 탈퇴하기 위하여 제119조를 근거로 공동수급체계약(협정)의 해제 허가를 신청하면, 법원은 이를 허가하고 있다.[56] ① 관리인이 이행을 선택한 경우 계속하여 구성원의 지위를 유지하고 약정에 따라 공사완성 때마다 결산에 의해 이익을 배당받을 수 있다. 다른 한편 미이행출자금청구권은 공익채권이 된다(제179조 제1항 제7호). ② 관리인이 해제를 선택한 경우 원상회복의무가 발생하는데, 공사도급계약이 해제된 때 공사가 상당한 정도로 진척되어 이를 원상회복하는 것이 중대한 사회적·경제적 손실을 초래하고 완성된 부분이 도급인에게 이익이 되는 경우에 도급계약은 미완성부분에 대하여만 실효된다.[57] 공동수급체계약이 해제된 경우에도 이러한 법리에 비추어 완성도에 따라 차액을 정산하여야 한다. 이미 수령한 분배액이 이행한 출자의무를 넘는 경우, 초과부분은 반환하여야 하고, 현존하지 않는 경우 공익채권자로서 가액의 상환을 청구하며(제121조 제2항), 이행한 출자의무가 수령한 분배액을 넘는 경우, 초과부분은 반환받는다. 또한 관리인이 쌍방미이행 쌍무계약에 기한 해제를 하지 않고, 부득이한 사유가 발생한 것으로서 탈퇴한 경우에는(민법 제716조) 지분에 해당하는 것의 환급을 청구할 수도 있다(민법 제719조).

나. 파산선고가 된 경우

(1) 파산선고로 인한 탈퇴를 둘러싼 문제

① 민법상 조합계약의 경우

조합의 구성원에 대하여 파산선고가 된 경우 그 구성원은 조합에서 당연히 탈퇴된다(민법 제717조 제2호).[58] 이 규정은 강행규정이다.[59] 조합의 구성원이 파산하면 다른 구성원에 대한 관계에 있어서 재산적 채무관계가 끝나게 될 뿐만 아니라, 파산한

---

53) 윤재윤, 전게서, 737쪽.

54) 공동수급체 구성원의 출자의무와 이익분배금 지급의무는 견련관계가 있기 때문에 쌍무계약과 유사한 법률관계라고 해석된다고 할 것이다.

55) 現代型契約と倒産法, 175쪽.

56) 서울중앙지방법원 2014회합174 울트라건설 주식회사 사건에서, 관리인은 법원의 허가를 받아 도급계약을 해지하고 공동이행방식의 공동수급체에서 탈퇴하였다. 위 사건에서는 공동수급체계약(협정)이 도급계약의 내용에 편입되었기 때문에 쌍방미이행 쌍무계약인 도급계약을 해지한 후 공동수급체에서 탈퇴하는 형식을 취하였다.

57) 대법원 2017. 1. 12. 선고 2014다11574, 11581 판결 참조.

58) 다만 조합이 해산하여 청산 중에 조합원이 파산한 경우에는 탈퇴되지 않는다고 할 것이다. 민법 제717조는 조합의 존속을 전제로 한 규정이기 때문이다.

59) 現代型契約と倒産法, 164쪽.

구성원의 채권자 입장에서 보더라도 그 구성원의 지분을 환급받아 채권의 변제에 충당하지 않으면 파산의 목적을 달성할 수 없기 때문이다.[60]

② 공동수급체와 관련된 공동수급체계약의 경우

공동수급체의 경우는 어떠한가. 공동수급체 구성원 중 일부에 대하여 파산선고가 된 경우 그 구성원은 조합에서 당연히 탈퇴되고, 나아가 공동수급체 구성원들이 공동수급체계약(협정)에서 구성원 중에 파산하는 자가 발생하더라도 공동수급체에서 탈퇴하지 않기로 약정한다면 이는 장래의 불특정 다수의 파산채권자의 권리를 침해한 것이므로 원칙적으로는 허용되지 않는다는 견해가 있다(무효).[61]

하지만 파산한 구성원이 제3자와의 공동사업을 계속하기 위하여 그 공동수급체에 잔류하는 것이 파산한 구성원의 채권자들에게 불리하지 아니하여 파산한 구성원의 채권자들의 동의를 얻어 파산관재인이 공동수급체에 잔류할 것을 선택한 경우까지 구성원이 파산하여도 공동수급체로부터 탈퇴하지 않는다고 하는 구성원들 사이의 탈퇴금지의 약정이 무효라고 할 것은 아니다.[62]

요컨대 공동수급체가 기본적으로 민법상의 조합의 성질을 가지고 있다고 하여도 공동수급체는 건설공사라는 임무의 완성을 목적으로 하는 공동사업체이기 때문에 목적달성을 위하여 공동수급체로부터의 당연탈퇴가 적절하지 않는 경우가 있고, 나아가 공사의 최종단계에서 그 완성으로 다액의 이익이 예상되는 경우[63] 공동수급체에 잔류하는 것이 이해관계인의 이익에 도움이 되는 경우도 있다.[64] 따라서 잔류 또

---

60) 조합원이 1인이 된 것이 조합의 해산사유인가. 이를 긍정하는 견해도 있지만(現代型契約と倒産法, 165쪽), 2인 조합에서 조합원 1인이 탈퇴하면 조합관계는 종료되지만 특별한 사정이 없는 한 조합이 해산되지 아니하고, 조합원의 합유에 속하였던 재산은 남은 조합원의 단독소유에 속하게 되어 기존의 공동사업은 청산절차를 거치지 않고 잔존자가 계속 유지할 수 있다고 할 것이다(대법원 2006. 3. 9. 선고 2004다49693,49709 판결).

61) 윤재윤, 전게서, 732쪽.

62) 대법원 2004. 9. 13. 선고 2003다26020 판결(공동수급체의 구성원 중 1인이 파산하였으나 파산관재인이 법원의 허가와 파산채권자의 동의를 얻어 파산 이후에도 계속적으로 공동사업을 수행하여 왔다면, 입찰참가자격제한조치를 받기 전까지는 탈퇴할 수 없다고 한 탈퇴금지의 약정은 파산한 조합원의 채권자의 이익을 해하지 아니하므로 유효하다고 한 사례) 참조.

나아가 공동수급체 구성원은 파산으로 인해 공동수급체계약(협정)으로부터 탈퇴된다는 약정이나 이러한 취지를 규정한 공동이행방식의 공동수급표준협정서 제12조 제1항은 문제가 있다. 아래에서 보는 바와 같이 잔류 또는 탈퇴 어느 것이 적절한지는 파산관재인 및 법원(제492조 제9호 참조)의 적절하고 합리적인 판단에 맡겨두는 것이 타당한데, 파산으로 공동수급협정으로부터 당연탈퇴를 약정(규정)한 것은 도산해지조항과 동일한 실질이 있고, 도산해지조항은 무효이므로 당연탈퇴약정(규정)은 효력이 없다고 할 것이다.

63) 이러한 경우에는 파산재단에 있어서도 공동수급체에서 탈퇴를 시키지 않고 업무를 계속하게 하는 것이 재산형성에 도움이 된다.

64) 이러한 경우는 당연탈퇴시킬 필요가 없고, 파산관재인은 이행을 선택할 수 있다고 할 것이다(제335조 적용 또는 유추적용).

는 탈퇴 어느 것이 적절한지는 파산관재인 및 법원(제492조 제9호 참조)의 적절하고 합리적인 판단에 맡겨두는 것이 타당하다고 할 것이다.[65]

(2) 구성원이 탈퇴한 경우 청산관계를 둘러싼 문제

공동수급체 구성원의 파산으로 그가 탈퇴한 경우, 파산으로 탈퇴한 구성원이 조합재산에 관하여 가지고 있던 그의 합유지분을 계산하여 환급하여야 한다(민법 제719조). 환급할 합유지분의 계산과 관련하여 관급공사에서 공동수급체의 구성원 중 1인이 기성금을 받은 후 파산한 경우가 문제이다.

관급공사의 경우 기획재정부 계약예규인 공동계약운용요령(기획재정부 계약예규 제539호)[66]이 적용되는데, 위 운용요령은 '계약담당공무원은 선금·대가 등을 지급함에 있어서는 공동수급체 구성원별로 구분 기재된 신청서를 공동수급체 대표자가 제출하도록 하게 하고, 신청된 금액을 공동수급체구성원 각자에게 지급하여야 한다'고 규정하고 있다(제11조 제1항 본문, 제2항 본문). 따라서 공동수급체 구성원이 파산하여 당연히 탈퇴하면 그의 합유지분의 계산을 위하여 그가 발주자로부터 직접 지급받은 금액을 조합체인 공동수급체에 반환하여야 하는 경우가 발생하는데, 이 경우 그 반환채권이 환취권의 대상인지 파산채권에 불과한 것인지 다툼이 있다.

파산한 공동수급체 구성원이 지급받은 공사대금이 어떤 형태로든 특정되어 있는 경우에는 그 특정된 금전 또는 채권은 여전히 조합재산이므로 조합체인 공동수급체는 환취권을 행사할 수 있다고 할 것이다. 반면 파산한 공동수급체 구성원이 지급받은 공사대금이 특정되어 있지 아니한 경우(공사대금을 금전으로 지급받아 파산한 구성원의 재산에 혼입된 경우)에는 반환채권은 일반적으로 파산채권이 된다고 할 것이다.[67]

3. 공동수급체 자체의 도산

공동수급체 자체의 도산능력은 인정된다고 할 것이다. 공동수급체의 채무에 대하여는 각 구성원이 연대책임을 부담하기 때문에,[68] 공동수급체 자체가 도산하는 상황

65) 결국 조합원이 파산한 경우 당연탈퇴를 규정한 민법 제717조 제2호는, 통상의 민법상 조합(계약)의 경우에 적용될 뿐, 공동수급체와 관련된 공동수급체계약에는 반드시 적용할 필요는 없다고 해석할 수 있다. 또한 공동수급체계약은 쌍방미이행 쌍무계약의 성질을 가지는바, 민법 제717조 제2호의 적용이 없다고 하면, 공동수급체계약에도 제335조가 적용된다고 해석하는 데 지장이 없다고 생각된다(가사 민법 제717조 제2호의 적용이 있다고 하더라도, 제335조가 민법 제717조 제2호보다 우선적으로 적용된다고 해석된다)(現代型契約と倒産法, 166~167쪽).

66) 2020. 12. 28. 일부 개정되고, 2021. 1. 1. 시행된 것을 말한다.

67) 윤재윤, 전게서, 734쪽. 다만 공동수급체는 파산선고와 동시에 파산선고를 받은 구성원에게 지분환급채무를 부담하므로 이 지분환급채무와 파산선고를 받은 구성원에 대한 공사대금반환채권을 상계할 수 있을 것이다.

68) 조합의 채무는 조합원의 채무로서 특별한 사정이 없는 한 조합채권자는 각 조합원에 대하여 지분의

은 생각하기 어려울 것이다.

Ⅶ. 도산절차에서 벌금 등 청구권의 취급

도산절차개시 전에 채무자에 대하여 부과된 벌금·과료·형사소송비용·추징금과 과태료(제140조 제1항, 이하 '벌금 등 청구권'이라 한다)는 도산절차마다 다르게 취급하고 있다. 회생절차에서는 회생채권으로, 파산절차에서는 후순위 파산채권(제446조 제1항 제4호)으로, 개인회생절차에서는 후순위 개인회생채권(제581조 제2항, 제446조 제1항 제4호)으로 각 취급하고 있다. 이는 각 도산절차의 취지나 목적을 고려한 것에서 비롯된 것이다. 하지만 모든 도산절차에서 면책이 되지 않는다는 점에서는 일치한다(제140조 제1항, 제566조 단서 제2호, 제625조 제2항 단서 제3호).

1. 회생절차

가. 회생채권

벌금 등 청구권은 회생절차개시 전의 원인으로 생긴 재산상의 청구권이므로 본질적으로 회생채권에 해당한다. 벌금 등 청구권은 채무자에게 액면액으로 지급의무를 부과하는 것으로 충분하고 지급시기에 있어서도 다른 일반 회생채권과 동일하게 하여도 문제가 없다는 점을 고려한 것이다. 물론 관리인의 행위로 인한 회생절차개시 후의 벌금 등 청구권은 공익채권이다(제179조 제1항 제5호).

벌금 등 청구권은 감면하는 것과는 친하지 않고(제140조 제1항), 현실적인 변제를 강제하는 것에 의해 제재로서의 역할을 하도록 하는 것에 본래의 목적이 있기 때문에 특수한 취급을 하고 있다.

벌금 등 청구권은 회생채권이므로 채권신고를 하여야 한다. 하지만 벌금 등 청구권에 대하여는 채권자목록에 기재되지 않고 신고하지 않은 경우에도 회생계획인가결정으로 면책되지는 않는다(제251조 단서).

벌금 등 청구권에 관하여는 회생계획에서 감면 기타 권리에 영향을 미치는 규정을 하지 못한다(제140조 제1항). 벌금 등 청구권의 주체가 국가이어서 다른 회생채권과 동일하게 권리변경의 대상으로 하는 것은 타당하지 않기 때문이다.

벌금 등 청구권에 관하여는 공정하고 형평한 차등원칙이 적용되지 아니하여 회생

비율에 따라 또는 균일적으로 변제의 청구를 할 수 있을 뿐이나(민법 제712조), 조합채무가 특히 조합원 전원을 위하여 상행위가 되는 행위로 인하여 부담하게 된 것이라면 그 채무에 관하여 조합원들에 대하여 상법 제57조 제1항을 적용하여 연대책임을 인정함이 상당하다(대법원 2016. 7. 14. 선고 2015다233098 판결, 대법원 2015. 3. 26. 선고 2012다25432 판결, 대법원 1992. 11. 27. 선고 92다30405 판결 등 참조).

계획에서 다른 도산채권보다 우선하는 조건으로 취급할 수 있다(제217조 제2항 참조).

벌금 등 청구권자는 벌금 등은 권리변경이나 면책의 대상이 되지 않기 때문에 의결권을 행사하지 못한다(제191조 제2호). 회생계획안 결의를 위한 조 분류 대상에 해당하지 않을 뿐만 아니라(제236조 제2항 단서), 벌금 등 청구권자의 동의에 의하여도 권리변경이 불가능하다.

벌금 등 청구권은 부인권의 대상이 되지 않는다(제100조 제2항).

회생계획인가 여부의 결정에 대하여 즉시항고를 할 수 있는 자는 그 재판에 대하여 법률상 이해관계를 가지고 있는 자이다(제13조 제1항). 여기서 '이해관계'는 '법률상 이해관계'를 의미하는 것이므로, 결국 회생계획인가결정에 대하여 즉시항고를 할 수 있는 자는 그 회생계획의 효력을 받는 지위에 있는 자로서 회생계획의 효력발생에 따라 자기의 이익이 침해되는 자라고 할 것이다.[69] 따라서 벌금 등 청구권자(제140조 제1항)는 즉시항고권이 없다.

나. 벌금·과료·추징금에 관한 형의 시효의 정지 여부[70]

조세 등 청구권에 관하여는 처분을 할 수 없거나 처분이 중지된 기간 중에는 시효가 진행하지 않는다고 규정하고 있다(제58조 제4항). 벌금·과료·추징금[71]은 금전채권이지만 민법 등의 소멸시효는 적용되지 않고, 형법 제78조에 의한 '형의 시효'가 적용된다. 소멸시효에 대하여는 회생절차참가 등으로 시효가 중단된다는 규정이 있다(제32조 제1호 본문). 그러나 벌금·과료·추징금에 관한 형의 시효에 관하여는 아무런 규정이 없다.

형의 시효란 형의 선고를 받은 자가 재판이 확정된 후 그 형의 집행을 받지 않고 일정한 기간이 경과된 때에는 집행이 면제되는 것을 말한다. 일정한 기간이 경과한 때에는 확정된 형벌의 집행권을 소멸시키는 제도이다. 시효의 기간은 벌금, 추징의 경우 5년, 과료의 경우 1년이다(형법 제78조).

형의 시효는 형의 집행의 유예나 정지 또는 가석방 기타 집행할 수 없는 기간은 진행되지 않는다(형법 제79조). 기타 집행할 수 없는 기간이란 천재지변 기타 사변으로 인하여 형을 집행할 수 없는 기간을 말한다.

벌금, 과료 및 추징금에 관한 청구권도 공익채권으로서 권리행사가 인정되는 경우

---

69) 대법원 2008. 6. 17. 자 2005그147 결정, 대법원 2006. 1. 20. 자 2005그60 결정 참조.

70) 파산절차나 개인회생절차에서도 동일한 문제가 발생한다.

71) 형사소송비용은 민법이나 국가재정법상의 소멸시효가 적용된다. 과태료에 대하여는 다툼의 여지가 있지만, 금전채권으로 성립된 이후에는 민법이나 국가재정법상의 소멸시효가 적용된다고 할 것이다. 국가재정법 제96조 제1항도 「금전의 급부를 목적으로 하는 국가의 권리로서 시효에 관하여 다른 법률에 규정이 없는 것은 5년 동안 행사하지 아니하면 시효로 인하여 소멸한다.」고 규정하고 있다.

를 제외하고, 회생절차가 개시되면 회생절차가 종료할 때까지는 권리행사가 제한된다. 회생절차개시로 권리행사가 제한되는 기간에 형의 시효가 정지되는가. 회생절차개시결정으로 인한 집행할 수 없는 기간이 '기타 집행할 수 없는 기간'에 포함된다고 보기는 어렵다. 따라서 벌금, 과료 및 추징금에 대한 형의 시효가 회생절차 진행 중에 경과할 가능성이 있다{다만 강제처분이 개시된 경우에는 시효가 중단되지만(형법 제80조), 회생절차참가(채권신고)나 채권자목록제출을 강제처분으로 평가하는 것은 곤란하다}. 회생채권인 벌금, 과료 및 추징금에 관한 청구권은 면책의 대상이 아니고, 채무자에 대한 형사제재로서의 성질을 고려하면, 형의 시효의 진행을 정지하여야 할 것이다. 입법적 해결이 필요해 보인다.[72] 다만 벌금 등이 공익채권인 경우에는 수시로 징수할 수 있기 때문에 시효정지의 필요는 없다.

다. 벌금 등 청구권의 신고 및 확정

(1) 벌금 등 청구권의 신고

벌금 등 청구권은 제재적 성질을 갖는 공적청구권으로 통상의 채권과 동일하게 취급할 수 없다. 벌금 등 청구권을 가지고 있는 자는 지체 없이 그 액 및 원인과 담보권의 내용을 법원에 신고하여야 한다(제156조 제1항). '지체 없이 신고하여야 한다'는 취지는 회생계획안 수립에 장애가 되지 않는 시기까지, 즉 늦어도 회생계획안 심리를 위한 관계인집회 전까지는 신고되어야 한다는 의미이다.[73]

벌금 등 청구권은 채권조사의 대상이 아니며, 일응 진실성이 추정되기 때문에 조사의 결과에 준하여(조사·확정절차는 거치지 않는다) 도산채권자표에 기재된다(제156조 제2항, 제167조 제1항). 다만 도산채권자표의 기재에 확정판결과 동일한 효력이 인정되지는 않는다.[74] 왜냐하면 제156조 제2항, 제167조 제1항에 의하면 벌금 등 청구권과 같은 공법상의 채권에 대하여는 일반 회생채권과 같은 조사·확정절차를 거치지 아니한 채 도산채권자표에 기재하도록 하되, 다만 그러한 기재가 있었다고 하더라도 그 청구권의 원인이 불복의 신청을 허용하는 처분인 때에는 관리인이 여전히 채무자가 할 수 있는 방법으로 불복을 신청할 수 있도록 하고 있어서, 이 경우에는 회생채권으로 신고되어 도산채권자표에 기재되면 확정판결과 동일한 효력이 있다고 규

72) 일본 회사갱생법은 벌금, 과료 및 추징에 대하여 이것이 공익채권으로서 권리행사가 인정되는 경우를 제외하고, 갱생절차가 종료될 때{갱생계획이 인가된 경우에는 갱생계획에서 정한 변제기간이 만료된 때(그 기간 만료 전에 갱생계획에 따라 변제가 완료된 경우에는 변제가 완료된 때)}까지는 시효가 진행하지 않는다고 규정하고 있다(제50조 제11호). 민사재생법 제39조 제4항, 파산법 제43조 제3항도 같은 취지의 규정이 있다.

73) 대법원 2024. 6. 13. 선고 2023두63079 판결, 대법원 1980. 9. 9. 선고 80누232 판결 등 참조.

74) 제157조 제2항은 제176조 제2항을 준용하고 있지 않다.

정한 제168조나 제255조는 적용될 여지가 없기 때문이다.[75]

(2) 벌금 등 청구권의 확정

① 관리인에 의한 불복

벌금 등 청구권은 그 성질상 채권의 진실성이 일응 추정되기 때문에 제소책임을 이의자측에 부과하는 것이 타당하고, 또한 채권자에게 이의권을 인정하여도 적절한 행사를 기대할 수 없기 때문에 이의권은 관리인에게만 부여하는 것으로 충분하다(제157조 제1항). 도산채권자나 주주에게는 이의권이 인정되지 않는다. 벌금 등 청구권의 성질을 중시하여, 관리인에게 도산채권자나 주주의 이익을 대표하여 이의권을 인정하고, 이의자인 관리인이 확정을 위한 절차를 개시하도록 하고 있다. 관리인은 신고하지 않은 청구권에 대하여는 불복신청을 할 수 없다.[76]

불복신청은 조사기간의 말일 또는 특별조사기일부터 1월 이내에 하여야 한다(제157조 제2항, 제174조 제3항).[77] 위 기간 내에 불복을 신청하지 않는 경우 관리인이 그 도산채권을 인정한 것으로 본다(제157조 제2항, 제174조 제4항).

② 소송절차 등의 중단·수계

㉮ 신고한 벌금 등 청구권에 관하여, 채무자가 불복하여 회생절차개시 당시 이미 소송이 계속되어 있는 경우가 있을 수 있다. 이 경우 소송은 회생절차개시로 중단되고(제59조 제1항), 이의를 주장한 관리인은 신고한 벌금 등 청구권을 보유한 도산채권자를 상대방으로 하여 그 소송절차를 수계하여야 한다(제156조 제2항, 제174조 제2항). 수계는 청구권자로부터 채권신고가 있다는 것을 전제로 한다. 따라서 관리인이 청구권자로부터의 채권신고가 없음에도 수계를 신청하는 것은 부적법하다.

한편 벌금, 과료, 형사소송비용 및 형사추징금은 형사소송절차에서 다투어지고 확정되는 것이기 때문에, 이러한 절차들은 포함되지 않고, 행정처분으로서의 민사추징금 및 과태료에 한하여 이의가 주장될 수 있다.

소송의 수계신청은 조사기간의 말일 또는 특별조사기일부터 1월 이내에 하여야 한다(제157조 제2항, 제174조 제3항). 위 기간 내에 수계가 행하여지지 아니한 경우 관리인이 그 도산채권을 인정한 것으로 본다(제157조 제2항, 제174조 제4항).

---

75) 대법원 2000. 12. 22. 선고 99두11349 판결 참조.

76) 조세 등 청구권은 신고하지 않는 경우 실권되므로 문제가 없다. 벌금 등 청구권은 신고하지 않더라도 면책되지 않기 때문에 신고하지 않은 벌금 등 청구권에 관하여는 누가 불복신청을 하여야 하는가. 관리인은 불복신청을 할 수 없으므로 결국 채무자가 할 수밖에 없을 것이다.

77) 벌금 등 청구권의 신고는 '지체 없이' 하면 되지만, 불복신청은 조사기간 말일 또는 특별조사기일부터 1월 이내에 하여야 한다.

㉯ 신고한 벌금 등 청구권에 관하여 회생절차개시 당시 행정청에 계속되어 있는 채무자의 재산에 관한 사건도 회생절차개시로 중단되고, 이의를 주장한 관리인이 수계할 수 있다(제59조 제6항).

㉰ 회생절차가 종료한 때 관리인에 의한 불복절차나 관리인이 수계한 절차가 계속 중인 경우에는, 절차가 중단되고 채무자가 수계한다(제59조 제4항, 제6항).

2. 파산절차

파산절차에서 벌금 등 청구권은 후순위 파산채권이다(제446조 제1항 제4호). 문언상 한정되어 있지 않지만, 여기서 말하는 벌금 등 청구권은 파산선고 전에 채무자의 행위로 발생한 것을 의미한다.

벌금 등 청구권은 채무자 본인에 대한 인적 제재로서 징벌적 성격을 가지므로 일반 파산채권으로 취급하면 채무자의 부담을 다른 채권자의 부담으로 전가하여 배당의 감소를 초래하게 되므로 후순위 파산채권으로 한 것이다.

후순위 파산채권이므로 신고의무는 있으나(제471조), 채권조사기일에서의 조사대상은 아니다(제472조). 벌금 등 청구권을 가진 자는 지체 없이 그 액 및 원인을 법원에 신고하여야 한다(제471조 제1항). '지체 없이'의 의미에 대하여는 정당하거나 합리적인 이유 없이 지체를 허용하지 않는다는 취지이지만, 구체적으로는 개별사정을 고려하여 결정할 수밖에 없다. 물론 다른 파산채권과 마찬가지로 최후배당의 배당제외기간(제521조)이 만료된 이후에는 신고가 허용되지 않는다.

벌금 등 청구권은 채권조사의 대상은 아니지만, 일응 진실성이 추정되기 때문에 조사의 결과에 준하여 파산채권자표에 기재된다(제471조 제2항, 제459조 제1항).

벌금 등 청구권은 성질상 일단 정당하다고 보아 채권조사절차에 의하지 않고, 행정심판, 행정소송 등 채무자가 불복할 수 있는 방법으로 다투어야 한다(제472조). ① 신고된 벌금 등 청구권에 관하여, 채무자가 불복신청을 하고, 파산선고 당시 이미 소송이 계속되어 있는 경우가 있을 수 있다. 이 경우 소송은 파산선고로 중단되고(민소법 제239조), 이의를 주장한 파산관재인은 신고를 한 벌금 등 청구권을 보유한 파산채권자를 상대방으로 하여 그 소송절차를 수계하여야 한다(제472조 제2항, 제466조 제2항). 수계는 청구권자로부터 채권신고가 있다는 것을 전제로 한다. 따라서 파산관재인이 청구권자로부터의 채권신고가 없음에도 수계를 신청하는 것은 부적법하다. ② 신고한 벌금 등 청구권에 관하여 파산선고 당시 행정청에 계속되어 있는 파산재단에 속하는 재산에 관한 사건도 파산선고에 의해 중단되고, 이의를 주장한 파산관재인이 수계할 수 있다(제350조, 제347조 제1항).

벌금 등 청구권은 후순위 파산채권이므로 채권자집회에서 의결권이 주어지지 않는다(제373조 제5항).

벌금 등 청구권은 면책대상에서도 제외되고 있다(제566조 제2호). 채무자에 대한 형벌 내지 질서벌로써 본인에게 직접 그 고통을 주는 것을 목적으로 하는 것으로 성질상 실제적으로 이행시켜야 하기 때문에 비면책채권으로 규정한 것이다. 또한 벌금 등 청구권을 면책대상채권으로 하게 되면 이를 면탈하기 위하여 파산제도를 악용할 우려도 있다는 점도 고려한 것이다.[78]

3. 개인회생절차

벌금 등 청구권은 후순위 개인회생채권으로(제581조 제2항, 제446조 제1항 제4호), 변제계획에 의하지 아니하고는 변제하거나 변제받는 등 이를 소멸하게 하는 행위(면제를 제외한다)를 하지 못한다(제582조).

그렇지만 비면책채권이다(제625조 제2항 단서 제3호). 형벌 내지 질서벌로서 제재적 성격이 있어 채무자가 반드시 납부하여야 한다는 점에서 비면책채권으로 한 것이다. 후순위 개인회생채권이므로 일반적으로 변제기간이 만료된 후에 변제된다. 법률에 의하여 기한의 유예를 부여한 것이다.

채무자가 개인회생재단에 대하여 관리처분권을 가지고 있으므로(당사자적격도 채무자에게 있다) 벌금 등 청구권의 관련 재판에서 중단·수계의 문제는 없다.

---

78) 헌법재판소 2013. 3. 21. 선고 2012헌마569 전원재판부 결정 참조. 이들 공법상 청구권은 다른 파산채권자와의 관계에서는 후순위 파산채권이다(제446조 제1항 제4호). 그러나 채무자와의 관계에서는 그 인격적 측면을 중시하여 비면책채권으로 한 것이다.

제15장

기촉법에 의한 공동관리절차

기업구조조정이란 기업가치 극대화를 위한 생산적 복원(Productive Re-Construction) 작업을 말한다. 부실기업(부실징후기업)에 대한 구조조정절차는 크게 두 가지 방식으로 진행된다. 채무자회생법에 따른 법적(재판상) 구조조정절차(회생절차)와 워크아웃(Workout)이라고 하는 사적(私的) 구조조정절차(out-of-court process, non-court workouts)가 그것이다.

사적 구조조정(워크아웃)이란 법원의 관여 없이 이해당사자 사이의 자율적인 합의에 의한 사적 정리방식의 채무재조정절차를 통칭하는 것이다. 워크아웃의 제도적 취지는 법원 도산절차 밖에서 채권자와 채무자가 자발적인 협약을 바탕으로 각종 채무구조조정(만기유예, 원리금감면, 출자전환 등)을 통하여 기업의 재무적 곤경을 해소함으로써 도산절차에 따른 도산비용(bankruptcy cost)을 절감하고, 기업가치를 극대화한 후 극대화된 기업가치를 채권자와 채무자가 공유하고자 하는 데 있다. 법원이 주도하는 회생절차는 구조조정을 신속하고 원활하게 추진할 수 없으며, 특히 신규 신용공여가 거의 불가능하다는 이유로 채권단이 주도하는 워크아웃이 등장했다.

워크아웃(사적 구조조정)에는 ① 채권단의 자율협약에 따라 진행하는 방식과 ② 기업구조조정 촉진법(Corporate Restructuring Promotion Act)[1]에 의한 공동관리절차와 관리절차가 있다. 자율협약은 채권자 100%가 동의하여야 하므로 절차 진행이 원활하지 못하다. 반면 기촉법에 의한 공동관리절차는 총 금융채권액 중 4분의 3 이상을 보유한 금융채권자의 찬성으로 구조조정을 할 수 있다. 관리절차는 주채권은행 단독으로 구조조정을 진행하는 것이다.

기촉법에 의한 기업구조조정은 의사결정이 상대적으로 신속하다는 특징이 있다. 기촉법에 따른 공동관리절차나 관리절차는 자율협약과 법적 도산절차인 회생절차의 중간에 위치한 것으로 순수한 의미의 자율협약은 아니다. 기촉법에 의한 공동관리절차는 법률의 규정에 근거한 법원 밖 워크아웃절차(out-of-court workout)로서 금융채권자의 주도로 다수결에 의하여 채무조정이 이루어지는 독특한 제도이다. 자율협약이나 기촉법에 근거하는 기업개선작업(워크아웃)은 재무적 곤경에 처했으나 경제적으로는 회생가능성이 있는 기업을 대상으로 채권단과 당해 기업이 협력하여 재무구조와 사업구조를 조정함으로써 기업회생과 채권회수 증대를 꾀하는 일련의 과정으로서 민법상 화해계약에 유사한 성질을 갖는다.[2]

기촉법에 의한 공동관리절차와 관리절차는 회생절차와 더불어 20년 가까이 기업구조조정의 주요한 수단으로서 중요한 역할을 하고 있다. 또한 공동관리절차나 관리절차는 금융기관으로부터 신규 대출을 받을 수 있고, 상거래채권이 살아있어(상거래채권은 채무조정의 대상이 아니다) 협력업체의 부도사태를 막을 수 있는 합리적인 구조조정 수단으로 평가받아 왔다. 공동관리절차(관리절차)는 전반적으로 채권자 주도의 절차(금융채권자협의회가 주요사항을 심의·의결한다)이며, 법원은 사후적·제한적으로 관여한다(금융채권자협의회 의결 취소의 소, 금융채권자 조정위원회 조정결정에 대한 불복소송 등).

---

1) 기촉법과는 별개로 『채권은행협의회 운영협약』이 운영되고 있는데 기본적인 내용은 기촉법과 유사하다. 위 협약에서는 협약이 적용되는 채권자의 범위에 기촉법과는 달리 모든 금융채권자가 아닌 채권은행, 정책금융기관만을 포함함으로써 채권자의 범위를 제한함에 따라 채권은행 중심으로 워크아웃을 추진할 수 있다. 협약에서 채권은행 단독관리는 주채권은행이 총채권액의 75% 이상 보유하고 있거나 총채권액이 30억 원 미만인 경우에 한해 적용된다.

2) 대법원 2010. 6. 10. 선고 2010다6024 판결(기촉법에 대한 것), 대법원 2007. 4. 27. 선고 2004다41996 판결(자율협약에 대한 것).

Ⅰ. 기촉법의 입법 연혁

1997년 외환위기 이후 금융기관인 채권자들이 신속하게 부실기업의 구조조정을 추진하기 위해, 1998년 6월경 은행, 증권사, 보험사 등 210개 금융기관 사이에 부실기업에 대한 워크아웃절차를 정한 '기업구조조정 촉진을 위한 금융기관협약'을 체결하였다. 위 협약에 따라 구조조정을 하는 과정에서 일부 채권금융기관들이 손실을 분담하기보다는 무임승차(free-riding)하려는 형태가 나타나고, 채권금융기관들의 이해 조정을 위한 자율적인 합의도출에 현실적인 어려움을 겪게 됨에 따라 이를 법률적으로 뒷받침할 필요가 있었다.

이에 2001년 위 협약에 따른 워크아웃에 법률적 기반을 제공하고 그 법적인 구속력을 부여하고자 위 협약의 주요 내용을 기초로 기업구조조정 촉진법(2001. 8. 14. 제정, 법률 제6504호)이 제정되어 2001년 9월 15일부터 2005년 12월 31일까지 한시법으로 시행되었다. 2007년 8월 3일 2차로 존속기한을 2010년 12월 31일까지로 하는 기업구조조정 촉진법(법률 제8572호)이 제정되어 2007년 11월 4일부터 시행되었고, 그 기간이 만료된 후 2011년 5월 19일 3차로 기업구조조정 촉진법(법률 제10684호)이 제정되어 2013년 12월 31일까지 기한으로 시행되었다. 그 후 2014년 1월 1일 4차 기업구조조정 촉진법(법률 제12155호)이 제정되어 2015년 12월 31일까지 효력을 가지고 시행되다가 다시 2016년 3월 18일 5차 기업구조조정 촉진법(법률 제14075호)으로 제정되어 2018년 6월 30일까지 기한으로 시행되었다. 2018. 10. 16. 6차 기업구조조정 촉진법(법률 제15855호)이 제정되어 2023년 10월 15일까지 기한으로 시행되었다. 최종적으로 2023. 12. 26. 7차 기업구조조정 촉진법(법률 제19852호)이 제정되어 3년 한시법으로 시행되고 있다(부칙 제2조).

Ⅱ. 공동관리절차의 적용대상과 기관

금융채권자협의회에 의한 공동관리절차란 금융채권자로부터 신용공여를 받은 기업이 부실징후기업에 해당하는 경우에 주채권은행이 금융채권자협의회를 소집하고 위 협의회의 의결을 거쳐 기업의 구조조정절차를 진행하는 것을 말한다(제8조).

1. 공동관리절차 적용대상

가. 부실징후기업

공동관리절차는 부실징후기업의 기업개선이 신속하고 원활하게 추진될 수 있도록 하는 것을 목적으로 한다(제1조[1]).

부실징후기업이란 주채권은행이 신용위험평가를 통하여 통상적인 자금차입 외에 외부로부터의 추가적인 자금유입 없이는 금융채권자에 대한 차입금 상환 등 정상적인 채무이행이 어려운 상태(이를 '부실징후'라 한다)에 있다고 인정한 기업을 말한다(제2조 제7호). 주채권은행이란 해당 기업의 주된 채권은행(주된 채권은행이 없는 경우에는 신용공여액이 가장 많은 은행)을 말한다(제2조 제5호 전단). 신용공여액은 주채권은행을 선정하는 달의 직전 달 말일을 기준으로 한다(시행령 제3조 제1항). 외부자금이란 사내유보금, 자기 신용에 의한 차입 이외에 제3자로부터 제공받은 자금지원 등을 포괄적으로 의미한다. 예컨대 유상증자, 관계자 대여금, 특별대출심사, 대주주 사재 출연 등을 말한다. 한편 '금융채권자에 대한 차입금 상환 등 정상적인 채무이행이 어려운 상태'는 회생절차의 개시원인인 '사업의 계속에 현저한 지장을 초래하지 아니하고는 변제기에 있는 채무를 변제할 수 없는 경우'(채무자회생법 제34조 제1항 제1호)에 유사한 것으로 볼 수 있다.

기업이란 「상법」에 따른 회사와 그 밖에 영리활동을 하는 자를 말한다(제2조 제6호 본문). 신용공여의 규모와 무관하게 중소기업을 포함한 모든 기업을 말한다. 다만 ① 「공공기관의 운영에 관한 법률」에 따른 공공기관, ② 금융회사와 그 밖에 금융업무를 하는 자로서 대통령령으로 정하는 자,[2] ③ 외국법에 따라 설립된 기업, ④ 그 밖에 신용위험 평가 대상(제4조 제4항)에 포함되지 아니한 자로서 대통령령으로 정하는 자[3]는 제외한다(제2조 제6호 단서). 기촉법 시행령(제4조 제2항 제3호)은 채권은행의 거래기업에 대한 신용공여액이 50억 원 미만인 경우 신용위험평가를 하지 아니할 수 있다고 규정하고 있고, 신용위험평가를 하지 않으면 기촉법 적용대상기업에서 제외되므로(제2조 제6호 라.목), 결국 기촉법의 적용대상기업은 신용공여액이 50억 원 이상의 기업이라고 할 수 있다.

나. 금융채권자

(1) 의 의

기촉법상 공동관리절차는 금융채권자를 대상으로 한다. 금융채권자란 금융채권을 보유한 자를 말하고, 금융채권이란 기업 또는 타인에 대한 신용공여로 해당 기업에 대하여 행사할 수 있는 채권을 말한다(제2조 제1호, 제2호). 금융기관만이 아니라 모든 금융채권자를 포함한다. 따라서 비금융기관(예컨대 사채권자)도 참여 가능하나, 상

1) 본 장에서 별도의 법령표시가 없으면 기촉법 조문을 의미한다.
2) 시행령 제2조 제2항, 법인세법 시행령 제61조 제2항 각 호.
3) 시행령 제2조 제3항.

거래채권자는 그 대상이 아니다. 상거래채권자 등 일반채권자는 자금지원의 여력이 없고, 신속한 구조조정 추진이 어려워진다는 점을 고려하여 포함시키지 않은 것이다.

신용공여란 ① 대출, ② 어음 및 채권 매입, ③ 시설대여, ④ 지급보증, ⑤ 지급보증에 따른 대지급금의 지급, ⑥ 기업의 지급불능 시 거래상대방에 손실을 초래할 수 있는 직접적·간접적 금융거래,[4] ⑦ ①부터 ⑥까지에 해당하는 거래는 아니나 실질적으로 그에 해당하는 결과를 가져올 수 있는 거래로서 금융위원회가 정하는 범위의 것을 말한다(제2조 제8호). 특정금전신탁에 의한 기업어음매입도 신용공여에 해당한다.[5]

(2) 일부 금융채권자의 배제

모든 금융채권자로 참여자를 확대함으로써 절차 지연 가능성이 있으므로 소액채권자나 사채권자 등 일부 금융채권자를 배제할 필요성이 있다.

① 주채권은행에 의한 배제

주채권은행은 금융채권자협의회의 소집 통지를 하지 아니함으로써 일부 금융채권자를 배제할 수 있다(제9조 제5항). 주채권은행이 통지를 누락하기만 하면 그 통지를 받지 못한 금융채권자는 배제되는 것으로 보아야 할 것이다. 다만 주채권은행이 배제하려는 금융채권자가 참가를 요청할 수도 있고, 이 경우 공동관리절차에서 배제할 수 없다(제9조 제6항).

② 금융채권자협의회에 의한 배제

금융채권자협의회 의결로 배제될 금융채권자를 선정할 수 있다(제23조 제1항 제3호). 주채권은행의 결정이 아니라 금융채권자협의회 의결로 배제되는 금융채권자는 공동관리절차에 참가할 수는 없다.

이와 같이 주채권은행의 재량 또는 금융채권자협의회 의결에 의해 일부 금융채권자가 배제된다고 하여도 배제되는 금융채권자는 기촉법으로부터 아무런 영향을 받지 아니하므로(제11조 제3항) 불평등한 권리 침해라고 보기 어렵다.[6]

(3) 반대채권자의 채권매수청구권

공동관리절차의 개시, 기업개선계획의 수립 및 변경, 채무조정, 신규 신용공여, 공

---

4) "금융거래"란 거래 당사자 사이에 그 거래의 대가로서 이자, 보증료 또는 이와 유사한 성격의 금전적 가치를 지니는 반대급부를 수취하는 목적의 채권을 발생시키는 거래를 말한다{기업구조조정 촉진을 위한 금융기관 감독규정(금융위원회 고시 제2018-30호, 이하 '감독규정'이라 한다) 제3조 제4항}.

5) 대법원 2014. 6. 26. 선고 2013다17971 판결.

6) 이은재, "2016 기업구조조정 촉진법의 주요 내용", BFL(81호), 서울대학교 금융법센터(2017년), 11쪽.

동관리절차의 연장, 그 밖에 협의회의 의결로 정하는 사항에 대하여 협의회의 의결이 있는 경우 그 의결에 반대한 금융채권자(이하 '반대채권자'라 한다)는 협의회의 의결일부터 7일 이내(이하 '매수청구기간'이라 한다)[7]에 주채권은행에 대하여 채권의 종류와 수를 기재한 서면으로 자기의 금융채권(공동관리절차에서 출자전환된 주식을 포함한다) 전부를 매수하도록 청구할 수 있다(제27조 제1항 전문).

금융채권자로서는 공동관리절차에서 이루어진 채권재조정 등에 관한 협의회 의결과 그 실행을 통해서 해당 기업의 가치가 증가하고 채권의 회수율이 높아질 것인지 아니면 즉시 기업을 청산할 것을 전제로 그 시점에서의 채권 가치를 보상받고 해당 기업에 대한 이해관계에서 벗어날 것인지를 판단하여 협의회 의결에 대한 반대와 채권매수청구권 행사 여부를 결정하게 된다.[8]

이 경우 채권의 매수를 청구할 수 있는 금융채권자는 협의회의 의결일까지 반대의 의사를 서면으로 표시한 자에 한정하며(협의회에 참석한 채권자이든 참석하지 않은 채권자이든 반대의 의사를 서면으로 표시한 경우에 한하여 매수청구권을 행사할 수 있다), 매수청구기간에 채권을 매수하도록 청구하지 아니한 자는 해당 협의회의 의결에 찬성한 것으로 본다(제27조 제1항 후문). 채권매수청구권 제도를 통하여 탈퇴권(exit right)을 보장하고 있지만, 매수청구권의 행사 주체와 행사기간을 대폭 제한하고 있다.

2. 공동관리절차의 기관

가. 금융채권자협의회

부실징후기업의 효율적인 구조조정을 위하여 해당 기업의 금융채권자로 구성된 금융채권자협의회를 둔다(제22조 제1항). 금융채권자는 그 의사와 관계없이 자동으로 협의회의 구성원이 된다.

주채권은행은 협의회의 소집 및 운영을 주관하며, 협의회가 의결한 사항에 관하여 협의회를 대표한다(제22조 제2항).

주채권은행은 공동관리절차의 개시 등과 관련한 사항(제23조 제1항)을 심의・의결하기 위하여 협의회를 소집할 수 있다. 주채권은행이 아닌 금융채권자는 단독 또는 다른 금융채권자와 합하여 금융채권액이 협의회를 구성하는 금융채권자가 보유한 총 금융채권액(공동관리절차에서 출자전환된 채권액을 포함한다. 이하 '협의회 총금융채권

7) 협의회가 금융채권자가 신고한 금융채권의 존재 여부 등에 관하여 다투는 경우, 채권매수청구기간은 금융채권의 존재 여부 등이 확정된 날부터 계산한다(제26조 제4항, 제5항). 또한 해당 기업이 제출한 금융채권자의 목록에 누락되어 금융채권액을 신고하지 못한 금융채권자에 대한 채권매수청구기간은 금융채권액이 확정된 날부터 계산한다(제26조 제7항).

8) 대법원 2023. 11. 2. 선고 2018다208376 판결 참조.

액'이라 한다)의 1/4을 초과하는 경우 주채권은행에 대하여 협의회의 소집을 요청할 수 있으며, 요청을 받은 주채권은행은 지체 없이 협의회 소집에 필요한 조치를 하여야 한다(제22조 제3항).

금융채권자협의회는 ① 공동관리절차의 개시, 연장, 중단 및 종료, ② 채권행사 유예기간의 결정, 연장 및 중단, ③ 적용배제 금융채권자의 선정, ④ 기업개선계획의 수립 및 변경, ⑤ 기업개선계획의 이행을 위한 약정의 체결, ⑥ 기업개선계획의 이행을 위한 약정 이행실적에 대한 점검 및 조치, ⑦ 해당 기업의 경영정상화 가능성에 대한 점검 · 평가 및 조치, ⑧ 채무조정 또는 신규 신용공여계획의 수립, ⑨ 기업개선계획을 이행하지 않은데 따른 위약금 부과, ⑩ 기업개선계획의 이행을 위한 약정의 미이행으로 인한 손해배상 ⑪ 협의회 운영규정의 제정 · 개정, ⑫ ① 내지 ⑪의 사항과 관련된 사항, ⑬ 그 밖에 기촉법에 따라 협의회의 의결이 필요한 사항 등을 심의 · 의결한다(제23조 제1항).

나. 금융채권자조정위원회

부실징후기업의 효율적이고 공정한 기업개선과 금융채권자 간의 이견조정 등을 위하여 금융채권자조정위원회를 둔다(제29조 제1항).

조정위원회는 7인의 위원으로 구성한다. 조정위원은 ① 금융기관 또는 금융 관련 분야에서 10년 이상 근무한 경험이 있는 사람, ② 변호사 또는 공인회계사의 자격을 가진 사람, ③ 금융 또는 법률 관련 분야의 석사 이상의 학위소지자로서 연구기관 · 대학에서 연구원 · 조교수 이상의 직에 10년 이상 근무한 경험이 있고 기업구조조정에 관한 전문성이 있는 사람, ④ 기업구조조정 업무에 3년 이상 종사한 경험이 있는 사람으로서 대통령령(시행령 제14조 제1항)이 정하는 바에 따라 선임된다(제29조 제2항).

조정위원회는 ① 금융채권자 간의 자율적 협의에도 불구하고 해소되지 아니하는 이견(협의회가 의결한 후에 조정을 신청한 이견은 제외한다)의 조정으로서 대통령령으로 정하는 사항에 대한 조정,[9] ② 반대채권자의 주식매수청구권 행사에 따른 채권의 매수가액 및 조건에 대한 조정, ③ 위약금과 손해배상 예정액에 대한 조정, ④ 부실징후기업고충처리위원회의 권고사항에 대한 협조, ⑤ 협의회 의결사항의 위반 여부에 대한 판단과 그 이행에 대한 결정, ⑥ 조정위원회의 운영과 관련한 규정의 제정 · 개정, ⑦ 그 밖에 협의회의 운영과 관련하여 대통령령으로 정하는 사항[10] 등의 업무를 수행한다(제29조 제5항).

---

9) 시행령 제14조 제3항.
10) 시행령 제14조 제4항.

다. 부실징후기업고충처리위원회

부실징후기업의 고충을 처리하기 위하여 부실징후기업고충처리위원회를 둔다(제30조 제1항).[11] 고충처리위원회는 위원장 1명을 포함한 6명의 위원으로 구성되며, 위원장은 조정위원회의 위원장이 겸임하고, 위원은 정부·금융감독기관·금융채권자 및 부실징후기업에 종사하고 있는 사람은 제외하고 기촉법 제29조 제2항 각호의 어느 하나에 해당하는 사람 중에서 대통령령으로 정하는 바에 따라 선임되는 자로 한다(제30조 제2항).

고충처리위원회는 부실징후기업의 고충 및 애로사항 수렴, 기업의 주주 또는 노동조합 등 이해관계인(제14조 제2항 제4호)으로서 동의서를 제출한 자의 고충 및 애로사항 수렴, 금융채권자에 대한 고충처리 방안의 권고 및 이행점검, 제도적 지원이 필요한 사항의 경우 관계 기관에 대한 건의, 고충처리위원회의 운영과 관련한 규정의 제정·개정, 그 밖에 부실징후기업 고충의 처리와 관련한 사항 등의 업무를 수행한다(제30조 제4항).

Ⅲ. 공동관리절차 신청 전 조치

1. 신용위험의 평가

주채권은행은 거래기업에 대한 신용위험을 평가하여야 한다. 주채권은행이 아닌 채권은행은 거래기업의 신용위험을 평가한 결과 부실징후기업에 해당된다고 판단할 경우 그 사실을 지체 없이 주채권은행에 통보하여야 하고, 통보를 받은 주채권은행은 해당 거래기업의 부실징후 유무에 대하여 판단하여야 한다. 이 경우 주채권은행은 해당 채권은행에 대하여 필요한 자료의 제출 등 협조를 요청할 수 있다. 신용위험평가의 대상 및 시기, 그 밖에 필요한 사항은 대통령령으로 정한다(제4조).[12]

주채권은행의 신용위험 평가는 공동관리절차개시의 기초가 된다. 주채권은행이 신용평가를 하는 목적은 시장기능에 의한 상시적인 기업구조조정을 통하여 기업부실의 확대를 차단하고 금융회사의 건전성을 제고하는 것을 목표로 자생력이 없는 부실기업이 발생할 경우 이를 신속하고 효과적으로 퇴출시키고 회생가능성이 있는 부실징후기업에 대해서는 적극적인 구조조정을 통하여 회생을 유도하기 위함이다.

---

11) 시행령 제16조 제1항.

12) 채권은행은 거래기업에 대한 신용위험평가를 매년 1회 정기적으로 실시하여야 하며, 필요한 경우 수시로 거래기업에 대한 신용위험평가를 할 수 있다, 다만 ① 회생절차 또는 파산절차가 진행 중이거나 위 절차가 폐지된 기업, ② 공동관리절차나 관리절차가 진행 중인 기업, ③ 신용공여액이 50억 원 미만인 거래기업에 대하여는 신용위험평가를 하지 아니할 수 있다(시행령 제4조).

2. 신용위험평가결과의 통보

주채권은행은 거래기업의 신용위험을 평가한 결과 부실징후가 있다고 판단하는 경우에는 그 사실과 이유를 해당기업에 통보하여야 한다(제5조 제1항).

3. 주채권은행의 조치

주채권은행은 부실징후기업으로 통보받은 기업이 정당한 사유 없이 6개월의 범위에서 대통령령으로 정하는 기간(3개월[13])에 기촉법에 따른 (공동)관리절차나 채무자회생법에 따른 회생절차를 신청하지 아니하는 경우 부실징후기업의 신용위험으로 인하여 금융시장의 안정이 훼손되지 아니하도록 해당 기업의 신용위험 및 채무상환능력의 변화 등을 지속적으로 점검하여 필요한 조치를 강구하여야 한다(제7조).

부실징후기업이 아무런 조치도 취하지 않아 부실이 악화된다면 채권금융기관의 건전성에도 악영향을 미치기 때문에 기업이 정당한 사유없이 구조조정을 지연할 경우 주채권은행이 필요한 조치를 취할 수 있는 근거를 명문화한 것이다.

'필요한 조치'에는 여신회수, 여신한도축소 등의 여신관리조치는 물론 기촉법상의 공동관리절차, 채무자회생법상 회생절차 그 밖에 구조조정절차로의 유도를 포함한다. 이는 주채권은행의 권리인 동시에 건전성 관리 차원에서 지켜야 할 의무이기 때문에 '필요한 조치'를 취하지 아니한 때에는 금융위원회는 채권금융기관에 대하여 일정한 기간을 정하여 그 시정을 요구할 수 있다(제35조 제1항 제3호).

Ⅳ. 금융채권자협의회에 의한 공동관리절차

1. 공동관리절차의 신청

가. 신청권자

공동관리절차는 부실징후기업이라고 통보를 받은 기업이 신청할 수 있다. 통보를 받은 부실징후기업은 주채권은행에 대하여 기업개선을 위한 자구계획서와 금융채권자목록을 첨부하여 금융채권자협의회에 의한 공동관리절차(이하 '공동관리절차'라 한다)를 신청할 수 있다(제5조 제2항 제1호).

나. 금융채권자협의회 소집통보

주채권은행은 부실징후기업으로부터 공동관리절차의 신청을 받은 날부터 14일 이

13) 시행령 제6조.

내에 공동관리절차의 개시 여부를 결정하기 위한 협의회(이하 '제1차 협의회'라 한다)의 소집을 통보하여야 한다. 다만 주채권은행 관리절차(제21조)를 통하여 해당 기업의 부실징후가 해소될 수 있다고 판단하는 경우나 공동관리절차를 통하여도 해당 기업의 부실징후가 해소될 수 없다고 판단하는 경우에는 제1차 협의회의 소집을 통보하지 아니할 수 있다(제9조 제1항).

다. 금융채권행사 유예

주채권은행이 협의회 회의의 일시 및 장소 등(제9조 제2항)의 통보를 하는 경우에는 금융채권자에게 제1차 협의회의 종료시까지[14] 해당 기업에 대한 금융채권의 행사(상계, 담보권 행사, 추가 담보 취득을 포함하며, 시효중단을 위한 어음교환 회부는 제외한다)를 유예하도록 요구할 수 있다(제9조 제3항).

2. 금융채권의 신고 및 확정

주채권은행으로부터 제1차 협의회의 소집을 통보받은 금융채권자는 통보받은 날부터 5일 이내에 주채권은행에게 소집통보일 직전일을 기준으로 해당 기업에 대한 금융채권의 내용과 금액을 신고하여야 한다(제26조 제1항). 금융채권자가 금융채권을 신고하지 아니한 경우 과태료의 제재를 받는다(제36조 제1항 제3호). 신고된 채권에 대하여 다툼이 없는 경우 금융채권액은 확정된다. 금융채권자는 신고된 금융채권액에 비례하여 협의회에서 의결권을 행사한다(제26조 제2항).

협의회는 금융채권자가 신고한 금융채권의 존재 여부 등에 관하여 다툼이 있는 경우 그 존재 여부 등이 확정될 때까지 그 의결권 행사를 제한할 수 있다. 의결권 행사가 제한된 금융채권자는 금융채권의 존재 여부 등이 확정된 날부터 의결권을 행사할 수 있으며, 그 확정일 전 협의회의 의결에 대하여 대항할 수 없다. 이 경우 채권매수청구기간은 금융채권의 존재 여부 등이 확정된 날부터 계산한다(제26조 제4항, 제5항).

채권의 존부나 금액에 다툼이 있는 경우 도산절차와 달리(도산절차에서는 채권조사확정절차가 마련되어 있다) 통상적인 민사소송절차에 따라 확정하여야 할 것이다.

3. 금융채권자[제1차 협의회]의 의결

가. 금융채권자 구성 등에 대한 의결

금융채권자는 제1차 협의회의 소집의 통보를 받은 날부터 3개월의 범위에서 대통

14) 제1차 협의회 종료시 이후에는 협의회의 의결로 채권행사의 유예를 결정한다(제11조 제2항).

령령으로 정하는 기간[15]에 개최되는 제1차 협의회에서 ① 공동관리절차에 참여할 금융채권자의 구성, ② 공동관리절차의 개시, ③ 부실징후기업에 대한 채권행사유예 여부 및 유예기간의 결정, ④ 그 밖에 공동관리절차의 개시를 위하여 필요한 사항을 의결할 수 있다(제11조 제1항).

제1차 협의회에서는 주로 ① 내지 ③ 및 자산부채를 조사하기 위한 실사기관(회계법인 등 외부전문기관)을 선정하고(제12조) 의결권을 확정한다.

나. 채권행사의 유예

채권행사 유예기간은 공동관리절차 개시일부터 1개월(제12조에 따른 자산부채의 실사가 필요한 경우에는 3개월)을 초과하지 아니하는 범위로 하되, 1회에 한정하여 1개월의 범위에서 협의회의 의결을 거쳐 연장할 수 있다(제11조 제2항). 최장 4개월의 채권행사유예가 가능한 셈이다.

주채권은행의 요구에 의한 채권행사 유예에 반하여 채권을 행사한 경우에는 원상회복의 이행을 요구할 수 있으나(제9조 제3항, 제4항), 협의회의 의결에 의한 채권행사 유예의 경우에는 명문의 규정이 없어 채권행사 유예와 관련된 내용으로 원상회복의무를 의결할 수 있는지에 대하여는 다툼의 여지가 있다.

4. 공동관리절차개시

금융채권자는 부실징후기업으로부터 공동관리절차의 신청이 있는 때에는 자구계획서, 금융채권자의 수 및 금융채권의 규모 등을 평가하여 기업개선의 가능성이 있다고 판단하는 경우 금융채권자협의회의 의결을 거쳐[16] 공동관리절차를 개시할 수 있다. 금융채권자는 이에 관한 판단을 위하여 필요한 경우 주채권은행을 통하여 해당 기업이 제출한 자료의 보완을 요청할 수 있다(제8조 제1항, 제2항).

공동관리절차가 개시될 경우 공동관리절차개시에 반대하는 채권자는 반대매수청구권을 행사함으로써 절차로부터 이탈할 수 있다(제27조 제1항 제1호).

5. 자산부채실사

협의회는 공동관리절차가 개시된 기업(공동관리기업)에 대하여 그 기업과 협의하여 선임한 회계법인 등 외부전문기관으로부터 자산부채실사 및 계속기업으로서의 존속

15) 아래 ①의 경우는 주채권은행으로부터 소집의 통보를 받은 날로부터 28일, ② 내지 ④의 경우는 14일 이내의 기간을 말한다(시행령 제8조).

16) 금융채권자는 주채권은행으로부터 제1차 협의회 소집 통보를 받은 날로부터 14일 이내에 공동관리절차의 개시를 의결할 수 있다(제11조 제1항 제2호, 시행령 제8조).

능력평가 등을 받도록 요청할 수 있다(제12조 제1항). 효과적인 구조조정을 위하여 기업의 상황을 객관적으로 파악할 필요가 있으므로 전문적·객관적인 제3자에 의한 실사 절차를 도입한 것이다.

6. 기업개선계획의 작성

가. 기업개선계획의 내용

주채권은행은 공동관리기업에 대한 외부전문기관의 자산부채실사 결과 등을 고려하여 공동관리기업의 기업개선을 위한 계획(이하 '기업개선계획'이라 한다)을 작성하여 협의회에 제출하여야 한다. 이 경우 주채권은행은 기업개선계획에 대하여 사전에 해당 기업과 협의하여야 하며, 기업개선계획에는 해당 기업의 부실에 상당한 책임있는 자 간의 공평한 손실분담 방안이 포함되어야 한다(제13조 제1항).

기업개선계획에는 ① 채무조정, ② 신규 신용공여, ③ 공동관리기업의 자구계획, ④ 채무조정 및 신규 신용공여의 사항을 이행하지 아니하는 금융채권자에게 부과하는 위약금, ⑤ 그 밖에 공동관리기업의 기업개선을 위하여 필요한 사항을 포함할 수 있다(제13조 제2항).

실무적으로 기업개선계획에는 ① 채권행사 유예기간, ② 신규자금지원규모 및 적용금리, 수수료, ③ 감자, 출자전환 등 자본관련 사항, ④ 반대채권매수청구권 행사 시 처리방법 등이 포함된다.

이 중 채무조정과 신규 신용공여는 기촉법상 기업구조조정의 가장 기본이 되는 두 가지이다. 채무조정은 일부 채권자(금융채권자)를 대상으로 하는 다수결에 의한 채무조정이다. 신규 신용공여는 기촉법의 최대 장점이지만, 금융기관들이 감독기관의 관여 없이 자율적으로 신규 신용공여에 동의할 수 있는지가 문제이다(관치금융의 우려).

(1) 채무조정(debt restructuring)

채무조정이란 금융채권자가 보유한 금융채권에 대하여 상환기일 연장, 원리금 감면, 채권의 출자전환 및 그 밖에 이에 준하는 방법으로 채무의 내용을 변경하는 것을 말한다(제2조 제9호).

금융채권자는 공동관리기업의 기업개선을 위하여 필요하다고 판단하는 경우 협의회의 의결에 따라 해당 기업에 대한 채무조정을 할 수 있다. 이 경우 채무조정에 관한 협의회의 의결은 권리의 순위를 고려하여 공정하고 형평에 맞게 이루어져야 한다(제17조 제1항).

채무조정에 관한 협의회의 의결은 금융채권자의 담보채권(해당 자산의 청산가치 범위에서 유효담보가액에 해당하는 채권) 총액 중 4분의 3 이상의 담보채권을 보유한 금융채권자가 찬성하여야 그 효력이 있다(제17조 제2항). 채무조정에 관한 협의회의 의결은 협의회 총 금융채권액 중 4분의 3 이상이 찬성한 경우(제24조 제2항)에도 담보채권 총액의 4분의 3 이상이 찬성해야 한다.

(2) 신규신용 공여

금융채권자는 공동관리기업의 기업개선을 위하여 필요하다고 판단하는 경우 협의회의 의결에 따라 해당 기업에 대하여 신규 신용공여(기존 신용공여조건의 변경은 제외한다)를 할 수 있다. 이 경우 신규 신용공여 금액은 협의회 의결로 달리 정하지 아니하는 한 신고된 금융채권액에 비례하여 정한다(제18조 제1항).

신규 신용공여로 인한 금융채권은 법정담보권 다음으로 협의회를 구성하는 다른 금융채권자(공동관리절차에 참여하는 금융채권자)의 금융채권에 우선하여 변제받을 권리를 가진다(제18조 제3항). 물론 이는 채권금융기관 사이에서 무담보채권에 대한 우선권을 인정한 것일 뿐이고, 채권금융기관 외의 다른 일반 채권자에게 효력을 미치지 않는다. 따라서 신규 신용공여로 인한 채권에 우선권이 있다고 하여도 그것은 금융기관채권자가 갖는 일반채권에 대한 상대적 효력을 가질 뿐이다. 즉 공동관리절차가 진행되는 동안 채권금융기관은 채권재조정 결과에 따라 변제를 받게 되고 신규 신용공여로 인한 채권은 기존의 채권에 비해 우선권이 있으므로 기존의 채권보다는 우선하여 변제를 받는 것이지만, 채권금융기관 외의 다른 채권자들은 변제기 유예 없이 변제기가 되면 변제를 받게 되므로 채권금융기관이 갖는 신규 신용공여로 인한 우선권이 있는 채권에 아무 영향을 받지 않는다.[17]

나. 기업개선계획의 의결

협의회는 자산부채 실사를 통해 기업개선계획을 확정한다. 즉 협의회는 기촉법 또는 협의회의 의결에 다른 정함이 있는 경우를 제외하고 협의회 총 금융채권액 중 4분의 3 이상의 금융채권액을 보유한 금융채권자의 찬성으로 기업개선계획을 의결한다(제24조 제2항 본문). 다만 다수결원칙을 보완하여 소액채권자의 의사를 반영하기 위하여 단일 금융채권자가 보유한 금융채권액이 협의회 총 금융채권액의 4분의 3 이상인 경우에는 해당 금융채권자를 포함하여 협의회를 구성하는 총 금융채권자 수의 5분의 2 이상의 찬성으로 의결한다(제24조 제2항 단서, 제23조 제1항 제4호).

---

17) 노영보, 675쪽.

채무조정에 관한 협의회의 의결은 앞에서 본 바와 같이 여기에 추가하여 금융채권자의 담보채권(해당 자산의 청산가치 범위에서 유효담보가액에 해당하는 채권) 총액 중 4분의 3 이상의 담보채권을 보유한 금융채권자가 찬성하여야 그 효력이 있다(제17조 제2항).

협의회가 채권행사 유예기간(최장 4개월)에 기업개선계획을 의결하지 못한 경우 그 다음 날부터 공동관리기업에 대한 공동관리절차는 중단된 것으로 본다(제13조 제3항). 채권행사 유예기간에는 기업개선계획의 작성과 협의회 의결을 마치는 기간을 포함한다.

7. 기업개선계획의 이행을 위한 약정

가. 약정의 체결

협의회는 기업개선계획을 의결한 날부터 1개월 이내에 공동관리기업과 기업개선계획의 이행을 위한 약정(MOU, 이하 '약정'이라 한다)을 체결하여야 한다(제14조 제1항).

약정에는 협의회가 의결한 기업개선계획 외에 공동관리기업의 기업개선 등을 위하여 ① 매출액·영업이익 등 해당 기업의 경영 목표수준, ② 목표수준을 달성하기 위하여 필요한 해당 기업의 인원·조직 및 임금의 조정 등 구조조정 계획과 신주의 발행, 자본의 감소 등 재무구조 개선 계획 등을 포함한 구체적인 이행계획(그 이행기간은 1년 이내로 하되, 협의회의 의결로 연장할 수 있다), ③ 목표수준을 달성하지 못할 경우 총 인건비의 조정 등 해당 기업이 추가적으로 추진할 이행계획, ④ 해당 기업의 주주 또는 노동조합 등 이해관계인의 동의가 필요한 사항에 대한 동의서, ⑤ 기업의 현금흐름에 중대한 영향을 미치는 투자 및 중요한 재산의 양수·양도 등에 관한 사항, ⑥ 제3자 매각, 경영위탁 등을 통하여 경영을 정상화할 경우 그 구체적인 계획, ⑦ 이사회의 구성 등 지배구조의 개선에 관한 사항, ⑧ 기업개선을 위하여 필요하다고 협의회에서 의결한 사항 및 향후 이행계획, ⑨ 기업이 약정을 미이행한 경우의 조치에 관한 사항, ⑩ 공동관리절차의 중단 및 종료에 관한 사항, ⑪ 그 밖에 기업개선을 위하여 필요한 사항으로서 협의회와 공동관리기업이 합의한 사항을 포함할 수 있다(제14조 제2항).

나. 약정의 효력

기업개선계획의 이행을 위한 약정은 법원의 관여 없이 일부 채권자들인 채권금융기관들과 기업 사이의 사적 합의에 의하여 이루어지고 그러한 합의의 내용에 따른 효력을 갖는 것이다.

협의회가 부실징후기업과 체결한 약정에 정해진 사항이 채권재조정과 같이 약정 자체로서 권리, 의무를 설정하거나 변경 또는 소멸시키는 것에 해당하지 아니하고 대출계약이나 지급보증계약의 체결에 의한 신용공여와 같이 향후 별도의 계약 체결을 예정한 계획에 해당하는 경우에는, 특별한 사정이 없는 한 약정의 당사자 사이에서 약정만으로 기업개선계획으로 예정된 별도의 계약이 체결된 것이나 다름없는 법적 구속력을 부여하려는 의사가 있었다고 볼 수 없으므로, 부실징후기업이나 채권금융기관이 약정에 기하여 다른 채권금융기관에 대하여 신용공여 계획의 이행으로서 대출계약 등을 체결하거나 그에 관한 의사표시를 하도록 청구할 권리를 갖는다고 할 수 없다.[18]

금융기관들 사이에 채무자인 기업에 부실징후가 발생할 경우 법원이 관여하는 법정 회생절차에 들어가는 대신 주채권은행 주도하에 기업개선작업에 착수하여 당해 기업에 대한 채권금융기관들로 구성된 협의회를 소집하여 채권액 기준 3/4 이상의 채권을 보유한 채권금융기관의 찬성으로 채권재조정 등을 내용으로 하는 기업개선작업안을 의결하고 나아가 주채권은행이 협의회 소속 다른 채권금융기관들의 대리인 겸 본인으로서 당해 기업과 사이에 위와 같이 확정된 의결 내용을 이행하기 위한 기업개선작업약정(기업개선계획의 이행을 위한 약정)을 체결하는 방식의 일종의 사적 정리에 관한 사전합의(기업구조조정협약)가 이루어진 상태에서, 채무자인 특정 기업에 대하여 부실징후가 발생하여 주채권은행이 사전합의된 바에 따라 관련된 채권금융기관들의 협의회를 소집하여 기업개선작업안을 의결하고 이어 주채권은행과 당해 기업과 사이에 그 의결 사항의 이행을 위한 기업개선작업약정이 체결되었다면, 이는 위와 같은 사전합의에 따른 것이어서 달리 무효로 볼 만한 특별한 사정이 없는 한 그 약정에 따른 채권재조정 등 권리변경의 효력은 채권금융기관협의회의 구성원으로서 결의에 참여하여 기업개선작업안에 반대한 채권금융기관에도 당연히 미친다고 할 것이다.[19]

8. 기업개선약정의 이행점검

약정의 당사자는 체결된 약정을 성실히 준수하여야 한다(제15조 제1항).

주채권은행은 약정의 이행실적을 분기별로 점검하여 그 결과를 협의회에 보고하여야 한다. 다만 공동관리기업이 중소기업(중소기업기본법 제2조)인 경우 협의회가 그 주기를 달리 정할 수 있다(제15조 제2항). 중소기업의 공동관리절차 활성화를 위하여

---

18) 대법원 2014. 9. 4. 자 2013마1998 결정 참조.
19) 대법원 2007. 4. 27. 선고 2004다41996 판결 참조.

절차를 완화한 것이다.

주채권은행은 대통령령(시행령 제9조 제1항)으로 정하는 바에 따라 기업개선계획의 진행상황을 연 1회 이상 공개하여야 한다. 다만 ① 영업비밀에 해당하거나 자산가치의 하락 등 원활한 기업개선의 추진에 어려움이 발생할 가능성이 있는 것으로 판단되는 정보나 ② 중소기업 중에서 「자본시장과 금융투자업에 관한 법률」 제159조 제1항의 사업보고서 제출대상법인이 아닌 기업의 이행점검 결과는 공개하지 아니할 수 있다(제15조 제2항). 정보공개의 주체는 주채권은행이며, 의무 미이행시 시정조치의 대상이 된다(제35조 제1항 제5호).

9. 공동관리절차의 중단 및 종료

가. 공동관리절차의 중단

공동관리절차는 ① 도산절차개시결정이 되거나(제11조 제5항), ② 협의회가 채권행사 유예기간에 기업개선계획을 의결하지 못하거나(제13조 제3항), ③ 협의회가 기업개선계획을 의결한 날로부터 1개월 이내에 기업개선약정을 체결하지 못한 경우(제14조 제3항) 공동관리절차는 중단된 것으로 본다.

협의회는 ① 공동관리기업이 제출한 금융채권자의 목록이나 자구계획서에 중요한 사항에 관하여 고의적인 누락이나 허위 기재가 있는 경우, ② 공동관리기업이 정당한 사유 없이 제12조에 따른 외부전문기관의 실사 및 평가에 협조하지 아니하는 경우, ③ 공동관리기업이 정당한 사유 없이 약정의 중요한 사항을 이행하지 아니하였거나 약정이 이행되기 어렵다고 판단되는 경우, ④ 기업개선계획의 이행을 위한 약정의 이행 점검 또는 제16조 제1항에 따른 평가의 결과 공동관리절차를 지속하는 것이 적절하지 아니하다고 판단되거나 공동관리기업의 부실징후가 해소될 가망이 없다고 판단되는 경우, ⑤ 공동관리기업이 중단을 요청하는 경우, ⑥ 그 밖에 약정에서 정한 공동관리절차의 중단사유가 발생한 경우에는 그 의결에 따라 공동관리절차를 중단할 수 있다(제19조).

나. 공동관리절차의 종료

협의회는 ① 공동관리기업의 부실이 해소되었다고 판단한 경우, ② 약정이 계획대로 이행된 경우, ③ 공동관리기업이 종료를 요청하는 경우, ④ 그 밖에 약정에서 정한 공동관리절차의 종료사유가 발생한 경우 그 의결에 따라 공동관리절차를 종료할 수 있다(제20조).

Ⅴ. 주채권은행에 의한 관리절차

기촉법에 의한 기업구조조정절차는 앞에서 설명한 협의회에 의한 공동관리절차(제8조)와 주채권은행에 의한 관리절차(제21조)로 이원화되어 있다.

부실징후기업이라는 통보를 받은 기업은 주채권은행에 대하여 기업개선을 위한 자구계획서와 금융채권자목록을 첨부하여 주채권은행에 의한 관리절차(이하 '관리절차'라 한다)를 신청할 수 있다(제5조 제2항 제2호, 제21조). 주채권은행은 부실징후기업으로부터 주채권은행 관리절차의 신청이 있어 자구계획서 등을 평가하여 기업개선의 가능성이 있다고 판단하는 경우 단독으로 해당 기업에 관한 관리절차를 개시할 수 있다(제21조 제1항).

공동관리절차가 일부 배제 대상 금융채권자 이외에 모든 금융채권자가 참여하는 구조조정절차임에 반하여, 관리절차는 주채권은행만 단독 참여하는 구조조정절차이다. 관리절차는 다른 채권자의 채권행사유예(상환유예)가 불필요하다는 판단 아래 주채권은행 단독으로 구조조정을 진행하는 것이다. 주채권은행의 관리절차는 하나의 채권자가 주관하는 것으로 금융채권자가 공동으로 진행하지 않음에도 기촉법에서 규정하고 있는 이유는 기촉법에 따른 특례(기촉법 제4장 등) 규정의 적용을 받게 하기 위함이다.

주채권은행 관리절차가 개시되는 경우에도 회생절차개시결정 또는 파산선고가 있으면 관리절차는 중단되고(제21조 제2항, 제11조 제5항), 공동관리절차와 마찬가지로 자산부채실사(제12조), 기업개선계획의 작성 등(제13조), 기업개선계획의 이행을 위한 약정(제14조), 약정의 이행점검(제15조), 채무조정(제17조), 신규 신용공여(제18조), 관리절차의 중단(제19조), 관리절차의 종료(제20조)에 관한 규정이 준용된다(제21조 제2항). 다만 관리절차의 사후평가 및 공개는 하지 않아도 된다.

Ⅵ. 공동관리절차와 회생절차

1. 양 절차의 차이

회생절차는 채무를 동결하고 회생계획을 세워 채무자(기업)를 회생시키는 것이다. 이런 점에서 회생절차에서 회생은 구조조정과 다를 바 없다. 공동관리절차에서도 채권행사를 유예하고 채무조정 등을 하며 기업개선계획을 세워 기업을 회생시킨다. 이처럼 기업을 구조조정하여 회생시킨다는 점에서 두 절차는 기본적으로 목적을 같이 한다. 또한 회생절차나 공동관리절차는 법률에 근거하여 재정적 어려움에 처한 기업에 대한 사후적 구조조정으로 채무조정 등 재무적 구조조정을 함에 있어 채권자의 지원과 협조가 요구되는 공통점이 있다.

그러나 아래 표에서 보는 바와 같이 2개의 절차는 근거 법률부터 진행까지 큰 차이가 있다. 실제 운용에 있어서도 큰 차이가 있다.

〈회생절차와 공동관리절차〉

	회생절차	공동관리절차
근거법률	채무자회생법	기촉법
절차주도(주체)	법원(채무자 중심)	채권단(채권자 중심) 법원은 사후적 · 제한적 관여
대상기업	제한 없음	상법상 회사 등(공공기관, 금융회사, 외국기업 등 제외)
권리변경	회생계획안 가결 및 법원의 인가결정	기업개선계획 이행 약정
신규 신용공여	우선변제하는 공익채권(채무자회생법 180조7항)	법정담보권 다음으로 우선변제(18조3항)
대상채권자	모든 채권자	금융채권자(금융기관 + 개인채권자, 상거래채권자 제외)
대상채무자	회생절차개시원인이 있는 모든 채무자	부실징후기업 * 공공기관 · 금융회사 · 외국기업 제외
절차진행	채무자의 모든 채무 동결 및 보전처분 후 법원의 관리하에 채권자 · 주주 등 이해관계 조정	금융채권자가 채권행사 유예 후 채권단 주도로 구조조정 진행
채권채무관계	모든 채권채무 동결	금융 채권채무 동결
채무조정	법률에 의한 권리변경	[채권단 사이의 협의(의결) + 해당 기업과의 기업개선계획 이행을 위한 약정 체결]을 통한 사적 조정
구조조정방식	채무조정	채무조정 + 신규 신용공여
신규자금지원	신규자금 지원 곤란	신규자금 지원 가능 * 일시적 유동성 위기에 처한 기업에 적합
신청권자[20]	채무자, 채권자, 주주 · 지분권자	통보를 받은 부실징후기업
회생계획 · 기업개선계획의 결의(가결요건)	① 회생담보권자 3/4(4/5) 이상의 동의 ② 회생채권자 2/3 이상의 동의 ③ 주주 · 지분권자 1/2 이상의 동의	① 총 금융채권액 3/4 이상의 금융채권액을 보유한 금융채권자의 찬성 * 채무조정의 경우: ① + 담보채권총액의 3/4 이상의 담보채권을 보유한 금융채권자의 찬성(17조2항)

20) 개시신청의 판단 주체도 다르다. 공동관리절차는 주채권은행이 거래하는 기업의 신용위험을 평가하여 부실징후기업으로 선정하나, 회생절차는 채무자 스스로 회생절차개시신청 여부를 판단한다.

쌍방미이행 쌍무계약의 해제·해지권	관리인에게 선택권 부여(채무자회생법 119조)	×
부인권	관리인이 부인권 행사(채무자회생법 100조 등)	×(채권자가 사해행위취소권 행사)[21]
미신고채권	실효(채무자회생법 251조)	실효× (채권신고는 의결권 정하는 기준에 불과)
채권확정절차	채권조사확정재판 등 존재	×(확정될 때까지 의결권 행사 제한 가능)(26조4항) 통상의 소송절차에 따라 확정
보증인에 대한 효력	영향 ×(채무자회생법 250조2항1호)	민법상의 보증채무에 관한 법리(부종성) 그대로 적용
개시원인	① 사업의 계속에 현저한 지장을 초래하지 아니하고는 변제기에 있는 채무를 변제할 수 없는 경우 ② 파산원인사실이 생길 염려 (채무자회생법 34조1항)	통상적인 자금차입 외에 외부로부터 추가적인 자금유입 없이는 금융채권자에 대한 차입금 상환 등 정상적인 채무이행이 어려운 상태에 있을 것(=부실징후)(5조2항, 2조7호)
진행기간	법에 정한 엄격한 절차에 따라야 하므로 일반적으로 장기간 소요	금융채권자 사이의 협의를 통해 탄력적으로 대응하므로 신속한 절차 진행이 가능
상시화 여부	상시법	한시법(3년)
감독기관	법원	금융위원회
법률 소관부서	법무부	금융위원회

공동관리절차는 회생절차와 다른 중요한 몇 가지 장점이 있다. 첫째는 자동중지제도이다. 주채권은행이 금융채권자협의회를 소집하는 시점에 금융채권자는 채권행사가 금지된다(제9조 제3항). 미국 연방도산법의 automatic stay에 해당하는 것이다. 둘째 공동관리절차가 개시되더라도 기존의 경영진은 그대로 유지된다. 미국 연방도산법의 DIP(debtor in possession)이다. 셋째 공동관리절차 이후 필요한 자금을 제공하는 것이 공동관리절차의 주요 내용이다. 미국 연방도산법의 DIP financing이다. 공동관리절차는 현대 회생형 절차의 모델인 미국 연방도산법의 중요한 법 원칙들을 포섭하고 있다.

21) 부인권이 법적도산의 적정한 절차 수행을 담보하는 기능을 하는 것처럼, 사적정리에 있어서 사해행위취소권을 적극적으로 이용하는 것에 의해 채권자가 한 책임재산의 감소행위를 시정하는 것이 가능하다면, 보다 적정한 사적정리를 실현할 수 있을 것이다. 법적절차에서 부인권은 도산절차개시 전의 행위를 대상으로 함에 반하여, 사적정리에서 사해행위취소권은 (공동)관리절차개시 전·후의 행위를 모두 대상으로 한다.

2. 회생절차와 공동관리절차의 연계 필요성

기촉법의 가장 큰 장점은 신규자금의 유입이 원활하게 이루어질 수 있다는 점에 있다. 반면 회생절차에서는 신규자금의 유입이 사실상 불가능하다.[22] 회생절차가 채무자 중심으로 운영되다 보니 금융채권자 등 채권자의 의사가 충분히 반영되지 못한 측면이 있다. 채무자회생법은 경제상황의 악화를 배경으로 회생절차의 간소화·신속화, 공정성·실효성의 확보를 목적으로 지속적으로 개정되어 왔지만, 그 개정의 이념이 실제 회생실무에서 충분히 실현되지 못하고 있는 측면도 있으므로 실무 운용에 있어 점검이 필요하다.

기촉법에 의한 공동관리절차는 모든 금융채권자에게 적용된다는 점에서 독립된 도산절차 중 하나이다. 다만 기촉법 제3조에서 '이 법은 기업구조조정 등에 관하여 규정하고 있는 다른 법률(채무자회생법은 제외한다)에 우선하여 적용한다.'고 규정하고 있어서 기촉법 절차 진행 중에도 언제든지 채무자회생법에 따른 회생절차를 신청·개시할 수 있다는 점에서 일정한 한계가 있다. 또한 금융기관은 회생절차보다 공동관리절차(관리절차)에 따른 채무재조정을 통한 회생을 선호하고, 이로 인해 금융기관채무가 많은 기업으로서는 조기에 회생절차에 따른 근본적인 회생을 도모하지 못함으로써 조기신청·조기회생이라는 채무자회생법의 본래 취지의 실현을 곤란하게 하고 있다.

법조계에서는 관치금융의 폐해를 내세우며 기촉법의 폐지나 상시화에 반대하고 채무자회생법으로 통합할 것을 주장하고 있다. 반면 경제계에서는 기업의 선택권을 보장하고(현실적으로 기촉법에 의한 공동관리절차와 회생절차를 활용하는 기업이 모두 존재한다) 현실경제의 어려움과 구조조정의 신속을 위해 기촉법의 상시화를 주장하고 있다. 사실상 법조계와 경제계의 기업구조조정에 관한 주도권 다툼의 양상을 보이고 있다. 채무자회생법으로의 일원화나 기촉법 상시화 문제는 순수하게 법리적인 차원에서 접근할 것이 아니라 경제상황 및 기업 상황에 따라 적절하게 대처할 필요가 있다. 나아가 장기적으로는 기촉법의 상시화(또는 재입법)에 대한 논쟁보다 채무자회생법을 개선[23]하여 기촉법에 따른 공동관리절차(관리절차)와 회생절차가 조화롭게 운용될 수 있도록 법적 토대를 마련할 필요가 있다.

---

22) 회생절차에서 신규자금의 유입을 원활하게 하기 위해 공익채권으로 인정하고 우선변제권을 인정하는 등 여러 가지 제도를 마련하고 있지만(채무자회생법 제179조 제1항 제5호, 제12호, 제180조 제7항 등), 현실적으로는 여전히 신규자금의 유입이 원활하지 못하다.

23) 채무자회생법은 채권자의 권리와 참여를 보다 강력히 보장하고, 상거래채권자에 대한 보호를 강화하였으며, 한국형 프리패키지 제도를 도입하는 등 워크아웃 제도의 장점을 기존 회생절차에 반영하는 방향으로 개정이 이루어졌다. 그러나 여전히 부족한 부분이 있다. 예컨대 회생절차에서도 신규자금 지원이 수월하도록 제도를 보완하고, 구조조정 과정에서 기존경영자 관리인 제도의 개선이 필요하다.

사항색인

ㅎ

[저자약력]

서울대학교 경영대학 경영학과 졸업
공인회계사시험 합격(제25회)
사법시험 합격(제38회)
사법연수원 수료(제28기)
삼일회계법인 근무(1993)
서울지방법원 서부지원 예비판사(1999)
서울지방법원 판사(2001)
광주지방법원 판사(2003)
의정부지방법원 고양지원 판사(2006)
서울행정법원 판사(2009)
서울고등법원 판사(2011)
사법연수원 교수(2012)
창원지방법원 파산부 부장판사(2014)
수원지방법원 파산부 부장판사(2017)
중국 청화대학(清華大學) 법학원 장기해외연수(2007. 8.~2008. 8.)
사법시험(2차), 변호사시험, 법무사시험(2차) 출제위원
경희대학교 법무대학원 강사(2009~2018)
경상대학교 법무학과 강사(2015)
수원시 팔달구 선거관리위원회 위원장(2017~2018)
서울특별시 지방세심의위원회 위원장(2020~2022)
서울회생법원 부장판사(2019~2022)
한국자산관리공사(캠코) 기업구조혁신포럼 운영위원(2022~)
서울대학교 전문분야 법학연구과정 제39기(공정거래법과정 제15기)(2022~2023)
한중법학회 부회장(영구회원)
한국금융소비자학회 회원
㈜호반건설 부사장[준법경영실 대표](2022)
서울지방변호사회 이사(2023~2025)
서울특별시 중구 고문변호사(2024~)
대검찰청 검찰수사심의위원회 위원(2024~)
중소벤처기업부 자문위원(2024~)
서울특별시 지방세심의위원회 심의위원(2025~)
한국환경산업기술원 자문위원(2025~)

현 변호사 | 공인회계사 | ㈜투데이아트 대표이사

[주요 저서 및 논문]
채무자회생법[제9판](법문사, 2025년)
도산, 일상으로의 회복[제3판](법문사, 2025년)
도산과 지방세[개정증보판](삼일인포마인, 2024년)

면책불허가사유로서의 '낭비'의 개념에 관하여(2005년)
양도소득과세표준의 예정신고·확정신고와 관련된 법률상의 쟁점들(2010년)
관습상의 법정지상권에 관한 판례와 학설의 동향(2012년)
소비자, 근로자 등 경제적 약자의 보호를 위한 국제재판관할(International Jurisdiction for the protection of the Economically Weak including Consumers and Workers etc.)(2013년)
한국전력공사가 전기요금 미납을 이유로 회생회사에 대하여 한 전기 공급 중단이 채무자 회생 및 파산에 관한 법률에 위반되는지 여부(2015년)
회생계획에 따른 출자전환 후 무상 감자된 매출채권과 관련한 부가가치세 과세 문제(2017년)
[44일 간의 여정] 사례를 통하여 본 회생계획안 사전제출제도(P-plan) 및 출자전환에 따른 간주취득세·기업결합신고 문제(2018년)
회생기업의 신규자금조달 방안과 그 지원 대책 – 신규자금 최우선변제권 도입 논의를 포함하여 –(2019년)
개인회생/파산의 법제도적 과제 – 금융소비자보호의 관점에서 –(2025년)

도 산 법

2025년 8월 10일 초판 인쇄
2025년 8월 15일 초판 1쇄 발행

저 자 전 대 규
발행인 배 효 선
발행처 도서출판 法 文 社
주 소 10881 경기도 파주시 회동길 37-29
등 록 1957년 12월 12일 / 제2-76호 (윤)
전 화 (031)955-6500~6 FAX (031)955-6525
E-mail (영업) bms@bobmunsa.co.kr
(편집) edit66@bobmunsa.co.kr
홈페이지 http://www.bobmunsa.co.kr
조 판 법 문 사 전 산 실

정가 50,000원 ISBN 978-89-18-91613-2